瞿 林 东 文 集

第 7 卷

唐代史学论稿

（增订本）

瞿林东　著

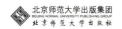

北京师范大学出版集团
BEIJING NORMAL UNIVERSITY PUBLISHING GROUP
北京师范大学出版社

目 录

再版自序

1989 年，我出版了《唐代史学论稿》一书，在此之后的 20 多年间，就没有再专注于唐代史学了，回想起来，总感到有些愧疚！当然，这些年来，因偶然回眸，心有所得，也断断续续写了几篇关于唐代史学的文章，趁着这次本书再版的机会，我把它们补充进来，也算是表明自己并未完全忘却这一研究领域的心迹吧。

当我撰写了几本贯通的中国史学史著作之后，回过头来重新审视唐代史学，我以为它在一些方面还是能够反映有唐一代的盛大气象。

首先，唐初的官修史书，仅"正史"方面，就有《晋书》《梁书》《陈书》《周书》《北齐书》《隋书》《南史》《北史》八部史书面世，占了"二十四史"的 1/3。其中，《隋书》《南史》和《北史》，都是颇具特色的"正史"。

其次，刘知幾所撰《史通》，把中国古代史学批评推进到更加自觉的和有体系的阶段，反映了史学家自我批判的大度和勇气。《史通》所提出的一系列问题，成为后世史家进行史学反思和史学前瞻的重要内容，是启发人们思考、推动史学发展的内在动力。

再次，杜佑所著《通典》，开中国古代制度通史的先河，作者缜密的逻辑思维，对当时的社会结构和国家职能的清晰认识，撰述中的史和论的结合，以及对历史著作"将施有政"的撰述目的，在史学上都是前所未有的。杜佑《通典》在历史理论方面的成就，可追司马迁；在历史编纂学方面的成就，乃是"九通"之渊源，是中国制度文明史撰述的承前启后者。

还有，集思想家、文学家、史论家于一身的柳宗元，千百年来，其深邃的思想和隽永的华章被一代又一代学人传诵，而他的通达的史论确已具备了"疏通知远"的境界，却或多或少被人们忽略了。而今，当是凸显柳宗元史论价值的时候了，他在这方面的成就是可以与杜佑比肩而立的。

唐初的政治家、史学家在重视总结历史经验方面，乃可与汉初的政治家、思想家相媲美，这也符合雄汉、盛唐的气概。二者之间所不同的是，唐代的政治家、史学家们除了对历史有真诚的敬畏之心，还多了几分对史学的虔诚尊崇之意，这在唐太宗、魏徵、吴兢等人的身上表现得尤为突出。

说到魏徵，他的史论中的政治诉求和他的政论中的历史底蕴，都十分突出，这同晚于他的杜佑颇有相似之处——杜佑是一个精于史学的政治家，又是一个通晓政治的史学家。他们二人的差别仅在于：魏徵始终任职于朝廷中枢，而杜佑在晚年入相之前长期身为封疆大吏。他们二人都是在政治上和史学上做出了杰出贡献的历史人物，而这样的历史人物在其他朝代却并不多见。

进而言之，如果我们以魏徵和杜佑相比较，还应当考虑到他们所处的时代和他们个人的际遇：魏徵活动于唐朝欣欣向荣的时期，而杜佑则处于唐朝走向衰落之途，他们的历史作用也因此而有所不同。还有一点很大的差别，即魏徵面对的是唐太宗，故其见解得以发挥出来，并往往转化为朝廷的政策；杜佑则不然，他面对的是唐德宗、唐顺宗、唐宪宗，皇权为宦官所控制，杜佑的才华和智慧难以发挥出来，故处于位虽尊而难有大作为的境地。

这里又要回过头来说一说唐太宗。唐初所修八部"正史"，《晋书》和梁、陈、齐、周、隋"五代史纪传"都是他下诏修撰的，与他有直接关系；《南史》《北史》同他也有间接关系，因为作者李延寿当时也在史馆任职。唐太宗关于史学的认识和政策，表明他不愧被称为是"一个政治家的史学自觉"；他晚年撰写的《帝范》一文，也无愧是"一代明君的君主论"。关于史学，唐太宗有一句名言："大矣哉，盖史籍之为用也！"千余年之下，今天的人们读到这句话，仍可感受到它的震撼力。

纵观中国历史和中国史学的发展，可以总结出来一个基本规律，即历史与史学的辩证互动关系，这就是：一定的时代条件必然影响这一时代的史学面貌，而一定时代的史学不仅影响着当时的社会，而且还影响到后世的社会，对唐代史学亦应作如是观。从这一观点出发，则唐初八史的修撰，刘知幾《史通》之史学批评专书的面世，杜佑《通典》之制度文明史的产生，以及柳宗元的《封建论》《非国语》和他的《天对》对千年以前屈原《天问》的"破解"等史学现象，都不难对其作出合理的说明和定位。关于史学和政治的关系，唐太宗说的"以古为镜，可以知兴替"，"览前王之得失，为在身之龟镜"，这不仅是对司马迁所说"居今之世，志古之道，所以自镜也"的历史回应，而且也是从史学方面对"贞观之治"之现实的诠释。

在《唐代史学论稿（增订本）》将要出版之际，上述这些，与其说是作者在这里重述过去的一些看法，毋宁说是在以现在的眼光反思过去的那些看法，因为这里毕竟包含了新近补充的一些文章的见解。

这些看法或许有不尽中肯之处，但在大体上是符合唐朝这个盛大时代的面貌的。

本书篇目编次，仍保持原书体例，即：凡论述唐代史学发展大势或通论唐代史学之某一侧面者，辑为上编；凡关于史家、史书及相关个案之专论者，则略按研究对象的时间顺序编次，辑为下编。增订部分，其中有两篇置于上编、七篇置于下编；一篇为细碎考辨文字，编于书末。

《唐代史学论稿（增订本）》所收录的文章，最早的一篇发表于1978年，而最近的一篇文章发表于2012年。其间，三十多年过去了，历史发展了，社会进步了，学术提升了，人的思想也必然随着这种发展、进步和提升而有所变化。现在反观初版的《唐代史学论稿》，学步的稚态，蹒跚而行的足迹，是免不了的，作者虽感惭愧，但却无权改变《论稿》的面貌，因为它是作者历史的一部分。对此，作者希望同仁和读者予以谅解。至于书中其他缺点与不当之处，则衷心期待各方面的批评、指正。

瞿林东

2014 年 3 月 31 日

自　序

　　我研究唐代史学，断断续续，不觉已经十年。这十年的学术生涯，不论从哪方面看，固不可以曹雪芹说的"字字看来皆是血，十年辛苦不寻常"相比附；但以自己的愚钝，确也是窗前、灯下、酷暑、严寒，不敢懈怠，并非是很轻松地度过来的。趁着本书的出版，我想讲讲我的认识及研究过程，也算是对自己这十年蹒跚而行的一个小结。

一

　　记得 1977 年春节后的一天，我去看望读研究生时的导师白寿彝先生。那时我还在内蒙古民族师范学院工作，我去向先生请教今后该着重读些什么书。先生未假思索，嘱咐我还是读点中国史学史方面的书。尽管日月逾迈，人事代谢，我已经从事好几年的中国古代史教学工作了，但我过去却是跟白先生学习中国史学史的，这个事实不会改变。于是，此次会面就成了我真正走上研究中国史学史这条学术道路的契机。

大约经过一年左右的调查和思考，我决定从研究唐代史学入手。当时作这样的抉择，是基于以下一些考虑：唐代是中国封建社会文化艺术高度发展时期，文学、史学、哲学、艺术等，都有名垂千古的大师和光彩夺目的成果。千余年来，对唐代文学（如诗歌、散文、传奇）、哲学（包括佛教哲学）、艺术（如书法、绘画、乐舞）的研究，代有其人，名家辈出，论著繁富。这种现象是令人兴奋的，它表明唐代文化确有其吸引人的魅力和奥秘。然而兴奋之余，我也不免有一点隐隐的惆怅：史学，作为唐代文化的一部分，虽也有众多的史家和辉煌的成就，但人们对这方面的研究却显得比较寥落。而前人之论中国古代史学者，或称颂马班，或赞扬魏晋，或褒奖两宋，似乎唐代除刘知幾、杜佑以外即无足道者。从唐代文化研究来看，这显然是一个缺陷；从中国史学研究来看，这也未必不是一种偏颇。

这样的认识究竟对不对，自己也没有多大把握，但当时确实是在这种认识的驱使下作出抉择的。顺便说一句，在做出这样选择的时候，我已年届"不惑"，人到中年了，然而在自己的学术履历表上几乎还是一纸空白。因为痛感失去的时间太多，所以在思想上就颇有一种作"背水一战"的决心。这是当时的心情。现在回过头来看，这"背水一战"的成果，原是微不足道的。

二

在研究方法上，我注意到两条：第一，先做编年。这是一种很笨的方法，但为了了解唐代史学发展大势，以避免在研究中顾此失彼，并力求在看法上的连贯性，还是硬着头皮先做编年。大约用了两年的时间，我粗粗地阅读和浏览了七八十种书，编了一本《唐代史学编年》。通过做编年，大致了解了唐代史学的脉络，也发现了不少研究课题。第二，做双向考察。即一方面注意到从历史来考察史学，以避免就史学而论史学、对史学作孤立的研究；另一方面则注意到从史学去考察社会，以揭示史学的社会作用。应当坦率地承认，对于后一种方法，我是逐步认识到的；当初，只是因为我讲授过几年中国古代史，比较习惯地把历史同史学结合起来考察罢了。现在看来，这样做是很有必要的。

从1978年年底我的第一篇研究唐代史学的习作发表时算起，至今恰是第十个年头。回顾这十年来的研究，有一个肤浅的感受，就是不断地研究和不断地反省，这包含着对于研究客体和自身认识的探索。起初，我比较注重从史学与社会的关系进行研究，选择的课题大多与此有关。后来我逐渐认识到，这种研究因立意较高，固有其优胜之处，但若非建立在深入钻研的基础上，也极易流于空疏。于是乃转而有计划地研读一些史学著作，而于《隋书》《南史》《北史》《史通》《贞观政要》《通典》等留意较多。通过认真读书，再回过头来看史学与社会的关系，认识上又有所提高。随着研究的深入，我进而认识到，应对唐代史学家、思想家、政治家的历史思想和唐代史学发展之总趋势作整体性的把握，这样才有可能揭示史学发展与历史发展之间一些规律性联系。近二三年来，我专注于这方面的思考和撰述，但这仅仅是开始。《礼记·学记》云："学然后知不足，教然后知困。知不足，然后能自反也；知困，然后能自强也。"学问这件事，也只有在"知不足""知困"和"自反""自强"中才能不断有所长进。

三

在中国古代史学的发展中，唐朝时期不仅产生了优秀的史家和杰出的著作，而且在不少方面起着承前启后的作用，反映出史学发展所处的转折时期的许多特征。这些特征是：

——皇家正式设立史馆，主持修史，并一度显示出历史撰述上的优势；

——史学自我反省的开始和史家自我意识的增强，史学工作进入更加自觉的发展阶段；

——史学开始走向经世致用，增强了史家的社会参与意识；

——通史撰述日趋繁富，形式绚丽，是为中国古代"通史家风"发展的重要转折时期；

——典制体史书的创立，扩大了历史研究和历史撰述的领域；

——在天人之际、治乱兴衰、历史进程等重大问题上提出了新的认识，把自《史记》以来的古典历史理论推进到新的阶段；

等等。

这些特征当然不足以概括将近三百年的唐代史学的全貌，但至少可以表明它在中国古代史学发展中所处的重要地位。这是我对唐代史学的第一点认识。

我对唐代史学的另一点认识，是它在唐代社会生活中曾经发挥过重要作用，说明史学之对于社会来说是不可缺少的。例如，唐高祖、唐太宗父子诏命大臣和史官撰写前朝史，用以说明"天下一家"政治统一局面的必要性；虞世南论"治乱之迹"，魏徵以秦隋相较，他们对历史经验教训的总结，在很大程度上成为贞观年间最高统治集团制定政策的历史根据和理论根据；作为门阀地主在政治上和婚姻上保持其特殊地位之根据的谱系之学，在唐代士、庶势力斗争消长过程中起了极其复杂的作用，同时也对唐代的社会风气有很大的影响；从盛唐到中唐都曾出现的关于"封建"的辩论，不仅在历史观上清算了所谓"圣人之意"的历史倒退观点，而且也在政治上阻止了分封制的重演；杜佑倡言"征诸人事，将施有政""详古今之要，酌时宜可行"的历史撰述目的，推动一代学风的变化；等等。这些事实表明，史学的社会作用是很广泛的，可谓"上穷王道，下揽人伦，总括万殊，包吞千有"（刘知幾《史通·自叙》），而其重要者，也确在一定程度上影响到历史的进程。

唐代史学在这两个方面的成就，对今天的史学工作还是有一定的启发的。

四

辑入本书的 23 篇文章，按其所讨论的范围略可区别为二：一是论述唐代史学发展大势或通论唐代史学之某一侧面者，凡 7 篇，集为上编；一是关于史家、史书和问题的专论，凡 16 篇，略按其时间顺序编次，是为下编。本书在内容上尚未能概括唐代史学的全部成就和问题，这是毋庸讳言的。同时，论点上的不够妥帖和材料上的不尽周全的情况，也是会存在的。尽管如此，作为这个领域研究之所得的第一本结集，它多少还能起到一点抛砖引玉的作用。唯其如此，作者才不揣谫陋，把它奉献给读者。

最近十年，我国的历史科学事业有了长足的进展，我的这本小书，不过沧海一粟而已。我愿继续竭尽愚蒙之思，追随师友同志，跟着当代史学大潮前进。

1988 年 1 月 8 日
于北京师范大学史学研究所

上编

盛唐史学的总结性工作[*]

从唐皇朝建立到唐玄宗开元末年的 120 多年，是唐皇朝的盛世，也是中国封建社会的盛世之一。"贞观之治"和"开元之治"是这个盛世的两大高峰。这时期，唐代的经济、政治、民族关系、中外交流及文化等各个领域都有了空前的发展，形成了历史上罕有其匹的"盛唐气象"。这时期的史学，作为盛唐文化的一部分，其气势之大、创获之多，在中国史学史上也是不多见的。

一、三篇修史诏书：对史学的新认识

唐初，从唐高祖到唐高宗，先后正式颁发了三篇修史诏书，对盛唐史学的发展产生了很大的影响，这三篇修史诏书是：

---

[*] 原载《内蒙古民族师范学院学报》1987 年第 1 期。

y

（一）唐高祖《修六代史诏》

武德四年（621 年），担任起居舍人的令狐德棻向唐高祖提出撰述前代史的建议。他指出："近代已来，多无正史"，梁、陈、北齐，"犹有文籍"，至于周、隋，因隋末动乱，文献"多有遗阙"；"当今耳目犹接，尚有可凭，如更十数年后，恐事迹湮没"，"如文史不存，何以贻鉴今古？如臣愚见，并请修之"①。由于唐皇朝统治者的先人在北周时地位显赫，而唐又是承隋而起，所以令狐德棻在建议中尤其强调了撰述周、隋两朝历史的重要性。

作为开国君主，唐高祖也深知修史工作的重要，因而采纳了令狐德棻的建议，并于次年下达了《命萧瑀等修六代史诏》。诏书首先强调了史学的社会作用，认为"经典序言，史官纪事，考论得失，究尽变通，所以裁成义类，惩恶劝善，多识前古，贻鉴将来"②。这里讲的对史学的社会作用的认识，虽非首创，但它出于皇帝的诏书，这在以往实不多见。诏书还对南北朝时期各个皇朝的历史作了总的评价，指出："自有晋南徙，魏乘机运，周、隋禅代，历世相仍，梁氏称邦，跨据淮海，齐迁龟鼎，陈建宗祊，莫不自命正朔，绵历岁祀，各殊徽号，删定礼仪。至于发迹开基，受终告代，嘉谋善政，名臣奇士，立言著绩，无乏于时。"这一段话，颇显示出唐高祖作为政治家的气度：他是激烈的政治斗争中的胜利者，但他并没有去指斥前朝历史中的缺陷和错误，而是充分肯定它们在历史上的地位。这的确是难得的。唯其如此，他产生"简牍未修，纪传咸阙，炎凉已积，谣俗迁讹，余烈遗风，倏焉将坠"，"顾彼湮落，用深轸悼"的感慨，就是很自然的了。诏书提出的六代史及其撰者名单是：北魏史，萧瑀等撰述；北周史，陈叔达等撰述；隋史，封德彝等撰述；梁史，

---

① 刘昫等：《旧唐书》卷七十三《令狐德棻传》，北京：中华书局，1975 年，第 2597 页。
② 宋敏求等：《唐大诏令集》卷八十一，北京：商务印书馆，1959 年，第 466 页。本文所引三篇诏书，均同此，不另注。

崔善为等撰述；北齐史，裴矩等撰述；陈史，窦琎等撰述。总的撰述要求是："务加详核，博采旧闻，义在不刊，书法无隐。"

这次修史工作，一则由于有些撰述者相继调离或死去，二则由于缺乏组织工作的经验，故未能取得具体的成果，"历数年，竟不能就而罢"①。尽管如此，这篇诏书却透露出唐初统治者对于撰述前代历史的工作有一种宏大的气魄，从而为唐初史学的发展定下了较高的格调。

（二）唐太宗《修〈晋书〉诏》

东晋、南朝（宋、齐、梁、陈）时期，撰晋史者凡20余家（按习惯说法是18家）。这些撰述大部分在唐初还可以看到。但是，它们都产生于东晋、南朝分裂时期，在唐代政治统一的局面下就显得不尽如人意。因此，贞观二十年（646年），唐太宗在史馆已经修成梁、陈、齐、周、隋"五代史"后，提出重修晋史的要求，并下达了《修〈晋书〉诏》。在这篇诏书里，唐太宗提出了"大矣哉，盖史籍之为用也"的论断，对史学的社会作用给予了极高的评价。诏书还追述了从传说时期至唐初的史学工作，肯定了史学工作所发挥的"彰善瘅恶，激一代之清芬；褒吉惩凶，备百王之令典"的积极作用。但是，诏书认为以往诸家晋史"才非良史，事亏实录"，说它们有的"烦而寡要""滋味同于画饼"，有的"不预于中兴"，有的"莫通于创业"，有的"其文既野，其事罕有"，等等；故而唐太宗"遐想寂寥，深为叹息"，要求史馆重修晋史。唐太宗对以往诸家晋史的评价未必都是恰当的，但他从整个史学工作的要求提出重修晋史的主张，也不是没有道理的。于是，以房玄龄为监修，领导《晋书》的撰述工作，当时同修者近20人，以令狐德棻为首，"其体制多取决焉"②。贞观二十二年（648年），《晋书》撰成，当时称为《新晋书》。《修〈晋书〉诏》的下达和

---

① 刘昫等：《旧唐书》卷七十三《令狐德棻传》，北京：中华书局，1975年，第2598页。
② 刘昫等：《旧唐书》卷七十三《令狐德棻传》，北京：中华书局，1975年，第2598页。

《新晋书》的撰成，反映出唐初统治者对于历史的一种重新评价的要求。关于这一点，下文还要讲到。

(三)唐高宗《简择史官诏》

谏官朱敬则曾上《请择史官表》，表中称引北齐神武帝对史官魏收说的一句话："我后代声名，在于卿手。"又举北周文帝重视史官柳虬关于直笔的说法。最后提出应对史官人选进行严格的考察，指出："董狐、南史，岂知生于往代而独无于此时，在于求与不求、好与不好尔！"①宰相韦安石读了这份上表，感慨地说："董狐何以加?! 世人不知史官权重宰相；宰相但能制生人，史官兼制生死，古之圣君、贤臣所以畏惧者也。"②史学家刘知幾说："至咸亨年，以职司多滥，高宗喟然而称曰：'朕甚慊焉。'乃命所司曲加推择，如有居其职而阙其才者，皆不得预于修撰。"③史馆"职司多滥"，正是朱敬则上表的背景，也是唐高宗于咸亨元年(670 年)颁发《简择史官诏》的原因④。诏书是：

> 修撰国史，义在典实。自非操履贞白、业量该通、谠正有闻，方堪此任。所以承前纵居史官，必就中简择，灼然为众所推者，方令著述。如闻近日以来，但居此职，即知修撰，非唯编缉疏舛，亦恐漏泄史事。自今以后，宜遣史司于史官内简择堪任修史人，录名进内，自余虽居史职，不得辄令闻见所修史籍及未行用国史等事。

---

① 董诰等：《全唐文》卷一百七十，北京：中华书局，1983 年，第 1735 页。

② 欧阳修等：《新唐书》卷一百一十五《朱敬则传》，第 4220 页。按：《新唐书》记此事于武则天称帝之后，疑有误。朱敬则上表可能是高宗咸亨元年(670 年)，因而才有高宗的《简择史官诏》。未知确否，姑且此存疑。

③ 刘知幾：《史通》卷十一《史官建置》，浦起龙通释，上海：上海古籍出版社，1978年，第 318 页。

④ 《唐大诏令集》于书之末署为"总章三年十月"，当误。据《唐会要》卷六十三《史馆上·修史官》记，应为咸亨元年十一月。《史通·史官建置》云"至咸亨年"，可证。又，据《资治通鉴》卷二百一咸亨元年记，高宗于总章三年三月改元咸亨，故亦不当有"总章三年十月"。

这篇诏书跟前两篇诏书不同，前两篇是对所撰史书提出要求，此篇则是对撰写史书的人提出要求。后世史家有所谓"史德"的说法，这里讲的"操履贞白""说正有闻"，其实就是史德。当然，在史德之外，也还必须有史才，这就是"业量该通"。诏书明确指出，凡不具备这种德、才的人，虽居史职，亦不可参与修史工作。这表明唐初统治者对选择史官的重视，反映了他们对待史官的看法在价值观念上或多或少发生了一些变化。史官地位的提高和史官受到严格的考察，这在当时是并行不悖的。

这三篇修史诏书，在对史学的社会作用的认识上，在撰述课题的制订上，在史学人才的选拔上，对唐初史学的发展产生了不小的影响。可以认为，这是盛唐史学得以发展的政治上的保证；若没有这样的政治上的保证，盛唐史学或许会是另外一个样子。

二、纪传体史书编纂上的收获和历史认识上的成就

盛唐时期的史学成果，首先是在纪传体史书编纂上所取得的重大收获方面。

"五代史"的撰述。上文讲到，唐高祖时曾下诏撰述"六代史"，即北魏、北齐、北周、隋、梁、陈六个皇朝的历史，但因种种缘故，这次修史工作竟不就而罢。唐太宗继位后，于贞观三年（629 年）复下诏撰述"六代史"。经史臣众议，认为北魏史已有北齐魏收所撰《魏书》和隋代魏澹所撰《魏书》二家①，"已为详备，遂不复修"，唯梁、陈、北齐、北周、隋五史当修。唐太宗表示同意，以令狐德棻修北周史，李百药修北齐史，姚思廉修梁史、陈史，魏徵修隋史，以房玄龄、魏徵为监修，以令狐德棻具体指导和协调诸史撰述工作。7 年

---

① 魏收《魏书》114 卷（连同子卷共 130 卷），撰成于北齐天保五年（554），今存。魏澹《魏书》92 卷，撰成于隋文帝开皇年间，已佚。

后，即贞观十年(636年)，五史俱成，为"五代史"。它们是：《梁书》56卷，《陈书》36卷，《北齐书》50卷，《北周书》50卷，《隋书》55卷，共247卷。"五代史"全为纪传而无书志，故亦称"五代史纪传"。"五代史"撰成，唐太宗极为高兴，他勉励史臣们说：

朕睹前代史书，彰善瘅恶，足为将来之戒。秦始皇奢淫无度，志存隐恶，焚书坑儒，用缄谈者之口。隋炀帝虽好文儒，尤疾学者，前世史籍，竟无所成，数代之事，殆将泯绝。朕意则不然，将欲览前王之得失，为在身之龟镜。公辈以数年之间勒成五代之史，深副朕怀，极可嘉尚！①

欣喜之情，溢于言表。而这里说的"前代史书，彰善瘅恶，足为将来之戒"，"览前王之得失，为在身之龟镜"，从当时的政治家的眼光来看，可谓道出了史学的真谛。

《晋书》的撰述。从唐太宗下达《修〈晋书〉诏》到《晋书》撰成，首尾不足3年，成书之速在唐初所修诸史中是最快的。究其原因，一是参加撰述的人多，二是组织工作得法，三是有前人的成果可资参考。据《唐会要》记载，这次修史工作以房玄龄、褚遂良、许敬宗"掌其事"，参加撰述的有来济、陆元仕、刘子翼、卢承基、李淳风、李义府、薛元超、上官仪、崔行功、辛邱驭、刘允之、杨仁卿、李延寿、张文恭14人。又以令狐德棻、敬播、李安期、李怀俨四人"详其条例，量加考正"，总共参加这项撰述工作的达21人②。在内容上，以南朝齐人臧荣绪所撰《晋书》为蓝本，参考诸家晋史和晋人文集，

---

① 王钦若等：《册府元龟》卷五百五十四《国史部·恩奖》，北京：中华书局，1960年，第6657页。

② 王溥：《唐会要》卷六十三《史馆上·修前代史》，北京：中华书局，1955年，第1091页。按：《新唐书·艺文志二》著录，撰者中有赵弘智而无卢承魁，而刘允之作刘引之。

撰成本纪 10 卷、志 20 卷、列传 70 卷、载记 30 卷，凡 130 卷。关于《晋书》的体例，《唐会要》开始说是由令狐德棻、敬播等 4 人"详其条例，量加考证"，继而又说是敬播"独创"；而《旧唐书·令狐德棻传》则明载："当时同修一十八人，并推德棻为首，其体制多取决焉。"我倾向于这样的看法：《晋书》体例当是令狐德棻、敬播等人共同商议，而从令狐德棻在撰述"五代史"过程中所起的"总知类会"各史的作用和撰述《晋书》过程中被大家"推为首"的地位来看，他对于《晋书》体制的"取决"无疑是起了关键的作用。由于唐太宗亲为《晋书》的《宣帝纪》《武帝纪》《陆机传》《王羲之传》写了四篇史论，因此当时也把整部《晋书》题为"御撰"，这完全是史臣们表示对当朝天子的恭维。后人对《晋书》的评价，一方面肯定它"参考诸家，甚为详洽"；一方面也批评它"好采诡谬碎事，以广异闻，又所评论，竞为绮艳，不为笃实"。而天文学家李淳风所修《晋书》的《天文》《律历》《五行》三志，则被称赞为"最可观采"①。有一点是值得注意的：《晋书》成而先前诸家晋史逐渐不传，说明《晋书》自有其优于前人同类著作之处。

《五代史志》的撰述。贞观十年（636 年）"五代史"虽成，但只有纪、传而无书志，未为全史。因此，唐太宗于贞观十五年（641 年）又命于志宁、李淳风、韦安仁、李延寿共同修撰《五代史志》②。至唐高宗显庆元年（656 年）成书，凡十志 30 卷，其《天文》《律历》《五行》三志，系李淳风独作。对于《五代史志》，后人评价甚高，如郑樵说："《隋志》极有伦理，而本末兼明，可以无憾，迁、固以来，皆不及也。"又说："观《隋志》所以该五代、南北两朝，纷然淆乱，岂易贯穿？而读其书，则了然如在目。良由当时区处，各当其才。颜（师古）、孔（颖达）通古今，而不明天文、地理之序，故只令修纪、传，

---

① 刘昫等：《旧唐书》卷六十六《房玄龄传》，北京：中华书局，1975 年，第 2463 页。
② 参见《宋天圣二年〈隋书〉刊本原跋》，见魏徵等：《隋书》卷末，北京：中华书局，1973 年，第 1903 页。按：据《北史·序传》云，"敕修《隋书》十志"当在贞观十七年（643 年）。

而以十志付之志宁、淳风辈，所以粲然具举。"①这里不仅高度评价了《五代史志》的成就，也肯定了唐太宗务使史官"各当其才"的正确区处。后世多有批评唐初史馆修史之弊，而郑樵这里讲的恰从一个方面肯定了史馆修史的长处。我以为，对唐初史馆修史，纵不可全然肯定，更未可全然否定，郑樵论《隋志》的成就及其原因，便是极好的说明。郑樵讲的《隋志》，就是《五代史志》。有的论者说，《五代史志》因附于《隋书》之后，久之，乃称《隋志》。其实这种说法是不确切的，《五代史志》成书之初，就被呼为《隋志》，李延寿《北史·序传》即可为证②。

《南史》《北史》的撰述。上面讲的这些撰述工作，都是奉旨进行的，而李延寿撰述《南史》《北史》则是出于他个人的愿望。他的这个愿望，是继承了他父亲李大师的遗志。李大师早有著述之志，并计划撰写一部编年体的南北朝史。可是，贞观二年（628年），他还没有完成这个撰写计划就死去了。李延寿为了"追终先志"，用16年的准备、16年的撰述，终于在唐高宗显庆四年（659年）完成《南史》80卷、《北史》100卷的浩大工程，并在令狐德棻的支持和帮助下，将二史先后奏进。唐高宗对《南史》《北史》很赏识，亲为之序；可惜这篇序文早已佚失。《南史》《北史》以《宋书》《南齐书》《梁书》《陈书》等南朝四史和《魏书》《北齐书》《周书》《隋书》等北朝四史为蓝本，参阅其他文献1000余卷并有所采择，仿《史记》体例撰述而成。因《宋书》《南齐书》《魏书》各有志，梁、陈、齐、周、隋五史亦有《五代史志》，故《南史》《北史》唯有纪、传而无书志。"二史"较"八书"简练、贯通，受到后人的好评，如大史学家司马光说："李延寿之书亦近世之佳史

---

① 马端临：《文献通考》卷一百九十二《经籍考十九》"隋书"条，马端临引郑樵语，北京：中华书局，2011年，第5582页。

② 李延寿：《北史》卷一百《序传》称："十七年……奉敕修《隋书》十志"，北京：中华书局，1974年，第3343页。按：《北史》撰成、奏进，在显庆四年（659年），上距《五代史志》成书只有三年。

也。虽于机祥诙嘲小事无所不载，然叙事简径，比于南、北正史，无烦冗芜秽之辞。窃谓陈寿之后，惟延寿可以亚之也。"①由于《南史》《北史》有这样一些优点，所以在北宋仁宗天圣以前，它们在流传方面要比"八书"广泛得多。

以上所说《晋书》《梁书》《陈书》《北齐书》《周书》《隋书》（包括《五代史志》即《隋志》）《南史》《北史》等八部正史，是对前朝历史的总结性工作，也是盛唐史学在纪传体史书撰述上的重大收获，它们占了二十四史中的三分之一。这种情况，在中国封建社会史上，是没有第二个皇朝可以与之相比的。而这些撰述在历史认识上的成就，也有特别值得注意的地方。

第一，对少数民族政权的历史的认识。中国史学家重视少数民族地区的历史是有久远的传统的，司马迁《史记》里就有《匈奴列传》《西南夷列传》，后来的"正史"也都继承司马迁的这种做法。但是，在认识上承认少数民族政权的历史为"正史"，并且为这样的政权撰写"正史"，则是从唐初开始的。这不仅表现在唐初史家对魏收、魏澹两人所撰两部《魏书》的肯定（认为它们"已为详备"），而且对北周、北齐的历史也跟对梁、陈、隋的历史一样看待，一并予以修撰；同时，还表现在对十六国历史的认识上。

《晋书》一方面按照以往"正史"的传统作法，于书中立《四夷传》，分记东夷、西戎、南蛮、北狄各族情况；一方面又对南迁各族及其所建政权的历史在编撰上作特殊的安排，另创"载记"一例，一一备载。此即所谓："北狄窃号中壤，备于载记；在其诸部种类，今略书之"②。这是《晋书》著者的创见，反映了他们对少数民族政权历史的重视。在具体评价上，他们一方面大讲"戎狄乱华""窥我王政"，对

①　见马端临：《文献通考》卷一百九十二《经籍考十九》"南史、北史"条，马端临引司马光语，北京：中华书局，2011年，第5582页。
②　房玄龄等：《晋书》卷九十七《四夷传》序，北京：中华书局，1974年，第2532页。

少数民族有许多贬斥、诬蔑之词；一方面又肯定了一些少数民族政权的统治者。例如，论石勒说："观其对敌临危，运筹贾勇，奇谟间发，猛气横飞"，"杖奇材而窃徽号，拥旧都而抗王室，襯毡裘，袭冠带，释介胄，开庠序，邻敌惧威而献款，绝域承风而纳贡，则古之为国，曷以加诸！"①论慕容廆说："其制敌多权，临下以惠，劝农桑，敦地利，任贤士，该时杰，故能恢一方之业，创累叶之基焉。"②论慕容德说："然禀俶傥之雄姿，韫从（纵）横之远略，属分崩之运，成角逐之资，跨有全齐，窃弄神器，抚剑而争衡秦魏，练甲而志静荆吴，崇儒术以弘风，延谠言而励己，观其为国，有足称焉。"③论赫连勃勃说："其器识高爽，风骨魁奇，姚兴睹之而醉心，宋祖闻之而动色。岂阴山之韫异气，不然何以致斯乎！"④等等。对少数民族政治人物能够作这样一些评价，在《晋书》以前的史籍中是不多见的。

第二，对南北关系的认识。从东晋、十六国至南北朝时期，南、北处于分裂对立状态。这种情况反映在当时史学家的历史认识和历史撰述上则是："南书谓北为'索虏'，北书指南为'岛夷'。又各以其本国周悉，书别国并不能备，亦往往失实。"⑤随着隋、唐统一局面的出现，史学家对南、北历史产生了新的看法，因而才有了李大师"编年以备南北"的历史撰述上的要求。李延寿的《南史》《北史》摒弃了"索虏""岛夷"的旧说，把南朝史和北朝史置于同等地位看待，正

---

① 房玄龄等：《晋书》卷一百七《石季龙载记》后论，北京：中华书局，1974 年，第 2798 页。

② 房玄龄等：《晋书》卷一百一十一《慕容晜载记》后论，北京：中华书局，1974 年，第 2862 页。

③ 房玄龄等：《晋书》卷一百二十八《慕容超载记》后论，北京：中华书局，1974 年，第 3186 页。

④ 房玄龄等：《晋书》卷一百三十《赫连勃勃载记》后论，北京：中华书局，1974 年，第 3214 页。

⑤ 李延寿：《北史》卷一百《序传》，北京：中华书局，1974 年，第 3343 页。

是这种要求的具体反映。这突出地表明了唐初史学家、政治家重新认识南、北历史，倾向统一的历史见解。在当时来说，这无疑是进步的见解。

第三，对历史经验的认识。中国史学家、政治家历来十分重视总结历史经验，所谓"殷鉴不远"的说法，就是一个古老的思想传统。汉初的政治家、思想家对秦亡汉兴的历史经验有比较深刻的认识和总结，《史记》则是其在史学上的反映。唐初的政治家和史学家，不少都经历了隋唐之际的巨变，这使他们对历史经验的认识又比前人深化了一步。从史学上看，这突出地反映在魏徵为《隋书》所写的史论中。魏徵提出"隋之得失存亡，大较与秦相类"①的论点，不仅对隋朝的历史经验教训是一种有力的揭示，而且也是对现实生活中的人们一种深刻的启迪：从历史的比较中判断是非，决定去取。盛唐史学家对历史经验的认识，不仅表现在对于前朝历史经验的总结上，也表现在对于本朝历史经验的重视。盛唐晚期的吴兢撰写的《贞观政要》一书，是作者倾全部心力总结唐太宗时期的"政化"，作者认为后来的统治者们只要"克遵前轨，择善而从，则可久之业益彰矣，可大之功尤著矣，岂必祖述尧、舜，宪章文、武而已哉！"②这是强调了本朝历史经验的重要性，因而更具有现实的意义。《贞观政要》既非纪传体史书，这里就不详论了。

要之，盛唐时期在纪传体史书撰述上的收获和由此反映出来的史学家在历史认识上的成就，不仅是唐代史学上的大事业，也是中国史学史上极光彩的一页。

---

① 魏徵等：《隋书》卷七十后论，北京：中华书局，1973年，第1636页。
② 吴兢：《贞观政要》序，上海：上海古籍出版社，1978年，第1页。

三、对史学和史学工作的反省

如果说盛唐时期史学家对历史的反省所取得的收获和成就，主要表现在纪传体史书的撰述上的话；那么，这个时期史学家对史学、史学工作的反省所取得的收获和成就，则集中地表现在刘知幾的史学活动和他所撰述的《史通》一书。中国史学家对于历史的反省由来已久，司马迁的《史记》是这方面最早的和最有代表性的著作。中国史学家对于史学的反省，如果姑且不考察它的萌芽形态的话，则刘知幾的《史通》乃是这方面最早的和最有代表性的撰述。司马迁活动于汉初，刘知幾生活在盛唐，他们都是处在封建社会虎虎有生气的时代，这与他们能够在史学上从事总结性的工作并取得杰出的成就，不是毫无关系的。

刘知幾(661—721 年)，字子玄，彭城(今江苏徐州)人。他于高宗永隆元年(680 年)举进士，从武则天长安二年(702 年)起任史职，直至去世，大部分时间都致力于修史工作，首尾凡 20 余年。主要撰述工作有：武则天时与朱敬则等撰《唐书》80 卷，中宗神龙时与徐坚等撰《武后实录》，景龙四年(710 年)撰成《史通》，玄宗开元二年(714 年)与谱学家柳冲等撰成《姓族系录》200 卷，继而与史学家吴兢撰成《睿宗实录》20 卷，重修《则天实录》30 卷、《中宗实录》20 卷。以撰述之功，封居巢县子。开元九年(721 年)，其长子贶为太乐令，犯事配流，知幾诣执政诉理，玄宗怒，由是贬授安州都督府别驾，旋卒，时年 61 岁。

在刘知幾 20 余年的史学活动中，最有意义、最有影响，甚至可以说是在中国史学史上树立了里程碑的一件事情，就是他撰写了《史通》一书。《史通》是中国史学史上第一部系统的史学评论著作，共 20 卷 52 篇(佚 3 篇，今存 49 篇)，主要在于阐述史书编撰的体裁和体例，而以纪传体史书的体例最详；同时，它也论及史学和史学工作其他方面的不少问题。从《史通》的内篇、外篇两大部分可看得十分清楚：其内篇着重讲史书的体裁、体例，史料采集，表述要点和作史原则；外篇则着重论述史官制度、史籍源流并杂评史家得失。

《史通》在总结以往史书体裁的基础上，提出了班固《汉书》、荀悦《汉纪》这两种断代的纪传体和断代的编年体史书，是今后历史编纂的主要形式，即所谓"班、荀二体，角力争先，欲废其一，固亦难矣。后来作者，不出二途"①。《史通》对纪传体史书的各部分体例如本纪、世家、列传、表志、论赞等作了详尽的分析，提出了许多独到的见解。在史料采集上，《史通》认为"征求异说，采摭群言，然后能成一家，传诸不朽"②，又说："学者博闻，盖在择之而已"③。从"征求异说，采摭群言"到"盖在择之而已"，这已涉及历史文献的考证方面了。《史通》讲史书的表述要点是：(1)尚简，即所谓："国史之美者，以叙事为工，而叙事之工者，以简要为主。简之时义大矣哉！"(2)用晦，即所谓："晦也者，省字约文，事溢于句外"；"夫能略小存大，举重明轻，一言而巨细咸该，片语而洪纤靡漏，此皆用晦之道也。"刘知幾还引用孔子的话作进一步论证说："昔夫子有云：'文胜质则史。'故知史之为务，必藉于文。"④这是把中国史学上的历史文学的传统作了理论上的说明。《史通》提出的作史原则是极明确的，即坚持直书，反对曲笔，并在认识上发展了中国史学上的直书传统，主张"仗气直书，不避强御"，"肆情奋笔，无所阿容"⑤。《史

----

① 刘知幾：《史通》卷一《二体》，浦起龙通释，上海：上海古籍出版社，1978 年，第 29 页。

② 刘知幾：《史通》卷五《采撰》，浦起龙通释，上海：上海古籍出版社，1978 年，第 115 页。

③ 刘知幾：《史通》卷十《杂述》，浦起龙通释，上海：上海古籍出版社，1978 年，第 277 页。

④ 以上均见刘知幾：《史通》卷六《叙事》，浦起龙通释，上海：上海古籍出版社，1978 年，第 118、173、180 页。

⑤ 刘知幾：《史通》卷七《直书》，浦起龙通释，上海：上海古籍出版社，1978 年，第 192～193 页。

通》外篇的《史官建置》，是一篇简要的史官制度史；《古今正史》，可以看作是一篇史学史论纲。这都是发前人之所未发，论前人之所未论。

除论述史学的有关问题外，《史通》对史学家和史学工作也有不少论述。它把史学家分为三个等第："史之为务，厥途有三焉。何则？彰善贬恶，不避强御，若晋之董狐、齐之南史，此其上也。编次勒成，郁为不朽，若鲁之丘明、汉之子长，此其次也。高才博学，名重一时，若周之史佚、楚之倚相，此其下也。"①如果"三者并阙"，则无以言史。与此相联系的，是刘知幾提出了史学家应具有才、学、识"三长"的著名论点，这对史学家的自我修养提出了很高的要求。史载：

> 礼部尚书郑惟忠尝问："自古文士多，史才少，何耶？"对曰："史有三长：才、学、识，世罕兼之，故史者少。夫有学无才，犹愚贾操金，不能殖货；有才无学，犹巧匠无楩楠斧斤，弗能成室。善恶必书，使骄君贼臣知惧，此为无可加者。"②

从这一段问对来看，刘知幾说的史才，是史学家的研究能力和表达能力；史学，是历史知识的储存；史识，是见解，也是德行，集中表现为善恶必书。这样全面地来看待一个史学家的自身修养，前人是没有提出过的，所以他的这个看法被当时的人们称为"笃论"，后人如章学诚、梁启超都继承和发展了他的这个论点。

《史通》还强调史学的社会作用，认为："史之为务，申以劝诫，

---

① 刘知幾：《史通》卷十《辨职》，浦起龙通释，上海：上海古籍出版社，1978 年，第 282 页。
② 欧阳修等：《新唐书》卷一百三十二《刘子玄传》，北京：中华书局，1975 年，第 4522 页。

树之风声。"①这是指出了史学应具有劝诫作用和教育作用，认为史学有助于树立良好的社会风气。刘知幾认为他撰的《史通》就具有广泛的社会作用，指出："夫其书（指《史通》）虽以史为主，而余波所及，上穷王道，下挞人伦，总括万殊，包吞千有"；"夫其为义也，有与夺焉，有褒贬焉，有鉴诫焉，有讽刺焉"②。历史无所不包，史学应涉及社会生活的许多方面，这一认识在理论上具有重要的意义。司马迁说的"通古今之变"，是从历史的纵深方面说的；刘知幾说的"总括万殊，包吞千有"，是从社会的广度方面说的。在这一点上，刘知幾发展了司马迁的论点。

尤其值得提出的是，刘知幾对史学和史学工作的反省，是建立在某种程度的批判精神的基础上的。这种批判精神，一方面表现为对于现实的批判，一方面表现为对于传统的批判。他对于现实的批判，集中在对当时修史制度混乱，史馆人员冗杂而多不称职，史官难以发挥其专长与见解等弊端的揭露上。例如：由于史官泛滥，故"每欲记一事，载一言，皆阁笔相视，含毫不断。故头白可期，而汗青无日"。由于监修的长官太多，故"十羊九牧，其令难行；一国三公，适从何在？"由于缺少严格的修史章法，故"监之者既不指授，修之者又无遵奉，用使争学苟且，务相推避，坐变炎凉，徒延岁月"③。此外，还有史料难求、学风不正等许多弊端。刘知幾对于传统的批判，集中在对《尚书》所记古代史事的怀疑和对《春秋》书法混乱、体例不纯的指摘，其锋芒所向，虽经典、"圣人"亦不讳言。他批评《尚书》："《书》之所载，以言为主。至于废兴行事，万不记一，

---

① 刘知幾：《史通》卷七《直书》，浦起龙通释，上海：上海古籍出版社，1978年，第192页。

② 刘知幾：《史通》卷十《自叙》，浦起龙通释，上海：上海古籍出版社，1978年，第291～292页。

③ 刘知幾：《史通》卷十《忤时》，浦起龙通释，上海：上海古籍出版社，1978年。第590、591页。

语其缺略，可胜道哉?!"认为孔子删定《六经》，其中"饰智矜愚，爱憎由己者多矣"①。于是他举出 10 个例子，以"讦其疑事"，并得出结论说：远古之书，"其所录也，略举纲维，务存褒讳，寻其终始，隐没者多"，"其妄甚矣"。他特别指出孔子所作的《春秋》，"尺有所短，寸有所长，其间切磋酬对，颇亦互闻得失"②。于是他举出"未谕"者 12 例、"虚美"者 5 例，其中"非所讳而仍讳，谓当耻而无耻，求之折衷，未见其宜"者有之，"国家事无大小，苟涉嫌疑，动称耻讳，厚诬来世"者有之，"一褒一贬，时有弛张；或沿或革，曾无定体"者有之，"真伪莫分，是非相乱"者有之。而太史公、左丘明、孟子、班固等皆对《春秋》有"虚美"之词，这是"既欲神其事，故谈过其实"。刘知幾的批判精神，不论对现实方面，还是对传统方面，都只是停留在就事论事的水平上，还远不是理论的批判，因而带有明显的局限性。再说，他的这种批判，就其本质来说，跟儒家的经典和圣人亦无根本相悖之处。但是，这种批判精神却显示了一个严肃的史学家的本色。他明确申言，他是受了王充《论衡·问孔》篇的影响，目的在于"广彼旧疑，增其新觉"。这在当时，是需要有相当的勇气的。

刘知幾对史学和史学工作的反省，不是孤立的历史现象。他的《史通》撰成后，友人徐坚读之，表示深深的赞同，认为："为史氏者宜置此坐右也。"除徐坚外，刘知幾在学术上的同好，还有朱敬则、刘允济、薛谦光、元行冲、吴兢、裴怀古等。这个反省对于当时和后世乃至今天的史学工作的影响，都是不小的。

盛唐史学的成就，还表现在国史编修方面，谱学的发展方面，史书的注释方面，佛教史学的撰述方面，以及历史评论方面，等等，本篇所论，其荦荦大者而已。

---

① 刘知幾：《史通》卷十《疑古》，浦起龙通释，上海：上海古籍出版社，1978 年，第 381 页。

② 刘知幾：《史通》卷十《惑经》，浦起龙通释，上海：上海古籍出版社，1978 年，第 397 页。

中唐史学发展的几种趋势[*]

这里说的"中唐",是指从唐玄宗天宝初年（起于 742 年）到唐宪宗元和末年（止于 820 年）之间约 80 年的唐代历史,跟中国文学史上所说的"中唐时期"在断限上略有不同。唐玄宗开元末年,唐皇朝的盛世已出现衰败的朕兆,而历时八年之久的"安史之乱"（755—763 年）则严重地阻滞了唐代经济、政治发展的势头,同时也使盛世时期所积累起来的各种社会矛盾统统爆发出来。其中,如藩镇问题、土地问题、财政问题、民族关系问题等,都十分严重,成为当时的政治家、思想家、史学家普遍关注的问题。政治家的改革,思想家的论辩,史学家的沉思,以至诗人的咏叹,都使他们在面对严峻的现实这一点上有很多相通、相似之处。人们所熟知的"两税法"、《封建论》、"三吏"、"三别"等,都是这个时期出现的。在这样的历史条件下,唐代史学风气也发

---

* 原载《史学月刊》1989 年第 1 期。

生了很大的变化，出现了几种新的发展趋势。

一、明确提出史学的经世作用

中国史学历来跟政治有密切的关系。这个传统起源于久远的古代，所谓"殷鉴不远，在夏后之世"①，可以说是它的思想的源头。《左传》一书在这方面有不少明确的记载，如隐公六年（前717年）记载了这样一件事："郑伯侵陈，大获。往岁，郑伯请成于陈，陈侯不许。五父谏曰：'亲仁善邻，国之宝也。君其许郑！'陈侯曰：'宋、卫实难，郑何能为？'遂不许。"这是说陈侯没有听取五父的建议而终于给国家带来了灾难。对于这件事，《左传》发表了一大篇议论：

> 君子曰：善不可失，恶不可长，其陈桓公（按：即上文所说陈侯）之谓乎！长恶不悛，从自及也。虽欲救之，其将能乎！《商书》曰："恶之易也，如火之燎于原，不可乡（向）迩，其犹可扑灭？"周任有言曰："为国家者，见恶，如农夫之务去草焉，芟夷蕴崇之，绝其本根，勿使能殖，则善者信矣。"（按：《商书》，系指《盘庚》上篇；周任，马融《论语注》说是"古之良史"。）②

这一篇"君子曰"不仅表明了自己的看法，而且还引用历史文献和"古之良史"的说法，其意在强调"为国家者"应当懂得"善不可失，恶不可长"的道理。

秦汉以下，史学家对于史学跟政治的关系的认识有了很大的发展，认为史学对于政治的作用不只是在于对一人一事之得失上的借鉴，而是要以史学来反映一个时代的发展和变化。这从司马谈临死

---

① 《诗经·大雅·荡》，《十三经注疏》，北京：中华书局，1980年。
② 《左传》隐公六年，杨伯峻注，北京：中华书局，1990年，第50～51页。

之前对司马迁的告诫中看得很清楚。司马谈的临终嘱咐是：

> 夫天下称诵周公，言其能论歌文武之德，宣周、邵之风，达太王王季之思虑，爰及公刘，以尊后稷也。幽、厉之后，王道缺，礼乐衰，孔子修旧起废，论《诗》《书》，作《春秋》，则学者至今则之。自获麟以来四百有余岁，而诸侯相兼，史记放绝。今汉兴，海内一统，明主贤君忠臣死义之士，余为太史而弗论载，废天下之史文，余甚惧焉，汝其念哉![1]

在司马谈看来，周公和孔子之所以为人们所称颂与效法，是因为他们用种种方式反映出了时代的面貌，而他自己身为太史却又没有做到这一点，"废天下之史文"，所以感到十分惶恐。这一方面表明史学家对于史职有一种崇高的神圣感；另一方面也表明在史学家看来，史学跟政治的关系实在是太密切了。

在政治家眼里，政治跟史学之间的关系也是很重要的。中唐以前的政治家对此有较深的认识和较多的言论的，当首推唐太宗。他曾赐给大臣李大亮一部荀悦著的《汉纪》，说它"论议深博，极为治之体，尽君臣之义"，希望李大亮"公事之闲"，"宜加寻阅"[2]。贞观十年（636年），当史臣们按照他的旨意撰成梁、陈、齐、周、隋"五代史"时，他对史臣们说："朕睹前代史书，彰善瘅恶，足为将来之戒"；"览前王之得失，为在身之龟镜"[3]。唐太宗为封建社会里的一代英主，他的政治统治之所以获得成功，跟他重视史学的政治作用，注意总结历史上的经验教训自有一定关系，所以他有更多的感受和更深的认识。贞观二十一年（647年），唐太宗问群臣："自古帝王虽

---

① 司马迁：《史记》卷一百三十《太史公自序》，北京：中华书局，1982年，第3295页。
② 刘昫等：《旧唐书》卷六十二《李大亮传》，北京：中华书局，1975年，第2388页。
③ 王钦若等：《册府元龟》卷五百五十四《国史部·恩奖》，北京：中华书局，1960年，第6657页。

平定中夏，不能服戎、狄。朕才不逮古人而成功过之，自不谕其故，诸公各率意以实言之。"这里提出的是一个重大的政治问题，也是一个重大的历史问题。群臣都说："陛下功德如天地，万物不得而名言。"对于这种把自己神化的说法，唐太宗是不赞成的，他说："不然！朕所以能及此者，止由五事耳。"①于是他历数了他成功的五个原因。这说明，唐太宗对于史学的重视并非说说而已。因此，他说的这句名言，无疑是出自内心的一种看法："大矣哉，盖史籍之为用也！"②

要之，中唐以前，人们对于史学和政治的关系是有相当深刻的认识的。但是，在中唐以前的史学家中，还不曾出现这样的情况：由史学家自己宣称，他写的史书将直接应用于政治统治。这种情况，在中唐时期是切切实实地出现了。大史学家杜佑郑重表明："佑少尝读书，而性且蒙固，不达术数之艺，不好章句之学。所纂《通典》，实采群言，征诸人事，将施有政。"③这几句话，在中国史学史上是很有分量的，因为这是中国古代史学家第一次由本人宣布，其著述将直接用来为政治服务。前代史家所谓"藏之名山，传之其人"④，"此书行，故应有赏音者"⑤等种种含蓄的说法，已经发展为一种明确的"史学宣言"了。杜佑的这一撰述宗旨，颇为同时代人所重视，所推崇。李翰认为：

今《通典》之作，昭昭乎其警学者之群迷欤！以为君子致用

---

① 司马光等：《资治通鉴》卷一百九十八《唐纪十四》，北京：中华书局，2011 年，第 6360 页。

② 唐太宗：《修〈晋书〉诏》，见宋敏求等：《唐大诏令集》卷八十一，北京：商务印书馆，1959 年，第 467 页。

③ 杜佑：《通典》自序，北京：中华书局，1988 年，第 1 页。

④ 司马迁：《报任安书》，见班固：《汉书》卷六十二《司马迁传》，北京：中华书局，1962 年，第 2735 页。

⑤ 范晔：《狱中与诸甥侄书》，见沈约：《宋书》卷六十九《范晔传》，北京：中华书局，1974 年，第 1831 页。

在乎经邦，经邦在乎立事，立事在乎师古，师古在乎随时。必
参古今之宜，穷终始之要，始可以度其古，终可以行于今。问
而辨之，端如贯珠，举而行之，审如中鹄。①

李翰在这里说的"致用""经邦""立事""师古""随时"等，要紧的是"致
用"和"随时"。"致用"是强调史学的实践性，即为社会所用。"随时"
是要求这种"致用"应从实际出发，不是泥古不化，生搬硬套。总之，
研究历史，应是"始可以度其古，终可以行于今"。李翰的这些说法，
不独中肯地概括了《通典》的旨趣，而且也反映了他跟杜佑在思想上
的相通之处。此外，曾与杜佑长期共事的权德舆认为：《通典》一书
"诞章闳议，错综古今，经代（世）立言之旨备焉"②。权德舆是政治
家，他的评论，自有一定的分量。后人评论《通典》，说它是"有用之
实学"③"经国之良模"④，也都是着意于杜佑的经世致用思想。杜佑
的撰述宗旨和《通典》的内容，的确无愧于这些评价。在中国学术史
上，明清之际出现了一批主张经世致用的学者。许多论者认为，这
是中国经世致用之学的开端，这个说法是可以讨论的。从以上的论
述中，至少可以认为，杜佑《通典》实为中国经世史学的滥觞。若此
说尚可成立，则应对中国经世致用之学的发展作重新估价。

值得注意的是，中唐时期，经世思想的产生不限于史学领域。
如政治家、地理学家李吉甫指出：

古今言地理者凡数十家，尚古远者或搜古而略今，采谣俗

---

① 李翰：《通典》序，北京：中华书局，1988 年，第 1～2 页。
② 权德舆：《岐国公杜公墓志铭》，见董诰等：《全唐文》卷五百五，北京：中华书
局，1983 年，第 536 页。
② 永瑢等．《四库全书总目》卷八十一《史部·政书类一》，北京：中华书局，1965
年，第 694 页。
④ 乾隆：《重刻通典序》，见杜佑：《通典》附录一，北京：中华书局，1988 年，第
5513 页。

者多传疑而失实，饰州邦而叙人物，因丘墓而征鬼神，流于异端，莫切根要。至于丘壤山川，攻守利害，本于地理者，皆略而不书，将何以佐明王扼天下之吭，制群生之命，收地保势胜之利，示形束壤制之端?!①

这是他反复阐说自己撰述《元和郡县图志》的目的。从中不难看出，他极不满意那种"流于异端，莫切根要"的地理之学，强调地理之学应着重研究"丘壤山川，攻守利害"，以便为当时的政治统治服务。如果以李吉甫的这个撰述思想，跟明末清初顾炎武、顾祖禹关于地理之学的思想做一比较的话，似可找出它们之间的渊源关系。李吉甫曾撰《元和国计簿》，以"审户口之丰耗"；撰此书，以"辨州域之疆理"，其远叙先秦时期，近及贞元年间，距成书仅二三十年②。这种在撰述内容上论及当代的做法，跟杜佑的《通典》颇有共同之处。

元和十年(815年)，大诗人白居易在长安为太子属官，其间，他给元稹写了一封信，讨论诗歌的创作目的和社会作用。信中说：

自登朝来，年齿渐长，阅事渐多，每与人言，多询时务，每读书史，多求理道：始知文章合为时而著，歌诗合为事而作。③

这就是说，诗文的创作，应当密切结合当时的"时""事"。有这种认识的人，又岂止一个白居易。

总的来看，中唐史学之趋向于重视经世作用，并不是偶然的或孤立的现象。一方面，这是由当时的社会条件所决定的，它要求史学家把从现实去考察历史与从历史来观察现实结合起来，即把现实

---

① 李吉甫：《元和郡县图志》序，北京：中华书局，1983年，第2页。

① 李吉甫：《元和郡县图志》序，北京：中华书局，1983年，第2页。
② 参见李吉甫：《元和郡县图志》序，以及卷六《河南道二》叙其上限、卷二十二《山南道三》记其下限，北京：中华书局，1983年，第2、155、557页。
③ 白居易：《白居易集》卷四十五，北京：中华书局，1979年，第962页。

作为研究历史的起点和归宿。另一方面，经世思想在当时已或多或少成为一种学术文化的潮流；《通典》是这个潮流的产物，又是这个潮流的一部分，故而"大为士君子所称"①。

二、通史撰述上的新成就

在西汉皇朝盛世，司马迁著《史记》，首创纪传体通史，成为中国史学发展中的一座里程碑。然而，自东汉班固撰《汉书》，改通史为断代，此后数百年间，通史撰述甚为寥落，而断代为史则风靡一时。南北朝时，梁武帝曾命史学家吴均等撰《通史》600 卷，北魏元晖也曾召集史学家崔鸿等撰《科录》270 卷，这两部书都是通史，可惜都没有流传下来。隋末，陆从典试图"续司马迁《史记》，讫于隋"②，但他并未实现这个著述计划。这表明，从南北朝至隋，一些政治家、史学家，还是希望在撰述通史方面能够获得新的成就。

盛唐史学家中，不少人有通变的历史思想。《隋书·经籍志》史部后序说，"夫史官者，必求博闻强识、疏通知远之士"，就是这种历史思想的反映。李延寿撰《南史》《北史》180 卷，"以拟司马迁《史记》"③。睿宗、玄宗时人韩琬曾撰《续史记》130 卷④，可惜其书已佚。而萧颖士则"起汉元年，讫隋义宁，编年，依《春秋》为传百篇"⑤。这是分别采用纪传体和编年体撰写的通史，前者尊《史记》，后者崇《春秋》。萧颖士的编年体通史不曾流传下来，所以他只是作为一个文学家被人们记载在中国文学史上。其实，在司马光撰《资治

① 刘昫等：《旧唐书》卷一百四十七《杜佑传》，北京：中华书局，1975 年，第 3983 页。
② 姚思廉：《陈书》卷三十《陆琼传》，北京：中华书局，1972 年，第 398 页。
③ 李延寿：《北史》卷一百《序传》，北京：中华书局，1974 年，第 3345 页。
④ 见欧阳修等：《新唐书》卷五十八《艺文志二·正史类》，北京：中华书局，1975 年，第 1457 页。
⑤ 欧阳修等：《新唐书》卷二百二《萧颖士传》，北京：中华书局，1975 年，第 5768 页。

通鉴》以前，萧颖士的上述撰述，在中国史学史上是不应被忽略的。

中国史学上的通史撰述工作，至中唐时期有了很大的发展，取得了新的成就，成为这个时期史学发展中一个值得注意的趋势。概括地说，这时期的通史撰述的新成就有三个特点：一是体裁丰富，二是产生了有影响的著作，三是开拓了历史研究的领域。这不仅是唐代史学上的重要成就，也是整个中国史学发展过程中具有转变风气之重大意义的成就。为便于浏览，兹将这一时期的通史著作列表如下：

书名	撰者	卷数	成书年代	体裁	存佚
建康实录	许嵩	20		编年	存
统载	韩潭	30	贞元十三年（797 年）	传记	佚
通典	杜佑	200	贞元十七年（801 年）	典制	存
高氏小史	高峻	60		纪传	佚
通历	马总	10		编年	佚前 3 卷，存后 7 卷
大统纪	陈鸿	30	元和六年（811 年）	编年	佚
统史	姚康	300	大中五年（851 年）	编年	佚

据上表，只有姚康是中、晚唐之际的人，其所撰《统史》成书于晚唐外，其余撰者都是中唐时人，所撰各书，多成于德宗、宪宗两朝。这些书，除《建康实录》是贯通六朝历史的著作外，其余诸史多是贯穿古今的通史。如韩潭的《统载》，"采虞、夏以来至于周、隋，录其事迹善于始终者六百六十八人为立传"[1]。如杜佑的《通典》，分为 9门，"采《五经》、群史，上自黄帝，至于有唐天宝之末，每事以类相

---

[1] 王钦若等：《册府元龟》卷五百五十六《国史部·采撰二》，北京：中华书局，1960 年，第 6685 页。

从，举其始终，历代沿革废置及当时群士论议得失，靡不条载"①。如高峻《高氏小史》，"一以《太史公书》为准"②，钞节历代史而成，间或也有创作，下限至于唐德宗、顺宗时期。再如姚康《统史》，"上自开辟，下尽隋朝，帝王美政、诏令、制置、铜盐钱谷损益、用兵利害，下至僧道是非，无不备载，编年为之"③。以上四书，分别为传记体、典制体、纪传体、编年体，它们的共同特点则都是通史。在一个不太长的时期里，能够在通史撰述方面取得这样突出的成就，这在中唐以前的史学发展史上是不曾有过的。

怎样看待和评价这一史学现象呢？

第一，这是时代的要求。隋唐统一的政治局面，赋予史学家开阔的视野和宏大的气魄。然而，由于政治形势的不同，盛唐史家和中唐史家在具体任务上和实际感受上也还是有明显区别的。盛唐时期史学家的主要任务，是从撰写前朝历史中总结历史经验，为巩固本朝的统治服务。这一点，从令狐德棻向唐高祖提出的修前代史建议，以及唐高祖的《修六代史诏》和唐太宗的《修〈晋书〉诏》中，看得十分清楚。当时政治向史学提出的任务，可以用令狐德棻说的一句话来概括："如文史不存，何以贻鉴今古？"④中唐时期的情况就不一样了：前代史的修撰任务早已完成，政治形势的变化向史学家提出新的要求。这个新的要求，一是要"经世"，二是要"通识"。所谓"经世"，从上文所引李翰《〈通典〉序》可知其主旨在"经邦""致用"。所谓"通识"，诚如白居易所说："庶职之重者，其史氏欤！历代以来，甚难其选。非雄文博学，辅之以通识者，则无以称命。"⑤这里明确地

① 李翰：《通典》序，北京：中华书局，1988年，第2页。

② 高似孙：《史略》卷四"高峻小史"条，丛书集成初编本，北京：中华书局，1985年，第80页。

③ 刘昫等：《旧唐书》卷十八下《宣宗纪》，北京：中华书局，1975年，第630页。

④ 刘昫等：《旧唐书》卷七十三《令狐德棻传》，北京：中华书局，1975年，第2597页。

⑤ 白居易：《授沈传师左拾遗、史馆修撰制》，见《白居易集》卷五十四，北京：中华书局，1979年，第1139页。

提出了"通识"的要求。而唐宪宗时的史官李翱说的"夫通前古治乱安危之大本者,实史臣之任也"①,可以看作是"通识"的核心。试观杜佑《通典》"实采群言,征诸人事,将施有政"、《理道要诀》(《通典》节本)"评古今之要,酌时宜可行"②的旨趣,姚康《统史》"纂帝王美政、善事、诏令可利于时者"③的目的,不是都符合这两个要求吗?

第二,这是史学发展的结果。上文讲到,《史记》以下,通史著作寥落,但自南北朝起间或也有史家试图制作,思想上的酝酿自有一个发展过程。盛唐的萧颖士在史学思想上是保守的,但他"依鲁史编年,著历代通典"④的尝试却是可贵的。中唐史家柳冕写了一篇《答孟判官论宇文生评史官书》的文字,其中有些话反映了他对《史记》的看法:

> 昔周公制礼五百年而夫子修《春秋》,夫子没五百年而子长修《史记》。迁虽不得圣人之道而继圣人之志,不得圣人之才而得圣人之旨,自以为命世而生,亦信然也。且迁之没已千载矣,迁之史未有继之者,谓之命世,不亦宜乎!噫!迁承灭学之后,修废起滞,以论天人之际,以通古今之变,而微迁叙事,广其所闻,是轩辕之道几灭矣;推而广之,亦非罪也。且迁之过,在不本于儒教,以一王法,使杨朱墨子得非圣人。此迁之罪也,不在于叙远古、示将来也。⑤

---

① 李翱:《论事疏表》,见董诰:《全唐文》卷六百三十四,北京:中华书局,1983年,第6400页。

② 杜佑:《进〈理道要诀〉表》,见王应麟:《玉海》卷五十一,南京:江苏古籍出版社;上海:上海书店出版社,1987年,第970~971页。

③ 王钦若等:《册府元龟》卷五百九十七《学校部·撰集》,北京:中华书局,1960年,第7288页。

④ 萧颖士:《赠韦司业书》,见李昉等:《文苑英华》卷六百七十八,北京:中华书局,1966年,第3494页。

⑤ 董诰等:《全唐文》卷五百二十七,北京:中华书局,1983年,第5355页。

柳冕对司马迁的历史思想并不完全赞同，但这一段文字，却主要是在为作为通史的《史记》"论天人之际，通古今之变""叙远古，示将来"的撰述旨趣作辩护。这个辩护，恰恰反映出中唐时期一些史学家对于撰述通史的向往。

要之，中唐史学出现重视撰述通史的趋势，乃是自南北朝以来，特别隋朝和盛唐以来史学发展的结果。至于中唐史家能够采用多种体裁来表现通史的撰述，也是跟魏晋南北朝以来史学的发展，尤其是跟他们对史书体裁有过一番争论和反思相联系的。[1]

第三，这对中唐以后史学的发展产生了很大的影响。其影响最深远者首推《通典》。《通典》一书，不独在当时"大为士君子所称"，而且在后来史学的发展上，亦为不少史学家所继承和发扬。在这方面成就最突出、影响最大的是马端临所著的 348 卷巨制《文献通考》。马端临说：

> 唐杜岐公（按：杜佑封岐国公）始作《通典》，肇自上古，以至唐之天宝，凡历代因革之故，粲然可考。其后宋白尝续其书，至周显德。近代魏了翁又作《国朝通典》。然宋之书成而传习者少，魏尝属稿而未成书。今行于世者，独杜公之书耳，天宝以后盖阙焉。有如杜书纲领宏大，考订该洽，固元以议为也。然时有古今，述有详略，则夫节目之间，未为明备，而去取之际，颇欠精审，不无遗憾焉。[2]

这一段话，把《通典》在史学上的成就及其在元初以前的影响概括得很好。至于它在"节目之间，未为明备"，"去取之际，颇欠精审"，马端临也能从"时有古今，述有详略"的角度来看待。这是一种历史

---

① 参见瞿林东：《古代史家怎样对待史书体裁》，载《安徽史学》1984 年第 4 期。
② 马端临：《文献通考》序，北京：中华书局，2011 年，第 1～2 页。

的，具有朴素辩证思想的认识。客观历史发展了，人们的认识能力也发展了，这是历代史学家不断深化对历史认识的必然趋势。后起的史学家倘能正确地说明和继承前人的成就，并补充自己对于历史的新认识，就能有所创新。马端临即是如此。他在《文献通考·序》中明确指出：其所著《文献通考》共分 24 门，其中 19 门"俱效《通典》之成规。自天宝以前，则增益其事迹之所未备，离析其门类之所未详；自天宝以后，至宋嘉定之末，则续而成之"。另有 5 门，"则《通典》元未有论述，而采摭诸书以成之者也"。《文献通考》是一部巨著，在中国史学史上有很高的地位。从马端临所说的这些话中，可以看出《通典》在很大的程度上影响和启迪了他对《文献通考》的撰述。《通典》作为"十通"之首，它对后来史学的发展起了很大的推动作用，于此可见一斑。

又如《高氏小史》，在北宋时有比较广泛的流传，故司马光曾说："光少时，惟得《高氏小史》读之，自宋迄隋并《南·北史》，或未尝得见，或读之不熟。"①正因为司马光接触《高氏小史》较早，所以"尝称其书，使学者观之"②。司马光撰《资治通鉴》和《稽古录》二书，都是通史，于此可见他的治史旨趣。他称道《高氏小史》，殊非偶然。南宋学者高似孙著《史略》一书，专立"通史"一目，其中著录者有《高氏小史》和姚康《统史》③。再如《通历》，北宋初年已有学者孙光宪续作，撰《续通历》5 卷（一说 10 卷），后二书在流传中被人们合抄为一④。清代学者徐松说："《通历》之书，录自正史，其淹贯博赡，固不足以方驾《通鉴》；惟梁武帝《通史》不传，史钞之存于今者，此书

---

① 引自马端临：《文献通考》卷一百九十二《经籍考十九》"《南史》《北史》"条，郑樵引司马光语，北京：中华书局，2011 年，第 5582 页。

② 陈振孙：《直斋书录解题》卷四，上海：上海古籍出版社，1987 年，第 109 页。

③ 高似孙辑：《史略》卷四，丛书集成初编本，北京：中华书局，1985 年，第 80 页。

④ 参见叶德辉：《通历》排印本题记，叶氏梦篆楼 1915 年排印本，参见周征松《通历》点校本，太原：山西人民出版社，1992 年，第 283～285 页。

为最古。"①亦可见其重视程度。

这些事实表明，中唐史家的通史著述对后来史学发展的影响，确为中国史学上值得注意的一个问题。

三、史学家自觉意识的增强

盛唐时期，刘知幾对史学和史学工作的反省，有些问题如关于史家"三长"和"直书"的评论，已明显地反映出史学家的自觉意识的发展。这种发展到中唐时期又产生了新的变化，即史学家对于自身职责与社会之关系的认识，趋向于更加自觉、更加深刻，且或多或少带有一些理性的成分，显示出史学家自觉意识的增强，成为中唐史学发展的又一个趋势。

史学家这种自觉意识的增强，主要表现在以下几个方面：

第一，"宜守中道，不忘其直"。宪宗元和八年（813 年），韩愈任史馆修撰。有位刘秀才致书韩愈，希望他在历史撰述方面作出贡献，并对前代优秀史家吴兢等给予称赞。韩愈复书刘秀才，谈到他对史学工作的一些看法。其要点是："凡史氏褒贬大法，《春秋》已备之矣。后之作者，在据事迹实录，则善恶自见。然此尚非浅陋、偷惰者所能就，况褒贬耶？"他举孔子、左丘明、司马迁直至本朝吴兢等为例，认为："夫为史者，不有人祸，则有天刑，岂可不畏惧而轻为之也？"还有，"传闻不同，善恶随人所见，甚者附党，憎爱不同，巧造语言，凿空构立；善恶事迹，于今何所承受取信，而可草草作传记，令传万世乎？"等等②。这是一封情绪低沉的信，其中反映了韩愈对史学与社会之关系上的一些不正确看法。次年正月，韩愈好友

---

① 引自《通历》书首，见叶氏梦篆楼 1915 年排印本，参见周征松《通历》点校本，太原：山西人民出版社，1992 年，第 281～282 页。

② 韩愈：《答刘秀才论史书》，见《韩昌黎全集》外集卷二，北京：中国书店出版社，1991 年，第 486～487 页。

柳宗元就此致书韩愈，诚恳地批评了他的这些看法。这就是著名的《与韩愈论史官书》一文①。

在这封信中，柳宗元从唯物的观点出发，批评了"为史者，不有人祸，则有天刑"的看法，而着重阐述了"宜守中道，不忘其直"的思想。这就是说，坚守中庸的道德标准，但又不可丢掉史学家的正直精神。柳宗元认为："凡居其位，思直其道。道苟直，虽死不可回也；如回之，莫若亟去其位。"这是从一般任职来说的，它反映了柳宗元的人生态度及其对于仕宦的看法。根据这样一个基本的认识，柳宗元进而提出："退之（按：指韩愈，韩愈字退之）宜守中道，不忘其直，无以他事自恐。退之之恐，唯在不直、不得中道，刑、祸非所恐也。"意即担心的不是什么天刑、人祸，而是放弃正直的精神从而失掉中庸的原则。在柳宗元看来，中道即中庸之道，不是可以不讲原则、放弃史学家的公正的立场。否则，"信人口语，每每异辞，日以滋久，则所云磊磊轩天地者，决必沈没，且杂乱无可考，非有志者所忍恣也"。一个有抱负的史学家，怎能容忍唐代那些有重大价值的史事被混淆、被沉没呢？通观此书，柳宗元以阐述"宜守中道，不忘其直"的原则，而涉及史学家的德行、勇气和对于社会的责任心等问题，较多地从理论上反映了史学家的强烈的自觉意识。柳宗元是杰出的思想家和文学家，但他撰《非〈国语〉》《封建论》《天对》等文，证明他于史学尤其在史论方面，是有突出的见解的。从这一点来看，他的上述论点亦可视为史学家的一种思想倾向。

第二，"取天下公是公非以为本"。中、晚唐之际的李翱（772—841年），是著名的散文家和思想家，同时也是史学家。唐宪宗元和初年，他任史馆修撰，直至元和十五年（820年）授考功员外郎时仍然"并兼史职"。《旧唐书》本传说他"性刚急，论议无所避"。这两句话，

---

① 柳宗元：《柳河东集》卷三十一，上海：上海人民出版社，1974年，第498页。

活画出他为人正直的形象。李翱有《李文公集》传世，其中有两篇论议跟史学的关系尤为密切。一是《百官行状奏》，一是《答皇甫湜书》。《百官行状奏》指出："今之作行状者，非其门生，即其故吏，莫不虚加仁义礼智，妄言忠肃惠和"，以致"善恶混然不可明"；以此入史，则"荒秽简册，不可取信"。他认为，史氏记录，须得本末，主张行状之作"但指事说实，直载其词，则善恶功迹，皆据事足以自见矣"①。这是提出了对于行状的实事求是的要求。

《答皇甫湜书》是一篇涉及史学许多方面的论议，其中重要的一个论点是史家作史必须"取天下公是公非以为本"。他写道：

> 唐有天下，圣明继于周、汉，而史官叙事，曾不如范蔚宗、陈寿所为，况足拟望左邱明、司马迁、班固之文哉？仆所以为耻。当兹得于时者，虽负作者之才，其道既能被物，则不肯著书矣。仆窃不自度，无位于朝，幸有余暇，而词句足以称赞明盛，纪一代功臣、贤士行迹，灼然可传于后代，自以为能不灭者，不敢为让。故欲笔削国史，成不刊之书。用仲尼褒贬之心，取天下公是公非以为本：群党之所谓是者，仆未必以为是，群党之所谓非者，仆未必以为非。使仆书成而传，则富贵而功德不著者，未必声名于后；贫贱而道德全者，未必不烜赫于无穷。韩退之所谓"诛奸谀于既死，发潜德之幽光"，是翱心也。②

这些议论，极其深刻地表明了李翱作为史学家的自觉意识，以及他对于史学工作之前景的极高的追求。在官僚集团的矛盾斗争中，他提出不以"群党"的是非为是非，强调"取天下公是公非以为本"，这就把柳宗元说的"宜守中道，不忘其直"的原则具体化了。当然，在

---

① 董诰等：《全唐文》卷六百三十四，北京：中华书局，1983年，第6400页。
② 董诰等：《全唐文》卷六百三十五，北京：中华书局，1983年，第6410～6411页。

封建社会里，真正的"天下公是公非"是不存在的，但它无疑是表明了史学家力图使自己对历史的看法不受少数人的是非观念所左右，从而使这种看法能够符合或接近多数人的是非观念的意向。这是一种较高层次的自觉意识的反映。从上面的引文可以看出，这种自觉意识不单反映在史学家的是非观念上，也反映在史学家的价值观念上，这就是："富贵而功德不著者"，不一定都写入史册，使其"声名于后"；反之，"贫贱而道德全者"，则应当写入史册，使其"烜赫于无穷"。李翱的这个思想在中唐以后封建社会史学工作上的实践意义是很有限的，但它在当时却是一次耀眼的闪光；而作为史学思想遗产，在今天仍有其重要的价值。

第三，对"良史"的再认识。自两晋以下，关于编年、纪传两种体裁孰优孰劣的问题，史学家们争论得很激烈。而争论中所提出的问题，有的已超出了史书体裁的范围，涉及怎样评价"良史"以及史学家如何认识自己、规范自己的问题。大致跟李翱同时的一位文学家皇甫湜（约777—约835年）在这个争论中撰写的《编年纪传论》，就是这样的一篇宏论。皇甫湜说：

> 予以为合圣人之经者，以心不以迹；得良史之体者，在适不在同。编年、纪传，系于时之所宜、才之所长者耳，何常之有？夫是非与众人同辨，善恶得圣人之中，不虚美，不隐恶，则为纪、为传、为编年，是皆良史矣。①

这里说的"心"与"迹"、"适"与"同"，意为重在实质、不在形式，重在变化、不在雷同；作者不认为有固定不变的体裁。值得注意的是，作者在评判"良史"的标准时，强调了"是非与众人同辨"，这同上面

---

① 董诰等：《全唐文》卷六百八十六，北京：中华书局，1983年，第7030页。

所引李翱说的"天下公是公非"几乎是同一个口气，可见此种意识的产生并不是偶然的。

皇甫湜在《编年纪传论》的末尾写道：

> 今之作者，苟能遵纪传之体裁，同《春秋》之是非，文敌迁、固，直踪南、董，亦无上矣。倘谬乎此，则虽服仲尼之服，手握绝麟之笔，等古人之章句，署王正之月日，谓之好古则可矣，顾其书何如哉！

连同上文来看，这是进一步讲了继承和创新的关系。这里提到的"体裁""是非""文""直"，讲的是史学继承的内容和标准，如能真正做到这些，且又充分体现"时之所宜、才之所长"，就可达到创新，就可成为良史。如果只是在表面上模仿古代史家，那只能说是"好古"，与继承和创新无涉，更谈不上成为"良史"了。

上面所举的这几篇史论，从不同的方面显示出中唐史家之自觉意识的增强。当然，其中有的史论并非出于史学家之手，但作为一种倾向，它们都是当时的史学思潮的反映，这应当是没有疑问的。

中唐史学发展的这几种趋势，在唐代史学上以至在中国古代史学上都是很有意义的，这种意义或表现在社会实践方面，或表现在历史编纂方面，或表现在史学思想方面，显示出上与盛唐史学、下与晚唐史学所不同的特点。

晚唐史学的特点与成就

元和十五年（820年），唐宪宗死于宦官之手，其"中兴"之业随之了结，中唐政治统治结束了它的最后一幕。从唐穆宗长庆元年（821年）起至唐朝灭亡（907年）这80余年的历史，是唐皇朝的晚期。在这个时期，中唐以来不断发展的社会矛盾不仅没有得到解决，而且愈演愈烈，终于爆发了大规模的农民起义。在统治阶级内部，官僚与宦官之间、官僚与官僚之间、朝廷与地方之间的矛盾和斗争，也呈现出比中唐时期更加尖锐和复杂的局面，从而促使政治统治更加腐败。这两个主要原因，从根本上削弱并且动摇了唐皇朝的统治，并终于使它走上了灭亡的道路。

在这个历史条件下的晚唐史学，究竟是一个什么样的面貌？这还是一个陌生的课题，本文拟对此做初步的探讨，以期引起批评和讨论。

一、晚唐史学的特点

从今天人们可以见到的或者大致可以了解到的历史文献来看，晚唐时期的史学，既没有盛唐时期官修前朝史的热情和规模，也没有如同出现于盛唐和中唐时期的《史通》《通典》这样影响巨大的著作，它有它自己的特点。

第一，晚唐史学更多地受到当时统治集团内部斗争的干扰而经历着坎坷的道路。其中，影响最大的两件事，是朝廷对已经颁行的《顺宗实录》和《宪宗实录》的修改。有唐一代，政治干预史学的事例和朝廷出面修改前朝实录的事例，并非只出现于晚唐，但像《顺宗实录》案和《宪宗实录》案这样严重的政治—史学公案，却也并不多见。这个问题下文还要专门论述，这里不多讲。

第二，是在历史撰述思想上的变化。唐穆宗时，路随、韦处厚奉诏撰《宪宗实录》。他们在"永贞元年九月"之下书"河阳三城节度使元韶卒"而不载其事迹。为什么对元韶之死只书"卒"而不载其事迹呢？以路随为首的史官们提出这样的看法：

> 凡功名不足以垂后，而善恶不足以为诫者，虽富贵人，第书其卒而已。陶青、刘舍、许昌、薛泽、庄青翟、赵周皆为汉相，爵列通侯，而良史以为龌龊廉谨，备员而已，无能发明功名者，皆不立传。伯夷、庄周、墨翟、鲁连、王符、徐雅、郭泰，皆终身匹夫，或让国立节，或养德著书，或出奇排难，或守道避祸，而传与周、邵、管、晏同列。故富贵者有所屈，贫贱者有所伸。孔子曰："齐景公有马千驷，死之日人无得而称焉。伯夷、叔齐饿于首阳之下，人到于今称之。"然则志士之欲以光耀于后者，何待于爵位哉？富贵之人，排肩而立，卒不能

自垂于后者，德不修而轻义重利故也。①

这一篇议论，《全唐文》辑入时定名为《不载元韶事迹议》②。其实，这篇议论已远远超出了一人一事的范围，而涉及用什么价值标准为人立传从而为哪些人立传这样的大问题。路随提出的原则是"凡功名不足以垂后，而善恶不足以为诫者，虽富贵人，第书其卒而已"，无须去为这种人拼凑事迹，欺骗后人。反之，尽管是一些"终身匹夫"，没有显赫地位的人，或"立节"，或"养德"，或"出奇"，或"守道"，在某一方面有突出的表现，对后世有所影响，以往的史家都为他们立了传。这两种做法结合起来，就是："富贵者有所屈，贫贱者有所伸。"这种历史撰述思想，同盛唐时期刘知幾所强调的"君子"与"小人"的区别有很大的不同③，同中唐时期杜佑所赞成的"黎庶"与"权贵"的界限也有相异之处④，而是在提倡一种历史的标准，或者说是一种历史教育的标准。所谓"功名不足以垂后，而善恶不足以为诫者"，就是从历史教育角度考虑的；至于"立节""养德""出奇""守道"等，其着眼于历史教育的目的就更鲜明了。

晚唐时期在撰述思想上出现的这种变化，在一定程度上是这时期门阀势力不断削弱，门阀意识逐渐淡化在史学工作上的反映。受这种思想的影响，当然不只是实录的撰写；晚唐时期野史、笔记的发展，除了旁的原因之外，也跟这种撰述思想有关。

第三，史书体裁更加丰富，历史内容的表述形式更加灵活。如

---

① 王钦若等：《册府元龟》卷五百五十七《国史部·采撰三》，北京：中华书局，1960年，第6689页。

② 参见董诰等：《全唐文》卷四百八十二，文末尚有"自古及今，可胜数乎！"北京：中华书局，1983年，第4930页。

③ 参见刘知幾：《史通》卷七《直书》，浦起龙通译，上海：上海古籍出版社，1978年，第192页。

④ 参见杜佑：《通典》卷一百七十《刑法八·舞索》，北京：中华书局，1988年，第4415~4417页。

果说盛唐史学在纪传体史书撰写上取得了突出的成就，中唐史学在创制典制体史书上有不可磨灭的贡献，那么，晚唐史学则在发展编年体史书撰述上获得了新的进展。至此，编年、纪传、典制这三种主要史书体裁都在唐代有了重大的发展。此外，在分门书基础上发展起来的"会要"体，此时也臻于完备。在德宗贞元十九年（803 年）苏冕撰成《会要》40 卷的基础上，宣宗大中七年（853 年）崔铉、杨绍复等又撰成《续会要》40 卷①。后来，北宋王溥撰《唐会要》即以此二书为蓝本。文宗开成三年（838 年）韦籌撰《唐书唐史解表》（亦名《书史解表》）五通，史官奏请藏于史馆②。昭宗光化三年（900 年）史官柳璨撰成《柳氏释史》即《史通析微》10 卷③，这是继《史通》之后而与《史通》有密切关系的史学评论著作。历史笔记作为一种史事的表述形式，在晚唐勃兴起来，成为这一时期史学中一个重要的方面，等等。晚唐史学不仅有丰富的表现形式，而且也有鸿篇巨制的问世。如诗人元稹（779—831 年）"著古今刑政书三百卷，号《类集》"，行于世④；宣宗时姚康撰《统史》300 卷，"上自开辟，下尽隋朝"⑤，可以看作是这方面的代表著作。

第四，民族史撰述的增多。晚唐时期，由于民族矛盾和民族的交往出现错综复杂的局面，从而推动着人们对少数民族地区社会历史的研究和撰述，所以这时期关于民族史和民族关系史的著作明显地多了起来。

本文试图结合这时期的史学发展的具体情况，进一步阐明晚唐史学的这些特点与成就。

----

① 王溥等：《唐会要》卷三十六《修撰》，北京：中华书局，1955 年，第 660、662 页。
② 王溥等：《唐会要》卷三十六《修撰》，北京：中华书局，1955 年，第 662 页。按：原文"开元"当是"开成"之误。
③ 王溥等：《唐会要》卷六十三《史馆上·修前代史》，北京：中华书局，1955 年，第 1092 页。
④ 刘昫等：《旧唐书》卷一百六十六《元稹传》，北京：中华书局，1975 年，第 4336 页。
⑤ 刘昫等：《旧唐书》卷十八下《宣宗纪》，北京：中华书局，1975 年，第 630 页。

二、两桩实录案说明了什么

两桩实录案，指的是《顺宗实录》案和《宪宗实录》案。

《顺宗实录》始修于宪宗元和五年至六年（810—811年），撰人韦处厚。书名原为《先帝实录》，共3卷。因新任监修国史的李吉甫认为它记事过于简略，"未周悉"，乃于元和八年（813年）命担任史馆修撰的韩愈主持重修，参加重撰的还有沈传师和宇文籍。次年，韩愈等撰成《顺宗实录》5卷，较之稿本《先帝实录》有很大变化："削去常事，著其系于政者，比之旧录，十益六七。忠良奸佞，莫不备书。苟关于时，无所不录。"①由于李吉甫这年冬天暴病身亡，未及审阅此书，韩愈"自冬及夏，刊正方毕"，将其直接上奏宪宗。这是元和十年（815年）的事。接着，韩愈又根据宪宗"重令刊正"的指示，对前稿进行修改和补充，并于当年奏上，得到宪宗批准，此即《顺宗实录》的第一个定本，是为后来司马光所见到的"详本"。两唐书《韩愈传》对韩愈《顺宗实录》修撰的情况、时人的评价及后来被修改的细节，有不少错误的记载，我已有专文辨析②，兹不赘述。由于韩愈所撰《顺宗实录》"说禁中事颇切直"，触及宦官干政的问题，所以"内官恶之，往往于上前言其不实，累朝有诏改修"③。从穆宗、敬宗到文宗三朝，宦官攻击《顺宗实录》，鼓噪之声不绝，历朝皇帝也下达过改修《顺宗实录》的诏书。大和五年（831年），文宗再次下诏，要求史官们对《顺宗实录》"重加刊正，毕日闻奏"④。《顺宗实录》案由是

---

① 韩愈：《进〈顺宗皇帝实录〉表状》，《韩昌黎全集》卷三十八，北京：中国书店出版社，1991年，第449页。
② 参见本书《韩愈与〈顺宗实录〉》《关于〈顺宗实录〉的几个问题》二文。
③ 刘昫等：《旧唐书》卷一百五十九《路随传》，北京：中华书局，1975年，第4192页。
④ 王溥：《唐会要》卷六十四《史馆下·史馆杂录下》，北京：中华书局，1955年，第1111页。

而起。

文宗的指示引起朝臣的激烈反对，一时间"庶僚竞言"，"表章交奏"，认为修改《顺宗实录》是不恰当的。当时负责监修国史的路随处于左右为难的境地，他一方面不得不肯定"陛下所言，皆是接于耳目"，认为文宗的要求是合理的；另一方面他也指出"韩愈所书，亦非己出，元和之后，已是相循"，强调《顺宗实录》的合法性。于是他要求文宗"条示旧记(按：指《顺宗实录》)最错误者，宣付史官，委之修定"。这是路随当时所考虑的一个万全之计。根据路随的要求，文宗再一次下诏说："其实录中所书德宗、顺宗朝禁中事，寻访根柢，盖起谬传，谅非信史。宜令史官详正刊去，其他不要更修。"①可见，修改的内容，同"内官恶之"是一致的，路随等即按此进行修改。《顺宗实录》案至此告一段落，上距《顺宗实录》修成仅 16 年时间。经过路随等人修改后的《顺宗实录》，是它的第二个定本，即后来司马光所见"略本"，这个本子因保存在《韩愈集》中而得以流传至今。

《宪宗实录》案发生于《顺宗实录》案后十年。《宪宗实录》始修于穆宗长庆二年(822 年)，先后参与撰述的有路随、韦处厚、赵暨、沈传师、郑浣、宇文籍、陈夷行、李汉、苏景裔等，历时 8 年，在文宗大和四年(830 年)撰成，凡 40 卷，另有目录 1 卷。此书由杜元颖、韦处厚、路随历任监修，并得到文宗的批准，成为定本，有关监修和参撰者都受到了赏赐。据路随《上〈宪宗实录〉表》说："臣今采处厚等所录，又与见在史官苏景裔等博访遗逸，精加研核，以毕其功，建兹周岁，错综方就。"文宗亦下诏勉励路随，说他"学贯六经，究《春秋》之微旨，业精五典，得简册之菁华"，"极思尽诚，宣我祖德，阅览之际，虔感弥深"②。这在当时，可谓是件尽善尽美之事。可是

① 以上均见刘昫等：《旧唐书》卷一百五十九《路随传》，北京：中华书局，1975 年，第 4193 页。

② 以上均见王钦若等：《册府元龟》卷五百五十六《国史部·采撰二》，北京：中华书局，1960 年，第 6686～6687 页。

就在第二年，文宗发动了对《顺宗实录》的修改。而历史具有讽刺意味的是：被文宗充分肯定的《宪宗实录》，同样面临着如同《顺宗实录》那样的命运；路随在不得已情况下主持修改了《顺宗实录》，而他负责监修的《宪宗实录》亦将被后人所修改。

开成五年（840年），文宗死。一年多后，即会昌元年（841年）四月，武宗下敕改修《宪宗实录》说："《宪宗实录》旧本未备，宜令史官重修进内。其旧本不得注破，候新撰成同进。"至会昌三年（843），经过二年多的时间，监修国史李绅和史馆修撰、判馆事郑亚"进重修《宪宗实录》四十卷，颁赐有差"①。新本奏进，同样受到奖赏。历史撰述如此反复，几近于儿戏。这究竟是为什么？关于《宪宗实录》案的起因，古往今来，人们有种种说法。第一种说法，认为这是出于宰臣李德裕的私意。如令狐绹在宣宗大中元年（847年）起草的《李德裕崖州司户制》中说："顷者方处均衡，曾无嫌避，委国史于爱婿之手，宠秘文于弱子之身，洎参命书，亦引亲昵。恭惟《元和实录》（按：指《宪宗实录》）乃不刊之书，擅敢改张，罔有畏忌，夺他人之懿绩，为私门之令猷。"②这里说的"夺他人之懿绩，为私门之令猷"虽措辞激烈，但讲得并不明确。第二种说法，认为李德裕试图借修改的机会，从《宪宗实录》中删去其父李吉甫在宪宗朝的"不善之迹"。其根据是李德裕在会昌元年（841年）十二月提出过有关修史体例的建议，主张实录不应载"禁中之语"；而这恰恰是"以掩其迹"，用来掩盖他主张修改《宪宗实录》的个人目的③。这是《旧唐书》作者的看法，似是把令狐绹等人的看法更具体化了。第三种看法，认为这是牛李党争在史学上的反映。其根据是："路随等所撰《宪宗实录》，成于牛

---

① 刘昫等：《旧唐书》卷十八上《武宗纪》，北京：中华书局，1975年，第598页；王钦若等：《册府元龟》卷五百五十六《国史部·采撰二》，北京：中华书局，1960年，第6688页。

② 宋敏求：《唐大诏令集》卷五十八，北京：商务印书馆，1959年，第308页。

③ 刘昫等：《旧唐书》卷十八上《武宗纪》，北京：中华书局，1975年，第588、589页。

僧孺当权之日，重修《宪宗实录》，系值李德裕为相之时"①。这种看法不排除旧本、新本皆有私意。第四种看法，认为李德裕在改修《宪宗实录》中含有"私意"，本是牛党一派人物对李德裕的诬蔑。《李德裕崖州司户制》出于李德裕政敌所为，"皆是虚声恫吓之辞，诬构捏造之言"；《旧唐书·武宗纪》关于这个问题的记载，"都是党人口气，不足为据"②。但这种说法并没有说明武宗朝改修《宪宗实录》的原因。依我的浅见，《宪宗实录》案同《顺宗实录》案发生的总的背景是一致的，即主要仍然是宦官集团与官僚集团的矛盾，其次才是党争。它们二者的区别在于：《顺宗实录》因"书禁中事颇切直"，引起"内官恶之"，终于造成文宗朝的改修；而《宪宗实录》恰是借用"禁中之语"来攻击宦官的政敌，即李吉甫及其同僚。因此，李德裕关于实录体例奏议中的那些话，当实有所指。他说：

> 修史体例：臣等伏见近日实录，多云禁中言者。伏以君上与宰臣及公卿言事，皆须众所闻见，方合书于史策。禁中之语，向外何由得知？或得于传闻，多出邪佞，便载史笔，实累鸿猷。向后，实录中如有此类，并请刊削，更不得以此纪述。……近见实录，多载密疏，言不彰其明听，事不显于当时，得自其家，实难取信。向后所载群臣章奏，其可否得失，须朝廷共知者，方可纪述，密疏并请不载。如此则书之可法，人皆守公，爱憎之志不行，褒贬之言必信。伏见近日实录，事多纰缪，若详求摭实，须举旧章。③

在这篇奏议中，李德裕不仅讲了有关实录体例问题，还讲了时政记、

---

① 陈光崇：《中国史学史论丛》，沈阳：辽宁人民出版社，1984年，第102页。
② 傅璇琮：《李德裕年谱》，北京：中华书局，1984年，第650、392页。
③ 王钦若等：《册府元龟》卷五百五十九《国史部·论议二》，北京：中华书局，1960年，第6716页。《唐会要》卷六十四《史馆下·史馆杂事下》记于会昌三年十月，误。

起居注等问题，一是强调严格制度，二是强调尊重"事实"，从史学工作来看，这些说法并没有错。反之，他所批评的那些现象，确为史学工作中所不能容许的。武宗敕旨说："宜依奏。"这无疑是对的。准此，我认为，所谓"李德裕奏改修《宪宗实录》所载吉甫不善之迹"，或属于事实，但"不善之迹"恐怕包含了"禁中之语"的诬构，甚至也有"密疏"的中伤。所以上引李德裕的那篇奏议，就不能简单地视为只是史学工作方面的议论，它是当时政治斗争在史学上的一个反映。

宣宗大中元年(847 年)，李德裕失势。次年，宣宗下达敕书，要求："路随等所修《宪宗实录》旧本，却仰施行。其会昌新修者，仰并进纳；如有钞录得，敕到并纳史馆，不得辄留，委州府严加搜捕。"①看来收回新本的措施是相当严厉的，这距离新本的施行只有四年时间。

从《顺宗实录》的改修和《宪宗实录》的改修及其反复，反映了晚唐时期政治对于史学的严重干扰。史学，至少是官修实录，在很大程度上已成了宦官与官僚、官僚与官僚角逐的牺牲品。一部《顺宗实录》，宪宗朝施行详本，文宗朝施行略本。一部《宪宗实录》，文宗朝施行一种本子，武宗朝施行另一种本子，宣宗朝又重新施行文宗朝的本子。这样反反复复，其中固有是非存在，但毕竟损害了史学的尊严。这不论从政治上看，还是从史学上看，都是可悲的。

早在盛唐时期，刘知幾在《史通》一书中已经揭露了武则天后期和中宗时期史馆工作的混乱和弊端，慨叹自己"虽任当其职，而吾道不行；见用于时，而美志不遂"②，"三为史臣，再入东观，竟不能勒成国典"③。但那时的情况还不像晚唐时期这样严重，往往是最高统治者(或者说是以最高统治者的名义)直接干扰史学工作，从而使

---

① 刘昫等：《旧唐书》卷十八下《宣宗纪》，北京：中华书局，1975 年，第 621 页。

② 刘知幾：《史通》卷十《自叙》，浦起龙通释，上海：上海古籍出版社，1978 年，第 290 页。

③ 刘知幾：《史通》卷十《忤时》，浦起龙通释，上海：上海古籍出版社，1978 年，第 590 页。

史学卷入统治集团内部纷争的漩涡。从这一点来看，晚唐的官修史书，尽管还有一些正直的史官的努力，但也无法改变其没落的趋势。晚唐史学在坎坷的道路上发展，其成就不在官府而在私家，不在正史而在杂史和笔记，主要原因即在于此。

三、编年体史书的新发展

晚唐的史学，在编年体史书的撰述上取得了突出的成就。从内容上看，有通史，也有本朝史或本朝一个阶段的历史。从体例上看，在编年体的结构上也有新的突破。王彦威《唐典》、崔龟从《续唐历》、陈岳《大唐统纪》、凌璠《唐录政要》是这时期的本朝编年史的代表作，姚康《统史》是这时期的编年体通史的代表作。这些书今已不存，但它们在晚唐史学的发展上，甚至在古代编年体史书的发展上，还是应当提到的。现分述如下：

（一）王彦威《唐典》70 卷

王彦威出身于儒学世家，通晓《三礼》。青年时代，曾撰《元和新礼》30 卷上奏朝廷，因而未经考试而特授太常博士之职。因他"通悉典故，宿儒硕学皆让之"①。文宗大和五年（831 年），任谏议大夫，次年以本官兼史馆修撰②。任史官期间，王彦威"纂集国初已（以）来至贞元帝代功臣，如《左氏传》体叙事，号曰《唐典》，进之"。这是文宗开成二年（837 年）的事，上距其任史馆修撰已有五年时间。王彦威在《进〈唐典〉表》中讲到撰述此书的一点具体情况：

臣去大和六年伏蒙圣恩，擢授谏官，又叨史职，注记之暇，

---

① 刘昫等：《旧唐书》卷一百五十七《王彦威传》，北京：中华书局，1975 年，第 4155 页。以下未注明出处者，均见此。

② 王溥：《唐会要》卷六十三《修史官》，北京：中华书局，1955 年，第 1102 页。

尝览国史。臣辄略其繁文，举其机要，起自武德，终于永贞，撰成《唐典》一部，凡七十卷，谨诣右银台门奏进。①

这里说的下限是"终于永贞"，同《旧唐书》本传说的"贞元"不符，当以表文所说为是。由此可以看出，《唐典》是在国史基础上"略其繁文，举其机要"而撰成的一部唐代编年史。

据《新唐书·艺文志》著录，王彦威还撰有《续古今谥法》14卷（经解类），参与撰写《穆宗实录》20卷（起居注类）、《元和曲台礼》30卷、《续曲台礼》30卷（仪注类）、《内典目录》12卷（道家类）等，可见他于儒、于佛都有很大的兴趣。

(二)崔龟从《续唐历》30卷②

唐肃宗上元二年(761年)，柳芳撰《唐历》40卷③。晁公武称此书作者"仿编年法作此书，起隋义宁元年，迄大历十三年。或讥其不立褒贬义例，而详于制度"④。这是关于《唐历》的体裁和内容。《续唐历》作于《唐历》成书后90年，即宣宗大中五年(851年)，由宰相、监修国史崔龟从奏上，参加撰写的人有韦澳、蒋偕、李荀、张彦远、崔瑄等，其内容"起大历十三年春，尽元和十五年"，凡42年史事。因是续《唐历》而作，其为编年体自无疑义。但《续唐历》与《唐历》仍有两点不同：一是前者为集体撰述，后者为柳芳独力完成；二是前者以30卷篇幅记42年史事，后者以40卷篇幅记160年史事，则前者详于后者无疑。

---

① 王钦若等：《册府元龟》卷五百五十六《国史部·采撰二》，北京：中华书局，1960年。按："大和六年"，误为"元年"，今改。又《唐文拾遗》卷三十九误为卷五百五十五。

② 《续唐历》的卷帙，《唐会要》卷六十三、《旧唐书·崔龟从传》均作30卷，而《旧唐书·宣宗纪》《新唐书·艺文志二》则作22卷。

③ 参见刘昫等：《旧唐书》卷一百四十九《柳登传》附《柳芳传》，北京：中华书局，1975年，第4030页。

④ 晁公武：《郡斋读书志》卷五上《编年类》，上海：上海古籍出版社，1990年，第199页。

（三）陈岳《大唐统纪》100 卷、凌璠《唐录政要》12 卷

陈岳，两《唐书》无传。《新唐书·艺文志一·春秋类》著录他撰有《折衷春秋》30 卷，并注曰："唐末钟传江西从事。"钟传于僖宗中和二年（883 年）"逐江西观察使高茂卿，遂有洪州"，旋被僖宗擢为江西团练使①。其"居江西三十余年，累拜太保、中书令，封南平王"②，天祐三年（906 年）卒。看来陈岳当活动于僖宗、昭宗年间。《新唐书·艺文志二·编年类》又著录："陈岳《唐统纪》一百卷"。五代王定保曾略记其事迹：

> 　　陈岳，吉州庐陵人也。少以辞赋贡于春官氏，凡十上竟抱至冤，晚年从豫章钟传，复为同舍所谮，退居南郭，以坟典自娱。因之博览群籍，尝著书商较前史得失，尤长于班史之业。评《三传》是非，著《春秋折衷论》三十卷；约大唐实录，撰《圣纪》一百二十卷。以所为述作，号《陈子正言》十五卷。其辞赋歌诗，别有编帙。光化中，执政议以蒲帛征，传闻之，复辟为从事。后以谗黜，寻遘病而卒。③

陈岳两度被钟传任为从事，可见他们关系不错，但也不免两次罢去。陈岳对于史学的兴趣，一在评论，二在编年。他"尝著书商较前史得失"，想必有不少评论，可惜今天已不得其详。《折衷春秋》当作《春秋折衷论》，亦意在通过比较而发表评论，即所谓"评《三传》是非"。他在《春秋折衷论》序中指出，自刘向、歆之后，关于《三传》有两股学术潮流，一是"欲存《左氏》而废《公》《谷》"，一是"欲存《公》《谷》而废《左氏》"；而郑元（玄）、何休、贾逵、服虔、范宁、杜元凯等虽皆

---

① 欧阳修等：《新唐书》卷一百九十《钟传传》，北京：中华书局，1975 年，第 5486 页。
② 欧阳修：《新五代史》卷四十一《钟传传》，北京：中华书局，1974 年，第 446 页。
③ 王定保：《唐摭言》卷十，北京：中华书局，1960 年，第 115 页。

"深于《春秋》"，但他们"不簸糠荡秕，芟稂抒莠，掇其精实，附于麟经；第各酿其短，互斗其长，是非千种，惑乱微旨，其弊由各执一家之学"①。他的《春秋折衷论》虽已不存，但从这篇序中，还多少可窥见他在这个问题上的总的认识和研究方法。

《圣纪》即《唐统纪》，是贯串、删削唐历朝实录而成。其卷数究竟是 120 卷还是 100 卷，已难深考。关于此书的体例和断限，王应麟引《中兴书目》说：陈岳"以荀悦、袁宏有《汉纪》，遂为《大唐统纪》。起武德，尽长庆末，凡十三朝，成一百卷，用《春秋》例，间著论云"②。可见《大唐统纪》(《唐统纪》)在编纂上深受《春秋》的影响，这也是唐代史家在编年史撰述上的一种风气。后来司马光撰《资治通鉴》，曾参考并引用了《唐统纪》，证明它在史学上的价值为后人所重视。陈振孙作《直斋书录解题》时，此书只剩下武则天如意以前部分；《宋史·艺文志二·编年类》仍著录为 100 卷，当是抄录前人书目而致。

大致与陈岳撰《唐统纪》的时间相近，昭宗时凌璠著《唐录政要》12 卷。《新唐书·艺文志二·杂史类》著录："凌璠《唐录政要》十二卷。"原注："昭宗时江都尉。"王应麟引前人著录说："凌璠《唐录政要》十三卷，起献祖宣宗至唐末，以事系年，冠之甲子。"③这是一部记述晚唐宣、懿、僖、昭时期的编年史。

(四)姚康《统史》300 卷

史载：宣宗大中五年(851 年)十一月，"太子詹事姚康献《帝王政纂》十卷。又撰《统史》三百卷，上自开辟，下尽隋朝，帝王美政、诏令、制置、铜盐钱谷损益、用兵利害，下至僧道是非，无不备载，编

---

① 董诰等：《全唐文》卷八百二十九，北京：中华书局，1983 年，第 8731～8732 页。
② 王应麟：《玉海》卷四十七"唐统纪"条，南京：江苏古籍出版社；上海：上海书店出版社，1987 年，第 894 页。
③ 王应麟：《玉海》卷四十九，南京：江苏古籍出版社；上海：上海书店出版社，1987 年，第 926～927 页。

年为之"①。《统史》是一部规模宏大、内容丰富的编年体通史，不仅是晚唐时期的编年体撰述的代表作，也是北宋以前重要的编年体通史著作。《唐会要》记其内容与上文大同小异而稍详，说：其书"自开辟至隋末，编年纂帝王美政善事，诏令可行于时者必载，于时政盐铁，筭榷和籴，赈贷钱陌，兵数虚实，贮粮，用兵利害，边事戎狄，无不备载，下至释道烧炼，妄求无验，皆叙之矣"②。从上面的引文来看，像《统史》这样部帙宏大、内容丰富的编年体通史，以前还不曾有过；同时，它跟纪传体通史《史记》、典制体通史《通典》在体裁上虽不一样，但它却在内容上总括政治、经济、军事、民族、佛道等这些重大的社会历史问题。从上述两方面来看，《统史》实为当时编年体通史撰述上的一个重大成就。

晚唐时期的编年史著作，还有焦璐撰《唐朝年代记》10卷、公沙仲穆撰《大和野史》10卷等③，文献不足，难以详说。

综上，大致可以看出，晚唐时期的编年史撰述有两个特点，一是对于中唐编年史的继承和发展，二是带有鲜明的时代感。对于中唐编年体史书的继承和发展，表现在以下几点：中唐时期，韦述撰有《唐春秋》30卷、陆长源撰有《唐春秋》60卷④，晚唐则有王彦威《唐典》70卷、陈岳《唐统纪》100卷，这都是关于有唐一代的编年体史书。中唐有柳芳撰《唐历》40卷，晚唐则有陆龟从等撰《续唐历》30卷，这是在史书断限上的衔接。中唐有马总撰编年体通史《通历》10卷，晚唐则有姚康《统史》300卷的巨制。这都反映了晚唐编年体史书

---

① 刘昫等：《旧唐书》卷十八下《宣宗纪》，北京：中华书局，1975年，第630页。

② 王溥：《唐会要》卷三十六《修撰》，北京：中华书局，1955年，第662页。按：《会要》所记，作者误作姚思廉，书名为《通史》，陈光崇先生已辨其误，见《晚唐史家姚康与陈岳》（载《史学史研究》1984年第2期）。

③ 参见欧阳修等：《新唐书》卷五十八《艺文志二·编年类》，北京：中华书局，1975年，第1469页。

④ 参见欧阳修等：《新唐书》卷五十八《艺文志二·编年类》，北京：中华书局，1975年，第1461页。

对中唐的继承和发展。晚唐编年体史书的时代感反映在：《统史》虽下限止于隋末，但其载"释道烧炼，妄求无验"等事，当是受到武宗灭佛的影响；凌璠《唐录政要》记宣、懿、僖、昭四朝事，显示出作者着眼于当前历史动向的兴趣。

四、民族史撰述的增多

唐代史家历来重视民族史的撰述，盛唐和中唐都有一些这方面的著作。晚唐时期，这方面的著作有所增多，虽然这些著作部帙并不是很大，但却是这时期史学家、政治家重视民族史和民族关系史撰述的表现。

晚唐的民族史和民族关系史著作，从内容上看可以概括为两个方面，一是关于中原与"四夷"的关系史，一是关于少数民族地区的社会历史。前一类著作，有李德裕的《异域归忠传》、高少逸的《四夷朝贡录》等；后一类著作数量很多，方面也宽，而以关于云南地区社会历史的撰述最为突出，主要有韦齐休的《云南行记》、李德裕的《西南备边录》、窦滂的《云南别录》和《云南行记》、徐云虔的《南诏录》、卢携的《云南事状》、达奚洪（或作宏、通）的《云南风俗录》、樊绰的《蛮书》（一作《云南志》）等。这些书，大多撰于武宗至僖宗年间。

李德裕在武宗会昌二年（842 年）撰《异域归忠传》2 卷[1]，他在这书的序中讲到了撰述的起因和书的内容：

> 今圣主以嗢没斯忠，爰采武功贞烈之事，以为《归忠传》，则圣人善诱之道，又何以加于此乎！乃集秦汉以来至圣朝，去绝域归中国、以名节自著功业保忠者三十人，勒成上下两卷。

---

[1] 参见欧阳修等：《新唐书》卷五十八《艺文志二·杂传记类》，北京：中华书局，1975 年，第 1486 页。

其不自献款、无迹可称者，今并不载。①

李德裕写这书，显然是出于政治上的需要，即所谓宣扬"圣人善诱之道"，但毕竟是民族关系史发展的反映。值得注意的是，这书包含的30个人，上起秦汉，下至唐朝，即是从秦汉统一封建皇朝讲起直至本朝为止的一部中原皇朝同周边少数民族的关系史。类似这种性质和形式的著作，以前还很少见，这一点是值得重视的。

高少逸撰《四夷朝贡录》10 卷②，也在会昌年间，而且是在李德裕的指示下进行的。关于这部书的内容，陈振孙记载说："会昌中，宰相李德裕以黠戛斯朝贡，莫知其国本源，诏为此书，凡二百一十一国，本二十卷，合之为十卷"。③ 高少逸，生平事迹见两《唐书·高元裕传》附传。史称其在会昌年间"为给事中，多所封奏"④，可见他是一个有政治见解的人。宣宗时，他官至工部尚书。高少逸撰这部书，说明他对民族事务的熟悉和在民族关系史上具有相当的知识，也反映出他跟李德裕在民族关系问题上的共同见解。

晚唐时期，吐蕃、南诏与唐皇朝的关系一直处于十分重要的地位。如果说盛唐和中唐时期，唐朝民族关系的焦点是在北方和西北方的话，那么这时期民族关系的焦点则转到西南方了。而有关南诏的事务始终受到重视，所以关于云南的著作也就显得更多一些。如撰《云南行记》(2 卷)的韦齐休，就是在穆宗长庆三年(823 年)随韦审规使云南，"记其往来道里及其见闻"而撰成是书的⑤。撰《云南别录》(1 卷)和《云南行记》(1 卷)的窦滂，是懿宗朝一个与南诏屡战不

---

① 董诰等：《全唐文》卷七百七，北京：中华书局，1983 年，第 7263 页。

② 参见欧阳修等：《新唐书》卷五十八《艺文志二·地理类》，北京：中华书局，1975 年，第 1508 页。

③ 陈振孙：《直斋书录解题》卷五《杂史类》，上海：上海古籍出版社，1987 年，第 147 页。

④ 刘昫等：《旧唐书》卷一百七十一《高元裕传》附《高少逸传》，北京：中华书局，1975 年，第 4453 页。

⑤ 晁公武：《郡斋读书志》卷七《伪史类》，上海：上海古籍出版社，1990 年，第 288 页。

胜的将领①。《蛮书》（10卷）作者樊绰，懿宗咸通初年为安南经略使（一说岭南西道节度使）蔡袭从事，也是对云南进行了十分认真的考察，并继承前人的有关资料，才写出这部著作的②。撰《南诏录》（3卷）的徐云虔是僖宗时人，他在任岭南节度使巡官时，于乾符五年（878年）为邕州节度使辛谠所遣，"通和"南诏，"叙好而还，进《南诏录》三卷"③。此书"上卷记山川风俗，后二卷纪行及使事"④，等等。可惜这些著作自南宋以后大多佚失，幸存至今的只有樊绰《蛮书》一种。

樊绰，两《唐书》无传，只《新唐书·南蛮传中》有一条记载：咸通四年（863年）正月，南诏攻陷交趾城，"（蔡）袭阖宗死者七十人，幕府樊绰取袭印走度（渡）江"。这一记载，显然也是源于《蛮书》。近人向达撰《蛮书校注》，他在《序言》中略述了樊绰在咸通三年至五年的经历：咸通三年（862年），蔡袭代王宽为安南经略使。其时樊绰为安南从事，是蔡袭的幕僚。咸通四年（863年）二月初七日，南诏攻陷交趾，蔡袭全家和随从70余人战死。樊绰长男樊韬及家属奴婢14人也一并陷没。樊绰本人于城陷时携带印信浮水渡富良江走免。咸通五年（864年）六月，樊绰左授夔州都督府长史⑤。《序言》还说明，这些材料主要是根据《蛮书》卷四和卷十及《资治通鉴》所记。近年，赵吕甫先生出版了他的《云南志校释》，认为樊绰《云南志》（即《蛮书》）卷四中的第1条和卷十末所附录诸文，大致可以分为两类："其

---

① 窦滂事迹见《旧唐书》卷十九《懿宗纪》及《新唐书》卷二百二十二中《南蛮传中》，其书《新唐书》卷五十八《艺文志二·地理类》著录。按：方国瑜先生认为："窦滂未曾来云南，当无《云南行记》之作，或因所录前人之书有《云南行记》，而误为窦滂作也。"（参见方国瑜：《云南史料目录概说》第1册，北京：中华书局，1984年，第164页。）

② 《蛮书》十卷，参见欧阳修等：《新唐书·艺文志二》卷五十八《地理类》，北京：中华书局，1975年。

③ 王溥等：《唐会要》卷九十九《南诏蛮》，北京：中华书局，1955年，第1766页。

④ 马端临：《文献通考》卷二百《经籍考二十七》，北京：中华书局，2006年，第5743页。

⑤ 参见向达：《蛮书校注》序言，北京：中华书局，1962年，第1～14页。

一是樊绰所哀集的贞元十年（794 年）《誓文》、赵昌《奏状》以及樊绰自己的奏疏，这些是属于当代的文献资料；其一是樊绰所节录的《后汉书》《夔州图经》《广异记》等有关廪君蛮的史料"。校释者乃将这两类资料加以区分并归入《附录》中，"以纯体例"①。这种局部调整，也便于人们从《蛮书》本身去了解樊绰的生平事迹，我以为是可取的。《蛮书》各卷的内容是：（1）"云南界内途程"，记当时由内地进入云南的交通及其途程；（2）"山川江源"，记云南境内的主要山脉河流的名称、方位或流向和其他自然条件；（3）"六诏"，记六诏的由来及其与唐的关系；（4）"名类"，记云南境内其他各族概况；（5）"六睑"，记云南各州概况；（6）"云南城镇"，记主要城镇的建置、布局、兵防，以及居民、交通、自然形势等；（7）"云南管内物产"，记农时、耕稼方法、手工技艺、特产及其分布；（8）"蛮夷风俗"，记云南各族的服饰、仪容、婚俗、节日、度量、房舍、丧俗、葬式、语言等；（9）"蛮夷条教"（一作"南蛮条教"），记南诏的政治制度和军事制度；(10)"南蛮疆界接连诸番夷国名"，记与南诏毗邻的地区之概况。这是一部包含云南地区的历史和现状、自然和社会的内容丰富的著作，而书中关于唐朝与南诏的关系史的叙述则占有明显的位置。清四库馆臣称此书"于六诏种族、风俗、山川、道里及前后措置始末，撰次极详，实舆志中最古之本"②。当代著名云南史专家方国瑜先生认为："此书为唐人著述云南史地之专著，仅存于世者，亦为考察南诏史事最重要之典籍。"③上述看法，固无疑义。但若从民族史和民族关系史的撰述来看，《蛮书》的历史价值又会增添一层新的意义。

---

① 赵吕甫：《云南志校释》序言，北京：中国社会科学出版社，1985 年，第 3 页。按：《蛮书》书名，据方国瑜先生考订，有《云南志》《云南记》《云南史记》《蛮书》《南夷志》《南蛮志》《南蛮记》等（见方国瑜：《云南史料目录概说》第 1 册，北京：中华书局，1984 年，第 154 页）。方国瑜、赵吕甫均取《云南志》。

② 永瑢等：《四库全书总目》卷六十六《史部·载记类》，北京：中华书局，1965 年，第 585 页。

③ 方国瑜：《云南史料目录概说》第 1 册，北京：中华书局，1984 年，第 153 页。

晚唐时期的民族史撰述，是盛唐以来民族史撰述的继续，是唐代民族关系历史画卷的一部分。从历史上看，有唐一代的民族史和民族关系史撰述①，可以认为是三国、两晋、南北朝以来民族关系发展在史学上的总结。从政治上看，它们又是当时唐皇朝统治集团的一种现实的需要。这两重意义，在晚唐的民族史和民族关系史撰述中同样有明显的反映，前者如《异域归忠传》《四夷朝贡录》，后者如上文所举的一系列有关云南史地的撰述。从史学上看，唐代的民族史和民族关系史也有两点不可忽视的意义。一是形成了一种重视民族史撰述的传统，几乎历朝都有人提出这方面的问题或著述，如关于云南史地的著作，自德宗朝袁滋撰《云南记》以后，此类著作几乎历朝都有。二是这些著作所提供的历史文献极大地丰富了历史记载的内容，对推动后来史学的发展有相当大的影响。以晚唐这方面的著述而论，据前人考订，《新唐书·南蛮传》《资治通鉴》所载南诏事，多据《蛮书》②，而韦齐休《云南行记》则为《太平御览》多次征引，向达《蛮书校注》附录所载辑佚 20 余条即其佚文③。本文对于晚唐的民族史和民族关系史有关撰述的讨论，还只是一个初步的尝试，作为晚唐史学的一个重要方面，其中还有不少值得深入探索的课题。

五、历史笔记的勃兴

刘知幾《史通·杂述》篇说："偏记小说，自成一家。而能与正史参行，其所由来尚矣。"他说的"偏记小说"，包含十项，其中"小录""逸事""琐言""别传""杂记"等，似属于历史琐闻笔记一类的作品。

---

① 参见欧阳修：《新唐书》卷五十八《艺文志二》之《正史类》《杂史类》《地理类》等有关著录。

② 永瑢等：《四库全书总目》卷六十六《史部·载记类》，北京：中华书局，1965 年，第 585 页。

③ 方国瑜：《云南史料目录概说》第 1 册，北京：中华书局，1984 年，第 176 页。

这类作品，是从秦汉以来尤其是三国两晋南北朝时期发展起来的，故刘知幾说是"其所由来尚矣"。至于说它们"能与正史参行"，应包含两层意思，一是从内容上看可以补充正史，二是从表现形式上看可以丰富史书的体裁。刘知幾的高明处，是他已经认识到这一类作品在史学发展上具有不可忽视的地位。今天我们看待这个问题，应当比刘知幾看得更深远一些。即唐代历史笔记的发展，跟唐代小说笔记的发展是同步的，它们各按照自己的特点发展而达到了成熟的阶段。鲁迅先生认为："小说亦如诗，至唐代而一变，虽尚不离于搜奇记逸，然叙述宛转，文辞华艳，与六朝之粗陈梗概者较，演进之迹甚明，而尤显者乃在是时则始有意为小说。"他引用胡应麟说的"作意""幻设"来证明这就是小说"意识之创造"①。这里说的是小说故事类笔记。从历史琐闻类笔记来看，它们的作者也都逐步形成了一种"以备史官之阙"的意识，即作史的意识，从而提高了它们在史学上的价值。对于唐代笔记发展的这种趋势，有的研究者作了如下概括：

> 我们可以说唐代是笔记的成熟期，一方面使小说故事类的笔记增加了文学成分，一方面使历史琐闻类的笔记增加了事实成分，另一方面又使考据辨正类的笔记走上了独立发展的路途。这三种笔记的类型，从此就大致稳定下来了。②

从史学的观点来看，我以为这个概括是符合实际情形的。文中说的考据辨正类的笔记，虽不限于史学方面，但与史学的关系却是十分密切的。当然，这个概括是从总体上着眼的，是反映一种基本的倾向，而对有的作品来说，还要作具体的分析。

---

① 鲁迅：《中国小说史略》，见《鲁迅全集》第9卷，北京：人民文学出版社，1981年，第70页。

② 刘叶秋：《历代笔记概述》，北京：中华书局，1980年，第76页。

这里，我想提出一个补充性的说法，即在唐代的笔记发展中，晚唐实是一个重要的阶段，可以认为是笔记勃兴的阶段。如鲁迅在《中国小说史略》第十篇《唐之传奇集及杂俎》中列举的 10 余种书，基本上是晚唐人作品；刘叶秋《历代笔记概述》论唐代的笔记，其所举"小说故事类"诸例与"历史琐闻类"诸例，半数以上亦系出于晚唐人之手。我之所以提出这个看法，是因为这对于认识晚唐史学的特点和成就是很重要的。下面，我就晚唐时期的历史琐闻笔记讲几点初步的认识。

晚唐的历史琐闻笔记，因其作者的身份、见解、兴趣、视野的不同而具有各自的特点和价值。但这些书说人物，论事件，讲制度，旁及学术文化、生产技艺、社会风情等，都可以从一个方面反映出历史的面貌。在现存的晚唐历史琐闻笔记中，李肇的《国史补》(3 卷，亦称《唐国史补》)、韦绚的《刘宾客嘉话录》(1 卷)、李德裕的《次柳氏旧闻》(1 卷)、郑处诲的《明皇杂录》(2 卷)、赵璘的《因话录》(6 卷)、李绰的《尚书故实》(1 卷)、张固的《幽闲鼓吹》(1 卷)、范摅的《云溪友议》(3 卷，一作 12 卷)、郑綮的《开天传信记》(1 卷)等，历来为人们所重视。从史学的观点看，它们有几个共同的特点：(1)都记本朝史事，而以记中唐以下史事为主。如影响较大的《国史补》《因话录》，前者记玄宗开元至穆宗长庆年间事，后者记玄宗至宣宗朝史事。(2)如上文所说，这些书的作者大都具有为正史拾遗补阙的意识，从而增强了历史琐闻笔记的严肃性。如《国史补》作者李肇在该书序中解释他的书名和撰述旨趣说：

> 昔刘餗集小说，涉南北朝至开元，著为《传记》(按：即《隋唐嘉话》)。予自开元至长庆撰《国史补》，虑史氏或阙则补之意，续《传记》而有不为：言报应，叙鬼神，征梦卜，近帷箔，悉去之；纪事实，探物理，辨疑惑，示劝戒，采风俗，助谈笑，则书之。

这篇序文，可以看作是历史琐闻类的笔记在撰述思想上真正走向成熟的标志。他如李德裕强调"以备史官之阙"①，郑綮说的"搜求遗逸，传于必信"②，僖宗时进士林恩撰《补国史》(10 卷)意在"补"国史③，赵璘的《因话录》用"因话"二字名书也是表明其所"录"都是有根据的，等等，这反映了作者的自觉的史学意识。这种意识的增强，在很大程度上推动了历史琐闻笔记的发展，进而确定了它们在中国古代史学上的重要位置。(3)这些书大多涉及中晚唐的政治统治、社会变故，它们在客观上不是在为唐皇朝的兴盛唱赞歌，而是在为它的衰落唱挽歌。如《国史补》中的"汴州佛流汗""韦太尉设教""王锷散财货""御史扰同州"等条，写出了中唐时期文武官吏的贪赃枉法、贿赂公行的丑恶行径；而"京师尚牡丹""叙风俗所侈"等条，则活画出德宗朝以下贵族生活的奢靡和腐败；此外如关于藩镇跋扈、宦官专权、官僚队伍膨胀的记载，都是从比较深刻的意义上揭示了这个时期的社会问题和历史特点。玄宗开元、天宝之际，实为唐代历史的转折时期，其中盛衰得失，引起后人的许多回味和反思。《次柳氏旧闻》《明皇杂录》《开天传信记》多触及这方面的内容。尤其是《开天传信记》虽只写了开、天时期 32 件史事，但却把玄宗开元年间的励精图治、盛世景象，天宝年间的奢靡享乐、政事腐败，以及玄宗在安史乱后做了"太上皇"的忧思惆怅和政治上的失落感都反映出来了。

从这三个特点来看，晚唐的历史琐闻笔记确为当时史学发展中的一个重要方面。就其数量来说，上面所举的不过是其中很小的一部分，《新唐书·艺文志》所著录的和不曾著录的，数量比这要大得

---

① 李德裕：《次柳氏旧闻》序，见《教坊记》(外三种)，北京：中华书局，2012 年，第 45 页。

② 郑綮：《开天传信记》序，见《开元天宝遗事十种》，上海：上海古籍出版社，1985 年，第 49 页。

③ 参见欧阳修等：《新唐书》卷五十八《艺文志二·杂史类》，北京：中华书局，1975 年，第 1467 页。

多，可惜大多佚失。这些笔记在历史文献上的价值，后来因司马光撰《资治通鉴》时曾广泛采用而得到相当发挥。高似孙《史略》卷四"通鉴参据书"条，曾列举多种。胡三省说："盖唐中世之后，家有私史。……《考异》三十卷，辩订唐事者居太半焉，亦以唐私史之多也。"①这里说的"私史"，恐怕多是指的私家所撰历史琐闻笔记。当然，这些笔记中有的也还没有完全摆脱神仙志怪的影响，但这毕竟不是它们的主要倾向。

这里要顺便提到的是，晚唐的小说故事类笔记，也跟史学有密切的关系。如陈寅恪先生以《顺宗实录》与李复言的《续玄怪录》中之"辛公平上仙"条互相发明，证明宦官"胁迫顺宗以拥立宪宗"及"宪宗又为内官所弑"的事实，从而说明"李书此条实乃关于此事变幸存之史料，岂得以其为小说家言，而忽视之耶？"②又如段成式所著《酉阳杂俎》20卷、续集10卷，虽有许多神仙志怪的记载，但它却包含了不少社会史、科技史和中外交流史的内容，历来受到中外学人的重视③，更不可以其为小说家言而忽视它在史学上的价值。

晚唐时期的史学在编年体史书的编撰上、民族史的撰述上和历史琐闻笔记的发展上所取得的成就，对两宋史学的发展有很大的影响，于此亦可窥见唐、宋史学间的历史联系。

---

① 司马光：《资治通鉴》卷二百五十《唐纪》六十六懿宗"咸通元年七月"条下，胡三省注，北京：中华书局，1956年，第8089页。

② 陈寅恪：《〈顺宗实录〉与〈续玄怪录〉》，见陈寅恪：《金明馆丛稿二编》，上海：上海古籍出版社，1980年，第80、81页。

③ 参见段成式：《酉阳杂俎》前言，方南生点校，北京：中华书局，1981年，第1页。

唐代史家对信史的追求

——重读《唐会要·史馆杂录》[*]

一、问题的提出

同任何事物的发展一样，中国古代史学也是在矛盾中发展的。从史学本身的属性和要求来看，这个矛盾最集中的表现，是直书与曲笔的矛盾。唐代史学批评家刘知幾著《史通》，有"直书"与"曲笔"的专篇，可以说是对于这个矛盾的揭示和概括。正是这种矛盾运动，推动着史学的发展和进步；也正是这种矛盾运动，激励着那些有责任感的史学家们坚定自己的信念和追求，迸发出许多真知灼见，把史学思想不断推向新的境界。

唐代因正式设立史馆，其成为皇家的专职修史机构，往往也成为直书与曲笔的矛盾集中反映

---

* 原载《史学集刊》2006 年第 4 期。

的地方。《唐会要》中关于"史馆"有专卷记载，其中包含史馆移置、诸司应送史馆事例、修前代史、修国史、在外修史、修史官、史馆杂录诸细目①。近来重读"史馆杂录"，对于唐代史学中的直书与曲笔的矛盾、斗争似有进一步的认识，同时也深感唐代史家对于良史的信念和对于信史的追求从未中断，他们的这种精神永远不会泯灭而成为中国史学史上的重要一页。

二、官修史书的利与弊

"史馆杂录"所载有关修史诸事，都与史馆有关，也就是与官修史书相联系。

唐初设立史馆，以其做为国家的修史机构②。这一重大措施，对中国古代史学的发展产生了重大作用，其历史功绩在于：

第一，提高了修史效率，发挥了史家群体的修史作用。唐太宗贞观三年（629 年），诏命史馆撰修梁、陈、齐、周、隋五代史，至贞观十年（636 年），"五代史纪传"全部告竣。对此，唐太宗十分满意，他奖励史臣们说：

> 朕睹前代史书，彰善瘅恶，足为将来之戒。秦始皇奢淫无度，志存隐恶，焚书坑儒，用缄谈者之口。隋炀帝虽好文儒，尤疾学者，前世史籍，竟无所成，数代之事，殆将泯绝。朕意则不然，将欲览前王之得失，为在身之龟镜。公辈以数年之间勒成五代之史，深副朕怀，极可嘉尚！③

---

① 参见王溥：《唐会要》卷六十三、六十四，北京：中华书局，1955 年。
② 刘昫等：《旧唐书》卷四十三《职官志二》，北京：中华书局，1975 年，第 1844～1845 页。
③ 王钦若等：《册府元龟》卷五百五十四《国史部·恩奖》，北京：中华书局，1960 年，第 6657 页。

显然，若非皇家出面，以史馆为基础，发挥各方面人才的作用，这是做不到的。唐太宗晚年诏命重修《晋书》①，史馆汇聚了众多人才，以两年多的时间，新修《晋书》面世，也说明了史馆修史的成效之高②。

此外，史馆的设立，也为在史馆修史的史家提供了历史文献方面的便利，使其得以在公事之余浏览文献，完成自己的私人撰述。如李延寿撰写的《南史》《北史》，即属于此种情况③。后来《南史》《北史》得到皇家认可，唐高宗还为之作序（序文已佚），故也列为"正史"，与宋、齐、梁、陈、魏、齐、周、隋八书互为参照，相得益彰。与此同时，《五代史志》即《隋书》十志，也撰修完毕。

唐初先后修成八部正史，成为中国古代官修前朝史"空前绝后"的盛举，在中国史学史上写下了光辉的一页。

第二，皇家设馆修史，为撰写本朝史提供了保障。以唐代而论，历朝实录的撰写连续不断，保存了重要的原始资料④，只是到了唐末，社会动荡，有几朝实录未曾属稿。实录的撰修是撰写"国史"的基础。史家徐坚、刘知幾、吴兢、韦述等都参与过国史的修撰。至韦述时，国史已写成 113 卷⑤。唐代官修的实录和国史，为后人撰写唐史积累了宝贵的资料。五代后晋时，在分裂、短暂的时期，史家们仍能写出《唐书》（即后人所称《旧唐书》），正是源于这种积累中的提炼。

第三，唐代设馆修史，历代相沿，成为定制，从而展现出了中华文明之连续性发展的宏伟历史画卷。今存"二十四史"，构成了这

---

① 宋敏求：《唐大诏令集》卷八十一，北京：商务印书馆，1959 年，第 467 页。

② 参见王溥：《唐会要》卷六十三《史馆上·修前代史》，北京：中华书局，1955 年，第 1090～1092 页。

③ 参见李延寿：《北史》卷一百《序传》，北京：中华书局，1974 年，第 3345 页。

④ 参见欧阳修等：《新唐书》卷五十《艺文志二》，北京：中华书局，1975 年，第 1471～1472 页。

⑤ 参见王溥：《唐会要》卷六十三《史馆上·修国史》，北京：中华书局，1955 年，第 1095 页。

个宏伟历史画卷的主体。其间，元代后期撰修宋、辽、金三史的史学活动，如同唐初撰修前朝史一样，也显示出最高统治集团的雅量和器识。

中国官修史书的重要性，我们还可以列举一些，这里说的是比较重要的几个方面。

当然，中国古代官修史书，也存在一些弊端。这种弊端，从刘知幾在唐中宗时给监修国史萧至忠的上书中有集中的反映。他写道：知幾"自策名士伍，待罪朝列，三为史臣，再入东观，竟不能勒成国典，贻彼后来者，何哉？静言思之，其不可有五故也。"他说的"五故"是：第一，群体修史，各人自我称许，意见难得一致，"每欲记一事，载一言，皆阁笔相视，含毫不断。故首白可期，而汗青无日"。第二，资料不完备，具体表现是："左右二史，阙注起居；衣冠百家，罕通行状；求风俗于州县，视听不该；讨沿革于兰台，簿籍难见。"第三，权门、贵族干预修史，"一字加贬，言未绝口，而朝野具知，笔不栖毫，而缙绅咸诵"，撰史之人"能无畏乎"！第四，多人"监修"，意见不一，"十羊九牧，其命难行；一国三公，适从焉在"？故修史者无所适从。第五，事关体裁、体例，如史书断限、史事取舍、叙述丰约、如何分工等，无人过问、"指授"，无所"遵奉"，以致"坐变炎凉，徒延岁月"。[1] 刘知幾所反映的史馆修史的情况，主要出现于武则天当政时期。唐太宗、唐高宗时期的史馆修史状况并非如此，即使出现过某种弊端，也不像刘知幾所说的那样严重。

尽管如此，刘知幾所指出的史馆修史的种种弊端，并非偶然现象，而且有的弊端是十分严重的，此其一。其二，史馆修史存在的弊端，实际上刘知幾所言还不能完全概括，比如行状所记是否可以凭信？大臣密疏是否可以入史？等等。这些具体问题，并不是刘知

---

① 刘知幾：《史通》卷二十《忤时》，浦起龙通释，上海：上海古籍出版社，1978 年，第590～592 页。

幾都可能涉及的。可见，史馆修史所存在的弊端是很突出的。面对如此严峻的局面，刘知幾采取了辞去史职、退而私作《史通》的做法①。当然这不是很好的做法。一个正直的史家应当面对现实，提出适当的主张和建议，坚持撰写信史的原则。《唐会要》的《史馆·史馆杂录》给后人留下了唐代史家这种追求的足迹。

三、唐代史家对信史的追求

唐代史家追求撰写信史的目标，以及为此做出的努力，并不限于史馆修史，如杜佑撰写《通典》之严谨，韦述强调"大丈夫奋笔为千载楷则，奈何以一言而自动摇！有死而已，胡可改也"②，李肇为补国史之不足而著《唐国史补》③，像这样的一些事例都与史馆修史没有直接的关系。但《唐会要》中的"史馆杂录"条所提供的史实，毕竟可以使后人更清楚地看到唐代史家坚持直笔、追求信史的精神。

唐代史家的这种精神具体表现在这样几个方面：

（一）主张帝王不亲自观览国史

《唐会要·史馆上·史馆杂录上》起首记载了唐太宗和朱子奢、褚遂良、刘洎、房玄龄等人关于这个问题的讨论：

> 贞观九年十月，谏议大夫朱子奢上表曰："今月十六日，陛下出圣旨，发德音，以起居记录书帝王臧否，前代但藏之史官，人主不见，今欲亲自观览，用知得失。臣以为圣德在躬，举无

---

① 参见刘知幾：《史通》卷十《自叙》，浦起龙通释，上海：上海古籍出版社，1978年，第290页。

② 封演：《封氏闻见记》卷十"讨论"，赵贞信校注，北京：中华书局，2005年，第93页。

③ 李肇：《唐国史补》序，丛书集成初编本，北京：中华书局，1985年，第1102～1103页。

过事，史官所述，义归尽善，陛下独览起居，于事无失。若以此法传示子孙，窃有未喻。大唐虽七百之祚，天命无改，至于曾元之后，或非上智，但中主庸君，饰非护短，见时史直辞，极陈善恶，必不省躬罪己，唯当致怨史官。但君上尊崇，臣下卑贱，有一于此，何地逃刑？既不能效朱云廷折、董狐无隐，排霜触电，无顾死亡，唯应希风顺旨，全身远害。悠悠千载，何所闻乎！所以前代不观，盖为此也。"①

这里讨论的是帝王不览国史的传统及其原因。应当指出，朱子奢对唐太宗所问的回答是机智而得体的。所谓机智，是指他肯定唐太宗"举无过事"，相信"史官所述，义归尽善"。所谓得体，是指他没有正面否定唐太宗亲览国史的要求，但同时指出唐太宗这样做或许会留下不好的历史影响，最后归结到帝王不亲览国史这一传统的合理性。唐太宗读到这通上表，暂时也就不再提及此事了。但事情并未就此了结，史载：

（贞观）十六年四月二十八日，太宗谓谏议大夫褚遂良曰："卿知起居，记录何事？大抵人君得观之否？"对曰："今之起居，古之左右史，以记人君言行，善恶必书。庶几人主不为非法，不闻帝王躬自观史。"太宗曰："朕有不善，卿必记之耶？"遂良曰："守道不如守官，臣职当载笔，君举必书。"黄门侍郎刘洎曰："设令遂良不记，天下之人皆记之矣。"太宗谓房玄龄曰："国史何因不令帝王观见？"对曰："国史善恶必书，恐有忤旨，故不得见也。"太宗曰："朕意不同，今欲看国史，若善事固不须

---

① 王溥：《唐会要》卷六十三《史馆上·史馆杂录上》，北京：中华书局，1955年，第1102页。

论，若有恶事，亦欲以为鉴诫。卿可撰录进来。"①

在同朱子奢讨论数年之后，唐太宗又向褚遂良提出同样的问题，而褚遂良的回答比起朱子奢的回答更加明确：帝王不览国史，是含有希望"人主不为非法"的深意，即具有历史监督的作用。唐太宗向褚遂良提出的第二个问题，表明他是很在意这个历史监督的作用的。褚遂良的回答很直率，即在守君臣之道和守史官之职二者之间，他只有放弃前者，坚持后者。在场的刘洎讲得更加直白，君主的"不善"，即使史官不记，"天下之人"都会"记"得的。当然，"天下之人"所"记"，影响于当世；而史官所记，则影响于"悠悠千载"，二者的作用有所不同。

这一番问答，真切地表明了从朱子奢到褚遂良、刘洎等，是坚决恪守史官职责的。可惜他们所坚守的原则，最终还是在房玄龄那里"退却"了。房玄龄作为监修国史，负责修史事宜，终于同意把国史送呈唐太宗观览。人们或许不必怀疑唐太宗亲览国史"以为鉴诫"的真诚，但他作为一代明君，改变了人君不亲览国史的传统，给后世造成了不良的影响，终究是一个缺憾。房玄龄的"退却"，同样也应视为这位名相政治生涯中的一个过失。

(二)不取"人情"，坚持直笔

《唐会要·史馆下·史馆杂录下》记：武则天长安三年(703年)，张易之、张昌宗密谋，"将图皇太子"，矛头首先对着御史大夫、知政事魏元忠，并试图利诱大臣张说作伪证，"证明"魏元忠支持皇太子早日即位。张说"被逼迫，乃伪许之"。后经大臣宋璟、张廷珪和史官刘知几等鼓励、劝说张说，不要被张易之等所利用："大丈夫当守死善道"，"朝闻道，夕死可矣"，"无污青史，为子孙累"。于是张

---

① 王溥：《唐会要》卷六十三《史馆上·史馆杂录上》，北京：中华书局，1955年，第1102～1103页。

说面对武则天和朝臣说："臣今日对百僚，请以实录"，并"厉声言魏元忠不反，总是昌宗令臣诬枉耳"。这些话，使"百僚震惧"。武则天无法给魏元忠定罪，乃将魏元忠贬官、张说流放。《史馆杂录下》继续写道：

> 后数年，说拜黄门侍郎、同中书门下平章事，因至史馆，读《则天实录》，见论证对元忠事，乃谓著作佐郎兼修国史吴兢曰："刘五修实录，论魏齐公事，殊不相饶假，与说毒手。"当时说验知是吴兢书之。所以假托刘子元。兢从容对曰："是兢书之，非刘公修述，草本犹在。其人已亡，不可诬枉于幽魂，令相公有怪耳。"同修史官苏宋等见兢此对，深惊异之，乃叹曰："昔董狐古之良史，即今是焉！"说自后频祈请删削数字。兢曰："若取人情，何名为直笔！"①

张说身居相位，见史馆所修《则天实录》记载那段往事，总觉得不甚光彩，故以监修国史的身份，希望予以修改，并借口这是刘知幾所修。而正直的吴兢说明真相，绝不改写，屡屡抵制张说的"祈请"，被同事称为董狐式的良史。

在这件事情的前后，刘知幾对张说说的"无污青史，为子孙累"，吴兢对张说说的"若取人情，何名为直笔"，充分显示出了史家的良知和信念。此事被后人写入《旧唐书·吴兢传》，在中国史学上产生了深远的影响。吴兢的《贞观政要》一书，始终受到后人的推崇，这同他坚守史家撰写信史的原则，自有密切关系。

(三)明确史书立传原则

《史馆杂录下》载路隋(亦作路随)论史书立传原则，写道：

---

① 王溥：《唐会要》卷六十四《史馆杂录下》，北京：中华书局，1955 年，第 1106 页。

永贞元年九月，书河阳三城节度使元韶卒，不载其事迹。史臣路随立议曰："凡功名不足以垂后，而善恶不足以为诫者，虽富贵人，第书其卒而已。陶青、刘舍、许昌、薛泽、庄青翟、赵周，皆为汉相，爵则通侯，而良史以为龌龊廉谨，备员而已，无能发明功名者，皆不立传。伯夷、庄周、墨翟、鲁连、王符、徐稺、郭泰，皆终身匹夫，或让国立节，或养德著书，或出奇排难，或守道避祸，而传与周、召、管、晏同列。故富贵者有所屈，贫贱者有所伸。孔子曰：'齐景公有马千驷，死之日，民无得而称焉。伯夷叔齐，饿于首阳之下，民到于今称之。'然则志士之欲以光辉于后者，何待于爵位哉！富贵之人，排肩而立，卒不能自垂于后者，德不修而轻义重利故也。自古及今，可胜数乎！"①

这一段议论，把史书中人物立传的基本原则讲得十分明确。其核心思想是：从历史评价看，着重看历史人物的"功名"，即对历史发展、社会进步的贡献；从道德评价看，着重看历史人物的品德高下、善恶与否。这是一个大前提，但并不是最终的标准。最终的标准，还要看其"功名"是否"足以垂后"，"善恶"是否"足以为诫"。答案是肯定的，则可立传，反之则不可立传。这个史书中人物立传的标准，极其鲜明地排斥了以"富贵"与"贫贱"为立传的标准。同时，按照这个标准，自然就会出现这样的现象：在史书撰述中，对历史人物的处置，必然会有"富贵者有所屈，贫贱者有所伸"的变化。

路隋所提出的对史书中人物立传标准的见解，是史学发展到较高程度才可能提出来的，也确是史家们在史书编撰过程中经常碰到而又必须解决的难题之一。司马迁著《史记》，关于列传部分，他的

---

① 王溥：《唐会要》卷六十四《史馆杂录下》，北京：中华书局，1955年，第1108页。

原则是："扶义俶傥，不令已失时，立功名于天下，作七十列传"①。从字面上看，这里强调了"功名"，没有强调"善恶"。但是，在司马迁笔下，"扶义"之人，就是"善"的表现，当无疑义。唐代史家刘知幾论史书的人物立传，提出这样的见解："夫人之生也，有贤不肖焉。若乃其恶可以诫世，其善可以示后，而死之日，名无得而闻焉，是谁之过欤？盖史官之责也。"②从字面上看，刘知幾只是讲到了"善"与"恶"及其是否可以"示后""诫世"的原则，而没有提及"功名"。其实，他在作具体分析时，也讲到了历史人物的"功烈"。总之，司马迁说的"功名"，其中不乏道德的含义；刘知幾说的"善恶"，其中也包括了功名的因素。路隋所论，可以说是对前人思想的继承和发展，把"功名"和"善恶"都明确地提出来了。

当然，历史人物是复杂的，"功名"和"善恶"并非在任何情况下都是可以截然分开的。不论在是否可以立传的问题上，还是在对历史人物作具体评价时，都要因人而异，不能作简单地处置。路隋议论的价值和意义所在，是要打破以"富贵"与"贫贱"为画线的标准。从路隋议论的字里行间，不难看出他是十分自觉地继承和发展司马迁的人物立传原则的。同时，从对于信史目标的追求来看，史家是不应当把那些"德不修而轻义重利"之人作为"垂于后者"而写入史书的。

（四）提出行状不足以取信

史书为人立传，不可轻信行状。对此，史官李翱提出深入的论证。《史馆杂录下》记：

（永贞）十四年四月，史官李翱奏："臣等谬得秉笔史馆，以

---

① 司马迁：《史记》卷一百三十《太史公自序》，北京：中华书局，1959 年，第 3319 页。
② 刘知幾：《史通》卷八《人物》，浦起龙通释，上海：上海古籍出版社，1978 年，第 237 页。

记录为职，夫劝善惩恶，正言直笔，记圣朝功德，述忠贤事业，载奸佞丑行，以传无穷者，史官之任也。凡人之事迹，非大善大恶，则众人无由知之，旧例皆访问于人，又取行状、谥议，以为依据。今之作行状者，非门生即其故吏。莫不虚加仁义礼智，妄言忠肃惠和，如此不唯处心不实，苟欲虚美于所受恩而已也。盖亦为文者既非游夏迁雄之列，务于华而忘其实，溺于词而弃其理。故为文则失六经之古风，纪事则非史迁之实录。不然则词句鄙陋，不能自成其文矣。由是事失其本，文害于理，而行状不足以取信。若使指事书实，不饰虚言，则必有人知其真伪。不然者，纵使门生故吏为之，亦不可谬作德善之事而加之矣。臣今请作行状者，但指事说实，直载其词，善恶功绩，皆据事足以自见矣。假令传魏徵，但记其谏诤之词，自足以为正直矣；如传段秀实，但记其倒用司农寺印以追逆兵，又以象笏击朱泚，自足以为忠烈矣。……史氏记录，须得本末，苟凭往例，皆是虚言，则使史官何所为据？伏乞下臣所奏，使考功守行，臣等要知事实，辄敢陈论。"制可。①

李翱代表当时史官所上的这一长篇奏议，针砭了当时作史的一大弊病，即以个人行状为传记的依据。李翱认为，这种弊端一方面表现为对传主的"虚加仁义礼智，妄言忠肃惠和"，造成传记"不实"；另一方面表现为"务于华而忘其实，溺于词而弃其理"，既有悖于古风，又不合于实录。为此，他提出改进行状的写法，即"指事说实，直载其词，善恶功绩，皆据事足以自见"。只有这样，行状才有其可信的价值。行状是个人历史的反映，个人历史又可能与国史相联系。因此，李翱的奏议，实为当时修史活动中的一个重要环节。从史学理

---

① 王溥：《唐会要》卷六十四《史馆杂录下》，北京：中华书局，1955年，第1110页。

论的发展来看,李翱所论,还涉及什么是"事实"这一命题,而他所说的"指事书实""指事说实",都同"事实"相关联。他说的"史氏记录,须得本末",既反映了史书记事的特点,也多少预示着纪事本末体史书之出现的必然性。

(五)修史不载"密疏"

"密疏"是指大臣给皇帝的秘密上疏,不为外人所知。《唐会要·史馆杂录下》记唐武宗时大臣们对实录载密疏一事,提出异议:

> 会昌三年十月,中书、门下奏:"臣等伏见近日实录多云禁中言者,伏以君上与宰臣及公卿言,皆须众所闻见,方合书于史策。禁中之语,向外何由得知?或得于传闻,多出邪佞,便载史笔,实累鸿猷。向后目录中如有此类,并请刊削,更不得以此记述。又宰臣及公卿论事,行与不行,须有明据;或奏议允惬,必见褒称;或所论乖僻,固有惩责。藩镇献表者,有答诏;居要官启事者,亦合著明。并当昭然在众人耳目,或取舍在于堂案,或与夺形于诏敕。前代史书,载明奏议,无不由此。近见实录,多载密疏,言不彰其明听,事不显于当时,得自其家,实难取信。向后所载群臣章奏,其可否得失,须朝廷共知者,方可纪述,密疏并请不载。如此则书必可法,人皆守公,爱憎之志不行,褒贬之言必信。伏见近日实录,事多纰缪,若详求摭实,须举旧章。"敕旨:"宜依奏。"①

这里提到的几种情况,如"禁中之语""宰臣及公卿论事""藩镇献表""居要官启事者"等,都与撰写实录、国史有极密切的关系,因此对这些文献的可征信性提出适当的要求。这个适当的要求是:并非"得

---

① 王溥:《唐会要》卷六十四《史馆杂录下》,北京:中华书局,1955 年,第 1112 页。

于传闻"，"须有明据"，"昭然在众人耳目"，否则不得记于史册。其中，特别提到"近见实录，多载密疏"，而"密疏"得自私家，"实难取信"，建议"密疏并请不载"。从政治上看，关于"密疏"问题，不能完全排除与当时统治集团内部矛盾斗争有关，反对以"密疏"入史自然事出有因，孰是孰非，另当别论。但是，从史学上看，反对以"密疏"入史，强调凡朝廷奏章"须朝廷共知者，方可记述"，旨在保证这种重要文献的可信性，最终目的在于达到"书必可法，人皆守公，爱憎之志不行，褒贬之言必信"的信史目标，有利于史学的发展。

总之，中书、门下的这一道奏章，集中反映了当时官修史书中对历史文献的公开性、可信性提出了很高的要求，这同上文关于行状的议论，颇有相通之处，反映了中国古代史家的信史观点的强化和提升。联想到北宋司马光主编《资治通鉴》，并亲自撰写《资治通鉴考异》，以此说明对于历史文献的去取之由，与这一强化和提升，当是一脉相承的。

以上五个方面，表明唐代史家对于信史的追求，有一种始终不渝的执着精神。尽管信史的目标难以企及，尽管在追求信史的道路上困难重重，但这种精神的存在和发展，既洋溢着那些正直史家的良知和操守，又总是在为后人留下更多的信史。因此，他们理所当然地受到后人的尊敬。

唐代史学与唐代政治[*]

　　唐朝是我国封建社会史上一个重要的朝代。这一时期，封建社会的经济、政治、文化的发展出现了一个繁荣局面。史学，作为文化的一个组成部分，在唐代也是有成就的。被封建皇朝列为"正史"的"二十四史"，有 1/3 成书于唐初。"三通"之首的《通典》、我国第一部系统的史学理论著作《史通》，都是唐代著名的私人著述。此外，官修史书如历朝起居注、时政记、实录、国史，私人著述如各类专史、方志、野史、笔记、杂说，以及公私谱牒等，数量都很多。

　　恩格斯在论及 17、18 世纪欧洲的哲学和文学时指出："不论在法国或是在德国，哲学和那个时代的普遍的学术繁荣一样，也是经济高涨的结果。"[①]唐代史学的成就，也是唐代封建经济和

---

* 原载《吉林大学学报》1978 年第 5～6 期合刊，《史学史资料》1979 年第 1 期转载，收入本书时略有修改。

① 《马克思恩格斯选集》第四卷，北京：人民出版社，1995 年，第 704 页。

政治发展的结果。唐朝的最高统治集团，特别是唐初最高统治集团，都把史学作为巩固政治统治的重要手段之一，这就在很大程度上促进了史学的发展。唐代史学与政治的密切关系，在我国封建社会史学的发展中，是显著的。

唐代统治者是怎样看待史学的呢？

一、"览前王之得失，为在身之龟镜"

唐代开国皇帝李渊于武德五年（622年）在《命萧瑀等修六代史诏》中，明确地提出了修史的目的："考论得失，究尽变通，所以裁成义类，惩恶劝善，多识前古，贻鉴将来。"①这个思想成了唐代统治集团对待史学的一个传统的思想。贞观十年（636年），房玄龄、魏徵等修成《周书》《北齐书》《梁书》《陈书》《隋书》五部史书，"诣阙上之"。唐太宗很高兴。他说：

> 朕睹前代史书，彰善瘅恶，足为将来之戒。秦始皇奢淫无度，志存隐恶，焚书坑儒，用缄谈者之口。隋炀帝虽好文儒，尤疾学者，前世史籍竟无所成，数代之事殆将泯绝。朕意则不然，将欲览前王之得失，为在身之龟镜。公辈以数年之间，勒成五代之史，深副朕怀，极可嘉尚。②

这就是唐太宗在贞观三年（629年）命人修撰周、齐、梁、陈、隋五代史的目的③。所谓"览前王之得失，为在身之龟镜"，是其基本宗旨。值得注意的是，这两句话，并非虚言饰词，而是唐初统治集团的实

---

① 宋敏求：《唐大诏令集》卷八十一，北京：商务印书馆，1959年，第466页。

② 王钦若等：《册府元龟》卷五百五十四《国史部·恩奖》，北京：中华书局，1960年，第6657页。

③ 刘昫等：《旧唐书》卷七十三《令狐德棻传》，北京：中华书局，1975年，第2598页。

际想法。唐太宗还这样说过："以铜为镜，可以正衣冠。以古为镜，可以知兴替。以人为镜，可以明得失。朕常保此三镜，以防己过。"①"览前王之得失"，当然主要是吸取隋朝的教训。在唐初统治者看来，一个"甲兵强盛""风行万里"的隋朝，怎么一下子就"率土分崩""子孙殄灭"②了呢？唐皇朝是在隋末农民大起义摧垮了隋皇朝的基础上建立起来的，唐初统治者不能不认真地吸取这一历史教训，以作为巩固自身统治的借鉴，这就是"为在身之龟镜"了。例如，唐太宗批评隋文帝"性至察而心不明"，"谓群下不可信任，事皆自决，虽劳神苦形，未能尽于合理"③。他指责隋炀帝"求采无已""竭人财力"④。唐太宗还认为："神仙事本虚妄，空有其名"，嘲笑秦始皇、汉武帝信求仙事是"非分爱好"，以致或"沙丘而死"，或"便行诛戮"⑤，对地主阶级的统治都极为不利。

唐太宗的这些看法，无疑都贯彻于周、齐、梁、陈、隋五代史中。内中，尤为突出的是魏徵主编的《隋书》。吸取隋朝灭亡的教训，是《隋书》的重要主题之一。如《隋书·炀帝纪》后论称：

（隋炀帝）负其富强之资，思逞无厌之欲，狭殷、周之制度，尚秦、汉之规摹。恃才矜己，傲狠明德，内怀险躁，外示凝简，盛冠服以饰其奸，除谏官以掩其过。淫荒无度，法令滋章，教绝四维，刑参五虐，锄诛骨肉，屠剿忠良，受赏者莫见其功，为戮者不知其罪。骄怒之兵屡动，土木之功不息，频出朔方，三驾辽左，旌旗万里，征税百端，猾吏侵渔，人不堪命。乃急令暴条以扰之，严刑峻法以临之，甲兵威武以董之，自是海内

---

① 刘昫等：《旧唐书》卷七十一《魏徵传》，北京：中华书局，1975年，第2561页。
② 刘昫等：《旧唐书》卷七十一《魏徵传》，北京：中华书局，1975年，第2550页。
③ 刘昫等：《旧唐书》卷三《太宗纪下》，北京：中华书局，1975年，第40页。
④ 刘昫等：《旧唐书》卷二《太宗纪上》，北京：中华书局，1975年，第36页。
⑤ 刘昫等：《旧唐书》卷二《太宗纪上》，北京：中华书局，1975年，第33页。

骚然，无聊生矣。①

这里是从政治、经济、军事等方面，指出了隋炀帝的政策的错误。结论是："宇宙崩离，生灵涂炭，丧身灭国，未有若斯之甚也。"

在《隋书》卷七十后论中，魏徵还进而指出："其隋之得失存亡，大较与秦相类。始皇并吞六国，高祖统一九州，二世虐用威刑，炀帝肆行猜毒，皆祸起于群盗，而身殒于匹夫。原始要终，若合符契矣"，从而说明隋亡与秦亡的相似之处。

这种从不同的侧面来总结隋朝灭亡的教训的议论，在《隋书》中比比皆是。唐初统治集团这种"以史为镜"的思想，对唐代史学的发展有深刻的影响，成为唐代史学一个显著特点。唐太宗本人曾亲撰《金镜》一文，作为维护自己统治的历史借鉴②。唐玄宗开元二十四年(736年)，"千秋节，群臣皆献宝镜"，而中书令张九龄以为，"以镜自照见形容，以人自照见吉凶。乃述前世兴废之源，为书五卷，谓之《千秋金镜录》，上之"。深得玄宗嘉奖，赐书褒美③。

唐代的史学家们在总结历史经验的过程中，虽然提出了很多有价值的见解，但他们最终还是跳不出封建史家的窠臼。他们不能正确解释农民阶级和地主阶级的矛盾和斗争，并用以说明历代皇朝的治乱兴衰。同时，他们都无一例外地把劳动人民诬为"盗贼"和"乱民"。这正是由他们的地主阶级的本性决定的。

二、"极为治之体，尽君臣之义"

这是唐代史学的又一个特点。

---

① 魏徵等：《隋书》卷四《炀帝纪下》，北京：中华书局，1973年，第95页。
② 参见董诰等：《全唐文》卷十，北京：中华书局，1983年，第126页。
③ 司马光：《资治通鉴》卷二百一十四《唐纪三十》，北京：中华书局，1956年，第6941页。

贞观元年（627年），唐太宗即位不久，就"赐李大亮、荀悦《汉纪》一部"，并下诏曰：

> 卿立志方直，竭节至公，处职当官，每副所委，方大任使，以申重寄。公事之闲，宜寻典籍。然此书叙致既明，论议深博，极为治之体，尽君臣之义，今以赐卿，宜加寻阅也。①

唐太宗这样推崇荀悦《汉纪》，认为它是探究政治方术、阐发君臣关系的典范，固然表明了他对《汉纪》的评品是极高的，但更重要的则是表明了他所提倡的史书的标准。这个标准就是"极为治之体，尽君臣之义"。在房玄龄主编的《晋书》里，唐太宗曾经亲自写了几篇史论。尤其是《宣帝纪》和《武帝纪》这两篇史论，一则着重讲治乱得失，一则着重讲君臣关系，非常突出地反映了唐初统治者对史学提出的政治要求。唐代史学也正是按照这个要求发展的，这在唐初所修的八史中，以及在历朝所修的实录、国史中，表现得极其鲜明。如《隋书》中的《高祖纪》《炀帝纪》的后论，把隋文帝时的政治与隋炀帝时的政治作了比较，一得一失，跃然纸上。而于《杨玄感传》，则提倡"君之失德，当竭股肱"，批评杨玄感"未议致身，先图问鼎，遂假伊、霍之事，将肆莽、卓之心"。于《诚节传》，则提倡"杀身以成仁"，"捐身而取义"，"临难忘身，见危授命"的忠君思想，目的是"冀将来君子有所庶几"。于《循吏传》，则标榜循吏的作用："善为水者引之使平，善化人者抚之使静。水平则无损于堤防，人静则不犯于宪章。然则易俗移风，服教从义，不资于明察，必藉于循良者也。"于《酷吏传》，又鼓吹："御之良者，不在于烦策；政之善者，无取于严刑。故虽宽猛相资，德刑互设，然不严而化，前哲所重。"这

---

① 刘昫等：《旧唐书》卷六十二《李大亮传》，北京：中华书局，1975年，第2388页。

都是在借历史来阐发君臣关系，探究政治方术。其后，吴兢撰《贞观政要》，系统介绍唐太宗君臣论政；唐玄宗认为"肇有书契，是兴简册，所以彰平得失，示以惩劝"①；唐宪宗"御制《前代君臣事迹》十四篇，书于六扇屏风"②；唐宣宗又"书《贞观政要》于屏风，每正色拱手而读之"③。这些，都适合唐初统治集团为了使史学做到"极为治之体，尽君臣之义"，以适合统治集团的政治需要。

三、"盛业鸿勋，咸使详备"

显庆四年(659年)，唐高宗李治在浏览许敬宗所撰"国史"后，深为不满，因对史官刘仁轨等说：

> 先朝身擐甲胄，亲履兵锋，戎衣沾马汗，兜鍪生虮虱，削平区宇，康济生灵。数年之间，四海清宴，方始归功上帝，临驭下人。昨观国史，所书多不周悉。卿等必须穷征索隐，原始要终，盛业鸿勋，咸使详备。④

这里，唐高宗又对史学提出了一个要求，即必须"穷征索隐，原始要终，盛业鸿勋，咸使详备"。这个要求的中心所在，是强调给唐朝的最高统治者树碑立传，歌功颂德。毫无疑义，这也同样成了官修史书和私家著述必须遵循的准则，从而显示出唐代史学与政治密不可分的第三个特点。有唐一代，历朝统治者都十分重视编修起居注、

---

① 王钦若等：《册府元龟》卷五百五十四《国史部·选任》，北京：中华书局，1960年，第6651页。

② 刘昫等：《旧唐书》卷十四《宪宗纪上》，北京：中华书局，1975年，第428页。

③ 司马光：《资治通鉴》卷二百四十八《唐纪六十四》宣宗大中二年，北京：中华书局，1956年，第8154页。

④ 王钦若等：《册府元龟》卷五百五十六《国史部·采撰二》，北京：中华书局，1960年，第6682页。

实录和国史，这是一个很重要的原因。同时，他们衡量史学家工作的成败和史书质量的优劣，也以此作为一个重要的标准。唐穆宗长庆二年(822年)，路随等奉旨撰《宪宗实录》，历时9年，至唐文宗大和四年(830年)成书。路随在《上〈宪宗实录〉表》中说："伏以宪宗皇帝，承十一叶之基运，荡六十年之妖氛，神功燀于无外，玄化光于有截，语简德则渐浣濯以垂训，言忧勤则躬日昃而忘倦，广聪明则惟恐其不闻，纳忠谏则咸许其自达。群臣荷宽裕之德，黔首饱慈惠之仁。今之举圣列者，贞观、开元、元和而已，诚宜垂诸简牒，焕被缣缃。"按照这个宗旨编撰的《宪宗实录》，自然会得到最高统治者的赞许。所以唐文宗在给路随的诏书中夸奖他说："卿学贯六经，究《春秋》之微旨，业精五典，得简册之菁华。编年纪述于皇猷，记事备陈于王业，垂尧言而可法，彰禹绩而有光！极思尽诚，宣我祖德，阅览之后，虔感弥深！"①这些褒奖之词，实质在于"极思尽诚，宣我祖德"，与唐高宗说的"盛业鸿勋，咸使详备"是同一个意思。

综上所述，唐代统治者是非常重视史学的，正如唐太宗在《修〈晋书〉诏》中所说：

> 考龟文于羲载，辨鸟册于轩年；不出岩廊，神交千祀之外；穆然旒扆，临眄九皇之表。是知右史序言由斯不昧，左官诠事历兹未远，发挥文字之本，通达书契之源，大矣哉，盖史籍之为用也！②

由此不难看出，史学在唐代统治集团心目中所占地位的重要。正因为这样，唐代史学深深地打上了唐代政治的烙印；这是它获得高度

① 王钦若等：《册府元龟》卷五百五十六《国史部·采撰二》，北京：中华书局，1960年，第6686～6687页。
② 宋敏求：《唐大诏令集》卷八十一，北京：商务印书馆，1959年，第467页。

成就的原因，也是它存在严重缺陷的根源。唐代的史学，包括大胆的创新，气魄宏大的修史工作，精心编撰的实录和国史，以及那些顾忌较少的臧否人物、褒贬成败的史论，都是唐代政治的需要和产物。

封建史学历来是为封建的经济和政治服务的。唐代史学与政治的密切关系，可以使人们更清晰地窥见这二者的内在联系。

史学家和政治

——关于唐代史学与政治关系的考察*

一、史学家的政治情怀

  唐皇朝是中国封建社会史上一个盛大的朝代。史学，作为意识形态的一部分，对于唐皇朝的发展起了重要的作用。这种作用突出地反映了史学与政治的密切关系。史学家和政治的关系以及政治家和史学的关系，是它的两个主要方面，本文着重考察前一个方面，即史学家和政治的关系。

  中国古代史家历来有强烈的历史意识。随着历史的进步，这种历史意识在不断地深化着。同时，中国古代史家也有关心政治的优良传统，不少优秀的史家都具有饱满、深沉的政治情怀。这

---

 * 原载《史学史研究》1991 年第 4 期。

种情况，在唐代史学上是很突出的。首先，唐代史家把撰修前朝史不仅看作是史学工作的一部分，而且看作是政治统治的需要。武德四年（621 年）唐皇朝建立不久，天下尚未安定，史学家令狐德棻就向唐高祖李渊提出建议：

> 窃见近代已来，多无正史。梁、陈及齐，犹有文籍，至周、隋遭大业离乱，多有遗阙。当今耳目犹接，尚有可凭，如更数十年后，恐事迹湮没。陛下既受禅于隋，复承周氏历数，国家二祖功业，并在周时。如文史不存，何以贻鉴今古？如臣愚见，并请修之。①

在这里，令狐德棻首先从历史的角度提出了修撰"近代"历朝正史的重要性，又从政治的角度强调了修撰周、隋二代正史的必要性，其中也还讲到了这种修撰工作的可能性。令狐德棻的建议，在反映唐初史家的历史意识和政治情怀方面，是有代表性的。他的建议是在唐皇朝建立伊始就提出来的，着眼于政治无疑是他的重要的出发点。宋人很赞赏令狐德棻的这种见识，指出："夫典章图史，有国者尤急，所以考存亡成败，陈诸前而为之戒。方天下初定，德棻首发其议，而后唐之文物粲然，诚知治之本欤！"②从政治的观点来看，"诚知治之本欤"这句话的分量很重，也讲得中肯。唐初有梁、陈、齐、周、隋"五代史"和《五代史志》的撰述，有《晋书》的重新撰写，都跟令狐德棻这个建议有直接的或间接的关系，李延寿的《南史》和《北史》，也是在这个总的形势的影响下编撰出来的。

唐代史家对撰述本朝史的认识，同样也反映出他们的这种政治

---

① 刘昫等：《旧唐书》卷七十三《令狐德棻传》，北京：中华书局，1975 年，第 2597 页。

② 欧阳修等：《新唐书》卷一百二后论，北京：中华书局，1975 年，第 3988 页。

情怀。被时人誉为"当今董狐"的史家吴兢，在唐玄宗开元末年撰成《贞观政要》一书，这是一部按专题写成的唐太宗时期的政治史。吴兢在该书的序文中写道：

> 太宗时政化，良足可观，振古而来，未之有也。……于是缀集所闻，参详旧史，撮其指要，举其宏纲，词兼质文，义在惩劝，人伦之纪备矣，军国之政存焉。凡一帙一十卷，合四十篇，名曰《贞观政要》。庶乎有国有家者，克遵前轨，择善而从，则可久之业益彰矣，可大之功尤著矣，岂必祖述尧、舜，宪章文、武而已哉！①

这篇序文洋溢着吴兢对唐太宗时期的政治的仰慕之情。他认为，唐太宗君臣"垂世立教"的风范、"典谟谏奏"的治理，均可"弘阐大猷，增崇至道"，具有"焕乎国籍，作鉴来叶"的作用，既使历史生光，又可启迪现实。他在《上〈贞观政要〉表》中，把他写这书的政治寄托阐说得更加明确，即希望唐玄宗"择善而行，引而伸之，触类而长之。……行之而有恒，思之而不倦，则贞观巍巍之化可得而致矣！"显然，在吴兢看来，他所处的时期的政治，已远比不上唐太宗时期的政治了，他甚至感到了一种衰颓的趋势和潜在的危机；因此，他以耿直而诚恳的心情，向唐玄宗提出了这样的希望。如果说吴兢在开始编《贞观政要》的时候，主要还是出于对"贞观之治"的向往和钦慕的话，那么当他完成该书而作序、上表的时候，他的思想倾向已经转到对现实政治的关注和忧虑了。可以认为，《贞观政要》一书，不仅反映了"良足可观"的"贞观之治"，而且还使人们触摸到开元、天宝之际的政治的脉搏。它从为君之道讲到善始慎终，每篇各有主题，但篇篇着眼于

---

① 吴兢：《贞观政要》序，上海：上海古籍出版社，1978年，第1页。

政治，从而把一个史学家的政治情怀淋漓尽致地表现出来。

在史学发展史上，以往也有史家在史学工作上表现出不同程度的政治热情，司马迁和班固在这方面是很突出的。跟班固相比，唐代史家有两点不同。第一，他们明确地承认唐皇朝"受禅于隋，复承周氏历数"，不像班固那样不承认秦、项的存在而反复申言"汉承尧运"。在是否承认历史发展的连续性这个问题上，唐代史家显示出了更加客观的历史见识和更加豁达的政治度量。第二，他们更鲜明地表现出向前看的自信心，认为唐太宗时的"政化"是"振古而来，未之有也"，足可作为现实政治的楷模，对"祖述尧、舜，宪章文、武"，已不像班固那样热烈歌颂了。在是否认识到历史的发展和进步这个问题上，唐代史家确有超过前人的地方。跟司马迁《史记》相比，唐代史家的不少历史撰述在本朝就发挥出了社会作用，不像《史记》那样不被统治者所重视，甚至还被诬为"谤书"。

唐代史家在史学工作上表现出来的政治情怀，在唐代政治生活中产生了积极的影响。贞观十年（636年），"五代史"撰成，房玄龄、魏徵等"诣阙上之"。唐太宗十分高兴。他说："朕睹前代史书，彰善瘅恶，足为将来之戒。秦始皇奢淫无度，志存隐恶，焚书坑儒，用缄谈者之口。隋炀帝虽好文儒，尤疾学者，前世史籍竟无所成，数代之事殆将泯绝。朕意则不然，将欲览前王之得失，为在身之龟镜。公辈以数年之间，勒成五代之史，深副朕怀，极可嘉尚！"①这显然是受了《隋书》史论中以秦、隋相较总结历史经验的思想的影响。从唐太宗的政治实践来看，他的这些话并非虚言饰词。甚至可以说，他愈是接近晚年，愈是重视史学，重视总结历史经验。在封建帝王中，像他这样把政治器局同历史见识紧密结合起来的人，是不多见的。唐宣宗李忱是晚唐时期较有作为的一个君主，史家称他统治时，

---

① 王钦若等：《册府元龟》卷五百五十四《国史部·恩奖》，北京：中华书局，1960年，第6657页。

"刑政不滥，贤能效用，百揆四岳，穆若清风，十余年间，颂声载路"①。这或许有溢美的成分，不过唐宣宗的确是很重视《贞观政要》这部书的，他曾"书《贞观政要》于屏风，每正色拱手而读之"②。他是把它作为座右铭和教科书来看待的，这跟他的政治统治不能没有一定的联系。《贞观政要》这部书对后世的影响，一直是很大的。

唐代史家推重秉笔直书，刘知幾撰《史通》，有《直书》专篇，张大、弘扬直书精神。这首先是为了历史记载和历史撰述的真实性，以求得存信史。吴兢参与重修《则天实录》，涉及宰相张说曾诬证魏元忠"谋反"事，张说屡请更改数字。吴兢拒绝说："徇公之情，何名实录？"③他终于没有修改这事。晚唐史官魏謩说过这样的话："善恶不直，非史也。遗后代，何以取信？"④求实、取信，是历史撰述的最根本的原则，唐代大多数史家是恪守这个原则的。同时，"直书"也还有政治上的考虑。唐太宗问史官褚遂良："朕有不善，卿必记者耶？"褚遂良认真地回答说："守道不如守官，臣职当载笔，君举必记。"⑤史官杜正伦也向唐太宗说过这样的话："君举必书，言存左史。臣职修起居注，不敢不尽愚直。"⑥另一位史官刘允济自白："史官善恶必书，言成轨范，使骄主贼臣有所知惧，此亦权重，理合贫而乐道也。昔班生受金，陈寿求米，仆视之如浮云耳。但百僚善恶必书，足为千载不朽之美谈，岂不盛哉！"⑦关于班、陈的说法，只是传闻，但刘允济为史之志的境界诚然是可贵的。这些，都反映出

① 刘昫等：《旧唐书》卷十八下《宣宗纪》后论，北京：中华书局，1975年，第645页。
② 司马光：《资治通鉴》卷二百四十八宣宗大中二年，北京：中华书局，1956年，第8154页。
③ 欧阳修等：《新唐书》卷一百三十二《吴兢传》，北京：中华书局，1975年，第4529页。
④ 刘昫等：《旧唐书》卷一百七十六《魏謩传》，北京：中华书局，1975年，第4569页。
⑤ 刘昫等：《旧唐书》卷八十《褚遂良传》，北京：中华书局，1975年，第2730页。
⑥ 刘昫等：《旧唐书》卷七十《杜正伦传》，北京：中华书局，1975年，第2542页。
⑦ 王溥：《唐会要》卷六十三"修史官"条，北京：中华书局，1955年，第1100页。

史家关于"直书"的认识，包含着鲜明的政治色彩。从这里也可看出，对于好的史家来说，秉笔直书和政治情怀并不是对立的，而是一致的。

二、史学和经世致用

史学家的政治情怀，大多以经世致用为其出发点和归宿。这是中国古代史学的一个特点。按照孟子的说法，孔子作《春秋》，就有自觉的社会目的；章学诚论中国史学的经世致用传统，也是从孔子作《春秋》讲起。司马迁重视"述往事，思来者"，有深邃的历史眼光和对于现实社会的精辟见解。在他以下，史家或史学批评家看待史学的社会作用，多强调鉴戒、惩劝，也有讲有益"风化"和"名教"的。

唐太宗有"大矣哉，盖史籍之为用也"之叹。作为封建皇帝，他认为史籍可以使其"神交千祀之外""临睨九皇之表"①。这是从一个特殊的方面指出了史学的作用。刘知幾的《史通》有很多篇讲到史学的社会作用，而以《史官建置》和《辨职》两篇最为突出。《史官建置》说："史之为用，其利甚博，乃生人之急务，国家之要道。有国有家者，岂可缺之哉！"刘知幾认为，史学之所以有这种作用，是因为"史官不绝，竹帛长存"，后人借此可以"神交万古""穷览千载"，从而产生"见贤而思齐，见不贤而内自省"的愿望和要求。这是从理论上说明了史学所具有的教育作用。《辨职》进而提出了史学的社会作用的三种情况，即：

> 史之为务，厥途有三焉。何则？彰善贬恶，不避强御，若晋之董狐、齐之南史，此其上也。编次勒成，郁为不朽，若鲁

---

① 宋敏求：《唐大诏令集》卷八十一《修〈晋书〉诏》，北京：商务印书馆，1959年，第467页。

之丘明、汉之子长，此其次也。高才博学，名重一时，若周之
史佚、楚之倚相，此其下也。苟三者并阙，复何为者哉！①

　　这好像是从史家的精神、成果、才名来判断他们的等第，其实，所
谓"彰善贬恶""郁为不朽""名重一时"，也都是史学的社会作用的不
同表现。明确提出"史籍"的"为用"和史学的"为用"，这是中国史学
上经世思想的新发展。

　　在这个发展过程中，杜佑撰述的《通典》，具有里程碑的意义。
杜佑在《通典》自序中开宗明义地写道："所纂《通典》，实采群言，征
诸人事，将施有政。"这十六个字，集中反映了作者的历史撰述的旨
趣。在史学发展上，由史学家自己申明，他的著作的目的和用途在
于"将施有政"，这是第一次。可以说，这是史学家之自觉的和明确
的经世致用思想的确立。自称"颇详旨趣，而为之序"的李翰在《通
典》序中写道：

　　　学者以多阅为广见，以异端为博闻，是非纷然，溃洞茫昧，
而无条贯；或举其中而不知其本，原其始而不要其终，高谈有余，
待问则泥；虽驰骋百家，日通万字，学弥广而志弥惑，闻愈多而
识愈疑，此所以勤苦而难成，殆非君子进德修业之意也。今《通
典》之作，昭昭乎其警学者之群迷欤！以为君子致用在乎经邦，经
邦在乎立事，立事在乎师古，师古在乎随时，必参古今之宜，穷
终始之要，始可以度其古，终可以行于今，问而辨之，端如贯珠，
举而行之，审如中鹄。夫然，故施于文学，可为通儒，施于政事，
可建皇极。……非圣人之书，乖圣人微旨，不取焉，恶烦杂也。

---

①　刘知幾：《史通》卷十《辨职》，浦起龙通释，上海：上海古籍出版社，1978 年，
第 283 页。

事非经国礼法程制，亦所不录，弃无益也。①

这一段话，把《通典》的"经邦""致用"的主旨阐述得十分清楚。他把"经邦"看作是"致用"的主要目的，他说明"立事""师古""随时"三者之间的关系，而把"立事"落脚到"随时"上；他认为《通典》不论"施于文学"即在意识形态方面，还是"施于政事"即在政治事务方面，都可以有所作为。这就充分说明，《通典》确非一般"文章之事，记问之学"所可比拟。杜佑的另一个同时代人权德舆认为，《通典》一书，"诞章闳议，错综古今，经代(世)立言之旨备焉"②，也是从经世致用方面来看待此书的。由于《通典》具有"将施有政"的撰述旨趣，以及它在历史编纂上的许多创新和特色，故其问世以后，"大传于时，礼乐刑政之源，千载如指诸掌，大为士君子所称"③。这反映了它在中唐的广泛影响。

杜佑在史学上的经世致用思想，是基于他的"以富国安人之术为己任"的政治信念。他不满于"历代众贤著论，多陈紊失之弊，或阙匡拯之方"④，而是通过考察和撰述历史上的典章制度，寻求"匡拯"的方略。《通典》跟以前的史书相比，在旨趣上显示出明显的不同，一个重要原因，就是它的作者一方面在政治信念上的坚定性，另一方面在史学经世致用宗旨上的自觉性。这二者的结合，使杜佑成为一个有政治远见的史学家和有历史器局的政治家，他60年宦途留下的政绩和以36年工夫撰成的《通典》巨著，表明他在政治和史学两个方面都取得了卓越的成就。

《通典》"将施有政"即"致用""经邦"的作用，远不止是"礼乐刑政

---

① 李翰：《通典》序，见杜佑：《通典》，北京：中华书局，1988年，第2页。
② 姚铉：《唐文粹》卷八十二《岐国公杜公墓志铭并序》，明嘉靖刻本。
③ 刘昫等：《旧唐书》卷一百四十七《杜佑传》，北京：中华书局，1975年，第3983页。
④ 杜佑：《上〈通典〉表》，见刘昫等：《旧唐书》卷一百四十七《杜佑传》，北京：中华书局，1975年，第3983页。

之源，千载如指诸掌"，这只说明了它在内容上的贯通和条理上的清晰。《通典》的经世致用作用，至少还有两个方面是很重要的。

第一，是杜佑对封建皇朝国家机构各种职能在总体上的逻辑认识。他在《通典》自序中写道：

> 夫理道之先在乎行教化，教化之本在乎足衣食。……夫行教化在乎设职官，设职官在乎审官才，审官才在乎精选举，制礼以端其俗，立乐以和其心；此先哲王致治之大方也。故职官设，然后兴礼乐焉，教化隳，然后用刑罚焉；列州郡，稗分领焉；置边防，遏戎狄焉。是以食货为之首，选举次之，职官又次之，礼又次之，乐又次之，刑罚又次之，州郡又次之，边防末之。或览之者，庶知篇第之旨也。①

在杜佑之前，从来没有一个史学家把封建皇朝国家机构的各种职能作如此严密的和合理的概括。《通典》"大为士君子所称"，原因之一，就是被它的逻辑力量所征服。人们从这种宏观的逻辑的概括中，清楚地看到了国家机构运转的情形，"士君子"们也从中看到了在这个运转中各自所处的位置和作用。这在政治实践上是有重要意义的。杜佑对国家机构各方面职能不是作完全平列地看待的。他认为"教化"是"理道"的首要任务，而"足衣食"又是"教化"的基础，所以他把"食货"即经济方面的职能列于首位。"教化"是唐初以来的一项国策，"食货"是中唐时期的紧迫问题，这在政治实践上也是有重要意义的。以今天的观点来看，这是一方面要抓意识形态，一方面要抓物质生产。杜佑的这种认识的理论价值是，"在某种程度上，反映了经济基础对建筑在其上的全部庞大的上层建筑的主要的决定作用"②。杜佑

---

① 杜佑：《通典》自序，见杜佑：《通典》卷一，北京：中华书局，1988年，第1页。

② 胡寄窗：《中国经济思想史》中册，上海：上海人民出版社，1963年，第450页。

是中国古代史家第一个达到这种认识成就的人。理论价值和实践意义的结合，使《通典》成为封建社会中经世致用的历史著作的典范。

第二，是杜佑在《通典》各门中针对历史和现实所阐发的许多精辟见解和政治实践上的主张。关于经济问题，他在"食货为之首"的"理道"思想指导下，认为谷、地、人是从经济上达到"治政"的三个重要因素①，他主张要处理好"国足"和"家足"的关系，认为"国足则政康，家足则教从"，他还主张在财政方面实行"薄敛"和"节用"，认为"欲人安也在于薄敛，敛之薄也在于节用"②。关于人才问题，杜佑认为"官政"于"国本"关系极大，主张以教育促进人才的成长和素质的提高；他不赞成以言取士，提出了包括选拔、奖惩、考课、升黜等各种程序在内的综合的人才管理办法③。关于吏治问题，杜佑主张省吏员，用有才，认为历史上"约人定员，吏无虚设"的办法是正确的，应坚决实行"并省官吏"的措施，起用"有才者"，沙汰"不才者"④。关于法制问题，杜佑认为，对于刑罚的"善用"与"不善用"，直接影响到社会的"治"与"乱"。所谓"善用"，关键"在乎无私绝滥，不在乎宽之与峻"。他还认为法律不可随意解释，并须有一定的稳定性，不应"斟酌以意，变更屡作"⑤。关于军事问题，杜佑强调国家在军事上应保持"强干弱枝之势"，这是安史之乱提供的历史经验教训之一⑥。《通典·兵典》阐述了杜佑的战略战术思想，对《孙子兵

---

① 参见杜佑：《通典》卷一《食货一·田制》序，北京：中华书局，1988年，第1页。

② 参见杜佑：《通典》卷七《食货七·历代盛衰户口》后论，北京：中华书局，1988年，第156页。

③ 参见杜佑：《通典》卷十三《选举》序、卷十八《选举六》评曰，北京：中华书局，1988年，第308、454～456页。

④ 参见杜佑：《通典》卷四十《职官二十二》，北京：中华书局，1988年，第1107～1109页。

⑤ 参见杜佑：《通典》卷一百六十三《刑法》序，北京：中华书局，1988年，第4189～4190页。

⑥ 参见杜佑：《通典》卷一百四十八《兵》序，北京：中华书局，1988年，第3779～3780页。

法》有许多精彩的发挥。杜佑言兵，是当时形势的需要。关于民族问题，杜佑提出了"古之中华，多类今之夷狄"的论点①，甚至认为"古之人朴质，中华与夷狄同"②。他不赞成对周边少数民族滥施兵革，提出"来则御之，去则备之"的方针。这些问题，都是历史上的重大问题，也是中唐以后唐皇朝统治集团面临的迫切问题。杜佑把历史经验和社会现实结合起来，提出了许多深刻的见解和可行的主张。可以这样说，《通典》全书都贯串着他的"征诸人事，将施有政"的经世致用的撰述旨趣。

《通典》不仅在当时"大传于时"，"大为士君子所称"，有广泛的政治影响；它的经世致用之旨，也受到后世思想家、政治家、史学家的推崇。朱熹指出："杜佑可谓有意于世务者"③。清帝乾隆《重刻通典序》说："此书……本末次第，具有条理，亦恢恢乎经国之良模矣！"④清四库馆臣称《通典》是"凡历代沿革，悉为记载，详而不烦，简而有要，元元本本，皆为有用之实学，非徒资记问者可比"⑤。清人将《通典》列于"政书"类，应当说是符合杜佑的撰述主旨的，其中也包含着他们关于史学与政治之密切联系的思想。

三、史学和政治决策

唐代史学的经世致用，从史学和政治的关系来看，其重要性莫过于影响到政治决策。这种影响，大量的是通过思想领域实现的。

① 引参见杜佑：《通典》卷一百八十五《边防》序，北京：中华书局，1988 年，第 4978～4980 页。
② 参见杜佑：《通典》卷四十八《礼八》议曰，北京：中华书局，1988 年，第 1355 页。
③ 黎靖德：《朱子语类》卷一百三十六，北京：中华书局，1986 年，第 3250 页。
④ 乾隆：《重刻通典序》，见杜佑：《通典》附录一，北京：中华书局，1988 年，第 5513 页。
⑤ 永瑢等：《四库全书总目》卷八十一《史部·政书类一》，北京：中华书局，1965 年，第 694 页。

这对唐皇朝的巩固、发展产生了积极的作用。

唐朝继隋而起，就像汉朝承秦而兴一样。隋唐皇朝是秦汉皇朝之后又一次两个蝉联的统一政权，其中得失存亡之故，颇有相似之处。唐初史家从对历史经验的总结中，提出了对现实政治极有参考价值的认识。贞观十年（636年）成书的"五代史"中的《隋书》，在这方面是有代表性的。魏徵撰写的《隋书》史论，是这些认识中最有见地的。《隋书》总结出来的历史经验很多，大要说来，一是关于得失存亡之辨，二是关于教化和用人。隋何以亡，唐何以兴？这个问题，犹如西汉初年陆贾撰《新语》一样，是《隋书》要回答的根本问题。"隋之得失存亡，本较与秦相类：始皇并吞六国，高祖统一九州，二世虐用威刑，炀帝肆行猜毒，皆祸起于群盗，而身殒于匹夫。原始要终，若合符契矣。"①这是《隋书》对隋朝历史经验教训的最重要的概括。对于这个问题，《隋书》史论首先是从变化的观点来分析的，认为隋朝的"衰怠""乱亡"的原因"所由来远矣，非一朝一夕"②，它起于文帝而"成于炀帝"。《隋书》史论分析了隋亡"成于炀帝"的种种政治原因，指出炀帝统治时，"骄怒之兵屡动，土木之功不息，频出朔方，三驾辽左，旌旗万里，征税百端，猾吏侵渔，人不堪命。乃急令暴条以扰之，严刑峻法以临之，甲兵威武以董之，自是海内骚然，无聊生矣"③。这些认识触及了隋朝灭亡的一些根本问题。其次，《隋书》史论分析了文帝、炀帝在政治举措上出发点的不同，阐述了"高祖之所由兴，而炀帝之所以灭"的原因④，指出隋文帝在统一南北的战争中，对人民的"动"是为了使其"安"，对人民的"劳"是为了使其"逸"，故能以致兴；而隋炀帝"肆其淫放，虐用其民，视亿兆如草芥，顾群臣如寇仇"，故必然致亡。这是说到了人心之向背，决定了

---

① 魏徵等：《隋书》卷七十后论，北京：中华书局，1973年，第1636页。
② 魏徵等：《隋书》卷二《高祖纪》后论，北京：中华书局，1973年，第56页。
③ 魏徵等：《隋书》卷四《炀帝纪》后论，北京：中华书局，1973年，第95～96页。
④ 魏徵等：《隋书》卷七十后论，北京：中华书局，1973年，第1636页。

隋朝的兴亡。魏徵的这个认识是带有一贯性的，他曾多次引用《荀子·王制》篇上的话劝告唐太宗："君，舟也；人，水也。水能载舟，亦能覆舟。"①后来唐太宗本人也用这话诲谕太子②。这在唐初统治者中，无疑是一条重要的历史经验。再次，《隋书》史论还从财政、劳役、兵役等一些具体政策上总结了隋朝兴亡的历史经验教训，认识到"取之以道，用之有节，故能养官之政，勖战士之功，救天灾，服方外，治国安人之大经也"的道理，以及对待人民"不夺其时，不穷其力，轻其征，薄其赋"的必要性③。这些见解，从阶级实质来看，是为了巩固唐皇朝的统治而提出来的；从历史观来看，是比较明确地认识到社会生产的发展与破坏，和政权的兴盛与衰亡有直接的关系。唐初统治集团注重制定发展社会生产、稳定社会秩序的各种措施，其思想基础就在于此。

唐初实行"偃武修文"的"教化"之政的重大决策，是经过一番激烈的争论才制定下来的。唐太宗即位之初，"尝与群臣语及教化"。他说："今承大乱之后，恐斯民未易化也。"魏徵不赞成这种看法，认为："久安之民骄逸，骄逸则难教；经乱之民愁苦，愁苦则易化，譬犹饥者易为食，渴者易为饮也"。唐太宗认为魏徵说得很对。大臣封德彝反对魏徵的意见，他说："三代以还，人渐浇讹，故秦任法律，汉杂霸道，盖欲化而不能，岂能之而不欲邪？魏徵书生，未识财务，若信虚论，必败国家。"魏徵反驳说："若谓古人淳朴，渐至浇讹，则至于今日，当悉化为鬼魅矣，人主安得而治之！"唐太宗最后采纳了魏徵的主张，收到了很突出的政治效果，数年之后他兴奋地对长孙无忌等重臣们说："贞观之初，上书者皆云：'宜振耀威式，征讨四夷。'唯徵劝朕

---

① 吴兢：《贞观政要》卷一《政体》、卷三《君臣鉴戒》，上海：上海古籍出版社，1978年，第16、83～84页。
② 吴兢：《贞观政要》卷四《教戒太子诸王》，上海：上海古籍出版社，1978年，第125页。
③ 魏徵等：《隋书》卷二十四《食货志》后论，北京：中华书局，1973年，第671页。

偃武修文。中国安，四夷来服……徵之力也。"①这是充分肯定了关于"教化"的决策。魏徵结合隋朝的历史，进一步阐述了"教化"之政的思想，认为："古之善牧人者，养之以仁，使之以义，教之以礼，随其所便而处之，用其所欲而与之，从其所好而劝之"。他称道隋朝的循吏梁彦光等"内怀直道，至诚待物，故得所居而化、所去见思"的风范②。他还指出："有无能之吏，无不可化之人"③。魏徵借评论历史，提出了一个理想的统治秩序和政治环境，也对各级官吏提出了"立身从政"的目标。从上文可以看出，这对唐初的政治生活显然是十分重要的。《隋书》在评价历史人物的时候，提出了这样的见解："大厦云构，非一木之枝；帝王之功，非一士之略。长短殊用，大小异宜，椽棁栋梁，莫可弃也。"④从历史观点来说，这种认识注意到众人的智慧和力量以及各种人才的不同的独特作用，比之于把历史的变化完全归于一人一谋的论点，是很大的进步。从政治卜的考虑来看，它是通过肯定"有隋多士"来肯定一大批唐朝的开国元臣、宿将，并希望唐朝最高统治者继续广开言路，选拔人才。纳谏和用贤，是"贞观之治"的政治特色之一，与此不无关系。

关于得失存亡之辨，关于教化和用人，是唐初的史学对唐初的政治决策产生积极影响的两个方面。唐初史学对唐初政治的又一重要影响，是关于"封建"的讨论，其影响所及直至中唐之末，成为唐代史学上和政治上的一件大事。秦汉皇朝实行郡县制，但关于分封和郡县孰优孰劣的争论却一直延续下来。唐太宗即位后，令群臣议"封建"，即分封诸王、功臣之事。当时大致有三种意见，赞成的，反对的，还有主张"分王诸子，勿令过大"的。魏徵、李百药、于志宁、马周、长孙

---

① 范祖禹：《唐鉴》卷三，上海：上海古籍出版社，1981年，第39~40页。
② 魏徵等：《隋书》卷七十三《循吏传》序及后论，北京：中华书局，1973年，第1688页。
③ 魏徵等：《隋书》卷七十三《循吏传》，北京：中华书局，1973年，第1673页。
④ 魏徵等：《隋书》卷六十六后论，北京：中华书局，1973年，第1567页。

无忌等都持反对意见。魏徵从唐初的政治、经济状况出发，不赞成分封一事。史臣于志宁认为"古今事殊"，故"宗室、群臣袭封刺史"事，"恐非久安之道"。马周从历史教训考虑，认为分封之制易生骄逸，"则庶兆被其殃，而国家受其败"。长孙无忌虽在受封之列，也反对分封，上表称："缅惟三代封建，盖由力不能制，因而利之，礼乐节文，多非己出。两汉罢侯置守，蠲除昔弊，深协事宜。今因臣等，复有变更，恐紊圣朝纲纪。"①史家李百药更作长篇奏论驳世封之事，指出："得失成败，各有由焉。而著述之家，多守常辙，莫不情忘今古，理蔽浇淳，欲以百王之季，行三代之法，天下五服之内，尽封诸侯，王畿千里之间，俱为采地。是则以结绳之化行虞、夏之朝，用象刑之典治刘、曹之末，纪纲弛紊，断可知焉。"他批评曹冏的《六代论》、陆机的《五等论》主张分封的说法是谬妄之言，建议唐太宗"以质代文"，不要忙于"定疆理之制，议山河之赏"②。最后，唐太宗终于罢封建事。这对于唐皇朝的巩固，对于统一的多民族国家的发展，确乎是一桩重大的决策。在这次涉及历史经验和现实政治的反复讨论中，一些史学家参与了，并且相当深入地阐述了历史进化的思想，在政治决策中发挥了重要作用。中唐以后，藩镇割据，其势盛于诸侯。于是柳宗元撰《封建论》，以说明历史而审视现实。《封建论》的理论价值在于，它提出了"不初，无以有封建"和"封建，非圣人意也"这两个前后相关联的论点。柳宗元从人类处于"草木榛榛，鹿豕狉狉"的初始阶段，为了"自奉自卫"必须"假物以为用"到"假物者必争"，从"争而不已"到"听命于能断曲直者"，从"告之以直而不改"到"君长刑政生焉"，一直说到里胥、县大夫、诸侯、方伯、连帅、天子各级统治者的出现。柳宗元认为，这个发展过程就是"封建"出现

---

① 以上见司马光：《资治通鉴》卷一百九十三唐太宗贞观五年，卷一百九十五唐太宗贞观十三年，北京：中华书局，1956年，第6201、6259页。

② 刘昫等：《旧唐书》卷七十二《李百药传》，北京：中华书局，1975年，第2573、2576页。

的过程，跟所谓"圣人之意"是没有关系的。《封建论》还提出"势"这个历史范畴来与"圣人之意"相对立，这是它的理论价值的又一个方面。他反复论证，殷周时代实行分封制带有必然的趋势："圣贤生于其时，亦无以立于天下，封建者为之也。岂圣人之制使至于是乎？吾固曰：'非圣人之意也，势也。'"这样，自秦而下，废分封、设郡县，也是一种必然的趋势，"其不可变也固矣"，不能看作是违背了"圣人"的意愿①。柳宗元的这篇著名的史论，接近了把历史进程看作是一个自然发展过程之认识的边缘，从而达到了当时历史思想领域里的最高成就。而《封建论》在当时的政治意义，是为唐宪宗等人对藩镇割据势力进行斗争提供历史根据和理论根据，也是在这方面对割据势力的有力的驳斥。宋人苏轼认为：关于"封建"的讨论，说者甚多，"宗元之论出，而诸子之论废矣，虽圣人复起，不能易也"②。这足以说明《封建论》在历史理论和政治影响方面的作用。

从民族关系来看，隋唐皇朝的统一政治局面，是魏晋南北朝民族斗争、迁移、融合的结果。历史发展的这一趋势深刻地启发着史学家的历史思想，对民族关系的发展不断产生出新的认识；这一种认识又反作用于当时的现实，从而在政治生活中发挥积极的影响。这也是唐代史学关系到政治决策的一个方面。早在隋唐之际，史家李延寿的父亲李大师已不满于"南书谓北为'索虏'，北书指南为'岛夷'"的修史情况，打算"编年以备南北"③，在历史编纂上对南北关系和民族关系作比较合理的处置。他的这个主张，后来由李延寿撰成《南史》《北史》而得以实现。唐高祖时，初议修前朝诸史，对于汉族统治者和鲜卑族统治者建立的皇朝，是作同样看待的。唐修《晋书》，对西晋江统的《徙戎论》并不赞赏，指出："'徙戎'之论，实乃

---

① 参见柳宗元：《柳河东集》卷三，上海：上海人民出版社，1974 年，第 47、48 页。
② 苏轼：《东坡志林》卷五《论古·秦废封建》，北京：中华书局，1981 年，第 104 页。
③ 李延寿：《北史》卷一百《序传》，北京：中华书局，1974 年，第 3343 页。

史学家和政治 | 105

经国远图。然运距中衰，陵替有渐。假其言见用，恐速祸招怨，无救于将颠也。"①这实际上是不同意把西晋的灭亡，归咎于"戎狄"的说法。《晋书·载记》记十六国事，对各族仍不免有微词，但也并非一概骂倒，有的甚至给予很高的评价。《隋书·经籍志》史部以"霸史"类著录十六国史著，列于正史、古史、杂史三类之后，起居注类之前，并对它们所记有关十六国史事给予相当好的评价。刘知幾《史通·称谓》篇也指出："戎羯称制，各有国家，实同王者。"他批评晋人"党附君亲，嫉彼乱华，比诸群盗"，是"苟徇私忿，忘夫至公"。这些，都反映了史家们力图从历史事实上严肃地看待各民族历史的态度和思想。在这方面，大史学家杜佑在《通典·边防》序中所阐述的思想，具有更高一层的理论价值。他从两个方面说明了华夏跟夷狄的关系。一是华夏、夷狄本无根本的差别，夷狄的"鄙风弊俗"，华夏原先也是有的，即所谓"古之中华，多类今之夷狄"。二是华夏、夷狄所处地理环境的不同，以致前者"随时拯弊"，后者"莫革旧风"，才出现了发展程度上的种种差别。这两点，反映出来史家的历史进化思想，以及在当时所达到的最为正确的民族理论。杜佑仅仅从地理环境的因素来解释华夏、夷狄在发展上出现的差别，显然是不全面的。但他的这个理论上的认识，对于江统《徙戎论》所散布的戎狄"性气贪婪，凶悍不仁"的种种偏见，是有力的批驳，是历史思想上的重大进步。唐代史家关于民族和民族关系的这些认识，是隋唐时期思想领域中"天下大同""天下一家"观念在历史理论上的具体反映，它同当时的统一政治局面有关，又进而影响着这一政治局面的发展。看到唐初多民族相聚的局面，唐高祖很自豪地说："胡、越一家，自古未有也！"唐太宗晚年总结政治经验，把"自古皆贵中华，贱夷狄，

---

① 房玄龄等：《晋书》卷五十六后论，北京：中华书局，1974 年，第 1547 页。

朕独爱之如一，故其种落皆依朕如父母"①，看作是一条重要的成功经验。这实际上也是唐初的一项基本国策，而它的思想基础是不能脱离当时史家所提出的关于民族和民族关系的认识的。中唐时期的不少文武重臣如郭子仪、杜佑、李德裕等，也都是这项基本国策的执行者和解释者，在政治活动中发挥了积极的作用。

唐代史学对于重大政治决策所起的作用，有的是直接的、明显的，有的是间接的、不明显的，都显示出史学对于政治的不可忽视的反作用，成为促进历史进步的一种精神力量。

---

① 司马光：《资治通鉴》卷一百九十四"唐太宗贞观七年"，卷一百九十八"贞观二十一年"，北京：中华书局，1956 年，第 6216、6360 页。

唐代史学中的直书与曲笔[*]

一

"直书"与"曲笔",是中国史学史上两种不同的
传统和学风。它们之间的对立,不仅反映了不同的治
史方法,而且往往也反映着不同的历史观点和政治观
点。在唐代史学中,这种情况是非常突出的。刘知幾
著《史通》中的《直书》与《曲笔》两篇,所发的精辟议论,
固然是对史学上"直书"与"曲笔"的总结,但也是有
感而发,针对着唐代史学中的实际情形的。

刘知幾认为,一个史家,若能"仗气直书,
不避强御","肆情奋笔,无所阿容",定然受到
人们的钦佩和纪念,故其"遗芳余烈,人到于今
称之"①。相反,那些"舞词弄札,饰非文过",

* 原载《吉林大学学报》1979 年第 4 期。
① 刘知幾:《史通》卷七《直书》,浦起龙通释,上海:上海古籍出版社,1978 年,
第 193~194 页。

"事每凭虚，词多乌有"，"用舍由乎臆说，威福行乎笔端"，采取种种方法"曲笔"作史的人，实在不配称为史家，而是"记言之奸贼，载笔之凶人"①。他称颂"直书"，鄙夷"曲笔"，好恶褒贬，跃然纸上。

刘知幾是唐代著名的史学家，他"三为史臣，再入东观"②，长期担任史职，兼修国史，可算是名位显赫的了。然而，他却一度要求辞去史职，决心从事私人著述。其主要原因之一就是"史官注记，多取禀监修，杨令公则云'必须直词'，宗尚书则云'宜多隐恶'。十羊九牧，其令难行；一国三公，适从何在?"③他终因"病长官多，意尚不一"，"乃奏记求罢去"④。可见对于一个正直的史家来说，还有比名位更重要的东西——历史家的气节。从刘知幾的史学活动及其在宦途上的经历，我们也窥见在唐代史学领域中，"直书"与"曲笔"的斗争是何等尖锐！因此，了解唐代史学中"直书"与"曲笔"对立、斗争的某些具体情况，将有助于进一步认识和总结中国史学史上这一规律性的现象。

二

唐代，是中国史学领域果实累累、大放异彩的时期，其成就是极为可观的。但是，曲笔作史者亦往往不乏其人，从而在唐代史学上投下重重的阴影。

曲笔作史的原因：或受人私惠，欲报己仇；或阿时取容，谀言媚

① 刘知幾：《史通》卷七《曲笔》，浦起龙通释，上海：上海古籍出版社，1978 年，第 196 页。

② 刘知幾：《史通》卷十《自叙》，浦起龙通释，上海：上海古籍出版社，1978 年，第 290 页。

③ 刘知幾：《史通》卷二十《忤时》，浦起龙通释，上海：上海古籍出版社，1978 年，第 591 页。

④ 欧阳修等：《新唐书》卷一百三十二《刘子玄传》，北京：中华书局，1975 年，第 4520 页。

主;或掩饰自身丑行，夸张故旧美德；等等。质而言之，一为谋财，二为谋位，三为谋名。即刘知幾所谓："假人之美，藉为私惠"，"诬人之恶，持报己仇"①；"假奸回以窃位"，"持谄媚以偷荣"②。足见曲笔作史的人，在个人品格上是十分低劣的，在政治目的上是极为肮脏的。

在唐代史学中，以"记事阿曲"而臭名昭著者，莫过于许敬宗。许敬宗在太宗、高宗二朝历任史官，主管朝廷的许多著述工作。然而，正是这个许敬宗，"自掌知国史，记事阿曲"③；"身为国史，窜改不平，专出己私"④。《旧唐书》指出："初，高祖、太宗两朝实录，其敬播所修者，颇多详直，敬宗又辄以己爱憎曲事删改。论者尤之。"⑤这里，《旧唐书》所论，是有根据的。其一，由于封德彝曾揭露许敬宗在其父遇害时表现得贪生怕死，因而"敬宗深衔之，及为德彝立传，盛加其罪恶"。其二，左监门大将军钱九陇本系皇家奴隶，"敬宗贪财与婚"，嫁女予钱，"乃为九陇曲叙门阀，妄加功绩"，使钱九陇在"国史"中居显要地位。其三，"敬宗为了娶尉迟宝琳孙女为妻，多得赔遗，及作宝琳父《敬德传》，悉为隐诸过咎"，并把唐太宗赐给长孙无忌《威凤赋》一事，移至尉迟敬德名下。其四，庞孝泰本是个平庸无能的将领，曾随太宗出征，为敌所败，但"敬宗又纳其宝货，称孝泰频破贼徒，斩获数万"，冠以"名将"头衔，等等⑥。许敬宗就是这样一个把史职当作谋财、窃位、诬人、盗名的工具的人。《新唐书》指出，许敬宗于"贞观中，除著作郎，兼修国史，喜谓所亲

　① 刘知幾：《史通》卷七《曲笔》，上海：上海古籍出版社，1978年，第196页。

　② 刘知幾：《史通》卷七《直书》，上海：上海古籍出版社，1978年，第194页。

　③ 刘昫等：《旧唐书》卷八十二《许敬宗传》，北京：中华书局，1975年，第2763页。

　④ 欧阳修：《新唐书》卷二百二十三上《奸臣传上》，北京：中华书局，1975年，第6338页。

　⑤ 刘昫等：《旧唐书》卷八十二《许敬宗传》，北京：中华书局，1975年，第2764页。

　⑥ 刘昫等：《旧唐书》卷八十二《许敬宗传》，北京：中华书局，1975年，第2764页。

曰：'仕宦不为著作，无以成门户。'"①他原来是要靠着曲笔作史来成立"门户"的。这种人，正是刘知幾所痛斥的"记言之奸贼，载笔之凶人"，哪里还有一点史家的味道！像许敬宗这样放肆地曲笔作史，就是在封建统治者面前也通不过。后来唐高宗"诏刘仁轨等改修国史，以许敬宗等所记多不实故也"②，就是最好的证明。

唐代历朝均有实录。"实录"者，史官照"实"而"录"也。若史官所"录"非"实"，后人改正，加以重修，应是无可厚非的，如唐高宗诏令刘仁轨等改修许敬宗所撰国史即是。反之，若所"录"属"实"，他人妄加篡改，自然也成为一种曲笔，如许敬宗删改敬播所修国史即是。这后一种情形，在唐代史学中是屡有所见的；究其原因，往往是由于统治集团内部斗争中某种势力的需要，令人改写"实录"，曲笔为史。譬如，唐文宗时，围绕着韩愈所撰《顺宗实录》的一场激烈的争论③，以及文宗在宦官的压力下诏令路随等改修《顺宗实录》④，武宗时对《宪宗实录》的改修，等等，亦属于类似的情形。"实录"和"国史"是官修史书的主要部分，统治集团中的某些人尚可恣意删改，曲笔为史；那么，其他官方文书，则可想而知了。

唐代史官作史，往往"又取行状谥议，以为依据"⑤。有的行状，由于作者态度端正，方法严谨，基本符合事实，足以反映有关人物的生平事迹。如柳宗元作《段太尉逸事状》，就是经过周密细致的调查后写成的，因而深得史家称赞。但是，也有许多行状并非都以事实作为根据，一旦采入

① 欧阳修等：《新唐书》卷二百二十三上《奸臣传上》，北京：中华书局，1975 年，第 6335 页。

② 司马光：《资治通鉴》卷二百二《唐纪十八》高宗咸亨四年，北京：中华书局，1956年，第 6486 页。

③ 参见刘昫等：《旧唐书》卷一百五十九《路随传》、卷一百六十《韩愈传》，北京：中华书局，1975 年，第 4192、4202 页。

④ 参见欧阳修等：《新唐书》卷一百四十二《路隋传》，北京：中华书局，1975 年，第 4677 页。

⑤ 刘昫等：《旧唐书》卷一百六十《李翱传》，北京：中华书局，1975 年，第 4208 页。

"正史",亦成曲笔。唐宪宗时,史官李翱指出:"今之作行状者,多是其门生故吏,莫不虚加仁义礼智,妄言忠肃惠和。此不惟其处心不实,苟欲虚美于受恩之地耳。盖为文者,又非游、夏、迁、雄之列,务于华而忘其实,溺于文而弃其理。故为文则失《六经》之古风,纪事则非史迁之实录。"①李翱从行状的内容到形式,从作者的身份和目的等方面,对于唐人行状虚妄的一面,揭露得十分深刻。所谓"务于华而忘其实,溺于文而弃其理",既无"古风",又非"实录",正是离开了真实的历史事实去杜撰人物的传记。这无疑是一种典型的曲笔。李肇《国史补》卷中记载说:"刘太真为《陈少游行状》,比之齐桓、晋文,物议嚣腾。"如果说,李肇所记,是属于一种罕见的例子,那么,李翱所论,则是带有某种普遍性的情形。

上述种种曲笔,虽然采用的手法和表现的形式不尽相同,但结果都是一样的:使历史失去真实性和可靠性。一旦曲笔猖獗,势必信史难求。难怪刘知幾要发出这样的感叹:"史臣得爱憎由己,高下在心,进不惮于公宪,退无愧于私室,欲求实录,不亦难乎!"②曲笔给史学造成的灾难是极为严重的。

三

任何事物都是在矛盾运动中发展的,唐代史学也是如此。尽管"曲笔"在唐代史学上投下了重重阴影,但终究掩盖不住"直书"的光辉。对于唐代许多正直的史家来说,"直书"恰是他们的天职和本分,因而对他们有更大的魅力。因此,在唐代史学中,史家直书,不绝若线。而这种直书的传统和精神,因人因事而异,显示出种种特点。

(一)"书法无隐""直书其事"的政治原则

"直书"是唐初最高统治者提出的治史原则之一。武德五年(622

---

① 刘昫等:《旧唐书》卷一百六十《李翱传》,北京:中华书局,1975年,第4208页。

② 刘知幾:《史通》卷七《曲笔》,浦起龙通释,上海:上海古籍出版社,1978年,第199页。

年），唐高祖李渊在《命萧瑀等修六代史诏》中提出的修史原则要求是："务加详核、博采旧文，义在不刊，书法无隐。"①这"书法无隐"指的就是"直书"。贞观三年（629 年），唐太宗对监修国史房玄龄说："其有上书论事，词理切直可裨于政理者，朕从与不从皆须备载。"②"皆须备载"的要求，也包含着"直书"的思想。贞观十七年（643 年），唐太宗在浏览史官所撰高祖、本朝实录时，见史官所记"玄武门之变"一事，"语多微文"，似有所隐，因而又对房玄龄说："朕之所为……盖所以安社稷、利万人耳。史官执笔，何须有隐？宜即改削浮词，直书其事。"③这里说的"直书其事"，把"直书"的原则和要求提得十分明确了。对此，我们尽管可以有种种不同的评论，但是，由于唐初最高统治者倡导"书法无隐""直书其事"的"直书"原则，这就为其后历朝一些史官坚持直书提供了某种理论上的依据和政治上的保证。

（二）"善恶不直，非史也"的治史标准

"直书"也是一条治史标准。唐太宗曾问谏议大夫、兼知起居事褚遂良："朕有不善，卿必记之耶？"褚遂良认真地回答说："守道不如守官，臣职当载笔，君举必记。"④史官杜正伦还对唐太宗这样说过："君举必书，言存左史。臣职当修起居注，不敢不尽愚直。"⑤褚遂良的"守官"与杜正伦的"愚直"，说的都是要尽到史官的职责和本分，表明了他们敢于直书的思想。这与唐初统治者提出的"书法无隐""直书其事"的治史原则极为吻合，相得益彰。正谏大夫、兼修国史朱敬则曾上《请择史官表》，指出："董狐、南史，岂止生于往代（世），而独无于此时？在乎求与不求、好与不好耳。"⑥反映了他渴

① 宋敏求：《唐大诏令集》卷八十一，北京：商务印书馆，1959 年，第 466 页。
② 吴兢：《贞观政要》卷七《文史》，上海：上海古籍出版社，1978 年，第 222 页。
③ 吴兢：《贞观政要》卷七《文史》，上海：上海古籍出版社，1978 年，第 224 页。按：《贞观政要》记此事于贞观十四年，《册府元龟》作十六年，《资治通鉴》作十七年。
④ 刘昫等：《旧唐书》卷八十《褚遂良传》，北京：中华书局，1975 年，第 2730 页。
⑤ 刘昫等：《旧唐书》卷七十《杜正伦传》，北京：中华书局，1975 年，第 2542 页。
⑥ 王溥：《唐会要》卷六十三《修史官》，北京：中华书局，1995 年，第 1100 页。

求良史、提倡"直书"的愿望。另一史官刘允济认为："史官善恶必书，言成轨范，使骄主贼臣有所知惧，此亦权重，理合贫而乐道也。昔班生受金、陈寿求米，仆视之如浮云耳。但百僚善恶必书，足为千载不朽之美谈，岂不盛哉！"①刘允济是把一个史官能够"善恶必书"即"直书"，作为终生的重大使命来看待的。这比"守官""愚直"的思想，似乎又进了一步。

这种"善恶必书"的思想，在唐代后期又有所发展。唐文宗时，谏议大夫、兼起居舍人魏謩提出了"善恶不直，非史也。遗后代，何以取信"②的见解。这显然是一个治史的标准，也是衡量史书价值的标准。它已经不是停留在忠心"守官"、竭尽"愚直"的水平上了，而是为了要"取信后代"，对历史负责任，从而把"直书"的思想提到了新的高度。

（三）"无污青史"的严肃态度

"直书"又是史家对待历史的严肃态度的表现。刘知幾说过，一个正派的人，应当"无污青史，为子孙累"③。这完全代表了他的为人行事。武则天、唐中宗时，刘知幾担任史职，"凡所著述，尝欲行其旧议。而当时同作诸士及监修贵臣，每与其凿枘相违，龃龉难入"。他自认是"任当其职，而吾道不行；见用于时，而美志不遂。郁怏孤愤，无以寄怀"。为此，他感到愤慨，不屑与这些人合作，玷污青史，"故退而私撰《史通》，以见其志"④。这样，他就给封建史家树立了一个洁身自好、"无污青史"的榜样。

（四）"不取人情"的正直精神

"直书"还是史家刚直不阿的正直精神的反映。唐代史家中，"直书"者是不乏其人的，吴兢是其中比较突出的一个。武则天晚年，张易之、张昌宗欲作乱，遂赂使张说诬陷御史大夫、知政事魏元忠谋

---

① 王溥：《唐会要》卷六十三《修史官》，北京：中华书局，1955年，第1100页。
② 刘昫等：《旧唐书》卷一百七十六《魏謩传》，北京：中华书局，1975年，第4569页。
③ 王溥：《唐会要》卷六十四《史馆杂录下》，北京：中华书局，1955年，第1105页。
④ 刘知幾：《史通》卷十《自叙》，上海：上海古籍出版社，1978年，第290页。

反。张说始而应允，继而反悔，终以贬谪岭表。唐玄宗时，吴兢参与修《则天实录》，直书其事。时值张说为相，屡次请求吴兢"删削数字"。吴兢始终是明确地回答张说："若取人情，何名为直笔！？"由于吴兢秉笔直书，不取人情，即使在权贵面前也无所阿容，因而当时人们称赞他说："昔董狐古之良史，即今是焉。"①这种敢作敢当、刚直不阿的精神，是一个史家坚持直书的重要条件。

（五）叙事"切直"的质朴文风

"直书"还反映了史家在文风上的特点：质朴与切直。唐代著名史家刘知幾、吴兢等都具有此种风格。其他如柳宗元作《非〈国语〉》《段太尉逸事状》，韩愈撰《顺宗实录》，"说禁中事颇切直"②，也都具有直书的精神和质朴的文风。

综上，在唐代史学中，"直书"的优良传统是始终保持着的。这是唐代史学极可宝贵的遗产之一。

为什么许多封建史家能够秉笔直书？这也是由各种原因造成的。

首先，这是某些封建统治者出于巩固自己统治的需要。唐太宗要求"上书论事，词理切直可裨于政理者……皆须备载"，这不独是提倡史官直书，也是鼓励人们大胆发表意见；他要求对"玄武门之变""直书其事"，目的是要让人们认识到只有这样做才能"安社稷""利万人"。如此等等，无不反映着统治者的政治上的需要。

同时，这也是史学传统影响的结果。在中国史学史上，"直书"是有长久的历史渊源的。刘勰《文心雕龙》说得好："史肇轩黄，体备周孔。世历斯编，善恶偕总。腾褒裁贬，万古魂动。辞宗丘明，直归南、董。"③春秋时期齐国南史氏、晋国董狐，是"直书"的开山；其后，历代史家追随、模仿，蔚为风气，成了一种优良的史学传统。

---

① 王溥：《唐会要》卷六十四《史馆杂录下》，北京：中华书局，1955 年，第 1106 页。
② 刘昫等：《旧唐书》卷一百五十九《路随传》，北京：中华书局，1975 年，第 4192 页。
③ 刘勰：《文心雕龙·史传》，上海：上海古籍出版社，2010 年，第 77 页。

褚遂良决心"守官";杜正伦要尽"愚直";刘允济视财物如浮云,以直书为天职;刘知幾"伤当时载笔之士,其义不纯"而著《史通》[1];以及吴兢之刚直不阿,不取人情,魏謩之讲求信史,取信后人,等等,都是这种优良传统的继承和发扬。

当然,封建史家的这种"直书"是有很大的局限性的。刘知幾认为:"史氏有事涉君亲,必言多隐讳,虽直道不足,而名教存焉。"[2]在他看来,"直道"最终还是要服从于"名教"的。这正是一般封建史家不能彻底越过的一道藩篱,也是封建史学中"直书"传统的阶级局限性和历史局限性的表现之一。毛泽东指出:"在很长的历史时期内,大家对于社会的历史只能限于片面的了解,这一方面是由于剥削阶级的偏见经常歪曲社会的历史,另方面,则由于生产规模的狭小,限制了人们的眼界。"[3]正是由于这个原因,我们对一切封建史学遗产,包括那些秉笔直书的封建史家的著作和思想,都应对其作阶级的和历史的分析。

四

"直书"与"曲笔",作为两种不同的治史方法,是互相对立的。从中可以总结出一些规律性的认识。

从哲学上看:"直书"以事实为根据,"曲笔"以主观为根据。前一种治史方法,因为比较注重从事实出发("直书其事"),在哲学上是受着唯物思想的影响和支配的。后一种治史方法,不尊重客观事实,以主观需要作为依据("爱憎由己,高下在心"),因而在哲学上

---

① 刘知幾:《史通》卷十《自叙》,浦起龙通释,上海:上海古籍出版社,1978年,第291页。

② 刘知幾:《史通》卷七《曲笔》,浦起龙通释,上海:上海古籍出版社,1978年,第196页。

③ 《毛泽东选集》第一卷,北京:人民出版社,1991年,第283页。

是受着唯心思想的影响和支配的。

从政治上看："直书"是政治上有力量的表现，"曲笔"是政治上虚弱的表现。唐太宗着力提倡"直书"（"史官记事，何须有隐"），说明他在政治上有魄力、有胆略。反之，武三思之流监领史事则"曲笔"为史（"苟饰虚词，殊非直笔"），正是因为他们"立性邪佞，不循宪章"①，政治上十分脆弱的缘故。

从学风上看："直书"是治史中的严谨作风和正直精神的反映，"曲笔"是治史中的轻浮态度和奸诈作风的反映。褚遂良敢于坚持"善恶必书"，刘知幾不与世浮沉，吴兢藐视权贵，韩愈叙事切直……无不具有严谨的作风和正直的精神。相反，如许敬宗、武三思、李义府者流，是把史职当作谋财、谋位、谋名的工具，当作诬陷他人、标榜自己的法宝，当作加官晋爵、夺取高位的阶梯。一言以蔽之，史学在他们那里，完全成了一己之私的东西，失去了它的崇高尊严。他们对历史任意加以宰割和蹂躏，为了各自的目的，总是要曲解和篡改历史。这两种对立的学风，反映出两种道德标准。如刘知幾所说："邪曲者，人之所贱，而小人之道也；正直者，人之所贵，而君子之德也。"②长于曲笔者，无疑是那些"邪曲"的"小人"；坚持直书者，当然是一些"正直"的"君子"。从封建道德标准来看，大抵如是。所以章学诚特别强调"史德"的重要性，他指出："能具史识者，必知史德；德者何？谓著书者之心术也。夫秽史者所以自秽，谤书者所以自谤，素行为人所羞，文辞何足取重！"③这几句话，真叫谓入木三分。

唐代史学中的"直书"与"曲笔"的对立，是中国史学史上这两种传统互相对立的一个缩影。这两种传统，一直贯穿于整个封建史学之中。

---

① 王溥：《唐会要》卷六十三《在外修史》，北京：中华书局，1955 年，第 1099 页。

② 刘知幾：《史通》卷七《直书》，浦起龙通释，上海：上海古籍出版社，1978 年，第 192 页。

③ 章学诚：《文史通义》卷五《史德》，见《章学诚遗书》，北京：文物出版社，1985 年，第 40 页。

唐代史家的通史撰述

——兼论中国史学发展中的一个转折 *

一、刘知幾提出的问题

自司马迁、班固以下，至唐初刘知幾止，六七百年间，中国史学有了长足的发展。从历史编纂来看，这个发展有两点是很突出的：一是史书种类的增多，一是断代史书的撰述风靡一时。这从《隋书·经籍志》史部所著录的 13 类史书中，看得很清楚。而在这几百年中，史学家的通史撰述则寥若晨星，司马迁的"通古今之变"的撰述思想，好像已经被大多数史学家遗忘了似的。隋朝陆从典，曾经执行一个宏大的撰述计划，即"续司马迁《史记》迄于隋"，可惜他

＊ 原载《北京师范大学学报》1985 年第 3 期。

没有把书写完就被免职了①。其间值得提到的只有两部书。一部是北魏元晖召集史家崔鸿等所撰的《科录》270 卷，凡"百家要事，以类相从"，"上起伏羲，迄于晋、宋，凡十四代"②。另一部书是南朝梁武帝命吴均等所著的《通史》600 卷，上起"三皇"，下迄齐、梁③。这两部书，是司马迁以下至唐初刘知幾时，后者所能见到的规模较大的通史撰述④。

然而，刘知幾对这两部通史的评价都不高。他批评《通史》说：

> 其书自秦以上，皆以《史记》为本，而别采他说，以广异闻；至两汉以还，则全录当时纪传，而上下通达，臭味相依……大抵其体皆如《史记》，其所为异者，唯无表而已。

这说明，《通史》是纪传体通史。至于《科录》，刘知幾认为："其编次多依仿《通史》，而取其行事尤相似者，共为一科，故以《科录》为号。"他进而指出，这两部书的共同特点是"芜累尤深，遂使学者宁习

① 参见姚思廉：《陈书》卷三十《陆琼传》，北京：中华书局，1972 年，第 398 页；《南史》卷四十八《陆慧晓传》，北京：中华书局，1975 年，第 1202 页。

② 魏收等：《魏书》卷十五《昭成子孙列传·常山王遵传》，北京：中华书局，1974 年，第 380 页。按：《科录》，《新唐书·艺文志二·杂传记类》作《秘录》，误。

③ 关于《通史》，诸书所记不尽一致。《梁书·文学上·吴均传》："寻有敕召见，使撰《通史》，起三皇，迄齐代。均草本纪、世家功已毕，唯列传未就，普通元年卒，时年五十二。"（北京：中华书局，1973 年，第 699 页）《梁书·武帝纪下》记："又造《通史》，躬制赞序，凡六百卷。"（北京：中华书局，1973 年，第 96 页）《隋书·经籍志·正史类》著录："《通史》四百八十卷，梁武帝撰，起三皇，迄梁。"（北京：中华书局，1973 年，第 956 页）《史通·六家》云："至梁武帝，又敕其群臣，上自太初，下终齐室。撰成《通史》六百二十卷。"（上海：上海古籍出版社，1978 年，第 18 页）

④ 魏收等：《魏书》卷八十四《儒林·平恒传》记：平恒撰《略注》百余篇，自周至魏，述"帝王传代之由，贵臣升降之绪"。（北京：中华书局，1974 年，第 1845 页）《周书·明帝纪》记：周明帝令文学之士"捃采众书，自羲、农以来，迄于魏末，叙为《世谱》，凡五百卷"（北京：中华书局，1971 年，第 60 页）。《陈书·顾野王传》记：顾野王撰《通史要略》一百卷，未就而卒。（北京：中华书局，1972 年，第 400 页）这些，从一定的意义上来说，也都可视为不同体裁的通史，但它们的影响均不如《科录》和《通史》。

本书而怠窥新录"①。刘知幾对《通史》和《科录》的批评是否恰当，已不可深考，但他对通史撰述多有微词，则是显而易见的。他批评《史记》"疆宇辽阔，年月遐长，而分以纪传，散以书表。每论家国一政，而胡、越相悬；叙君臣一时，而参、商是隔。此其为体之失者也。"他甚至认为撰述通史是"劳而无功"的事情。反之，他对断代为史的《汉书》则给予很高的评价，认为："如《汉书》者，究西都之首末，穷刘氏之废兴，包举一代，撰成一书。言皆精练，事甚该密，故学者寻讨，易为其功。"②刘知幾还把历代史书分为六家，认为：《尚书》《春秋》《国语》《史记》等四家"其体久废"，现在还能"祖述"的，只有《左传》和《汉书》两家了。他指的是断代的编年史和断代的纪传史。由此，刘知幾进而断言："班、荀二体，角力争先，欲废其一，固亦难矣。后来作者，不出二途。"③班，是指班固和他的纪传体断代史《汉书》；荀，是指荀悦和他的编年体断代史《汉纪》。在刘知幾看来，班、荀二体的断代为史是大有发展前途的；至于通史之作，那是"述者所宜深戒"④的。

诚然，刘知幾的这些看法，是他根据当时史学发展情况而概括出来的，因而不能说他的这些看法是没有道理的。但刘知幾的论点却有明显的片面性，即他在充分肯定班、荀二家断代为史的成就，展望班、荀二体的前景的时候，忽略了以至否定了撰述通史的重要

---

① 以上所引，均见刘知幾：《史通·六家》，上海：上海古籍出版社，1978 年，第 18、19 页。按：据《魏书·昭成子孙列传·常山王遵传》记，《科录》一书在北魏孝明帝神龟二年(519)以前已经撰成，"表上"；又据《梁书·文学上·吴均传》称，吴均卒于梁武帝普通元年(520)，时《通史》尚未完成，其成书当在《科录》之后无疑。《史通》说《科录》"多依仿《通史》"，误。

② 刘知幾：《史通》卷一《六家》，浦起龙通释，上海：上海古籍出版社，1978 年，第 19、22 页。

③ 刘知幾：《史通》卷一《二体》，浦起龙通释，上海：上海古籍出版社，1978 年，第 29 页。

④ 刘知幾：《史通》卷一《六家》，浦起龙通释，上海：上海古籍出版社，1978 年，第 19 页。

性。有一点是必须肯定的，这就是刘知幾的《史通》一书对史书体裁、体例方面的许多问题，有不少独到的见解和深入的探索；但是，他对司马迁提出的"通古今之变"的撰述思想，却没有作认真的思考，这就妨碍了他有可能在通史撰述方面也提出一些有益的见解。

这里，刘知幾就提出了一个问题：通史撰述有没有广阔的前途，撰述通史是不是"劳而无功，述者所宜深戒"的？对此，刘知幾虽已作了明确的回答，但更有价值的答案却是需要刘知幾以后的史学家，首先是中唐和晚唐的史学家来给出的。

二、纪传体通史和传记体通史的撰述

唐代自开国以后，有许多史家在撰述通史方面作了可贵的努力，成就是很突出的。他们撰述通史所采用的体裁也比较广泛，有纪传体、传记体、编年体、典制体、文征体，等等。其中有的是在前人所著史书的体裁上发展起来的，有的则是新创立的。值得注意的是，唐代史家所撰述的通史，或存或佚，它们所达到的成就也有很大的不同；但是，它们却可以描绘出我国史学在通史撰述发展过程中的一道轨迹，而循着这道轨迹前进，便可通向我国中世纪史学之通史撰述的鼎盛时期。这里，先讲纪传体通史和传记体通史的撰述。

唐代史家关于纪传体通史的撰述，主要有李延寿的《南史》《北史》180卷，韩琬的《续史记》130卷和高峻的《高氏小史》60卷（后析为120卷）。

李延寿的《南史》80卷、《北史》100卷，成书于唐高宗显庆四年（659年）。这两部书是刘知幾所亲见、所论及的。《南史》通南朝宋、齐、梁、陈为一史，《北史》通北朝魏、齐、周、隋为一史，是属于包含几个皇朝在内的某一个大的历史阶段的通史，而非完全意义上的通史。首先把《南史》《北史》作为纪传体通史看待的，正是李延寿本人。他在讲到《南史》《北史》的撰述时说：南、北二史，"凡八代，合为二书，一百八十卷，以拟司马迁《史记》。"他还讲到"至于魏、齐、周、隋、宋、齐、梁、陈正史，并手自写，本纪依司马迁体，以次连缀之"①。这都说明，他是从《南史》《北史》均包括数代而说它们是纪传体通史体裁的。后来，刘知幾也把《南史》《北史》列为《史记》家而加以评论的。他在《史通·六家》中论述南、北二史体例时，最后写道："凡此诸作，皆《史记》之流也。"刘知幾把《南史》《北史》归于《史记》家，第一，是因为它们都包括数朝史事；第二，是因为它们都采用了《史记》的体裁。从李延寿到刘知幾，他们都把总括数代之史的撰述视为通史。这也就是后来章学诚所概括的"断代而仍行通法者也"②。王鸣盛批评李延寿《南史》《北史》"不以各代为限断，而以各家为限断"③，恰是从另一个角度说明《南史》《北史》是按通史的体例要求撰述的。要之，《南史》《北史》固然不是完全意义上的通史，但它毕竟是贯通几个皇朝的通史（在相对意义上的一种通史）；同时，它们也是唐初史家试图采用纪传体通史的体例来撰述历史的尝试和成果，同晚出的新、旧《五代史》一齐成为二十四史中具有独特风格的著作。

韩琬《续史记》130 卷，《新唐书·艺文志二·正史类》著录，书久佚。韩琬是睿宗、玄宗时人，曾以监察御史身份上疏睿宗，论述时政，后官至殿中侍御史。他还著有《御史台记》12 卷、《南征记》10卷④。他的《续史记》，是史学史上少有的续成《史记》的著作，惜其书不传。

---

① 李延寿：《北史》卷一百《序传》，北京：中华书局，1974 年，第 3345、3344 页。
② 章学诚：《文史通义》卷四《释通》，见《章学诚遗书》，北京：文物出版社，1985年，第 36 页。
③ 王鸣盛：《十七史商榷》卷五十九，北京：中国书店出版社，1987 年，该卷第 2 页。
④ 参见欧阳修等：《新唐书》卷一百一十二《韩思彦传》附《韩琬传》及《新唐书》卷五十八《艺文志二·职官类》与《杂传记类》，北京：中华书局，1975 年，第 4164～4167、1477、1485 页。

对高峻《高氏小史》，《新唐书·艺文志二·正史类》于"集史"下著录："《高氏小史》120 卷。高峻初 60 卷，其子迥厘益之。峻，元和中人。"高峻，两《唐书》无传。据《新唐书·宰相世系表一下》记："峻，殿中丞、蒲州长史"；其子，"迥，余杭令"。《高氏小史》早已失传，宋人陈振孙对它有较全面的介绍，其要点是：①《高氏小史》是"钞节历代史"而成的一部通史，下限当在唐德宗、顺宗之际；②这书原为 60 卷，后峻子迥析为 120 卷，后又有人补撰唐宪宗至文宗史事及文宗至唐末史事乃增为 130 卷；③司马光"尝称其书，使学者观之"①。依我的浅见，《小史》恐非一般"钞节"之作，一定尚有其创制之处，不然它是不会受到司马光的如此重视的。

关于《高氏小史》的体裁，南宋高似孙还有比较具体的说明。他说："峻，元和中人，著《小史》初为 60 卷，余卷乃其子迥厘益之。一以《太史公书》为准，作汉诸臣、诸王世家，严整有律，是深于史者。"②他在讲到魏收《魏书》和魏澹《魏书》时，又说："收史阙纪二卷、传二十二卷，《太宗纪》则补以魏澹所作，《静帝纪》则补以《高氏小史》。"③这说明《高氏小史》是纪传体通史。但据王应麟说：《高氏小史》是"司马迁史至陈、隋书，附以唐实录，纂其要"④。这又说明其唐代部分似未及撰成纪传体，而以唐实录纂其要。但从总的情况来看，是否可以认为：高峻是唐代一位以纪传体撰述通史的史学家，他的《小史》，顾名思义，是一部简略的纪传体通史著作。

纪传体史书是以人物为主要内容的史书，因此，纪传体通史无

① 参见陈振孙：《直斋书录解题》卷四"别史类"，上海：上海古籍出版社，1987 年，第 108～109 页。

② 高似孙：《史略》卷四"高峻小史"条，丛书集成初编本，北京：中华书局，1985 年，第 80 页。

③ 高似孙：《史略》卷二"后魏书"条，丛书集成初编本，北京：中华书局，1985 年，第 44 页。

④ 王应麟：《玉海》卷四十七，南京：江苏古籍出版社；上海：上海书店出版社，1987 年，第 884 页。

疑是包含着大量的人物传记的通史，同时还有纪、表、书志、世家。在唐代，出现了完全以人物传记为内容的通史，我把它称作"传记体通史"。传记体通史显然是由纪传体通史中分离出来的一种独立的通史体裁。

《新唐书·艺文志三·杂家类》著录："韩潭《统载》三十卷。夏、绥、银节度使。贞元十三年（797年）上。"韩潭，两《唐书》无传，其事迹不详。关于《统载》一书的性质，《册府元龟》卷五百五十六《国史部·采撰二》说：

> 韩潭为夏、绥、银节度使，德宗贞元十三年，潭进《统载》三十卷。其书采虞、夏以来至于周、隋，录其事迹善于始终者六百六十八人为立传。[①]

据此可知，《统载》是一部从上古至周隋的传记体通史，所收人物达668人，数量也不小了。所谓"录其事迹始终者"，说明它的撰者注意到所叙人物事迹的完整性。

魏晋南北朝隋唐时期，由于当时重门阀、讲郡望、崇佛教等社会风气所致，史书撰述上出现了大量的先贤传、耆旧传、高士传、高僧传，以及文人传、义士传、忠臣传、孝子传和各个名门大姓的家传等。这些人物传记，对于反映时代风貌，开拓历史撰述领域都是很有意义的，但它们都是记一个地区、一种类型或一个家族的人物，跟《统载》这样的传记体通史有很大的不同。《统载》这书今已不传，但它在历史撰述上对我们还是有启发的。1933年，鲁迅先生在《准风月谈·晨凉漫记》中曾经说过：

---

① 王钦若等：《册府元龟》卷五百五十六《国史部·采撰二》，北京：中华书局，1960年，第6685页。

儿时见过一本书，叫作《无双谱》，是清初人之作，取历史上极特别无二的人物，各画一像，一面题些诗，但坏人好像是没有的。因此我后来想到可以择历来极其特别，而其实是代表着中国人性质之一种的人物，作一部中国的"人史"，如英国嘉勒尔的《英雄及英雄崇拜》，美国亚懋生的《伟人论》那样。①

这是鲁迅先生关于作一部"中国的'人史'"的设想。如果我们按照马克思主义的理论和方法，参考《统载》的体例和鲁迅关于"中国的'人史'"的设想，比较系统地选择历史上那些政治上有作为、思想上有创见、科学上有发明、文化上有建树以及在其他方面有贡献的人，写 部《中国人物通史》，一定是很有意义的。

三、编年体通史的撰述

唐代史家在编年体通史的撰述方面，成就更加突出。萧颖士撰的编年体通史、许嵩撰的《建康实录》、马总撰的《通历》和姚康撰的《统史》是这方面成就的主要标志。

萧颖士（708—759 年）是唐玄宗时期的著名文人。在史学方面，他精于谱学，曾著《萧梁史谱》《百家类例》等书，与韦述、柳冲、孔至等，都以通晓谱学而知名。他在史学上的另一成就是撰述了编年体通史百篇。他认为："仲尼作《春秋》，为百王不易法，而司马迁作本纪、书、表、世家、列传，叙事依违，失褒贬体，不足以训。"因此，他"乃起汉元年、讫隋义宁编年，依《春秋》义类为传百篇。"②

萧颖士在史书体裁上是崇编年而抑纪传的代表人物之一，他的

---

① 鲁迅：《准风月谈·晨凉漫记》，《鲁迅全集》第 5 册，北京：人民文学出版社，1981 年，第 235 页。

② 欧阳修等：《新唐书》卷二百二《萧颖士传》，北京：中华书局，1975 年，第 5767 页。

唐代史家的通史撰述 | 125

好友李华说他"尤罪子长（司马迁）不编年而为列传，后世因之，非典训也"，是概括得很中肯的。萧颖士对史书体裁的这种看法是不对的，是一种极其明显的保守观点，这跟他在政治上主张"以中古易今世"①的思想是一致的，是不足取的。但是，应当看到，他撰述汉初至隋末800余年的编年体通史的勇气和做法，在他之前罕有其人，不失为一个壮举。他撰述的编年体通史，在书法上也有自己的见解，如"在（曹）魏，书高贵（乡公）崩，曰：'司马昭弑帝于南阙。'在梁，书陈受禅，曰：'陈霸先反。'……黜陈闰隋，以唐土德承梁火德，皆自断，诸儒不与论也"②。可见他对自己见解的自信。萧颖士的编年体通史今已不存。

许嵩撰述的《建康实录》20卷，今存。许嵩，两《唐书》无传，只知道他是唐肃宗时人。关于这部书的宗旨，从许嵩《建康实录·序》中可以看出：（1）这书专记建都于建康（今南京市）的孙吴、东晋、宋、齐、梁、陈六朝史事，故名《建康实录》；（2）这书对"土地、山川、城池、宫苑，当时制置"③等有较多的记载，这是它的一个特点。本文把它作为编年体通史来看待，也是从相对的意义上考虑，它跟李延寿的《南史》《北史》一样，是通数代之史为一史的通史。

《建康实录》作为编年体史书在体裁上是有缺陷的，陈振孙说它是"编年附传，大略用实录制"④，是比较恰当的。马端临批评它"自（宋）顺帝以后，复为纪传而废编年，其间重复、一事抵牾者甚众；

---

① 欧阳修等：《新唐书》卷一百九十四《元德秀传》，北京：中华书局，1975年，第5565页。

② 欧阳修等：《新唐书》卷二百二《萧颖士传》，北京：中华书局，1975年，第5768页。

③ 许嵩：《建康实录》序，上海：上海古籍出版社，1987年，第1页。按：《建康实录》书末记："吴大帝黄武元年壬寅至唐至德元年丙申五百三十五年"，这是说的《建康实录》的上限至成书之年的年代。今本无此说明。

④ 陈振孙：《直斋书录解题》卷五"杂史类"，上海：上海古籍出版社，1987年，第143页。

至于名号称谓，又绝无法，盖亦繁而多失矣"①。说明它在体裁上的前后不一和书法上的混乱。《四库全书总目》也批评它"为例未免不纯"②。正是由于这个原因，《新唐书·艺文志》和《直斋书录解题》把它列入"杂史类"，《郡斋读书志》记入"实录类"，《文献通考·经籍考》归于"起居注类"，而《通志·艺文略》又著录于"编年类"，《四库全书总目》则著录于"别史类"。诸家看法的不一致，反映了它在体裁上的缺陷，这毋庸讳言。但由于《建康实录》"引据广博，多出正史之外。唐以来考六朝遗事者，多援以为征"③，如北宋刘恕作《资治通鉴长编》时，就曾吸取了它的有关部分，说明它在史料上仍有一定价值。王鸣盛曾经批评"此书用意亦李延寿之流亚"，"其粗疏纰漏，不可胜摘"，但也认为它是"千余年旧物，业已流传，未可覆瓿。且其人生玄、肃间，尚见古书……又小字夹注中援引古书，多亡佚已久者，此则大可宝贵"④。总之，《建康实录》虽不是一部成功的编年体通史，但它在史料价值上仍有不可忽视的地方。

马总《通历》10卷，今存。马总，新、旧《唐书》有传。他在唐德宗时期，先后做过从事、别驾等官。唐宪宗元和年间，他多次出任节度使、刺史、观察使等要职，最后官至户部尚书，在地方和朝廷都有比较好的政声。马总酷爱学习和著作，史家称赞他"笃学，虽吏事倥偬，书不去前，论著颇多"⑤；"理道素优，军政多暇，公务之余，手不释卷。所著《奏议集》《年历》《通历》《子钞》等书百余卷，行

---

①　马端临：《文献通考》卷一百九十四《经籍考二十一》，北京：中华书局，2011年，第5361页。

②　永瑢等：《四库全书总目》卷五十《史部·别史类》，北京：中华书局，1965年，第447页。

③　永瑢等：《四库全书总目》卷五十《史部·别史类》，北京：中华书局，1965年，第447页。

①　王鸣盛：《十七史商榷》卷六十四"建康实录"条，北京：中国书店出版社，1987年，该卷第18页。

⑤　欧阳修等：《新唐书》卷一百六十三《马总传》，北京：中华书局，1975年，第5034页。

于世"①。可见马总在从政和著述方面的经历，很有点像略早于他的大史学家杜佑。

马总的著述，据《新唐书·艺文志》著录，有《通历》10卷，《唐年小录》8卷，《意林》3卷，《奏议集》30卷。据已故刘节先生考证，《旧唐书》本传所谓《子钞》者，即是《新唐志》著录的《意林》；其所谓《年历》者，即是《唐年小录》，记德宗以前故事，《通鉴考异》曾引用其书。刘节先生对《通历》一书的流传、补撰、版本有详细的考证，足资参考②。对于《通历》这样一部编年体通史，晁公武《郡斋读书志》作了很中肯的概括：

> 马总撰。纂太古十七氏、中古五帝三王，及删取秦、汉、三国、晋、十六国、宋、齐、梁、陈、元魏、北齐、后周、隋世纪兴灭，粗述其君贤否。取虞世南《略论》分系于末，以见义焉。③

这是一部从"太古"至隋的编年体通史，记朝代兴灭，述君贤否，而且有记事，有评论。其评论，也有为后人所肯定的地方。如王应麟说：《通历》"随事间有论著，谓（汉）文帝庶几于王道，而景帝之拟成康，则有惭德。谓（汉）宣帝刑名图霸之王也，而世以比光武，非其伦也。斯言当矣！"④因为《通历》有这些优点，所以司马光撰《资治通鉴》时，对它时有采用。《通历》的缺点是过于"简略"，它以10卷的篇帙叙唐以前的全部编年史，所以只能"粗述"而不可能写得很丰满。

《通历》在"通"的方面，是《建康实录》所不可企及的。这两部书，

---

① 刘昫等：《旧唐书》卷一百五十七《马总传》，北京：中华书局，1975年，第4152页。
② 参见刘节：《中国史学史稿》，郑州：中州书画社，1982年，第148页。
③ 晁公武：《郡斋读书志》，孙猛校证，上海：上海古籍出版社，1990年，第202页。
④ 王应麟：《玉海》卷四十七，南京：江苏古籍出版社；上海：上海书店出版社，1987年，第894页。

是现存的唐代史家撰述的编年体通史著作，它们在历史文献学上的价值是应该受到重视的。

姚康《统史》300 卷，已佚。姚康，字汝谐，唐宪宗元和十五年（820 年）进士，宣宗大中年间（847—859 年），做到太子詹事①。其事迹两《唐书》不曾记载，近来陈光崇先生撰《记晚唐史家姚康和陈岳》一文考其仕履及著述甚详，颇多参考②。关于姚康撰述的《统史》300 卷，《旧唐书·宣宗纪》是这样说的：

> 大中五年（851 年）……太子詹事姚康献《帝王政纂》十卷；又撰《统史》三百卷，上自开辟，下尽隋朝，帝王美政、诏令、制置、铜盐钱谷损益、用兵利害，下至僧道是非，无不备载，编年为之。③

从这一段记载中，至少可以看到这样三个问题：（1）《统史》包含的年代，跟《统载》《通历》和本文下面还要讲到的《通典》大体是一致的，上起上古，下迄隋朝。这说明唐代史家对于撰述唐代以前的通史的重视。（2）《统史》内容十分丰富，是一部涉及社会生活各个方面的通史；而对于这样丰富的内容，作者运用编年体进行表述，这在中国编年体史书的发展史上，是一个创造性的成果。（3）《统史》300 卷，在编年体通史的撰述规模上也是空前的。这一点，我们从部帙为 294 卷的《资治通鉴》那里可以大体想见得到。

准此，是否可以认为：《统史》是北宋司马光《资治通鉴》问世以前，中国史学上编年体通史的最高成就。

---

① 参见陶易：《唐代进士录》，合肥：安徽大学出版社，2010 年，第 257 页。
② 陈光崇：《记晚唐史家姚康和陈岳》，载《史学史研究》1984 年第 2 期。
③ 刘昫等：《旧唐书》卷十八《宣宗纪》，北京：中华书局，1975 年，第 630 页。按：《册府元龟》卷六百七《学校部·撰集》所记，与此略同而稍详。《新唐书·艺文志二·正史类》于"集史"下著录："姚康复《统史》三百卷。大中太子詹事。"所记姚康复，应是《旧唐书·宣宗纪》和《册府元龟》所说的姚康。《唐会要》卷三十六"修撰"书为"姚思廉《通史》"，误。

四、典制体通史和文征体通史的撰述

在唐代史家的通史撰述中，杜佑《通典》是典制体通史，裴潾《大和通选》是文征体通史。《通典》是现存典制体史书中影响极大、价值很高的书。《大和通选》今已不存。

杜佑（735—812 年）约 20 岁开始做官，在地方和朝廷任过许多职务，以担任淮南节度使的时间最长，晚年出任宰相，历德、顺、宪三朝，在仕途上度过了近 60 个年头。《通典》一书，始撰于唐代宗大历之初（766 年），成书于唐德宗贞元十七年（801 年），前后用了 36 年的时间。全书 200 卷，分食货、选举、职官、礼、乐、兵、刑、州郡、边防 9 门；每门之下又分子目，子目之下更列有细目；上限始于黄帝，下限止于唐玄宗天宝末年及肃宗、代宗年间，有的史事截止于成书前数年，可谓体大思精、繁而有要。《通典》代表了唐代史学的最高成就。

关于《通典》一书的方法和旨趣，我已另作专文论述①，此不赘述。这里，我想对有关《通典》一书之渊源的传统看法提出一点辩难，为的是要获得对于这部典制体通史的比较接近正确的认识。关于这书，《旧唐书·杜佑传》是这样说的：

> （杜佑）性嗜学，该涉古今，以富国安人（民）之术为己任。初，开元末，刘秩采经史百家之言，取《周礼》六官所职，撰分门书三十五卷，号曰《政典》。大为时贤称赏，房琯以为才过刘更生。佑得其书，寻味厥旨，以为条目未尽，因而广之，加以《开元礼乐》，书成二百卷，号曰《通典》，贞元十七年，自淮南

---

① 参见本书《论〈通典〉的方法和旨趣》一文。

使人诣阙献之。①

《新唐书·杜佑传》所记与此略同。这里的记载，有些地方是很值得怀疑的。

第一，刘秩《政典》果真有这么大的社会影响吗？《新唐书·刘子玄传》附《刘秩传》却有另外一种说法："安禄山反，哥舒翰守潼关，杨国忠欲夺其兵，（刘）秩上言：'（哥舒）翰兵天下成败所系，不可忽。'房琯见其书，以比刘更生。"这里说的"房琯见其书，以比刘更生"，毫无疑问，指的是刘秩论兵事书，与《政典》一书何涉？！从刘秩与房琯的关系来看，从《汉书·刘向传》所记刘向（更生）行事来看，也证明后一种说法是符合事实的，而前一种说法是失实的②。可见，两《唐书·杜佑传》所记房琯赞扬《政典》的话原是张冠李戴；既如此，所谓《政典》"大为时贤称赏"云云，当然也就很值得怀疑了。

第二，杜佑果真是"得其书，寻味厥旨，以为条目未尽，因而广之"吗？我认为这个说法也是很可疑的。杜佑是一个"始终言行，无所玷缺"③，"为人平易逊顺，与物不违忤，人皆爱重之"④的人，这虽然不免有所夸大，但毕竟反映了他的为人。如果《通典》与《政典》真有这种渊源关系，他是不会在《通典》自序或《进〈通典〉表》中只字不提的，此其一。其二，对《通典》一书"颇详旨趣"的李翰，在《通典》序中也是只字未提及《政典》。而他在《序》中说的这一段话，则是意味深长的："翰尝有斯志，约乎旧史；图之不早，竟为善述者所先。故颇详旨趣，而为之序，庶将来君子知吾道之不诬也。"他这里强调的恰是《通典》的"约乎旧史"，又与《政典》何涉？！

---

① 刘昫等：《旧唐书》卷一百四十七《杜佑传》，北京：中华书局，1975 年，第 3982 页。
② 参见陈光崇：《刘秩事迹考》，载《史学史研究》1083 年第 2 期。
③ 刘昫等：《旧唐书》卷一百四十七《杜佑传》，北京：中华书局，1975 年，第 3983 页。
④ 欧阳修等：《新唐书》卷一百六十六《杜佑传》，北京：中华书局，1975 年，第 5090 页。

第三，《通典》究竟是以《政典》为"蓝本"，还是以历代正史书志为渊源？由于新、旧《唐书·杜佑传》在上述两个问题的记载上的失实，造成谬种流传，使《通典》及其作者蒙受不白之冤。其中，最典型者莫过于清代考据学者王鸣盛的论点。他认为：《通典》"既以刘秩书为蓝本，乃自序中只字不及；复袭取官书，攘为己有。以佑之事力，撰集非难，而又取之他人者若是之多，则此书之成，亦可云易也"①。从上面的讨论中，已可看出王鸣盛这个论点的大谬不然。我认为：《政典》"取《周礼》六官所职"进行撰述，是一部讲职官的书；而《通典》则"采五经群史，上自黄帝至于有唐天宝之末，每事以类相从，举其始终。历代沿革废置及当时群士议论，靡不条载，附之于事，如人支脉，散缀于体"②，是一部广泛地讲典章制度的书，它们在渊源上和内容上的歧异洞若观火。事实上，《通典》的真正渊源不在《政典》而在历代正史之书志。梁启超在讲到纪传体史书中的书志发展时说："于是乎有统括史志之必要。其卓然自成一创作以应此要求者，则唐杜佑之《通典》也。……此实史志著作之一进化也。"③梁启超从历史编纂学的观点说明《通典》跟史志的渊源关系，说明杜佑是顺应了"会通古今，观其沿革"，"统括史志"这一"通"的史学发展潮流的，其所持论点是正确的。可惜，梁启超的论点并未引起广泛的注意，以致在某些著作中，尚有沿袭新、旧《唐书》之《杜佑传》的旧有论点的。

现在来说裴潾撰述的《大和通选》。裴潾，两《唐书》有传。他是德宗至文宗年间人。宪宗时为谏官，后来做到起居舍人，因上疏反对宪宗酷信神仙、滥服奇药而被贬。穆宗时，做到考功、吏部二郎中。

① 王鸣盛：《十七史商榷》卷九十"杜佑作通典"条，上海：上海古籍出版社，2005年，第817页。
② 李翰：《通典》序，见杜佑：《通典》，北京：中华书局，1988年，第2页。
③ 梁启超：《中国历史研究法》，上海：商务印书馆，1933年，第31～32页。

敬宗时，任给事中。文宗时期，官至刑部侍郎、兵部侍郎。在仕途上，裴潾"以道义自处，事上尽心，尤嫉朋党，故不为权幸所知"①，说明他为人正直。

《大和通选》30 卷，《新唐书·艺文志四·总集类》有著录。这书，是裴潾在文宗大和七年（833 年）编集的。史载：

> （大和）七年，迁左散骑常侍，充集贤殿学士。集历代文章，续梁昭明太子《文选》，成三十卷，目曰《大和通选》，并音义、目录一卷，上之。当时文士，非素与潾游者，其文章少在其选，时论咸薄之。②

据此可知，《大和通选》是一部类似《昭明文选》的著作，是为续《昭明文选》而编集的。按通常的看法，这书本是文章汇编，并非历史著作。这个看法无疑是对的。但是，文章也是社会生活的反映，从这个意义上来说，它们同样可以被看作是一种历史文献，此即章学诚所谓"以词章存文献"③，亦即他在地方志中所创立的"文征"一门。这个道理，也是很容易理解的。《大和通选》虽已佚，但我们今天读《文选》，读《唐文粹》《宋文鉴》，读《元文类》《明文衡》《清文汇》等著作，从中得到对于历代社会风貌的认识，亦可想见到《大和通选》的这种作用和意义。因此，章学诚把《大和通选》作为"通史家风"的一种表现形式来看待。我们把他提倡的这种表现形式称作"文征体"，而《大和通选》则可以看作是文征体通史。

---

① 刘昫等：《旧唐书》卷一百七十 《裴潾传》，北京：中华书局，1975 年，第 4449 页。
② 刘昫等：《旧唐书》卷一百七十一《裴潾传》，北京：中华书局，1975 年，第 4449 页。
③ 章学诚：《文史通义》卷四《释通》，见《章学诚遗书》，北京：文物出版社，1985 年，第 36 页。

五、几点认识

在对唐代史家的通史撰述做初步的考察之后，我有以下几点认识：

第一，唐代史家，特别是唐中叶和唐晚期的一些史家，有不少人着意于通史的撰述，这是历史时代的要求，也是史学发展的趋势。

从历史时代的要求来看，隋唐统一的政治局面，尤其是唐皇朝的统一政治局面，带来了封建社会经济、政治、文化的繁荣。这就赋予当时的史学家一种比他们的前辈更大的气魄和胸怀，使他们能够把自己的视野投向遥远的古代和自古迄今的历史进程。李大师的"编年以备南北"的撰述思想，无疑是隋唐统一政治局面的要求和反映；而李延寿纂南朝四史为一史、北朝四史为一史的撰述成果，也只有在统一的局面下才能产生。杜佑著《通典》，采五经群史，上自远古，下至当世，分门别类，举其始终，历代典章制度及群士论议，条分缕析，一一备载。此种宏大气魄，不能不跟统一的唐皇朝的历史和现实有密切的关联。诚如白居易在他所起草的一道任命史官的诏书中说的那样："庶职之重者，其史氏欤！历代以来，甚难其选。非雄文博学，辅之以通识者，则无以称命。"①白居易的话，在一定意义上反映了历史时代对史学家的要求。这个要求的核心就是"通识"，这是一方面。另一方面，历史时代的要求还表现在它向史学家提出了现实问题，需要史学家做出回答。唐代中叶以后，社会急剧动荡，唐皇朝的"盛世"已经结束。怎样医治社会的疮痍？怎样复兴人们记忆中的"盛世"？于是，诗人在咏叹和呼号，思想家在思考和论证，政治家在谋求改革，而史学家也必须对历史和现实做出总结

----

① 白居易：《授沈传师左拾遗史馆修撰制》，见《白居易集》卷五十四，北京：中华书局，1979年，第1138页。

和说明。正因为如此，杜佑撰《通典》是以"征诸人事，将施有政"①为其宗旨，以"详古今之要，酌时宜可行"②为撰述上的具体要求，以达到"经邦""致用"③的目的。同样，马总撰《通历》，叙历代"世纪兴灭，粗述其君臣贤否"；姚康撰《统史》，"纂帝王美政、善事、诏令可利于时者"④，也都是为了这个目的。

从史学发展趋势来看，唐代中叶以后，有的史家深感纪传体通史的寥落，有的史家则又有慨于编年体史书的多有冗阙、缺乏条贯，反映了他们不满足于断代为史的心理和撰述通史的要求。如出身于史学世家的柳冕一方面激烈地批评司马迁，一方面又说："迁之没已千载矣，迁之史未有继之者，谓之命世，不亦宜乎"⑤。刘轲的《与马植书》可以认为是关于《史》《汉》以来史学发展的一个论纲，并说："常欲以《春秋》条贯、删补冗阙，掇拾众美，成一家之尽善"⑥，说明他亦有志于通史撰述。至于萧颖士的"依鲁史编年，著历代通典"，原是抱着这样一个目的："于《左氏》取其文，《穀梁》师其简，《公羊》得其核。综三《传》之能事，标一字以举凡，扶孔、左而中兴，黜迁、固为放命"⑦。萧颖士对纪传体史书有很深的偏见，但他探索和发展编年体通史的勇气却是可贵的。

---

① 杜佑：《通典》自序，见杜佑：《通典》，北京：中华书局，1988 年，第 1 页。
② 杜佑：《进〈理道要诀〉表》，见王应麟《玉海》卷五十一，南京：江苏古籍出版社；上海：上海书店出版社，1987 年，第 971 页。
③ 李翰：《通典》序，见杜佑：《通典》，北京：中华书局，1988 年，第 1 页
④ 王钦若等：《册府元龟》卷五百九十七《学校部·撰集》，北京：中华书局，1960 年，第 7288 页。
⑤ 柳冕：《答孟判官论宇文生评史官书》，见姚铉：《唐文粹》卷八十二，长春：吉林人民出版社，1998 年，第 836 页。
⑥ 姚铉：《唐文粹》卷八十二，长春：吉林人民出版社，1998 年，第 836 页。按：刘轲，两《唐书》无传。《新唐书·艺文志二·编年类》注曰："字希仁，元和末进士第，洺州刺史。"欧阳修等：《新唐书》卷五十八《艺文志二》，北京：中华书局，1975 年，第 1461 页。据此，有人说他就是韩愈所作《答刘秀才论史书》中的那位刘秀才。
⑦ 萧颖士：《赠韦司业书》，见李昉等：《文苑英华》卷六百七十八，北京：中华书局，1966 年，第 3494 页。

第二，唐代史家的通史撰述，在史书体裁上有所发展、有所创新，这跟他们对史书的表现形式有比较豁达、开阔的见解有关。自魏晋以来，关于编年、纪传孰优孰劣的争论一向很激烈，刘知幾反对"唯守一家"的论点，主张"班、荀二体，角力争先"，编年、纪传都应当存在下去。后来，中、晚唐之际的文学家皇甫湜写了一篇《编年纪传论》，是很精彩的辩难文章，其中有一段话是：

> 编年、纪传，系于时之所宜、才之所长者耳，何常之有?！故是非与众人同辩善恶得圣人之中，不虚美，不隐恶，则为纪、为传、为编年，是皆良史矣。①

他认为体裁不是不变的，关键在于"系于时之所宜、才之所长"，即根据实际的需要和史家的才能而可以有所变化。他在这篇文章中还认为：一部史书要做到"包该事迹，参贯话语，纤悉百代之务，成就一家之说"，那就要求史家"必新制度而骋才力"，刻意于创新。皇甫湜关于史书体裁的这些论点是很重要的。

唐代史家的通史撰述，有纪传体、传记体、编年体、典制体、文征体等；运用多样的体裁撰述通史，这对于开拓历史研究领域，对于表现丰富的社会历史，都有重要意义。皇甫湜是文学家，但他说的这些话，在很大程度上反映了他那个时期的史学家的思想和活动。

唐代史家的通史撰述，在唐代史学上占有突出的地位，对唐代以后史学产生了很大影响，是中国史学发展中的一个重要转折。现在，我们再回到刘知幾所提出的问题上来。如前所述，刘知幾在史书体裁上肯定了"班、荀二体"，并对它们做出了很好的总结；他没

---

① 李昉等：《文苑英华》卷七百四十二，北京：中华书局，1966年，第3876页。

有提出对于新的史书体裁的设想，这是我们不应苛求于他的。但是，刘知幾在对待《史》《汉》二家（它们是属于同一体裁的二家）的态度上，却反映了他对"通古今之变"的撰述思想的隔膜以及对"综一代之兴废"的著作宗旨的激情。如果说，任何一个史学家（其他的"家"也是如此）都有其局限性的话，那么，我认为刘知幾对撰述通史的看法则突出地反映了他的史识的局限性。其实，对于史学工作来说，通古今之变化和综一代之兴废，都是不可少的。对此，刘知幾也是矛盾的。他曾说："其于史传也，尝欲自班、马以降，讫于姚（思廉）、李（百药）、令狐（德棻）、颜（师古）、孔（颖达）诸书，莫不因其旧义，普加厘革。"①究竟如何"因其旧义，普加厘革"呢？他没有说。我看这里面也包含了一点作通史的意思，但他终究没有这样去做，而是转向了对于通史的严厉批评，并警告史学家们，说那是劳而无功之举，应深深地引为鉴戒。然而，唐中叶和唐晚期的史学家之通史撰述的成就，却使他的这些论点黯然失色。新的史书体裁出现了，运用各种体裁撰述的通史出现了。如果说，唐盛世的史家在总结或重修一些前朝史方面取得了突出的成就，那么，唐中叶和唐晚期的史家则在通史撰述方面获得了辉煌的成果。

第三，唐代史家的通史撰述，对宋元及其以后史学的发展产生了很大的影响。司马光对李延寿《南史》《北史》和高峻《小史》都给予很好的评价；而他撰的《资治通鉴》一书初名《通志》，这与唐代史家多以"通"名书，似亦不无联系。马端临对杜佑是非常钦慕的，他撰《文献通考》348卷，就是"效《通典》之成规"②。《通典》作为"十通"之首，对后来史学的发展起了很大的推动作用。宋元时期史家的通史撰述取得了空前的成就，这是和唐代史家的通史撰述的影响

---

① 刘知幾：《史通》卷十《自叙》，浦起龙通释，上海：上海古籍出版社，1978年，第290页。

② 马端临：《文献通考》序，北京：中华书局，2011年，第2页。

分不开的。

清代史学家章学诚在总结中国史学上通史撰述的发展情况时，写道：

> 梁武帝以迁、固而下断代为书，于是上起三皇，下讫梁代，撰为《通史》一编，欲以包罗众史。史籍标"通"，此滥觞也。嗣是而后，源流渐别，总古今之学术，而纪传一规乎史迁，郑樵《通志》作焉；统前史之书志，而撰述取法乎官礼，杜佑《通典》作焉；合纪传之互文，而编次总括乎荀、袁，司马光《资治通鉴》作焉；汇公私之述作，而铨录略仿乎孔、萧，裴潾《大和通选》作焉。此四子者，或存正史之规。或正编年之的，或以典故为纪纲，或以词章存文献，史部之通，于斯为极盛也。①

他的这段话，概括了四部通史在体裁上的渊源和内容上的特点，并确认"史部之通，于斯为极盛"。如果章学诚的这个看法大体不错的话，那么，中国古代史学上的通史撰述的这个"极盛"时期当是上起唐代而下至两宋。这说明，从通史的撰述来看，唐代无疑是中国史学发展中的一个重要转折时期。

---

① 章学诚：《文史通义》卷四《释通》，见《章学诚遗书》，北京：文物出版社，1985年，第 36 页。按文中所说荀、袁、孔、萧，系指荀悦、袁宏、孔逭、萧统。孔逭，南朝宋人，曾编集《文苑》100 卷，《南史》卷七十二有传。

唐代谱学和唐代社会[*]

唐代谱学是唐代史学的一个组成部分。郑樵《氏族略》指出：

> 自隋、唐而上，官有簿状，家有谱系。官之选举必由于簿状；家之婚姻必由于谱系。历代并有图谱局，置郎、令史以掌之，仍用博通古今之儒知撰谱事。凡百官族姓之有家状者则上之，官为考定详实，藏于秘阁，副在左户。若私书有滥，则纠之以官籍；官籍不及，则稽之以私书。此近古之制，以绳天下，使贵有常尊，贱有等威者也。所以人尚谱系之学，家藏谱系之书。①

可见，谱学在封建地主阶级的政治生活和婚姻关系中，起着极其重要的作用。据《新唐书·艺文

* 原载《中国史研究》1981 年第 1 期。
① 郑樵：《通志二十略·氏族略·氏族序》，北京：中华书局，1995 年，第 1 页。

志》乙部《谱牒类》著录，谱系之书凡 2050 卷，内中属唐代者近半数；故郑樵认为，"姓氏之学，最盛于唐"①，这话不是没有根据的。

本文仅就谱学在唐代的发展情况，以及谱学和唐代的政治生活、社会风气的关系等问题，做初步的探讨，以就教于史学界的同志们。

一、谱学在唐代的兴替

唐代谱学是魏晋以来谱系之学的继续和发展。唐代著名谱学家柳芳曾经对谱学源流作过详细的论述②，从中不难窥见唐代谱学与魏晋以来谱系之学的渊源关系。宋人郑樵进而写道：

> 汉有《邓氏官谱》，应劭有《氏族篇》，又有颍川太守聊氏《万姓谱》，魏立九品、置中正：州大中正、主簿，郡中正、功曹，各有簿状，以备选举。晋、宋、齐、梁因之。故晋散骑常侍贾弼、太保王弘，齐卫将军王俭，梁北中郎将谘议参军知撰谱事王僧孺之徒，各有《百家谱》，徐勉又有《百官谱》。宋何承天撰《姓苑》，与后魏河南《官氏志》，此二书尤为姓氏家所宗。唐太宗命诸儒撰《氏族志》一百卷，柳冲撰《大唐姓系录》二百卷，路敬淳有《衣冠谱》，韦述有《开元谱》，柳芳有《永泰谱》，柳璨有《韵略》，张九龄有《韵谱》，林宝有《姓纂》，邵思有《姓解》。③

这是郑樵对汉、唐间谱学发展情况所勾画的一个基本轮廓，其中尤以唐代最详。唐肃宗时史官柳芳在谈到本朝的谱学家时说："唐兴，言谱者以路敬淳为宗，柳冲、韦述次之。李守素亦明姓氏，时谓'肉

① 郑樵：《通志二十略·氏族略·氏族序》，北京：中华书局，1995 年，第 2 页。
② 参见欧阳修等：《新唐书》卷一百九十九《儒学传中·柳冲传》，北京：中华书局，1975 年，第 5680 页。
③ 郑樵：《通志二十略·氏族略·氏族序》，北京：中华书局，1995 年，第 2 页。

谱'者。后有李公淹、萧颖士、殷寅、孔至，为世所称。"①总括柳芳、郑樵所论，本文将首先对唐代的主要谱学家和主要谱牒著作做一简要的考察，庶几可见唐代谱学兴替之一般情况。

（一）主要的谱学家

唐代谱学家甚多，我们按照唐代前期、中期、后期等三个时期分别加以考察。唐代前期的谱学家主要有李守素、高士廉、路敬淳、柳冲等。

李守素，赵州（今河北赵县）人，出身于山东名族；唐高祖武德四年（621 年），任文学馆学士、天策府仓曹参军。李守素"尤工谱书，自晋、宋以降，四海士流及诸勋贵，华戎阀阅，莫不详究"，因而"当时号为'行谱'"②，被人们看作是一部活的谱书。当时著名学者虞世南与李守素讨论谱系之学，亦为之叹服，并把李守素比作一本活的"人物志"③。李守素可以称得上是唐代第一位谱学大师了，但他并没有留下什么谱学著作。与李守素同时的，还有渭州刺史李淹"亦明谱学，守素所论，惟淹能抗之"④。不过对于李淹，人们知之甚少。高士廉，下文将论及，此不赘述。

较李守素稍晚一点的路敬淳是唐代前期最有影响的谱学家。路敬淳（？—697 年），贝州临清（今山东临清）人。他在贞观末年，"官至申州司马"；武则天天授年间（690—692 年），"历司礼博士、太子司仪郎，兼修国史，仍授崇贤馆学士"。路敬淳勤奋好学，"不窥门庭，遍览坟籍"，而

---

① 欧阳修等：《新唐书》卷一百九十九《儒学传中·柳冲传》，北京：中华书局，1975 年，第 5680 页。

② 刘昫等：《旧唐书》卷七十二《褚亮传》附《李守素传》，北京：中华书局，1975 年，第 2584 页。

③ 参见刘餗：《隋唐嘉话》上："秦王府仓曹李守素，尤精谱学，人号为肉谱。虞秘书世南曰：'昔任彦升善谈经籍，时称为五经笥，宜改仓曹为人物志。'"北京：中华书局，1979 年，第 4 页。

④ 欧阳修等：《新唐书·褚亮传》附《李守素传》，北京：中华书局，1975 年，第 3978 页。按：李淹，前引柳芳文作李公淹。

"尤明谱学,尽能究其根源枝派,近代已来,无及之者"①。他曾撰《著姓略记》20卷、《衣冠谱》60卷②,对唐代谱学发展产生很大影响。故柳芳认为:"唐兴,言谱者以路敬淳为宗。"《新唐书》也说:"唐初,姓谱学唯敬淳名家。其后柳冲、韦述、萧颖士、孔至各有撰次,然皆本之路氏"③。可见,路敬淳的影响又在李守素之上。

柳冲(?—717年),蒲州虞乡(今山西平陆)人。唐中宗景龙年间(707—710年),任左散骑常侍,修国史。"(柳)冲博学,尤明世族,名亚路敬淳"④,于唐中宗神龙元年(705年)受命参与修撰《姓族系录》,至唐玄宗先天二年(713年)成书,开元二年(714年)定稿,凡200卷⑤。

此外,生活在唐代前期的大史学家刘知幾(661—721年),对谱学也有精湛的研究。他的谱学著作受到当时学者极高的评价;同时,他还参与过大型官修谱牒的著述和定稿工作。

唐代中期的谱学家主要有韦述、萧颖士、孔至、柳芳等。

韦述(?—757年),京兆万年(今陕西西安)人。唐玄宗开元五年(717年)为栎阳尉,受诏于秘阁编次图书。"(韦)述好谱学,秘阁中见常侍柳冲先撰《姓族系录》200卷,述于分课之外,手自抄录,暮则怀归。如是周岁,写录皆毕,百氏源流,转益悉详。乃于《柳谱》之中,别撰成《开元谱》20卷"⑥。韦述在谱学方面的造诣很深,声誉很高。封演说他"谙练士族,举朝共推,每商榷姻亲,成就谘访"⑦,

---

① 以上均见刘昫等:《旧唐书》卷一百八十九下《儒学传下·路敬淳传》,北京:中华书局,1975年,第4962页。

② 欧阳修等:《新唐书》卷五十八《艺文志二》,北京:中华书局,1975年,第1500页。

③ 欧阳修等:《新唐书》卷一百九十六《儒学传中·路敬淳传》,北京:中华书局,1975年,第5666页。

④ 刘昫等:《旧唐书》卷一百八十九下《儒学传下·柳冲传》,北京:中华书局,1975年,第4971页。

⑤ 刘昫等:《旧唐书》卷一百八十九下《儒学传下·柳冲传》,北京:中华书局,1975年,第4972页。

⑥ 刘昫等:《旧唐书》卷一百二《韦述传》,北京:中华书局,1975年,第3193页。

⑦ 封演:《封氏闻见记》卷十《讨论》,赵贞信校注,北京:中华书局,2005年,第95页。

俨然是当朝的谱学顾问。

韦述居史职时,曾竭力推荐萧颖士来接替他的职务。萧颖士,梁鄱阳王七世孙,"四岁属文,十岁补太学生。观书一览即诵,通百家谱系"。唐玄宗天宝初年,萧颖士已经"名播天下"。他曾经依《春秋》体例著史传 100 篇,起汉初,迄隋末。因爱好谱学,"通百家谱系"①,乃撰《梁萧史谱》20 卷②。

孔至,越州山阴(今浙江绍兴)人,唐玄宗时任著作郎。孔至"明氏族学,与韦述、萧颖士、柳冲齐名",曾撰《百家类例》;"时述及颖士、冲皆撰《类例》,而至书称工"③,受到韦述的赏识。

柳芳是在学术上与韦述关系更为密切的谱学家④。他是蒲州河东(今山西永济)人,唐肃宗时为史官,受诏"与韦述缀辑吴兢所次国史,会述死,芳绪成之,兴高祖,迄乾元,凡百三十篇"。他又仿编年法,著《唐历》40 篇,"颇有异闻"⑤。柳芳于唐玄宗开元末年入仕,自永宁尉、直史馆,转拾遗、补阙、员外郎,多居史任,"勤于记注,含毫罔倦",而尤"精于谱学"。唐代宗永泰年间(765—766 年),柳芳"按宗正谱牒,自武德已来宗枝昭穆相承,撰皇室谱二十卷,号曰《永泰新谱》"⑥。他对于谱学源流的研究着力不小,"著论甚详",

---

① 欧阳修等:《新唐书》卷二百二《文艺中·萧颖士传》,北京:中华书局,1975 年,第 5767 页。

② 参见欧阳修等:《新唐书》卷五十八《艺文志二》,北京:中华书局,1975 年,第 1501 页。

③ 欧阳修等:《新唐书》卷一百九十九《儒学传中·孔若思传》附《孔至传》,北京:中华书局,1975 年,第 5685 页。

④ 李肇:《唐国史补》卷上:"柳芳与韦述友善,俱为史官。述卒后,所著书有未毕者,多芳与续之成轴也。"(上海:上海古籍出版社,1979 年,第 20 页。)

⑤ 欧阳修等:《新唐书》卷一百三十二《柳芳传》,北京:中华书局,1975 年,第 4536 页。

⑥ 刘昫等:《旧唐书》卷一百四十九《柳登传》附《柳璟传》,北京:中华书局,1975 年,第 4033 页。《唐会要》卷三十六《氏族》亦载:"永泰二年十月七日,宗正卿吴王祗奏修,史馆太常博士柳芳撰《皇室永泰谱》二十卷,上之。"

《新唐书》作者曾予以删削而载其要旨①。

韦述、萧颖士、孔至、柳芳等是唐代谱学持续发展阶段的几个代表人物。这一时期，不论是从谱学家的个人造诣来看，还是从官修谱书的数量、质量来看，都无逊于前一时期。此后，唐代谱学便转而走向衰落，突出的谱学家寥寥可数。

唐代后期，治谱学者尚有柳璟、李衢、林宝等。

柳璟，柳芳之孙。他在唐敬宗宝历年间（825—827年）登进士第，三迁监察御史，累迁吏部员外郎。唐文宗开成初年为翰林学士；开成四年（839年），奉敕修《续皇室永泰新谱》②。其始末是这样的："（柳）璟召对，言及图谱事，文宗曰：'卿祖尝为皇家图谱，朕昨观之，甚为详悉。卿检永泰后试修续之。'璟依芳旧式，续德宗后事，成十卷，以附前谱"③。其实，柳璟撰成《续皇室永泰新谱》，并非是他长于谱系之学，而是因为其祖柳芳撰《永泰新谱》，"自后无人续修"，他为了继承祖志，又得到唐文宗的指示，乃撰成是书。唐代谱学的衰落趋势，于此可见一斑。

林宝和李衢是唐代谱学家中的两位殿军。林宝是唐代后期以谙于谱学而著称的学者之一④，于唐宪宗时撰成《元和姓纂》10卷⑤。

---

① 欧阳修等：《新唐书》卷一百九十九《儒学传中·柳冲传》，北京：中华书局，1975年，第5676页。

② 王溥：《唐会要》卷三十六《氏族》，北京：中华书局，1955年，第666页。

③ 刘昫等：《旧唐书》卷一百四十九《柳登传》附《柳璟传》，北京：中华书局，1975年，第4033页。按："续德宗后事"，当为"续永泰后事"之误。《新唐书》卷一百三十二《柳登传》附《柳璟传》作"诏璟捃摭永泰后事缀成之"。当是。

④ 参见李肇：《唐国史补》卷下："大历已后，专学者有蔡广成《周易》，强象《论语》。啖助、赵匡、陆质《春秋》，施士丐《毛诗》，刁彝、仲子陵、韦彤、裴茝讲礼，章廷珪、薛伯高、徐润并通经。其余地理则贾仆射，兵赋则杜太保，故事则苏冕、蒋乂，历算则董和，天文则徐泽，氏族则林宝。"（上海：上海古籍出版社，1979年，第54页。）

⑤ 参见欧阳修等：《新唐书》卷五十八《艺文志二》，北京：中华书局，1975年，第1500页。

文宗开成二年(837 年),他与李衢合撰《皇唐玉牒》110 卷①,这是唐代最后一部较大的官修谱书。开成四年(839 年),李衢奉敕"修撰《皇后谱牒》"②,还著有《大唐皇室新谱》1 卷③。但是,林宝和李衢无论如何也形成不了像路敬淳、韦述、柳芳那样的影响,他们毕竟只是唐代谱学衰落时期的代表人物。

谱学在唐代的发展,不仅表现在产生了这些谱学家,而且还突出地表现在产生了一些大型的官修谱牒著作和许多私家著述的谱书,据《新唐书·艺文志》著录,其总数在 60 种以上,将近 1000 卷。

(二)主要的谱牒著作

《氏族志》。唐太宗时期修订的《氏族志》是唐代第一部大型官修谱牒。贞观五年(631 年),唐太宗"诏高士廉与御史大夫韦挺、中书侍郎岑文本、礼部侍郎令狐德棻等刊正姓氏。于是普责天下谱牒,仍凭据史传考其真伪,忠贤者褒进,悖逆者贬黜,撰为《氏族志》。……及书成,凡一百卷,诏颁于天下"④。《氏族志》成书于贞观十二年(638 年),自起手至撰成,历时 7 年。参加编撰的高士廉等人,不仅均出身于士族,"谙练门阀",熟悉各地的士族门第,而且又都是当时的著名文学之士。高士廉,渤海蓨(今河北景县)人,出身于山东著名士族。他于贞观五年(631 年)任吏部尚书,其"奖鉴人伦,雅谙姓氏,凡所署用,莫不人地俱允"⑤,颇具士族遗风。韦挺,雍州万年(今陕西西安)人,是关中士族。他任御史大夫时,对于寒门出身的官员,

———————————

① 参见欧阳修等:《新唐书》卷五十八《艺文志二》,北京:中华书局,1975 年,第1501 页。

② 王溥:《唐会要》卷三十六《氏族》,北京:中华书局,1955 年,第666 页。

③ 参见欧阳修等:《新唐书》卷五十八《艺文志二》,北京:中华书局,1975 年,第1501 页。

④ 刘昫等:《旧唐书》卷六十五《高士廉传》,北京:中华书局,1975 年,第2444 页。按:《氏族志》,《唐会要》卷三十六《氏族》及两《唐志》均作 100 卷。唯《旧唐书·太宗纪下》云:"高士廉等上《氏族志》一百三十卷",当误。

⑤ 刘昫等:《旧唐书》卷六十五《高士廉传》,北京:中华书局,1975 年,第2444 页。

"殊不礼之"①，俨然士族风度。岑文本，南阳棘阳（今河南南阳）人，是南方没落士族，因而自称是"南方一布衣"，唐太宗时官至中书令。岑文本"博考经史，多所贯综，美谈论，善属文"。他在参与撰写《氏族志》的同时，还于贞观十年（636年）同令狐德棻共同撰成《周书》，"其史论多出于文本"②。令狐德棻，宜州华原（今陕西铜川市耀州区）人，"先居敦煌，代为河西右族"。他"博涉文史，早知名"。唐高祖武德五年（622年），与陈叔达等撰《艺文类聚》；唐太宗贞观十年（636年），与岑文本撰成《周书》；以后又参与《新礼》《晋书》《高祖实录》等书的著述工作，史称"武德已来创修撰之源，自德棻始也"③，故其在唐初学术史上具有一定的影响。正因为如此，这部奉旨修订的《氏族志》撰成以后，"升降去取，时称允当，颁下诸州，藏为永式"④。

《姓氏录》。事实上，《氏族志》并没有真正成为"藏为永式"的谱牒著作。唐高宗显庆四年（659年），即《氏族志》成书21年后，在武则天的支持下，许敬宗、李义府建议修改《氏族志》。唐高宗乃"专委礼部郎中孔志约、著作郎杨仁卿、太子洗马史玄道、太常丞吕才重修……更名为《姓氏录》"⑤，凡200卷⑥。据称，参加修订《姓氏录》的共有12人⑦，足见最高统治集团对此事的重视。

《姓族系录》。自《氏族志》颁行后，近70年间，"门胄兴替不

---

① 刘昫等：《旧唐书》卷七十七《韦挺传》，北京：中华书局，1975年，第2670页。

② 以上均见刘昫等：《旧唐书》卷七十《岑文本传》，北京：中华书局，1975年，第2536页。

③ 以上均见刘昫等：《旧唐书》卷七十三《令狐德棻传》，北京：中华书局，1975年，第2598页。

④ 刘昫等：《旧唐书》卷八十二《李义府传》，北京：中华书局，1975年，第2769页。

⑤ 刘昫等：《旧唐书》卷八十二《李义府传》，北京：中华书局，1975年，第2769页。

⑥ 刘昫等：《旧唐书》卷四十六《经籍志上》："《姓氏谱》二百卷，许敬宗撰。"（北京：中华书局，1975年，第2012页）欧阳修等：《新唐书》卷五十八《艺文志二》："《姓氏谱》二百卷，许敬宗、李义府、孔志约、阳仁卿、史玄道、吕才撰。"（北京：中华书局，1975年，第1500页）按：阳仁卿，或作杨仁卿。

⑦ 参见王溥：《唐会要》卷三十六《氏族》"显庆四年"条原注，北京：中华书局，1955年，第665页。

常"，故谱学家柳冲于唐中宗神龙元年（705 年）上表"请改修其书"。唐中宗命魏元忠、张锡、萧至忠、岑羲、崔湜、徐坚、刘宪、吴兢以及柳冲 9 人，"共取德功、时望、国籍之家，等而次之"①，从而开始了《姓族系录》的第一阶段的修撰工作。其后，因魏元忠等相继物故，修撰工作便中止了。逮至唐玄宗先天二年（713 年），"（柳）冲始与侍中魏知古、中书侍郎陆象先及徐坚、刘子玄、吴兢等撰成《姓族系录》二百卷奏上"②。这是《姓族系录》的第二阶段的修撰工作，参加这一阶段工作的还有萧至忠、窦怀贞和崔湜等人③。开元二年（714 年），唐玄宗"又敕（柳）冲及著作郎薛南金刊定《系录》，奏上，赐绢百匹"④。这是《姓族系录》的第三阶段的修撰工作，即定稿工作。参加这次定稿工作的除了柳冲和薛南金外，还有著名史家刘知几⑤。《姓族系录》一书，从柳冲提出动议，着手修撰，至最后定稿，凡十年。其间，撰人几经补充，前后参加工作的共 13 人，极当时之选。内中，徐坚、刘知几、吴兢等是著名的学者和史家，柳冲是当时最有声望的谱学家。《姓族系录》可以被认为是唐代官修谱牒发展到全盛时期的主要标志。

《百家类例》。唐肃宗乾元元年（758 年），著作郎贾至撰。其序旨称："以其婚姻承家，冠冕备尽，则存谱。大谱所记者，唯尊官清

---

① 欧阳修等：《新唐书》卷一百九十九《儒学传中·柳冲传》，北京：中华书局，1975年，第4972页。

② 刘昫等：《旧唐书》卷一百八十九下《儒学传下·柳冲传》，北京：中华书局，1975年。参见《唐会要》卷三十六《氏族》："先天二年三月，柳冲奏所备《姓族录》成，上之，凡二百卷。"（北京：中华书局，1955 年，第 665 页）

③ 刘昫等：《旧唐书》卷九十二《萧至忠传》："先天二年，（萧至忠）复为中书令。是岁，至忠与窦怀贞、魏知古、崔湜、陆象先、柳冲、徐坚、刘子玄等撰《姓族系录》二百卷。"（北京：中华书局，1975 年，第 2971 页）

④ 刘昫等：《旧唐书》卷一百八十九下《儒学传下·柳冲传》，北京：中华书局，1975 年，第4972页。

⑤ 刘昫等：《旧唐书》卷八《玄宗纪上》：开元二年七月，"昭文馆学士柳冲、太子左庶子刘子玄刊定《姓族系录》二百卷，上之。"（北京：中华书局，1975 年，第 173 页）

职，传记本源，分为十卷"①。

《元和姓纂》。唐宪宗元和七年(812年)七月，太常博士林宝撰，王涯为之序，故《唐会要》题为"王涯撰"②。关于林宝撰《元和姓纂》的起因，宋人陈振孙曾这样写道：

> 《元和姓纂》十卷，唐太常博士三原林宝撰。元和中，朔方别帅天水阎某者，封邑太原，以为言。上谓宰相李吉甫曰："有司之误，不可再也！宜使儒生条其源系，考其郡望、子孙、职任，并总缉之。每加爵邑，则令阅视。"吉甫以命(林)宝，二十旬而成。③

把一个天水人封邑于太原，被视为笑话，以致唐宪宗非常生气。为了使有司不再犯类似错误，林宝乃受命撰成《元和姓纂》，以备"每加爵邑，则令阅视"之需。

《皇室永泰谱》与《续皇室永泰谱》。此二书分别撰成于唐代宗永泰二年(766年)和唐文宗开成四年(839年)。唐代官修谱书，至此已明显地衰落下来。第一，在著述规模上已大不如前，说明修订新的大型谱牒已不是最高统治集团的迫切政治需要；第二，在著述内容上也日渐狭窄，由修撰总谱而变为修撰皇室谱，说明刊正全国姓氏、区分门第高下已逐步失去了它原有的那种重要意义。

《皇唐玉牒》。此书《旧唐书·经籍志》不著录。《新唐书·艺文志》云："《皇唐玉牒》一百一十卷。开成二年，李衢、林宝撰。"如同李衢、林宝是唐代谱学家的两位殿军一样，他们合著的《皇唐玉牒》乃是唐代官修谱书的尾声。

---

① 王溥：《唐会要》卷三十六《氏族》，北京：中华书局，1955年，第666页。
② 《唐会要》卷三十六《氏族》："元和七年七月，尚书兵部员外郎、知制诰王涯撰《姓纂》十卷，上之。"(北京：中华书局，1955年，第666页)按：此即林宝所撰《元和姓纂》。
③ 陈振孙：《直斋书录解题》卷八，上海：上海古籍出版社，1987年，第272～278页。

在唐代谱学著作中，除了这些官修谱牒外，还有许多私家著述的谱牒，其中多以家谱为主。例如，著名史家刘知幾曾撰《刘氏家史》15卷及《谱考》3卷①。比刘知幾稍早一点的王方庆(？—702年)，"博学好著述，所撰杂书凡二百余卷"②，曾著《王氏家牒》15卷、《家谱》20卷。武则天时的四门博士、直弘文馆王元感一生中著书数百篇，"年虽老，读书不废夜"③，撰《姓氏实论》10卷。凡此等等，《新唐书·艺文志·谱牒类》所载甚详，不一一赘述。

综上所述，不论从谱学家来看，还是从谱学著作(主要是官修谱牒)来看，唐代谱系之学的发展呈现出明显的阶段性：自唐初至玄宗以前为发展时期，玄宗年间为全盛时期，肃宗以后为衰落时期。唐代谱学的这个兴盛、衰落的发展趋势，是同唐代的政治生活紧密地联系在一起的，尤其是同唐代地主阶级中士族地主与庶族地主的矛盾、斗争相关联的。

二、唐代谱学和唐代的士庶斗争

有唐一代，为什么那么多的史家、学者潜心积思，致力于谱学的研究？为什么最高统治集团如此重视谱系之学，组织修撰了一部又一部大型谱牒著作？究其主要原因，这是唐代政治生活的需要，即是最高统治集团为了调节地主阶级各阶层之间的关系的需要。唐代谱学是唐代政治的附属品和折光镜：它从属于政治，又曲折地反映着政治；它由于政治上的某种迫切需要而发展起来，又随着此种需要的迫切性的逐步消失而衰落下去。

---

① 刘昫等：《旧唐书》卷一百二《刘子玄传》，北京：中华书局，1975年，第3171页；欧阳修等：《新唐书》卷五十八《艺文志二》，北京：中华书局，1975年，第1501页。

② 刘昫等：《旧唐书》卷八十九《王方庆传》，北京：中华书局，1975年，第2901页。

③ 欧阳修等：《新唐书》卷一百九十九《儒学传中·王元感传》，北京：中华书局，1975年，第5666页。

早在南朝时期，士族地主的政治势力开始出现衰落的迹象，庶族地主在政治上的权势则不断上升。庶族地主中的一些人，"有的致位将帅，任专方面；有的作为皇帝的爪牙，出任宗室诸王镇将的典签，实际上掌握了州郡和军府的权柄。在中央政权中，寒族地主充当中书省的通事舍人，参预机密，出纳王命，权势更为显赫"①。隋朝统一后，在全国实行均田制和科举制，进一步削弱了士族地主的势力。在轰轰烈烈的隋末农民战争中，起义军"得隋官及士族子弟，皆杀之"②，给士族地主以特别沉重的打击。但是，士族地主并没有就此退出历史舞台。众所周知，李唐皇朝就是依靠着关陇士族、山东士族、江南士族和一部分庶族地主的支持而建立起来的。因此，唐太宗初年，随着唐皇朝对各地大规模军事征服活动的结束，以及国家统一局面的形成和政治统治的逐步走上轨道，为了巩固中央集权，稳定统治秩序，唐太宗在采取一系列经济、政治措施的同时，还十分注重调整统治阶级内部错综复杂的关系。《氏族志》的修订，就是在这种历史条件下进行的。

贞观五年(631年)，唐太宗命高士廉、韦挺、岑文本、令狐德棻等"刊正姓氏"，基本原则有两条：一条是普遍搜集全国谱牒，"凭据史传考其真伪"，真者存之，伪者黜之，即仍然承认魏、晋以来的士族地主的门阀地位。另一条是"忠贤者褒进，悖逆者贬黜"；所谓"忠贤""悖逆"，自然主要是视其对李唐政权的态度而定。前一条原则注重于历史，后一条原则则着眼于现实。但是，传统的门阀观念很深的高士廉诸人，根据这两条原则，在《氏族志》的初稿中，依然习惯地把山东崔干列为第一等。对此，出身于关陇士族且又身为最高统治者的唐太宗当然是不能接受的。事实上是自唐皇朝建立以来，最

---

① 翦伯赞：《中国史纲要》第 2 册，北京：人民出版社，1965 年，第 98 页。
② 司马光：《资治通鉴》卷一百八十三《隋纪七》炀帝大业十二年，北京：中华书局，1956 年，第 5823 页。

高统治者就曾不止一次地批评过山东士族①，现在居然又搞出了一部把山东崔氏置于天下之冠的《氏族志》来，这使唐太宗不能不感到愤慨。因此，他严厉而又明确地指出：

> 我与山东崔、卢、李、郑，旧既无嫌，为其世代衰微，全无冠盖，犹自云士大夫，婚姻之间，则多邀钱币。才识凡下，而偃仰自高，贩鬻松槚，依托富贵。我不解人间何为重之？祗缘齐家惟据河北，梁、陈僻在江南，当时虽有人物，偏僻小国，不足可贵，至今犹以崔、卢、王、谢为重。我平定四海，天下一家，凡在朝士，皆功效显著，或忠孝可称，或学艺通博，所以擢用。见居三品以上，欲共衰代旧门为亲，纵多输钱币，犹被偃仰。我今特定族姓者，欲崇重今朝冠冕，何因崔干犹为第一等？昔汉高祖止是山东一匹夫，以其平定天下，主尊臣贵。卿等读书，见其行迹，至今以为美谈，心怀敬重。卿等不贵我官爵耶？不须论数世以前，止取今日官爵高下作等级。②

在这里，唐太宗强调了：第一，必须突出皇室的崇高地位，以歌颂其"平定四海，天下一家"的盛德；第二，"崇重今朝冠冕"，以肯定开国元臣们的"功效显著"；第三，重新评定山东士族的门第，以符合他们"世代衰微，全无冠盖"的现实状况。为此，他重新规定了总的修撰原则，即："不须论数世以前，止取今日官爵高下作等级"。

---

① 如《唐会要》卷三十六《氏族》："武德元年，高祖尝谓内史令窦威曰：'……比见关东人崔、卢为婚，犹自矜伐……'"（北京：中华书局，1955年，第663页）又如《资治通鉴》卷一百九十二《唐纪八》太宗贞观元年："上尝语及关中、山东人，意有同异。殿中侍御史义丰张行成跪奏曰：'天子以四海为家，不当有东西之异；恐示人以隘。'上善其言，厚赐之。"

② 刘昫等：《旧唐书》卷六十五《高士廉传》，北京：中华书局，1975年，第2443～2444页。

这个总原则，不仅是对以山东士族为代表的旧士族的沉重打击，而且也是对魏晋南北朝以来谱学传统的重大改变。按照这个总原则修订的《氏族志》，必将不是原来意义上的（即魏晋南北朝时期那样的）谱牒著作了，因为它看重的是现实而不是历史，它突出的是官爵高下而不是门第、郡望。

根据唐太宗的意见，高士廉等对《氏族志》初稿作了修改，以皇族为第一等，后族为第二等，"遂以崔干为第三等"①，全书"合二百九十三姓，千六百五十一家，分为九等"②。《氏族志》的修撰和颁行，从政治上和理论上确立了皇室和新贵的地位，有些非士族出身的新贵也由此进入士流；对于历来地位崇隆的山东士族，一方面限制和打击，另一方面也实行某些妥协，故使崔干居于皇族、后族之下列为三等，也还是二族之下、百族之上了；对于江南士族，虽自南朝以来已渐陵替，但经过"考其真伪"，也予以承认。总之，最高统治者通过修订《氏族志》，取得了抑制山东士族的胜利，提高了最高统治集团的威望，也做出了不妨碍大局的妥协，故《氏族志》颁行后，"升降去取，时称允当"，起到了在一定程度上调节地主阶级内部相互关系的作用。从谱学的发展、演变来看，像《氏族志》这样混士、庶于一书之中的谱牒，自然已不同于魏晋六朝旧有谱牒。这是谱学发展中的一个不可忽视的新的动向。

随着唐代科举制度的发展，越来越多的地主阶级知识分子由科举踏入仕途③，有些庶族地主并由此登上显位。因此，《氏族志》所规定的门第等级状况，也越来越不符合那些出身于庶族寒门的新贵们的意愿了。唐高宗永徽六年（655年），出身于商人地主家庭的武则

① 刘昫等：《旧唐书》卷六十五《高士廉传》，北京：中华书局，1975年，第2444页。
② 王溥：《唐会要》卷三十六《氏族》，北京：中华书局，1955年，第664页。
③ 有的研究者据徐松《登科记考》统计：在唐太宗统治的23年中，进士共205人；而在唐高宗和武则天统治的55年中，进士共有1000余人，平均每年录取人数较贞观时增加一倍以上。参见翦伯赞：《中国史纲要》第2册，北京：人民出版社，1965年，第166页。

天被立为皇后，参预朝政，与高宗并称"二圣"。武则天为了巩固自己的政治地位，打击那些在皇后废立问题上反对她的关陇贵族（多数是开国功臣），争取更多的庶族地主的支持，便积极主持了对《氏族志》的修改工作。

首先提出修改《氏族志》的是许敬宗和李义府。许敬宗认为《氏族志》"不载武后本望"，应当删正；李义府则出于"耻先世不见叙"，建议对《氏族志》进行修改。他们的主张得到了唐高宗、武则天的支持。这次修改《氏族志》的总的政治原则是："以仕唐官至五品者皆升士流"①。这个原则，比起唐太宗所制定的"崇重今朝冠冕""不须论数世以前，止取今日官爵高下作等级"这一原则来说，不仅明确得多、具体得多，而且范围也扩大得多了。这将使大批庶族地主涌入士流，也使许多由科举入仕的士族地主得以继续保持其门第。因此，我们可以认为：这个政治原则事实上已经打破了传统的士、庶界限，进一步促使了士庶合流。修改后的《氏族志》更名为《姓氏录》，于唐高宗显庆四年（659年）颁行，其具体情形如下：

> 合二百三十五姓，二千二百八十七家，帝自叙所以然。以四后姓、酅公、介公及三公、太子三师、开府仪同三司、尚书仆射为第一姓，文武二品及知政事三品为第二姓，各以品位高下叙之，凡九等，取身及昆弟子孙，余属不入，改为《姓氏录》。当时军功入五品者，皆升谱限，搢绅耻焉，目为"勋格"。②

由于《姓氏录》所排列的姓氏等级是"各以品位高下叙之"，故虽出身士族而品位低下者当然不得入谱，相反，虽出身庶族而位至五品者

---

① 欧阳修等：《新唐书》卷二百二十三上《奸臣传上·李义府传》，北京：中华书局，1975年，第6341页。

② 欧阳修等：《新唐书》卷九十五《高俭传》，北京：中华书局，1975年，第3842页。

则可升入谱限。可见，《姓氏录》所载"士流"，已非魏晋六朝之士族；在此基础上形成的唐代谱学，自然也有别于魏晋六朝之谱学。

如果说，《氏族志》是庶族与士族、新门与旧家相互斗争和相互妥协的产物的话，那么，《姓氏录》则是前者对后者的斗争取得进一步胜利的产物。从谱学的变化来看，《士族志》与《姓氏录》都是将当时官高者收入谱限，混士（魏晋以来旧家）庶（唐代新起豪门）于一书，反映了唐代士庶合流的客观趋势：如果把《氏族志》比作士庶合流的滥觞，则《姓氏录》就是士庶合流的巨澜了。

这里，有必要简略地讨论以下两个问题：

其一，有的论者认为，由于经过隋末农民革命战争的打击，在唐代，"士族地主作为一个特殊阶层，便退出了历史舞台"，"士族和庶族在经济上和政治上的差别已经基本消失，地主阶级中也就不存在这两个等级的区别了"①，因此，不应当用士庶斗争来解释唐代地主阶级内部斗争。笔者对于唐代经济史、政治史所知甚少，本文也不打算就此进行专门讨论。但是，通过谱学曲折反映出来的若干事实来看，在唐初，不仅士族没有"退出了历史舞台"，而且士、庶之间的矛盾还是很尖锐的。唐太宗修订《氏族志》，矛头对着魏晋六朝以来影响最大的士族门阀。如北魏太和年间（477—499 年）"定四海望族"，陇西李宝，太原王琼，荥阳郑温，范阳卢子迁、卢浑、卢辅，清河崔宗伯、崔元孙，前燕博陵崔懿，晋赵郡李楷等均为天下冠族；"其后矜尚门地，故《氏族志》一切降之"②。唐太宗认为，山东士族"世代衰微，全无冠盖"，重新评定他们的门第是理所当然的。他这样做的目的，当然是为了突出皇室的崇高地位，同时也是为了"崇重今朝冠冕"，以新贵（其中有些乃是庶族出身）代替旧家。许敬宗建议修改《氏族志》，是为了巴结非士族出身的武则天；李义府建议修改

---

① 参见何汝泉：《关于武则天的几个问题》，载《历史研究》1978 年第 8 期。
② 欧阳修等：《新唐书》卷九十五《高俭传》，北京：中华书局，1975 年，第 3842 页。

《氏族志》，则是为了使自己跻身士流。他们的出发点，格调不高，但却说明士、庶差别是存在的。《姓氏录》规定以仕唐品位高下叙其等级，把大批庶族地主"升入谱限"，目的就是为了从政治上打掉魏晋六朝旧家"矜尚门第"的威风，所以《姓氏录》才被旧士族谥为"勋格"。这不也证明士、庶区别是客观存在的吗？当然，唐代士族不同于魏晋六朝士族，但不能因此而否认唐代士族的存在。同样，唐初出现了士庶合流的趋势，但不能因此而否认士庶之间的差别，因为这种差别的缩小乃至消失，是一个历史发展过程。韩国磐《隋唐五代时的阶级分析》一文根据对于大量历史材料的分析，指出：

> 隋唐时的士族就是魏晋以来士族的继续，他们仍然享有很高的社会地位和政治特权，有着很大的经济势力。固然，在阶级斗争和统一局面下中央集权的发展，其势力已日趋衰落，其经济和政治特权已发生了若干变化，但不是士族这一等级已不存在了。唐末农民大起义，才基本结束了士族势力，直到宋代，才"不复以氏族为事"，这是我国中世纪等级关系的一大变化，不可忽略的。[①]

笔者认为，韩国磐对士族地主的历史发展过程的论断，是符合历史本来面貌的。

其二，有的论者也认为唐代存在着士族地主和庶族地主这两个阶层以及他们之间的矛盾、斗争，但是，在对于唐太宗修订《氏族志》和唐高宗、武则天修订《姓氏录》的评价上，却提出了不完全一致甚至完全不一致的见解。如，认为唐太宗修订《氏族志》，"对于提高现政权的威信，削弱门阀观念，显系具有进步意义的"；唐高宗、武

---

① 韩国磐：《隋唐五代史论集》，北京：生活·读书·新知三联书店，1979年，第23页。

则天修订《姓氏录》，"以五品人士流（包括军功者在内），不过扩大了士族的队伍，并没有打击或贬抑士族，有何进步可言？"①如前所述，唐太宗修订《氏族志》，是要"崇重今朝冠冕"，规定"不须论数世以前，止取今日官爵高下作等级"的原则，对于"削弱门阀观念"确实起了积极的作用。根据同样的道理，武则天修订《姓氏录》，是"各以品位高下叙之"，规定"以仕唐官至五品者皆升士流"的原则，对于"削弱门阀观念"当然起了更加积极的作用。一个十分明显的问题是：修订《氏族志》和修订《姓氏录》的总的政治原则是一致的，前者是后者的依据，后者是前者的发展，它们所起的作用，当然是在同一个历史发展方向上的作用。因此，不能认为《氏族志》"具有进步意义"，而《姓氏录》反倒"有何进步可言"了。至于说"扩大了士族的队伍"，那也是《氏族志》开其端，《姓氏录》继其后。再说，这种"扩大了"的"士族队伍"中，已包括了大批仕进的庶族地主在内，因而与魏晋六朝旧有士族有别。可见，这种"士族队伍"的出现，并不是历史的倒退，而是历史的前进。一言以蔽之，武则天修订《姓氏录》同唐太宗修订《氏族志》一样，都是应当给予肯定的。

现在，让我们再回到这一部分的本题上来。

唐玄宗开元二年(714年)，柳冲等撰成《姓族系录》，上距《氏族志》成书的贞观十二年(638年)已经将近80年，士、庶力量的消长又发生了一些变化，即所谓"门胄兴替不常"。但柳冲等人修订《姓族系录》的宗旨仍然是"叙唐朝之崇，修氏族之谱"，继承了《氏族志》和《姓氏录》的遗风。《姓族系录》是唐代最后一部重要的大型官修谱牒，是唐朝政权建立以来，地主阶级内部各种矛盾、斗争反映到谱学上的一个总结。此后，皇家也还陆续组织了一些谱学家撰写谱牒，但不论是在规模上还是在重要程度上，都已经大不如前了。这种现象，

---

① 熊德基：《论武则天》，长春：吉林人民出版社，1979年，第31、32页。

曲折地反映出唐代建立以来的近百年中，士、庶斗争日益缓和（不是矛盾消失了，而是被新的矛盾所代替），士、庶界限日渐缩小；唐代谱学（主要是官修谱牒）作为士、庶斗争的一个工具，已逐渐失去它的重要作用而不断走向衰落。有的学者认为：六朝以前，谱学在官，唐宋而下，谱在私家，唐代实谱学转变的关键时期之一①。我认为这个看法是对的。《姓族系录》便是这个"谱学转变的关键时期"的一个重要标志。

唐代宗时，谱学家柳芳论谱学源流以及谱学与政治的关系，认为："人无所守，则士族削；士族削，则国从而衰"；又说："隋氏官人，以吏道治天下，人之行，不本乡党，政烦于上，人乱于下……故亡"②；等等。显然，柳芳把国家衰落的原因归结为士族的衰落，认为隋亡于"以吏道治天下"，没有紧紧依靠士族云云，都是错误的。

唐代后期，由于士、庶界限十分模糊，官修谱牒不再受到重视，谱牒著述上亦出现严重的紊乱、不实等情况。唐宣宗大中六年（852年），宗正寺修图谱官李宏简奏称：

> 伏以德明皇帝之后，兴圣皇帝以来，宗祊有序，昭穆无差。近日修撰，率多紊乱，遂使冠履僭仪，元黄失位，数从之内，昭穆便乖。今请宗子自常参官并诸州府及县官等，各具始封建诸王、及五代祖、及见在子孙，录一家状，送图谱院，仍每房纳，于官取高，处昭穆取尊，即转送全本寺所司，磨勘属籍，稍获精详。③

宗正寺是专门掌管序录皇室诸王及诸宗室亲属远近的机构。现在，

---

① 韩国磐说。按：此系韩国磐教授于 1980 年 4 月 16 日写给笔者的信中的一段话。
② 欧阳修等：《新唐书》卷一百九十九《儒学中·柳冲传》，北京：中华书局，1975年，第 5679 页。
③ 王溥：《唐会要》卷三十六《氏族》，北京：中华书局，1955 年，第 666 页。

在这个机构任职的修图谱官李宏简都认为，皇家宗室图谱"冠履僭仪，元黄失位"，紊乱无稽。这就充分证明，唐代后期，官修谱牒已成强弩之末，走到了它的尽头了。

这里，还有一个问题是需要简略地加以说明的。旧说：唐代后期的牛李党争，是出身于"关东著名士族地主的后裔"的李德裕、郑覃为首的"李党"，同进士出身的"进士贵族"牛僧孺、李宗闵为首的"牛党"的斗争①。这样，牛李党争无疑便成了唐代前期士、庶斗争的继续，岂不是与上文所述唐代后期士、庶界限日渐缩小的论点相抵牾？其实，在9世纪上半叶唐代历史上延续了数十年之久的牛李党争，并不是什么士、庶斗争。众所周知，唐代后期的一个严重社会问题是藩镇割据。所谓牛李党争，即是唐代后期官僚集团在如何对待这一割据势力方面所形成的两种政见、两个派别的斗争。至于说"科场出身与非科场出身的互相排斥，不过是争夺（官位）时若干借口中的一个，事实上首领出身门荫的朋党也容纳进士，首领出身科场的各个朋党，互相间也同样仇视，并不因出身相同有所减轻"②。

现在，我们可以得出这样的结论：唐代的谱系之学（特别是官修谱牒）是政治斗争的工具，是为最高统治集团加强中央集权、调整地主阶级各阶层相互关系（主要通过提高庶族地主地位、限制士族地主势力发展以造成士、庶合流的新关系）服务的。唐代前期，由于士、庶矛盾、斗争比较尖锐，官修谱牒自然受到最高统治集团的重视，得到了相当程度的发展；唐代中、后期，随着士庶矛盾、斗争的缓和以及它终为新的矛盾、斗争所代替，这种官府谱学也就随之失去了它存在的必要性而衰落下去，此其一。其二，唐代的谱系之学既是魏晋六朝谱学的继续和发展，又不完全同于魏晋六朝的谱学，即继承了形式，改变了内容。郑樵云"姓氏之学最盛于唐"，只是看到

---

① 翦伯赞：《中国史纲要》第2册，北京：人民出版社，1965年，第209页。
② 范文澜：《中国通史》第3册，北京：人民出版社，1978年，第209～210页。

了唐代谱学发展中的表面现象，而未窥见谱系之学在唐代的这种形式上的"发展"，正是它开始自我否定的表现。如果用"官之选举，必由于簿状；家之婚姻，必由于谱系"这两条原则来检验"姓氏之学最盛于唐"的结论的话，人们不难看出：前一条原则在唐代已经越来越不管用了，而后一条原则在唐代却还起着相当的作用。这是唐代谱学不同于魏晋六朝谱学的又一个方面。至于这后一条原则在唐代究竟起着多大作用，这可以从唐代的社会风气中得到进一步的证明。

三、唐代谱学和唐代的社会风气

唐代的谱学，不独是当时政治生活的记录，而且也是当时社会风气的反映。

魏晋六朝谱学的突出特征之一是鲜明的门阀观念和森严的等级界限。刘宋谱学家王弘因"日对千客而不犯一人讳"[①]传为美谈。唐代谱学本脱胎于魏晋六朝谱学，因而这种鲜明的门阀观念和森严的等级界限当然也就得以继续传播。它们在官谱（如《氏族志》《姓氏录》）中虽一再遭到削弱，但在大量的私谱中却仍旧保持着相当的影响。

郭沫若指出："中国封建时代的地主阶级，一般都以氏族传统的'高贵'而自豪"[②]。这种炫耀家庭出身而与众不同的门阀观念，正是魏晋以来士族地主的意识形态的重要支柱之一。唐代地主阶级中的许多人承袭了这种庸俗的世风，竞相吹嘘，以其家世不凡而自鸣得意。与此密切相关的，便是十分讲究宦婚，即在婚姻关系上严格计较门第，鼓吹"门当户对"，否则就会遭到物议。

唐代地主阶级中的许多人，为了证明自己的身世"高贵"，也为

---

① 杜佑：《通典》卷三《食货典·乡党》，北京：中华书局，1988年，第61页。
② 郭沫若：《李白与杜甫》，北京：人民文学出版社，1971年，第220页。

了给宦婚提供依据，因而热衷于谱系之学。这是唐代私家谱学发展的重要原因。例如，凡大臣显官，均"各修其家法，务以门族相高"[①]；许多学者、史家，亦以谙于谱学为荣；有些非士族出身的官僚，则厚着脸皮与山东士族叙昭穆、拉关系，强行"合谱"；有的人甚至滥用职权，为所亲者"曲叙门阀"；凡此种种，证明谱牒之学与唐代的社会风气之间存在着密切的联系。

在夸耀身世方面，唐高祖李渊算得上是一个庸俗透顶的人物。唐皇朝刚刚建立，他十分得意地与内史令窦威作了这样一番谈话：

> 武德元年，高祖尝谓内史令窦威曰："昔周朝有八柱国之贵，吾与公家，咸登此职。今我已为天子，公为内史令，本同末异，无乃不可乎？"威曰："臣家昔在汉朝，再为外戚，至于后魏，三处外家。今陛下龙兴，复出皇后，臣又阶缘戚里，位忝凤池，自唯叨滥，晓夕兢惧！"高祖笑曰："比见关东人崔、卢为婚，犹自矜伐；公世为帝戚，不亦贵乎！"[②]

李渊对自己的家世引为无上的荣耀，而窦威也以与皇室屡次联婚，以至"再为外戚""三处外家"，用来吹嘘。像李渊这样公然夸耀自己出身的人，竟批评山东士族"崔、卢为婚，犹自矜伐"，岂不是绝妙的讽刺！

更有甚者，李渊居然认为，他的这个"高贵"的出身，使得他比起历史上其他一些皇帝来说，都显得更加非凡。武德三年（620年），李渊对尚书右仆射裴寂说："我李氏昔在陇西，富有龟玉，降及祖祢，姻娅帝王。及举义兵，四海云集，才涉数月，升为天子。至如前世

---

① 欧阳修等：《新唐书》卷七十一上《宰相世系表上》序，北京：中华书局，1975年，第2179页。

② 王溥：《唐会要》卷三十六《氏族》，北京：中华书局，1955年，第663页。

皇王，多起微贱，勤劳行阵，下不聊生。公复世胄名家，历职清要，岂若萧何、曹参，起自刀笔吏也？！唯我与公，千载之后，无愧前修矣①。显然，当李渊如此得意地夸耀其非凡的身世时，他早已把如火如荼的隋末农民大起义忘得一干二净了，不仅如此，就连他儿子李世民为建立唐皇朝而东征西讨的赫赫战功也都忘得一干二净了，剩下的只是他那"高贵"的出身！

这种传统的思想影响和庸俗的门阀气味，在唐代的一些士族出身的大臣中间，都不同程度地存在着。例如，武则天时的宰相王方庆，是东晋大姓王导之后。武则天曾向其询问有关王羲之墨迹。非常熟悉自己家谱的王方庆，便乘此机会向武则天炫耀了他的非凡身世②。反之，出身于庶族地主的官员们则没有此种优越感。他们中间，有的人为士族地主的"矜尚门阀"而愤愤不平。唐太宗时，马周"以布衣上书，太宗览之，未及卷终，三命召之。所陈世事，莫不施行"③。后马周任监察御史，关中士族韦挺"以周寒士，殊不礼之"；及马周官至中书令，便多方设法给以报复④。有的人则为自己出身于庶族寒门而感到羞耻，一旦有人问到他的出身，竟然丧魂失魄，"殆不能步，色如死灰"⑤。事实证明，在唐初，庶族寒门出身的官员在政治上存在着深刻的自卑感，他们同士族高门出身的官员的思想裂痕是很深的。有的论者不承认唐代有士、庶之分，那么此种现

① 王溥：《唐会要》卷三十六《氏族》，北京：中华书局，1955 年，第 663 页。
② 参见刘昫等：《旧唐书》卷八十九《王方庆传》，北京：中华书局，1975 年，第 2899 页。
③ 刘餗：《隋唐嘉话》卷中，北京：中华书局，1979 年，第 19 页。
④ 参见刘昫等：《旧唐书》卷七十七《韦挺传》，北京：中华书局，1975 年，第 2670 页。
⑤ 《资治通鉴》卷一百九十五《唐纪十一》太宗贞观十四年："上闻右庶子张玄素在东宫数谏争，擢为银青光禄大夫，行左庶子。……玄素少为刑部令史，上尝对朝臣问之曰：'卿在隋何官？'对曰：'县尉。'又问：'未为尉时何官？'对曰：'流外。'又问：'何曹？'玄素耻之，出阁殆不能步，色如死灰。谏议大夫褚遂良上疏，以为：'君能体其臣，乃能尽其力。玄素虽出身寒微，陛下重其才，擢至三品，翼赞皇储，岂可复对群臣穷其门户！弃宿夕之恩，成一朝之耻，使之郁结于怀，何以责其伏节死义乎！'上曰：'朕亦悔此问，卿疏深会我心。'"（北京：中华书局，1956 年，第 6275 页）

象又应作何解释呢?!

值得注意的是,即使是那些在某些方面具有进步思想倾向的大家,也都不能摆脱这种庸俗气味的影响。如著名大史学家刘知幾,曾经花费很大的气力考证自己的家世,撰写了《刘氏家史》15卷和《刘氏谱考》3卷,"推汉氏为陆终苗裔,非尧之后。彭城丛亭里诸刘,出自宣帝子楚孝王嚣曾孙司徒居巢侯刘恺之后,不承楚元王交。皆按据明白,正前代所误,虽为流俗所讥,学者服其该博"①。著名的现实主义大诗人杜甫,在诗文中也曾一再矜夸自己身世的不凡与高贵。他宣扬杜姓是陶唐氏尧皇帝的后人,又以东晋杜预为远祖而自豪。他在诗文中曾反复吟咏他作为陶唐氏后裔的光荣和骄傲②。可见这种门阀观念在当时地主阶级中具有多么广泛的影响!

《新唐书·宰相世系表》序云:"唐为国久,传世多,而诸臣亦各修其家法,务以门族相高。其材子贤孙不殒其世德,或父子相继居相位,或累数世而屡显,或终唐之世不绝。呜呼,其亦盛矣!"由此可以看出,所谓"诸臣亦各修其家法,务以门族相高",实为有唐一代的世风。尤其应当指出的是,在"唐宰相三百六十九人,凡九十八族"中③,士族出身的宰相有一百二十五人,其余多为庶族出身的宰相④。这说明不仅仅是士族地主热衷于"修其家法",就是出身于庶族寒门而登宰辅之位者,亦同样热衷于"修其家法"。这正是唐代私家谱牒能够得到发展的社会根源,也是唐代之所以成为由谱学在官向谱在私家转变的关键时期的历史原因之一。

谱系之学原与仕宦、婚姻有密切联系。由于唐代继承并且发展

① 刘昫等:《旧唐书》卷一百二《刘子玄传》,北京:中华书局,1975年,第3171页。

② 郭沫若:《李白与杜甫》,北京:人民文学出版社,1971年,第220~221页。

③ 欧阳修等:《新唐书》卷七十五下《宰相世系表五下》,北京:中华书局,1975年,第3465页。

④ 参见乌廷玉:《唐代士族地主和庶族地主的历史地位》,载《中国史研究》1980年第1期。

了隋代的科举制，九品官人法（九品中正制）早已废除，因此簿状、谱牒日益失去了作为仕宦依据的那种重要作用。唐高祖武德七年（624 年），曾下诏"依周、齐旧制，每州置大中正一人，掌知州内人物，品量望第，以本州门望高者领之，无品秩"①。然而这不是真的要恢复九品中正制，不过是给士族地主做个样子而已。因此，这不是现实本身，只是现实对于自身以往历史的回忆罢了。

但是在婚姻方面，唐代地主阶级仍然保持着较严格的门户界限。这一方面表现为某些士族地主虽然在政治上日益失意，但他们还力图维持在婚姻上的门当户对的传统，保住他们作为士族的"高贵血统"。另一方面又表现为某些庶族地主虽在政治上有所提高，但他们为着进　步巩固自己的地位，还必须利用社会上仍然存在着的士族的影响，不惜低声下气向士族攀亲，迎合整个社会崇尚门阀的风气。

关东士族"自魏太和中定望族，七姓子孙迭为婚姻，后虽益衰，犹相夸尚"②，约在一个半世纪中维持着这种门当户对的"高贵"的联姻。唐太宗决定修订《氏族志》，主要目的固然是为了从政治上削弱关东士族的势力和影响，突出皇室和功臣的地位；但是"山东士人尚阀阅，后衰落，子孙犹负世望，嫁娶必多取资，故人谓之卖昏（婚）"③的情形，也使唐太宗极为不满，认为此种做法"甚伤教义"④。因此，唐太宗一方面指示高士廉等撰《氏族志》，一方面杜绝皇室与山东士族联姻，故当时"王妃、主婚皆取当世勋贵名臣家，未尝尚山东旧族"⑤。这样做的目的无疑是抬高皇室和新贵，着意打击山东士

---

①　司马光：《资治通鉴》卷一百九十《唐纪六》，北京：中华书局，1956 年，第 6088 页。

②　欧阳修等：《新唐书》卷二百二十三上《奸臣上·李义府传》，北京：中华书局，1975 年，第 6341 页。

③　欧阳修等：《新唐书》卷九十五《高俭传》，北京：中华书局，1975 年，第 3841 页。

④　刘昫等：《旧唐书》卷六十五《高士廉传》，北京：中华书局，1975 年，第 2443 页。

⑤　欧阳修等：《新唐书》卷九十五《高俭传》，北京：中华书局，1975 年，第 3842 页。

族。这个政策，在唐代前期是没有改变的；直到唐代中后期，随着士、庶界限的日益缩小，它才不再具有原先那样的约束力了①。

皇室和新贵们在婚姻方面刻意抑制山东士族，主要是出于政治上的需要，并不是他们自己完全没有门阀等级观念。唐高宗开耀元年（681 年），薛尚尚武则天女儿太平公主。武则天听说薛尚之嫂萧氏、弟媳成氏出身"非贵族"，乃曰："我女岂可使与田舍女为妯娌邪！"甚至要迫使萧、成二氏与薛家离婚，后经他人解释，才未予以深究②。此外，尽管大部分新贵不与山东士族联姻，但也有少数显赫新贵还是攀附名门士族结为姻亲，以进一步提高自己的声望；山东士族虽然"矜尚阀阅"，但对于少数名声卓著的新贵，也是乐于巴结的，从而借以延缓他们的衰落。例如，房玄龄、魏徵、李勣等与山东士族为婚，后者因此得到扶持，"故望不减"③，足见此种婚姻，原是互相利用。有的人甚至认为，未能与山东五大姓崔、卢等联姻，乃是人生三大憾事之一④。至于唐高宗时的吏部尚书李敬玄与山东士族联姻，可以说是互相利用而联婚的典型。史载："敬玄久居选部，人多附之。前后三娶，皆山东士族，又与赵郡李氏合谱，故台省要职，多是其同族婚媾之家"⑤。又如，"新门"张说，"好求山东婚姻，当时皆恶之。及后与张氏为亲者，乃为甲门"⑥，也属于此类情形。如果我们忽略了这种相互利用的婚姻关系，就会误认为唐代

---

① 《新唐书》卷一百四十六《李栖筠传》附《李吉甫传》载：唐宪宗时，"十宅诸王既不出阁，诸女嫁不时，而选尚皆由中人，厚为财谢乃得遣。（李）吉甫奏：'自古尚主必慎择其人。江左悉取名士，独近世不然。'帝乃下诏皆封县主，令有司取门阀者配焉。"（北京：中华书局，1975 年，第 4742 页）

② 以上见司马光：《资治通鉴》卷二百二《唐纪十八》，北京：中华书局，1956 年，第 6517 页。

③ 欧阳修等：《新唐书》卷九十五《高俭传》，北京：中华书局，1975 年，第 3842 页。

④ 刘餗：《隋唐嘉话》卷中："薛中书元超谓所亲曰：'吾不才，富贵过分，然平生有三恨：始不以进士擢第，不得娶五姓女，不得修国史。'"（北京：中华书局，1979 年，第 28 页）又见《唐语林》卷四《企羡》。

⑤ 刘昫等：《旧唐书》卷八十一《李敬玄传》，北京：中华书局，1975 年，第 2755 页。

⑥ 李肇：《唐国史补》卷上，上海：上海古籍出版社，1979 年，第 21 页。

士庶之间在婚姻上的界限已经消失，认为当时已"彻底打破了'身分内婚制'。唐代的庶族只要有财有势，便可以与士族通婚"①。事实上，在唐代前期，这只是一种为数不多的现象。李敬玄终为唐高宗所贬斥，张说则为当时人们所"恶之"，证明那时的庶族并非"只要有财有势，便可以与士族通婚"。关于此，我们从以下的事实中，可以看得更加清楚。

李义府出身于庶族地主，但其门第观念极重。史书上说他："既贵之后，又自言本出赵郡，始与诸李叙昭穆，而无赖之徒苟合，藉其权势，拜伏为兄叔者甚众。给事中李崇德初亦与同谱叙昭穆，及义府出为普州刺史，遂即除削。义府闻而衔之，及重为宰相，乃令人诬构其罪，竟下狱自杀"②。这不只是士、庶之间利用谱学进行勾结、角逐的一幕丑剧，而且还生动地揭示了谱牒作为婚媾依据的虚伪。李义府为了攀附上族，曾多次为其子求婚于士族，均遭拒绝。于是他一怒之下，"乃奏陇西李等七家，不得相与为婚"③，作为他对于那些好自矜尚的士族地主的报复。这件事，一则说明身居相位的李义府门阀观念的浓厚，同时也说明士族地主也并非是只要有财有势便可与婚，他们是要有所选择的。这里，我们还要提到的一个人，即是与李义府同时的许敬宗。许敬宗掌修国史，"嫁女与左监门大将军钱九陇，本皇家隶人，敬宗贪财与婚，乃为九陇曲叙门阀，妄加功绩，并升与刘文静、长孙顺德同卷"④，因而遭到物议。许敬宗死后，袁思古历数其错误，其中之一便是"嫁少女于夷落"，名与实爽，请谥为"缪"。许敬宗出身于士族，他的所作所为受到非议，

① 参见乌廷玉：《唐代士族地主和庶族地主的历史地位》，载《中国史研究》1980 年第 1 期。

② 刘昫等：《旧唐书》卷八十二《李义府传》，北京：中华书局，1975 年，第 2768～2769 页。

③ 刘昫等：《旧唐书》卷八十二《李义府传》，北京：中华书局，1975 年，第 2769 页。

④ 刘昫等：《旧唐书》卷八十二《许敬宗传》，北京：中华书局，1975 年，第 2764 页。

反映了舆论的倾向仍在于崇尚门阀；而许敬宗因为贪财替钱九陇"曲叙门阀"，也正是这种崇尚门阀的社会风气的表现。这种情形，自然不能称为历史的漫画，而是漫画化的历史。

通过以上论述，我们可以归结出这样一些认识：在唐代，旧士族以婚姻相矜尚，拒绝与庶族地主联婚，是为了保持他们"高贵"的血缘传统，并以此证明他们过去曾经是非常高贵的，现在也还是十分特殊的；皇室不与山东士族联婚，是为了打击这个历来势力最大、目前虽已削弱但仍有相当影响的旧士族集团，从而突出最高统治者和皇室在政治统治、思想传统、社会影响等方面的绝对优越地位；少数新贵与旧家的联婚，前者是仰慕旧士族的传统声望，后者则企图借此来延缓自身衰落的趋势和进程；一些庶族地主不惜以重金作为聘礼，去"高攀"旧士族的千金小姐，是企图借此来提高自己的身份，而旧士族不顾背着"卖婚"的恶名，恰是为了证明庶族地主与他们的联婚该是何等的艰难和荣耀；等等。这就是以谱学作为某种理论上和历史上的根据而表现出来的唐代地主阶级的婚姻状况。不管我们今天看起来是怎样的庸俗不堪和不可理解，但这毕竟是唐代存在着的历史现象。恩格斯在剖析中世纪的剥削阶级的婚姻关系时指出："对于骑士或男爵，像对于王公一样，结婚是一种政治的行为，是一种借新的联姻来扩大自己势力的机会；起决定作用的是家世的利益，而决不是个人的意愿。"①唐代地主阶级在门阀观念指导下所实行的婚姻关系的本质，不正是如此吗！历时近 300 年的唐皇朝，是我国封建社会史上一个非常重要的朝代。这一时期产生了许多极其宝贵的物质文明和精神文明，至今还给人们以种种启示和鼓舞。我们要批判地加以总结和继承这一份珍贵遗产。然而，对于这种崇尚门阀的婚姻制度，以及由此而产生的种种庸俗的社会风气，除了

---

① 《马克思恩格斯选集》第四卷，北京：人民出版社，1995 年，第 76 页。

对其给予科学的说明之外，实在不值得作任何肯定并应彻底摒弃之！

唐代的谱系之学，作为政治斗争的工具，它曾经起到了抑制和打击旧士族的积极作用；反之，作为地主阶级各阶层（主要是士族地主阶层）在婚姻关系上的依据，它却发挥着那种崇尚门第的庸俗透顶的婚姻关系的护法神的作用。唐代谱学在不同的领域中产生了不同的影响和作用，怎样解释这一"矛盾的"现象呢？这是因为：唐代谱学作为政治斗争的工具，它只是承袭了魏晋六朝谱学的外壳（形式），而它的内核（本质）已经不是为突出士族地主的政治地位（"官之选举，必由于簿状"）服务了，而是为加强李唐皇朝的皇权和新贵的政治地位服务，并为大批庶族地主的青云直上，涌入"士流"提供依据。可是，在婚姻关系方面，唐代谱学作为讲究门户、崇尚阀阅的婚姻关系的根据，却依然保持着它历来所发挥的那种传统的作用（"家之婚姻，必由于谱系"），这正是魏晋六朝谱学的本质特征之一；所以它既是唐代地主阶级庸俗的社会风气的产物，同时又转而为这种庸俗的社会风气张目。

四、结语

唐代的谱系之学作为唐代史学的一个组成部分，给我们提供了阐明史学发展与历史发展密不可分的有力证据。即：唐代谱系之学的兴替，既反映了士族地主、庶族地主双方力量的消长，也反映了士族地主的门阀观念（一种典型的封建等级观念）的顽固性；如果离开了唐代的士、庶矛盾斗争，离开了门阀观念所赖以存在的封建等级制度和历史传统影响，也就无法去讨论、认识与说明唐代的谱系之学，此其一。其二，中国封建史学固然有其基本的、一般的发展规律；但它在每一个发展阶段上，却往往会显示出某些不同于其他阶段的特征。例如，谱系之学就是魏晋至隋唐这一时期封建史学的重要特征之一，而在此之前或在此之后，都不存在这样发展的、典型的谱系之学。声势浩大的唐末农民革命战争，使"衣冠荡析"，故宋人王明清云："唐朝崔、卢、李、郑，及城南韦、杜二家，蝉联珪组，世为显著，至本朝绝无闻人"①，反映出士族地主被彻底清除。郑樵认为：五代以前，"人尚谱系之学，家藏谱系之书。自五季以来，取士不问家世，婚姻不问阀阅，故其书散佚，而其学不传"②。他的这个结论，大抵是不错的。

---

① 王明清：《挥麈前录》卷二，上海：上海书店出版社，2009年，第15页。
② 郑樵：《通志二十略·氏族略·氏族序》，北京：中华书局，1995年，第1页。

下编

隋唐之际的《汉书》学[*]

人们都非常熟悉：在中国古代史学史上，马、班齐名，《史》《汉》同辉，赞誉者蜂起，仿效者不绝。其实，《史》《汉》的命运毕竟还是不完全一样的。例如。隋唐之际，《汉书》研究成为显学，而《史记》研究却大不如前者。

隋唐之际《汉书》学的兴盛，突出地表现在涌现了一批专治《汉书》的学者。

隋朝刘臻，"精于《两汉书》，时人称为汉圣"①。被称为"汉圣"，足见其研究《汉书》功力之深。当然，超过"汉圣"的人还是有的。学者杨汪曾经问《礼》于沈重，受《汉书》于刘臻。二人推许之曰："吾弗如也。"隋炀帝时，杨汪任国子祭酒。炀帝"令百僚就学，与汪讲论。天下通儒硕学多萃焉，论难蜂起，皆不能屈"②。由此亦可

———————————

* 原载《历史知识》1980 年第 5 期。

① 魏徵等：《隋书》卷七十六《文学·刘臻传》，北京：中华书局，1973 年，第 1731 页。

② 魏徵等：《隋书》卷五十六《杨汪传》，北京：中华书局，1973 年，第 1394 页。

证明杨汪学术之精深。炀帝时期有位光禄大夫于仲文,曾任"右翊卫大将军,参掌文选事",亦撰成《汉书刊繁》30卷。隋朝《汉书》学的泰斗,还应算上萧该和包恺。炀帝大业中,萧、包二人聚徒教授,著录者数千人,可谓盛况空前。史称:"于时《汉书》学者,以萧、包二人为宗匠。"[①]

关于萧该,据《隋书·萧该传》记,隋文帝时,他被"拜国子博士。奉诏书与(何)妥正定经史,然各执所见,递相是非,久而不能就,上遣而罢之。该后撰《汉书(音义)》及《文选音义》,咸为当时所贵"。萧该的《汉书音义》,看来也是属于发愤之作。关于包恺,是从王仲通受《史记》《汉书》。王仲通,《隋书》无传。《隋书·韩擒虎传》记:王仲通,朱崖人。其兄王万昌于隋文帝仁寿初"作乱",旋败;俄而"仲通复叛",亦被"讨平"。包恺的《汉书》学知识,主要来源于王仲通。萧、包教授《汉书》,弟子数千,门庭若市,堪称隋朝《汉书》学的魁首。

唐初,《汉书》学继续发展。唐高祖时,曾任廉州刺史与鄂州刺史的颜游秦撰《汉书决疑》一书,成为唐代《汉书》学的开山。颜游秦是著名学者颜师古的叔父,所撰《汉书决疑》12卷,为学者所称,后师古注《汉书》,亦多取其义。颜师古既受叔父启迪,乃继承家学,钻研《汉书》及前人研究《汉书》成果,终于成为唐初《汉书》学的一代宗师,且对后世《汉书》学的发展亦有深远影响。颜师古注《汉书》,是在唐太宗贞观十一年(637年),"时(太子)承乾在东宫,命师古注班固《汉书》,解释详明,深为学者所重。承乾表上之,太宗令编之秘阁,赐师古物二百段、良马一匹"[②]。颜师古的注《汉书》,用力至深,"时人谓杜征南(杜预)、颜秘书(颜师古)为左丘明、班孟坚忠

---

① 魏徵等:《隋书》卷七十五《儒林·包恺传》,北京:中华书局,1973年,第1716页。
② 刘昫等:《旧唐书》卷七十三《颜师古传》,北京:中华书局,1975年,第2595页。

臣"①，极为恰当。

唐太宗至唐高宗时期，唐初的《汉书》学发展到它的极盛时期。"是时《汉书》学大兴，其章章者若刘伯庄、秦景通兄弟、刘讷言，皆名家"。内中，秦景通与其弟秦景旸"俱有名，皆精《汉书》，号'大秦君''小秦君'。当时治《汉书》，非其授者，以为无法云"。而刘讷言则"以《汉书》授沛王"②。如此看来，当时的《汉书》学，不仅涌现了一些著名学者，而且已形成了若干学派。隋朝的萧、包，唐初的颜、秦，都可视为突出的学派。

隋唐之际《汉书》学的发展，在当时是有广泛的基础的。萧、包门人数千，颜家叔侄相承，秦氏兄弟齐名，皆致力于《汉书》学。这些，说明当时的知识分子中颇有一些人热衷此道。隋唐之际《汉书》学的兴盛，又是得到当时某些统治人物的重视和支持的。杨汪任国子祭酒，隋炀帝"令百僚就学，与汪讲论"。萧、包讲学，门生以千数，没有统治集团的支持也是不可能出现的。颜师古注《汉书》，更是当朝太子支持的；注成之后，又得到当朝皇帝唐太宗的赏识。敬播注《汉书》，则是在唐太宗的重要辅臣房玄龄的具体指示之下进行的③。如此等等，都反映了当时统治集团中的一些人物是十分重视《汉书》研究的。

那么，为什么当时的统治集团中的某些人物对《汉书》这样感兴趣？《汉书》学为什么会吸引那么多的人并成为显学，而《史记》却"传者甚微"？唐初的历史家们对于这个问题是作了回答的。他们认为：

---

① 欧阳修等：《新唐书》卷一百九十八《儒学上·颜师古传》，北京：中华书局，1975年，第5642页。

② 欧阳修等：《新唐书》卷一百九十八《儒学上·敬播传》，北京：中华书局，1975年，第5656～5657页。

③ 欧阳修等：《新唐书》卷一百九十八《儒学上·敬播传》记："玄龄患颜师古注《汉书》文繁，令撮其要为四十篇。"（北京：中华书局，1975年，第5656页）

（司马）谈卒，其子迁又为太史令，嗣成其志。上自黄帝，讫于炎汉，合十二本纪、十表、八书、三十世家、七十列传，谓之《史记》。迁卒以后，好事者亦颇著述，然多鄙浅，不足相继。至后汉扶风班彪，缀后传数十篇，并讥正前失。彪卒，明帝命其子固续成其志。以为唐、虞、三代，世有典籍，史迁所记，乃以汉氏继于百王之末，非其义也。故断自高祖，终于孝平、王莽之诛，为十二纪、八表、十志、六十九传，潜心积思，二十余年。①

《隋书》作者的这些议论，不是没有根据的。班固继承其父班彪《王命论》的"汉德承尧"的思想，认为"汉绍尧运"，批评司马迁是"私作本纪"，把刘氏皇朝的历史"编于百王之末，厕于秦、项之列"。可见，唐人是窥见班固的这一主旨的。

《汉书》作为纪传体断代史的始祖，它的产生是由一定的客观历史条件决定的，其中要点在于：它是统一的封建皇朝的需要和产物。但是，从著述的主观认识来看，也有其不可忽视的思想条件，即"以汉氏继于百王之末，非其义也"。从历史编纂学的角度来看，我们不可能去要求每一个朝代都按照《史记》那样去撰写通史，都一无例外地从黄帝写到当今。因此，随着统一的封建皇朝的建立，随着封建国家政治的巩固、经济的发展、文化的繁荣，等等，势必要求出现"包举一代"的纪传体断代史，于是《汉书》继《史记》之后应运而生。它的产生是合情合理的。但是，若因为司马迁以汉史"编于百王之末，厕于秦、项之列"，就似乎是小视了刘汉皇朝，所以必须"断自高祖"以体现"汉绍尧运"。这就未免太荒谬了！班固的这个主旨，正是迎合了封建皇帝"君权神授""唯我独尊"的政治需要。反之，若

①　魏徵等：《隋书》卷三十三《经籍志二·正史》大序，北京：中华书局，1973年，第956～957页。

是按照司马迁《史记》"通古今之变"的写法，岂非每一个新的皇朝的历史都得"编于百王之末"了。这是历代封建皇帝所不肯甘心的。正因为如此，魏晋以来，虽有"三史"（即《史记》《汉书》《汉纪》）之学，然则《汉书》逐渐显要，《史记》"传者甚微"，这是毫不足怪的。

隋唐之际，《史》《汉》的这两种不同的命运，即便在著名的史学评论家刘知幾的笔下，亦不例外。刘知幾批评司马迁《史记》为体不当，撰述烦琐，"可谓劳而无功，述者所宜深戒也"①。在他看来，《史记》是不足取的。可是刘知幾对于《汉书》的评论却完全是另一种口气，他写道：

> 如《汉书》者，究西都之首末，穷刘氏之废兴，包举一代，撰成一书。言皆精练，事甚该密，故学者寻讨，易为其功，自尔迄今，无改斯道。②

在某种意义上，这是刘知幾对隋唐之际《汉书》学之所以成为显学的一个理论上的总结。

今天，我们是把《史》《汉》并提，马、班同列的。作为著名的史书，它们都有自己的优点；作为古代史学大师，他们也都有本身的长处。但班固那种反对把本朝历史"编于百王之末"的历史学观点，是应当摒弃的。

---

① 刘知幾：《史通》卷一《六家》，浦起龙通释，上海：上海古籍出版社，1978 年，第 19 页。

② 刘知幾：《史通》卷一《六家》，浦起龙通释，上海：上海古籍出版社，1978 年，第 22 页。

《帝王略论》

——唐初史论的杰作[*]

　　　　　　　　　　　　唐初虞世南所撰的《帝王略论》一书，凡 5
卷，是中国史学史上较早的系统评论历代帝王的
专书。然此书自元代以后，传布渐稀，以致清代
学人于此书已不甚了然。所幸的是：敦煌文书中
尚存其残卷一卷有余；唐人赵蕤所撰《长短经》，
内中保存其部分佚文；而唐人马总所撰编年体通
史《通历》10 卷，则以《帝王略论》的有关评论分
系于所述帝王事迹之末，从而保存了它的更多的
佚文。1987 年，我曾考察马总《通历》，进而考
察《帝王略论》，认为后者确是唐初一部很有特
色、很有价值的历史评论著作，堪为唐初史论的
杰作之一。探索、诵读之间，既感其见解之独
到，亦叹其湮没之甚久。掩卷沉思，撰为此文，

　　* 原载《华北石油教育学院学刊》1987 年第 2～3 期合刊，收入本书时，吸收了 1987 年
第 3 期《书品》所载拙文《从〈唐文拾遗〉说到〈帝王略论〉》之部分内容，并有较大的修改。

供学术界同好和读者参考。

一、一个重要的问题

虞世南（558—638 年），字伯施，越州余姚（今属浙江）人。他在少年及青年时代，受业于著名学者顾野王，属文则祖述徐陵，又随智永学书，笃志勤学，深得师辈真传，且有创新，声名远播。仕隋，先后任秘书郎和起居舍人。唐初，李世民引为秦府参军。唐太宗时，任著作郎，兼弘义馆学士，最后官至秘书监。他跟唐太宗在政治上有很深的关系，他们个人之间的友情也很重。史载：

> 太宗重其博识，每机务之隙，引之谈论，共观经史。世南虽容貌懦懦，若不胜衣，而志性抗烈，每论及古先帝王为政得失，必存规讽，多所补益。太宗尝谓侍臣曰："朕因暇日与虞世南商略古今，有一言之失，未尝不怅恨，其恳诚若此，朕用嘉焉。群臣若皆世南，天下何忧不理。"①

前人曾经指出，唐太宗时，诤谏之臣非魏徵一人，这话是对的。别人且不说，虞世南就是一个。

值得注意的是，唐太宗跟虞世南经常讨论的是一个很重要的问题，即评论"古先帝王为政得失"，也就是唐太宗说的"商略古今"。唐太宗不愧是古代的英明君主，作为政治家，他对于历史，尤其是有关古今得失成败的经验教训，是非常重视的。这一点，吴兢《贞观政要》一书记载得尤为详尽。从虞世南来说，也有值得注意的地方：李世民即位时，虞世南已经六十八九岁了，但他对于政治的

---

① 刘昫等：《旧唐书》卷七十二《虞世南传》，北京：中华书局，1975 年，第 2566 页。

关心，却没有减退。他一方面同唐太宗"商略古今"；另一方面又面对现实的政治，对山陵制度提出合理的建议，对山崩、地震、大水、彗星出现等自然现象都给予有利于启发唐太宗改进政治的解释，对于唐太宗的"好猎"也进行谏阻，等等。他这样做，越发赢得了唐太宗对他的亲近和尊重。唐太宗称赞虞世南有"五绝"：一是德行，二是忠直，三是博学，四是文辞，五是书翰。唐太宗把"德行""忠直"放在"五绝"的第一二位，说明他重才但更重德，同时也说明他是知人之君。

贞观十二年（638年），虞世南去世，终年81岁。唐太宗十分悲痛，"哭之甚恸"。他亲自给他的儿子魏王李泰写了一篇敕书，说："虞世南于我，犹一体也。拾遗补阙，无日暂忘，实当代名臣，人伦准的。吾有小失，必犯颜而谏之。今其云亡，石渠、东观之中，无复人矣，痛惜岂可言耶？"①真情实感，溢于言表，而"当代名臣，人伦准的"这样的评价，自然不是可以妄加的。虞世南死后不久，唐太宗写了一首诗，"追述往古兴亡之道"，但想到世南已经辞世，便不胜感慨地说："朕之此诗，将何以示？"这再一次表明，唐太宗与虞世南的君臣之谊，是建立在一个共同的旨趣之基础上的，这就是：评论"先古帝王为政得失"，"追述往古兴亡之道"。唐太宗最终让人将此诗在虞世南灵前焚去，以告慰这位已经故去的知音；同时命人图其形于凌烟阁，以为永久的纪念。

还在虞世南担任秦王记室参军的时候，他就被列为"十八学士"之列。褚亮撰的《十八学士赞》称誉虞世南"笃行扬声，雕文绝世；网罗百世，并包六艺"②。可见他的德行、学问，备受时人称颂，非只太宗一人。然而，太宗把虞世南跟他"商略古今"看得如此之重，当无第二人可比。这正是《帝王略论》的旨趣所在。

---

① 刘昫等：《旧唐书》卷七十二《虞世南传》，北京：中华书局，1975年，第2570页。
② 董诰等：《全唐文》卷一百四十七，北京：中华书局，1983年，第1486页。

二、残卷之谜和佚文巧合

《帝王略论》敦煌本残卷是研究此书之面貌的基本依据，《长短经》和《通历》所存此书之佚文多为残卷所无，亦为研究此书提供了重要依据。故本文拟对《帝王略论》的残卷和佚文作比较具体的说明，并以此作为进一步研究的起点。

(一)残卷之谜

据《新唐书·艺文志》著录，虞世南的撰述有：他与裴矩合撰的《大唐书仪》10 卷，《帝王略论》5 卷，《北堂书钞》173 卷，《虞世南集》30 卷①。《大唐书仪》，已佚。文集，多已散失，《全唐诗》和《全唐文》编辑了他的极少量的佚诗、佚文②。《北堂书钞》，今存 160 卷，有明万历陈禹谟刻本。

《帝王略论》，宋人得见此书，似无疑义。晁公武记马总《通历》云：

> 纂太古十七氏、中古五帝、三王、及删取秦、汉、三国、晋、十六国、宋、齐、梁、陈、元魏、北齐、后周、隋世纪兴灭，粗述其君贤否，取虞世南《略论》分系于末，以见义焉。③

若非亲眼见到《帝王略论》，或以《通历》与《帝王略论》对读，则不可能有如此明确的说法。《宋史·艺文志·杂家类》尚有著录，元初或

---

① 分别见欧阳修等：《新唐书·艺文志》之仪注类、杂家类、类书类、别集类，北京：中华书局，1975 年，第 1491、1563、1597 页。

② 见彭定求等编：《全唐诗》卷三十六，北京：中华书局，1960 年，第 470～476 页、董诰等编：《全唐文》卷一百三十八，北京：中华书局，1983 年，第 1396～1407 页。

③ 晁公武：《郡斋读书志》卷五上，史部编年类，上海：上海古籍出版社，1990 年，第 202 页。

许还有流传。及至清嘉庆年间，阮元与其门人撰《通历》(原作《通纪》)"提要"时，人们已经见不到《帝王略论》了①。道光十三年(1833年)，徐松抄录《通历》后所撰的题记，则明确指出《帝王略论》"久已散佚"②。这个事实说明，在明清两代(至少在清代)学人的案头上虽无此书，但人们对于它的湮没却是感到惋惜的。

直到20世纪30年代，王重民先生游学欧洲，在巴黎国立图书馆发现被伯希和盗劫去的敦煌本《帝王论》残卷，才证明此书原先在国内并未完全散失，并为近人研究此书的真正面貌提供了宝贵的依据。王重民先生为了揭开《帝王论》残卷之谜，即证明它乃是虞世南《帝王略论》的一部分，于1935年5月至1936年4月，先后撰写了4篇题记，足见他对于这个问题的重视和在治学上锲而不舍的精神。在这4篇题记中，王先生首先以《新唐书·艺文志·杂家类》和藤原佐世《见在书目》杂史家为据，指出：敦煌古书伯2636号《帝王论》残卷，疑即虞世南之《帝王略论》的一部分。进而以东洋文库购得镰仓时代写本虞世南《帝王略论》残卷(存1、2、4卷)，与《帝王论》残卷相印证，证明"与此正是一书"。又进而以《郡斋读书志》《困学纪闻》皆云《通历》一书保存了虞世南《帝王略论》的说法，并参照《唐文拾遗》卷十三纂辑"《通历》所引《要略》(按：原文为《论略》，当是《略论》之误)三十八事"和"《长短经》所引九事"，指出：《帝王论》残卷之"所存者适在《通历》缺卷中，亦巧合矣"。最后，则以《太平御览》卷一百二十九所载虞世南《公子先生论》一条与《唐文拾遗》辑本相校，结论是："正在马总所引卷内，因确知即《帝王略论》也"③。上述论证，令人折服，伯2636号《帝王论》残卷即虞世南《帝王略论》传抄本之残

---

① 阮元：《揅经室外集》卷五，丛书集成初编本，北京：中华书局，1985年，第209～210页。

② 见马总：《通历》卷首，湖南叶氏梦篆楼1915年排印本。

③ 以上均见王重民：《敦煌古籍叙录》卷二史部"帝王略论"条，北京：中华书局，1979年，第94～97页。以下引此，不另注。

卷无疑，这一论证的学术价值之一，是对唐初史学而尤其是对唐初历史评论的研究，有重要的意义。然而事隔50余年，这一论证的价值并未引起治中国史学史者的重视。我开始研究《帝王略论》，是因研究《通历》而受到启发的，亦未曾注意到王重民先生的那些论证；虽然在对《帝王略论》一书的看法上得到了与王先生大致相同的结论，但忽略了其残卷的存在，则是明显的疏失。学海无涯，可不慎软！

近来，我查阅了《敦煌宝藏》①第123册中所载伯2636号《帝王论》残卷的影印件，颇觉对《帝王略论》的认识有了新的进展。这里，我首先对王重民先生在50多年前为揭开残卷之谜所撰的题记作两点补证。

第一，王先生为证明残卷《帝王论》即唐初虞世南的《帝王略论》，举出了一系列证据。我认为，这些证据都是可以成立的。但是，有一条最直接的、也是最早的证据却没有被引证，即刘知幾关于《帝王略论》的评论。其文见《史通》卷十六《杂说上》：

> 夫推命而论兴灭，委运而忘褒贬，以之垂诫，不其惑乎？自兹以后，作者著述，往往而然。如鱼豢《魏略议》、虞世南《帝王论》，或叙辽东公孙之败，……或述江左陈氏之亡（原注：虞世南《帝王略论》曰：永定元年，有会稽人史溥为扬州从事，梦人著朱衣武冠，自天而下，手执金版，有文字。溥看之，有文曰："陈氏五主，三十四年。"谅知冥数，不独人事。）其理并以命而言，可谓与子长同病者也。②

刘知幾是在批评司马迁以"推命"而论成败的做法，进而兼及《魏略

---

① 黄永武：《敦煌宝藏》，台北：新文丰出版股份有限公司，1986年，第63～67页。
② 刘知幾：《史通》卷十六《杂说上》，浦起龙通释，上海：上海古籍出版社，1978年，第463页。

议》和《帝王论》的。值得注意的是：（1）刘知幾存正文中称"虞世南《帝王论》"，而在注文中则称"虞世南《帝王略论》"，可见《帝王论》即是《帝王略论》。（2）查《史通》原注所引《帝王略论》论陈氏之亡的一段话，与《通历》卷七所引《帝王略论》之"先生曰"，意思完全相同，只是文字略有删节。可见《通历》所引之"公子曰""先生曰"确出自《帝王略论》无疑。

第二，王先生据陆心源《唐文拾遗》卷十三所辑唐人赵蕤《长短经》所引《帝王略论》9事，乃做出如下推断："《长短经》所引九事，始于西汉文、景，迄于东汉之末，当在原书卷二、卷三中，赵蕤殆亦未见全书耶？"王先生当时游学海外，寻书不便，乃作此种推断，是可以理解的。今查赵蕤《长短经》卷2《君德》篇①，其正文征引《帝王略论》20首，注文征引1首，共21首。上起西汉文、景，下迄隋朝文帝，其间并不着意于连贯征引，而视其需要采择之。陆心源《唐文拾遗》卷十三所以只辑录其9首者，皆《通历》所缺也；以下均与《通历》重复，故不取。其意当如此，并非赵蕤未见全书。值得注意的是，从揭示《帝王论》残卷之谜来说，《长短经》也提供了有力的佐证。其征引《帝王略论》（即"或曰""虞南曰"。按：因避唐太宗李世民讳，故略去"世"字）有3首论与残卷重合，即论西汉之文、景，武帝，宣帝，二者相校，亦可证残卷确为虞世南《帝王略论》无疑。

王先生已经辞世，不然当持此以求教正。

（二）佚文巧合

《帝王略论》现存佚文，除《史通·杂说上》所引"先生曰"1首、王重民先生引证的《太平御览》卷一百二十九所引"公子先生论"1首外，主要有：（1）敦煌本《帝王略论》残卷；（2）赵蕤《长短经》所引"或曰""虞南曰"；（3）马总《通历》所引"公子曰""先生曰"；（4）王重民先生

---

① 赵蕤：《长短经》，见顾修：《读画斋丛书》己集，书名题为《儒门经济长短录》，上海：上海古籍出版社，1992年。

提到的日本东洋文库所得镰仓时代写本《帝王略论》残卷(存1、2、4卷)。其中,《史通》《御览》所引2首均见于《通历》,而日本镰仓时代写本残卷今日则又未可得见,故目下考察《帝王略论》现存佚文,无疑当以敦煌本残卷、《长短经》和《通历》为主要依据。

敦煌本残卷存部分序文、第1卷目录及全部正文、第2卷目录及大约1/2卷正文。这使我们大致上能够认识全书的结构、特点和规模。残卷正文由事略和评论两部分构成,事略书"略曰",评论则书"公子曰""先生曰",采用问答形式。全书略按历代帝王所处时代先后编次,而在有的朝代起始处还特别标出其朝代名称,如"殷略""周略""秦略"等。正文中还有少许简要的自注,如卷一于黄帝后注曰"右三皇",于舜后注曰"右五帝",于夏桀后注曰"论在殷纣章",等等。卷一有事略("略曰")26章、评论("公子曰""先生曰")12首,卷二存事略9章、评论6首,合计事略35章、评论18首。事略之文最长者如述汉高祖刘邦,凡27行,约700字;最短者如述颛顼、帝喾、周平王,均不足2行,只三四十字。评论桀、纣二主之文最长,凡13行;评论周平王之文最短,仅3行。可见,不论是"略"还是"论",文字多少不拘,显示出撰述上的灵活性。《帝王略论》一书的结构大致如此。它在体例上的特点,一是有"略"、有"论",故称《略论》;一是"论"以问答形式表述,增强了本书的生动性和启发性。本书的规模,以敦煌本残卷结合《长短经》与《通历》所存之论考之,当是:第1卷,三皇至秦末;第2卷,两汉;第3卷,三国、两晋;第4卷,南朝;第5卷,北朝。

王重民先生当年曾兴奋地写道:残卷所存者,适在《通历》缺卷中,"亦巧合矣"。诚然,这种"巧合"对于我们认识《帝王略论》一书的全貌,特别是有关评论部分的全貌,至关重要。那么,这种巧合究竟"巧"在何处?我想作一简要说明,并对王先生的说法提出一点补充。上文讲到,残卷存评论18首,所论上起夏禹,下迄汉宣帝。

马总《通历》10卷，前3卷早佚，今存后7卷；后7卷中征引《帝王略论》的评论34首①，所论上起晋宣帝，下迄隋文帝。残本与《通历》共存评论52首，且毫无重复，可互相补充，此一"巧合"也。此外，赵蕤《长短经》征引《帝王略论》的评论21首，所论上起西汉文、景，下迄隋朝文帝。其前3首（即论西汉文、景，武帝，宣帝）与残卷相重，其后12首（即论晋宣帝以下直至隋文帝）皆《通历》所有；而中间6首（即论西汉元帝，王莽，东汉光武帝，汉祖、光武之臣，东汉桓、灵二帝，魏、蜀、吴三国君主）恰为汉宣以下、晋宣以上，弥补了残卷与《通历》所存评论的一大"缺口"，此又一"巧合"也。以上三书合计，共存《帝王略论》之"论"73首，若重复者不计，仍可得58首。其中，三皇至秦12首，两汉11首，三国两晋9首，南朝11首，北朝至隋15首②。我认为，《帝王略论》之"论"的部分，于此庶几可还其本来面目。

三、在史学上的价值

本文第一部分指出："商略古今"是《帝王略论》的旨趣所在。这一点，在敦煌本残卷所保存的部分序文中可以得到进一步的证明。残序为序文的后半部分，9行，上端已残缺，每行缺2～4字不等，然其意大致可以看出。第一，序文中有"将为子说治乱之迹，贤愚二

---

① 陆心源：《唐文拾遗》卷13辑为39首，然其中有5首（即论南朝宋武帝、梁武帝、陈后主、北魏孝文帝、北周武帝等）提行不妥，应予以合并，实为34首。

② 这58首论所评论的人物是：夏禹、太康、成汤、伊尹与傅说、桀与纣、周文王、武王、周公、宣王、幽王与厉王、平王、秦始皇、汉高祖、文帝与景帝、武帝、昭帝、昌邑王、宣帝（以上见敦煌本残卷）、元帝、王莽、光武帝、汉祖与光武之臣、桓帝与灵帝、三国君主（以上见《长短经》）、晋宣帝、景文帝、武帝、惠帝、元帝、明帝、孝武帝、桓玄、宋高祖、文帝、孝武帝与明帝、齐高帝与武帝、明帝、宋齐废主、梁武帝、元帝、陈高帝、文帝与宣帝、后主、魏道武帝、太祖与太武、献文帝、孝文帝、孝明帝、孝庄帝、齐神武帝、文宣帝、武成帝、后主、宇文泰、宇文护、周武帝、宣帝、隋文帝（均见《通历》）。以上，除十六国外，对各朝君主均有所评论。

贯"，这应是本书主旨。第二，三皇五帝，"非凡庸所敢轻议，但略陈其事，存而不论"；三代以下，"世有治乱，兴亡之运，可得而言"，故择其明者可为轨（规）范、昏者可为鉴戒"试论之"。这是说明三代以上只"略陈其事"，有"略"无"论"；三代以下则有"略"有"论"。第三，"至于守文承平、无咎无誉"，非规范、鉴戒所由者，"亦所不谈也"。这是进一步说明了本书对记述与评论之对象的取舍及其缘由。要之，本书并非泛泛而论"古今"，而是要在确有可"商略"处做文章。王重民先生据《玉海》卷六十二引《中兴书目》语及《新唐书·虞世南传》，判定虞世南撰《帝王略论》"盖在秦府时"，我以为是可以成立的。序文"将为子说"云云，以及论中所谓"公子曰""先生曰"，从口气上看，亦可证此书撰于李世民即位之前。当时，唐朝建立不久，天下未定，书中谈论的内容，确是当时的形势和李世民本人所迫切需要的。

尽管《帝王略论》是一部记帝王之事略、论帝王之贤愚的著作，但其价值显然不在于"略"而在于"论"。从我对《帝王略论》残卷及佚文所做的初步考察来看，我认为它在评论历代君主方面或由此而涉及的对其他历史问题的评论方面，不论在见解上还是在方法上，都有深入研究的价值。

1. 提出了关于"人君之量"的见解。如《通历》记东晋末年桓玄所建"伪楚"及其为刘裕所败的史实后，引《帝王略论》说：

公子曰：桓玄聪敏有夙智，英才远略，亦一代之异人，而遂至灭亡，运祚不终，何也？

先生曰：夫人君之量，必器度宏远，虚己应物，覆载同于天地，信誓合于寒暄，然后万姓乐推而不厌也。彼桓玄者，盖有浮狡之小智，而无含弘之大德，值晋室衰乱，威不迫下，故能肆其爪牙，一时篡夺，安国治人无闻焉。尔以侥幸之才，逢神武之运，至于夷灭，固其宜也。①

这里说的"人君之量"，不只是君主的个人品德问题，它还包含着君主在政治上的远见卓识，以及由这样的远见卓识为指导而制定的种种措施和这些措施所产生的积极的社会效果。只有具备这种器度的君主，才能使"万姓推而不厌也"。虞世南认为，像桓玄这样的"浮狡小智""侥幸之才"，是不能成就大事业的，而遭到毁灭则是理所当然的。

"人君之量"是一个很高的道德标准和政治标准。在虞世南看来，不独桓玄这样的人与此无涉，历史上有一些看来还说得过去的君主也不曾达到这样的标准。如他论北周武帝宇文邕，是这样说的：

> 公子曰：夫以周武之雄才武艺，身先士卒，若天假之年，尽其兵算，必能平一宇内，为一代之明主乎？
>
> 先生曰：周武骁勇果毅，有出人之才略。观其卑躬厉士，法令严明，虽句践、穰苴亦无以过也。但攻取之规有称于海内，而仁惠之德无闻于天下，此猛将之奇才，非人君之度量。②

"人君之度量"不同于种种"奇才"的地方，在于前者应建立在很高的道德素养和政治素养之上，因而能产生影响于社会的"仁惠之德"。在封建社会里，君主具有至高无上的权力。虞世南提出"人君之度量"的看法，尽管带着很重的理想主义的色彩，但他在主观上是希望人君能对自己提出更高的要求。这一点，还是有积极意义的。

---

① 见马总：《通历》卷四所引，湖南叶氏梦簦楼 1915 年排印本。参见周征松《通历》点校本，太原：山西人民出版社，1992 年，第 19～20 页。

② 见马总：《通历》卷十所引，湖南叶氏梦簦楼 1915 年排印本。参见周征松《通历》点校本，太原：山西人民出版社，1992 年，第 110 页。

同"人君之量"的见解相关联的，虞世南还评论了"人君之才"与"人君之德"。《帝王略论》在评论汉元帝的时候，讲到了关于"人君之才"的问题——

> 或曰：汉元帝才艺温雅，其守文之良主乎？
> 虞南曰：夫人君之才在乎文德武功而已。文则经天纬地、词令典策，武则禁暴戢兵、安人和众，此南面之宏图也。至于鼓瑟吹箫、和声度曲，斯乃伶官之职，岂天子之所务乎！[①]

人的才华是多种多样的，对于不同身份的人来说，亦要求与之相适应的才华。作为一个君主，其才能应反映在"经天纬地""禁暴戢兵"方面，否则将与身份不相吻合。这是提出了怎样看待"人君之才"的标准。在讲到"人君之德"时，虞世南极力称赞刘备，说："刘公待刘璋以宾礼，委诸葛而不疑，人君之德于斯为美。"[②]他把尚礼和诚信看作是"人君之德"的两个重要方面，这无疑是从儒家传统观念着眼的，但这两条对于当时的李世民和后来的贞观之治，特别对于维系唐太宗统治集团的稳定，或许不无关系。

2. 大胆肯定一些君主的历史作用。虞世南对历史上一些君主的评价，往往反映出他的卓越的史识。他对魏孝文帝和宋高祖的评价，就是很典型的例证。下面是关于宋高祖刘裕之评价问题的问答：

> 公子曰：宋高祖诛灭桓玄，再兴晋室，方于前代，孰可比伦？

---

① 见赵蕤：《长短经》卷二《君德》篇所引，读画斋丛书本。按：赵蕤在征引时，将"公子曰"改为"或曰"，"先生曰"改为"虞世南曰"，因避唐太宗李世民讳，故不书"世"。下同。

② 见赵蕤：《长短经》卷二《君德》篇所引，读画斋丛书本。

先生曰：梁代裴子野，时以为有良史之才，比宋祖于魏武、晋宣。观彼二君，恐非其类。

公子曰：魏武一代英伟，晋宣频立大功，得比二人，以为多矣。季孟之间，何为非类？

先生曰：魏武，曹腾之孙，累叶荣显，濯缨汉室三十余年，及董卓之乱，乃与山东俱起，诛灭元凶，曾非己力。晋宣历任卿相，位极台鼎，握天下之图，居既安之势，奉明诏而诛逆节，建瓴为譬，未足喻也。宋祖以匹夫挺剑，首创大业，旬月之间，重安晋鼎，居半州之地，驱一郡之卒：斩谯纵于庸蜀，擒姚泓于崤函，克慕容超于青州，枭卢循于岭外，戎旗所指，无往不捷。观其豁达宏远，则汉高之风；制胜胸襟，则光武之匹，惜其祚短，志未可量也。[1]

在魏晋南北朝隋唐时期门阀风气很盛的政治氛围中，虞世南这样赞扬"匹夫"出身的宋高祖，不仅要有见识，而且也要有勇气。值得注意的是，在虞世南的时代看历史，西汉开国之君刘邦和东汉中兴之主刘秀，恐怕是最受人尊崇的两位君主了；他把刘裕跟他们相比拟，可以看出他对东晋灭亡的毫不惋惜和对刘宋建立的充分肯定之情。他似乎认识到，晋宋更迭是一个不可遏止的趋势。而他对魏孝文帝的评价是从另一个方面予以强调的：

公子曰：魏之孝文，可方何主？

先生曰：夫非常之人，固有非常之功。若彼孝文，非常之人也。

公子曰：何谓非常之人？

---

① 见马总：《通历》卷六所引，湖南叶氏梦篆楼 1915 年排印本。参见周征松《通历》点校本，太原：山西人民出版社，1992 年，第 51 页。

先生曰：后魏代居朔野，声教之所不及，且其习夫土俗，遵彼要荒。孝文卓尔不群，迁都瀍涧，解辫发而袭冕旒，袪毡裘而被龙衮，衣冠号令，华夏同风。自非命代之才，岂能至此！①

这是从民族关系上，特别是从"声教"（这大概是今天人们所说的许多个"文化"概念中的一个）方面高度评价了魏孝文帝的汉化措施，并把魏孝文帝称为"非常之人""命代之才"。在当时的历史条件下，作者能够对民族关系有这样的见解，能够对所谓"异族"统治者作这么高的评价，不能不说是一种卓识。

3. 着意于成败得失的总结。《帝王略论》从多方面评论历代君主的贤愚、明昏，根本的一条，是着意于对历代政治统治成败、得失的分析和总结。虞世南论秦始皇和秦朝的历史，既注重于政策的当否，又涉及有关人的才能的高下，包揽的面是很宽的——

公子曰：秦始皇起秦陇之地，蚕食列国，遂灭二周而迁九鼎，并吞天下，平一宇内，其规摹功业亦已大矣。何为一身几殒，至子而亡乎？

先生曰：彼始皇者，弃仁义而用威力，此可以吞并而不可以守成，贻训子孙，贪暴而已。胡亥才不如秦政，赵高智不及李斯，以暗主而御奸臣，遵始皇贪暴之迹，三载而亡，已为晚矣！②

这里着重批评了秦始皇一味任用"威力"的政策，殊不知在"守成"时亦需要以仁义相辅；而这种政策作为贻训，又影响到秦二世的统治。

---

① 见马总：《通历》卷八所引，湖南叶氏梦篆楼 1915 年排印本。参见周征松《通历》点校本，太原：山西人民出版社，1992 年，第 87 页。
② 敦煌本《帝王略论》残卷（伯 2636 号）卷一。

联想到贞观初年，唐太宗与群臣讨论"教化"问题，魏徵力主教化，而封德彝则提出"秦任法律，汉杂霸道"的先例，以致引起一场争论①；以及唐太宗与群臣探讨"草创与守成孰难"的问题，引起热烈的争论②，可以看出虞世南的上述评论并不是毫无意义的。他评论的是历史，但却包含着对于未来的某种预见。

在总结历代皇朝成败得失的时候，虞世南还能够指出那些获得巨大成功的君主的失误处，绝不因其功业之大而讳言其短。他论汉高祖刘邦是这样说的——

> 公子曰：汉高拨乱反正，为一代英主，可谓尽善者乎？
>
> 先生曰：汉祖起自卑微，提三尺剑以取天下，实有英雄之度量焉！故班氏《王命论》云……加之以信诚好谋，达于礼爱，见善如不及，用人如由己，从谏如顺流，趋时如响赴，此其所以得天下也。然知吕后之耶（邪）辟而不能正，爱赵王如意而不能全，身没之后，几亡社稷。若无刘章、周勃，吕氏几代汉矣。此之为过，甚于日月之食，岂尽善之谓乎！③

作者充分肯定了刘邦在政治上的谋略和成功，但也批评了他在对待吕后的"邪辟"上的迁就和无力，以致弄到"几亡社稷"的地步，这是重大的过失，怎么能说他是尽善尽美的人呢！可见在作者看来，所谓明者可为规范，昏者可为鉴戒，二者也不是截然分开的。这里面包含着作者在评论历代帝王时的朴素辩证观点。

4. 重人事而斥天命。中国古代史学家在论述历史事件或评价历史人物时，常常摆脱不了"天命"的束缚，这种束缚的程度，自然因

---

① 参见范祖禹：《唐鉴》卷二，上海：上海古籍出版社，1981年，第39页。

② 吴兢：《贞观政要》卷一《君道》，上海：上海古籍出版社，1978年，第3页。

③ 敦煌本《帝王略论》残卷（伯2636号）卷二。

人而异。不过，也确有少数史学家是不大相信"天命"的，甚至对"天命"进行指斥。从总的倾向来看，《帝王略论》是属于后一种情形。它关于宋文帝的评价，是涉及对于"天命"的态度的：

> 公子曰：宋文宽仁之君，享国长久，弑逆之祸，为何所由？善而无报，岂非命也？
>
> 先生曰：夫立人之道，曰仁与义。仁有爱育之功，义有断制之用，宽猛相济，然后为善。文帝沉吟于废立之际，沦溺于嬖宠之间，当断不断，自贻其祸，孽由己作，岂命也哉！①

这一段话表明，宋文帝的"弑逆之祸"，并不是不可避免的，恰恰相反，这正是他自己的种种失误所酿造出来的。"沉吟于废立之际，沦溺于嬖宠之间"，这在历代封建君主中是带有普遍性的现象，也是许多次政治动乱，甚至引起朝代更迭的重要原因之一。作者此论，对宋文帝来说固然不错，对后世的封建君主也有警诫的意义。

在讲到南朝宋齐二代"废主"之多的问题时，作者把自己关于天命同人事的看法说得更明确了——

> 公子曰：宋、齐二代，废主有五，并骄淫狂暴，前后非一，或身被杀戮，或倾覆宗社，岂厥性顽凶，自贻非命，将天之所弃，用亡大业者哉？
>
> 先生曰：夫木之性直，匠者柔以为轮；金之性刚，工人理以成器。岂天性哉，盖人事也。惟上智与下愚特禀异气，中庸之才皆由训习。自宋、齐以来，东宫师傅，备员而已，贵贱礼

---

① 见马总：《通历》卷六所引，湖南叶氏梦篆楼 1915 年排印本。参见周征松《通历》点校本，太原：山西人民出版社，1992 年，第 54 页。

乐，规献无由；且多以位升，罕由德进。善乎哉?!①

这里，不仅强调了"人事"的作用，而且把人事也讲得很具体，很切实，即教育的作用。《帝王略论》着重于论，但它在这里，也从史实上概括了宋、齐二代"废主"之多的原因。这对最高的封建统治集团来说，无疑也是一条重要的历史教训。当然，作者对待"天命"，也不是彻底否定的；有时，他还相信"冥数"的存在②，这是他的局限所在。

5. 儒、佛、道融合汇聚的文化意识。虞世南在《帝王略论》中，还涉及对一些历史现象的评论，从佚文来看，其中关于论儒、佛、道相互关系的看法，反映了作者的儒、佛、道融合汇聚的文化意识，具有突出的时代意义。关于儒与释的关系，他是这样讲的：

> 公子曰：梁武帝夷凶翦暴，克成帝业，南面君临五十余载，盖有文武之道焉。至于留心释典，桑门比行，以万乘之君为匹夫之善，薰莸不验，危亡已及，岂其道非邪，何福谦之无效也？
>
> 先生曰：夫释教者，盖出世之津梁，绝尘之轨躅，运于方寸之内，超于有无之表，尘累既尽，攀缘已息，然后入于解脱之门。至于凡俗之法，则有布施、持戒、忍辱、精进、禅定、智慧，是为六波罗密，与夫仁、义、礼、智、信，亦何殊焉?!③

这里提出的一个看法，是把佛教的"六波罗密"与儒家宣扬的"五常"

---

① 见马总：《通历》卷六所引，湖南叶氏梦篆楼 1915 年排印本。参见周征松《通历》点校本，太原：山西人民出版社，1992 年，第 62 页。

② 见马总：《通历》卷七之末"先生曰"，湖南叶氏梦篆楼 1915 年排印本。参见周征松《通历》点校本，太原：山西人民出版社，1992 年，第 79 页。

③ 见马总：《通历》卷七所引，湖南叶氏梦篆楼 1915 年排印本。参见周征松《通历》点校本，太原：山西人民出版社，1992 年，第 67 页。

联系起来，认为它们之间本没有什么区别。这种文化意识，一方面固然是东汉以来佛教广泛传播的结果；另一方面也表明儒家思想在吸收、融化外来思想方面的能力，反映了一定的文化背景和时代特色。虞世南不认为君主笃信佛教是可以非议的，但他强调人君修道应当"以弘济为怀，仁恕为体"，否则，"区区一介之善，亦何取焉"？这跟上文所引的"人君之度量"的说法是一致的。

在讲到释、道二教的社会作用时，虞世南把它们跟"王化""舆俗"的关系说得更清楚了：

> 公子曰：其（按：指周武帝）毁灭二教，是耶非耶？
>
> 先生曰：非也。
>
> 公子曰：请闻其说。
>
> 先生曰：释氏之法，则有空而无滞，人我兼忘，超出生死，归于寂灭，象外之谈也。老子之义，则谷神不死，玄牝常存，长生久视，腾龙驾鹤，区冲之教也。至于止恶尚仁，胜残去杀，并有益于王化，无乖于舆俗。今以众僧犯律，道士违经，便谓其教可弃，其言可绝，奚异责梼杌而废尧，怨有穷而黜禹，见瓠子之泛滥远塞河源，睹昆岳之方阳遽投金燧？曾不知润下之德为利已远，变腥之用其功甚博。井蛙观海，局于所见轮回长夜之迷、自贻沉溺之苦。疑误学者，良可痛焉！[1]

从这一段议论中，可以看出虞世南对于释、道二教在精神统治方面所起的作用是了解得十分透彻的，即所谓"有益于王化，无乖于舆俗"。因为它们所起的作用很大，所以不应以"众僧犯律，道士违经"为由而毁灭它们；那些毁灭释、道的人，就跟井底之蛙一样，眼光

---

① 见马总：《通历》卷十所引，湖南叶氏梦篆楼 1915 年排印本。参见周征松《通历》点校本，太原：山西人民出版社，1992 年，第 110 页。

狭小，是很可悲的。如果不是从文化的角度而是从政治的角度来看，虞世南简直是在进行说教了。但他毕竟是一个文人，是一个学者。他是从儒、释、道各自所宣扬的最高境界来判断它们之间的关系的，所以他对它们在现实中所产生的冲突就采取了斥责的态度。从史学的角度来看，这样的文化意识，表明佛学已经深深地渗透到史学中来了。虞世南的上述看法，对于了解整个唐代史学跟佛学的关系是很重要的。

《帝王略论》残卷和佚文还涉及对其他不少历史人物的评价，这里就不一一详述了。

从封建社会的政治统治和最高统治者的"为君之道"来看，或者从当时的时代特点来看，《帝王略论》所讨论的问题是很重要的；在一些具体论点上，或发前人之所未发，或具有鲜明的历史启发作用。这些，对于研究历史和研究史学的人，都有一定的参考价值。在这个问题上，我对王重民先生的看法未敢苟同。王先生说："是书文辞肤浅，诚为初学而作；然若以此疑非出于虞氏手，虞氏固有《兔园册》，颇行于时矣。"依我的浅见，此书文辞固不深奥，但它讨论的问题却重在"治乱之迹，贤愚二贯"，使人认识到明者可为规范，昏者可为鉴戒。因此，似不便把通俗说成"肤浅"；也不能把讨论皇朝成败、人君贤愚这样重要的问题视为"为初学而作"。至于说"虞氏固有《兔园册》，颇行于时矣"，以《兔园册》作为旁证来证明《帝王略论》的"肤浅"，也是有问题的。《兔园册》是否为虞世南所作，王国维早已提出怀疑，认为"世南入唐，太宗引为记室，即与房元龄对掌文翰，未必令撰此等书"[①]。王氏所疑，是有根据的。另据《困学纪闻》所云，《兔园册府》乃"唐蒋王恽令僚佐杜嗣先仿《应科目策》，自设问

---

① 《唐写本〈兔园册府〉残卷跋》，见王国维：《观堂集林》卷二十一。此文亦收入王重民：《敦煌古籍叙录》，北京：中华书局，1979 年，第 205 页。

对，引经史为训注"。李恽为太宗第七子，贞观十年（636 年）封蒋王①，时虞世南为秘书监，且已 79 岁高龄，绝无为是书之理。王国维考证此书写成当在蒋王为安州都督任上，亦可证此书与虞氏毫无关系。《兔园册府》后来成为一部流传很广的通俗读物②，故有人嫁名于虞氏，那就是另一回事了。

此外，我以为《帝王略论》在史学上的价值还表现在以下两个方面。第一，它是中国史学史上较早的历史评论著作。中国史学中的历史评论，有长久的传统和多种多样的形式。从《左传》的"君子曰"到《史记》的"太史公曰"，这是一种很突出的历史评论形式。而司马迁的于叙事中寓论断的方法，则是历史评论发展的一种高级形式。同时，先秦时期以来的史学家、思想家、政治家也有不少历史评论的专篇。但作为历史评论的专书，在唐代以前却不多见，而作为贯穿古今的历史评论专书则寥若晨星。《帝王略论》很可能是我们今天所知道、所见到的这方面的最早著作。第二，以问答的形式撰写历史评论，这是《帝王略论》的一个创造。中国古代典籍，很早就有较多采用问对形式进行表述的，如《论语》，如《孟子》。在一些较早的史书中，也有在一些篇章里把问对写得十分精彩的，如《左传》《国语》《战国策》，如"前四史"等。但运用问答的形式撰写一部完整的历史评论著作，《帝王略论》实属首创。如前所述，它的每一首史论都由"公子曰""先生曰"这样一问一答构成，有的多至三问三答。这种形式有两个好处：一是容易把问题提得明确，便于理解；二是生动活泼，以利流传。盛唐时期赵蕤撰《长短经》和中唐时期马总撰《通历》，部分或全部采用《帝王略论》中的评

① 刘昫等：《旧唐书》卷七十六《太宗诸子传》，北京：中华书局，1975 年，第 2660 页。

② 孙光宪：《北梦琐言》卷十九"诙谐所累"条："北中村墅多以《兔园册》教童蒙。"（北京：中华书局，2002 年，第 350 页）欧阳修：《新五代史》卷五十五《刘岳传》："《兔子园册》者，乡校俚儒教田夫牧子之所诵也。"（北京：中华书局，1974 年，第 632 页）

论，绝非偶然。《帝王略论》在历史比较方法上有广泛的运用，我已另有专文评论，此不赘述。所有这些，对我们今天的史学工作还是有一定的启发的。

要之，《帝王略论》不独是唐初史论的杰作，就是在整个唐代史论中，在中国历史评论发展史上，也占有不可忽视的地位。

说《帝王略论》的历史比较方法[*]

　　唐初史学家研究历史、评论史事和人物是很善于运用历史比较的方法的。《隋书》史论以秦、隋二代历史相比的论点，对当时和后世都产生了很大的影响。《梁书》《陈书》《北齐书》《周书》的总论，是就一个皇朝内部的历史进行比较；《南史》《北史》各朝本纪后论，一般也采用这种比较的方法。本文讨论的《帝王略论》的历史比较方法，虽然比上述各书都早，但就作者的运用来看，已显示出这方面的自觉意识；而在历史比较的形式上，也比上述各书来得丰富，因而可以视为这一时期历史比较方法之运用上的代表作品之一。

　　《帝王略论》5 卷，唐初虞世南（558—638 年）撰。元代以后，流传渐稀。今仅存敦煌本残卷

＊　原载《史学月刊》1987 年第 3 期，收入本书时略有修改。

（伯 2636 号）卷一及卷二前半部分①。所幸的是，唐玄宗时赵蕤撰《长短经》(亦称《长短要求》）10 卷，于卷二《君德》篇征引《帝王略论》之"论"21 首②。又，唐德宗至唐穆宗时人马总（？—823 年）撰《通历》10 卷，以《帝王略论》的有关评论分系于所述历代帝王事迹之后，因而也保存了后者许多佚文。《通历》长期以抄本传世，至清初以前佚前 3 卷，今存后 7 卷。除有极少抄本尚存，还有 1915 年湖南叶氏梦篆楼排印本 200 部行世，因数量太少，且距今已 70 余年，故亦世所罕见。以叶氏排印本为据，《通历》卷四至十，引《帝王略论》"公子曰""先生曰"凡 34 首。陆心源《唐文拾遗》卷十三所辑《帝王略论》(按：陆氏误作《论略》）佚文即取自赵、马二书③。本文所论，乃据残卷及《长短经》《通历》所引《帝王略论》之文。

一、以同一君主的前期和后期相比

虞世南认为，有些君主在"平一天下"的前后，往往会发生一些变化，甚至有很大的变化。这种变化，或因思想情趣的转移，或因其受到自身的才能与智力所限，呈现出不同的情形。下面是《帝王略论》关于晋武帝的一段议论：

> 公子曰：武帝克平江表，混一宇内，可谓晋之明主乎？
> 先生曰：武帝平一天下，非曰不然；至于创业垂统，其道则阙矣。夫帝王者，必立德立功，可大可久，经之以仁义，纬

---

① 参见黄永武：《敦煌宝藏》第 123 册，台北：新文丰出版股份有限公司，1986 年，第 63～67 页。

② 参见赵蕤：《长短经》，今有读画斋丛书本。赵蕤，两《唐书》无传，孙光宪《北梦琐言》卷五、《新唐书》卷五十八《艺文志·杂家类》有简要介绍。

③ 《唐文拾遗》卷十三辑《帝王略论》佚文，出自《长短经》者凡 9 首，其第 7 首首书"缺"者，乃出于《长短经》卷二《君德》篇注文；此 9 首，为《通历》卷四至十所无。出自《通历》者凡 39 首，实应合并为 34 首。

之以文武，深根固蒂，贻厥子孙；一言一行，以为轨（规）范，垂之万代为不可易。武帝平吴之后，怠于政事，蔽惑邪佞，留心内宠；用冯纨之谗言，拒和峤之正谏。智士永叹，有识寒心。以此国风，传之庸子，遂使坟土未干，四海鼎沸，衣冠殄灭，县宇星分，何曾之言，于是信矣。其去"明主"不亦远乎！①

这一段话，指出了"平一天下"与"创业垂统"是不完全相同的两回事，打天下的人未必能守天下。这一点，唐初的政治家和史学家是有清醒的认识的，唐太宗就跟群臣讨论过"帝王之业，草创与守成孰难"的问题②。虞世南也是从这个角度来评论晋武帝的，指出他的"创业垂统，其道则阙"，因而他"平吴之后，怠于政事"，终于把"国风"弄到"智士永叹，有识寒心"的地步，在他死后不久西晋就灭亡了。这跟"明主"相比，实在差得太远了。

作者认为，在这方面，隋文帝与晋武帝是有某些相似之处的，但其表现形式也不尽相同。他评论隋文帝说：

公子曰：隋文起自布衣，据有神器，西定庸蜀，南平江表，比于晋武，可为俦乎？

先生曰：隋文因外戚之重，值周室之弱，负图作宰，遂膺宝器。留心政理，务从恩泽，故能绥抚新旧，纬宁遐迩，文武之制，皆有可观。及克定江淮，同一书轨，率土黎庶，企仰太平；自金陵绝灭，王心奢汰，虽威加四海，而情坠万机，荆璧填于内府，吴姬满于椒掖。仁寿雕饰，事埒陈宫，万姓力殚，中人产竭。加以猜忌心起，巫蛊事兴，戮爱子之妃，离上相之

① 见马总：《通历》卷四所引，湖南叶氏梦篆楼 1915 年排印本。参见周征松《通历》点校本，太原：山西人民出版社，1992 年，第 7～8 页。
② 参见吴兢：《贞观政要》卷一《君道》，上海：上海古籍出版社，1978 年，第 3 页。

母，纲纪已紊，礼教斯亡；牝鸡晨响，皇支剿绝；废黜不辜，树立非所；功臣良佐，剪灭无遗。季年之失，多于晋武，卜世不永，岂不宜乎。①

这里，作者首先指出隋文帝并非是从一般"布衣"而登上皇帝宝座的，他是以外戚身份夺得统治权的。但是，隋文帝跟晋武帝有一点是十分相似的，即"自金陵绝灭，王心奢汰"，一面聚集财富，一面走向奢侈，以至"万姓力殚，中人产竭"，政治上的紊乱跟前期相比形成鲜明的对照。然而他跟晋武帝相比，终究也还有不同的地方，这就是"季年之失，多于晋武"，比后者还要更加荒唐。值得注意的是，隋文帝以隋代周时，虞世南已是二十三四岁的青年人了，他在仕途上亲身经历了隋的统一、强盛和灭亡，他对隋文帝的评价实际上是当代人评论当代人，其感受自然分外真切。在对隋文帝的总的评价上，唐初史家的看法是一致的。出于魏徵手笔的《隋书》史论说隋文帝"无宽仁之度，有刻薄之资，暨乎暮年，此风逾扇"，说隋朝的灭亡"迹其衰怠之源，稽其乱亡之兆，起自高祖，成于炀帝，所由来远矣，非一朝一夕"②。这与《帝王略论》的看法大致是相同的，由此也可以进一步认识到唐太宗君臣为什么那样重视关于"创业"和"守成"的讨论了。

二、以同一朝代的不同君主相比

这种历史比较的方法包含作正反两个方面的比较：从正面相比，是比"功业"和"功德"；从反面相比，是比其"残忍"的表现。《帝王

---

① 见马总：《通历》卷十所引，湖南叶氏梦篆楼 1915 年排印本。参见周征松《通历》点校本，太原：山西人民出版社，1992 年，第 114～115 页。
② 魏徵等：《隋书》卷二《高祖纪下》后论，北京：中华书局，1973 年，第 55～56 页。

略论》论东晋孝武帝与明帝相比，是这么说的：

> 公子曰：中兴之政，咸归大臣，惟孝武为君，威福自己，外摧强寇，人安吏肃，比于明帝，功业何如？
>
> 先生曰：孝武克夷外难，乃谢安之力也，非人主之功。至于委任会稽，栋梁已挠，殷王作镇，乱阶斯起，昌明之谶，乃验于兹。加以末年沈晏，卒至倾覆。比踪前哲，其何远乎！①

在虞世南看来，臣下之功与"人主之功"是不应混淆的，这种严肃的分析问题的态度和方法是很难得的。加上才能的平庸和"末年沈晏"，怎么能够以晋孝武帝与晋明帝相比呢？

作者对于不大为人们所注意的陈文帝、陈宣帝，也是从"功德"方面进行比较和评价的：

> 公子曰：陈文、宣二帝，功德云何？
>
> 先生曰：梁季板荡，江东凋残，编户齐人，百不遗一。武帝经纶草创，而享祚不永，方隅犹阻，代敌未夷。文皇聪明睿智，纂承洪绪，群贤毕力，宇内克清；爵赏无偏，刑罚不滥；政事明察，莫敢隐情。国史以为承平之风，斯言得之矣。宣帝度量弘广，推心待忩，可谓宽仁之主焉。②

作者称赞陈文帝的"功德"，是着眼于他的武功、文治，而肯定陈宣帝的"功德"则强调他的"度量弘广"。这里虽然没有明确道出孰优孰劣，但还是比较了他们不同的特点。此外，作者对司马师、司马昭

---

① 见马总：《通历》卷四所引，湖南叶氏梦篆楼 1915 年排印本。参见周征松《通历》点校本，太原：山西人民出版社，1992 年，第 18 页。

② 见马总：《通历》卷七所引，湖南叶氏梦篆楼 1915 年排印本。参见周征松《通历》点校本，太原：山西人民出版社，1992 年，第 77 页。

兄弟"递居宰相，二人功德，孰为先后"，也作了比较①。

当然，从正面比较，有时也并不是较其"功德"高下，而是比其异同。关于周文王与周武王的比较则属此种类型。作者写道：

> 公子曰：文王盛三分之业，屈道以事殷；武王率八百之师，称兵而灭纣。岂德有优劣？物运穷通，何其二圣殊途如斯之远？若牖里为是，则牧野为非；谓剪商为工，则事殷为屈。愿闻笃论，以释所疑。
>
> 先生曰：夫四时平分冬夏，有暄寒之辨；五常递运水火，有刚柔之殊。至于利物成务，其道同矣。文王夷明，晦迹藏用，所以显仁；武王果毅，发扬龚行，所以静乱。然则济世庇民，其揆一也，奚必修文为是而□武为非乎！期于至公而已矣。②

这是从周文王、周武王对待殷商的态度的区别提出问题，认为在"屈道以事殷"和"称兵而灭纣"二者之间，必有是非、工屈之分。文武历来被看作是圣人，这里也是称他们为"二圣"，但能这样提出疑问，在当时还是很难得的。作者从自然现象和文、武二人的个性和才能来回答这个问题，虽然没有把道理讲清楚；但他认为文、武之道对于"济世庇民"来说都是必要的，这大致还是符合殷、周之际的历史的。这都是从正面相比较。

从反面相比，作者评价宋孝武帝和宋明帝具有很典型的意义。他写道：

> 公子曰：（宋）孝武、明帝二人孰贤？

---

① 见马总：《通历》卷四所引，湖南叶氏梦篆楼 1915 年排印本。按：周征松《通历》点校本无此引文。

② 敦煌本《帝王略论》残卷（伯 2636 号）卷一。

先生曰：二帝残忍之性，异体同心，诛戮贤良，断翦支叶，内无平、勃之相，外阙晋、郑之亲。以斯大宝，委之昏稚，故使齐氏乘衅宰制天下，未周岁稔，遂移龟玉；缄縢虽固，适为大盗之资。百虑同失，可为长叹！鼎祚倾渝，非不幸也。[1]

像这样的君主，当然谈不上谁比谁贤的问题。以"诛戮贤良"为能事，以"断翦支叶"为快慰，这样的统治怎么能维持下去呢?!"鼎祚倾渝"，实在是咎由自取，谈不上是他们的不幸。这些评论，字里行间，包含着作者的一腔正义之情。

以上这些历史比较，都是就一个皇朝之内，以前后不同的君主来相比的，这同以一个君主的前期和后期的思想、行为相比的方法，视野当然要宽阔多了。然而，如果进而以不同皇朝的君主相比，那就需要作者有更加广阔的视野。这一点，《帝王略论》的作者也是做到了的。

三、以不同时期的朝代的君主相比

《帝王略论》中关于这种历史比较的方法，有更多地运用，比较的内容也显得更加丰富，比较的层次也有所提高，因而越发显示出作者历史知识的渊博和历史见解的卓越。这种见解往往不同于或超出于前辈史家的看法，因而又极具历史评论的个性。作者根据班固说的"周云成康，汉言文景，美矣"的论点[2]，发表了这样一番评论：

公子曰：班固云："周云成康，汉称文景。"斯言当乎？

---

[1] 见马总：《通历》卷六所引，湖南叶氏梦篆楼 1915 年排印本。参见周征松《通历》点校本，太原：山西人民出版社，1992 年，第 57 页。
[2] 班固：《汉书》卷五《景帝纪》赞，北京：中华书局，1962 年，第 153 页。

先生曰：成康承文武遗迹，以周、召为相，化笃厚之氓，因积仁德，疾风偃草，未足为喻。至如汉祖开基，日不暇给，亡嬴之弊，犹有存者，凿颠抽胁，尚行于世。太宗体兹仁恕，式遵玄默，涤秦项之酷烈，反轩昊之淳风，几致刑厝，斯为难矣。若使不溺新垣之说，无取邓通之梦，懔懔乎庶几近于王道。景帝之拟周康，则尚有惭德。[1]

在这一段历史比较当中，作者对汉文帝的评价是极有见地的。在他看来，汉文帝在整顿汉初的政治、经济和社会风气方面，都有重大的贡献。联想到他对汉高祖的评价也不过是"虽未阶王道，霸德之盛者也"[2]，就更可以看出所谓"懔懔乎庶几近于王道"这话的分量了。文帝胜过成康，景帝则不如，这就是作者的结论。

此外，关于宋高祖可以同前朝哪个君主相比的问题，作者的分析也十分精彩：

公子曰：宋高祖诛灭桓玄，再兴晋室，方于前代，孰可比伦？

先生曰：梁代裴子野，时以为有良史之才，比宋祖于魏武、晋宣。观彼二君，恐非其类。

公子曰：魏武一代英伟，晋宣频立大功，得比二人，以为多矣，季孟之间，何为非类？

先生曰：魏武，曹腾之孙，累叶荣显，濯缨汉室，三十余年；及董卓之乱，乃与山东俱起，诛灭元凶，曾非己力。晋宣历任卿相，位极台鼎，握天下之图，居既安之势，奉明诏而诛逆节，建瓴为譬，未足喻也。宋祖以匹夫挺剑，首创大业，旬

---

① 敦煌本《帝王略论》残卷（伯 2636 号）卷二。
② 敦煌本《帝王略论》残卷（伯 2636 号）卷二。

月之间，重安晋鼎，居半州之地，驱一郡之卒，斩谯纵于庸蜀，擒姚泓于崤函，克慕容超于青州，枭卢循于岭外，戎旗所指，无往不捷；观其豁达宏远，则汉高之风；制胜胸襟，则光武之匹。惜其短祚，志未可量也。①

虞世南不赞成前代史家裴子野的历史比较，并陈述了这方面的根据。接着，他提出自己的看法，从出身、创业、度量、谋略几方面考察，认为刘裕有"汉高之风""光武之匹"。在门阀观念很盛的历史环境里，作者能提出这样的看法，确乎难得。这一方面是作者的见识所致，另一方面也得力于他的比较的方法。

从下面的一段评论中，我们可以看到，作者在进行这种历史比较的时候，很注意掌握分寸，是不轻许于人的。他论陈高祖说：

公子曰：陈高祖起自草莱，兴创帝业，近代以来，可方何主？

先生曰：武帝（按：即陈高祖）以奇才远略，怀匡复之志，龙跃海隅，豹变岭表，扫重氛于绛阙，复帝座于紫微；西抗周师，北夷齐寇，宏谟长算，动无遗策，盖开业之令主，拨乱之雄才：比宋祖则不及，方齐高为优矣。②

这个地方是把比较的范围限制在"近代以来"，但也还是涉及宋、齐、陈三朝。作者肯定陈高祖是"开业之令主，拨乱之雄才"，虽比齐高帝"为优"，但却"不及"宋高祖。一种历史比较中存在的分寸感，在这里表现得很明显。值得注意的是，作者的这种分寸感往往是跟考

---

① 见马总：《通历》卷六所引，湖南叶氏梦篆楼 1915 年排印本。参见周征松《通历》点校本，太原：山西人民出版社，1992 年，第 51 页。

② 见马总：《通历》卷七所引，湖南叶氏梦篆楼 1915 年排印本。参见周征松《通历》点校本，太原：山西人民出版社，1992 年，第 75 页。

虑历史的进程结合在一起的。这一点，在他对北魏孝文帝的评价中体现得格外清楚——

> 公子曰：魏之孝文，可方何主？
>
> 先生曰：夫非常之人固有非常之功，若彼孝文，非常之人也。
>
> 公子曰：何谓"非常之人"？
>
> 先生曰：后魏代居朔野，声教之所不及，且其习夫土俗，遵彼要荒。孝文卓尔不群，迁都瀍涧，解辫发而袭冕旒，袪毡裘而被龙衮，衣冠号令，华夏同风。自非命代之才，岂能至此。比夫武灵（按：指赵武灵王），不亦优乎！①

这是从民族关系上，特别是从"声教"方面高度评价了孝文帝的汉化措施，并把他称为"非常之人"和"命代之才"。在当时的历史条件下，作者能够对民族关系有这样积极的见解，对所谓"异族"统治者作这么高的评价，同他着眼于从历史进程上考察问题，比较历史人物的方法是相关联的。文中没有专讲赵武灵王的事功，但从行文的口气来看，作者对赵武灵王也是极推崇的。上文已经讲过的作者论隋文帝"季年之失，多于晋武"，这也体现着历史比较中的分寸感；不过不是从他们对历史发展的贡献而是从他们对历史发展的阻滞来说的。

在这一类的历史比较中，作者一方面是注意到从历史进程来评价君主，另一方面他也注意到从他们在某个重大政治举措中的得失来评价他们。他论北齐武成帝传位一事与北魏献文帝传位一事是这样说的：

> 公子曰：武成传位可与魏文献（按：当作献文，此误）俦否？

---

① 见马总：《通历》卷八所引，湖南叶氏梦篆楼 1915 年排印本。参见周征松《通历》点校本太原：山西人民出版社，1992 年版，第 87 页。

先生曰：古人云："知子莫若父。"献文之谢百群，克固皇家；武成之委万方，倾覆宗社。知子之鉴，无乃异乎！①

在封建社会里，皇位传袭是极其重大的政治事件。正是在这个问题上，曾经闹出过许多乱子，但也有处理得好的。作者提出"知子之鉴，无乃异乎"，在当时的政治中是有重要的现实意义的。请看作者是怎样评价献文传位的：

公子曰：魏献文禅位厥子，其义云何？
先生曰：《易》称："圣人之大宝曰位。"又曰："何以聚人曰财。"夫万乘之尊，鸿名也；四海之大，大宝也。鸿名大宝，三五之君尚步驱于兹；献文忘情九县，脱屣万几，传位嗣子，克昌鸿业，窅然汾水，不亦美乎。②

这些议论，显然是把献文传位的事情说得过于理想化了。事实上，献文传位的主观动机和后来冯太后、孝文帝的改革所达到的社会效果未必有必然的联系。在这里，作者是把着眼点放在传位后的客观效果，从而反转过来对献文传位之举做出评价的，因而难免有附会之嫌。不过如若从作者当时所处的现实来考察的话，这里很可能隐含着作者对于唐初李渊传位李世民这一重大历史事件的态度。从作者跟唐太宗的密切关系来看，这种可能性是存在的。那么，《帝王略论》一书则可能是唐太宗"暇日与虞世南商略古今"③过程中，作者陆续写成的。由此，我们也可以大致推断出此书撰写的时间。不过这

---

① 见马总：《通历》卷九所引，湖南叶氏梦篆楼1915年排印本。参见周征松《通历》点校本，太原：山西人民出版社，1992年，第103页。
② 见马总：《通历》卷八所引，湖南叶氏梦篆楼1915年排印本。参见周征松《通历》点校本，太原：山西人民出版社，1992年，第86页。
③ 刘昫等：《旧唐书》卷七十二《虞世南传》，北京：中华书局，1975年，第2566页。

些都是推测，不能作为结论看待。

以上这几种历史比较，都是从纵向上考察问题，即涉及一个君主的前期和后期，一个皇朝内不同时期的君主，以及不同时期的皇朝的君主。此外，《帝王略论》在进行历史比较的时候，也有从横向上来考察问题的，即以同一时期的不同皇朝相比较。

四、以同一时期的不同皇朝相比

这一类比较是由三国两晋南北朝这个分裂时期的客观情势提出来的，它在《帝王略论》中虽然所论不多，但其重要性是不可忽视的。因为这种历史比较，一是从君主个人扩大到整个皇朝，二是不仅要考虑到主观策略的制定，还要顾及客观形势的估量，因而具有更丰富的内容。作者认为，曹操、刘备、孙权三人，都是"肇开王业，光启霸图"之君，但他们又各不相同。曹操"兵机智算，殆难与敌"，"实有英雄之才"，然其"谲诡不常，雄猜多忌"，故"坐论西伯，实非其人"。刘备虽有"人君之德"，但终因"国小兵弱"，难以与孙、曹抗衡。至于孙权，"因厥兄之资，用前朝之佐，介以天险，仅得自存，比于二人，理弗能逮"①。寥寥数语，把曹、刘、孙三人的品德、才能、环境作了比较。同样，作者对高欢与宇文泰的比较也是如此——

公子曰：高氏负河海之利，周人固崤函之险，论其智略，孰者为优？

先生曰：若语其封疆，料其士卒，则周强而齐弱，非徒雁行而已。文帝潜师至，果以少击众，虽周瑜之破孟德，谢玄之摧永固，无以加也。不然，何以能挪自行乘间而霸大业?! 奇谋长算，

---

① 以上均见赵蕤：《长短经》卷二《君德》篇，长沙：岳麓书社，1999 年，第 119～172 页。

固有以焉。但顾命犹子，自相吞噬，"知人"之哲，于斯谬矣。①

这里所谓"高氏""周人"，实际是指东魏高欢和西魏宇文泰时期的东、西两个皇朝来说的，高欢和宇文泰既是当时这两个皇朝最有势力的人物，又分别是北齐、北周政权的创立者；他们本人都不曾称帝，但都被他们的后人追尊以帝号。文中所谓"高氏""周人"和所说的"周""齐"，就是从这个意义上讲的。作者认为，从地理条件看，齐、周各有优势；但从土地和军力来看，"则周强而齐弱"。但这里着重要比较的是"论其智略，孰者为优"的问题，故论中特别赞扬了周文帝（宇文泰）的"奇谋长算"。但作者对于宇文泰死前"顾命犹子"以致造成"自相吞噬"的严重后果则是全然否定的②，进而认为前人评论宇文泰有"知人"之哲的说法是一种谬说。作者没有直接回答"孰者为优"的问题，只是充分肯定了"智略"在双方斗争中所起的作用是很大的。关于这一点，他在评论高欢时也给予了同样的注意。作者写道：

> 公子曰：高祖之神武才略云何？
> 先生曰：神武（按：指高欢）潜谋于永安之际，致捷于韩陵之间，冲天之势，固足伟矣。至于垂翅玉壁，税驾晋阳，雄图不展，智勇俱困。然进为徇魏之臣，退作肇齐之主，奇才大节，亦有可称焉。③

---

① 马总：《通历》卷十所引，湖南叶氏梦篆楼 1915 年排印本。参见周征松《通历》点校本，太原：山西人民出版社，1992 年，第 107～108 页。

② 犹子，即侄子。《周书》卷二《文帝纪下》记：西魏恭帝三年九月，"太祖（按：指宇文泰）有疾，还至云阳，命中山公护受遗辅嗣子。"（北京：中华书局，1971 年，第 31 页）宇文护，宇文泰之兄宇文颢之少子，其事见《周书》卷十一《晋荡公护传》（北京：中华书局，1971 年，第 165～182 页）。

③ 见马总：《通历》卷九所引，湖南叶氏梦篆楼 1915 年排印本。参见周征松《通历》点校本，太原：山西人民出版社，1992 年，第 98 页。

周文帝有"奇谋长算"，齐神武是"奇才大节"，都有足可称道的地方；同样，周文帝有"顾命"之失，齐神武也有"智勇俱困"之时。可谓各有其长，亦各有所短。作者这样比较和评论历史人物的方法，是顾及一个人的全貌的，因而是可取的。

在关于"才略""智略"的比较当中，作者认为它们也只有在一定的客观条件下才能给人们带来成功，也就是说，任何"奇才"都不能脱离一定的客观情势而发挥作用。这个见解是很高明的。作者论司马懿的"文武之略"和诸葛亮的"节制"，就表明了他的这种见解——

> 公子曰：诸葛亮冠代奇才，志图中夏，非宣帝（按：指司马懿）之雄谋妙算，其孰能当斯劲敌者乎?!
>
> 先生曰：宣帝起自书生，参赞帝业，济时定难，克清王道，文武之略，实有可称。然多仗阴谋，不由仁义，猜忌诡状，盈诸襟抱；至如示谬言于李胜，委鞫狱于何晏，愧心负理，岂君子之所为？以此伪情，形之万物！若使力均势敌，俱会中原，以仲达之奸谋，当孔明之节制，恐非俦也。①

作者通过这一段议论表明：在蜀、魏较量当中，蜀败魏胜的历史结局，并不是司马懿的"雄谋妙算"起到的根本的作用，而是双方实力不等所致。作者是高度评价诸葛亮的"节制"的，但也认为他无力改变这种历史的结局；作者也肯定司马懿的"文武之略"所起的作用，但并不赞赏他的"文武之略"的种种表现形式。这些，显示了作者把历史比较与历史评价结合起来的意向和特色。他比较和评论北齐后主、北周宣帝的"昏乱"与误国，也具有这种特色。②

---

① 见马总：《通历》卷四所引，湖南叶氏梦篆楼 1915 年排印本。参见周征松《通历》点校本，太原：山西人民出版社，1992 年，第 4 页。

② 见马总：《通历》卷九所引，湖南叶氏梦篆楼 1915 年排印本。参见周征松《通历》点校本，太原：山西人民出版社，1992 年，第 101～104 页。

五、历史比较的意识和历史比较的标准

本文开始已经提出，从作者运用历史比较的方法来看，已显示出作者在这方面的自觉意识。本文以上所做的这些论述和引证，说明这个看法不是没有根据的。

作者的这种自觉意识的最明显的表现，是他在《帝王略论》中所做的一系列从历史比较的角度的设问。如：

——伊尹相成汤于前，傅悦佐武丁于后，二人功业，孰者为优？

——后汉衰乱，由于桓灵，二主凶德，谁则为甚？

——晋景、文兄弟递居宰相，二人功德，孰为先后？

——中宗（按：指晋元帝司马睿）值天下崩离，创立江左。俱为中兴之主，比于前代，功德云何？

——中兴之政（按：指东晋），咸归大臣，惟孝武为君，威福自己，外摧强寇，人安吏肃，比于明帝，功业何如？

——宋高祖诛灭桓玄，再兴晋室，方于前代，孰可比伦？

——（南朝刘宋）孝武、明帝二人，孰贤？

——人君修道，与匹庶殊乎？

——陈高祖起自草莱，兴创帝业，近代以来，可方何主？

——陈文、宣二帝，功德云何？

——魏之孝文，可方何主？

——（北齐）武成传位，可与魏献文俦否？

——（北齐后主）高纬昏乱，匹与周之天元（按：指北周宣帝），孰者为愈？

——高氏负河海之利，周人固崤函之险，论其智略，孰者

为优？

——隋文起自布衣，据有神器，西定庸蜀，南平江表，比于晋武，可为俦乎？

在《帝王略论》中，有这么多带有比较性质的设问，绝非偶然。这说明，作者在撰写此书时，是自觉地考虑到采用历史比较的方法的。否则，将无法解释作者的这种撰述形式和提出问题的方法。

中国古代史学历来重视历史的借鉴，而讲借鉴就往往离不开历史比较的方法。这在中国史学上起源很早。《尚书·无逸》强调统治者只有兢兢业业，"不敢荒宁"，才能"享国"长久。它记周公的讲话，考察了殷代诸王在这方面的经验和教训，又追述了周代先王在这方面做出的榜样，就包含着历史比较的思想。《左传》的"君子曰"常以古代经典的教导来衡量和评价当时人的行为，这也包含着历史比较的思想。如："君子曰：《商书》所谓'恶之易也，如火之燎于原，不可向迩，其犹可扑灭'者，其如蔡哀侯乎！"①"《商书》曰，'无偏无党，王道荡荡'其祁奚之谓矣。"②"君子曰：惠王知志。《夏书》曰，'官占唯能蔽志，昆命于元龟'，其是之谓乎！《志》曰，'圣人不烦卜筮'，惠王其有焉。"③这在《左传》里有多处运用。司马迁撰《史记》，意在"究天人之际，通古今之变"，他关于古今比较，盛衰比较，人物比较，尤其是关于秦、汉比较，楚、汉比较，有很丰富的思想，也采用了多种比较的方法。白寿彝先生在20世纪60年代写的《司马迁寓论断于序事》一文，特意写了"两两对照"一节，生动地揭示了司马迁运用历史比较的方法④。《史记》以后，这方面的例子就更多了。可见，在中国史学上，历史比较的思想是有一个长时期的发

① 《左传》庄公十四年，杨伯峻注，北京：中华书局，1990年，第199页。
② 《左传》庄公十四年，杨伯峻注，北京：中华书局，1990年，第927页。
③ 《左传》庄公十四年，杨伯峻注，北京：中华书局，1990年，第1713页。
④ 参见白寿彝：《史记新论》，北京：求实出版社，1981年，第86～91页。

展过程的。《帝王略论》的作者在这方面的自觉意识主要表现在两个方面，一是把比较的问题提得十分鲜明；二是集中于对历代君主的比较，从而给人以明确的认识和深刻的印象。这也是此书的特点所在。

至于说到《帝王略论》在历史比较方面的标准，因其所比多是历史人物，且又多是君主，间或也涉及个别执掌国是的大臣，因而多注意于他们的"功德""功业"、重大政治举措以及他们个人的"智略"和才能。前者着重于客观效果的评价，后者注意于个人修养的分析，而这二者又不是可以截然分开的。这些，从本文所做的引证可以看得很清楚。从更深一层的意义来说，作者在历史比较的标准方面，还有两点是值得提出来的。第一点，是注意到历史评价标准和道德评价标准的区别，这从作者以司马懿与诸葛亮的相比中看得尤其清楚。第二点，是儒、释、道融合、汇聚的文化意识。作者以佛教与儒家思想相比较，认为："至于凡俗之法，则有布施、持戒、忍辱、精进、禅定、智慧，是为六波罗蜜，与夫仁、义、礼、智、信，亦何殊焉?!"[1]他在讲到释、道二教的社会作用时，实际上也是以它们跟所谓"王化""舆俗"相比较。他说："释氏之法，则有空而无滞，人我兼忘，超出生死，归于寂灭，象外之谈也。老子之义，则谷神不死，玄牝常存，长生久视，腾龙驾鹤，区冲之教也。至于止恶尚仁，胜残去杀，并有益于王化，无乖于舆俗。"[2]因此，他不赞成周武帝毁道灭佛之举，认为那简直就像"井蛙观海"一样可笑、可叹。这种观念，很鲜明地反映了当时的文化背景和时代特点。从史学的发展来看，这样的文化意识，表明佛学已相当深地渗透于史学之中。

---

[1] 见马总：《通历》卷七所引，湖南叶氏梦篆楼 1915 年排印本。参见周征松《通历》点校本，太原：山西人民出版社，1992 年，第 67 页。

[2] 见马总：《通历》卷十所引，湖南叶氏梦篆楼 1915 年排印本。参见周征松《通历》点校本，太原：山西人民出版社，1992 年，第 110 页。

最后，我要说明的是：本文主要是对《帝王略论》一书的历史比较方法做初步的介绍和探讨，而对于它的许多具体论点的评价，虽亦有所涉及，但终非本文重点之所在。

一代明君的君主论

——唐太宗和《帝范》*

一、史学家的君主论

在中国历史上，关于君主的讨论，由来已久。这些讨论，有的是出于政治的考虑，有的是以伦理为依归，有的是作历史的评论，当然，也还有从其他方面的考察，但这都不是截然分开的，不同的方面都存在一定的内在联系。齐景公问政于孔子，孔子说"君君，臣臣，父父，子子"①主要是从政治关系来说的，但其中也有伦理关系。孟子强调"民为贵，社稷次之，君为轻"②，这是从政治上着眼的。秦统一中国，秦王嬴政自称皇帝，君主的地位淡化了宗法性质而

---

* 原载《陕西师范大学学报》2005 年第 6 期。

① 《论语·颜渊》，杨伯峻注，北京：中华书局，1958 年，第 128 页。

② 《孟子·尽心下》，杨伯峻注，北京：中华书局，1960 年，第 328 页。

强化了政治性质。此后，君主成为学人研究的重要对象。史学家撰写历史，脱离不开对于君主的评论；政治家参与国事，不能不与君主共同议政；思想家谈论社会、道德、风尚，也总是要涉及君主。可以这样说，在古代中国，君主始终是人们关注、研究的重要对象。在司马迁著《史记》以前，贾谊的《过秦论》是涉及评论君主的一篇重要文章，它经司马迁在《史记·秦始皇本纪》引用后，产生了深远的影响。《史记》《汉书》的相继问世，其中"本纪"部分，都有关于对君主的记事和评论。这些评论，一般说来，只是针对某一个君主而发的，有时也有是针对某一君主同另一君主相比较而发的。总之，大多是就某个君主而论，并不是把君主作为一个社会现象或一个政治现象来讨论，至少没有把君主作为一个"整体"现象来讨论。

东汉末年，荀悦奉汉献帝之命，在《汉书》的基础上写一部简明的西汉史。荀悦改纪传为编年，著成《汉纪》30 卷。他在此书中提出了六主、六臣论。所谓"六主"是：王主、治主、存主、衰主、危主、亡主；所谓"六臣"是：王臣、良臣、直臣、具臣、嬖臣、佞臣。他认为："六主之有轻重，六臣之有简易，其存亡成败之机在于是矣，可不尽而深览乎！"①荀悦把"存亡成败"完全归结为"六主""六臣"，显然是片面的，但他所说的"六主"，确是把君主作为一种政治现象来考察的。应当说，这是中国史学上较早的"君主论"，因而具有比较重要的思想价值。

其后，西晋皇甫谧撰《帝王世纪》，这是一部以历代帝王为中心的编年体史书，记事简略，且含有一些传说，与"君主论"关系不大。唐初，虞世南撰《北堂书钞》，首列"帝王部"，分 75 目，从个人修养、政治作风、治国得失等方面编纂文献，以明其大概。这 75 个事目是：总载、帝系、诞载、奇表、征应、福禄、潜晦、殷忧、登庸、

---

① 荀悦：《汉纪》卷十六《昭帝纪》，北京：中华书局，2002 年，第 288～289 页。

创业、应运、功业、帝德、孝德、睦亲、体仁、宽惠、行义、行礼、幼知、神智、诚信、齐圣、克明、知人、谦让、恭敬、威仪、俭德、勤劳、务农、弘量、纳谏、赦宥、责躬、诚惧、教化、来远、求贤、用贤、优贤、好学、尊师、艺能、慕道、武功、谋猷、雄才、搜狩、思治、识治、至治、巡行、制作、兴造、迁都、守文、中兴、敕诫、抚劳、责让、叹美、赏赐、哀伤、追旧、猜忌、微行、恩幸、奢侈、废立、昏德、失政、禅位、太子、霸等[①]。其中，有些事目今天看来荒唐、无意义，但大多事目，还是与社会历史有密切关系的。后人编纂类书，多受其影响。这虽然不是系统的"君主论"但他已把"帝王"亦即"君主"作为一种现象进行综合考察。同时，虞世南还有另一部书《帝王略论》，"略"是事略，"论"是评论，全书以问对形式表述，对历代帝王作了评论，且多用比较方法。例如，《帝王略论》以晋武帝和隋文帝为例，将同一君主的前期和后期相比，说明一个君主在不同的历史条件下会发生变化。以晋武帝和晋明帝相比，说明"臣下之功"与"人主之功"是不应混同的，又以陈文帝与陈宣帝相比，说明前者有武功和文治，而后者是"度量弘广"，这都是以同一朝代之不同的君主相比。再者，以不同时期的朝代君主相比，如以周之成、康与汉之文、景相比，说明这些君主都各有作为。还有，以同一时期的不同皇朝的君主相比，如将曹操、刘备、孙权三人相比，以北齐、北周的君主相比，而一一论其长短、优劣，等等。作者视野开阔，显示出丰富的历史知识和敏锐的判断力。然此书亦非综合论述君主的著作，但对以往君主作系统的评论，还是颇有新意的。虞世南的这两部书，在帝王研究方面，应有一定的历史地位。

唐高祖李渊曾命欧阳询等编纂《艺文类聚》一书，此书有"帝王部"4卷。其"总载帝王"似有"总论"性质，所记是历代文献中对天子、

---

① 见虞世南：《北堂书钞》卷一至二十二，北京：中国书店出版社，1989年，第1~51页。

皇帝、君主的解说。再者便是引用前人的评论如贾谊《过秦论》、干宝《晋纪·总论》等。其主要部分是记历代"帝王"，从所谓"天皇氏""地皇氏""人皇氏"等直到南朝陈宣帝止，是历代"帝王"的简要介绍，其文也是撷取前人所撰之文献，并无什么新意①。

唐初还有徐坚等人编纂的《初学记》一书，其卷九为《帝王总叙》，从传说中人物讲到晋武帝司马炎，传说多于历史，只是世代排列而已，引用《帝王世纪》处甚多②，亦与"君主论"没有多大关系。

以上所述，是唐太宗撰《帝范》以前，历史上关于帝王之史与论的一个极简略的回顾。从这一回顾中可以看出：第一，关于帝王或君主，历来是人们所关注的问题，尤其是历史撰述，不可不涉及帝王或君主；第二，这些回顾中所涉及的撰述内容，大多不是出于帝王或君主本人之手，而是出于史家之笔；第三，这些内容，或就事论事，或对某一帝王或君主作评论，或对某一帝王（君主）与另一帝王（君主）作比较性的评论，虞世南的两种著作，已触及君主现象，未曾把帝王或君主作为一个政治现象与历史现象进行理论概括。唐贞观年间，唐太宗撰《帝范》十二篇，改变了上述局面：唐太宗作为一个君主，他把帝王作为一个政治现象来研究，写出了从理论上综合评论帝王的专文，这无疑是一篇以君主的身份讨论君主的宏文，在中国古代历史理论和政治思想史上都具有非常重要的地位。

二、唐太宗的君主论

如果说虞世南的《帝王略论》是用比较的方法，从德行和事功两个方面评价了历代帝王的话，那么，唐太宗的《帝范》则主要是从理

---

① 欧阳询等：《艺文类聚》卷十一至卷十四，上海：上海古籍出版社，1965 年，第199～275 页。

② 徐坚等：《初学记》卷九，北京：中华书局，1962 年，第 195 页。

论上阐述了一个理想中的帝王的准则。

《帝范》是唐太宗辞世前所撰，当作于贞观二十三年（649 年）正月，即他辞世的当年；但也有说是作于贞观二十二年（648 年），即他辞世的前一年①。

唐太宗为什么要写《帝范》？这是我们今天考察唐太宗和《帝范》必须弄清楚的一个基本问题。在我看来，这不仅仅有政治发展上的必然性，而且也有个人思想发展上的必然性。

《帝范》为何而作？

首先，这是唐太宗给皇太子的政治遗嘱。他在《帝范·序》中明确地写道：

> 汝以幼年，偏钟慈爱，义方多阙，庭训有乖，擢自维城之居，属以少阳之任，未辨君臣之礼节，不知稼穑之艰难。余每此为忧，未尝不废寝忘食。自轩昊已降，讫至周隋，经天纬地之君，纂业承基之主，兴亡治乱，其道焕焉。所以披镜前踪，博采史籍，聚其要言，以为近诫云尔。②

从这段话里，可以看出唐太宗对于皇太子在政事（君臣之礼节）和民事（稼穑之艰难）两个方面都不是很放心的。一个君主，如不能处理好君臣关系，不能关注民生，是无法巩固自己的统治的。从这里，也可以看出唐太宗的政治作风和为政之道。他曾特别强调《汉纪》一书"极为政之体，尽君臣之义"③，也反映了他的政治思想和政治作风。他对于民事的关注，无疑是他政治生活中的一件大事。从积极

---

① 《唐会要》卷三十六记，贞观二十三年正月二十日，唐太宗作成《帝范》。《册府元龟》卷四十记：贞观"二十二年正月，帝撰《帝范》十二篇，赐皇太子"。《四库全书总目》亦谓作于贞观二十二年。按·《唐会要》前 80 卷为唐人所撰，且成书在先，今从《唐会要》说。又，疑《册府元龟》误贞观二十三年作二十二年。

② 吴云等：《唐太宗集》，西安：陕西人民出版社，1986 年，第 205 页。

③ 吴兢：《贞观政要》卷二《纳谏》，上海：上海古籍出版社，1978 年，第 59 页。

方面看，他认为：“为君之道，必须先存百姓，若损百姓以奉其身，犹割股以啖腹，腹饱而身毙”①。从消极方面看，他同魏徵等人讨论君与民犹如舟与水的关系，并以此教导太子，不要把百姓生死休戚置若罔闻②。

从上引这段话里，还可以看出，这份政治遗嘱，是唐太宗结合自己的政治实践，从丰富的历史经验中提炼出一些重要的理论性认识，所谓“自轩昊已降，迄至周隋，经天纬地之君，纂业承基之主，兴亡治乱，其道焕焉”，反映出他深邃的历史眼光和宏大的政治气魄。在他看来，现实是历史的延续，而历史正是现实的镜子。从这个意义上讲，唐太宗的这份政治遗嘱，是政治领域中历史的积淀和现实的创造之统一体。

其次，这是唐太宗对自己的一份政治反省。《帝范》作为一份沉甸甸的政治遗嘱，其意义是重大的。正如唐太宗在赐太子李治《帝范》时对左右大臣所说：“饬躬阐政之道，备在其中，一旦不讳，更无所言矣”③。可以说，这是他对整个唐皇朝的最后的交代。同时，我们也要看到，从唐太宗本人的自我评价来看，《帝范》也是他的一份反省之作，自鉴之作。他在《帝范·后序》中语重心长地对太子讲道：

> 欲悔非于既往，唯慎过于将来。择哲王以师，与无以吾为前鉴。夫取法于上，仅得为中；取法于中，故其为下；自非上德，不可效焉。吾在位已来，所缺多矣。奇丽服玩，锦绣珠玉，不绝于前，此非防欲也。雕楹刻桷，高台深池，每兴其役，此非俭志也。犬马鹰鹘，无远必致，此非节心也。数有行幸，以

---

① 吴兢：《贞观政要》卷一《君道》，上海：上海古籍出版社，1978年，第1页。
② 吴兢：《贞观政要》卷四《教诫太子诸王》，上海：上海古籍出版社，1978年，第125页。
③ 王钦若等：《册府元龟》卷四十，北京：中华书局，1960年，第451页。

亟人劳，此非屈己也。斯数事者，吾之深过也。勿以兹为是而后法焉。①

唐太宗作为一代明君，也有其两面性。前面说到他重政事与民事，并非夸大之词；这里，他的自我反省与自责，也并非出于谦辞。贞观中期，魏徵一再提醒唐太宗要保持贞观初年的政治作风，并为此而与唐太宗产生过激烈的冲突，就是有力的证明②。在这一段话中，唐太宗三次联系他本人发论："择哲王以师，与无以吾为前鉴""吾在位已来，所缺多矣""斯数事者，吾之深过也。勿以兹为是而后法焉"。这三个"吾"字反映了唐太宗自省、自责的真诚。而这种自省、自责也更加重了这份政治遗嘱的分量，这就是唐太宗庄重地指出的一个普遍性的道理："取法于上，仅得为中；取法于中，故其为下；自非上德，不可效焉。"其良苦用心，已决极致。

由此可见，唐太宗作《帝范》的深层含义和多重原因。

《帝范》主要内容除序与后序外，正文凡十二篇，即：君体、建亲、求贤、审官、纳谏、去谗、诫盈、崇俭、赏罚、务农、阅武、崇文。各篇所论，要言不烦，切中本质，往往反映出历史经验与现实经验的结合。这十二篇所论大致可以概括为四个方面的内容：一是关于皇帝的地位和修养以及对皇族的适当安置（君体、建亲）；二是关于用人（求贤、审官）；三是关于君主的政治作风（纳谏、去谗、诫盈、崇俭、赏罚）；四是关于基本国策即重农及文武之道兼而用之（务农、阅武、崇文）。这四个方面互相联系，密不可分，成为由一个英明君主结合自身为政体验而撰写的一篇"君主论"或"帝王论"。

这里，我们举出数篇，略作分析，以见其主旨。

---

① 吴云等：《唐太宗集》，西安：陕西人民出版社，1986年，第235页。

② 魏徵作为一位诤谏之臣，多次与唐太宗在处理政事时发生冲突。参见《贞观政要·任贤》《旧唐书·魏徵传》。

首先看《君体》篇，这是论君主的崇高地位和自身修养所应达到的境界。其文曰：

> 夫民者国之先，国者君之本。人主之体，如山岳焉，高峻而不动；如日月焉，真明而普照。亿兆之所瞻仰，天下之所归往。宽大其志，足以兼苞；平正其心，足以制断。非威德无以致远，非慈厚无以怀民。抚九族以仁，接大臣以礼。奉先思孝，处后思恭，倾己勤劳，以行德义。此为君之体也。①

这几句话，前半部是论君主地位的无上崇高和威力的无边无涯，如山岳、如日月；后半部是论君主的德与行，其"致远""怀民""抚九族""接大臣"，都体现出仁、礼、孝、恭、勤劳、德义。这就是唐太宗心目中理想的人君及其"为君之体"。显然，这样的君主在现实生活中是不存在的，他只能"存在"于人们的颂词和讴歌之中。在中国历史上，英明之君如唐太宗者寥若晨星，而如前所述，唐太宗本人晚年也深刻反省自己的过错。既然如此，那为什么还要标榜君主的权威和德行呢？道理很显然，是为了树立人们对君主的神秘感和敬畏感，以服从管理与统治。

其次看《建亲》篇，这是论述"封建亲戚，以为藩卫"的经验教训的专文。唐太宗总结了周、秦、汉、魏的得失，认为适当地实行"封建"之制，是必要的。他在回顾了历史之后，明确地写道：

> 夫封之太强，则为噬脐之患；致之太弱，则无固本之隆。由此而言，莫若众建宗亲而少力，使轻重相镇，忧乐是同，则上无猜忌之心，下无侵冤之虑，此封建之鉴也。②

---

① 吴云等：《唐太宗集》，西安：陕西人民出版社，1986年，第209页。
② 吴云等：《唐太宗集》，西安：陕西人民出版社，1986年，第211页。

所谓"众建宗亲而少力"的方针，本是西汉初年贾谊为削弱同姓诸侯王的势力而提出来的，而《帝范》又把它提出来使之作为郡县制的补充形式，以巩固唐皇朝的长治久安。在这个问题上，唐太宗同一些重要大臣的意见是存在歧异的。早在贞观十一年（637年），唐太宗以周、汉历史为依据，决定分封子弟及功臣共 35 人为世袭刺史。后经大臣李百药上长篇奏疏，驳"世封"之事。大臣马周也上疏力陈不可，指出："昔汉光武不任功臣以吏事，所以终全其世者，良由得其术也"。在大臣们的反对下，唐太宗"于是竟罢子弟及功臣世袭刺史"事①。然而，唐太宗似乎并未完全放弃自己的主张，所以到了暮年时节，又旧事重提，把它写入《帝范》，作为一条国策，要他的继承人遵照实行。唐高宗、武则天时期，武则天诛杀李氏宗室，或许可以"证明"唐太宗的主张是对的；但"安史之乱"后，李氏宗室之间的杀戮同样非常残酷，颇类似于汉初同姓王之乱，这又说明唐太宗的主张是不可行的。到了唐宪宗时代，柳宗元撰《封建论》，可以说从主要方面"回答"了唐太宗思想上的多虑。但应当承认的是，《建亲》篇十分有力地表明，唐太宗对历史经验教训的思考和总结，是非常认真、非常深刻的。

再次说《务农》篇，这是论述治国安邦的基本国策之一。贞观初年，唐太宗曾对大臣们说过这样的话："凡事皆须务本。国以人为本，人以衣食为本，凡营衣食，以不失时为本。夫不失时者，在人君简静乃可致耳。若兵戎屡动，土木不息，而欲不夺农时，其可得乎？"②这个认识，直接的教训来自隋朝之亡，间接的教训则来自秦亡，因为唐初君臣都认识到，"隋之得失存亡，大较与秦相类"，其主要教训就是"过役人力"③。这个涉及根本国策的问题，唐太宗是

---

① 吴兢：《贞观政要》卷三《封建》，上海：上海古籍出版社，1978 年，第 110～111 页。
② 吴兢：《贞观政要》卷八《务农》，上海：上海古籍出版社，1978 年，第 237 页。
③ 魏徵等：《隋书》卷六十六后论，北京：中华书局，1973 年，第 1636 页。

一定要加以强调的。他在《务农》篇中写道:

> 夫食为人天,农为政本。仓廪实则知礼节,衣食乏则忘廉
> 耻。故躬耕东郊,敬授民时。国无九岁之储,不足备水旱;家
> 无一年之服,不足御寒温。然而莫不带犊佩牛,弃坚就伪,求
> 伎巧之利,废农桑之基,以一人耕而百人食,其为害也甚于秋
> 螟。莫若禁绝浮华,劝课耕织,使民还其本,俗反其真,则竞
> 怀仁义之心,永绝贪残之路,此务农之本也。①

所谓"食为人天,农为政本",在中国历史上无疑是治国的根本方针
的思想基础,但真正做到"农为政本"却又并不容易。诚如上文所引
唐太宗讲的那番关于"不夺农时"的话,也恰如唐初君臣所总结的秦、
隋均亡于"过役人力"的历史教训,只有国策不堕入那样的歧途,才
能把"食为人天,农为政本"落到实处。唐太宗说的"禁绝浮华,劝课
耕织","民还其本,俗反其真",在当时的社会条件下是极其重要的
基本方针。他说的"国无九岁之储,不足备水旱",或许有点夸张,
这反映了他对储备粮食的高度重视。

最后说《崇文》篇,这也是论述基本国策之一的专篇,它同《务
农》《阅武》构成三大基本国策的思想基础和理论基础。在本篇中,唐
太宗指出"崇文"对于"弘风导俗""敷教训人"、提升治国之道、光显
君臣身名、认识智慧之源等,都大有裨益。他写道:

> 夫功成设乐,治定制礼。礼乐之兴,以儒为本。弘风导俗,
> 莫尚于文;敷教训人,莫善于学。因文而隆道,假学以光身。
> 不临深溪,不知地之厚;不游文翰,不识智之源。然则质蕴吴

---

① 吴云等:《唐太宗集》,西安:陕西人民出版社,1986年,第229页。

竿，非括羽不美；性怀辨慧，非积学不成。是以建明堂，立辟雍，博览百家，研精六艺。端拱而知天下，无为而鉴古今，飞英声，腾茂实，光于天下不朽者，其唯为学乎！此崇文之术也。①

唐太宗对"崇文"有深刻的认识，认为"崇文"所得到的益处是"端拱而知天下，无为而鉴古今"。在他看来，如果一个君主不知天下，昧于古今，那是不可想象的。他进而指出："光于天下不朽者，其唯为学乎！"他在下文作结论说："是知文武二途，舍一不可，与时优劣，各有其宜。"唐太宗年轻时戎马生涯，深知"阅武"之重要；但"守成"之时，"崇文"的重要性更凸显出来，这就叫作"与时优劣，各有其宜"。联想到汉初刘邦与陆贾的对话，所谓"居马上得之宁可以马上治之乎？"②可以看到历史经验给予人们的智慧，本有相通之处，且具有无限的生命力。

《帝范》十二篇，反映了唐太宗的政治思想，也凝练了他的"君主论"，使其成为中国史学上"君主论"的一篇杰作，反映了 7 世纪中华文明进程的一个重要方面。《帝范》的局限性突出地表现在《帝范·序》起首说的"皇天眷命，历数在躬"云云，还是给皇位罩上一层神秘的面纱。这些话，或许已经成了不能不说的官样文章，但它毕竟打上了那个时代的印记。再者，《帝范》所宣扬的是君主的权威和作用，虽然它也讲到"民者国之先"之类的话，但"民"的活动总是脱离不了君主光芒的照耀。

唐太宗在《帝范·后序》中对《帝范》作了这样的小结，他说：

　　此十二条者，帝王之大纲也。安危兴废，皆在兹乎！古人

---

① 吴云等：《唐太宗集》，西安：陕西人民出版社，1986 年，第 232～233 页。
② 司马迁：《史记》卷九十七《郦生陆贾列传》，北京：中华书局，1959 年，第 2699 页。

有言：非知之难，唯行不易；行之可勉，唯终实难。是以暴乱之君，非独明于恶路；圣哲之主，岂独见于善途？良由大道远而难遵，邪径近而易践。小人皆俯从其易，不能力行其难，故祸败及之。君子劳处其难，不能逸居其易，故福庆流之。是知祸福无门，惟人所召。①

他把《帝范》称为"帝王之大纲"当不为过，因为"安危兴废"都包括在其中了；他又指出，知之不难而行之难，始终行之尤其难，这都是说的实话。由此可以证明，《帝范》一文，原本论的是那个时代的理想中的君主罢了。

---

① 吴云等：《唐太宗集》，西安：陕西人民出版社，1986 年，第 235 页。

令狐德棻和唐初史学[*]

令狐德棻是唐初的著名史学家。他历仕高祖、太宗、高宗三朝，官至国子祭酒、监修国史，于史学颇多贡献，称得上是唐代史学的开山。

一

令狐德棻是宜州华原(今陕西铜川)人。他的远祖令狐迈在西汉为建威将军，时值王莽擅政，令狐迈"不为王莽屈，其子(令狐)称避地河右"①。到令狐德棻的祖父令狐整时，令狐家族已经成了"世为西土冠冕"，名声显赫的士族之家。

令狐德棻的父亲令狐熙，字长熙，《隋书·令狐熙传》称他"性严重，有雅量"，"博览群书，尤明《三礼》，善骑射，颇知音律"，是个有多方

———————————
　＊　原载《人文杂志》1982年第1期，后经修改收入《中国史学家评传》上册，郑州：中州古籍出版社，1985年。
　①　令狐德棻等：《周书》卷三十六《令狐整传》，北京：中华书局，1971年，第654页。

面修养的士族知识分子。

隋文帝开皇三年(583年),令狐德棻诞生在这样一个"先居敦煌,代为右族"①的士族家庭。家庭的熏陶和教育,对他后来的学术思想和政治主张都产生了很大的影响。令狐熙有四子,德棻为少,但却最有成就。

青年时期的令狐德棻勤奋好学,"博涉经史,早知名"。隋炀帝大业末年,他曾经得到一次入仕的机会。但是,他却"以世乱不就职"。可见令狐德棻在年轻的时候,就是一个很有政治主见的人。

令狐德棻在他35岁那年,即唐高祖武德元年(618年),被任命为起居舍人,而且"甚见亲待",很受李渊的重视。武德五年(622年),他又当了秘书丞。这期间,他做了一件有重大意义的事情:

> 时承丧乱之余,经籍亡逸,德棻奏请购募遗书,重加钱帛,增置楷书,令缮写。

在唐皇朝建立不久、百废待举的时候,他的这个建议,对唐初文化的发展,无疑是非常重要的。

他的建议经唐高祖李渊批准后实施,具体做法是:"购天下书,选五品以上子孙工书者为书手,缮写藏于内库,以宫人掌之。"②因此,"数年间,群书毕备"③。其后,魏徵、颜师古又继续做了这方面的工作。贞观二年(628年),秘书监魏徵"以丧乱之后,典章纷杂,奏引学者校定四部书。数年之间,秘府图籍,粲然毕备"④。贞观七年(633年),颜师古"拜秘书少监,专典刊正,所有奇书难字,

---

① 刘昫等:《旧唐书》卷七十三《令狐德棻传》,北京:中华书局,1975年,第2596页。以下所引,凡未注明出处者均见此。
② 欧阳修:《新唐书》卷五十七《艺文志》序,北京:中华书局,1975年,第1422页。
③ 王溥:《唐会要》卷三十五《经籍》,北京:中华书局,1955年,第643页。
④ 刘昫等:《旧唐书》卷七十一《魏徵传》,北京:中华书局,1975年,第2548页。

众所共惑者，随疑剖析，曲尽其源。是时多引后进之士为雠校"①。他们把令狐德棻所做的工作又向前推进了。所有这些，对于唐初大规模的修史工作和其他方面的撰述工作来说，都提供了文献上的准备；同时，这也是唐代文化获得多方面发展的一个良好的征兆。令狐德棻在这方面所做的建设性的工作，是应当充分肯定的。《新唐书》卷一百二后赞云：

> 夫典章图史，有国者尤急，所以考存亡成败，陈诸前而为之戒。方天下初定，德棻首发其议，而后唐之文物粲然，诚知治之本欤！

从这些话中可以看出，前人已十分重视令狐德棻在这方面的见识和贡献。

二

令狐德棻是唐初著名的史学家，他的史学活动深深地影响着这一时期的史学。《旧唐书》作者认为："武德已（以）来，创修撰之源，自德棻始也。"②《新唐书》本传亦称：唐初"修撰之原，自德棻发之"③。这是对令狐德棻在唐初史学上的地位之极其中肯的评价。然而，历来治史学史者，对于令狐德棻在史学史上的这一重要作用，不曾给以应有的重视，因而也不曾给以恰当的评价。

令狐德棻是唐初第一个向最高统治者提出修撰前朝诸史的建议的史学家。武德四年（621 年）十一月，38 岁的起居舍人令狐德棻向唐高祖李渊提出如下建议：

①　刘昫等：《旧唐书》卷七十三《颜师古传》，北京：中华书局，1975 年，第 2595 页。
②　刘昫等：《旧唐书》卷七十三《令狐德棻传》，北京：中华书局，1975 年，第 2598 页。
③　欧阳修等：《新唐书》卷一百二《令狐德棻传》，北京：中华书局，1975 年，第 3983 页。

窃见近代已（以）来，多无正史。梁、陈及齐，犹有文籍；至周、隋遭大业离乱，多有遗阙。当今耳目犹接，尚有可凭，如更十数年后，恐事迹湮没。陛下既受禅于隋，复承周氏历数，国家二祖功业，并在周时。如文史不存，何以贻鉴今古？如臣愚见，并请修之。①

在这里，令狐德棻首先从历史的角度，提出了修撰近代"正史"的重要性；同时，又从政治的角度，提出了修撰周、隋二史的必要性；其中也还讲到修撰近代诸史的可能性。

这个建议，有理有据；对于唐皇朝来说，它不仅是正确的，而且是紧迫的。因此，唐高祖采纳了令狐德棻的建议，并在武德五年（622年）十二月下达了《命萧瑀等修六代史诏》。诏书写道：

司典序言，史官记事，考论得失，究尽变通，所以裁成义类，惩恶劝善，多识前古，贻鉴将来。伏羲以降，周、秦斯及，两汉传绪，三国受命，迄于晋、宋，载籍备焉。自有晋南徙，魏乘机运，周、隋禅代，历世相仍，梁氏称邦，跨据淮海，齐迁龟鼎，陈建宗祧，莫不自命正朔，绵历岁祀，各殊徽号，删定礼仪。至于发迹开基，受终告代，嘉谋善政，名臣奇士，立言著绩，无乏于时。然而简牍未修，纪传成阙，炎凉已积，谣俗迁讹，余烈遗风，倏焉将坠。朕握图御宇，长世字民，方立典谟，永垂宪则。顾彼湮落，用深轸悼，有怀撰次，实资良直……务加详核，博采旧闻，义在不刊，书法无隐。②

---

① 刘昫等：《旧唐书》卷七十三《令狐德棻传》，北京：中华书局，1975年，第2597页。
② 刘昫等：《旧唐书》卷七十三《令狐德棻传》，北京：中华书局，1975年，第2597页。据《唐大诏令集》卷八十一在文字上作了几处订正；又见《唐会要》卷六十三《史馆上·修前代史》。

在令狐德棻的促成之下所产生的这道修史诏书，指出了史职的重要和修史的目的，提出了修撰前代历史的内容和要求。李渊在诏书中还对修撰前代各史的作者作了任命：中书令萧瑀、给事中王敬业、著作郎殷闻礼修魏史，侍中陈叔达、秘书丞令狐德棻、太史令庾俭修周史，兼中书令封德彝、中书舍人颜师古修隋史，大理卿崔善为、中书舍人孔绍安、太子洗马萧德言修梁史，太子詹事裴矩、兼吏部郎中祖孝孙、前秘书丞魏徵修齐史，秘书监窦琎、给事中欧阳询、秦王文学姚思廉修陈史。但是，这次修史工作，经过几年的时间，竟不能就而罢。

贞观三年（629年），唐太宗复命诸大臣撰写梁、陈、齐、周、隋五代史：秘书丞令狐德棻、秘书郎岑文本撰周史，中书舍人李百药撰齐史，著作郎姚思廉撰梁、陈史，秘书监魏徵撰隋史，尚书左仆射房玄龄与魏徵总监诸代史。在这次修史工作中，令狐德棻发挥了他在史学上的才能，促进了修史工作的顺利进行。根据唐太宗的指示，他不仅仍然主编周史，而且还负责"总知类会梁、陈、齐、隋诸史"。这是他开创唐初修史之源的一个重要方面。

应当看到，此次修史跟前次修史相比较，在工作上有几点不同之处：一是由房玄龄、魏徵"总监诸代史"，负总的责任；二是由令狐德棻做"总知类会"的工作，协调诸史的内容和体例；三是发挥了李百药、姚思廉这两位具有家学传统的史学家的作用，使他们得以在其先辈工作的基础上继续进行有关史书的撰述；四是"众议魏史既有魏收、魏澹二家，已为详备，遂不复修"。这些措施在很大程度上保证了修史工作的迅速进行。贞观六年（632年），令狐德棻迁任礼部侍郎，兼修国史。贞观十年（636年），梁、陈、齐、周、隋五史修成，令狐德棻以修周史而受到皇家奖励。

此后十年，令狐德棻在仕途上经历了两次重大的挫折。贞观十五年（641年），他转任太子右庶子，为太子承乾官属。贞观十七年

（643年），承乾谋反事败露，其一部分官属被太宗"引大义以让之，咸坐免"①，令狐德棻亦随例除名。次年，他被起用为雅州刺史②，不久又坐事免。这时，他已经是一个 62 岁的人了。

剩下的时间不多了，令狐德棻还有没有机会继续发挥他的史学才能呢？

贞观二十年（646 年）闰二月，唐太宗下达《修〈晋书〉诏》，说：《晋书》"但十有八家，虽存记注，而才非良史，事亏实录，绪烦而寡要，思劳而少功。……遐想寂寥，深为叹息。宜令修国史所更撰《晋书》，铨次旧闻，裁成义类，俾夫湮落之诰，咸使发明。其所须可依修五代史故事，若少学士，亦量事追取"③。唐太宗重修《晋书》的决定，使令狐德棻得到一个重新回到史学事业上来的良好机会。在房玄龄的推荐下，他被唐太宗批准参加重修《晋书》的工作。

在修撰《晋书》工作中，令狐德棻所发挥的作用是很关键的。《旧唐书》本传说："当时同修一十八人，并推德棻为首，其体制多取决焉。"《新唐书》本传也认为："预柬凡十有八人，德棻为先进，故类例多所诹定。"这里说的同修 18 人是：令狐德棻、敬播、来济、陆元仕、刘子翼、卢承基、李淳风、李义府、薛元超、上官仪、崔行功、辛丘驭、刘胤之、杨仁卿、李延寿、张文恭、李安期、李怀俨④。令狐德棻能够被"推为首"，足见他是一位才能突出、很有声望的史学家。他对于制定《晋书》的体制和类例，负有主要的责任。这一点，两《唐书》都说得很清楚。但是历来也有另一种说法，即认为《晋书》的撰写体例是敬播制定的。《唐会要》卷六十三《史馆上·修前代史》

---

① 刘昫等：《旧唐书》卷七十六《太宗诸子传》，北京：中华书局，1975 年，第 2649 页。

② 刘昫等：《旧唐书》卷六十六《房玄龄传》作雍州刺史，北京：中华书局，1975 年，第 2463 页。

③ 宋敏求：《唐大诏令集》卷八十一，北京：商务印书馆，1959 年，第 467 页。

④ 据《唐会要》卷六十三《史馆上·修前代史》。《新唐书·艺文志》著录 18 人中有赵弘智而无卢承基。

载："又令前雅州刺史令狐德棻、太子司仪郎敬播、主客员外郎李安期、屯田员外郎李怀俨详其条例，量加考正。……凡起例皆（敬）播独创焉。"《新唐书·敬播传》也说"（敬播）又与令狐德棻等撰《晋书》，大抵凡例皆播所发也"。中华书局点校本《晋书》（1974 年版）"出版说明"亦主此说，认为"修史体例，是敬播拟订的"。这两种说法，离则两伤，合则两全，即是否可以作这样的理解：《晋书》体例首先是由敬播提出的，而最后是由令狐德棻"取决""诹定"的。贞观二十二年（648 年），修成《晋书》，令狐德棻因此而被任命为秘书少监。

刘知幾及后来一些史家，对新修《晋书》有不少批评，但是《晋书》"参考诸家，甚为详洽"[①]，还是有它的长处的。《晋书》在体例上的一个突出的特点，是于纪、传之外，另创载记，分记十六国人物。特别值得注意的是，"三十载记，只说僭伪，而不强调华夷。这与南北朝时期史书北以南为岛夷、南以北为索虏的对立态度不同，而反映了唐统一后天下一家的思想"[②]。这跟取决体制、诹定类例的令狐德棻自然有极大的关系。

令狐德棻在史学工作上是很有组织才能的。如前所述，修梁、陈、齐、周、隋五代史，他除主编周史，还"总知类会"其他诸史；重修《晋书》，他被"推为首"，在一定程度上发挥着事实上的主编的作用。尤为难能可贵的是，他曾热情地支持和具体地帮助了李延寿个人撰著《南史》《北史》的工作，反映了他爱惜史才、奖掖后进的精神。李延寿为了继承父亲李大师的遗志，以十六年工夫，撰成《南史》80 卷、《北史》100 卷。他在唐高宗显庆四年（659 年）撰成二史后，写道：

　　始末修撰，凡十六载。始宋，凡八代，为《北史》《南史》二

---

①　刘昫等：《旧唐书》卷六十六《房玄龄传》，北京：中华书局，1975 年，第 2463 页。
②　白寿彝：《中国史学史教本》上册，北京：北京师范大学 1964 年铅印本，第 79 页。

书，合一百八十卷。其《南史》先写讫，以呈监国史、国子祭酒令狐德棻，始末蒙读了，乖失者亦为改正，许令闻奏。次以《北史》谘知，亦为详正。因遍谘宰相，乃上表。①

当时，令狐德棻担任国子祭酒、监修国史。正是由于得到他的赞助、支持、检阅、详正和推荐，大师、延寿父子的愿望和心血才没有付之东流。《南史》《北史》的修成且成为封建社会"正史"而流传至今，是有令狐德棻的一份功劳的。

三

唐初所修八史中，令狐德棻主编《周书》。

武德五年（622年），唐高祖命陈叔达、令狐德棻、庾俭共修周史，未成。贞观三年（629年），唐太宗又命令狐德棻和岑文本同修周史；而"德棻又奏引殿中侍御史崔仁师佐修周史"，至贞观十年（636年）成书，帝纪8卷，列传42卷，共50卷。

岑文本和崔仁师是令狐德棻的两位得力助手。

岑文本字景仁，南阳棘阳（今河南新野）人。贞观年间，他自秘书郎做到中书令，深为太宗所器重。史书说他"性沈敏，有姿仪，博考经史，多所贯综，美谈论，善属文"。他做中书舍人时，"所草诏诰，或众务繁凑，即命书僮六七人随口并写，须臾悉成，亦殆尽其妙"②。他参加撰写周史，史论多出于其手笔。

崔仁师，定州安喜（今河北定州市东）人。武德初年入仕。武德五年（622年），陈叔达认为他"才堪史职"，推荐他参与修撰梁、魏等

---

① 李延寿：《北史》卷一百《序传》，北京：中华书局，1974年，第3344页。
② 以上见刘昫等：《旧唐书》卷七十《岑文本传》，北京：中华书局，1975年，第2536页。

史。崔仁师思路敏捷，有惊人的记忆力。他做度支郎中时，"尝奏支度财物数千言，手不执本，太宗怪之，令黄门侍郎杜正伦赍本，仁师对唱，一无差殊，太宗大奇之"①。后来他做到中书侍郎，参知机务。崔仁师参加撰述周史，自然也是令狐德棻的一个很好的助手。

关于北周的历史，在唐以前已经有人着手撰写过。刘知幾说：

> 宇文周史，大统年有秘书丞柳虬兼领著作，直辞正色，事有可称。至隋开皇中，秘书监牛弘追撰《周纪》十有八篇，略叙纪纲，仍皆抵忤。②

但是刘知幾的这一段话，多少是有点问题的。柳虬于西魏大统十四年(548年)任秘书丞。此前，"秘书虽领著作，不参史事"，而"自虬为丞，始令监掌焉"。后来，他担任中书侍郎，"修起居注，仍领丞事"③。柳虬卒于西魏恭帝元年(554年)，其生前所撰起居注或国史系西魏史事。刘知幾既是说"宇文周史"，却又说"(西魏)大统年有秘书丞柳虬"云云，这就前后相乖了。因此，牛弘当是撰述宇文周史的第一人。他在北周时，曾任"威烈将军、员外散骑侍郎，修起居注"④。这是他接触周史的开始。入隋以后，牛弘官至吏部尚书，从他重视历史典籍的主张来看，他"追撰"周史是很自然的事情。《隋书·经籍志》于"正史类"著录："《周史》十八卷。未成。吏部尚书牛弘撰。"这可能是他在过去撰写北周起居注的基础上，改撰纪传体周史的尝试。可惜的是，这只是一部未完成的著作，而且还有相互"抵忤"之处。

① 刘昫等：《旧唐书》卷七十四《崔仁师传》，北京：中华书局，1975年，第2620页。
② 刘知幾：《史通》卷十二《古今正史》，浦起龙通释，上海：上海古籍出版社，1978年，第369页。
③ 令狐德棻等：《周书》卷三十八《柳虬传》，北京：中华书局，1971年，第681页。
④ 魏徵等：《隋书》卷四十九《牛弘传》，北京：中华书局，1973年，第1297页。

令狐德棻等撰写《周书》，就是在这个基础上把周史的研究推向前进的。

《周书》的断限是很值得注意的一个问题。唐初，关于叙述北朝史事的著作，已有北齐魏收的《魏书》130卷和隋魏澹的《魏书》92卷，前者以东魏为正统，西魏为僭伪，后者则相反。令狐德棻或许是考虑到魏澹的《魏书》书西魏事不尽满意；或者是考虑到北周上承于西魏，隋上承于北周，唐又上承于隋，有必要强调这个"正统"关系；或者是上述两个原因都有。因此，他们在《周书·文帝纪》里，详细地记述了西魏时期的政治、军事大事。所以从《周书》断限来看，它实际上是包揽了西魏、北周二朝史事。这在当时看来，特别是在魏澹《魏书》还存在的情况下，似乎并没有什么突出的意义，而且有失于断限不当之嫌。但是到了刘知幾时期，《周书》断限的这一特点，已显出其重要意义。这是因为："今世称魏史者，犹以（魏）收本为主焉"①。降至北宋仁宗时修《崇文总目》，魏澹《魏书》已佚，只剩帝纪一卷。这样，《周书》所述西魏史事乃成为后人了解西魏一朝历史的第一手材料了。不论令狐德棻在《周书》断限上出于何种考虑，它在史学上产生了这样的结果，也许是他始料所不及的。

《周书》所记史事在范围上也是很广阔的。其所记内容不仅关系东魏、北齐，而且兼及南朝梁、陈，在一定程度上反映了这时期全国范围的历史发展大势。还有，当时有些重大史事，其他南、北诸史不载，而《周书》则详述之。如梁朝宗室岳阳王萧詧脱离梁政权，于江陵建立后梁政权（555—587年），成为西魏和北周的附庸，共历三帝、统治33年，后灭于隋。《梁书》不载此事，而《周书·萧詧传》则详细地记述了这一重要史事。清人赵翼认为：

---

① 刘知幾：《史通》卷十二《古今正史》，浦起龙通释，上海：上海古籍出版社，1978年，第365～366页。

《周书》叙事繁简得宜，文笔亦极简劲，本令狐德棻所撰也。德棻在当时修史十八人中最为先进，各史体例皆其所定，兼又总裁诸史，而《周书》乃其一手所成。……同修者虽有数人，而始终其事者德棻也。李延寿南、北二史，亦先就正于德棻，然后敢表上。则可知德棻宿学，为时所宗矣。今试取《北史》核对，当后周（按：即北周）时，区宇瓜分，列国鼎沸，北则有东魏、高齐（北齐），南则有梁、陈，迁革废兴，岁更月异：《周书》本纪一一书之，使阅者一览了然。《北史》虽亦兼记邻国之事，然有书有不书者。①

赵翼对令狐德棻及其主编的《周书》的评价，大抵是符合事实的。当然，他也批评了《周书》在书法上的回护、阙书、蛇足等不足之处；不过，这些缺点并不掩盖《周书》的上述成就。

　　《周书》在民族史和民族关系史上的价值是尤其值得重视的。北魏、东魏、西魏是鲜卑族拓跋部建立的政权，北周是鲜卑族宇文部建立的政权，北齐则是鲜卑化的汉人建立的政权。《魏书》《周书》《北齐书》比较集中地记述了这五个皇朝的兴衰史。如果把《魏书》《周书》《北齐书》中记述的鲜卑族在政治、经济、文化、习俗等方面的种种变化，跟《三国志·乌丸鲜卑传》和《后汉书·乌桓鲜卑传》里所记鲜卑族史事加以比较的话，我们就会看到：在这二三百年中，鲜卑族的历史取得了何等伟大的进步！其实，这又不只是鲜卑族的进步。自东汉末年以来，匈奴、鲜卑、羯、氐、羌等族同汉族不断走向融合，不断加深了封建化。《周书》正是这个伟大历史过程的真实记录之一。

　　《周书》是有缺点的。它除了在书法上有不足之处外，在撰述思想上也暴露出作者的阶级局限性和历史局限性。首先，它在对待农

---

① 赵翼：《陔余丛考》卷七"周书"条，北京：中华书局，1963年，第142页。

民起义上，跟一般封建史家是没有什么区别的，都是把农民起义、农民暴动诬为"寇乱"。其次，《周书》也跟其他"正史"一样，对许多（不是全部）帝王将相竭力粉饰。这本是大多数封建史家的共同之处，但《周书》在这个问题的表现形式上似也有其独特的地方，这就是它对唐初不少功臣、显贵的先人都立了佳传，过分地进行美化。唐初所修五代史都有这个特点，而《周书》尤为突出。例如：唐初宰相杜如晦的曾伯祖杜杲，在北周原无突出事迹，《周书》勉强立为专传。另一名宰相萧瑀的祖父萧詧，本做的是傀儡皇帝，《周书》本传却赞美他"盖有英雄之志，霸王之略"。令狐德棻在《周书·令狐整传》里，对其祖父亦颇置溢美之词。他借宇文泰之口称赞令狐整"积善余庆，世济其美"，"立身敦教，可以范人"。又记他治理丰州时："数月之间，化洽州府"，"奖励抚导，迁者如归"，实在是夸大其词，不近情理。还有，唐初门阀观念甚深，这在《周书》中亦有所反映。《周书》在介绍北周军事制度时，讲到所谓"八柱国""十二大将军"，认为"当时荣盛，莫与为比，故今之称门阀者，咸推八柱国家"①。这种门阀观念，在作者来说无疑是根深蒂固的。令狐德棻是"敦煌右姓"的后裔，所以他在讲到撰修周、隋二史时，就反复强调唐家天子"既受禅于隋，复承周世历数，国家二祖（按指李渊之祖李虎、父李昞）功业，并在周时。如文史不存，何以贻鉴今古?!"他以此作为必须抓紧撰修前代历史的根据之一，的确起了很大的作用。因为李渊对其祖父李虎为北周八柱国之一的荣耀家世，总是津津乐道的。

令狐德棻提出"国家二祖功业，并在周时"云云，自然受到李渊的赏识。其实，令狐德棻又何尝不想借修史来显示一下他的"敦煌右姓"的家世呢?!《周书·令狐整传》称令狐家族"世为西土冠冕"，《隋

---

① 令狐德棻等：《周书》卷十六后论，北京：中华书局，1971年，第272页。按：《文苑英华》卷七百五十四《史论一》载，《周书·八柱国传·论》系魏徵所撰；而《旧唐书·魏徵传》只记魏徵撰《隋书》序、论及梁、陈、齐三书总论，未记其撰《周书》史论事。

书·令狐煦传》又说令狐家族"代为西州豪右",都不是偶然的。这种庸俗的世风,承魏晋门阀观念之余绪,在唐初仍是比较普遍的社会现象。因此,在这个问题上,我们不应特别去苛求《周书》的作者令狐德棻。

四

令狐德棻是一位有漫长的著作生涯的历史学家。他对唐初史学的杰出贡献,不仅表现在他的思想远见和史学才能方面,而且还突出地表现在他的大量的著述工作方面。他一生致力于皇家撰述工作(主要是历史撰述工作)凡 40 余年,而"暮年尤勤于著述,国家凡有修撰,无不参与"。可以这样说:凡唐初的重大历史著述活动,都饱含着令狐德棻的心血。

令狐德棻总知类会梁、陈、齐、隋诸史,主编《周书》,负责重修《晋书》的具体工作,已如上文所述。下面列举的,是他的另外一些著述活动。

1. 参与修撰《艺文类聚》。《旧唐书》本传说:"(武德)五年,迁秘书丞,与侍中陈叔达等受诏撰《艺文类聚》。"[①]《艺文类聚》100 卷,武德七年(624 年)九月由欧阳询奏上[②]。它是中国历史上编辑时间较早的大型类书之一,其引用古籍达 1430 余种,可见撰述者的博洽。

2. 参与修撰《大唐仪礼》。《旧唐书》本传载:"(贞观)十一年,修《新礼》成,进爵为子。"据《新唐书·艺文志二·仪注类》著录:"《大唐仪礼》一百卷。长孙无忌、房玄龄、魏徵、李百药、颜师古、令狐德棻、孔颖达、于志宁等撰。……贞观十一年上之。"令狐德棻参与修撰的《新礼》就是《大唐仪礼》。

---

① 刘昫等:《旧唐书》卷七十三《令狐德棻传》,北京:中华书局,1975 年,第 2569 页。
② 王溥:《唐会要》卷三十六《修撰》,北京:中华书局,1955 年,第 651 页。

3. 参与修撰《氏族志》。《旧唐书·高士廉传》记：贞观五年（631年），唐太宗"诏士廉与御史大夫韦挺、中书侍郎岑文本、礼部侍郎令狐德棻等刊正姓氏。于是普责天下谱牒，仍凭据史传考其真伪，忠贤者褒进，悖逆者贬黜，撰为《氏族志》。……及成书，凡一百卷，诏颁于天下"①。

4. 参与撰定律令。《旧唐书》本传云：永徽元年（650年）"受诏撰定律令"。《新唐书·艺文志二·刑法类》有令狐德棻奉诏参与撰定《留本司行格》18卷的著录，并详载是书于永徽三年（652年）奏上。

5. 参与修撰《五代史志》。梁、陈、齐、周、隋五代史撰成后，唐太宗又命于志宁、李淳风等撰写《五代史志》。然唐太宗在世时，此书未成。唐高宗永徽元年（650年），以令狐德棻复为礼部侍郎，兼弘文馆学士，监修国史及《五代史志》。这时，他在唐初史坛上的地位仍然是十分重要的。《五代史志》一书于高宗显庆元年（656年），由太尉长孙无忌奏上。令狐德棻对促成此书发挥了积极的作用。

6. 参与修撰《贞观实录》。《旧唐书》本传载：永徽四年（653年），德棻"迁国子祭酒，以修贞观十三年以后实录功，赐物四百段，兼授崇贤馆学士"。考唐初修撰贞观朝实录，先后有两次。一次在贞观十七年（643年），由房玄龄主持修成20卷，始贞观元年（627年），迄贞观十四年（640年）。另一次是永徽元年（650年），由长孙无忌主持修成20卷，起贞观十五年（641年），止贞观二十三年（649年），于永徽四年（653年）奏上。令狐德棻参与了后一次修撰工作，上文所引"贞观十三年以后"，当是"贞观十五年以后"之误。

7. 参与撰写武德、贞观二朝国史。显庆元年（656年）七月三日，令狐德棻等"修国史成，起义宁，尽贞观末，凡八十一卷，藏其书于

---

① 刘昫等：《旧唐书》卷六十五《高士廉传》，北京：中华书局，1975年，第2443页。《旧唐书》卷七十三记令狐德棻任礼部侍郎事在贞观六年（632年），与此稍有出入。

内府"①。同修者有长孙无忌、于志宁、崔敦礼、李义府、刘允（胤）之、杨仁卿、李延寿、张文恭。《新唐书·艺文志二·正史类》著录："《武德贞观两朝史》八十卷。长孙无忌、令狐德棻、顾胤等撰。"关于这部"国史"，刘知幾评论说："贞观初，姚思廉始撰纪传，粗成三十卷"。至显庆元年（656 年），令狐德棻等"因其旧作，缀以后事，复为五十卷"②。据此可以明确：第一，《唐会要》所说的"八十一卷"，当是"八十卷"之误；第二，这是一部纪传体国史。《旧唐书》本传不载德棻参与修撰国史的事，是一大疏忽。

8. 参与修撰《高宗实录》。《旧唐书》本传说：德棻"撰《高宗实录》三十卷，进爵为公"。《新唐书·艺文志二·实录类》著录："《高宗后修实录》三十卷。初，令狐德棻撰，止乾封；刘知幾、吴兢续成。"可见刘、吴所撰之《高宗后修实录》是《高宗实录》的续作。关于后者，《唐会要》有详细记载：显庆四年（659 年）二月五日，"中书令许敬宗、中书侍郎许圉师、太史令李淳风、著作郎杨仁卿、著作郎顾允（胤）受诏撰贞观二十三年已（以）后至显庆三年实录，成二十卷"③。《会要》于撰人中不载德棻，然据上引《旧传》《新志》所载，德棻参与修撰是毫无疑义的。《新志》谓"止乾封"，似不确；因为德棻已于龙朔二年（662 年）致仕，并在 4 年后即乾封元年（666 年）去世。故《高宗实录》下限，当以《会要》所记止于显庆三年（658 年）为是④；其卷帙各书所记不尽相同，无从深考。

9. 据《新唐书·艺文志》著录，令狐德棻还著有《凌烟阁功臣故事》4 卷、《皇帝封禅仪》6 卷、《令狐家传》1 卷，以及《令狐德棻集》30

---

① 王溥：《唐会要》卷六十三《史馆上·修国史》，北京：中华书局，1955 年，第 1093 页。

② 刘知幾：《史通》卷十二《古今正史》，浦起龙通释，上海：上海古籍出版社，1978 年，第 373 页。

③ 王溥：《唐会要》卷六十三《史馆上·修国史》，北京：中华书局，1955 年，第 1093 页。

④ 参见陈光崇：《唐实录纂修考》，载《辽宁大学学报》1978 年第 3 期。

卷，多已遗佚，仅存五言诗一首，收在《全唐诗》里①。

令狐德棻从武德五年(622年)受诏撰《艺文类聚》及周史起，至龙朔二年(662年)致仕止，整整40年中，"国家凡有撰述，无不参与"。他直接参与的著作在900卷以上，这是多么难得呵！而尤其可贵的是，他"暮年尤勤于著述"。许多重要著作，如《晋书》《五代史志》《贞观实录》《武德贞观两朝史》《高宗实录》等，都是他在60至80岁参与修撰的。

"放旷山水情，留连文酒趣。"令狐德棻的这两句诗，多少反映了他作为历史学家的情怀和他对于历史著述的热忱。他在史学的道路上，从来没有停止过自己的脚步。

唐高宗永徽四年(653年)，71岁的令狐德棻被任命为国子祭酒，这对于他无疑是很高的荣誉。龙朔二年(662年)，令狐德棻已经80岁了，他请求致仕并得到了批准。4年后，即在唐高宗乾封元年(666年)，这位勤奋的、有作为的史学家在自己的家里停止了呼吸，终年84岁。

令狐德棻的政治见解是矛盾的、复杂的，其保守方面和进步方面都表现得很鲜明。他在向唐高祖李渊提出修撰前代历史的建议中，津津乐道于宇文周的历史，透露了他一方面寄希望于李唐皇朝的未来，另一方面也还沉湎于北周政权的过去。这跟他的身世自然有直接的关系。令狐德棻主张最高统治者采用"王道"这一统治方术，他认为：

> 王道任德，霸道任刑。自三王已(以)上，皆行王道；唯秦任霸术，汉则杂而行之；魏、晋已(以)下，王、霸俱失。如欲用之，王道为最，而行之为难②。

---

① 参见彭定求：《全唐诗》卷三十三，北京：中华书局，1960年，第449~450页。
② 刘昫等：《旧唐书》卷七十三《令狐德棻传》，北京：中华书局，1975年，第2598页。

在他看来，历史上有过四种政治局面，一是王道，二是霸道，三是王道、霸道"杂而行之"，四是"王、霸俱失"，什么方术都没有。他希望唐高宗能够推行"王道"。他还对唐高宗说过这样的话："古者为政，清其心，简其事，以此为本。当今天下无虞，年谷丰稔，薄赋敛，少征役，此乃合于古道。为政之要道，莫过于此。"真正的"王道"在历史上是不曾实行过的，恐怕"古道"也不像他讲的那么美好；但是，他希望统治者"清其心，简其事""薄赋敛，少征役"的政治主张，还是有进步意义的。他的这些话在很大程度上隐含着对贞观后期政治的批评。令狐德棻在回答唐高宗提出的"禹、汤何以兴？桀、纣何以亡？"的问题时，说道："《传》称：'禹、汤罪己，其兴也勃焉；桀、纣罪人，其亡也忽焉。'二主惑于妹喜、妲己，诛戮谏者，造炮烙之刑，是其所以亡也。"这些话，恐怕就是针对高宗永徽年间关于皇后废立纠纷而说的。这些事实说明，令狐德棻在政治上也是一个很敏锐的人。

作为一个史学家，令狐德棻对唐初史学的贡献是巨大的。评价令狐德棻在中国史学史上的地位，仅仅依据他主编的《周书》，是远远不够的。必须探究其在唐初的史学发展中的各方面的活动，研讨他跟那些同时代的史家们的关系，发现他比他们有哪些高明之处。只有这样，我们才可能对令狐德棻有比较全面的认识，也才有理由把他视为唐代史学的开山。

论唐初史家群体及其正史撰述[*]

唐代史学家刘知幾对唐朝史馆修史提出尖锐的批评，甚至认为史馆修史已经糟糕到了这种地步："每欲记一事，载一言，皆阁笔相视，含毫不断。故首白可期，而汗青无日。"[1]刘知幾曾"三为史臣，再入东观"，[2] 他对史馆的批评，都是出于亲身经历，这一点毋庸置疑。这里，只有一点是需要加以澄清的，即刘知幾所经历的史馆修史当在何时？据《史通》原序及《旧唐书》本传，刘知幾任史职始于武则天长安二年(702 年)，止于唐玄宗开元九年(721 年)，历武则天、唐中宗、唐睿宗、唐玄宗四朝。这就是说，刘知幾任史职时，上距唐太宗贞观三年(629 年)建立史馆已有 70 多年的历史。唐史馆成立之初的二三十年间，史官们撰写前朝史的盛况，早已风光不

---

* 原载《人文杂志》2015 年第 6 期。
① 刘昫等：《旧唐书》卷一百二《刘子玄传》，北京：中华书局，1975 年，第 3169 页。
② 参见刘知幾：《史通》原序，明载其历官经过，上海：上海古籍出版社，2009 年，第 1 页。

再，而刘知幾所经历的武则天、唐中宗时的史馆则完全是另一个样子。这一事实表明：唐太宗、唐高宗时的史馆既非常态，而武则天、唐中宗时的史馆亦非常态。唐太宗时期史馆修史的高效及其成就、自有其主客观条件所促成，即：一是时机，二是人才，三是人才的合作。本文意在就此发表一点粗浅之见，以彰显唐初史家群体的风采及其在史学发展史上的成就。

一、三十年间撰成八部正史

唐初统治集团重视史学，对撰写前朝历史有突出的自觉意识。早在唐高祖武德四年（621 年），大臣令狐德棻就提出修撰前朝历史的建议，唐高祖接受了这个建议，并于次年颁发《命萧瑀等修六代史诏》。①这里说的"六代史"，是指南朝的梁、陈二史，北朝的魏、北齐、北周、隋四史。这道诏书的要求，虽因全国形势尚未稳定、组织工作不力而无任何具体结果，但它却开启了唐初史馆修史的宏大格局。

唐太宗贞观三年（629 年），唐朝廷先是"于中书置秘书内省，以修'五代史'"②。所谓"五代史"，即梁、陈、北齐、北周以及隋五朝正史。次年，"移史馆于门下省北。宰相监修，自是著作局始罢此职。及大明宫初成，置史馆于门下省南"③。自此，唐朝正式设立史馆并承担着撰写前朝历史和当朝国史的重任，而宰相是史馆修史的直接领导者。在此后的 30 年间，唐初史家群体先后撰成八部正史，在中国古代的二十四部正史即"二十四史"中占据了 1/3。这是中国史学史上一段辉煌的纪录，兹略述如下：

---

① 参见刘昫等：《旧唐书》卷七十三《令狐德棻传》；宋敏求：《唐大诏令集》卷八十一。
② 王溥：《唐会要》卷六十三《修前代史》，北京：中华书局，1955 年，第 1091 页。
③ 王溥：《唐会要》卷六十三《史馆移置》，北京：中华书局，1955 年，第 1089 页。

——关于修撰"五代史"的分工及其合作机制，史载：

> 贞观三年，太宗复敕修撰，乃令德棻与秘书郎岑文本修周史，中书舍人李百药修齐史，著作郎姚思廉修梁、陈史，秘书监魏徵修隋史，与尚书左仆射房玄龄总监诸代史。众议以魏史既有魏收、魏澹二家，已为详备，遂不复修。德棻又奏引殿中侍御史崔仁师佐修周史，德棻仍总知类会梁、陈、齐、隋诸史。武德已来创修撰之源，自德棻始也。①

这段记载，除了表明撰写"五代史"的分工情况外，还涉及三个重要问题，一是北魏史因有北齐魏收《魏书》、隋朝魏澹《魏书》两家而不必重修；二是魏徵协助时任宰相的房玄龄"总监诸代史"；三是令狐德棻参与撰写北周史并"总知类会梁、陈、齐、隋诸史"。可见，这是一项有领导的人才分工与人才合作的史学工程，其合理性、可行性值得人们深长思之。

——贞观十年(636年)，"五代史"撰成，房玄龄、魏徵等"诣阙上之"。唐太宗十分高兴，说道：

> 朕睹前代史书。彰善瘅恶，足为将来之戒。秦始皇奢淫无度，志存隐恶，焚书坑儒，用缄谈者之口。隋炀帝虽好文儒，尤疾学者，前世史籍竟无所成，数代之事殆将泯绝。朕意则不然，将欲览前王之得失，为在身之龟镜。公辈以数年之间，勒成五代之史，深副朕怀，极可嘉尚。②

---

① 刘昫等：《旧唐书》卷七十三《令狐德棻传》，北京：中华书局，1975年，第2598页。
② 王钦若等：《册府元龟》卷五百五十四《恩奖》，北京：中华书局，1960年，第6657页。

这是唐太宗关于史学的一篇重要言论。他指出了史学的社会功用，总结了前代帝王在这方面的教训，进而表明了自己对史学的认识。面对唐初史家群体所取得的成就，他的这番话，也反映出了史家们的心声。

——贞观十七年（643年），唐太宗敕撰《隋书》十志，即《五代史志》。①

——贞观二十年（646年），唐太宗颁发《修〈晋书〉诏》。在这篇诏书里，唐太宗提出了"大矣哉，盖史籍之为用也"的论断，对史学的社会作用给予了极高的评价。诏书还追述了从传说时期至唐初的史学工作，肯定了史学所发挥的"彰善瘅恶，激一代之清芬；褒吉惩凶，备百王之令典"的积极作用。同时，诏书认为以往诸家晋史"才非良史，事亏实录"，说它们有的"烦而寡要"，有的内容空洞、"滋味同于画饼"，有的"不预干中兴"，有的"莫通于创业"，有的"其文既野，其事罕有"等；因此，唐太宗"遐想寂寥，深为叹息"，故要求史馆重修晋史。②

——贞观二十二年（648年），房玄龄等奏上新修《晋书》一百三十卷，③因唐太宗撰写了四篇史论，故题为"御撰"，时称新《晋书》。《修〈晋书〉诏》的下达和新《晋书》的撰成，反映了唐初统治者的历史认识和对史书修撰新的要求。

——唐高宗显庆元年（656年），长孙无忌等奏上《五代史志》三十卷。史载："太尉长孙无忌进史官所撰梁、陈、周、齐、隋《五代史

---

① 李延寿：《北史》卷一百《序传》记："十七年，尚书右仆射褚遂良时以谏议大夫奉敕修撰《隋书》十志，复准敕召延寿撰录。"（北京：中华书局，1974年，第3343页）按："《隋书》十志"即《五代史志》，可见当时两种称法都存在。

② 参见宋敏求：《唐大诏令集》卷八十一唐太宗《修〈晋书〉诏》，北京：商务印书馆，1959年，第467页。

③ 《晋书》成书年代，参见杨翼骧等：《增订中国史学史资料编年》第1册，天津：南开大学出版社，1987年，第240页。

志》三十卷。"①此书自贞观十七年始撰，至此历时十三四年乃成。

——唐高宗显庆四年（659年），李延寿撰成《南史》八十卷、《北史》一百卷，表上之。《唐会要》记："四年二月，太子司更大夫吕才著《隋纪》二十卷。其年，符玺郎李延寿撮近代诸史，南起自宋终于陈，北始自魏卒于隋，合一百八十篇，号为《南北史》，上自制序。"②

综上，自唐太宗贞观三年（629年）诏修"五代史"，至唐高宗显庆四年（659年），在这30年中，唐初史家群体先后撰成《梁书》《陈书》《北齐书》《周书》《隋书》《晋书》《南史》《北史》共八部正史，且均流传至今。这不愧是中国史学史上的一个壮举，中华文明史上灿烂的一页。

二、唐初所修八史的成就

上述八部正史的产生，都得力于唐初的史馆，其中"五代史"（包括纪传与志）、《晋书》自不待言，即使是《南史》《北史》虽非敕撰，但撰者李延寿也是凭借在史馆修史期间，经多年的抄撮、连缀、删削、补充"八书"（《宋书》《南齐书》《梁书》《陈书》《魏书》《北齐书》《周书》《隋书》）而成。上述参与撰述的史家们又各有专长，或在主观意向上，或在客观配合上，形成了分工合作、各骋其才的学术机制，终以成就大业。在这方面，是有值得思考和总结之处的。

唐初史学家群体对史学和历史撰述的认识起点高。令狐德棻建议修前朝史时讲道："如文史不存，何以贻鉴将来"。而唐高祖的《命萧瑀等修六代史诏》也说："简牍未修，纪传咸缺，炎凉已积，谣俗还讹，余烈遗风，泯焉将坠"，"顾彼湮落，用深轸悼"。③ 这无疑有

---

① 刘昫等：《旧唐书》卷四《高宗本纪》上，北京：中华书局，1975年，第75页。
② 王溥：《唐会要》卷六十三《修前代史》，北京：中华书局，1955年，第1092页。
③ 刘昫等：《旧唐书》卷七十三《令狐德棻传》，北京：中华书局，1975年，第2597页。

政治上的考虑，但这种考虑是以对历史的重视和对未来的责任为前提的。质而言之，他们认识到历史撰述对今人和后人都是十分重要的。"六代史"虽一时没有结果，但这种思想却是唐初史家群体的共识。唐太宗对诸家晋史的批评，集中在这样两点，一则是"才非良史"，二则是或缺创始或缺中兴，并非完全意义上的晋史。晋与唐之间，隔着南北朝和隋，二者并无直接的联系。唐太宗能够提出重修晋史的主张并为众多参与《晋书》撰写者的赞同而付诸实施，表现出唐太宗确有史学上的自觉与睿智。

当然，唐初史家群体对史学与历史撰述认识的起点高，还表现在"五代史"和《晋书》《南史》《比史》撰述的实际处置的许多方面。如：

——《梁书》《陈书》对北朝不以"索虏"相称而称其国号，《周书》《北齐书》对南朝也不以"岛夷"相称而称国号，这是对南北朝时期所撰正史的重大改变。

——《晋书》贯通两晋且以"载记"记十六国史事，使其成为完全意义上的晋史；其十志则接两汉、揽三国，弥合前史无志之憾。

——《隋书》志即《五代史志》在"天下大同"的政治格局下，把梁、陈、齐、周、隋五朝的典章制度写在同一志书之中，自《史记》《汉书》以来亦是一大创造。今举《地理志》《经籍志》为例，略述其撰述特点。《地理志》起首上溯两晋以至两汉梗概，虽表述极为简略，但渊源有自，脉络清晰，表明了制度史之连续性的撰述思想。《地理志》包含三篇，上篇记梁、陈，中篇记"后齐"（北齐）、"后周"（北周），下篇记隋，使纵向相联贯，横向相依存，至隋归于一统。其《经籍志》所反映的唐初史家群体的学术思想，是《汉书·艺文志》以来的又一次重大跨越，它总结《汉志》以后的学术成果，在继承前人文献分类的基础上，以四部分类著录了现有或已知的唐以前的文化典籍而不论其出于何朝、何人；尤其难得的是，它在"史部"中专设"霸史"一类，著录十六国时期的史家所撰史书，其"小序"写道：

《传》曰："不有君子，其能国乎？"自晋永嘉之乱，皇纲失驭，九州君长，据有中原者甚众。或推奉正朔，或假名窃号，然其君臣忠义之节，经国字民之务，盖亦勤矣。而当时臣子，亦各记录。后魏克平诸国，据有嵩、华，始命司徒崔浩，博采旧闻，缀述国史。诸国记注，尽集秘阁。尔朱之乱，并皆散亡。今举其见在，谓之霸史。①

　　所谓"当时臣子，亦各记录"表明，各族在历史撰述上是平等的。至于对有些作者所处之朝代名称前加一"伪"字，只是为了说明不承认这个朝代的正统地位罢了。

　　从上述举例中可以看出，唐初史家群体所表现出来的对历史的新认识，以及对史书修撰的新观念、新方法，表明他们对史学有了更深刻的理解，对史学的社会功能有了切实的新的感悟。这是民族大融合和大一统政治局面的发展给予他们的时代精神和史学智慧。

三、史家群体的人才构成

　　唐初八史的撰成，得力于史馆这个平台，得力于时代的启迪，尤其得力于当时的史家群体及其人才构成。

　　由上述可知：《梁书》《陈书》系姚思廉撰；《北齐书》系李百药撰；《周书》系令狐德棻、岑文本、崔仁师撰；《晋书》的参撰者据《新唐书·艺文志》记，有以下21人：房玄龄、褚遂良、许敬宗、来济、陆元仕、刘子翼、令狐德棻、李义府、薛元超、上官仪、崔行功、李淳风、辛丘驭、刘引之、阳仁卿、李延寿、张文恭、敬播、李安期、

---

① 魏徵等：《隋书》卷三十三《经籍志》，北京：中华书局，1973年，第964页。

李怀俨、赵弘智等。①《隋书》及《五代史志》的撰者据《新唐书·艺文志》记，有以下十人：颜师古、孔颖达、于志宁、李淳风、韦安化、李延寿、令狐德棻、敬播、赵弘智、魏徵等。②

在这样一个历史条件和史学氛围中，史家们可以各展其才，发挥自己的作用，如：

叙事是历史撰述的基本要求，也是史学家最重要的修养。史载：李百药，"七岁能属文"；李安期，也是"七岁能属文"③；薛元超，"好学，善属文"④；上官仪，"涉猎经史，善属文"⑤。

明于掌故、典制者，以及博学多闻之士，是正史撰述不可缺少的人才。史载：姚思廉，"少受汉史于其父，能尽传家业，勤学寡欲，未尝言及家人产业"⑥；颜师古，"少传家业，博览群书，尤精诂训，善属文"⑦；孔颖达，"八岁就学"，"及长，尤精《左氏传》《郑氏尚书》《王氏易》《毛诗》《礼记》，善兼算历，能属文"⑧；李淳风，"博涉群书，尤明天文、历算、阴阳之学"⑨；褚遂良，"博涉文史"⑩等。

历史撰述颇有赖于精于史书体例、善于创制的史学家的参与，否则，只是堆砌史料而已。史载：敬播，贞观初年进士，其后"佐颜

① 参见欧阳修等：《新唐书》卷五十八《艺文志二》，北京：中华书局，1975 年，第1456 页。
② 参见欧阳修等：《新唐书》卷五十八《艺文志二》，北京：中华书局，1975 年，第1457 页。
③ 刘昫等：《旧唐书》卷七十二《李百药传》及《附李安期传》，北京：中华书局，1975 年，第 2571、2577 页。
④ 刘昫等：《旧唐书》卷七十三《薛收传附薛元超传》，北京：中华书局，1975 年，第 2590 页。
⑤ 刘昫等：《旧唐书》卷八十《上官仪传》，北京：中华书局，1975 年，第 2743 页。
⑥ 刘昫等：《旧唐书》卷七十三《姚思廉传》，北京：中华书局，1975 年，第 2592 页。
⑦ 刘昫等：《旧唐书》卷七十三《颜师古传》，北京：中华书局，1975 年，第 2594 页。
⑧ 刘昫等：《旧唐书》卷七十三《孔颖达传》，北京：中华书局，1975 年，第 2601 页。
⑨ 刘昫等：《旧唐书》卷七十九《李淳风传》，北京：中华书局，1975 年，第 2717 页。
⑩ 刘昫等：《旧唐书》卷八十《褚遂良传》，北京：中华书局，1975 年，第 2729 页。

师古、孔颖达修《隋史》"，又"与给事中许敬宗撰《高祖、太宗实录》，自创业至于十四年"；"玄龄以颜师古所注《汉书》，文烦难省，令播撮其机要，撰成四十卷，传于代"；"寻以撰实录功，迁太子司议郎。时初置此官，极为清望。中书令马周叹曰：'所恨资品妄高，不获历居此职。'参撰《晋书》，播与令狐德棻、阳仁卿、李严等四人总其类。"①这一段文字，没有直接说到敬播的史才，但从唐太宗、房玄龄、马周等人对他的器重，足以表明他是一位精于史书体例的史学家。

李延寿是一位同敬播有许多相似之处的史学家，他在《北史·序传》中略述其著史经历，也在一定意义上反映了他的史才，他写道：

> 延寿与敬播俱在中书侍郎颜师古、给事中孔颖达下删削。既家有旧本，思欲追终先志，其齐、梁、陈（周、隋）五代旧事所未见，因于编缉之暇，昼夜抄录之。至五年，以内忧去职。服阕，从官蜀中，以所得者编次之。然尚多所阙，夫得及终。十五年，任东宫典膳丞日，右庶子、彭阳公今狐德棻又启延寿修《晋书》，因兹复得勘究宋、齐、魏三代之事所未得者。十七年，尚书右仆射褚遂良时以谏议大夫奉敕修《隋书》十志，复准敕召延寿撰录，因此遍得披寻。时五代史既未出，延寿不敢使人抄录，家素贫罄，又不办雇人书写。至于魏、齐、周、隋、宋、齐、梁、陈正史，并手自写，本纪依司马迁体，以次连缀之。又从此八代正史外，更勘杂史于正史所无者一千余卷。皆以编入。其烦冗者，即削去之。始末修撰，几十六载。始宋，凡八代，为《北史》《南史》二书，合一百八十卷。其《南史》先写讫，以呈监国史、国子祭酒令狐德棻，始末蒙读了，乖失者亦为改正，许令闻奏。次以《北史》咨知，亦为详正。因遍咨宰相，

①　刘昫等：《旧唐书》卷一百八十九上《儒学上·敬播传》，北京：中华书局，1975年，第4954页。

乃上表。①

据此可知，李延寿先后参与《隋书》《晋书》《五代史志》的撰述，又私撰《南史》《北史》，也就是说，唐初所修八史，李延寿都是亲历者、参与者，这在唐初史家群体中除令狐德棻外并无他人可以及此。

历史学家的时代意识自会给历史著作注入社会的活力，使人读来能够得到更多的启示。唐初史家群体中，从监修国史到一般史官，多具有这种时代意识。史载：来济，"笃志好学，有文词，善谈论，尤晓时务"。②其实，在唐初史家群体中，房玄龄、魏徵、令狐德棻、李延寿等，都是关注、通晓时务的史学家，这是在30年间唐初史家群体能够撰成八部正史的一个重要原因。

唐初史家群体中，有一些史家具有家学传统，这也是唐初史家群体历史撰述中的一个积极因素。上文讲到姚思廉"能尽传家业"，是指他的父亲姚察本是陈朝史官，入隋后曾受命撰梁、陈二史。李百药之父李德林曾任隋朝内史令，"敕撰《齐史》未成"，"有子曰百药，博涉多才，词藻清赡"③。李百药撰《北齐书》，正是完成他父亲的未竟之业。李百药之子李安期参与撰《晋书》，反映了家学的继续延伸。至于颜师古的"少传家业"，是因其叔父颜游秦"撰《汉书决疑》十二卷，为学者所称，后师古注《汉书》，亦多取其义耳"④。当然，颜师古受益于家学，其功力和成就并不仅限于注《汉书》。具有家学传统的另一位史家是《南史》《北史》的撰者李延寿。他的家学传统显得更有传奇色彩和崇高价值。李延寿之父李大师曾在隋朝做官，隋朝灭亡后，他着手撰写南北朝历史，贞观二年（628年）去世，所撰未

---

① 李延寿：《北史》卷一百《序传》，北京：中华书局，1974年，第3343～3344页。
② 刘昫等：《旧唐书》卷八十《来济传》，北京：中华书局，1975年，第2742页。
③ 魏徵等：《隋书》卷四十二《李德林传》，北京：中华书局，1973年，第1208～1209页。
④ 刘昫等：《旧唐书》卷七十三《颜师古传》，北京：中华书局，1975年，第2596页。

就。李延寿撰《南史》《北史》正是"追终先志"所为。他这样概括其父李大师的撰述旨趣：

> 　　大师少有著述之志，常以宋、齐、梁、陈、魏、齐、周、隋南北分隔。南书谓北为"索虏"，北书指南为"岛夷"。又各以其本国用悉，书别国并不能备，亦往往失实。常欲改正，将拟《吴越春秋》，编年以备南北。……既所撰未毕，以为没齿之恨焉。①

隋唐之际，李大师人生坎坷，竟有如此崇高的撰述志向，可谓中国史学史上一束灿烂的光华，而李延寿亦堪称唐初史家群体中继承家学的一个典范。

　　以上事实表明，唐初史家群体由各种人才构成，正是这些不同专长的史学人才汇聚在同一个时代、同一个环境、同一个史学氛围中，充分施展才华和智慧，造就了中国史学上的丰功：赫然流传至今的八部正史。

四、"总知类会"的作用和"监修"的责任

　　唐初史家群体在 30 年间撰写出了八部正史，还有一个重要的原因，即"总知类会"的作用和"监修"的责任。用今天的话来说，这是关于学术组织工作的做法和经验。

　　贞观三年唐太宗在敕令修撰前朝史时，除作了明确分工外，有两句话非常重要：一是"秘书监魏徵修隋史，与尚书左仆射房玄龄总监诸代史"；二是令狐德棻除参与修周史外"仍总知类会梁、陈、齐、

---

① 李延寿：《北史》卷一百《序传》，北京：中华书局，1974 年，第 3343 页。

隋诸史"。这两句话，把这次修撰"五代史"的分工事宜从三个层面上作了周密的安排：第一个层面是"总监"，房玄龄为主，魏徵协助；第二个层面是"总知类会"诸史，令狐德棻负责；第三个层面是各史修撰的具体分工。具体的个人分工，已如上述，这里着重讨论"总知类会"的作用和"总监"的责任。

"总知类会"，顾名思义，是指通盘考虑与处置各史修撰中涉及内容和体例上的相互关联的具体问题。因是五史同修，又非出于一人之笔，内容和体例上的协调，实为修撰中关系到成败的一个关键。例如，从纵向上看，魏收的《魏书》以东魏为正统，故李百药作《北齐书》，上承《魏书》即可；而令狐德棻作《周书》则难以直接上承魏收《魏书》，因为中间缺了西魏一朝史事。因此，《周书》于帝纪中补叙了西魏的政治、军事大事。而《北齐书》所记，则包含了东魏、北齐两朝史事，这样就把史事理顺了。又如，从横向上看，《陈书》的内容，与《北齐书》《周书》《隋书》都有一定的联系，反之亦然。处理好这些联系，是修撰中十分重要的问题。在这些相互关联中，《周书》显得尤为复杂，其所记史事，不仅包括西魏、北周，而且兼及东魏、北齐和梁、陈乃至于隋。还有，梁元帝末年，宗室萧詧建立"后梁"，先后依附北周与隋，传三代历时 30 余年，但《梁书》不载此事，《周书·萧詧传》为之记载，避免了历史的"空白"。凡此，都应是"总知类会"中作通盘考虑并做出尽可能合理处置的。从梁、陈、北齐、北周、隋五代史相互间的诸多联系，可以想见当时修撰中出现的问题，也可以想见"总知类会"所要处理的种种问题及其重要性了。

贞观二十年（646 年），唐太宗诏命重修《晋书》，"房玄龄奏德棻令预修撰，当时同修一十八人，并推德棻为首，其体制多取决焉。"[1]可

　① 刘昫等：《旧唐书》卷七十三《令狐德棻传》，北京：中华书局，1975 年，第 2598页。按：《唐会要》卷六十三与《新唐书·艺文志二》均作 21 人，所不同的是：前者有卢承基而无赵弘智，后者则相反，前者书刘允之、杨仁卿二人。后者书为刘引、阳仁卿。

以说，重修《晋书》之举，荟萃了当时一批优秀史学人才，而令狐德棻被同修者推为首，可见其在众多史家中有很高的声望，这同修"五代史"时"总知类会"诸史自有必然的联系。上文讲到敬播参与修撰《晋书》时，"与令狐德棻、阳仁卿、李严等四人总其要"。以敬播的才干，他在修撰《晋书》的过程中显然出力甚多。但在这个问题上，《旧唐书》与《新唐书》所记不甚一致，而《新唐书》的《令狐德棻传》与《敬播传》也不相同。《新唐书·令狐德棻传》记："会修晋家史，房玄龄奏起之，预柬凡十有八人，德棻为先进，故类例多所诹定"。① 但《新唐书·敬播传》又说："又与令狐德棻等撰《晋书》，大抵凡例皆播所发也。"②以上四处记载，用语各不相同，但两《唐书·令狐德棻传》所记应是一致的，即"其体制多取决焉""故类例多所诹定"。

那么，《晋书》的"体制""类例"的重要性何在？这实际上涉及唐太宗为何要重修晋史的初衷了。唐太宗批评以前所著晋史，列举了多方面的缺点，而其中最重要的两条缺点是"不干预中兴"与"不通于创业"，即不是完全意义上的晋史：从新修《晋书》来看，不仅包含两晋史事，而且包含了与东晋同时存在的北方诸多少数民族贵族所建立的十六国史事，即《晋书》中"载记"部分。不论从政治大一统的观念来看，还是从民族大融合的观念来看，新修《晋书》的这一"体制"都是历史认识和史书编撰上的重大创获。正如刘知幾《史通·序例》篇引孔安国的话："序者，所以叙作者之意也。"他进而引申说："夫史之有例，犹国之有法。国无法，则上下靡定；史无例，则是非莫准。"③正是《晋书》的这一创制，使后人得以通览完整的两晋史事。

---

① 欧阳修等：《新唐书》卷一百二《令狐德棻传》，北京：中华书局，1975年，第2984页。

② 欧阳修等：《新唐书》卷一百九十八《儒学上·敬播传》，北京：中华书局，1975年，第5656页。

③ 刘知幾：《史通》卷四《序例》，浦起龙通释，上海：上海古籍出版社，1978年，第87~88页。

其他如类传的分合、志目的设置与记事的断限等，也是重要的体制。如此看来，在"五代史"撰述中发挥着"总知类会"作用的令狐德棻，也是重修《晋书》的第一功臣。从前引李延寿《北史·序传》文字，可知令狐德棻对《南史》《北史》这两部私人撰述亦十分重视。或指出"乖失"，或予以"详正"，进而使其"遍咨宰相"，得以上奏唐高宗。要之，唐初八史，均与令狐德棻关系密切。后人评价说："武德已来创修撰之源，自德棻始也。"又称他"贞度应时，待问平直。征旧史，修新礼，以畅国风；辨治乱，谈五霸，以资帝业。"①令狐德棻堪称唐初史家群体中的一个杰出代表。

现在来说"总监"的责任。贞观三年(629年)，唐太宗敕修前朝诸史，命"秘书监魏徵修隋史，与尚书左仆射总监诸代史"。根据当时的制度，只有宰相才可任"监修国史"之职，魏徵当时是秘书监，诏命他协助房玄龄作为"总监"参与是役，表明唐太宗深知魏徵对历史有独到见解。尽管房玄龄、魏徵的政治出身迥异，他们在"草创与守成孰难"的认识上完全相反②，但他们在贞观年间所发挥的政治作用却是一致的和巨大的。史载：房玄龄"博览经史，工草隶，善属文"。史家称赞他说："既任总百司，虔恭夙夜，尽心竭节，不欲一物失所。闻人有善，若己有之。明达吏事，饰以文学，审定法令，意在宽平。不以求备取人，不以己长格物，随能收叙，无隔卑贱。论者称为良相焉。"③可见，房玄龄以宰相身份监修国史，任修撰"五代史"的"总监"，是用他的政治声望和人格魅力来履行他的责任。魏徵则不然，他是以对历史的深刻认识和对国事的高度关注来尽其职责

---

① 刘昫等：《旧唐书》卷七十三《令狐德棻传》及本卷后论，北京：中华书局，1975年，第2598、2604页。

② 参见吴兢，《贞观政要》卷十一《君道》，上海·上海古籍出版社，1978年，第3页。

③ 刘昫等：《旧唐书》卷六十六《房玄龄传》，北京：中华书局，1975年，第2459、2461页。

的。这突出地反映在他为《隋书》纪传撰写的史论，以及为《梁书》《陈书》《北齐书》撰写的总论之中。他的《隋书》史论在总结隋朝的历史教训方面颇具新意而且精辟，认为："其隋之得失存亡，大较与秦相类。始皇并吞六国，高祖统一九州，二世虐用威刑，炀帝肆行猜毒，皆祸起于群盗，而身殒于匹夫。"①这是鲜明地运用比较的方法来看待秦、隋两个王朝的兴亡成败，给人留下深刻的印象。魏徵还认为："述其衰怠之源，稽其乱亡之兆，起自高祖，成于炀帝，所由来远矣，非一朝一夕。"②这种把乱亡的根源及其发展作深入分析的见解，也是发人深思之论。此外，魏徵对于人才、吏治、时势与英雄等问题，也在史论中多有精辟论断。③

魏徵撰写的《梁书》《陈书》《北齐书》的总论，各有其针对性，并非泛泛而论，足见其对历史形势的把握和对治乱兴衰的剖析，都显示出他的史论的精辟所在。例如：他这样评论梁武帝：

> 济济焉，洋洋焉，魏、晋已来，未有若斯之盛。然不能息末敦本，斫雕为朴，慕名好事，崇尚浮华，抑扬孔、墨，流连释、老。或经夜不寝，或终日不食，非弘道以利物，惟饰智以惊愚。……《易》曰："天之所助者信，人之所助者顺。"高祖之遇斯屯剥，不得其死，盖动而之险，不由信顺，失天人之所助，其能免于此乎？④

这是指出梁武帝在有利的历史形势下，政策上未能"息末敦本"，自身又"流连释、老"，这就从根本上违背了先民所崇尚的"信"与"顺"，以至个人也都遭到可悲的下场。

---

① 魏徵等：《隋书》卷七十后论，北京：中华书局，1973 年，第 1636 页。
② 魏徵等：《隋书》卷二《高祖纪下》后论，北京：中华书局，1973 年，第 56 页。
③ 参见本书下编《评〈隋书〉史论》一文。
④ 姚思廉：《梁书》卷六后论，北京：中华书局，1973 年，第 150～151、118 页。

魏徵批评陈后主这样写道：

> 后主生深宫之中，长妇人之手，既属邦国殄瘁，不知稼穑艰难。初惧阽危，屡有哀矜之诏；后稍安集，复扇淫侈之风。宾礼诸公，唯寄情于文酒，昵近群小，皆委之以衡轴。谋谟所及，遂无骨鲠之臣，权要所在，莫匪侵渔之吏。政刑日紊，尸素盈朝，躭荒为长夜之饮，嬖宠同艳妻之尊，危亡弗恤，上下相蒙，众叛亲离，临机不寤，自投于井，冀以苟生，视其以此求全，抑亦民斯下矣。①

这一段评论，客观上揭示了这样一条政治规律：国君不了解社会，不知民间疾苦，其身边有"昵近群小"而无"骨鲠之臣"，必定走向"上下相蒙，众叛亲离"的败亡之途。

魏徵从人事的视角评论北齐的衰亡，他写道：

> 抑又闻之：皇天无亲，唯德是辅；天时不如地利，地利不如人和。齐自河清之后，逮于武平之末，土木之功不息，嫔嫱之选无已，征税尽，人力殚，物产无以给其求，江海不能赡其欲。所谓火既炽矣，更负薪以足之，数既穷矣，又为恶以促之，欲求大厦不燔，延期过历，不亦难乎！由此言之，齐氏之败亡，盖亦由人，匪唯天道也。②

上述评论从治国理政的天时、地利、人和三个因素出发，尖锐地指出北齐统治者不爱"人力"、挥霍"物产"，骄奢淫逸，自毁大厦，"盖亦由人，匪唯天道也"。这里，再一次显示出了魏徵的唯物历史观。

---

① 姚思廉：《梁书》卷六后论，北京：中华书局，1973 年，第 150～151、118 页。
② 李百药：《北齐书》卷八后论，北京：中华书局，1972 年，第 116～117 页。

《旧唐书·魏徵传》指出："《隋史》序论，皆徵所作，梁、陈、齐各为总论，时称良史。"①《隋书》乃魏徵主修，其史论署为"史臣曰"。《梁书》《陈书》总论则署为"史臣侍中、郑国公魏徵曰"；《北齐书》总论署为"郑文贞公魏徵总而论之曰"。贞观十年，魏徵已官至侍中、封郑国公，前者书之不误；后者当为后人改署，因"文贞"系贞观十六年（642年）魏徵去世后朝廷所赠谥号。要之，魏徵以其深于理解历史且善为史论，故能在"总监"五代史撰述中发挥了重要作用，被时人称为"良史"。

唐初史家群体因其所处时代的推动及其自身的优点，从而在30年间先后撰成八部正史，成为中国史学史上值得彰显的一页。总结其中的经验，尤其是分析主客观的种种因素与正史撰述的关系，对于后人认识这一史学现象，颇具启发意义。这里，有两点尚须作简要说明：一是唐初史家在有关这30年中，其撰述成就并不限于八部正史，对于他们撰写的其他著作，因与本文多无直接关联，故从略。二是后人对这八部正史曾有过这样那样的批评，如《梁书》《陈书》《北齐书》为作者父祖立传；《晋书》参撰者不乏文学之士，喜采奇文异说入史；《南史》《北史》增删"八书"处多有不当，等等。这些批评大多不无道理，是研究中应当注意的问题，不必为前人掩饰。钱大昕说得好："史非一家之书，实千载之书，祛其疑，乃能坚其信，指其瑕，益以见其美。"②后人对于唐初史家群体所撰八部正史，不是也应当这样看待吗？

---

① 刘昫等：《旧唐书》卷七十一《魏徵传》，北京：中华书局，1975年，第2550页。

② 钱大昕：《廿二史考异》序，方诗铭、周殿杰校点，上海：上海古籍出版社，2014年，第1页。

说"良史"魏徵[*]

魏徵（580—643 年）是唐太宗时期的一位政
治家，也是君主制度下的一位诤臣，这是许多人
都知道的。作为政治家和诤谏之臣，魏徵在当时
和后世都享有盛誉。唐太宗曾当面对魏徵这样
说："卿所谏前后二百余事，皆称朕意，非卿忠
诚奉国何能若是！"①唐太宗甚至以金矿石与"良
冶"来比喻他和魏徵的关系，说："公独不见金之
在矿，何足贵哉？良冶锻而为器，便为人所宝，
朕方自比于金，以卿为良工。"②这两段话，一方
面表明魏徵所谏之事甚多，唐太宗以"忠诚奉国"
肯定魏徵诤谏的思想动因，当是中肯的；若说
"皆称朕意"，似有夸大，毋宁说是大多被采纳
了。难得的是，唐太宗自喻为"金"，以魏徵比作
"良工"，"金"得"良工"才显其宝贵，这显示了唐

* 原载《历史教学问题》2015 年第 4 期。
① 吴兢：《贞观政要》卷二《任贤》，上海：上海古籍出版社，1978 年，第 32 页。
② 吴兢：《贞观政要》卷二《任贤》，上海：上海古籍出版社，1978 年，第 33 页。

太宗虚己待人的胸怀。正因为有魏徵的这种表现以及唐太宗与魏徵之间的这种密切的君臣关系，所以魏徵的辞世，唐太宗深感悲痛，认为自己失去了一面"镜子"："昔惜魏徵，每显予过。自其逝也，虽过莫彰。"①从唐太宗的全貌来看，这也并非虚言，他真正感受到一个"忠诚奉国"的诤谏之臣是多么重要，多么宝贵。

魏徵的诤谏精神得到后人的高度评价，后晋史家这样写道："其匡弼违，能近取譬，博约连类，皆前代诤臣之不至者。其实根于道义，发为律度，身正而心劲，上不负时主，下不阿权幸，中不侈亲族，外不为朋党，不以逢时改节，不以图位卖忠。……前代诤臣，一人而已。"②这是全面地概括了魏徵诤谏的方法、思路和道德根源，并给予极高的评价。后晋史家这里说的"道义""律度""身正"和六个"不"，对于一个大臣和谏官来说，应具有普遍的意义。宋人孙甫《唐史论断》一书，含九十二论，涉及魏徵的史论有三首，其中之一是"魏郑公谏诤"，孙甫写道："论曰：魏公以忠直称，历数百年而乃愈高。李翱论修史之法。则曰：'假如传魏徵，但记其谏诤之词，足以见其正直。其言足以传信于后也？'"③孙甫赞同唐人李翱的看法，即见魏徵诤谏之文辞，足以见魏徵为人之正直，因而能"传信于后也"。孙甫的认识证明李翱之论不诬，而孙甫所谓"历数百年而乃愈高"之评，亦属中肯。

同时，魏徵又是一个出色的史家而被称为"良史"的人。对于这一点，后人论之不多，看来是他的诤臣一面"遮盖"了他的"良史"一面。因此，这里有必要说说魏徵作为"良史"的本色。而认识他的"良史"一面，则可更深刻地认识和理解他的诤臣的一面。

---

① 吴兢：《贞观政要》卷二《任贤》，上海：上海古籍出版社，1978 年，第 33 页。
② 刘昫等：《旧唐书》卷七十一《魏徵传》，北京：中华书局，1975 年，第 2562、2563 页。
③ 孙甫：《唐史论断》卷上，上海：商务印书馆，1939 年，第 11、12 页。

《旧唐书·魏徵传》记："初，有诏遣令狐德棻、岑文本撰《周史》，孔颖达、许敬宗撰《隋史》，姚思廉撰《梁、陈史》，李百药撰《齐史》。徵受诏总加撰定，多所损益，务存简正。《隋史》序论，皆徵所作，《梁》《陈》《齐》各为总论，时称良史。"[1]这是指的唐太宗贞观三年（629年）诏修"五代史"至贞观十年（636年）成书之事。但此处所记与《旧唐书·令狐德棻传》所记略有不同，后者称："秘书监魏徵修隋史，与尚书左仆射房玄龄总监诸代史"，而令狐德棻"仍总知类会梁、陈、齐、隋诸史"。[2]二者合而观之，约略可知当时修撰"五代史"的撰述分工及相关情况，即：房玄龄"总监诸代史"；魏徵主修隋史并协助房玄龄"总监诸代史"、撰写《隋史》序论及梁、陈、齐诸史总论；令狐德棻"总知类会"诸史。以上两传所记，都突出了魏徵在修"五代史"中的地位和作用，其中重要的一个方面，是突出了魏徵撰写的史论，这跟"时称良史"有极大的关系。

但是，综观魏徵在唐太宗时的所言所行，他的"良史"本色，当不只是反映在他的史论撰述中，应当还包含着与史论撰述相关的政治思想和政治活动。我们可以从他的史论撰述入手，结合他以史资政的经历和深刻的忧患意识，进而联系上述他的诤谏精神，庶几一窥作为"良史"魏徵的风采。

一、精辟的史论

这里仅举《隋书》史论为例略作说明。首先，魏徵运用比较的方法，揭示隋朝的兴亡之故，他写道："其隋之得失存亡，大较与秦相类。始皇并吞六国，高祖统一九州，二世虐用酷刑，炀帝肆行猜毒，

---

① 刘昫等：《旧唐书》卷七十一《魏徵传》，北京：中华书局，1975年，第2550页。
② 刘昫等：《旧唐书》卷七十三《令狐德棻传》，北京：中华书局，1975年，第2598页。

皆祸起于群盗，而身殒于匹夫。原始要终，若合符契矣。"①所谓"群盗"，当是指秦末、隋末两次农民大起义。中国古代史家运用比较方法研究与评论历史，有久远的传统，而魏徵以"秦隋相较"则具有突出的意义：强大的统一的秦、隋两个皇朝，何以速亡？这给后人留下了不尽的思考。魏徵以"秦隋相较"提出问题，不仅使这种思考更加深入且具有震撼力，而且也使人更易于理解这一沉重的历史命题。

魏徵撰《隋书》史论，还注意到事物的联系，对史事不作绝对的评判。他论隋朝之亡，有这样的判断："迹其衰怠之源，稽其乱亡之兆，起自高祖，成于炀帝，所由来远矣，非一朝一夕。"②隋文帝实现重新统一中国大业，历史功勋卓著，"但素无学术，不能尽下，无宽仁之度，有刻薄之资，暨乎暮年，此风逾扇"等弱点，恰是隋朝走向"衰怠""乱亡"的祸根，而炀帝的所作所为则加剧了这种"衰怠""乱亡"的趋势。魏徵这样看待隋末的政治走向，包含着一定的朴素辩证认识。

再者，魏徵的《隋书》史论，借着评论隋朝的循吏而同时寄托着他对地方吏治的一种理想，那就是："五帝、三王不易人而化，皆在所由化之而已。故有无能之吏，无不可化之人。"而这种"化"的目标和境界则是"所居而化，所去见思"。③

要使地方官员以至封疆大吏，达到这样的目标和境界，实在是一种理想。与此相关联的是，魏徵的人才思想在《隋书》史论中也有充分的发挥，他这样写道："大厦云构，非一木之枝；帝王之功，非一士之略。……李谔等或文能遵义，或才足干时，识用显于当年，故事留于台阁。参之有隋多士，取其开物成务，皆廊庙之榱桷，亦

① 魏徵等：《隋书》卷七十后论，北京：中华书局，1973年，第1636页。
② 魏徵等：《隋书》卷二《高祖纪下》后论，北京：中华书局，1973年，第5、6页。
③ 魏徵等：《隋书》卷七十三《循吏传》序与后论，北京：中华书局，1973年，第1673、1688页。

北辰之众星也。"①不同的人才发挥不同的作用，使其各得其所，真正做到人尽其才，这就要求居上位者具有识人之才、用人之才。魏徵的人才思想明确而富有实际意义。

《隋书》不独史论精辟，全书整体面貌亦佳。清人赵翼认为："《隋书》最为简练，盖当时作史者皆唐初名臣，且书成进御，故文笔严净如此。《南、北史》虽工，然生色处多在琐言碎事，至据事直书，以一语括十数语，则尚不及也。"②《隋书》获得如此积极的评价，其中自然包含着魏徵主持纪传部分的贡献。宋人叶适读《隋书》时，曾批评魏徵说："魏徵作《杨玄感(传)》、《李密(传)》赞，并论隋文、炀帝之所以兴亡，略用贾谊《过秦》语意，全不知史家体统。徵文识如此，安能经纬事业？"继而他又说："然观其谏书，乃复不类。岂众史官所为，而冠之徵作也。"③看来对于魏徵史论的评价，叶适确有些蹰躇，但他对魏徵评论陈高祖陈霸先却是十分肯定的，他这样写道："魏徵论陈霸先，'于时内难未弭，外邻勃敌，王琳作梗于上流，周齐摇荡于江汉，畏首畏尾，若存若亡。此之不图，遽移天历，虽皇灵有眷，何其速也'！斯言诚中其病。"④可见魏徵的净谏之词对叶适有一定的影响，从而使适适对魏徵史论还有积极的评价。

二、以史资政的辉煌经历

《隋书》史论因魏徵所作而具有突出的价值，魏徵因撰写《隋书》史论而被称为"良史"。但魏徵之所以被称作"良史"，还有其他原因，这就是魏徵在以史资政方面在当时的现实政治中发挥了重大作用。

① 魏徵等：《隋书》卷六十六后论，北京：中华书局，1973年，第1567页。
② 赵翼：《陔余丛考》卷七"隋书"条，上海·商务印书馆，1957年，第144页。
③ 叶适：《习学记言序目》卷三十七"隋书二"条，北京：中华书局，1977年，第553页。
④ 叶适：《习学记言序目》卷三十三"陈书"条，北京：中华书局，1977年版，第485页。参见姚思廉：《陈书》卷六魏徵论，北京：中华书局，1972年，第118页。

通观唐玄宗时史家吴兢所撰《贞观政要》一书，纵览唐太宗君臣关于治国安邦的讨论与决策，魏徵的言论几乎贯穿全书，而所作政论均离不开历史与现实，可知魏徵以史资政的良苦用心和实际价值所在。试举几例以为明证：

关于唐太宗所问"何谓为明君暗君"的问题，魏徵回答说："君之所以明者，兼听也；其以暗者，偏信也。"同时，他举出唐、虞为正面事例，秦二世、梁武帝、隋炀帝为反面典型，予以论证。其结论是："是故人君兼听纳下，则贵臣不得壅蔽，而下情必得上通也。"①

关于唐太宗与魏徵"从容论自古理政得失问题"，针对唐太宗所说"当今太乱之后，造次不可致化"的疑虑，魏徵回答说："不然，凡人在危困，则忧死亡。忧死亡，则思化。思化，则易教。然则乱后易教，犹饥人易食也。"他进而举出历史事例驳斥封德彝所谓"三代以后，人渐浇讹"的看法，以证其说："五帝、三王，不易人而化。行帝道则帝，行王道则王，在于当时所理，化之而已。考之载籍，可得而知。昔黄帝与蚩尤七十余战，其乱甚矣，既胜之后，便致太平。九黎乱德，颛顼征之，既克之后，不失其化。桀为乱虐，而汤放之，在汤之代，既致太平。纣为无道，武王伐之，成王之代，亦致太平。若言人渐浇讹，不及纯朴，至今应悉为鬼魅，宁可复得而教化耶？"②后因唐太宗采纳魏徵建议，实行教化方略而获成功，唐太宗乃自比为"玉"而称魏徵为"良工"。值得注意的是，魏徵所举出的历史事例固然有远古传说的部分，但关于汤武时代的历史却并非没有根据。故清人王夫之写道："魏徵之折封德彝曰：'若谓古人淳朴，

---

① 吴兢：《贞观政要》卷一《君道》，上海：上海古籍出版社，1978年，第2页。
② 吴兢：《贞观政要》卷一《政体》，上海：上海古籍出版社，1978年，第17、18页。按：《贞观政要》记此事于贞观七年，当误。《资治通鉴》卷一百九十二唐太宗贞观元年记："六月，辛巳，右仆射密明公封德彝薨。"《资治通鉴》卷一百九十二，北京：中华书局，1956年，第6036页）两《唐书》亦均记封德彝于贞观元年去世（见《旧唐书》卷六十五《封伦传》、《新唐书》卷一百《封伦传》）。

渐至浇讹，而至于今日，当悉化为鬼魅矣。'伟哉其为通论已。"①之所以被称为"通论"，这是用历史进步的观点去批评历史倒退的观点。

君臣关系与君民关系，是影响当时政治得失的两件大事。魏徵在一篇上疏中列举历史上的史事及朝中相关言论后写道："《礼记》曰：'爱而知其恶，憎而知其善。'若憎而不知其善，则为善者必惧；爱而不知其恶，则为恶者实繁。……《书》曰：'抚我则后，虐我则仇。'荀卿子曰：'君，舟也，民，水也。水所以载舟，亦所以覆舟。'故孔子曰：'鱼失水则死，水失鱼犹为水也。'故唐、虞战战栗栗，日慎一日。安可不深思之乎？安可不熟虑之乎？"②这段话，把君臣之间、君民之间的辩证关系揭示得极为明白而富有哲理。

唐太宗为了教育他的"所有子弟欲使见前言往行，冀其以为规范"，命魏徵选编《自古诸侯王善恶录》一书，以赐诸王学习。魏徵选编后，在序文末了写道："祸福无门，吉凶由己，惟人所召，岂徒言哉！今录自古诸王行事得失，分其善恶，各为一篇，名曰《诸王善恶录》，欲使见善思齐，足以扬名不朽；闻恶能改，庶得免乎大过。从善则有誉，改过则无咎。兴亡是系，可不勉欤！"唐太宗"览而称善"，对诸王说："此宜置于座右，用为立身之本。"③魏徵的历史教育思想因唐太宗的提倡而得以充分发挥，成为他以史资政的一个重要方面，正如他在《群书治要序》起首所写的那种信念："窃惟载籍之兴，其来尚矣。左史右史，记事记言，皆所以昭德塞违，劝善惩恶。故作而可纪，薰风扬乎百代；动而不法，炯戒垂乎千祀。"④这也从一个方面反映了他的"良史"境界。

①　王夫之：《读通鉴论》卷二十"唐太宗"之八，北京：中华书局，1975年，第692、693页。

②　吴兢：《贞观政要》卷三《君臣鉴戒》，上海：上海古籍出版社，1978年版，第83、84页。

③　吴兢：《贞观政要》卷四《教戒太子诸王》，上海：上海古籍出版社，1978年，第12页。

④　魏徵：《魏郑公文集》卷三，北京：中华书局，1985年，第29页。

《贞观政要》是最早记述魏徵生平和言论的著作，《旧唐书·魏徵传》多据此扩展而成，传文收录魏徵论时政疏四篇，一是论总结隋朝败亡的教训，二是论守成之难，三是论"明德慎罚"的施政原则，四是论"德礼"与"诚信"的重要。《旧唐书·魏徵传》后论称："（传中）所载章疏四篇，可为万代王者法。"①这话不免过于夸张，却反映了魏徵以史资政思想在历史上的深远影响。

三、"忠诚奉国"的忧患意识

魏徵作为"良史"的另一个突出特点，是他的深刻的忧患意识。从《贞观政要》所记来看，在唐太宗君臣论政中，魏徵的忧患意识在许多问题上都表现出来：

——在"帝王之业，草创与守成孰难"的问题上，魏徵认为："帝王之起，必承衰乱。覆彼昏狡，百姓乐推，四海归命，天授人与，乃不为难。然既得之后，志趣骄逸，百姓欲静而徭役不休，百姓凋残而侈务不息，国之衰弊，恒由此起，以斯而言，守成则难。"②

——关于"道著"与"德衰"的辩证法则，魏徵在一篇上疏中指出："凡百元首，承天景命，莫不殷忧而道著，功成而德衰。""怨不在大，可畏惟人，载舟覆舟，所宜深慎，奔车朽索，其可忽乎！"③

——关于如何对待安危问题，魏徵指出："自古失国之主，皆为居安忘危，处治忘乱，所以不能长久。"④又指出："天下今虽太平，臣等犹未以为喜，惟愿陛下居安思危，孜孜不怠耳！"⑤

---

① 刘昫等：《旧唐书》卷七十一《魏徵传》，北京：中华书局，1975 年，第 2563 页。
② 吴兢：《贞观政要》卷一《君道》，上海：上海古籍出版社，1978 年，第 3 页。
③ 吴兢：《贞观政要》卷一《君道》，上海：上海古籍出版社，1978 年，第 8 页。
④ 吴兢：《贞观政要》卷一《君道》，上海：上海古籍出版社，1978 年，第 16 页。
⑤ 吴兢：《贞观政要》卷十《慎终》，上海：上海古籍出版社，1978 年，第 300 页。

尤为难得的是，魏徵的忧患意识并非只停留在理论上和口头上，而是直面现实，如同贾谊的《治安策》所说一样，直接针对最高统治者不能"克终俭约"而一一列举事实，陈述厉害。他在贞观十三年所上的《十渐疏》，尖锐地指出唐太宗"渐不克终"在十个方面的表现。同时，魏徵表达了这样的心情："当今太平之基，既崇极天之峻；九仞之积，犹亏一篑之功。千载休期，时难再得，明主可为而不为，微臣所以郁结而长叹者也。"①贞观十三年正是唐太宗政治生涯走向巅峰的时期，魏徵以其政治上的敏感及其对唐皇朝历史前途的关注写了这篇《十渐疏》。唐太宗读后，对魏徵说："自得公疏，反复研寻，深觉词强理直，遂列为屏障，朝夕瞻仰。又寻付史司，冀千载之下识君臣之义。"②魏徵与唐太宗之间这种敢于"忤情"和对于"忤情"的理解，可以看作是贾谊之谏汉文帝故事的续篇，令后人赞叹和深思。

　　精辟的史论，以史资政的卓越贡献，以及深刻、敏锐的忧患意识，使人们全面地看到了作为"良史"的魏徵的全貌和风采。

---

　　①　吴兢：《贞观政要》卷十《慎终》，上海：上海古籍出版社，1978 年，第 301 页。
　　②　吴兢：《贞观政要》卷十《慎终》，上海：上海古籍出版社，1978 年版，第 293、300、301 页。

评《隋书》史论[*]

一

唐朝初年官府所修的《隋书》，是中国古代所谓正史的"二十四史"之一。在中国史学史中，它不仅是有代表性的一部官修史书，而且其史论还颇具当时统治者言论的一些特色。

隋唐封建皇朝，是继秦汉之后又一次出现的两个蝉联的封建统一政权，唐初统治者从维护统一和巩固统治的需要出发，着手修撰《隋书》。唐高祖李渊在《命萧瑀等修六代史诏》中清楚地表明：唐初统治者十分重视修撰前朝历史，乃是出于当时的政治需要，即所谓"握图御宇，长世字民"。尤其是对于《隋书》的修撰，具有更为直接的现实意义。这是因为：（1）唐朝的封建统一政权是隋朝封建统一政权的直接继承和发展，没有

---

[*] 原载《历史研究》1979 年第 8 期。

隋朝，就没有唐朝。因此，唐初统治者对隋朝的统一大业，是极为推崇的，称赞隋文帝顺乎潮流，"乘兹机运，遂迁周鼎"，"劬劳日昃，经营四方"，致使"金陵失险""单于款塞"，出现了"《职方》所载，并入疆理，《禹贡》所图，咸受正朔"①的统一局面，对隋文帝在统一事业中的作用给予很高的评价。（2）唐初统治者对于隋朝初年的政治，也是异常钦慕的，认为：隋文帝时，"七德既敷，九歌已洽，要荒咸暨，尉候无警。于是躬节俭，平徭赋，仓廪实，法令行，君子咸乐其生，小人各安其业，强无凌弱，众不暴寡，人物殷阜，朝野欢娱。二十年间，天下无事，区宇之内晏如也。考之前王，足以参踪盛烈"②。（3）一个"甲兵强盛""风行万里"的隋皇朝，为何在很短的时间内，竟然"率土分崩""子孙殄灭"③了呢？这样触目惊心的现实，又不能不引起唐初统治者的警惕和深思。可见，撰述隋朝历史，对于唐朝统治者来说，有着切身的利害关系，有许多引为鉴戒的历史经验教训。因此，唐皇朝建立不久，最高统治集团立即着手修撰《隋书》及其他史书。

武德五年（622 年），唐高祖李渊诏令"兼中书令封德彝、中书舍人颜师古可修隋史"④。这次修史工作"历数年，竟不能就而罢"⑤。逮及贞观三年（629 年），唐太宗李世民乃令"秘书监魏徵修隋史"⑥，魏徵就做了《隋书》的主编。《旧唐书》卷七十一《魏徵传》记："徵受诏总加撰定，多所损益，务从简正。隋史序、论，皆徵所作。"可见，

---

① 魏徵等：《隋书》卷二《高祖纪》后论，北京：中华书局，1973 年，第 55 页。
② 魏徵等：《隋书》卷二《高祖纪》后论，北京：中华书局，1973 年，第 55 页。
③ 刘昫等：《旧唐书》卷七十一《魏徵传》，北京：中华书局，1975 年，第 2550 页。
④ 宋敏求：《唐大诏令集》卷八十一，北京：商务印书馆，1959 年，第 467 页。
⑤ 刘昫等：《旧唐书》卷七十三《令狐德棻传》，北京：中华书局，1975 年，第 2398 页。
⑥ 刘昫等：《旧唐书》卷七十三《令狐德棻传》，北京：中华书局，1975 年，第 2398 页。

魏徵不仅主编《隋书》，而且还亲自撰写了《隋书》的序、论①。

魏徵是唐初著名的政治家之一。他与唐太宗在政治上有密切关系，是唐太宗统治集团的主要谋划人物和决策人物之一。《隋书》史论，不仅反映了以魏徵为代表的一批谏官、元臣的思想，而且在很大的程度上反映了唐太宗统治集团的政治思想和历史观点。

因此，研究《隋书》史论所提出的一些主张、观点和理论，对于揭示唐朝统治集团、特别是唐初统治集团的政治思想和历史观点，进而说明史学发展与历史发展的关系，是不无益处的。

二

"隋之得失存亡，大较与秦相类"。这是《隋书》史论对于隋朝历史经验教训的最重要的概括。

唐继隋而起。隋何以亡，唐何以兴？对于这样一个问题的回答，犹如西汉初年陆贾受刘邦之命作《新语》一样②，成为《隋书》史论极为重视的中心问题。

《隋书》史论的作者注意从变化的观点来分析历史现象，认为隋朝"衰怠""乱亡"的原因，"所由来远矣，非一朝一夕"③；而着重分析了隋亡"成于炀帝"的种种政治原因，指出：隋炀帝"负其富强之资，思逞无厌之欲，狭殷、周之制度，尚秦、汉之规摹。恃才矜己，傲狠明德，内怀险躁，外示凝简，盛冠服以饰其奸，除谏官以掩其过。淫荒无度，法令滋章，教绝四维，刑参五虐，锄诛骨肉，屠剿

---

① 《隋书》纪、志、列传共 85 卷，其中有序、论 77 首，计："纪"有"后论"3 首，"志"有"序"7 首，列传有"后论"50 首、"序"14 首。除"志"以外，序、论皆魏徵所作。（刘昫等：《旧唐书》卷七十一《魏徵传》，北京：中华书局，1975 年，第 2550 页。）

② 参见司马迁：《史记》卷九十七《郦生陆贾列传》，北京：中华书局，1959 年，第 2699 页。

③ 魏徵等：《隋书》卷二《高祖纪》后论，北京：中华书局，1973 年，第 56 页。

忠良，受赏者莫见其功，为戮者不知其罪。骄怒之兵屡动，土木之功不息，频出朔方，三驾辽左，旌旗万里，征税百端，猾吏侵渔，人不堪命。乃急令暴条以扰之，严刑峻法以临之，甲兵威武以董之，自是海内骚然，无聊生矣"①。这一段评论，把隋炀帝统治时期骄横残暴的政治揭示得极为深刻。联系到隋炀帝严刑峻法、穷兵黩武、营造无日、巡幸不止等做法，这个评论基本是符合历史事实的。其中有些见解，如说隋炀帝"淫荒无度，法令滋章"，"骄怒之兵屡动，土木之功不息"，"猾吏侵渔，人不堪命"等，就是以今天的眼光来看，也不失为正确的论断。这些议论，是触及隋朝灭亡的某些根本问题了。

没有比较，便没有鉴别。《隋书》史论为了深入地阐明隋亡的教训，还进一步把文帝、炀帝时期的政治作了比较，指出："夫以开皇之初，比于大业之盛，度土地之广狭，料户口之众寡，算甲兵之多少，校仓廪之虚实，九鼎之譬鸿毛，未喻轻重，培堘之方嵩、岱，曾何等级！论地险则辽隧未拟于长江，语人谋则句丽不侔于陈国。高祖扫江南以清六合，炀帝事辽东而丧天下。其故何哉？"②经过这样的对比，又提出如此尖锐的问题，既表明了《隋书》史论的撰著者对历史事件的深刻的理解，同时也能更强烈地唤起人们的注意而发人深省。魏徵处在唐代第二个皇帝唐太宗时期，提出这个问题，当然是寓有深意的。《隋书》史论认为：文帝、炀帝"所为之迹同，所用之心异也"。就是说，他们的做法似乎是一样的，而他们的目的却完全不同。文帝的统一战争，"十有余载，戎车屡动，民亦劳止，不为无事。然其动也，思以安之，其劳也，思以逸之。是以民致时雍，师无怨讟，诚在于爱利，故其兴也勃焉"。炀帝则不然，"嗣承平之基，守已安之业，肆其淫放，虐用其民，视亿兆如草芥，顾群臣如

---

① 魏徵等：《隋书》卷四《炀帝纪》后论，北京：中华书局，1973 年，第 95～96 页。
② 魏徵等：《隋书》卷七十后论，北京：中华书局，1973 年，第 1636 页。

寇仇，劳近以事远，求名而丧实。兵缠魏阙，阽危弗图，围解雁门，慢游不息。天夺之魄，人益其灾，群盗并兴，百殃俱起，自绝民神之望，故其亡也忽焉"。这就是"高祖之所由兴，而炀帝之所以灭"①的原因。《隋书》史论的这个见解是十分难能可贵的。在这里，魏徵认为，隋文帝对人民的"动"是为了使其"安"，对人民的"劳"是为了使其"逸"，故其能以兴；隋炀帝"肆其淫放，虐用其民，视亿兆如草芥，顾群臣如寇仇"，故其必然亡。这无疑是说明人心的向背，决定着隋朝的"兴""亡"。魏徵的这种认识，是带有一贯性的。他曾多次引用《荀子·王制》上的话劝告唐太宗："君，舟也；民，水也。水能载舟，亦能覆舟。"②而唐太宗本人也曾用这样的话诲谕太子③。《隋书》史论有不少真知灼见，上面所引，便是其中突出一例。

《隋书》史论除了以隋朝自身的历史作比较外，还进而把隋朝的历史与秦朝的历史作了比较，并得出这样的结论："其隋之得失存亡，大较与秦相类。始皇并吞六国，高祖统一九州，二世虐用威刑，炀帝肆行猜毒，皆祸起于群盗，而身殒于匹夫。原始要终，若合符契矣。"④《隋书》史论的撰者在此明确指出：隋亡和秦亡一样，都是被"群盗"所推翻。这就是全部问题的症结所在。可见，他不仅希望唐朝统治者要记取隋亡的教训，而且要记取秦亡的教训。《隋书》史论用这种历史教训来唤起唐朝统治者的警惕，它的政治目的与阶级实质也就表露得再清楚不过了。

此外，《隋书》史论还从经济上探讨了隋朝灭亡的原因，指出："取之以道，用之有节，故能养百官之政，勖战士之功，救天灾，服

---

① 以上均见魏徵等：《隋书》卷七十后论，北京：中华书局，1973年，第1636页。

② 参见吴兢：《贞观政要》卷一《政体》、卷三《君臣鉴戒》，上海：上海古籍出版社，1978年，第16页。

③ 参见吴兢：《贞观政要》卷四《教戒太子诸王》，上海：上海古籍出版社，1978年，第125页。

④ 魏徵等：《隋书》卷七十后论，北京：中华书局，1973年，第1636页。

方外，治国安人之大经也"。这可以说是《隋书》史论的撰者的根本的经济原则。其具体主张是："不夺其时，不穷其力，轻其征，薄其赋，此五帝三皇不易之教也。"相反，"若使之不以道，敛之如不及，财尽则怨，力尽则叛"，那时人民就要起来造反。质而言之，就是剥削、奴役百姓要有一个"限度"，不超过这个"限度"，就可以"治国安人"；超过这个"限度"，便"怨""叛"丛生。《隋书》史论从剥削阶级的立场来评论封建皇朝的经济政策，并提出上述的主张，应当说是很难得的。

《隋书》史论分析了隋朝末年由于劳役、兵役过重，造成了生产力的巨大破坏，以致出现了"比屋良家之子，多赴于边陲，分离哭泣之声，连响于州县。老弱耕稼，不足以救饥馁，妇工纺绩，不足以赡资装"的悲惨局面，加之"租赋之外，一切征敛，趣以周备，不顾元元，吏因割剥，盗其太半"，终于弄得全国各地"盗贼充斥"，故而"隋氏之亡，亦由于此"。于是《隋书》史论总结出这样的历史经验："富而教之，仁义以之兴，贫而为盗，刑罚不能止。"[①]这些议论，从阶级实质来看，无疑是为了巩固唐皇朝的地主阶级的统治，并非在为人民着想；从历史观点来看，则比较明确地认识到社会生产的发展与破坏，对于政权的兴盛和衰亡有着直接的关系，这种见解还是应当肯定的。唐初统治集团比较注重发展生产，稳定统治秩序，其思想基础，就在于此。

三

"所居而化，所去见思。"这是《隋书》史论竭力提倡的一种封建吏治和统治秩序。《隋书》史论认为，要避免重蹈秦、隋之亡的覆辙，

---

① 以上所引均见魏徵等：《隋书》卷二十四《食货志》序，北京：中华书局，1973年，第673页。

还必须对各级封建官吏提出"立身从政"的严格要求，从而建立起一种比较稳定的统治秩序。

魏徵在《隋书》史论中，突出地宣扬"循吏"的作用，认为："古之善牧人者，养之以仁，使之以义，教之以礼，随其所便而处之，因其所欲而与之，从其所好而劝之"①。这就是所谓"化人"的办法，做到这些，就能统治人民，管理政务，天下安定。他还认为："有无能之吏，无不可化之人"②，主张主要通过教化来达到统治人民的目的。他的这个思想，颇像是道家思想的延续，又如同汉初黄老学说的翻版。其实，这种思想恰是唐初历史条件的合乎规律的反映。处在隋末动乱后的唐初社会，犹如处在秦末动乱后的汉初社会一样，当务之急是要稳定统治秩序，"与民休息"；故汉初有黄老政治，鼓吹"无为"，唐初有魏徵的"教化"之说，主张"化人"。这都是历史发展的必然产物。魏徵的高明之处，在于他比其他人更加面对现实，因而也就更清晰地洞察了当时的社会。他在给唐太宗的一篇奏疏中还说过："知臣莫若君，知子莫若父。父不能知其子，则无以睦一家；君不能知其臣，则无以齐万国。万国咸宁，一人有庆，必藉忠良作弼，俊乂在官，则庶绩其凝，无为而化矣。"③可见，他的这种主张教化的思想也是一贯的；而且认为实行这个主张，是要借助于"忠良""俊乂"即各级封建官吏的。因此，魏徵激烈地抨击隋炀帝的种种暴政，称赞循吏梁彦光等人"立严察之朝，属昏狂之主，执心平允，终行仁恕，余风遗爱，没而不忘，宽惠之音，足以传于来叶"④，给予他们极高的评价。他尤其赞扬梁彦光等人"内怀直道，至诚待物，故得所居而化，所去见思"⑤。一个封建官吏，做到居官

① 魏徵等：《隋书》卷七十三《循吏传》序，北京：中华书局，1973年，第1673页。
② 魏徵等：《隋书》卷七十三《循吏传》序，北京：中华书局，1973年，第1673页。
③ 吴兢：《贞观政要》卷三《择官》，上海：上海古籍出版社，1978年，第93页。
④ 魏徵等：《隋书》卷七十三《循吏传》序，北京：中华书局，1973年，第1674页。
⑤ 魏徵等：《隋书》卷七十三《循吏传》后论，北京：中华书局，1973年，第1688页。

实行教化，离任被人思念，恐怕是十分不容易的。魏徵的评论，不无夸大之嫌。至于他提出的"化人"的办法和标准，在封建社会里也是不可能完全付诸实行的。而其教化的目的，也还是为了巩固地主阶级的统治。魏徵曾说："古语云：善为水者，引之使平，善化人者，抚之使静。水平则无损于堤防，人静则不犯于宪章。"①足见"化人"的阶级实质是极其鲜明的。

但是问题在于：魏徵在这里借评论历史，既提出了一个理想的统治秩序和政治环境，同时也对各级封建官吏提出了"立身从政"的严格要求。这是一件事情的两个方面，没有后者，便没有前者；为了实现前者，必然要求后者。这在唐初的政治生活中，当然是很重要的课题。一个新建的皇朝，怎样才能巩固自己的统治？为了达到巩固统治的目的，应当采取什么样的统治方略？这不能不成为唐初统治集团十分关注并亟待解决的问题。正是在这个重大问题上，唐初统治集团中存在两种完全不同的认识。宋代著名史家范祖禹记载说："帝（按：指唐太宗）之初即位，尝与群臣语及教化。帝曰：'今承大乱之后，恐斯民未易化也。'魏徵对曰：'不然。久安之民骄佚，骄佚则难教；经乱之民愁苦，愁苦则易化：譬犹饥者易为食，渴者易为饮也。'帝深然之。封德彝非之曰：'三代以还，人渐浇讹，故秦任法律，汉杂霸道，盖欲化而不能，岂能之而不欲也？魏徵书生，未识时务，若信虚论，必败国家！'徵曰：'五帝三王不易民而化，昔黄帝征蚩尤，高阳征九黎，汤放桀，武王伐纣，皆能身致太平，岂非承大乱之后耶？若谓古人淳朴，渐致浇讹，则至于今日，当悉化为鬼魅矣，人主安得而治之?!'帝卒从徵言。"②这一番争论驳难，在魏徵与封德彝之间，自然是十分激烈的；对唐太宗来说，究竟采取

---

① 魏徵等：《隋书》卷七十三《循吏传》后论，北京：中华书局，1973年，第1688页。
② 范祖禹：《唐鉴》卷二，上海：上海古籍出版社，1981年，第39页。按：《贞观政要》卷一《政体》记于贞观七年下，似误。

什么统治方略，也是极为关键的。由于唐太宗采纳了魏徵的意见，几年之内，收到了预期的效果。《旧唐书》卷三《太宗纪下》记：贞观四年(630年)，"断死刑29人，几致刑措。东至于海，南至于岭，皆外户不闭，行旅不赍粮焉。"所以唐太宗曾经兴奋地对长孙无忌等人说："贞观之初，上书者皆云：'宜震耀威武，征讨四夷。'唯魏徵劝朕偃武修文，中国既安，四夷来服……徵之力也。"①联系唐初这一段历史，对于魏徵在《隋书》史论中提倡"所居而化，所去见思"的封建吏治和统治秩序的积极作用，就看得更清楚了。当然，唐太宗等人并非完全依靠"教化"来建立稳定的统治秩序的，他们一手抓"教化"，一手制定《贞观律》，这是唐初统治集团巩固统治的两种手法。《贞观律》虽对旧有刑律作了"削繁去蠹，变重为轻"②的调整与修改，但它毕竟是封建国家机器的主要成分之一；教化，只是他们实行统治的一种补充手段罢了。

魏徵在表彰循吏的同时，在《隋书》史论中还对那些庸俗、贪婪、无能的官吏给予有力的鞭笞。譬如：他嘲笑李穆，说他先事周，后事隋，"见机而动"，既无"贞烈"，亦无"忠信"，而其子孙"特为隆盛"，这是："得之非道、可不戒欤！"③他抨击刘昉、郑译"虑难求全，偷安怀禄"，事周"靡忠贞之节"，奉隋"愧竭命之诚"，而又祈望"不陷刑辟，保贵全生，难矣"④。他鄙薄宇文述、郭衍之辈"以水济水，如脂如韦，便辟足恭，柔颜取悦。君所谓可，亦曰可焉，君所谓不，亦曰不焉。无所是非，不能轻重，默默苟容，偷安高位，甘素餐之责，受彼己之讥。此固君子所不为，亦丘明之深耻也"⑤。他

---

① 范祖禹：《唐鉴》卷二，上海：上海古籍出版社，1981年，第40页。

② 刘昫等：《旧唐书》卷五十《刑法志》，北京：中华书局，1975年，第2138页。

③ 魏徵等：《隋书》卷三十七后论，北京：中华书局，1973年，第1129页。

④ 魏徵等：《隋书》卷三十八后论，北京：中华书局，1973年，第1144页。

⑤ 魏徵等：《隋书》卷六十一后论，北京：中华书局，1973年，第1471页。

蔑视卫玄，说他"西京居守，政以贿成，鄙哉鄙哉，夫何足数"①！
在魏徵看来，这些人，既不是君主的忠良之臣，又不配充当教化百
姓的"父母官"，而是一些贪生怕死、只懂得牟取私利的小人和败类！
这同那些"所居而化，所去见思"的循吏们比起来，实在不可同日而
语。魏徵在《酷吏传》后论中，甚至发出这样的警告："后来之士，立
身从政，纵不能为子高门以待封，其可令母扫墓而望丧乎？！"他在宇
文化及等传的后论中又说："枭獍凶魁，相寻菹戮，蛇豕丑类，继踵
诛夷，快忠义于当年，垂炯戒于来叶。呜呼，为人臣者可不殷鉴哉！
可不殷鉴哉！"②显然，魏徵之所以对这些人要奋笔怒斥，大加挞伐，
有着两个目的：一是提醒唐朝统治集团，绝不可依靠这班人来治理
国家，统治人民；二是告诫唐朝各级官吏，要以这些人为鉴戒，从
中汲取教训。对于这些，唐太宗也是与魏徵有着共同的认识的。唐
太宗曾说："为政之要，惟在得人，用非其才，必难致治。今所任
用，必须以德行、学识为本。"③他讨厌那些"阿旨顺情，唯唯苟
过"④，"承意顺旨，甘言取容"⑤的庸俗小人；要求官员们敢于说话，
大胆办事，"若惟署诏敕，行文书而已，人谁不堪？何烦简择，以相
委付？"⑥不难看出，魏徵在《隋书》史论中的这些评论，正是在很大
的程度上反映了"贞观之治"关于用人方面的某些做法和政策。而这
些评论的现实意义，则是希望唐初统治集团能够不断地选拔一批真
正的人才，以稳固唐代地主阶级的统治秩序。

①　魏徵等：《隋书》卷六十三后论，北京：中华书局，1973 年，第 1900 页。
②　魏徵等：《隋书》卷八十五后论，北京：中华书局，1973 年，第 1900 页。
③　吴兢：《贞观政要》卷十七《崇儒学》，上海：上海古籍出版社，1978 年，第 219 页。
④　吴兢：《贞观政要》卷一《政体》，上海：上海古籍出版社，1978 年，第 14 页。
⑤　吴兢：《贞观政要》卷六《悔过》，上海：上海古籍出版社，1978 年，第 206 页。
⑥　吴兢：《贞观政要》卷一《政体》，上海：上海古籍出版社，1978 年，第 14 页。

四

《隋书》史论在评价历史人物的时候，提出了这样一个见解："大厦云构，非一木之枝，帝王之功，非一士之略。长短殊用，大小异宜，榱桷栋梁，莫可弃也"①。这种见解，从历史观点来说，它注意到了众人的智慧和力量以及各种人才的不同作用，比之于把历史事件的发生、发展完全归于一人一谋的论点，是很大的进步。从政治目的来看，《隋书》史论的撰著者正是通过肯定"有隋多士"来肯定一大批唐代的开国元臣、宿将，进而希望唐代统治者继续广开贤路，选拔人才的。

魏徵的这个思想与唐太宗的思想是完全相通的。早在贞观元年（627年），"上（按：指唐太宗）令封德彝举贤，久无所举。上诘之，对曰：'非不尽心，但于今未有奇才耳！'上曰：'君子用人如器，各取所长，古之致治者，岂借才于异代乎？正患己不能知，安可诬一世之人！'德彝惭而退"②。在"举贤"的问题上，魏徵的思想要比封德彝深刻得多，眼光要比封德彝远大得多。魏徵说的"长短殊用，大小异宜，榱桷栋梁，莫可弃也"，同唐太宗说的"君子用人如器，各取所长"，是完全一致的。

基于上述观点，魏徵在《隋书》史论中称道李谔等人各有所长，"皆廊庙之楩楠，亦北辰之众星"③，充分肯定他们各自在某个方面的专长和作用。魏徵夸奖李德林"幼有操尚，学富才优，誉重邺中，声飞关右。王基缔构，协赞谋猷，羽檄交驰，丝纶间发，文诰之美，

---

① 魏徵等：《隋书》卷六十六后论，北京：中华书局，1973年，第1567页。
② 司马光：《资治通鉴》卷一百九十二《唐纪八》太宗贞观元年，北京：中华书局，1956年，第6145页。《贞观政要》卷三《择官》载此事于贞观二年。
③ 魏徵等：《隋书》卷六十六后论，北京：中华书局，1973年，第1567页。

时无与二"①，高度评价了李德林的才华出众及其在隋皇朝建立过程中的作用。魏徵突出地表彰了隋朝在南下灭陈、统一全国的事业中的将领，指出："贺若弼慷慨，申必取之长策，韩擒奋发，贾余勇以争先，势甚疾雷，锋逾骇电。隋氏自此一戎，威加四海"②，赞叹他们在这历史性的事件中所发挥的极不平凡的作用，等等。总之，魏徵认为，一个强大的、统一的隋皇朝的建立，本是各种各样人才发挥作用的结果，并非"一士之略"所能成功的。由于他们在历史上都做出过贡献，因而他们的事迹将"留于台阁"，不可磨灭，并不因为隋朝的灭亡，而使这些"北辰之众星"失去光辉。魏徵能够用这种观点去评价前朝的历史人物，的确是十分难得的。

此外，《隋书》史论在评价历史人物时，还注意到客观环境对人们的影响和作用。譬如，《隋书》史论在评论李圆通、来护儿等人时指出："圆通、护儿之辈，定和、铁杖之伦，皆一时之壮士，困于贫贱。当其郁抑未遇，亦安知其有鸿鹄之志哉！终能振拔污泥之中，腾跃风云之上，符马革之愿，快生平之心，非遇其时，焉能至于此也！"③这就是说，杰出人物的出现，除了自身的条件（如"皆一时之壮士"）而外，还必须具备一定的客观条件（如"遇其时"）。这同许多封建史家宣扬的"英雄造时势"的传统认识比较起来，是大大地向前迈进了一步。

魏徵提出的"大厦云构，非一木之枝，帝王之功，非一士之略"的认识，反映了他的历史思想和政治观点的一个重要的侧面。这个认识，不仅符合隋皇朝建立过程中的基本历史事实，而且对于刚刚建立起来的唐皇朝来说，则具有更为直接的现实意义。首先，他希望巩固唐代开国元臣的地位，充分肯定他们的历史功绩。唐太宗以

---

① 魏徵等：《隋书》卷四十二后论，北京：中华书局，1973年，第1209页。
② 魏徵等：《隋书》卷五十二后论，北京：中华书局，1973年，第1346页。
③ 魏徵等：《隋书》卷六十四后论，北京：中华书局，1973年，第1522页。

凌烟阁为名臣图形，应当说就是基于与魏徵相同的认识。其次，他认为"守成"是比"创业"更为艰难的事业①，因而希望唐朝统治者能够招纳更多的人才，为巩固唐皇朝的统治服务。唐太宗批评封德彝认为当代"未有奇才"的错误认识是"诬一世之人"，正反映了唐太宗求贤的渴望和真诚。于此，我们进一步看到：魏徵的这个认识，固然是他的历史观点、政治思想的表露，同时也是唐初统治集团的意志的反映。大气磅礴、盛极一时的"贞观之治"的兴旺局面，归根到底是当时各族劳动人民创造出来的。但是，这同唐初统治集团的历史观点、政治思想，以及在此基础上制定的种种政策和方略，其中包括对各方面人才的选拔和任用，是有密切关系的。

五

以上所论，并未包括《隋书》史论的全部问题。然而，仅就这几个方面的问题来看，魏徵在《隋书》史论中反映出来的历史观点，在中国史学史上，尤其在封建皇朝的官修史书中，确实是独到的和突出的。

《隋书》史论不仅在当时的政治生活和史学发展中产生了积极的作用，而且也深刻地影响着后世史学的发展。譬如：魏徵提出的"隋之得失存亡，大较与秦相类"的见解，就颇为后人所重视。南宋学者洪迈指出："自三代讫于五季，为天下君而得罪于民，为万世所麾斥者，莫若秦与隋，岂二氏之恶浮于桀、纣哉？盖秦之后即为汉，隋之后即为唐，皆享国久长，一时论议之臣，指引前世，必首及之，信而有征，是以其事暴白于方来，弥远弥彰而不可盖也。"②他虽然没有提到《隋书》史论，但秦、隋相较，发端于魏徵，洪迈加以发挥，

---

① 吴兢：《贞观政要》卷一《君道》，上海：上海古籍出版社，1978 年，第 3 页。
② 洪迈：《容斋续笔》卷五"秦隋之恶"条，上海：上海古籍出版社，1978 年，第 271 页。

是异常明显的。明末清初著名思想家王夫之说："秦与隋虐民已亟，怨深盗起，天下鼎沸而以亡国，同也。"①这是完全赞同魏徵的观点了。再如：针对着魏徵与封德彝关于是否实行教化政策的争论，后人也发表了不少评论。北宋范祖禹说："魏徵，仁义之言也，欲顺天下之理而治之；封德彝，刑罚之言也，欲咈天下之性而治之。夫民莫不恶危而欲安，恶劳而欲息，以仁义治之则顺，以刑罚治之则咈矣。故治天下，在顺之而已；咈之而能治者，未之闻也！"②这些话，是着重于从政治上的得失考虑来肯定魏徵的主张的。王夫之则进而指出："魏徵之折封德彝曰：'若谓古人淳朴，渐至浇讹，则至于今日，当悉化为鬼魅矣。'伟哉其为通论已！"③王夫之是着重从历史发展进化的观点来肯定魏徵的主张的，比之于范祖禹的评论自然又进了一步，因为王夫之窥见并且肯定了魏徵的发展进化的历史观。范、王二人从不同的侧面肯定了魏徵在同封德彝辩论中的立场，自然也就肯定了魏徵在《隋书》史论中提出的"所居而化，所去见思"的主张和见解，这是不言而喻的。又如：魏徵的"大厦云构，非一木之枝，帝王之功，非一士之略"的思想，亦曾为洪迈所发挥："帝王之功，非一士之略，必待将如韩信、相如杜公（按：指唐相杜如晦），而后用之，不亦难乎！惟能置萧（何）、房（乔）于帷幄中，拔茅汇进，则珠玉无胫而至矣。"④这说的也是知人善任、选拔人才的问题。

　　当然，《隋书》史论也曾遭到后人的责难。南宋学者叶适指责说："魏徵作杨玄感、李密赞，并论隋文、炀帝之所以兴亡，略用贾谊《过秦》语意，全不知史家体统。"⑤这个非难，是不公允的。魏徵从

---

　　① 王夫之：《读通鉴论》卷十七"炀帝四"，北京：中华书局，1975 年，第 650 页。
　　② 范祖禹：《唐鉴》卷二，上海：上海古籍出版社，1981 年，第 40～41 页。
　　③ 王夫之：《读通鉴论》卷二十"太宗八"，北京：中华书局，1975 年，第 692～693 页。
　　④ 洪迈：《容斋随笔》卷十三"萧房知人"条，上海·上海古籍出版社，1978 年，第 165 页。
　　⑤ 叶适：《习学记言序目》卷三十七"隋书列传"，北京：中华书局，1977 年，第 533 页。

谏官做到侍中，又亲身经历隋亡唐兴之变；他的这种亲身经历和政治生涯，使他不独从历史的角度，而且也从政治的角度来总结隋朝的历史经验，从而把文帝、炀帝二朝的政治略作比较，这是无可厚非的。魏徵开始主持《隋书》的修撰工作，事在贞观三年(629年)，上距隋朝灭亡(618年)仅11年时间，唐皇朝百废待举，要做的事情很多；为了给唐太宗统治集团提供历史借鉴，魏徵对文帝、炀帝的政治进行比较，以便从中得到启发，这是很现实、很必要的事情，也是入情入理的。唐皇朝以朝廷的名义和胜利者的姿态为前朝修史，出于自身统治的需要，往往议论横生、大胆褒贬，即便"略用贾谊《过秦》语意"，亦不足为怪。叶适所谓"全不知史家体统"云云，未免责难过分了。

总之，不论赞同也罢，指责也罢，《隋书》史论在史学史上的影响是不小的。

如同许多有成就的封建史家一样，魏徵在《隋书》史论中反映出来的历史观点也是充满着矛盾的。

魏徵的历史观的矛盾，首先表现在他对人民群众的态度上。魏徵无情地揭露隋炀帝的残暴统治导致"海内骚然，无聊生矣"①，百姓"皆苦于上欲无厌，下不堪命，饥寒交切，救死萑蒲"②；他抨击酷吏，表彰循吏，反对严刑，主张教化。这些，或多或少反映了他对人民群众的某些同情。然而，对于人民群众的起义，魏徵则完全抱着仇视的态度，把农民起义诬为"山东之群盗"③、"群盗蜂起"④、"群盗侵扰"⑤、"群盗并兴"⑥，等等。他还吹捧镇压农民起

---

① 魏徵等：《隋书》卷四《炀帝纪》后论，北京：中华书局，1973 年，第 96 页。
② 魏徵等：《隋书》卷七十后论，北京：中华书局，1973 年，第 1635 页。
③ 魏徵等：《隋书》卷七十后论，北京：中华书局，1973 年，第 1635 页。
④ 魏徵等：《隋书》卷五《恭帝纪》后论，北京：中华书局，1973 年，第 102 页。
⑤ 魏徵等：《隋书》卷六十三后论，北京：中华书局，1973 年，第 1505 页。
⑥ 魏徵等：《隋书》卷八十四后论，北京：中华书局，1973 年，第 1884 页。

义的刽子手杨义臣"名重当年，声流后叶"①。这些又都说明他基本的统治阶级的立场，他对人民群众的同情是很有限度的。

其次，《隋书》史论是重视"人事"的，但却未能摆脱"天命"论的影响。例如，《隋书》史论认为："虽天道有盛衰，亦人事之工拙也"②。显然，这是着眼于从"人事"来看问题的。但又认为："斯乃非止人谋，抑亦天之所赞也。"③这样一来，又把"天"的地位抬高了。这说明《隋书》史论的撰著者没有、也不可能完全摆脱"天命"思想的束缚。

再次，在对历史人物评价的问题上，魏徵提出了不把封建皇朝的兴起归于一人一谋的见解，主张不是从一个人的活动，而是从许多人的活动来说明重大的历史事件。这是很可贵的见解。可是，魏徵毕竟没有跳出英雄史观的窠臼。在《隋书》史论中，他从未正面论及人民群众的作用。不仅如此，他甚至认为："一人失其道，故亿兆罹其毒"④，"一人失德，四海土崩"⑤。把皇朝的衰败、天下的动乱，完全归结到某个君主的罪恶上。他还宣扬什么"君犹天也，天可仇乎！"⑥把封建君主偶像化、神圣化了。这与《隋书》史论的许多精辟论断比较起来，却又大相径庭。

魏徵的这种矛盾的历史观，是他所处的历史条件和阶级地位决定的。他目睹隋末人民的种种苦难，因而对人民寄予一定的同情；但他又亲眼看到农民战争推翻了隋皇朝的统治，所以对农民起义总是抱着仇视的态度。他处在唐初百废待举的时期，认识到"守成"的艰难和广开贤路、选拔人才的重要；但他的这种眼光也只是局限在

① 魏徵等：《隋书》卷六十三后论，北京：中华书局，1973 年，第 1505 页。
② 魏徵等：《隋书》卷八十四后论，北京：中华书局，1973 年，第 1884 页。
③ 魏徵等：《隋书》卷二《高祖纪》后论，北京：中华书局，1973 年，第 55 页。
④ 魏徵等：《隋书》卷八十三《西域传》后论，北京：中华书局，1973 年，第 1860 页。
⑤ 魏徵等：《隋书》卷五《恭帝纪》后论，北京：中华书局，1973 年，第 102 页。
⑥ 魏徵等：《隋书》卷八十五序，北京：中华书局，1973 年，第 1887 页。

统治阶级圈子里，而看不到人民群众的伟大创造力量。他热切而虔诚地祈望唐皇朝富强兴盛，长治久安；但是秦、隋二朝短祚而亡的教训，又使他担心唐代的最高统治者不能"克终其美"①，重蹈历史的覆辙。这些条件和因素，都在不同的程度上影响和决定着魏徵的历史观的矛盾性。

魏徵毕竟是一个处在封建时代的地主阶级的思想家和政治家。我们在评论《隋书》史论的时候，有必要指出他的历史观的矛盾性和局限性；但我们又是不可过分苛求于魏徵的。

---

① 吴兢：《贞观政要》卷十《慎终》，上海：上海古籍出版社，1978 年，第 305 页。

魏徵政论的历史底蕴[*]

魏徵是唐太宗统治集团中的主要决策人物之一，其政治活动表明，他是一个谙于当代政事的史论家，又是一个富有历史感的政论家。魏徵之所以被史家誉为"雅有经国之才"①，同他在这两个方面的修养有密切的关系。他的政论和史论在唐初政治活动和史学活动中，都占有重要的位置，以诤臣与良史名于世。

魏徵的史论，主要见于他主持撰写的《隋书》纪、传的评论，以及他参与监修的《梁书》《陈书》《北齐书》帝纪总论。史载："初，有诏遣令狐德棻、岑文本撰《周史》，孔颖达、许敬宗撰《隋史》，姚思廉撰《梁、陈史》，李百药撰《齐史》。徵受诏总加撰定，多所损益，务存简正。《隋史》序、论，皆徵所作，《梁》《陈》《齐》各为总论，时

---

* 原载《北京师范大学学报》2012 年第 5 期。

① 刘昫等：《旧唐书》卷七十一《魏徵传》，北京：中华书局，1975 年，第 2547 页。

称良史。"①1979年，笔者曾撰《略谈〈隋书〉的史论》一文，对魏徵史论的史学价值和政治意义作了粗浅的评论②。

魏徵的政论，除见于唐玄宗时史学家吴兢所撰的《贞观政要》外，还见于两《唐书》本传所载。近世以来，流传较广者有清光绪年间王灝所辑《畿辅丛书》中之《魏郑公集》和《丛书集成初编》本之《魏郑公集》③。据《旧唐书》本传所载，魏徵曾"自录前后谏诤言辞往复以示史官"，这颇使唐太宗不悦，但史官得以保存这些"谏诤言辞"，恰也证明唐太宗能够纳谏的气度和胸怀。当然，更令魏徵和唐太宗始料所不及的，是这些"谏诤言辞"对后世产生了深远的影响，使他们作为诤臣和明君的形象更加凸显于后世。

如前所述，魏徵的史论和政论有密切的联系，笔者在讨论他的史论的政治内涵的基础上，这里将进一步考察他的政论的历史底蕴。这两个方面，本质上都是从积极的方面说明史学同政治的关系。值得注意的是，魏徵以其特殊的身份、特殊的个性和特殊的贡献，以至他的言论、行事早在唐高宗、武则天时，便为人所重，人们或编其文集，或著其事迹④，这使魏徵几乎成了一个传奇式的人物。《旧唐书》作者这样评价魏徵：

> ……阅《魏公故事》，与文皇讨论政术，往复应对，凡数十万言。其匡过弼违，能近取譬，博约连类，皆前代诤臣之不至者。其实根于道义，发为律度，身正而心劲，上不负时主，下不阿权幸，中不侪亲族，外不为朋党，不以逢时改节，不以图

---

① 刘昫等：《旧唐书》卷七十一《魏徵传》，北京：中华书局，1975年，第2550页。

② 参见《历史研究》1979年第8期。按：时年，该刊为月刊。

③ 《魏郑公集》凡4卷，文集3卷，诗集1卷。此外，有武则天时人王方庆所撰《魏郑公谏录》5卷传世，然其书往往采摭旧闻，不为学人广泛征引。

④ 欧阳修等：《新唐书》卷五十八《艺文志二》故事类著录：敬播《文贞公传事》4卷、刘袆之《文贞公故事》6卷、张大业《魏文贞故事》8卷、王方庆《文贞公事录》1卷；又，卷六十《艺文志四》别集类著录：《魏徵集》20卷，等。北京：中华书局，1975年。

位卖忠。所载章疏四篇，可为万代王者法。虽汉之刘向、魏之徐邈、晋之山涛、宋之谢朓，才则才矣，比文贞之雅道，不有遗行乎？前代诤臣，一人而已。①

这个评价，把魏徵的政治见解、做人品格、处事原则都讲到了，其中所谓"章疏四篇，可为万代王者法"，即《旧唐书》所记载的"频上四疏，以陈得失"，也就是《魏郑公集》中所收录的四篇《论时政疏》。据《旧唐书》本传所载，魏徵于贞观十年（636年）被封为郑国公，同年拜为"特进"，这是极高的荣誉。魏徵所上四疏，即其在拜为特进的当年及次年所作。按吴兢《贞观政要》一书所录，其第四疏上奏于贞观十年（636年），收录在此书《诚信》篇；第一、二、三疏，均上奏于贞观十一年（637年），其中第一、二疏收录在此书《君道》篇，第三疏收录在此书《刑罚》篇。吴兢《贞观政要》按政事内容分类，凡魏徵及其他大臣之政论皆以类相从，收录于书中，反映了史学家的良苦用心。

为了讨论的方便，本文即从《旧唐书》所录四篇奏疏着眼，讨论魏徵政论的历史底蕴，但并不完全受此局限。

一、揭示出一个规律性的历史现象

魏徵在上述第一篇奏疏中提出了一个十分重要而又十分尖锐的问题，这个问题反映了一个规律性的历史现象，即历史上的历朝历代为什么多难以"克终"。他这样写道：

    臣观自古受图膺运，继体守文，控御英杰，南面临下，皆

---

① 刘昫等：《旧唐书》卷七十一《魏徵传》后论，北京：中华书局，1975年，第2562~2563页。

欲配厚德于天地，齐高明于日月，本枝百代，传祚无穷。然而克终者鲜，败亡相继，其故何哉？所以求之失其道也。殷鉴不远，可得而言。①

魏徵参与并主持修史，具有丰富的历史知识。远者如秦始皇称帝时曾断言："朕为始皇帝，后世以计数，二世三世至于万世，传之无穷。"②近者如隋文帝称帝后下诏营建新都时，也说："龙首山川原秀丽，卉物滋阜，卜食相土，宜建都邑，定鼎之基永固，无穷之业在斯"③。然而，秦朝没有"传之万世"，隋朝也没有成就"无穷之业"。魏徵能够认识到并敢于提出这个问题，表明他对以往的历史确有洞察，同时也表明他是一个真正面对现实的政治活动的参与者，具有非凡的政治勇气。

对于当时这个政治上最根本、最核心的问题，魏徵是有所思考的，而且他试图来"回答"这个问题。但他在论述这个问题时，却不是着眼于政治的说理，而是着眼于历史的鉴戒，即他说的"殷鉴不远，可得而言"。所谓"殷鉴不远"指的是隋朝的兴亡。魏徵在上疏中进而指出，隋朝曾经是一个"统一寰宇，甲兵强盛"，"风行万里，威动殊俗"的政治局面，可是它只存在三十余年就覆亡了。魏徵发问道：难道隋炀帝厌恶"天下之治安"、不愿"社稷之长久"而故意仿效纣、桀的种种劣迹，使隋朝趋向灭亡的吗？当然不是。那么又如何解释隋朝的骤兴骤亡的命运呢？魏徵分析说，隋朝统治者当国家富强之时，"不虑后患"，肆无忌惮地恃富强，纵奢华，信谗邪，"徭役无时，干戈不戢"，以至于"上下相蒙，君臣相隔，人不堪命，率土

① 刘昫等：《旧唐书》卷七十一《魏徵传》，北京：中华书局，1975年，第2550页。又吴兢《贞观政要》卷一《君道》篇，上海：上海古籍出版社，1978年，第4页，个别文字略有不同。又见《魏郑公集》卷一《论时政疏》，丛书集成初编本，北京：中华书局，1985年。
② 司马迁：《史记》卷六《秦始皇本纪》，北京：中华书局，1959年，第236页。
③ 魏徵等：《隋书》卷一《高祖纪上》，北京：中华书局，1973年，第17～18页。

分崩"，遂至灭亡。这就是富强之时"不虑后患"的结果。魏徵的这些分析，同他在《隋书》帝纪后论中所论，互为表里：一是强调以隋为借鉴，一是总结隋的历史教训。魏徵以隋的兴亡作为他分析"克终者鲜，败亡相继"这个带有规律性问题的着眼点，其原因是非常清晰的，因为唐皇朝正是直接在"人不堪命，率土分崩"的隋的灭亡之基础上建立起来的，这种亲历的历史变故是最有说服力的。在成功的时候能够保持清醒的认识，十分重视总结历史经验，尤其强调对于前朝败亡原因的探讨，这是一个成熟的政治家所具有的忧患意识的表现。魏徵正是唐太宗统治集团中的这样一位政治家。

当然，在魏徵看来，仅仅认识隋朝兴亡的历史教训只是一个方面，另一方面，还必须使当朝统治者从这个历史教训中进一步明确历史前途的多种可能性，而要期待某种可能性或避免某种可能性，则取决于当朝统治者的认识及其制定的政策。对此，魏徵指出：

> 若能鉴彼之所以亡，念我之所以得，日慎一日，虽休勿休。焚鹿台之宝衣，毁阿房之广殿，惧危亡于峻宇，思安处于卑宫，则神化潜通，无为而理，德之上也。若成功不毁，即仍其旧，除其不急，损之又损。杂茅茨于桂栋，参玉砌以土阶，悦以使人，不竭其力，常念居之者逸，作之者劳，亿兆悦以子来，群生仰而遂性，德之次也。若惟圣罔念，不慎厥终，忘缔构之艰难，谓天命之可恃。忽彩椽之恭俭，追雕墙之侈靡，因其基以广之，增其旧而饰之。触类而长，不思止足，人不见德，而劳役是闻，斯为下矣。①

---

① 刘昫等：《旧唐书》卷七十一《魏徵传》，北京：中华书局，1975 年，第 2551 页。

所谓"德之上也""德之次也""斯为下矣",是对三种历史前途的概括,其内在的关键则是最高统治集团的认识程度和实际作为。这里值得注意的是,魏徵提出了"德"的问题,既有历史的根据,又有政治上的极大的权威性,因为历史上周之代殷后,统治者就反复强调"德"①,以此作为意识形态的核心和制定政策的出发点;同时也指出,由于殷王"不敬德"而遭到灭亡。这就是孟子所总结的"以德行仁义者王"②的思想。在唐初的历史条件下,魏徵提出"德"的问题,是极明智的,这反映了他的历史见识和政治智慧。

魏徵之所以这样强调"德"的重要,还有一个原因,即在贞观初年,唐朝统治者对于究竟推行什么政策来治理天下,曾经有过激烈的争论。史家吴兢这样记载道:

贞观七年,太宗与秘书监魏徵从容论自古理政得失,因曰:"当今大乱之后,造次不可致化。"徵曰:"不然,凡人在危困,则忧死亡。忧死亡,则思化。思化,则易教。然则乱后易教,犹饥人易食也。"太宗曰:"善人为邦百年,然后胜残去杀。大乱之后,将求致化,宁可造次而望乎?"徵曰:"此据常人,不在圣哲。若圣哲施化,上下同心,人应如响,不疾而速,期月而可,信不为难,三年成功,犹谓其晚。"太宗以为然。封德彝等对曰:"三代以后,人渐浇讹,故秦任法律,汉杂霸道,皆欲理而不能,岂能化而不欲?若信魏徵所说,恐败乱国家。"徵曰:"五帝、三王、不易人而化。行帝道则帝,行王道则王,在于当时所理,化之而已。考之载籍,可得而知。昔黄帝与蚩尤七十余战,其乱甚矣,既胜之后,便致太平。九黎乱德,颛顼征之,

① 如《尚书·康诰》强调"明德慎罚""德裕乃身";《梓材》提出"勤用明德""肆王惟德用";《召诰》又说"不可不敬德",殷王"惟不敬厥德,乃早坠命",而周王"具德之用,祈天永命"等(《十三经注疏》,北京:中华书局,1980 年。)

② 《孟子·公孙丑上》,杨伯峻译注,北京:中华书局,1960 年,第 74 页。

既克之后，不失其化。桀为乱虐，而汤放之，在汤之代，即致太平。纣为无道，武王伐之，成王之代，亦致太平。若言人渐浇讹，不及纯朴，至今应悉为鬼魅，宁可复得而教化耶？"德彝等无以难之，然咸以为不可。太宗每力行不倦，数年间，海内康宁，突厥破灭。因谓群臣曰："贞观初，人皆异论，云当今必不可行帝道、王道，惟魏徵劝我。既从其言，不过数载，遂得华夏安宁，远戎宾服。"①

魏徵提出的"圣哲施化，上下同心"的方针，遭到封德彝等人的激烈反对，但魏徵凭借他丰富的历史知识予以坚决反驳，一一举出黄帝、颛顼、汤、武等"先王"事例，证明在战乱之后是可以行教化、"致太平"的。唐太宗采纳了魏徵的建议并达到了预期的政治效果。事隔十年左右，魏徵提出重"德"的重要，就是希望唐太宗能够保持"德之上也"的政治追求，以避免"不慎厥终"的命运。其良苦用心，溢于言表。

魏徵在论时政疏的第二疏与第三疏中，对"明德"与"慎罚"作了进一步阐发。第二疏起首便明确指出："思国之安者，必积其德义。"继而再次尖锐地指出这一规律性现象："凡百元首，承天景命，莫不殷忧而道著，功成而德衰。有善始者实繁，能克终者盖寡，岂其取之易而守之难乎？"从这里可以进一步看出，魏徵对历史的洞察，使他能够以大手笔作出这样深刻而又明确的概括："殷忧而道著，功成而德衰"，正是"善始者实繁""克终者盖寡"的原因，其政治表现就是"取之易而守之难"。这无疑是魏徵对历史上的改朝换代的历史现象极精辟的概括。

在魏徵看来，从"道著"到"德衰"是许多统治者难以避免的政治

---

①　吴兢：《贞观政要》卷一《政体》，上海：上海古籍出版社，1978年，第17～18页。按：封德彝卒于贞观元年六月（《新唐书·封德彝传》），此处所记年代有误。

结局。魏徵认为，要避免这种结局，最高统治者必须对自己的行为加以约束，他指出：

> 君人者，诚能见可欲则思知足以自戒，将有所作则思知止以安人，念高危则思谦冲而自牧，惧满溢则思江海而下百川，乐盘游则思三驱以为度，恐懈怠则思慎始而敬终，虑壅蔽则思虚心以纳下，想谗邪则思正身以黜恶，恩所加则思无因喜以谬赏，罚所及则思无因怒而滥刑。[①]

这里说的"见可欲""将有作""念高危""惧满溢""乐盘游""恐懈怠""虑壅蔽""想谗邪""恩所加""罚所及"等十种行为和心态，有正面的，也有负面的，都要三思而慎行，使其归于"正"。这就是被后人称誉的"十思疏"。"十思"当中，最根本的一条是"慎始而敬终"，而最关键的一条则是"正身以黜恶"。从这里可以看出，魏徵是把"避免"上述规律性的历史现象的希望寄托在最高统治者身上的。

除了强调"德"的极其重要性外，魏徵同时电提出了正确对待"刑赏"的重要性，认为这是关系到"上播忠厚之诚，下竭股肱之力，然后太平之基不坠"的根本性问题。魏徵认为："刑赏之本，在乎劝善而惩恶"；根据这一目的，其原则是"帝王之所以与天下为画一，不以亲疏贵贱而轻重者也"。但是，在当时的现实中，人主并没有恪守上述目的和原则，他尖锐地指出：

> 刑赏，未必尽然。或申屈在乎好恶，轻重由乎喜怒。遇喜则矜其刑于法中，逢怒则求其罪于事外；所好则钻皮出其毛羽，所恶则洗垢求其瘢痕。瘢痕可求，则刑斯滥矣；毛羽可出，则

---

① 刘昫等：《旧唐书》卷七十一《魏徵传》，北京：中华书局，1975年，第2553页。

赏典谬矣。刑滥则小人道长，赏谬则君子道消。小人之恶不惩，君子之善不劝，而望治安刑措，非所闻也。①

在魏徵看来，"刑滥"和"赏谬"是政治活动中的两大危害，这两个危害不除，要想国家"治安刑措"，即实现社会稳定的目的是不可能的。在这个问题上，他特别提到历史上的教训："昔州黎上下其手，楚国之法遂差；张汤轻重其心，汉朝之刑以弊。人臣之颇僻，犹莫能申其欺罔，况人君之高下，将何以措其手足乎!"②

总的看来，魏徵认为，一个朝代要避免"克终者鲜"的历史命运，一是重德，二是慎刑(使刑不滥用，赏不谬赐)，而关键在于最高统治者及其统治集团是否能真正执行这样的政治方针。在第三疏的末了，魏徵再次强调要以隋亡为教训，足见其历史意识与忧患意识之深。

二、居安思危的历史辩证思想

古往今来，有见识、有作为的政治家，大凡具有居安思危的思想，并在其政治实践中有不同程度的反映。在魏徵的政论中，居安思危的思想十分突出，他对安与危、存与亡之间的辩证关系提出了深刻的认识。如上文所述，魏徵的改论，往往是以隋朝为例来阐明他的见解。魏徵指出：

> 夫鉴形之美恶，必就于止水；鉴国之安危，必取于亡国。《诗》曰："殷鉴不远，在夏后之世。"又曰："伐柯伐柯，其则不远。"臣愿当今之动静，思隋氏以为鉴，则存亡治乱，可得而知。

---

① 刘昫等：《旧唐书》卷七十一《魏徵传》，北京：中华书局，1975 年，第 2553 页。
② 刘昫等：《旧唐书》卷七十一《魏徵传》，北京：中华书局，1975 年，第 2553 页。

若能思其所以危，则安矣；思其所以乱，则治矣；思其所以亡，则存矣。存亡之所在，节嗜欲以从人。省畋游之娱，息靡丽之作，罢不急之务，慎偏听之怒。近忠厚，远便佞，杜悦耳之邪说，听苦口之忠言。去易进之人，贱难得之货。采尧、舜之诽谤，追禹、汤之罪己，惜十家之产，顺百姓之心。近取诸身，恕以待物。思劳谦以受益，不自满以招损。有动则庶类以和，出言而千里斯应，超上德于前载，树风声于后昆。此圣哲之宏规，帝王之盛业，能事斯毕，在乎慎守而已。①

在这里，魏徵明确地指出："鉴国之安危，必取于亡国。"而他的这段话，大致包含了相互关联的几个要点：一是提出一个十分敏感而尖锐的政治问题，即"鉴国之安危，必取于亡国"；二是"当今"探究"存亡治乱"问题，应以隋为鉴；三是认清隋"所以危"则可以安，总结其"所以乱"则可治；四是强调存亡的关键在于"从人"，并一连用了省、息、罢、慎、近、远、杜、听、去、贱、采、追、惜、顺十四个动词，其内涵都是对皇帝在决策上提出的要求；五是对皇帝本人自身修养的要求，待人接物、言论行动都应谨慎、谦虚，自我约束；最后是结论，即若能做到上述各项，则"慎守"的目的可以达到。

如果说，上文讲到魏徵强调"德"可以致化，是指出历史上有这样的先例，而这种先例在唐初是同样可以做到的。这就是说，历史的发展存在这种可能性。但如何把这种可能性变成现实，记取前朝"亡国"的教训，是极其重要的，甚至是必要的。从政治上看，这是提出一个政治家往往讳言的政治话题，原因在于成功者常陶醉于胜利之中，不会太多去想到失败者何以失败。当然，有的史学家也会

---

① 刘昫等：《旧唐书》卷七十一《魏徵传》，北京：中华书局，1975 年，第 2554～2555 页。

以成功者的言行来提醒当世的统治者，希望他们仿效成功者的做法，以维护长治久安的局面。唐玄宗时的史学家吴兢作《贞观政要》一书，便是突出一例。吴兢认为，效法唐太宗时的政治，便可长久治安。他写道："太宗时政化，良足可观，振古而来，未之有也。至于垂世立教之美，典谟谏奏之词，可以弘阐大猷，增崇至道者，爰命不才，备加甄录，体制大略，咸发成规。于是缀集所闻，参详旧史，撮其旨要，举其宏纲，词兼质文，义在惩劝，人伦之纪备矣，军国之政存焉……庶乎有国有家者克遵前轨，择善而从，则可久之业益彰矣，可大之功尤著矣，岂必祖述尧、舜，宪章文、武已哉！"①这两种做法，都有其合理性，一是举前车之鉴，一是举政治楷模，目的都是为了治国安邦，谋求长治久安之路。但前者敢于指出以"亡国"为训，不独需要勇气，而且也具有警醒人们的震撼力，从这个意义上说，它比后者来得更加深刻。

魏徵和唐太宗都是隋唐之际的政治人物，故"思隋氏以为鉴，则存亡治乱，可得而知"并非空话，而是实有所指的具体事物。只要认真想一想隋朝之所以危、乱、亡的原因，进而避免其覆辙，则可以达到安、治、存的政治局面的目的。这既是政治实践和历史经验之间的一种张力，也是居安思危意识中的历史辩证法。而这种张力和辩证法也并非是说说而已，它既是一个认识问题，也是一个实践问题，因此，魏徵进一步指出，真正懂得存亡的辩证关系，就应在政治措施方面有具体的表现。这些具体的表现，就是魏徵在上疏中所说的自"节嗜欲以从人"至"有动则庶类以和，出言而千里斯应"等五个方面。倘如能如此去做，则"帝王之盛业"，就可以达到"慎守"的目的了。

魏徵在强调以隋的"存亡"来辩证地看待存亡、安危、治乱的

---

① 吴兢：《贞观政要》序，上海：上海古籍出版社，1978 年，第 2 页。

关系时，同时还指出最高统治者要学习尧、舜能够接受人们批评的胸怀，学习禹、汤敢于公开"罪己"的勇气，学习汉文帝"惜十家之产"的节俭作风，等等，从而使他的居安思危的政论更具深刻的历史感。

应当指出，居安思危的思想，在中国历史上有久远的传统，而魏徵把其中的辩证关系阐述得如此透彻，而且是直接向当时的最高统治者的诤谏，这是他超越前人的地方，因而是难能可贵的。

三、知人、用人、任人的历史智慧

魏徵认为，不论是最高统治者的合理认识，还是明确的政治目标，以及与之相适应的一系列的政策及其具体实施，都离不开人才。因此，在他的论时政疏的第四疏中，集中论述了人才的重要，反映了他关于知人、用人、任人的历史智慧。

关于人才问题，魏徵首先从一个根本原则说起，即"为国之基，必资于德礼；君子所保，惟在于诚信。诚信立则下无二心，德礼形则远人斯格。然则德礼诚信，国之大纲，在于父子君臣，不可斯须而废也"①。这是明确表明，在最高统治集团中，尤其在君臣之间，要保持着"德礼诚信"的原则，而这原则实际上是维系政治统治的关键，即所谓"国之大纲"。熟悉历史经验的魏徵深知，最高统治集团中的猜忌、矛盾、倾轧，既无"善始"可言，更谈不到"克终"。因此，他在论述人才问题时，首先提出"德礼诚信"的前提。

在这个前提之下，或者以这个前提为标准，就是鉴别人才的问题，于是魏徵反复论说区别君子、小人的重要性。他认为，君子、小人的特点是："君子、小人，貌同心异。君子掩人之恶，扬人之

---

① 刘昫等：《旧唐书》卷七十一《魏徵传》，北京：中华书局，1975 年，第 2555 页。

善，临难无苟免，杀身以成仁。小人不耻不仁，不畏不义，唯利之所在，危人以自安。夫苟在危人，则何所不至"①。这里说的"貌同心异"很重要，即不可以以"貌"取人，而应识其"心"迹；君子能"杀身以成仁"，小人只是"唯利之所在"。关于君子、小人之辨，这是历代政治家和思想家都关注的问题，但魏徵并非无的放矢，在他看来，唐太宗即位十年左右，在对用人的问题上，已不如贞观初年那样谨慎、郑重了，即他在上疏中指出的"虽有善始之勤，未睹克终之美"。因其所论实有所指，洞察力和尖锐性也就显得格外突出。

诚然，在这个问题上，魏徵同样显示出他的丰富的历史知识和历史智慧，使其所论具有厚重的历史感和令人信服的启示意义。魏徵在上疏中写道：

> 夫君能尽礼，臣得竭忠，必在于内外无私，上下相信。上不信则无以使下，下不信则无以事上。信之为义，大矣哉！故自天祐之，吉无不利。昔齐桓公问于管仲曰："吾欲酒腐于爵，肉腐于俎，得无害于霸乎？"管仲曰："此极非其善者，然亦无害霸也。"公曰："何如而害霸乎？"曰："不能知人，害霸也；知而不能用，害霸也；用而不能信，害霸也；既信而又使小人参之，害霸也。"②

----

① 刘昫等：《旧唐书》卷七十一《魏徵传》，北京：中华书局，1975年，第2555页。
② 刘昫等：《旧唐书》卷七十一《魏徵传》，北京：中华书局，1975年，第2555页。按：《魏郑公集》卷一第四疏记管仲语为："不能知人，害霸也；知而不能用，害霸也；用而不能任，害霸也；任而不能信，害霸也；既信而又使小人参之，害霸也。"《旧唐书》引此语，有所省略。又如：唐代史家吴兢所撰《贞观政要·诚信》篇录魏徵此疏，疏中引管仲语称："不能知人，害霸也；知而不能任，害霸也；任而不能信，害霸也；既信而又使小人参之，害霸也。"（吴兢：《贞观政要》，上海：上海古籍出版社，1978年，第182页）而魏徵所引管仲语，不见于《管子》书，最早见于汉代刘向所撰《说苑》卷八："桓公曰：'何如而害霸？'管仲对曰：'不知贤，害霸；知而不用，害霸；用而不任，害霸；任而不信，害霸；信而复使小人参之，害霸。'桓公曰：'善。'"（向宗鲁：《说苑校正》，北京：中华书局，1987年，第199页）以上各本所记，文字稍异而表述次序也有不同，一并录此，以备参考。

魏徵在举出具体的历史借鉴之前，首先强调"尽礼""竭忠""无私""相信"，这在君臣之间、内外之间、上下之间都是相互牵连的几种关系，若无这种相互关系，则所说都是空话，都是老生常谈的高调。凶此，魏徵把这几种关系最后都落到一个"信"字上面，认为"信之为义大矣哉"，是最高统治集团的伦理关系的核心和应当恪守的根本准则。

在魏徵所引齐桓公与管仲关于"霸业"的对话中，可以看出二人对于政治统治在理解上有很大的区别。在管仲看来，齐桓公要维持"霸业"，关键在于知人、用人。而管仲一连说了知、用、任、信、无使小人参之等几重相互关联的环节，显示了管仲关于用人的政治智慧；千余年之下，魏徵推崇管仲的用人思想，则显示出魏徵在用人问题上也具有这样的历史智慧。魏徵在这篇上疏的最后，把君子、小人特点的区分以及用人的得失，直接同政治统治的"危亡"联系起来，俨然是对这个问题所做的总结性认识，他写道：

> 若欲令君子小人是非不杂，必怀之以德，待之以信，厉之以义，节之以礼，然后善善而恶恶，审罚而明赏，则小人绝其佞邪，君子自强不息。无为之化，何远之有？善善而不能进，恶恶而不能去，罚不及于有罪，赏不加于有功，则危亡之期，或未可保。永锡祚胤，将何望哉！①

魏徵的这段话，既是对知人、用人问题的说明，又像是对居安思危

---

① 刘昫等：《旧唐书》卷七十一《魏徵传》，北京：中华书局，1975 年，第 2557 页。

思想的诠释，而联系所谓"永锡祚胤"的话，又像是针对他所概括的那个历史规律性现象的论证，这要看读者如何去理解。但是，上述三个方面的问题，本是不可截然分开的：认识、政策和人才，任何一个环节都是重要的，都是必不可少的。

在中国史学上，凡有较大历史影响的史学家，都认识到人在历史进程中的重大作用。在这方面，司马迁是一位先驱者。首先，他充分肯定人在历史转折关头或在大事变中的作用。他赞扬刘敬的胆识，说他"脱挽辂一说"，向刘邦献定都关中之策，乃"建万世之安"①。他评价曹参说："为汉相国，清静极言合道。然百姓离秦之酷后，参与休息无为，故天下俱称其美矣。"②他论周勃说："始为布衣时，鄙朴人也，才能不过凡庸。及从高祖定天下，在将相位，诸吕欲作乱，勃匡国家难，复之乎正。虽伊尹、周公，何以加哉！"③司马迁不仅对在亡秦、建汉、安邦这些重大事件中有关的历史人物做出评价，对于历史上类似的历史人物，也都能做出恰当的评价。其次，他明确提出，人的智谋在历史进程中有重要的作用。司马迁评论苏秦说："起闾阎，连六国从（纵）亲，此其智有过人者。"④他赞扬陈平在汉初"常出奇计，救纷纠之难，振国家之患"，后又在诸吕之乱中"定宗庙"，于是"以荣名终，称贤相"，"非知谋孰能当此者乎？"⑤他比较晁错、主父偃在对待刘氏诸王策略上的得失时指出："安危之机，岂

---

① 司马迁：《史记》卷九十九《刘敬叔孙通列传》后论，北京：中华书局，1959 年，第 2726 页。

② 司马迁：《史记》卷五十四《曹相国世家》后论，北京：中华书局，1959 年，第 2031 页。

③ 司马迁：《史记》卷五十七《绛侯周勃世家》后论，北京：中华书局，1959 年，第 2080 页。

④ 司马迁：《史记》卷六十九《苏秦列传》后论，北京：中华书局，1959 年，第 2277 页。

⑤ 司马迁：《史记》卷五十六《陈丞相世家》后论，北京：中华书局，1959 年，第 2062～2063 页。

不以谋哉?"①六国合纵，平诸吕、定宗庙，削弱诸王，这些都是重大的决策，司马迁认为人的智谋是其成功的重要因素。最后，他强调用人的恰当与否，关系到国家的存亡安危。他认为，"君子用而小人退"，是"国之将兴"的征兆；反之，"贤人隐，乱臣贵"则是"国之将亡"的迹象。于是他引用前人的话说："甚矣，'安危在出令，存亡在所任'，诚哉是言也!"②司马迁在考察汉与匈奴的关系时，又寓意深长地指出：要使国家强盛、太平，"唯在择任将相哉! 唯在择任将相哉!"③

司马迁的这些论断所反映出来的思想，不能不影响有丰富历史知识的魏徵，而司马迁和魏徵在用人方面的思想也会影响到魏徵以后的史学家，司马光即是突出代表。司马光在《历年图序》中指出："国之治乱，尽在人君。人君之道有一，其德有三，其才有五。"他把"人君之道"置于最重要的位置。那么什么是"人君之道"呢？司马光论述道：

> 何谓人君之道一？曰：用人是也。蕞尔之国，必有正直忠信之士焉，必有聪明勇果之士焉。正直忠信之谓贤，聪明勇果之谓能。彼贤能者，众民之所服从也，犹草木之有根柢也；得其根柢，则其枝叶安适哉？故圣王所以能兼制兆民，包举宇内，而无不听从者，此也。凡用人之道：采之欲博，辨之欲精，使之欲适，任之欲专。④

---

① 司马迁：《史记》卷十一《孝景本纪》后论，北京：中华书局，1959 年，第 449 页。
② 司马迁：《史记》卷五十《楚元王世家》后论，北京：中华书局，1959 年，第 1990 页。
③ 司马迁：《史记》卷一百一十《匈奴列传》后论，北京：中华书局，1959 年，第 2919 页。
④ 司马光：《稽古录》卷十六，王亦令点校，北京：中国友谊出版公司，1987 年，第 649 页。

从司马光的这些论述来看，可以说他继承了魏徵的历史思想，而且在理性认识方面又向前推进了。

由此可见，从司马迁、魏徵，到司马光，史学家们对于用人与治国安邦的密切关系，在认识上具有连贯性，是重要的政治思想遗产。而在政治实践方面，魏徵因其时代条件、政治地位和社会伦理关系的特殊，而具有极其重要的积极作用，可以看作是"贞观之治"的指导思想之一。

四、余论

魏徵的这四篇上疏，论时政之道而始终不离开以史为鉴，显示出他是一个有深邃历史见识的政治家。他的这些政论，在当时的政治舞台上究竟产生了怎样的影响和作用？《旧唐书》本传所载甚为简略，作者这样写道：

> 太宗手诏嘉美，优纳之。尝谓长孙无忌曰："朕即位之初，上书者或言'人主必须威权独运，不得委任群下'；或欲耀兵振武，慑服四夷。唯有魏徵劝朕'偃革兴文，布德施惠，中国既安，远人自服'。朕从其语，天下大宁。绝域君长，皆来朝贡，九夷重译，相望于道。此皆魏徵之力也。"①

这段话置于魏徵上第四疏之后，好像是针对魏徵的这四篇上疏所说的。但细察其意，这话是针对唐太宗自"即位之初"以来魏徵的历次上疏、净谏的评价。那么，对于这四篇极有影响的论时政疏，唐太

---

① 刘昫等：《旧唐书》卷七十一《魏徵传》，北京：中华书局，1975年，第2558页。

宗当时是怎样看待的呢？吴兢《贞观政要》一书留下了一点历史的痕迹：

——当唐太宗读到魏徵关于知人、用人与政治"危亡"这篇上疏时，"览而叹曰：'若不遇公，何由得闻此语？'"①

——当唐太宗读到魏徵论居安思危、明德慎罚之疏时，"深嘉而纳用"②。

——当唐太宗先后读到魏徵关于历史上为何"克终者鲜，败亡相继"以及"十思"之疏时，甚为震动，史载：

> 太宗手诏答曰："省频抗表，诚极忠款，言穷切至。披览忘倦，每达宵分。非公体国情深，启沃义重，岂能示以良图，匡其不及……公之所陈，朕闻过矣。当置之几案，事等弦、韦。必望收彼桑榆，期之岁暮，不使康哉良哉，独美于往日，若鱼若水，遂爽于当今。迟复嘉谋，犯而无隐。朕将虚襟静志，敬伫德音。"③

纵观《贞观政要》的这几处记载，大致可以说明唐太宗对魏徵的这四篇上疏的积极反应，一方面是对魏徵的赞扬，一方面反躬自察，所谓"公之所陈，朕闻过矣"，"朕将虚襟静志，静伫德音"等语，反映了一代明君的气度与见识，这是中国古代政治史上诤谏和纳谏的一段极有影响的史事，它告诉后人一个道理：诤谏，不仅需要政治上的胆识，还需要历史智慧；而纳谏不仅需要气度，还需要真诚。

当然，尽管如此，魏徵试图以自己的历史智慧和政治勇气，提

---

① 吴兢：《贞观政要》卷五《诚信》，上海：上海古籍出版社，1978年，第183页。
② 吴兢：《贞观政要》卷八《刑法》，上海：上海古籍出版社，1978年，第249页。
③ 吴兢：《贞观政要》卷一《君道》，上海：上海古籍出版社，1978年，第10页。

出避免历史上的"取之者易而守之者难"，善始者多而克终者寡的规律性现象，因阶级的、历史的局限而必不能实现其目的，但他认识到这个问题的存在，并力图为寻求这个问题的答案所做的思考，还是很有意义的。魏徵之所以不能从事实上解决他所提出的带有规律性的历史现象，正是因为他揭示的是一个历史的法则、历史的规律，而这一法则、这一规律是身处当时环境之中的人所无法解决的。具体说来，魏徵不论讲了多少道理，有些道理甚至是深刻的和精辟的，但他始终是把希望寄托在唐太宗一人的身上，这当然也产生了一定的政治作用，但事实上唐太宗不仅与魏徵生活在同一个历史环境之中，而且他本人也是在变化的，晚年的唐太宗也是向着消极、懈怠的方向发展。早在贞观十三年（639 年），魏徵上"十渐疏"，起首这样写道：

> 臣奉侍帷幄十余年，陛下许臣以仁义之道，守而不失；俭约朴素，终始弗渝。德音在耳，不敢忘也。顷年以来，浸不克终。谨用条陈，裨万分一。[1]

"十渐疏"所指出的唐太宗"其渐不克终"的十个方面是：求珍奇，倾民力，拒直谏，远君子，尚奇异，轻臧否，好畋猎，疏上达，荒政事，重徭役。魏徵对唐太宗在这十个方面的变化深为忧虑，他在"十渐疏"的最后写道：

> 夫祸福无门，惟人之召，人无衅焉，妖不妄作。今旱暵之灾，远被郡国，凶丑之孽，起于毂下，此上天示戒，乃陛下恐惧忧勤之日也。千载休期，时难再得，明主可为而不为，臣所

---

① 欧阳修等：《新唐书》卷九十七《魏徵传》，北京：中华书局，1975 年，第 3877 页。

以郁结长叹者也！①

这一点唐太宗本人也是承认的②。

至于唐太宗以后的唐朝君主，虽有唐玄宗、唐宪宗等有作为的君主，但总的趋势，却是一代不如一代，不断由盛而衰了。对此，北宋史家范祖禹在其所著《唐鉴》一书中作了深刻的分析③。在中国古代，一个帝王如唐太宗这样的"明君"，一个朝代如唐朝这样盛大的皇朝，尚且不能走出"克终者寡"的历史规律，何况历史上的其他帝王、其他朝代！唐太宗、魏徵以及历史上其他一些政治家思考这方面的问题，寻求摆脱这种现象的出路，虽然都未能如愿，但却给后人留下了无穷无尽的思考，这或许就成了他们对历史贡献的一部分。

魏徵政论的历史底蕴，是他的政治敏感和历史智慧相结合的表现，也是他的诤谏风格的突出特点，政治和史学的关系，在魏徵那里，实际上也就是古今关系的反映。

作为政治人物的魏徵对后世有深远的影响。《宋史》中的《王安石传》《李纲传》，《辽史·萧陶隗传》《金史·世宗本纪下》《元史·贺胜传》《明史·郭敬传》等，都有后人关于魏徵的评论和赞颂。如金世宗对大臣说："朕观唐史，惟魏徵善谏，所言皆国家大事，甚得谏臣之体。"④这两句评论，把魏徵政论的历史价值作了高度概括。正史以外他书，也有关于魏徵的评论，如元代官员曾讨论这样一个问题："今居官之人有如魏徵者否?"答案是："今之人侧媚

---

① 欧阳修等：《新唐书》卷九十七《魏徵传》，北京：中华书局，1975年，第3878页。"十渐疏"，参见魏徵：《魏郑公集》卷一，丛书集成初编本，北京：中华书局，1985年。
② 参见唐太宗：《帝范序》，见《唐太宗集》，西安：陕西人民出版社，1986年，第204～205页。
③ 参见范祖禹：《唐鉴序》，上海：上海古籍出版社，1981年，第1～3页。
④ 脱脱等：《金史》卷八《世宗本纪下》，北京：中华书局，1975年，第199页。

成风，欲比魏徵实多愧矣。"①这是把魏徵作为衡量政风的标准来看待的。

当魏徵成了历史人物的时候，人们记住他的一个主要原因，是为他的诤谏所感动、所感奋，人们对他的政论中的历史底蕴并不十分在意。然而，魏徵之所以成为魏徵，他之所以能以他的诤谏说服最高统治者，一个主要原因，是因为他洞察历史。因为洞察历史，引史为鉴，从而具有说服力和震撼力，在政治生活中发挥了积极作用，并对后世产生了深远的影响。

---

① 苏天爵：《元朝名臣事略》卷十三《内翰李文正公》，北京：中华书局，1996年，第261页。

《南史》《北史》散论 *

    唐代史学家李延寿撰著的《南史》80 卷、《北史》100 卷，是中国封建社会"正史"中有一定影响的两部史书。这两部书是隋唐时期统一的政治形势的产物，并为这个统一的政治形势服务的。但因《南史》多出于《宋书》《南齐书》《梁书》和《陈书》，《北史》多取材《魏书》《北齐书》《周书》和《隋书》，故一千多年来，论者蜂起，议论横生。然而，无论是宋人的称道，还是清人的指摘，均未就《南史》《北史》的撰著者的著述思想和旨趣作深入的讨论。基于此，本文试图就李延寿所著《南史》《北史》的思想渊源、政治倾向及前人对《南史》《北史》的评价问题，发表一点粗浅的看法，以就教于学术界的同志们。

一

    李延寿撰《南史》《北史》，是继承了他父亲李

---

* 原载《史学月刊》1981 年第 1 期。

大师的遗愿。从这个意义来看，《南史》《北史》的著述是有其家学渊源的。

李大师(570—628 年)①曾多年仕隋，隋亡后入唐。他的少年时代是在南北朝对立的历史环境中度过的；他 20 岁那年(589 年)，隋皇朝统一全国，结束了自西晋灭亡以来 270 多年的分裂局面。继隋而起的，又是统一、强盛的唐皇朝。正是这种由分裂、动乱走向统一、安定的重大的历史变动，给当时的社会带来了新的生机和繁荣兴盛的局面，也给当时的史学以深刻的影响。这个影响的突出表现之一，便是对于统一的政治局面的反映和肯定。李大师无疑是受到了这个历史环境的影响的。

李延寿回忆说："大师少有著述之志，常以宋、齐、梁、陈、魏、齐、周、隋南北分隔，南书谓北为'索虏'，北书指南为'岛夷'。又各以其本国周悉，书别国并不能备，亦往往失实。常欲改正，将拟《吴越春秋》，编年以备南北。"②这一段话，概括了李大师对于历史著述的主要旨趣。第一，他要改变南北朝人们作史以南北互相诬骂、彼此以"索虏"和"岛夷"相称的惯例；第二，他要改变南北朝人们作史以本国详、他国略的通病；第三，他要改变南北朝人们作史因种种偏见而造成"往往失实"的缺陷。总之，他的这些主张，贯穿了天下统一的思想，因而他打算"编年以备南北"，以编年体的形式撰写贯通南北朝史的著作。

从史学与政治的关系来看，国家的统一，必然要求产生与之相适应的历史著作。隋炀帝时，郎茂撰《隋诸州图经集》100 卷③，崔赜

---

① 据李延寿《北史》卷一百《序传》记，李大师卒于唐太宗贞观二年(628 年)，"时年五十九"，其生年当为 570 年。

② 李延寿：《北史》卷一百《序传》，北京：中华书局，1974 年，第 3343 页。

③ 魏徵等：《隋书》卷三十三《经籍二》、卷六十六《郎茂传》，北京：中华书局，1973 年，第 987、1555 页。

等撰《隋区宇图志》250 卷①；唐太宗时，诏令大臣和史官撰写"五代史"（即《梁书》《陈书》《北齐书》《周书》《隋书》）②与《晋书》③，都是在统一的政治形势下才能做到的。房玄龄、褚遂良在其主持修撰的《晋书》的 30 载记中，只说僭伪，而不强调华夷，这与南北朝时期史书，北以南为"岛夷"、南以北为"索虏"的对立态度不同，而反映了唐统一后天下一家的思想。李大师是隋唐之际人，卒于贞观二年（628年）。其时，不独《晋书》远未撰成，就是"五代史"亦尚未着手编写，足见李大师这种明确的倾向统一的思想是很难得的。

《北史·序传》说，李大师虽早有"编年以备南北"的志向，但直到唐高祖武德九年（626 年）他才"傃装东归"，"因编辑前所修书"。可惜这项工作只进行 2 年，李大师就去世了。临终前，他因"所撰未毕，以为没齿之恨焉"！

李大师"以为没齿之恨"的这件工作，在他死后 30 年左右，由他的儿子李延寿完成了。

李延寿于唐太宗贞观年间，曾在颜师古、孔颖达手下从事著述《隋书》的工作；其后又与令狐德棻等参与《晋书》《五代史志》（即《隋书》十志）的修撰工作，因而得以接触皇家图书馆所藏图书，"推究""披寻"南北朝各代史书。李延寿"既家有旧本，思欲追终先志"，完成他父亲未竟的事业，乃拟司马迁《史记》体例，编写《南史》和《北史》，"始末修撰，凡十六载"，于唐高宗显庆四年（659 年），著成《南

---

① 魏徵等：《隋书》卷三十三《经籍二》、卷七十七《隐逸传》，北京：中华书局，1973年，第 987、1757 页。

② 刘昫等：《旧唐书》卷三《太宗纪下》，北京：中华书局，1975 年，第 45 页。刘知幾：《史通》卷十二《古今正史》，上海：上海古籍出版社，1978 年，第 371 页。《唐会要》卷六十三《史馆上·修前代史》，北京：中华书局，1955 年，第 1090~1091 页。

③ 宋敏求：《唐大诏令集》卷八十一唐太宗《修〈晋书〉诏》，北京：商务印书馆，1959年，第 467 页。刘昫等：《旧唐书》卷六十六《房玄龄传》，北京：中华书局，1975 年，第 2463 页。

史》80 卷、《北史》100 卷①。他在《上〈南史〉表》中报告了这两部书的撰述情况：

> 臣轻生多幸，运奉千龄，从贞观以来，屡叨史局，不揆愚固，私为修撰。起魏登国元年，尽隋义宁二年，凡三代二百四十四年（按：应为二百三十三年），兼自东魏天平元年，尽齐隆化二年，又四十四年行事，总编为本纪十二卷、列传八十八卷，谓之《北史》；又起宋永初元年，尽陈祯明三年，四代一百七十年，为本纪十卷、列传七十卷，谓之《南史》。凡八代，合为二书，一百八十卷，以拟司马迁《史记》。就此八代，而梁、陈、齐、周、隋五书，是贞观中敕撰……臣既夙怀慕尚，又备得寻闻，私为抄录，一十六年，凡所猎略，千有余卷。连缀改定，止资一手，故淹时序，迄今方就。唯鸠聚遗逸，以广异闻，编次别代，共为部秩。除其冗长，捃其菁华。若文之所安，则因而不改，不敢苟以下愚，自申管见。虽则疏野，远惭先哲，于披求所得，窃谓详尽。②

这里，李延寿把《南史》《北史》的断限、卷帙、体例、著述过程、编撰方法等，都叙述得十分明白。李延寿著《南史》《北史》的方法，首先是"抄录"，其次是"连缀"。所谓"连缀"，就是改写。改写的过程中，有删节（"除其冗长，捃其菁华"），也有增补（"鸠聚遗逸，以广异闻"）。

李延寿著《南史》《北史》，在体例上采用纪传体（"以拟司马迁《史记》"），改变了他父亲李大师打算作编年体的计划（"将拟《吴越春秋》，编年以备南北"）；但是，在著述宗旨上，他是完全承继了李大

---

① 以上均见李延寿：《北史》卷一百《序传》，北京：中华书局，1974 年，第 3343～3344 页。

② 李延寿：《北史》卷一百《序传》，北京：中华书局，1974 年，第 3345 页。

师的倾向统一的思想的。

二

如前所述，《南史》多出于《宋书》等四史，而《北史》则多出于《魏书》等四史。但是，《南史》《北史》绝非一般地抄撮八史；它们出于八史，又不同于八史。从著述者的思想倾向来看，这个不同之处，突出地表现在《南史》《北史》的倾向统一的思想，这是八史当中除《隋书》而外其他诸史所不能企及的①。

首先，《南史》《北史》从全国统一的思想出发，取消了所谓《岛夷传》和《索虏传》的习惯做法和传统称谓，而另立有关篇目。如沈约《宋书》于北魏历史立《索虏传》(《宋书》卷九十五)，萧子显《南齐书》于北魏历史立《魏虏传》(《南齐书》卷五十七)；同样，魏收《魏书》于南朝历史则立《岛夷传》(《魏书》卷九十七《岛夷刘裕传》，卷九十八《岛夷萧道成传》《岛夷萧衍传》)。他们各自都以自身为中国的"正统"，而不承认对方是"正统"。从政治观点来看，这固然反映了南北朝统治者的互相对立的情绪；从历史观点来看，这无疑也表明了南北朝时一些史家因受着种种偏见的影响而缺乏"大一统"的思想和气魄。《南史》《北史》的撰述者李延寿一反南北朝时的旧有传统，于北魏、北齐、北周历史立"本纪"，于宋、齐、梁各朝历史亦立"本纪"，而一概取消了"岛夷"和"索虏"的错误称谓。这种不再强调华、夷界限的做法，不仅在政治上反映了天下一家的统一局面，而且也反映了魏晋南北朝以来我国各民族大融合的历史发展。可见，李延寿"编次别代，共为部秩"的著述方法是包含了丰富的思想内容的。

其次，南北朝时期人们作史，因多所避讳而成曲笔者甚多，《南

---

① 八史之中，《隋书》是统一国家唐皇朝的史官所撰写的统一国家隋皇朝的历史，它的倾向统一是不言而喻的。

史》《北史》则因避讳较少、照实直书而基本上改变了这种情况。如魏收著《魏书》，"正在齐文宣（按：即高洋）时，故凡涉齐神武（按：即高欢）在魏朝时事，必曲为回护"，"当时已谓其党（北）齐毁（西）魏，褒贬肆情"，所以赵翼认为魏收的《魏书》"趋附避讳，是非不公，真所谓秽史也"①。李延寿《北史》对此则多有改正。又如，沈约《宋书》讳齐高帝萧道成名，而书为"公齐王""太傅齐王"；《南史》则不加避讳，直书其名②。《梁书》和《陈书》虽是唐初姚思廉撰，但其部分史稿系继承其父姚察旧草，而姚察又因是据梁、陈史官所录，未及细细推究，回护之词往往掺杂其间，亦成曲笔。李延寿《南史》一般都直书其事，改正颇多。例如，《梁书》对临川王宏大加褒美，称赞他"性宽和笃厚，在州二十余年，未尝以吏事按郡县，时称其长者"③。《南史》则揭露临川王宏是一个品行低劣，"以介弟之贵，无佗量能，恣意聚敛"之徒④。对于《陈书》，《南史》虽无明显增删，但改曲笔为直书者尤多，"使奸恶不能藏匿，此最有功于《陈书》"⑤，等等。后司马光撰《资治通鉴》，有关部分即多采《南史》所记。以上这些情况，固然是由于李延寿撰写前代历史，与前人相比，顾忌较少有关；但也与他通观全局、总揽南北的著述思想分不开。

再次，《宋书》等原八史列传，均以皇朝断限，《南史》《北史》列传则打乱南、北皇朝的界限，以家族为中心立传。这就是王鸣盛所说的"以家为限断不以代为限断"，"并合各代每一家聚为一传"。王鸣盛对此进行激烈的批评："八代逐代各断，不宜牵连。延寿书各传中，于一家父子兄弟子姓及其后裔历仕各代者，辄连述之。不以各

---

①　赵翼：《廿二史札记》卷十三《〈魏书〉多曲笔》，北京：中华书局，1984 年，第 264 页。

②　参见王鸣盛：《十七史商榷》卷五十四"《宋书》讳齐高帝名，《南史》不讳"条，北京：中国书店出版社，1987 年，第 12 页。

③　姚思廉：《梁书》卷二十二《太祖五王传》，北京：中华书局，1973 年，第 341 页。

④　李延寿：《南史》卷五十一《梁宗室上》，北京：中华书局，1975 年，第 1277 页。

⑤　参见赵翼：《廿二史札记》卷十一《〈南史〉与〈陈书〉歧互处》，北京：中华书局，1984 年，第 230 页。

代为限断，而以各家为限断，恶乎可?!""其所以以家断不以国断者，总以迁移见长耳。不知此国史，非家乘也，何为必以一家贯数代乎?!"①又说，这种做法，"使国史变作家谱，最为谬妄。……方叙魏人，忽入隋事；欲观周传，偏涉齐朝，使读者左顾右盼，颠倒迷惑。且似将齐、周、隋人皆提入魏，魏太饱，齐、周、隋太饥，殊非著述之体"②。王鸣盛的这些指摘，不是没有道理的。这的确是《南史》《北史》的一个缺陷。当然，这个缺陷的主要之点，还不是什么"太饱""太饥"及"左顾右盼"之类，而是这种"家谱"式的列传，恰是魏晋以来士族政治的需要。应当说，《南史》《北史》列传确是承袭了魏晋南北朝以来谱学发展的遗风。它的这个缺陷是不能否认的。但是，仅仅指出这些还是不够的。因为李延寿之所以作这样的处理（用他自己的话来说就是"连缀"），是为了实现他父亲的遗愿，即贯彻李大师的"编年以备南北"的宗旨，把南北朝各朝历史贯穿一气。因此，他在编写《南史》《北史》列传时，不以朝代断限，而是把宋、齐、梁、陈和魏、齐、周、隋各看成一个大的历史阶段。唯其如此，才出现了所谓"家谱""家乘"式的列传。我们在评论这个问题的时候，只有把从李大师到李延寿的著述思想联系起来加以考察，才能深窥撰者的本意，从而对问题做出全面的、恰当的评价。王鸣盛指摘李延寿"立意为人作家传"，甚至认为"如此作史，无理取闹而已"③，未免失于偏颇，有些过分了。

最后，李延寿从统一的思想出发，不曾着力记述南北战争的详细经过，而只是简括地勾勒这些战争的情形。这样做的结果，势必

---

① 王鸣盛：《十七史商榷》卷五十九"以家为限断不以代为限断"条，北京：中国书店出版社，1987年，该卷第2页。

② 王鸣盛：《十七史商榷》卷六十八"并合各代每一家聚为一传"条，北京：中国书店出版社，1987年，该卷第1页。

③ 王鸣盛：《十七史商榷》卷五十九"以家为限断不以代为限断"条，北京：中国书店出版社，1987年，该卷第2页。

使人们对一些重大战役无从作深入的分析。但李延寿这样处理南北关系，也并非毫无道理。赵翼指出："盖延寿叙事，专以简括为主，固不能一一详书。且南北交兵，各自夸胜讳败，国史固各记其所记。延寿则合南北皆出其一手，惟恐照本钞誊，一经核对，则事迹多不相符故也。"又说："两国交涉处，一经校对，辄多罅隙，宜乎延寿之不敢详书也。"①作为一个史家，未能弥补这些"罅隙"，固然是一件憾事，但李延寿能居高临下来简述南北交兵的情况，还是应该给予适当肯定的。

以上这些，从不同的侧面反映了李延寿倾向统一的思想。如前所述，这个思想是由李大师首先提出的；李延寿著成上下连贯的《南史》《北史》，卒以"追终先志"，完成父业。这是他对唐代史学做出的贡献，也是他留在中国史学史上的主要业绩。

三

自《南史》《北史》问世后，一千多年来，人们对其提出了各种见解。

《崇文总目》说：唐高宗很称道《南史》《北史》，并亲自为之作序，但该序今已不存②。刘知幾认为《南史》《北史》综数代为一书，"其君臣流例（别），纪传群分，皆以类相从，各附于本国"③。但他批评作为纪传体史书的"史记家""每论家国一政，而胡、越相悬；叙君臣一时，而参、商是隔。此其为体之失者也。兼其所载，多聚旧记，时

---

① 赵翼：《廿二史札记》卷十三"《南、北史》两国交兵不详载"条，北京：中华书局，1984 年，第 275 页。

② 王尧臣等：《崇文总目》卷二杂史类，丛书集成初编本，北京：中华书局，1985 年，第 59 页。

③ 刘知幾：《史通》卷一《六家》，浦起龙通释，上海：上海古籍出版社，1978 年，第 19 页。

采杂言，故使览之者事罕异闻，而语饶重出。此撰录之烦者也"①。他的这个批评当然也就把《南史》《北史》包括在内了。

最初以《南史》《北史》与《宋书》《魏书》等八史相比较并对《南史》《北史》给予明确的肯定的，是《新唐书》的作者欧阳修、宋祁。他们认为：《南史》《北史》"颇有条理，删落酿辞，过本书远甚"②。大史学家司马光更是高度地评价了《南史》《北史》，说它是"近世之佳史"，"叙事简径，比于南北正史，无繁冗、芜秽之辞"。他还认为陈寿之后，只有李延寿可以与其相比拟③。晁公武指出：《南史》《北史》"删繁补阙，过本书远甚"④。陈振孙则完全赞同《新唐书》的评论⑤。所有这些，说明宋人对《南史》《北史》的评价是很高的。他们都能从大处着眼，从全书的总体上来评论《南史》和《北史》，这是很可取的。

清人对《南史》《北史》的研究，一般地说比宋人细致得多。赵翼对《南史》《北史》增删旧史作了系统比较和分析，结论是《南史》《北史》"得史裁之正矣。宜乎宋子京（宋祁）谓其'刊落酿词，过于旧书远甚'也"⑥。又说："李延寿专以博采见长，正史所有文词必删汰之，事迹必隐括之，以归简净。"⑦他对《南史》《北史》的许多批评意见是比较中肯的。钱大昕对李延寿《南史》《北史》的批评，平心静气，严而不苛，使人心悦诚服。如他批评李延寿"好采它书，而不察事理之

① 刘知幾：《史通》卷一《六家》，浦起龙通释，上海：上海古籍出版社，1978年，第19页。

② 欧阳修等：《新唐书》卷一百二《令狐德棻传》附《李延寿传》，北京：中华书局，1975年，第3986页。

③ 马端临：《文献通考》卷一百九十二《经籍考十九》引，北京：中华书局，2011年，第5582页。

④ 晁公武：《郡斋读书志》卷二《杂史类》，上海：上海古籍出版社，1990年，第241页。

⑤ 陈振孙：《直斋书录解题》卷四《别史类》，上海：上海古籍出版社，1987年，第108页。

⑥ 赵翼：《廿二史札记》卷十"《南史》删《宋书》最多"条，北京：中华书局，1984年，第205页。

⑦ 赵翼：《廿二史札记》卷十"《南史》增删《梁书》处"条，北京：中华书局，1984年，第214页。

有无"①，不免失实；"延寿杂采它书，传闻异词、彼此多不相照也"②；"延寿别采它书益之，未可尽信"③；"《南史》所采异闻……皆旧史所无，未可尽信"④；等等。钱大昕主要是批评李延寿"好采它书""传闻异词"，而每一论断都列举事实，以理服人。赵、钱二人的许多见解，对研究《南史》《北史》是很有参考价值的。此外，王鸣盛指摘《南史》《北史》说："其书疵病百出，不可胜言。《新唐书》云'颇有条理'，愚则谓其甚少条理；又云'删落酿辞'，愚则谓其删落处不当而欠妥者十之七八；若云'过本书远甚'，则大谬不然。耳食之徒，踵此瞽说，几疑本书可废，遂令魏、齐两史（按：指《魏书》与《北齐书》）残阙甚多，致后人反用《北史》补之，岂非为《新唐书》所误乎！"⑤这种既把《南史》《北史》一概否定、又把前人对《南史》《北史》的评价一概否定的论点，显然是欠妥当的。他甚至认为："李延寿之作史，信手挦扯，忽删忽存，都无义例，史法大乱矣，尚可称史邪！？"⑥这种苛刻的指摘，进而发展为破口大骂：李延寿"学浅识陋"，"李延寿书法全乱，信手涂抹，体例无定，草率成书"⑦，"李延寿执笔修史，而昏谬如此，此亦妄人也已矣！"⑧"郑樵诋班固剿袭

① 钱大昕：《廿二史考异》卷三十七"武帝诸子传"条，上海：上海古籍出版社，2004年，第596页。
② 钱大昕：《廿二史考异》卷三十七"简文诸子传"条，上海：上海古籍出版社，2004年，第597页。
③ 钱大昕：《廿二史考异》卷三十七"江淹传"条，上海：上海古籍出版社，2004年，第600页。
④ 钱大昕：《廿二史考异》卷三十六"周弘正传"条，上海：上海古籍出版社，2004年，第598页。
⑤ 王鸣盛：《十七史商榷》卷五十三"《新唐书》过誉《南、北史》"条，北京：中国书店出版社，1987年，第3页。
⑥ 王鸣盛：《十七史商榷》卷六十六"慕容垂遣使朝贡"条，北京：中国书店出版社，1987年，该卷第2页。
⑦ 王鸣盛：《十七史商榷》卷六十六"弑崩书法"条，北京：中国书店出版社，1987年，该卷第7页。
⑧ 王鸣盛：《十七史商榷》卷六十八"宣武误为孝武"条，北京：中国书店出版社，1987年，该卷第4页。

《史记》，不以为耻，樵妄人也，固岂不能自撰者?! 若李延寿则真无耻矣!"①偏见并不等于真理，激烈的言辞也不能代替严肃的学术批评。王鸣盛批评《南史》《北史》，不无正确之处。但若批评近乎辱骂，那么，这种批评就难以成为公正的批评，因而也就显得十分软弱无力了。王鸣盛对李延寿及其所著《南史》《北史》的指摘未免太粗暴、太不公正了。

我认为在评价李延寿的《南史》《北史》时，以下几个方面的问题是必须予以注意的。

第一，应当肯定其倾向统一的著述宗旨。

《新唐书》指出：

> 初，延寿父大师，多识前世旧事，常以宋、齐、梁、陈、（魏）、齐、周、隋天下参隔，南方谓北为"索虏"，北方指南为"岛夷"。其史于本国详，佗国略，往往訾美失传，思所以改正，拟《春秋》编年、刊究南北事，未成而殁。
>
> 延寿既数与论撰，所见益广，乃追终先志。本魏登国元年尽隋义宁二年，作本纪十二、列传八十八，谓之《北史》；本宋永初元年，尽陈祯明三年，作本纪十、列传七十谓之《南史》。凡八代，合二书百八十篇。②

晁公武、陈振孙二人在介绍《南史》《北史》时，也都充分注意到李大师、李延寿父子的著述宗旨③。他们虽然没有明确地指出李氏父子

---

① 王鸣盛：《十七史商榷》卷六十八"后妃传论"条，北京：中国书店出版社，1987年，第 2 页。

② 欧阳修等：《新唐书》卷一百二《令狐德棻传》附《李延寿传》，北京：中华书局，1975年，第 3985～3986 页。

③ 参见晁公武：《郡斋读书志》卷六"杂史类"条，上海：上海古籍出版社，1990年，第 241 页；陈振孙：《直斋书录解题》卷四"别史类"条，上海：上海古籍出版社，1987年，第 108 页。

倾向统一的思想，但却中肯地指出了李氏父子在撰述目的上的继承性与一致性。宋人所关注的这个事实，我们是不应当忽视的。

第二，应当肯定其较旧史"叙事简径，无繁冗、芜秽之词"。

《宋书》《南齐书》《梁书》《陈书》《魏书》《北齐书》《周书》《隋书》八史共537卷，而《南史》《北史》仅180卷，占原书的1/3。这是李延寿"删落酿辞""叙事简径"的功劳。王鸣盛指斥李延寿专以删节为能事，"任意割裂"①，"信手涂抹"②，认为："《南、北史》增改无多，而其所以自表异者，则有两法：一曰删削，二曰迁移。夫合八史以成二史，不患其不备，惟患其太繁。故延寿一意删削，每立一传，不论其事之有无关系，应存应去，总之极力刊除，使所存无几，以见其功"③。李延寿删节八史，确有失当之处。如北魏李费世关于均田的奏疏，梁范缜关于神灭的辩论，是研究当时的阶级关系和意识形态的宝贵材料，《南史》《北史》或全部删弃，或所留无几，都是很不妥当的④。但是李延寿的删节八史绝非王鸣盛所指斥的那样。赵翼曾举《南史》删《梁书》为例，证明李延寿"意存斟酌，不尽以删节为能者"⑤，而对于一些有关人之善恶、事之成败的史实，亦每有增补⑥。经李延寿增删笔削后撰成的《南史》《北史》，不仅在文章上比原八史简洁易读，而且在史料上也对原八史作了一些补充。李延寿的这一功劳，是不应抹杀的。

---

①　王鸣盛：《十七史商榷》卷六十六"外国朝贡"条，北京：中国书店出版社，1987年，该卷第4页。
②　王鸣盛：《十七史商榷》卷六十六"弑崩书法"条，北京：中国书店出版社，1987年，该卷第7页。
③　王鸣盛：《十七史商榷》卷五十三"《新唐书》过誉《南、北史》"条，北京：中国书店出版社，1987年，该卷第4页。
④　钟华：《〈二十四史〉简介》，《光明日报》1978年7月5日。
⑤　赵翼：《廿二史札记》卷十"《南史》删《梁书》处"条，北京，中华书局，1984年，第216页。
⑥　赵翼：《廿二史札记》卷十"《南史》增《梁书》有关系处"条，北京：中华书局，1984年，第220页。

第三，应当肯定其流传广、影响大，对传播南北朝时期的历史知识起了积极作用。

赵翼指出："南北八朝史，《宋书》成于齐，《齐书》成于梁，《魏书》成于北齐，其余各史皆唐初修成。然虽成于唐初，而天下实未尝行也。……各正史在有唐一代，并未行世。盖卷帙繁多，唐时尚未有镂板之法，必须抄录，自非有大力者不能备之。惟《南、北史》卷帙稍简，抄写易成，故天下多有其书。世人所见八朝事迹，惟恃此耳。"①这一段文字，说明北宋以前，《南史》《北史》在流传和影响上，确是南北八史所不可企及的这一事实。八史之中，最早的刻本，是《隋书》宋天圣二年（1024 年）刻本，今已不存。据《宋天圣二年〈隋书〉刊本原跋》所云："天圣二年五月十一日上。御药供奉蓝元用奉传圣旨，赉禁中《隋书》一部，付崇文院。至六月五日，差官校勘，仍内出版式雕造。"其余诸史，多系宋嘉祐年间（1056—1063 年）始校勘谬误，流传于世②；至于这些史书的刻本的出现，又多是北宋末年以后的事情。因此，宋以前，《南史》《北史》的流传较广，影响较大，就是必然的了。王鸣盛认为《南史》《北史》是由于"人情乐简，故得传世"③，并把《魏书》《北齐书》的散失零落归咎于《南史》《北史》的广为

---

① 赵翼：《廿二史札记》卷九"八朝史至宋始行"条，北京：中华书局，1984 年，第199 页。

② 晁说之《嵩山文集》卷十二《读〈宋书〉》："沈约《宋书》纪志传一百卷，嘉祐末诏馆阁校雠，始列学官。尚多残脱骈舛，或杂以李延寿《南史》。"（《四部丛刊》续编，上海：上海书店出版社，1985 年，第 29 页）曾巩《〈南齐书〉目录序》："《南齐书》，八纪，十一志，四十列传，合四十九篇，梁萧子显撰。始江淹已为十志，沈约又为《齐纪》，而子显自表武帝，别为此书。臣等因校正其讹谬，而序其篇目……"（见《南齐书》，北京：中华书局，1972 年，第 1037 页）曾巩《〈陈书〉目录序》："嘉祐六年八月，始诏校雠，使可镂板行之天下。而臣等言：'梁、陈等书缺，独馆阁所藏，恐不足以定箸。愿诏京师及州县藏书之家，使悉上之。'先皇帝乃从其事。至七年冬，稍稍始集，臣等以相校。至八年七月，《陈书》三十六篇者始校定，可传之学者。"（见姚思廉：《陈书》，北京：中华书局，1972 年，第 501 页）嘉祐中校刊《北齐书》时，原文仅存 17 卷，其余 33 卷都是后人据《北史》所补（参见李百药：《北齐书》"点校后记"，北京：中华书局，1972 年，第 1 页）。

③ 王鸣盛：《十七史商榷》卷五十三"《新唐书》过誉《南、北史》"条，北京：中国书店出版社，1987 年，该卷第 2 页。

流传，是没有道理的。

《南史》《北史》也存在着一些明显的缺点：有的地方因首尾照应不周而自相矛盾，也还存在着因避讳而形成曲笔，还有因不应增补而增补形同蛇足，以及因不应删节而删节使重要史实阙书，等等①。对于《南史》《北史》的这些缺点，我们也是应当给予足够的认识的。

李延寿的《南史》和《北史》以其倾向统一的历史思想、简净扼要的叙事方法和广泛流传的社会影响，在"二十四史"中是具有自己的特色的。

---

① 参见赵翼：《廿二史札记》卷十"《南史》过求简净之失"条、卷十一"《南史》增《梁书》琐言琐事"条、卷十三"《北史》全用《隋书》"条、卷十三"《北史》纪传互异处"条，见北京：中华书局，1984年，第206～207、223～227、272～273、277页。钱大昕：《廿二史考异》卷三十六《袁粲传》、卷三十七《恩幸传》、卷三十八《魏本纪一》，上海：上海古籍出版社，2004年，第584、605、606～607页。王鸣盛：《十七史商榷》卷五十四"宋武帝微时符瑞"条、卷六十"《宋书》有关民事语多为《南史》删去"条，北京：中国书店出版社，1987年，卷五十四第2页，卷六十第7～8页，等等。

漫谈"八书""二史"[*]

一、"八书""二史"

在"二十四史"中，有十部史书是记述南北朝史事的，它们是：《宋书》《南齐书》《梁书》《陈书》和《南史》，记南朝史事；《魏书》《北齐书》《周书》《隋书》和《北史》，述北朝兴亡。以上"八书""二史"，合计746卷，几乎占了"二十四史"总卷数3239卷的1/4。

从撰写时间来看，这十部史书成书于两个时期。《魏书》《宋书》《南齐书》成书于南北朝，其他7部都是唐初修撰的。

从编撰体例来看，"八书""二史"都是纪传体史书。其中，《魏书》《宋书》《南齐书》《隋书》不仅有纪、传，而且有志，属于比较完整的综合体史书。其余六部则只有纪、传。"八书""二史"都没有

---

 * 原载《文史知识》1982年第7～8期。

继承《史记》《汉书》中史表的传统，这是一个缺陷。

从著述过程来看，"八书"均系奉旨所修，是"钦定"的史书；"二史"虽然"撰自私门"，但也出于史官之手，并且经过监修的推荐、宰相的审订、皇帝的批准，地位与"八书"无异。可见，"八书""二史"在很大程度上反映了各个封建统治集团的政治需要。

《宋书》100卷，梁沈约（441—513年）撰。沈约历仕宋、齐、梁三朝，历史上习惯地把他称为梁朝人。但他奉诏撰写《宋书》，则在齐武帝永明五年（487年）。次年，他完成帝纪10卷、列传60卷。《宋书》十志30卷，其撰成当在齐明帝称帝（494年）以后，甚至晚至梁武帝即位（502年）以后。

《南齐书》59卷，梁萧子显（489—537年）撰。萧子显撰《南齐书》的过程，《梁书》本传所记极为简括，只说他"又启撰《齐史》，书成，表奏之，诏付秘阁"。《南齐书》原60卷，包括帝纪8卷、志八目11卷、列传40卷、序录1卷。序录早佚，今存59卷。

《梁书》56卷、《陈书》36卷，唐姚思廉（557—637年）撰。姚思廉在贞观三年（629年）奉诏撰梁、陈二史，至贞观十年（636年）奏上《梁书》帝纪6卷、列传50卷，《陈书》帝纪6卷、列传30卷。姚思廉之父姚察曾做过梁、陈二朝史官，隋时，受命撰梁、陈二史，未成而卒。姚思廉的《梁书》《陈书》，继承了他父亲的一部分旧稿。

《魏书》130卷，北齐魏收（510—572年）撰。北齐天保二年（551年），魏收奉诏撰魏史，至天保五年（554年）先后奏上《魏书》帝纪12卷、列传98卷及志十目20卷。史载魏收作史，任情褒贬，随意抑扬，曾说："何物小子，敢共魏收作色！举之则使上天，按之当使入地"[1]。同时，《魏书》也触犯了一些世家大族。因此，《魏书》撰成后，"众口喧然，号为'秽史'"，北齐文宣帝只得"敕魏史且未施行"。

---

① 李百药：《北齐书》卷三十七《魏收传》，北京：中华书局，1972年，第488页。

此后，孝昭帝高演又"诏收更加研审"，"颇有改正"；武成帝高湛也"复敕更审"，魏收再次作了修改。《魏书》经过这两次修改，始成定本。

《北齐书》50 卷，唐李百药(565—648 年)撰。李百药的父亲李德林(530—590 年)是研究北齐史的学者，北齐时曾撰"国史"27 卷，隋时，增至 38 卷。贞观元年(627 年)，李百药奉诏撰北齐史，在其父所撰《齐书》的基础上，于贞观十年(636 年)撰成《北齐书》帝纪 8 卷、列传 42 卷。

《周书》50 卷，唐令狐德棻(583—666 年)等撰。贞观三年(629 年)，唐太宗诏修梁、陈、齐、周、隋五代史，令狐德棻与岑文本、崔仁师撰周史，贞观十年(636 年)成书，包括帝纪 8 卷、列传 42 卷；史论部分，多出于岑文本。令狐德棻是唐初一位很有才能、很有远见的历史家，他不仅主编《周书》，而且"总知类会"梁、陈、齐、隋四史；后来参与重修《晋书》，被"推为首"；又曾积极赞助李延寿撰《南史》《北史》。唐初所修八史，均与他有密切关系。

《隋书》85 卷，唐魏徵(580—643 年)等撰。贞观三年(629 年)奉诏编撰，执笔者还有颜师古、孔颖达、许敬宗诸人，至贞观十年(636 年)成书，包含帝纪 5 卷、列传 50 卷；史论皆出于魏徵之手，集中反映了唐初最高统治集团的历史观点。贞观十五年(641 年)，于志宁、李淳风、韦安仁、李延寿等又奉诏撰梁、陈、齐、周、隋《五代史志》，至高宗显庆元年(656 年)勒成十志 30 卷，亦称《隋志》。

《南史》80 卷、《北史》100 卷，唐李延寿撰。李延寿之父李大师早有著述南北史的计划，直到临终，"所撰未毕，以为没齿之恨"。延寿因"家有旧本，思欲追终先志"，乃利用在史馆工作的机会，"推究""披寻"南北朝各史，以 16 年工夫撰成《南史》帝纪 10 卷、列传 70 卷及《北史》帝纪 12 卷、列传 88 卷，于高宗显庆四年(659 年)奏上。唐高宗亲自为之作序，可惜这篇序文早已失传。

从史料价值来看，"八书""二史"是记述南北朝时期全国历史发展状况的第一手材料，也是有志于学习和研究南北朝历史者应当阅读的主要历史文献。"八书""二史"这个提法，在清代已颇流行①，并非始于今日。

二、纵横交叉

这是就"八书"各自的断限和所记史事的范围来说的。断限，是指纵的方面的联系；范围，是指横的方面的联系。阅读"八书"，首先要了解它们之间这种纵横交叉的密切联系，以便于比较准确地把握历史发展的全貌，揭示历史事件相互间的复杂关系。

例如，从纵的方面看，南朝四书的断限，依次衔接，清晰可见；而北朝四书的断限，就比较复杂一些。这是因为：《魏书》以东魏为正统，叙东魏事甚详，于西魏事则多阙如。《北齐书》上承《魏书》，自然不成问题；《周书》上承《魏书》，中间却缺少西魏一朝史事。《周书》撰者为了解决这个问题，便在《周书》帝纪中记述了西魏的政治、军事大事。可见，我们要了解、研究西魏历史之第一手材料，主要应阅读《周书》。从横的方面看，南朝四书与北朝四书所记史事存在着联系，这是毋庸置疑的。因此，在阅读其中某一部书时，就要注意到与之相关联的其他各书。读《魏书》时，要注意到《宋书》《南齐书》《梁书》；读《陈书》时，要注意到《北齐书》《周书》《隋书》；等等。

又如，上述这种联系，都是从总体上着眼。而有些联系则荫蔽在各书所述的有关史事中，这同样是不能忽略的。《北齐书》所记，实际上包括东魏、北齐两朝史事，所以研究东魏历史，仅读《魏书》

① 永瑢等：《四库全书总目》卷四十六《史部·正史类二》："虽'八书'具列，而'二史'仍并行焉。"（北京：中华书局，1965年，第410页）张应昌《〈南北史识小录〉补正》序："以'两史'及'八书'较之，间有误处，辄为正之。"（同治十年武林吴氏清来堂校刊本）

是不够的，还要读《北齐书》。《周书》所记，不仅包括西魏、北周，同时兼及东魏、北齐和梁、陈四朝史事，所以研究这一时期全国范围的历史发展大势，阅读《周书》是很有必要的。《魏书·序纪》，追溯拓跋氏先世事迹至 27 代，略述了拓跋氏的发展源流。梁元帝末年，宗室萧詧建立后梁政权，先后依附北周及隋，传三代 30 余年，但《梁书》不载此事，而《周书·萧詧传》则论之颇详。这样的例子，"八书"中还有不少。

再如，《魏书》《宋书》《南齐书》《隋书》各志，更是值得注意的。《史记》有八书，《汉书》有十志，《后汉书》八志则撰自西晋司马彪。其后，陈寿著《三国志》，仅列纪、传而无书、志，故《宋书》十志上括魏晋，下迄刘宋。至于《隋书》十志，本名《五代史志》，意在上承《魏书》志与《南齐书》志，故其不独仰包齐、周，而且囊括梁、陈。因此，阅读"八书"时，对《宋书》志和《隋书》志是应格外重视的。刘知幾《史通·断限》篇批评上述二志失于断限，而不察撰者深意，是不恰当的。对此，《四库全书总目》已持不同看法，近人余嘉锡先生进而认为这是"史氏之良规"，"理固宜然"①。

总之，"八书"之间纵横交叉的情形是错综复杂的。了解这种情形，有利于我们的阅读和研究。

三、长短互见

这是就"二史"和"八书"的关系来说的。

李延寿的《南史》多取材于宋、齐、梁、陈四书，《北史》多取材于魏、齐、周、隋四书，这是一方面。另一方面，"二史"虽出于"八书"，但在著述思想、材料去取、文字繁简上，又不完全同于"八

---

① 余嘉锡：《四库提要辨证》卷三"宋书"条，北京：中华书局，1980 年，第 146 页。

书"。两相对照，长短互见，二者均未可轻废，这是阅读和研究"八书""二史"时要注意到的又一个问题。

（一）关于著述思想。李延寿撰《南史》《北史》，是为了继承他父亲李大师"常以宋、齐、梁、陈、魏、齐、周、隋南北分隔，南书谓北为'索虏'，北书指南为'岛夷'。又各以其本国周悉，书别国并不能备，亦往往失实。常欲改正，将拟《吴越春秋》，编年以备南北"①的遗志，这无疑是隋唐统一政治局面对历史撰述提出的新的要求的反映。因此，"二史"倾向统一的著述思想是"八书"（除《隋书》外）所不能企及的。首先，作者从全国统一、"天下一家"的观点出发，摒弃了《宋书》《南齐书》有关"索虏"和《魏书》有关"岛夷"的相互诋毁之辞，同时把南北朝诸帝一概列入帝纪。这种不再强调华夷界限的思想，反映了魏晋南北朝时期民族大融合和隋唐时期政治统一的历史进程。其次，"二史"作者把宋、齐、梁、陈和魏、齐、周、隋作为一个大的历史阶段来看待，因而较多地纠正了原有史书在朝代更替之际的一些曲笔、回护之辞，这固然是李延寿撰写前代历史，顾忌较少的缘故，但也跟他通观全局、总揽南北的著述思想有关。

（二）关于材料去取。"二史"不是一般地抄撮"八书"，因此，不应把前者看作是后者的"节本"。李延寿撰《南史》《北史》的方法，一是"抄录"，二是"连缀"。"连缀"当是属于改写，在材料上有所增删去取。他为了"鸠聚遗逸，以广异闻"，参考了"正史"以外各种"杂史"1000多卷，"皆以编入"；同时，对"八书"的"烦冗"之辞，"即削去之"②。"二史"所删"八书"部分，一般多是皇帝诏册、大臣奏议、学人诗文之类，使所记史事更加连贯、突出。但"二史"所删也有不妥之处，如《南史·沈文季传》删去了南齐唐寓之起义的有关史料，《范云传》附《范缜传》删去梁时范缜关于神灭的辩难；《北史·李孝伯

---

① 李延寿：《北史》卷一百《序传》，北京：中华书局，1974年，第3343页。
② 李延寿：《北史》卷一百《序传》，北京：中华书局，1974年，第3344页。

传》附《李安世传》删去北魏李安世关于均田的奏疏，又在其他一些人的传中删去有关东魏、北齐时各族人民起义的若干史料，等等。对这些反映当时阶级关系和意识形态的重要材料，"二史"或全部删去，或所存无几。

"二史"所增"八书"部分，有很多是出于"小说短书"一类的文字，所以羼杂了不少妖异、兆祥、谣谶等荒诞内容，这是一个显著的缺陷。但也应看到，"二史"确实增补了一些很有价值的史料，如：《南史》增置王琳(梁)、张彪(梁)等人的专传(见卷六十四)，《郭祖琛传》增补了梁武帝残民佞佛的史实，《茹法亮传》保存了唐寓之起义的一些史料，《范缜传》虽删去关于神灭的辩论，却增加了他不屑于"卖论取官"的一段著名对话，等等。《北史》对西魏一朝史事增补尤多，除增置帝纪、后传外，还补了梁览、雷绍、毛遐、乙弗朗、魏长贤等人的专传；李弼、宇文贵等人传后，增写了有关西魏、北周军事制度的详细材料(见卷六十)；《苏威传》补充了江南人民反隋斗争的史实；等等。这都是很宝贵的史料。清人赵翼认为《南史》增《梁书》"有关系处"，多涉及"人之善恶，事之成败"①。应当说，"二史"所增"八书"部分，不少是属于这种情况的。

(三)关于文字繁简。"八书"共 566 卷，"二史"仅 180 卷，约占原书卷数的 1/3、字数的 1/2。这是"二史"对"八书""除其冗长，捃其菁华"的成绩之一。后代学者对此给予很高的评价。欧阳修、宋祁称赞"二史""颇有条理，删落酿辞，过本书远甚"②。司马光认为："二史""叙事简径，比于南北正史，无繁冗芜秽之辞"，是"近世之佳史"③。《四库全书总目》也说《南史》"意存简要，殊其本书"，《北史》

---

① 赵翼：《廿二史札记》卷十，北京：中华书局，1984 年，第 220 页。
② 欧阳修等：《新唐书》卷一百二《令狐德棻传》附《李延寿传》，北京：中华书局，1975 年，第 3986 页。
③ 马端临：《文献通考》卷一百九十二《经籍考十九》，北京：中华书局，2011 年，第 5582 页。

"叙事详密，首尾曲赡"①。可见，文字简径，实是"二史"优点。

综上，"二史"较之于"八书"，在撰述思想、材料去取、文字繁简上，有其所长。因此，初读南北朝史，可以先从"二史"入手。这既易于阅读，又便于掌握历史发展线索，但是，由于"二史"求之过简，对"八书"删削较多，所以在材料上不及"八书"详细、完整。尤其是"二史"仅有纪传而无志，这是它无法代替"八书"的主要地方。正因为有这两个原因，所以我们要深入了解南北朝史，仅读"二史"是远远不够的，还必须把"二史"和"八书"参照着阅读，辨其长短，窥其优劣，融会贯通，方有所得。

四、历史特点

梁启超说过这样一句话："作史如作画，必先设构背景；读史如读画，最要注察背景"②。这话是有一定的道理的。我们作史也好，读史也好，总要有一个全局的看法；如果只把眼睛盯着历史"画面"上的某一个局部，那就看不清历史的全貌，因而也就很难把握历史发展的特点。

"八书""二史"的纪、传、志给我们描绘了一幅什么样的历史"图画"呢？

一是南北间的战与和。"八书""二史"帝纪，以及《宋书·索虏传》，《南齐书·魏虏传》，《魏书》里的《刘裕传》《萧道成传》《萧衍传》等，集中地记载了170年中南北朝间或战或和的政治形势。

南北间的战争（当时的统治者或称"北伐"，或称"南伐"），断断续续，直到隋朝南下灭陈，才算结束。

---

① 永瑢等：《四库全书总目》卷四十六《史部·正史类二》，北京：中华书局，1965年，第409页。

② 梁启超：《中国历史研究法》，《饮冰室合集》第10册，专集之七十三，北京：中华书局，1989年，第105页。

宋文帝刘义隆早有"北伐"之志，很想效法西汉名将霍去病封狼居胥的英雄壮举。元嘉二十七年（450 年），他派王玄谟率军"北伐"。两军主力战于滑台，宋军大败。接着，魏太武帝拓跋焘亲自"南伐"，直抵长江北岸。拓跋焘在瓜步山（今江苏南京六合东南）建立"行宫"，隔江虎视宋都建康（今南京市）。宋文帝登烽火楼北望，认识到自己的这次"北伐"是个失误。于是双方言和。次年，魏军退，"掠广陵居人万余家以北"，其"所过州郡，赤地无余"①。赵宋时，爱国词人辛弃疾在一首词中嘲笑了宋文帝的这次"北伐"："元嘉草草，封狼居胥，赢得仓惶北顾！"

天监四年（505 年），梁武帝派宗室临川王萧宏"北伐"。萧宏是梁武帝的六弟，故"所领皆器械精新，军容甚盛，北人以为百数十年所未之有"②。但是，这支号称"百万之师"的大军，进至洛口后，即畏惧不前。诸将求战，萧宏不允。吕僧珍进言说："知难而退，不亦善乎！"萧宏甚以为是。"魏人知其不武，遗以巾帼（古代妇女的头巾和发饰）。北军歌曰：'不畏萧娘与吕姥，但畏合肥有韦武。'"韦武即指韦叡，梁朝名将。萧娘和吕姥，是对萧宏和吕僧珍的侮称。在一个风雨交加的夜里，梁军惊恐，不战自溃，"弃甲投戈，填满水陆，捐弃病者，强壮仅得脱身"③。梁军洛口之败，成为南北笑料。

上举二例，可以窥见南北间战争的一般情况。清人赵翼《廿二史札记》卷十三"南北史两国交兵不详载"条，以《魏书》为线索，列举南北间一系列战争，颇可参考。

南北间的关系并非都是剑拔弩张，兵戎相见，也还存在着通使与和好的一面。据《魏书》诸《岛夷传》所记，宋、齐、梁三朝派往北魏与东魏的使臣，有姓名可考者达六七十人次，而对方亦"遣使报

---

① 李延寿：《南史》卷二《宋本纪中·文帝》，北京：中华书局，1975 年，第 52 页。
② 姚思廉：《梁书》卷二十二《临川王传》，北京：中华书局，1973 年，第 340 页。
③ 李延寿：《南史》卷十三《梁宗室上·临川王传》，北京：中华书局，1975 年，第1276 页。

之"。《宋书·索虏传》也说："索虏求互市……时遂通之"，"虏复和亲，信饷岁至，朝廷亦厚相报答"云云。《南齐书·魏虏传》写道：齐武帝萧赜时，"岁使往来，疆场无事"；孝文帝时，南使每至，"亲相应接，申以言义。甚重齐人，常谓其臣下曰：'江南多好臣'"。

南北间的这种通使关系，在统治阶级中已成为一件大事。《北史·李崇传》附《李谐传》记："既南北通好，务以俊乂相矜，衔命接客，必尽一时之选，无才地者不得与焉。梁使每入，邺下为之倾动，贵胜子弟盛饰聚观，礼赠优渥，馆门成市……魏使至梁，亦如梁使至魏"，一时风尚如此。《南齐书·魏虏传》说："永明（齐武帝年号）之世，据已成之策，职问往来，关禁宁静。疆场之民，并安堵而息窥觎，百姓附农桑而不失业者，亦由此而已也。"可见，南北通好，又不仅仅是统治集团之间的事情，它与国计民生都有紧密的联系。

一是民族融合的加深。北魏、东魏、西魏是鲜卑族拓跋部建立的政权，北周是鲜卑族宇文部建立的政权，北齐是鲜卑化的汉人建立的政权。《魏书》《周书》和《北齐书》集中地反映了这五个皇朝的兴衰史。主观的历史是客观的历史的反映。如果我们用这个观点来读这几部史书，就会较深刻地认识到：南北朝时期，我国北方和西北方广大少数民族地区的历史，在大踏步地前进。

北魏在历史上存在了近一个半世纪，这是鲜卑族和其他一些北方民族的历史发生深刻变化的过程。《南齐书·魏虏传》说："佛狸（拓跋焘字佛狸）已（以）来，稍僭华典，胡风国俗，杂相揉乱"；其"宫室制度"，系汉人蒋少游制定；后又以汉官王肃"制官品百司，皆如中国"；等等。这样的记载，我们在《魏书》的《高祖纪》《李冲传》《食货志》《刑罚志》《官氏志》等篇中，都可以看到。其中，冯太后和孝文帝的经济、政治、文化、习俗的改革，则是具有里程碑的意义。

历史的进步，往往要通过对它的发展过程的连续性做比较深入的考察，才能被人们看得更加清楚。如果我们把《魏书》《北齐书》《周书》中记述的鲜卑族在政治、经济、文化、习俗上的种种变化，跟《三国志·乌丸鲜卑传》和《后汉书·乌桓鲜卑传》的记载加以比较的话，我们就会看到：在这二三百年中，鲜卑族的历史取得了何等伟大的进步！其实，这又不只是鲜卑族的进步。匈奴人的汉和前赵、羯族人的后赵、氐族人的前秦、羌族人的后秦，都有这样的共同经历。从这个意义上来看，北魏冯太后和孝文帝的改革，可以认为是自东汉末年以来，匈奴、鲜卑、羯、氐、羌等族同汉族不断走向融合的历史趋势的总结。这种民族的大融合，还生动地体现在北魏末年各族人民的大起义中。

三是江南经济的发展。《宋书》卷五十四后论中有这样一段话：

> 江南之为国盛矣！……地广野丰，民勤本业，一岁或稔，则数郡忘饥。会土（会稽）带海傍湖，良畴亦数十万顷，膏腴上地，亩直一金，鄠（今陕西户县）、杜（今陕西西安长安区南）之间，不能比也。荆城（荆州）跨南楚之富，扬部（扬州）有全吴之沃，鱼盐杞梓之利，充仞八方，丝绵布帛之饶，覆衣天下。①

这里写的是宋武帝时期的江南景象。《陈书》卷五《宣帝纪》录太建四年（572年）诏书，其中也有"良畴美柘，畎畒相望，连宇高甍，阡陌如绣"的话，说的是梁末以前的江南景象。

如果把这些记载，跟司马迁笔下"火耕而水耨""无积聚而多贫""无冻饿之人，亦无千金之家"②的江南作个比较，南北朝时期的江南经济已大大发展了。这个变化是怎样神奇般地出现的呢？原因自然是多方面的。这里，我们不妨读一读《宋书·州郡志》：

---

① 沈约：《宋书》卷五十四后论，北京：中华书局，1974年，第1540页。
② 司马迁：《史记》卷一百二十九《货殖列传》，北京：中华书局，1959年，第3270页。

> 自夷狄乱华，司、冀、雍、凉、青、并、兖、豫、幽、平诸州一时沦没，遗民南渡，并侨置牧司，非旧土也。[1]

下面还有许多诸如"淮南民多南度""民南度江者转多""淮北流民，相率过淮，亦有过江""中原乱，北州流民多南渡"的记载，以及出现了大量的"侨置"州、郡、县。

可见，东晋、南朝以来，北方大量人口南下，已成了一个重要的历史现象。有人根据《晋书·地理志》和《宋书·州郡志》研究推算：刘宋时有户籍南迁人口约占西晋北方人口的 1/8，约占刘宋时南方人口的 1/6。其中，扬州所集南迁的人最多，占全部南迁人口总数的半数以上[2]。这些南迁人口、增加了南方的劳动力，带来了北方先进的生产技术和生产经验，同南方劳动人民相结合，利用南方良好的自然条件，于是创造出新的生产力。这是江南经济得以迅速发展的基本原因。

五、社会风貌

"八书""二史"非常突出地反映了南北朝时期的社会风貌。这里着重举出两个方面。

一个方面是推重门阀。这是时代打在《魏书》《宋书》和《南史》《北史》上面的深刻的印记。

从编撰形式来看，《魏书》和《南史》《北史》都大量地采用了家传。前者是附传的人数多，凡兄弟、子侄、族人，动辄以三四十或五六十数。后者除了同样采用家传形式外，还打破了朝代的界限。魏晋南北朝时期，门阀地主以重视婚宦来保持自己的特权地位，因而也

---

① 沈约：《宋书》卷三十五《州郡志》序，北京：中华书局，1974 年，第 1028 页。
② 翦伯赞：《中国史纲要》第 2 册，北京：人民出版社，1965 年，第 82 页。

就必然重视作为婚宦的依据的家谱。《魏书》和《南史》《北史》为门阀地主作传，或直接取材于家谱，或仿照其形式，都会使门阀地主感到满意的。从编撰思想来看，《魏书·官氏志》和《宋书》在对传主人物的刻意选择上，都反映了作者浓厚的门阀观念。《魏书·官氏志》除了叙职官外，后半部分专叙氏族，这在以前的各史中是罕见的。《官氏志》记载了太和十九年(495年)孝文帝厘定姓族的诏书，规定皇室以外的八大姓，可与北方汉族崔、卢、李、郑四大姓相侔，最终完成了鲜卑贵族的门阀化。《宋书》列传半数以上都是为门阀地主立传，而作为士族冠冕的王、谢二姓，就有20余人入传。当然，对门阀地主的溢美之词，各书都不同程度地存在着。

存在决定意识。我们不能要求魏收、沈约、李延寿等人脱离当时的政治、风习来写历史。魏收撰《魏书》时，还曾受到一部分门阀贵族的反对；沈约生活在门阀观念极重的齐、梁之际；在李延寿著书的年代，唐太宗、武则天还都在设法同门阀做斗争；等等。在这样的历史条件下，怎么能要求他们的历史著作不带上时代的印记呢！清人王鸣盛曾激烈地指摘李延寿"如此作史，无理取闹而已"[1]。我们的认识应当比王鸣盛来得更深刻一些。

另一个方面是崇尚佛教。《魏书·释老志》也是当时的社会风貌的真实记录。《释老志》论说佛、道二教，而以佛教为主。它是北魏佛教的兴衰史。

《释老志》记：北魏统治者大多崇尚佛教。早在天兴元年(398年)，道武帝拓跋珪就下诏宣扬佛教"信可依凭"，下令在京城修建佛寺。沙门法果因得拓跋珪礼重，把拓跋珪比做"当今如来"，"遂常致拜"。法果说："我非拜天子，乃是礼佛耳！"从这里，可以看到统治者和佛教徒的互相利用。明元帝拓跋嗣希望"沙门敷导民俗"，帮助

---

[1] 王鸣盛：《十七史商榷》卷五十九"以家为限断不以代为限断"条，北京：中国书店出版社，1987年，该卷第2页。

他统治人民。太武帝拓跋焘因发现僧寺秽行，下诏斥"胡神"，毁僧寺。文成帝拓跋濬时又尽行恢复。宣武帝拓跋恪笃信佛理，每年在禁中亲讲经论，广集名僧，标明义旨，由沙门条录，称为《内起居》。孝明帝正光（520—525 年）以后，"天下多虞，王役尤甚，于是所在编民，相与入道，假慕沙门，实避调役，猥滥之极，自中国之有佛法，未之有也。略而计之，僧尼大众二百万矣，其寺三万有余"。统治者要用佛教"敷导民俗"，而人民则把僧寺当作"避难所"。

其实，僧寺并不是人民的"天堂"。在那里，等级的森严和阶级的对立，与世俗无异。有了大量的土地和劳动力，僧侣地主和世俗地主并无二致，而寺院经济也就成了封建经济的一种特殊形式。

南朝统治者中梁武帝是佞佛的典型代表。《魏书·岛夷萧衍传》说他不仅大建僧寺，还"曾设斋会，自以身施同泰寺为奴，其朝臣三表不许，于是内外百官共敛珍宝而赎之"。臣下奏表上书都称他为"皇帝菩萨"。其发昏、出丑皆类此。

在僧寺香烟弥漫着大江南北的迷雾之中，生活在齐、梁之际的伟大无神论思想家范缜（约 450—约 510 年），勇敢地向佛教经论宣战。梁武帝天监六年（507 年），范缜发表了不朽的《神灭论》，对佛教谎言作了无情的批判，从而震动了显贵和佛坛。梁武帝为此下诏，令大僧正法云邀集朝贵及名僧 64 人，与范缜辩难。范缜"辩摧众口，日服千人"①，始终没有在理论上退却。《梁书·范缜传》全文记载了《神灭论》，《南史·范云传》附《范缜传》补充了范缜不愿"卖论取官"的千古名言，二者相得益彰，显示了这位朴素唯物论者的坚定信念和高尚情操。

重门阀，崇佛教，是南北朝时期门阀地主腐朽、空虚、没落的表现，反映了一种衰颓的社会风貌。而广大人民的为佛教所欺骗，

---

① 僧祐：《弘明集》卷九，上海：上海古籍出版社，1991 年，第 55 页。

则是阶级压迫、民族压迫所使然。

六、典章制度

"八书"之中,《魏书》《宋书》《南齐书》《隋书》都有志,虽篇目多寡颇有异同,但若参照阅读,尚可了解这一时期的主要的典章制度。

《魏书·食货志》是很有意义的作品,它证明了鲜卑贵族在征服了黄河流域广大地区后,又被这一地区的先进生产方式所征服的这个历史事实。其中,所记太和九年(485年)北魏均田诏书和太和十年(486年)李冲关于实行"三长制"的建议,具有重要的史料价值,前者是曹魏屯田、西晋占田以来,中国土地制度的又一个重要变化,对后世有很大的影响。《隋书·食货志》写出了南朝和北齐、西魏、北周、隋劳动力占有的品级制度和课役的等级制度,以及各代的货币制度。

《魏书·官氏志》载明了北魏职官制度因"交好南夏,颇亦改创"的过程及职官建置情况。《宋书·百官志》写出了汉魏迄宋百官的因革,是正史《百官志》中较好的。《南齐书·百官志》比较简单,只叙南齐本朝职官。《隋书·百官志》共3卷,各以一整卷篇幅分述了梁、陈官制和北齐、北周官制,颇为翔实。

《魏书·地形志》以东魏孝静帝武定年间(543—549年)的档案为依据,记述了北魏的州郡建置及户口多寡。《宋书·州郡志》是作者的力作,不仅记载了刘宋一代的州、郡建置情况,考察了汉、魏以来的因革变化,而且于侨置州、郡、县记载尤详。《南齐书·州郡志》比较简略。《隋书·地理志》主要记有隋一代的建置情况,但于注文中并记梁、陈、齐、周的建置因革。

《魏书·刑罚志》写出了北魏制定律令的过程。《隋书·刑法志》写出梁、陈、齐、周、隋的律书编定及统治者立法、毁法的恒情,反映了封建专制主义的特点。

《隋书·经籍志》是东汉以来中国目录学专书的新成就，它在一定意义上也概括了唐代以前中国学术文化的源流，是历史文献研究发展中的一个重要标志。它在图书分类法上对唐以后直至清代，都有深远的影响。因此，它是每一个学习和研究中国历史的人的必读书。

近代史学大家陈寅恪先生认为："隋唐之制度虽极广博纷复，然究析其因素，不出三源：一曰(北)魏、(北)齐，二曰梁、陈，三曰(西)魏、北周。"①他的这个看法，对我们了解、研究南北朝的典章制度是有启发的，对于我们阅读"八书"诸志也是有启发的。

① 陈寅恪：《隋唐制度渊源略论稿》叙论，上海：上海古籍出版社，1982年，第1页。

读《史通》札记 *

一、《六家》《二体》未能包举百代史学

刘知幾著《史通》，以《六家》《二体》两篇，冠盖全书，足见其重要。同时，知幾对他的"六家""二体"之说，颇为自信。《六家》篇云："古往今来，质文递变，诸史之作，不恒厥体。榷而为论，其流有六"。这六种史书体例是：《尚书》家、《春秋》家、《左传》家、《国语》家、《史记》家、《汉书》家。知幾进而写道："考兹六家，商榷千载，盖史之流品，亦穷之于此矣"。他的这些话，斩钉截铁，毫无商榷的余地。由于"时移世异"，"朴散淳消"，故《尚书》《春秋》《国语》《史记》四家"其体久废"，"所可祖述者，唯《左氏》及《汉书》二家"，于是乃有"二体"说。刘知幾所说的"二体"，是断代编年体和断代纪传体。他认为，西

---

* 原载《史学史研究》1982 年第 2 期。

汉以后的历史著述情况是"班（固）、荀（悦）二体，角力争先，欲废其一，固亦难矣。后来作者，不出二途"。在刘知幾看来，这种认识是不可移易的。

《史通通释》的撰者、清人浦起龙把刘知幾的这些论断的价值又进一步抬高了，他说："史体尽此六家，六家各有原委。其举数也，欲溢为七而无欠，欲减为五则不金"①；"《六家》举史体之大全，《二体》定史家之正用。……自后秘省敕撰，唯此二途；艺文史部，必先二类。知幾是篇，诚百代之质的也"②。

近读张孟伦先生所著《刘知幾〈史通〉评》一文，文中写道："《六家》、《二体》两篇，实将我国汗牛充栋的史书的体例，作了一个穷尽原委、脉络分明的高度概括性的叙述，从而不但纲维了百代群史，而且张开了《史通》全书总目"③。这个评论，比起浦起龙的评论来说，又提高了一步。

刘知幾是古代大史学家，《史通》中的《六家》《二体》两篇在总结中国古代史书体裁方面确有一定的贡献，这是毋庸置疑的。但若说"史之流品"，穷于六家；历史撰著不出班、荀二途；《六家》篇"纲维百代群史"，《二体》篇"诚百代之质的"，等等，鄙意以为均与实际情况颇不相符，因而也就难免有过誉之嫌了。

第一，从历史文献学来看。早于《史通》成书半个世纪的《隋书·经籍志》，是中国古代历史文献学发展中的一个重要标志。其乙部（史部）论列史书凡 13 个分类，即正史、古史、杂史、霸史、起居注、旧事、职官、仪注、刑法、杂传、地理、谱系、簿录，每一分类皆有小序，考其缘起，述其流别。显然，这 13 个分类所囊括的史

---

① 刘知幾：《史通》卷一《六家》按语，浦起龙通释，上海：上海古籍出版社，1978 年，第 1 页。

② 刘知幾：《史通》卷二《二体》按语，浦起龙通释，上海：上海古籍出版社，1978 年，第 29～30 页。

③ 张孟伦：《中国史学史论丛》，兰州：兰州大学历史系，1980 年，第 26 页。

书，无论在内容、种类、体例等方面，都是《六家》《二体》无法包举得了的。当然，刘知幾所论"六家""二体"，系指"正史"而言。《史通》另有《杂述》篇，专论 10 种"杂史"，即偏记、小录、逸事、琐言、郡书、家史、别传、杂记、地理书、都邑簿。那么，能不能说，《六家》《二体》再加上《杂述》，就可"纲维百代群史"呢？就可以说"史之流品，穷之于此"呢？答曰：否！首先，《史通·杂述》篇论说"杂史"，失之过简，与其论说"正史"的篇幅相去甚远，不成比例。这说明刘知幾对"杂史"的重视程度，远不如《隋书·经籍志》的撰者。其次，《六家》《杂述》所举史书的种类和体例，亦远不如《隋志》史部书那么丰富。若将二者作一比较，就可发现：《隋志》之正史、古史、霸史、起居注等类，《史通》皆为正史；《隋志》之杂史类，《史通》则为偏记；《隋志》之旧事类，《史通》则为逸事；《隋志》之杂传类，《史通》则析为郡书、别传、杂记；《隋志》有地理类，《史通》有地理书和都邑簿；《隋志》有谱系类，《史通》有家史类。这是二者的相同（或者说是大致相同）之处。二者不同之处，至少有三点：第一点，《史通·六家》篇，以《尚书》《春秋》《左传》《国语》等书入于"正史"，而《隋志》则均著录于甲部（经部），这是刘知幾的一个创见，开"六经皆史"说之先河，应充分肯定。第二点，《史通·杂述》篇所谓琐言类，《隋志》原著录于丙部（子部）之小说类；此类交叉，尚有数处。第三点，《隋志》史部书中的职官、仪注、刑法、簿录等四个分类，《六家》《杂述》不曾论列，这不能不说是《史通》的一大缺陷。从内容上说，职官、刑法等著作，实为史书之重要组成部分；从体例上说，这些书既非编年，亦非纪传，绝非班、荀二体所能概括。

第二，从历史目录学（史部分类法）来看。魏晋南北朝时期，私家撰史蔚然成风。史学的发展，促进了历史目录学的发展。《隋志》乙部的分类方法及著录诸书，是这一发展的记录和总结。刘知幾《史通》中的《六家》《二体》《杂述》诸篇，论述史书的分类和体例，但却完全抛开了《隋志》，另创新的格局。这种做法，上不愿承其前，下未能启其后，虽然标新立异，独树一帜，却没有在历史目录学史上留下什么影响。自《旧唐志》以下，至《四库全书总目》，其史部分类，大体皆与《隋志》相仿佛，而与《六家》《杂述》无涉，就是有力的证明。刘知幾在历史文献学和历史目录学方面，没有能够达到和超过他同时代的前辈学者，这是与他对《隋书·经籍志》的不正确看法相关联的。

第三，从历史编纂学来看。刘知幾分史书为"正史""杂史"两大类。他认识到了杂史的重要性，说："偏记小说，自成一家。而能与正史参行，其所由来尚矣。"同时，他也看到了杂史发展的趋势："爰及近古，斯道渐烦。史氏流别，殊途并骛。"①但是，他却没有把"杂史"放到应有的位置上加以论述。因此，他认为史书的撰述主要是"班、荀二体，角力争先"，"后来作者，不出二途"。这个论断，不仅为刘知幾以后的史学发展所否定，而且也不完全符合刘知幾所处时代的史学发展情况。魏晋南北朝隋唐时期，典制体史书逐渐发展并走向成熟。《隋志》所著录的职官、仪注、刑法诸书，多属此类史书。这类史书的编撰者，不一定都是史官，但它们在史部著作中的重要地位却并不因此而有所改变，这从《隋志》诸篇小序可以看出。刘知幾对这类典制体史书的发展未给予充分重视，而对他自己所提出的 10 类"杂史"又不曾详细论列，因而史学的发展只剩下"班、荀二体，角力争先"，"后来作者，不出二途"了。这就把史学的范围缩小了，使史学发展的道路变窄了。这同《隋书·经籍志》给人们描绘的那幅辽阔的史学发展蓝图比起来，刘知幾给人们提供的这幅蓝图就不免过于局促了。至于刘知幾之后，"三通"的继出及其繁衍为"十通"，《资治通鉴》的问世及其在史学史上的崇高地位，纪事本末体的

---

① 刘知幾：《史通》卷十《杂述》，浦起龙通释，上海：上海古籍出版社，1978 年，第 273 页。

创立和发展，当然都是刘知幾始料所不及的。对此，我们是不应当去苛求刘知幾的。但浦起龙无视史学发展的事实，并刻意贬低纪事本末体史书的价值，强调《二体》篇所提出的见解是"百代之质的"，这就言过其实了。

二、三志并非"为志者所宜先"

《史通·书志》篇对历代正史中的书、志提出许多批评，其中如批评《汉书·五行志》《宋书·符瑞志》等有许多很好的见解。但就《书志》篇的总的论点来看，可议之处甚多。例如，他批评《汉书·天文志》："志无汉事而隶入《汉书》，寻篇考限，睹其乖越者矣。"他批评《汉书·艺文志》："夫古之所制，我有何力，而班汉定其流别，编为《艺文志》"。他批评《魏书·释老志》："徒以不急为务，曾何足云。"他批评《隋书》中的天文、经籍二志尤为激烈："广包众作，勒成二志，骋其繁富，百倍前修。非唯循覆车而重轨，亦复加阔眉以半额者矣。"等等。这些批评，不尽合情合理，后人多有非议。

在刘知幾看来，以往正史诸志，实不足取。他说："历观众史，诸志列名，或前略而后详，或古无而今有。虽递补所阙，各自以为工，权而论之，皆未得其最"。如何才能"得其最"呢？知幾认为："盖可以为志者，其道有三焉：一曰都邑志，二曰氏族志，三曰方物志"；此三者，"实为志者所宜先，而诸史竟无其录"。综观知幾对书、志的见解，有两点认识是极突出的：一是以往书志，"皆未得其最"，没有抓着主要课题；二是都邑、氏族、方物三志"实为志者所宜先"，应首先论列。我认为，按知幾的意见，将都邑等三志列入书志，不是没有一点道理的，但若据此而得出上述两点认识，这就未免过分地贬低了古人，而又过分地抬高了自己。因此，从总的方面来看，知幾此论，殊为未安。

第一，以往诸志，如天文、地理、食货、职官、刑法、艺文等，都是史家选择自然和社会中与人类生活有密切关系的重大课题而作，其重要性往往不在都邑等三志之下。其中，有的是人类认识和征服自然的记录及经验，有的是人类经济生活、政治关系、文化创造方面的反映。即便如《魏书·释老志》，也绝不像刘知幾所批评的那样，是"徒以不急为务"。须知，《释老志》在反映那个时期统治阶级的精神、思想和整个社会风貌来说，乃是《魏志》中的精华之一。知幾轻易地抹杀以往正史诸志的成就，是很不妥当的。

第二，知幾主张增添三志："撰都邑志，列于舆服之上"，"撰方物志，列于食货之首"，"撰氏族志，列于百官之下"。这些意见，反映了他对城市在当时政治经济生活中的重要地位的认识，对各地自然资源在经济生活里的重要性的认识，对当时还存在的门阀制度及其在思想文化上的要求的认识，是有一定道理的。但若说是这三志的重要性远在以往正史诸志之上，"实为志者所宜先"，否则便是"未得其最"，那就未免有些荒唐了。刘知幾是第一个提出才、学、识的史家。那么，他的三志"实为志者所宜先"的主张，在当时历史条件下是不是表现出他的卓越的"史识"呢？回答是否定的。这里，可以以《食货志》为例略作比较和说明。比《史通》早6个世纪的《汉书·食货志·序》说："《洪范》八政，一曰食，二曰货。食谓农殖嘉谷可食之物，货谓布帛可衣及金刀龟贝，所以分财布利通有无者也。二者，生民之本，兴自神农之世。"这是从历史观点上对个体农业和家庭手工业相结合的经济生活的深刻认识。刘知幾以前，很多史家都有这种认识。《魏书·食货志·序》云："夫为国为家者，莫不以谷货为本。"《隋书·食货志·序》称："夫厥初生人，食货为本。"上述各史，虽没有把《食货志》列于诸志之首，但它们的撰著者们是认识到《食货志》的重要性的，亦即认识到社会经济生活的重要性的，这是他们撰写《食货志》的原因。刘知幾在《书志》篇中强烈地反映出都邑、方物、氏族三志"实为志者所宜先"的历史见识，较之于上述各史《食货志》的那些见解，不能不为之逊色。刘知幾之后，未及百年，杜佑继承和发展了前人重视经济生活的历史思想，在其所著《通典》一书中，赫然"以食货为之首"，因而在史学史上历来受到推崇。我们不应要求刘知幾具有杜佑的这种卓越见识，但却可以要求他对包括《隋书·食货志》在内的历代《食货志》有个正确的看法。可惜的是，刘知幾用他提出的三志，把以往正史诸志统统挤到一边去了。

第三，从史学实践来看，刘知幾所主张的增撰三志的意见，除郑樵《通志》采纳外，新、旧《唐书》以下至宋、元、明诸史，均未采用。刘知幾的三志"实为志者所宜先"的主张"不行于史家"[①]的事实，足以说明刘知幾这个主张的价值的实际意义。

三、名实、体例和史识

刘知幾首倡才、学、识为史家三长之说。《史通》一书以论说史书体例著称，其中许多见解证明刘知幾是一位颇具史识的史家。然而，"金无足赤，人无完人"。刘知幾从名实和体例的标准出发，对司马迁所著《史记》中的《项羽本纪》和《陈涉世家》大加挞伐，批评太史公"名实无准""再三乖谬"，恰恰证明刘知幾在这个问题上拘泥于名实和体例，而在史识上落后于太史公。

《史通·本纪》篇说："纪者，纲纪庶品，网罗万物。考篇目之大者，莫过于此乎！""纪之为体，犹《春秋》之经，系日月以成岁时，书君上以显国统"；"纪者，既以编年为主，唯叙天子一人"。《列传》篇云："纪者，编年"；"编年者，历帝王之岁月"。刘知幾反复强调了本纪是纪天子、君上、帝王的岁月、行事，是史书篇目中最崇高的。

---

① 刘知幾：《史通》卷二《书志》按语，浦起龙通释，上海：上海古籍出版社，1978年，第75页。

他从这个认识出发批评司马迁为项羽立纪：

> 项羽僭盗而死，未得成君……安得讳其名字，呼之曰王者
> 呼？春秋吴、越僭拟，书如列国。假使羽窃帝名，正可抑同群
> 盗，况其名曰"西楚"，号止"霸王"者呼？霸王者，即当时诸侯。
> 诸侯而称本纪，求名责实，再三乖谬。①

在刘知幾看来，项羽充其量只够得上算个诸侯，根据名实与体例的
要求，应入于世家才是。可是，且慢！他在《列传》篇进而写道："如
项王宜传，而以本纪为名，非惟羽之僭盗，不可同于天子；且推其
序事，皆作传言，求谓之纪，不可得也"。一言以蔽之，羽入于传，
如班固《汉书》者然，是最允当不过的了。

　　知幾此论，乍看起来，似颇"有理"，因为他是用"求名责实"的
办法来评定史书的体例的，这有何不可呢？然而，问题就在这里，
只要稍一推敲，就可看出刘知幾在史识方面是有明显的弱点的。司
马迁为项羽作本纪，是从"通古今之变"这一总的指导思想出发，以
尊重历史发展的事实为前提的，这就是：秦亡之后，汉兴以前，项
羽实际上支配着当时的政治形势，所谓"政由羽出，号为霸王，位虽
不终，近古以来未尝有也"②。刘知幾从一般的"名实"观念出发，不
去考察客观历史发展的具体情势，因而无法理解司马迁的这个做法，
并加上"再三乖谬"的恶谥。在这里，刘知幾和太史公的分歧是十分
清楚的：刘知幾坚持的是伦理观点，司马迁坚持的是历史观点；刘
知幾要求客观历史应符合他所阐发的史书体例，司马迁则是努力使
他撰写的《史记》及其各种篇目去符合活生生的客观历史。孰是孰非，

---

① 刘知幾：《史通》卷二《本纪》，浦起龙通释，上海：上海古籍出版社，1978 年，
第 37 页。

② 司马迁：《史记》卷七《项羽本纪》后论，北京：中华书局，1959 年，第 338～339 页。

不是清清楚楚么！

值得注意的是，刘知幾的这种看法，是班彪、班固父子对秦汉之际历史的错误看法的翻版。班彪鼓吹"汉德承尧"①，班固宣称"汉绍尧运"，不同意司马迁把汉代历史"编于百王之末，厕于秦、项之列"②。他们认为汉是周的继续，不承认秦的存在，当然更不会承认项羽的历史作用。《汉书》改《项纪》为《项传》，其源盖出于此。刘知幾虽未照搬班氏父子的原话，而是打着"名实"的旗号，以整齐史书体例为理由，批评了司马迁，也贬斥了项羽，这与班氏父子的见解在本质上是完全一致的。

同样性质的问题，还反映在刘知幾对《史记·陈涉世家》所作的抨击上。《史通·世家》篇写道：

> 案世家之为义也，岂不以开国承家，世代相续？至如陈胜起自群盗，称王六月而死，子孙不嗣，社稷靡闻，无世可传，无家可宅，而以世家为称，岂当然乎？夫史之篇目，皆迁所创，岂以自我作故，而名实无准。③

这里，我们且不深究刘知幾把陈涉起义斥为"群盗"的历史见识，与司马迁的看法相去多远。我们要讨论的，是他为什么指摘司马迁为陈涉立世家。通观上文，刘知幾的主要根据是：陈涉"子孙不嗣，社稷靡闻，无世可传，无家可宅"；如以"世家"相称，岂不又是"名"与"实"乖。因此他进而批评司马迁：自己创制的《史记》篇目，为何又不照着去做，这岂不是"名实无准"吗？请注意：刘知幾又一次用"名实"的思想武器来批评司马迁。主题十分明显：刘知幾对"世家"的理

---

① 范晔：《后汉书》卷四十上《班彪列传上》，北京：中华书局，1965年，第1324页。
② 班固：《汉书》卷一百下《叙传下》，北京：中华书局，1962年，第4235页。
③ 刘知幾：《史通》卷二《世家》，浦起龙通释，上海：上海古籍出版社，1978年，第42页。

解，是封建等级观念和伦理观念的综合产物，这同司马迁把世家作为记载诸侯或某些虽非诸侯但确有重大历史作用的人物的历史篇目，是迥然不同的。在怎样看待陈涉和《陈涉世家》这个具体问题上，刘知幾和司马迁的分歧在于：刘知幾只着眼于陈涉的子嗣、家世，司马迁则瞩目于陈涉对历史的影响和作用；刘知幾是把陈涉作为孤立的个人看待，司马迁则把陈涉领导的农民大起义放到整个社会中去考察。他们的历史见识，在这里不是又一次显得高下分明么?! 因此，我认为，把司马迁谥为"名实无准"的史家，这至少是对司马迁历史见识的一种误解（如果不是诋毁的话）。在司马迁看来："秦失其政而陈涉发迹，诸侯作难，风起云蒸，卒亡秦族。天下之端，自涉发难"[①]；"陈胜虽已死，其所置遣侯王将相竟亡秦，由涉首事也"[②]。正是根据这个重大的历史事实，司马迁把陈涉看作是秦朝末年这个历史时期的一位承上启下的人物，在史策上应当享有较高的地位。白寿彝先生指出："秦汉兴亡和楚汉成败，是汉兴以来人们所感兴趣的大问题。秦国暴政亡于陈涉首倡的起义，这是自贾谊以下，如严安、徐乐、贾山、枚乘、伍被等共同的看法。《史记》为陈涉立世家，置于《孔子世家》之后，汉代诸世家之前，其表示在历史上的特殊地位……这里把陈涉作为开辟新时代的人物来看待的，这比贾谊等人的看法要有更丰富的意义。"[③]司马迁的这种卓越的见识，同刘知幾的斤斤计较于用所谓"无世可传，无家可宅"的标准来评论陈涉，实在是大相径庭！

有的研究者，对刘知幾的上述见解，往往用"封建史家""地主阶级立场"的局限性一笔带过，但并没有说明问题的症结。因为刘知幾所批评的司马迁，同样也是站在地主阶级立场的封建史家。不仅如

---

① 司马迁：《史记》卷一百三十《太史公自序》，北京：中华书局，1959 年，第 3311 页。
② 司马迁：《史记》卷四十八《陈涉世家》，北京：中华书局，1959 年，第 1961 页。
③ 白寿彝：《中国史学史教本》上册，北京：北京师范大学 1964 年铅印本，第 29 页。

此，在刘知幾以后，清人钱大昕也说过："秦既灭，项氏主命又四五年"；"班氏《汉书》始降陈胜、项籍为传。孟坚汉臣，故有意抑项。然较史公之直笔，则相去远矣"。因此，他认为："刘知幾谓羽僭盗不当称王，此未达乎史公之旨者也"①。宋人洪迈在批评前人（我想，也包括刘知幾在内的）对陈涉的责难时指出：

> 秦以无道毒天下，六王皆万乘之国，相踵灭亡，岂无孝子慈孙、故家遗俗？皆奉头鼠伏。自张良狙击之外，更无一人敢西向窥其锋者。陈胜出于戍卒，一旦奋发不顾，海内豪杰之士，乃始云合响应，并起而诛之。数月之间，一战失利，不幸隕命于御者之手，身虽已死，其所置遣侯王将相竟亡秦。项氏之起江东，亦矫称陈王之令而度（渡）江。秦之社稷为墟，谁之力也？②

"秦之社稷为墟，谁之力也？"这一问，问得好！这实是评价陈涉的关键所在。在这个问题上，刘知幾的认识，上不如马迁，下不及洪迈，确是事实。值得注意的是，洪迈也好，钱大昕也好，都是地主阶级的封建史家，为什么在这些问题上也跟刘知幾的认识发生歧异呢？为什么他们能够较好地窥见太史公的要旨呢？症结究竟在哪里？我认为，刘知幾撰《史通》一书，以论说史书体例（尤其是纪传体史书体例）著称于世，并影响后代，有一些见解，至今还没有失去参考价值。但是，任何事物在一定的条件下，都可能向相反的方向转化的。南于刘知幾把体例的整齐划一强调到绝对化的地步，因此便以一种冷漠的态度去对待客观历史，并竭力使它适合于自己所阐发的关于

---

① 钱大昕：《十驾斋养新余录》卷中"太史公、李延寿"条，上海：上海书店出版社，1983年，第496页。

② 洪迈：《容斋续笔》卷十四"陈涉不可轻"条，上海：上海古籍出版社，1978年，第384页。

史书体例的见解。正因为如此，这位大史家在史识方面的局限性，就暴露得十分突出。他用求名责实和整齐体例这两件武器去反对司马迁为项羽立纪、陈涉立世家，就是他的史识的局限性的表现之一。反之，司马迁作为纪传体史书的创始人，虽然体例、篇目都出于手订，但他却不受体例、篇目的限制，而主要立足于对活生生的客观历史的观察、分析和评价，也就是他自己说的"通古今之变"。因此，司马迁能够使自己的历史巨著《史记》的体例、篇目适合客观历史的需要。简言之，用体例去适合历史，而不是要历史来适合体例，这是司马迁的过人之处，也是他不同于刘知幾的地方。

论吴兢

——纪念吴兢逝世 1230 周年[*]

吴兢（670—749 年），汴州浚仪（今河南开封）人，中国唐代著名的史学家之一，曾被唐人誉为"当今董狐"。他编撰的《贞观政要》一书，一直流传至今，受到人们的重视。

今年（1979 年），是吴兢逝世 1230 周年。笔者写这篇文章，是为了表示对他的一点纪念。

一

吴兢生于唐高宗总章三年（670 年）[①]。他的一生，经历了唐高宗、武则天、唐中宗、唐睿宗、

---

[*] 原载《河南师大学报》1979 年第 6 期。

[①] 刘昫等：《旧唐书》卷一百二《吴兢传》记：吴兢卒于唐玄宗天宝八载（749 年），"时年八十余"。（北京：中华书局，1975 年，第 3182 页）欧阳修：《新唐书》卷一百三十二《吴兢传》记：吴兢卒时，"年八十"（北京：中华书局，1975 年，第 4529 页）。综观二书，知吴兢当生于唐高宗总章三年（670 年）。本文以下所引，凡未注明出处者，均见新、旧《唐书·吴兢传》，不一一作注。

唐玄宗五朝，正是处于"贞观之治"之后，唐皇朝继续兴盛发展的时期。

吴兢所生活的年代，社会环境比较安定，所以他从少年时代起，就能够专心致志地读书。《新唐书·吴兢传》说他"少厉志，贯知经史"，可见他从年轻时候起，就立志钻研史书。吴兢读书是非常刻苦的，《旧唐书·吴兢传》称赞他"励志勤学，博通经史"。

吴兢一生读了许多书，他不仅是一个大史学家，而且也是一个大藏书家。吴兢曾经把家里的藏书编了一个目录，题名《吴氏西斋书目》。丰富的藏书，对他一生从事史书的研究、著述工作，也是一个很重要的条件。

吴兢为人"方直寡谐比"，刚直正派，不好交往，朋友不多，"惟与魏元忠、朱敬则游"。这两个人对青年时期的吴兢影响很大。魏元忠深沉有谋略，不轻易动容。他原名"真宰"，曾经"以诸生见高宗，高宗慰遣，不知谢即出，仪举自安。帝目送谓薛元超曰：'是子未习朝廷仪，然名不虚谓，真宰相也'"[1]，后因"避武后母讳"，才改名"元忠"。魏元忠在武则天时，"为来俊臣所构。将就刑，神色不动"，后宣诏免死，"诸囚欢叫"，元忠"亦不改容"[2]。其为人深沉刚毅如此。朱敬则"倜傥重节义，早以辞学知名"，"重然诺，善与人交，每拯人急难，不求其报"；尤其难得的，是他"雅有知人之鉴，凡在品论者，后皆如其言"；武则天时居相辅之位，"每以用人为先"，"则天以为知人"[3]。吴兢与魏元忠、朱敬则为友，自然不能不受到他们的影响。

历史的环境、家庭的条件、社会的影响，所有这些，与吴兢后来能够成为一个著名的史学家，都是有密切关系的。

魏元忠、朱敬则是很了解吴兢的。他们对他"深器重之，及居相

---

① 欧阳修等：《新唐书》卷一百二十二《魏元忠传》，北京：中华书局，1975年，第4349页。

② 欧阳修等：《新唐书》卷一百二十二《魏元忠传》，北京：中华书局，1975年，第4343～4344页。

③ 刘昫等：《旧唐书》卷九十《朱敬则传》，北京：中华书局，1975年，第2917页。

辅，荐兢有史才，堪居近侍，因令直史馆，修国史"。魏元忠在武则天圣历二年(699 年)"擢拜凤阁侍郎、同凤阁鸾台平章事"①，位居相辅；朱敬则在武则天长安三年(703 年)"累迁正谏大夫，寻同凤阁鸾台平章事"②，亦居相辅。吴兢开始担任史职，也就在这一时期。

由于魏元忠、朱敬则二人的荐举，从此，吴兢开始了他作为一个史学家的生涯。

二

吴兢担任史官以后，兢兢业业，忠于职守，曾经参与了朝廷的一系列著述工作。任职期间，他同大史学家刘知幾结成知己。当时，刘知幾"与徐坚、元行冲、吴兢等善，尝曰：'海内知我者数子耳！'"③可见，吴兢与刘知幾的友谊是很深厚的。

吴兢在史学上的特点和长处，突出地表现在以下两个方面：

第一，叙事简赅。吴兢写历史，叙事简明而准确，因而被人们称为"良史"。我们从他编撰的《贞观政要》一书来看，他的史笔的确是非常洗练的。可惜吴兢的著作大多没有保存下来，今天已经无法更具体地了解他的"叙事简赅"的特色了。

第二，直书不讳。在中国史学史上，始终存在着"直书"与"曲笔"这两种传统。在唐代史学中，直书与曲笔的对立是很尖锐的。唐太宗、唐高宗时期，史官许敬宗"身为国史，窜改不平，专出己私"，"记事阿曲"④。武则天、唐中宗时，武三思、张易之等监领史事，

---

① 刘昫等：《旧唐书》卷九十二《魏元忠传》，北京：中华书局，1975 年，第 2952 页。
② 刘昫等：《旧唐书》卷九十《朱敬则传》，北京：中华书局，1976 年，第 2914 页。
③ 欧阳修等：《新唐书》卷一百三十二《刘子玄传》，北京：中华书局，1975 年，第 4520 页。
④ 欧阳修等：《新唐书》卷二百二十三上《奸臣传》上，北京：中华书局，1975 年，第 6338 页；刘昫等：《旧唐书》卷八十二《许敬宗传》，北京：中华书局，1975 年，第 2763 页。

"阿贵朋佞，酿泽浮辞，事多不实"①。这些，都是唐代史学中的典型的曲笔。与此相对立的，还有一些坚持直书的史官和史家。如褚遂良、杜正伦、刘允济、朱敬则、刘知幾等，都是主张"善恶必书"，直书无讳的。刘知幾在他的名著《史通》中，对史学上的"直书"与"曲笔"做了分析和总结，认为：史家直书，一定会受到人们的尊敬和怀念，其"遗芳余烈，人到于今称之"②；而曲笔作史的人，其实是"记言之奸贼，载笔之凶人"③。在史学上的这种直书与曲笔的对立中，吴兢是一面坚持直书的旗帜。我们可以这样认为：在唐代，刘知幾是从理论上对"直书"与"曲笔"做了总结的史学家，而吴兢则是在实际中真正贯彻了直书原则的史学家。

这里，我们举出两件事情，来说明吴兢直书不讳的精神。

第一件事情，是吴兢对武三思等人的抵制。如上文所说，武三思、张易之等在武则天、唐中宗时监领史事，曲笔作史。吴兢对他们是十分鄙夷的。为了不使自己同流合污，吴兢便别撰国史，和他们分道扬镳。开元十四年（726 年），吴兢在给唐玄宗的奏疏中，揭示了这件事情的原委。他说：

> 臣往者长安、景龙之岁，以左拾遗起居郎兼修国史。时有武三思、张易之、张昌宗、纪处讷、宗楚客、韦温等，相次监领其职。三思等立性邪佞，不循宪章，苟饰虚词，殊非直笔。臣愚以为国史之作，在乎善恶必书，遂潜心积思，别撰《唐书》

① 欧阳修等：《新唐书》卷一百三十二《吴兢传》，北京：中华书局，1975 年，第 4528~4529 页。

② 刘知幾：《史通》卷七《直书》，浦起龙通释，上海：上海古籍出版社，1978 年，第 194 页。

③ 刘知幾：《史通》卷七《曲笔》，浦起龙通释，上海：上海古籍出版社，1978 年，第 196 页。

九十八卷、《唐春秋》三十卷，用藏于私室……①

由此可以看出：在武三思等人利用权势，对历史任意进行践踏的时候，吴兢却洁身自好，不阿附权贵、与世沉浮，并能以极大的毅力和奋发的精神，"潜心积思"，分别以纪传体和编年体两种体裁撰写唐史。这不仅在政治上要承担很大的风险，而且在学术上也要付出非常艰巨的劳动。吴兢的这种对待历史的严肃态度，实在是难能可贵的。

第二件事情，是吴兢对张说的抵制。武则天长安年间，张易之、张昌宗欲加罪于御史大夫、知政事魏元忠，乃赂以高官，使张说诬证魏元忠谋反。张说始已应允，后在宋璟、张廷珪、刘知幾等人的劝阻下，乃悔悟，证明魏元忠实未谋反。唐玄宗时，吴兢与刘知幾重修《则天实录》，乃直书其事。时值张说为相，屡请吴兢删改数字，吴兢终不许，故"世谓今董狐云"。下面是《唐会要》对此事的一部分记载：

> （张）说拜黄门侍郎、同中书门下平章事。因至史馆，读《则天实录》，见论证对（魏）元忠事，乃谓著作佐郎、兼修国史吴兢曰："刘五（按：指刘知幾——引者）修实录，论魏齐公（按：指魏元忠——引者）事，殊不相饶假，与说毒手。"当时说验知是吴兢书之，所以假托刘子玄。兢从容对曰："是兢书之，非刘公修述，草本犹在。其人已亡（按：时刘知幾已故——引者），不可诬枉于幽魂，令相公有怪耳。"同修史官苏宋等，见兢此对，深惊异之，乃叹曰："昔董狐古之良史，即今是焉！"说自后频祈请

① 王溥：《唐会要》卷六十三《史馆上·在外修史》，北京：中华书局，1965 年，第 1098～1099 页。

删削数字，兢曰："若取人情，何名为直笔！"①

吴兢始而能秉笔直书，继而又敢于承担责任，不徇人情，即使面对权贵，也无所阿容。他之被称誉为"当今董狐"，是当之无愧的。

吴兢在史学上的这两个特点，对于今天的史学工作者来说，还是有一定的借鉴作用的。

三

吴兢不仅以"董狐笔法"闻名当世，而且他还是一个极其热爱史学的人。这固然与他长期担任史职有关，但更重要的原因，则是因为吴兢把自己的一生都和史学紧紧地联系在一起了。他称得上是一个爱史成癖的人。

吴兢所生活的年代，唐皇朝的统治是比较稳定的，社会环境也是比较安定的。但是，宦途的坎坷、家庭的变迁，却也使得吴兢的生活并不是十分平静的。尤其是作为一个史学家的吴兢来说，他一生所走过的道路，就更不是一帆风顺的了。然而，无论在什么样的情况下，吴兢从来没有放松过对于唐代历史的研究和著述工作。可以这样说，他是把一生的精力都花费在撰写唐代历史上面了。

武则天、唐中宗时期，吴兢参与国史的修撰工作②，但由于武三思等"阿贵朋佞，酝泽浮辞，事多不实"，吴兢不得已别撰《唐史》《唐春秋》。

---

① 王溥：《唐会要》卷六十四《史馆下·史馆杂录下》，北京：中华书局，1955 年，第 1106 页。《新唐书》卷一百三十二《吴兢传》亦略载此事。

② 工溥：《唐会要》卷六十三《史馆上·修国史》："长安三年正月一日敕，'宜令特进梁王三思与纳言李峤、正谏大夫朱敬则、司农少卿徐彦伯、凤阁舍人魏知古、崔融、司封郎中徐坚、左史刘知幾、直史馆吴兢等，修唐史。采四方之志，成一家之言，长悬楷则，以贻劝诫。'"（北京：中华书局，1955 年，第 1094 页）

唐中宗时期，吴兢迁右补阙，"与韦承庆、崔融、刘子玄撰《则天实录》成，转起居郎"。不久，吴兢"以母丧去官"。可是，正如他自己所说，就是在"停职还家"期间，也还是"匪忘纸笔"，在继续著述。

唐玄宗开元三年（715年），吴兢丧满除服，"自陈修史有绪，家贫不能具纸笔，愿得少禄以终余功。有诏拜谏议大夫，复修史"。次年，吴兢与刘知幾撰《睿宗实录》20卷、重修《则天实录》30卷、《中宗实录》20卷；为此，他和刘知幾都受到了唐玄宗的赏赐①。

唐玄宗开元五年（717年），吴兢以卫尉少卿的职务，在马怀素的主持下，与韦述等26人，"同于秘阁详录四部书"②，参加了这次大规模的文化典籍的整理工作。以后，吴兢以父丧而再次解职。"丧终，为太子左庶子"，未重任史职。这使吴兢深深感到不安，因为他在长安、景龙年间开始撰写的《唐史》《唐春秋》还没有完成。于是，他在唐玄宗开元十四年（726年）七月以太子左庶子的身份上疏唐玄宗，反映出他的这种"实深忧惧"的心情，同时也提出了自己的要求。他说：

> 微臣私门凶衅，顷岁以丁忧去官，自此便停知史事。窃谓帝载王言，所书至重，倘有废绝，实深忧惧！于是弥纶旧纪，重加删缉，虽文则不工，而事皆从实。断自隋大业十三年，迄于开元十四年春三月，即皇家一代之典，尽在于斯矣。既将撰成此书于私家，不敢不奏，又卷轴稍广，缮写甚难，特望给臣楷书手三数人，并纸墨等。至绝笔之日，当送上史馆。③

---

① 王溥：《唐会要》卷六十三《史馆上·修国史》，北京：中华书局，1955年，第1094页。

② 刘昫等：《旧唐书》卷一百二《韦述传》，北京：中华书局，1975年，第3183页。

③ 王溥：《唐会要》卷六十三《史馆上·在外修史》，北京：中华书局，1955年，第1099页。

这一段文字表明：吴兢在第二次居丧期间，以及在他停止史事、任太子左庶子期间，始终没有放下手中的笔，总是孜孜不倦地从事于著述工作。尤其值得注意的是：吴兢的这一封上疏是在开元十四年七月十六日，可是他的史稿已经写到开元十四年三月了。从这里，我们看到了一个异常刻苦、异常勤奋的史家的形象。吴兢始终是以完成唐史即"皇家一代之典"为己任的，这种历史家的责任感一直在鞭策着他，并促使他最后不得不提出自己的要求。当然，要是与他的奋发的精神比较起来，他所提的要求是太微不足道了。于是唐玄宗敕令吴兢"就集贤院修成其书"，不久，又转至史馆，继续修史，并被封为长垣县男。吴兢撰成《唐史》的愿望有可能实现了。

可是，唐玄宗开元十七年（729 年），吴兢却遭到了一个沉重的打击：他由于"坐书事不当，贬荆州司马，以史草自随"。所谓"坐书事不当"，究竟指的是什么事情，我们已无从了解。从吴兢一贯的史笔来看，很可能是因为直书不讳，触犯了唐玄宗或是其他权贵。尽管"诏许以史草自随"，但客观条件上的困难和主观精神上的苦恼，都给吴兢完成《唐史》的著述工作设置了巨大的障碍。就在这时，"中书令萧嵩监修国史，奏取兢所撰国史，得六十五卷"①。这一年，吴兢59 岁。他从武则天圣历、长安年间参与国史，已有 30 年左右，至此，终于不得不同唐史的研究与著述工作告别了。对于一个热爱史学的史家来说，这无疑是极其痛苦的事情。

吴兢未能完成《唐史》《唐春秋》的著述，这对他自己来说固然是一大憾事；就是对唐代史学来说，也不能不说是一件憾事。尔后，虽然吴兢"累迁台、洪、饶、蕲四州刺史，加银青光禄大夫，迁相州

---

① 刘昫等：《旧唐书》卷一百二《吴兢传》，北京：中华书局，1975 年，第 3182 页。欧阳修等：《新唐书》卷一百三十二《吴兢传》作"六十余篇"。王溥：《唐会要》卷六十三《史馆上·在外修史》作"五十余卷"。

长史，封襄垣县子"；唐玄宗天宝初年，又"为邺郡太守，入为恒王傅"。然而，这又怎能弥补他在唐史的著述方面所遭到的挫折呢？

吴兢毕竟是一个酷爱史学的史家。唐玄宗天宝初年，他已经是70多岁的老人了。可是他还"尝以梁、陈、齐、周、隋五代史繁杂，乃别撰梁、齐、周史各十卷，陈史五卷，隋史二十卷"；"虽年老衰偻甚，意犹愿还史职"。那时，李林甫为相，"嫌其衰，不用"。唐玄宗天宝八年（749年），吴兢以八十高龄，悄然长逝，结束了他的一生。吴兢死后，"其子进兢所撰《唐史》八十余卷"，当是他撰述《唐史》的一部分草稿。吴兢晚年著述，"伤于太简"，难免"疏牾"，这是他的缺陷，时人多已指出。

吴兢逝世已经1230年了，但他终生致力于史学研究和著述的那种认真、顽强的精神，还是值得人们纪念的。

四

吴兢的一生，有40多年时间是在著述史书中度过的。他虽然写了很多书，但流传到今天的却只有一部《贞观政要》。

《贞观政要》一书是吴兢编撰的，这是没有疑义的。但关于它的成书年代的问题，自宋朝以来，一直是很模糊的。宋人陈振孙说：

> 《贞观政要》十卷，唐吴兢撰。前题"卫尉少卿、兼修国史"，按新旧书列传，兢未尝为此官。而书亦不记岁月。但其首称良相"侍中安阳公""中书令河东公"，亦未详为何人。《馆阁书目》云："神龙中所进。"当考。①

---

① 陈振孙：《直斋书录解题》卷五《典故类》，上海：上海古籍出版社，1987年，第158页。

陈振孙所言及《馆阁书目》所记，讹误之处，异常明显，但却代表着宋人的权威性的看法。

为了澄清自宋朝以来对于《贞观政要》成书年代的错误认识，也为了更好地对《贞观政要》一书及其著者吴兢进行研究，有必要做出如下一些考证。

其一，关于吴兢是否曾为"卫尉少卿"的问题。《旧唐书·吴兢传》与《新唐书·吴兢传》确未载录吴兢曾任卫尉少卿一事；可是吴兢曾为是职，却是毫无疑义的：

> 开元五年……秘书监马怀素受诏编次图书，乃奏用左散骑常侍元行冲、左庶子齐浣、秘书少监王询、卫尉少卿吴兢并（韦）述等二十六人，同于秘阁详录四部书。[1]

这是唐玄宗时期一次规模最大的文献整理工作，吴兢以卫尉少卿的职务参加了这项工作，看来是不成问题的。陈氏所云，未免过于武断。

其二，关于"侍中安阳公""中书令河东公"确系何人的问题。吴兢在《贞观政要》序中，曾经称"侍中安阳公""中书令河东公"二人为"良相"。陈振孙说是"未详何人"，亦未免过于疏忽。事实上，吴兢提到的这两个人，在新、旧《唐书》里都是立了传的：

> 《旧唐书》卷九十八《源乾曜传》记：源乾曜于"（开元）八年春，复为黄门侍郎、同中书门下三品，寻加银青光禄大夫，迁侍中。……（开元）十七年夏，停兼侍中事。其秋，迁太子少师，以祖名师，固辞，乃拜太子少傅，封安阳郡公。"[2]

---

① 刘昫等：《旧唐书》卷一百二《韦述传》，北京：中华书局，1975 年，第 3183 页。

② 刘昫等：《旧唐书》卷一百二十七《源乾曜传》，北京：中华书局，1975 年，第 3071～3072 页。

据此，可知"侍中安阳公"乃是源乾曜无疑。

> 又，《旧唐书》卷九十九《张嘉贞传》记："（开元）八年春，宋璟、苏颋罢知政事，擢（张）嘉贞为中书侍郎、同中书门下平章事。数月，加银青光禄大夫，迁中书令。""明年（按：系指开元十三年——引者），坐与王守一交往，左转台州刺史。复代卢从愿为工部尚书、定州刺史，知北平军事，累封河东侯。"①

据此，亦可知"中书令河东公"乃是张嘉贞无疑。

源乾曜、张嘉贞同在唐玄宗开元八年（720年）分别任侍中和中书令，这就是吴兢在《贞观政要》序中所称的二位"良相"。陈振孙云"未详何人"，不能不说是一个极大的疏忽。

其三，《贞观政要》并非"神龙中所进"。宋人编纂的《馆阁书目》，说《贞观政要》一书为唐中宗"神龙中所进"。这是毫无根据的。首先，吴兢于《贞观政要》下署名之前，题"卫尉少卿兼修国史"，说明《贞观政要》的成书不当早于唐玄宗开元五年（717年），如前所述，吴兢于是年任卫尉少卿。其次，吴兢于《贞观政要》序中，突出地提到"侍中安阳公"源乾曜、"中书令河东公"张嘉贞二人，这二人为相均在唐玄宗开元八年（720年）；若《贞观政要》为"神龙中所进"，吴兢在序中是绝不会提到他们的。由此可见，《馆阁书目》关于《贞观政要》系"神龙中所进"的结论，是不对的。

其四，《贞观政要》的成书，当在唐玄宗开元后期，或在开元、天宝之际。笔者的这个论点的主要根据是：（1）吴兢在《贞观政要》序中，称颂"侍中安阳公"源乾曜、"中书令河东公"张嘉贞为"良相"。考张嘉贞之封为"河东侯"，事在唐玄宗开元十三年（725年）；源乾曜

---

① 刘昫等：《旧唐书》卷一百二十七《张嘉贞传》，北京：中华书局，1975年，第3091～3092页。

之封为"安阳郡公",事在开元十七年(729 年)。可知《贞观政要》成书,当在开元十七年之后。(2)吴兢在《上〈贞观政要〉表》中说:"臣愚比尝见朝野士庶有论及国家政教者,咸云:若陛下之圣明,克遵太宗之故事,则不假远求上古之术,必致太宗之业。故知天下苍生所望于陛下者,诚亦厚矣!"①这几句话所反映出来的社会背景,颇不像是开元前期、中期的所谓"开元盛世",而倒很像是开元后期的政治环境。(3)吴兢在《上〈贞观政要〉表》中还说:"昔殷汤不如尧舜,伊尹耻之;陛下倘不修祖业,微臣亦耻之。"这种口气,当然不是从一个普通的地方官员或普通的中央官员口中说出来的;只有那些具有相当影响的地方官员和中央官员,才有可能对皇帝这样说话。吴兢在开元十七年(729 年)因"坐书事不当",贬为荆州司马后,历任台州、洪州、饶州、蕲州刺史,后加银青光禄大夫,迁相州长史,封襄垣县子。由荆州司马,升到相州长史,说明吴兢在开元末年时期的政治地位又有所提高。唐玄宗天宝初年,吴兢又从邺郡太守入为恒王傅,由一个封疆大吏升为恒王李滉(后改名李真)的老师。恒王李滉(真)是唐玄宗第27 子,"授右卫大将军,加开府仪同三司"②,地位是很显赫的。《贞观政要》一书,很可能是吴兢在任相州长史及恒王傅这一时期最后写成的。从时间来看,正当唐玄宗开元后期或开元、天宝之际。有的论者说《贞观政要》的定稿和进呈大概在开元八年(720 年)这一时期,也是欠妥的③。

那么,吴兢在《贞观政要》前题"卫尉少卿兼修国史",又如何解释呢?笔者认为有以下三个原因:第一,吴兢着手编纂《贞观政要》一书,可能是在唐玄宗开元前期他任卫尉少卿兼修国史的时候,故书成奏进,也就一仍其旧;第二,唐代文人入仕,均以参与修国史

---

① 董诰等:《全唐文》卷二百九十八,北京:中华书局,1983 年,第 3023 页。
② 刘昫等:《旧唐书》卷一百七《玄宗诸子传》,北京:中华书局,1975 年,第 3271 页。
③ 见吴兢:《贞观政要》出版说明,上海:上海古籍出版社,1978 年,第 1 页。

为荣耀，吴兢在署名上保持他早年所任职衔，是完全可能的；第三，吴兢一生酷爱史事，年逾七十，"意犹愿还史职"，因而在《贞观政要》一书上，保留着"卫尉少卿兼修国史"的职称，或许正是他的这种强烈愿望的一点反映罢。

五

《贞观政要》不是一部普通的历史书，而是一部按照专题写成的政治史，它记述了唐太宗贞观年间的政治和历史。

吴兢著《贞观政要》的目的，在他写的《贞观政要》序和《上〈贞观政要〉表》中，说得十分清楚。吴兢在《贞观政要》序中写道：

> 太宗时政化，良足可观，振古而来，未之有也。至于垂世立教之美，典谟谏奏之词，可以弘阐大猷，增崇至道者，爰命不才，备加甄录，体制大略，咸发成规。于是缀集所闻，参详旧史，撮其指要，举其宏纲，词兼质文，义在惩劝，人伦之纪备矣，军国之政存焉。凡一帙一十卷，合四十篇，名曰《贞观政要》。庶乎有国有家者克遵前轨，择善而从，则可久之业益彰矣，可大之功尤著矣，岂必祖述尧、舜，宪章文、武而已哉！①

这里，充分显示了吴兢对唐太宗时期的政治的仰慕，认为那时的"政化"，"良足可观，振古而来，未之有也"。在他看来，唐太宗君臣"垂世立教"的美德、"典谟谏奏"的词理，都是可以"弘阐大猷，增崇至道"的，因而具有"焕乎国籍，作鉴来叶"的作用，既能使历史生光，又能作未来鉴戒。这些，便是吴兢撰《贞观政要》的出发点。他

---

① 吴兢：《贞观政要》序，上海：上海古籍出版社，1978年，第1页。

的根本目的，是"庶乎有同有家者克遵前规，择善而从，则可久之业益彰矣，可大之功尤著矣"，希望唐代的统治者都能以太宗君臣为楷模，那么天下就可以长治久安了。

吴兢在《上〈贞观政要〉表》中，把他的这个目的说得更加清楚。他写道：

> 仍以《贞观政要》为目，谨随表奉进。望纡天鉴，择善而行，引而伸之，触类而长之。……伏愿行之而有恒，思之而不倦，则贞观巍巍之化可得而致矣！①

显然，吴兢认为他所处的时期的政治，已远远比不上唐太宗时期的政治了；他已经感到了一种衰颓的趋势和潜在的危机，因此，他以耿直而诚恳的心情，向唐玄宗揭出了这样的希望。如果说，吴兢在开始编撰《贞观政要》一书的时候，主要地还是出于对"贞观之治"的向往和钦慕的话；那么，当他完成此书、作序上表的时候，主要的思想倾向已经转到现实政治方面了。他所作的序和所上的表，就充分地证明了这一点。所以，从《贞观政要》一书，我们不仅可以看到"良足可观"的"贞观之治"，而且还可以触到开元天宝之际的历史的脉搏。

《贞观政要》共 10 卷 40 篇，因是"随事载录，用备劝戒"，所以每篇都有一个中心，每卷大致也有一个中心，如：为君之道、求贤纳谏、历史鉴戒、教戒太子、道德规范、正身修德、学术文化、刑法贡赋、征伐安边、善始慎终，等等。它的总的宗旨是："词兼质文，义在惩劝，人伦之纪备矣，军国之政存焉。"②

由于《贞观政要》多系"缀集所闻，参详旧史，摄其指要，举其宏

---

① 吴兢：《上〈贞观政要〉表》，见董诰等：《全唐文》卷二百九十八，北京：中华书局，1983 年，第 3023 页。

② 吴兢：《贞观政要》序，上海：上海古籍出版社，1978 年，第 1 页。

纲"而成，所以从思想上来看，并不完全是反映吴兢的政治观点和历史观点。但是，吴兢在编撰此书的过程中，也是肯定要掺入他的认识和观点，表达他的旨趣和倾向，这是毫无疑问的。譬如：吴兢列《君道》篇为 40 篇之首，正是反映了他认为君主是维系一个皇朝的关键所在的看法。他在《上〈贞观政要〉表》中借"天下苍生"的名义表达他对唐玄宗的"诚亦厚矣"的期望，也是出于类似这种"君道"的思想。

于《君道》篇中，吴兢"缀集"了唐太宗君臣关于"草创""守成""兼听""偏信""知足""知止""居安思危"等议论，中心是一个如何巩固封建统治的问题。吴兢所处的历史时期和社会环境，使他感到这个问题的特殊重要性。作为一个封建史家，吴兢希望唐皇朝永远保持兴盛、强大、富庶、安定，这是很自然的。但是，他能够首先抓住这样一个带有根本性的大问题，作为《贞观政要》开卷的第一篇，说明他是一个很有见地的史家。

于《任贤》篇，吴兢列举了房玄龄、杜如晦、魏徵、王珪、李靖、虞世南、李勣、马周等人的事迹，一方面固然是歌颂唐太宗的知人善任、爱才重贤；另一方面也高度评价了这些人在创立和巩固唐皇朝过程中的巨大作用。这里，隐约地反映了吴兢在对待历史人物的评价上与魏徵有着某些相似的认识。魏徵曾经指出："大厦云构，非一木之枝；帝王之功，非一士之略。长短殊用，大小异宜，榱桷栋梁，莫可弃也。"[①]这是包含着不把一个皇朝的兴起完全归于一人一谋的见解，而是看到众人的智慧和力量。魏徵是用这个观点来概括隋初的历史；而从吴兢对唐初历史人物的评价中，我们也看到了同样的观点。

于《君臣鉴戒》篇，吴兢表达了他对于总结历史经验教训的重要性的认识。而这些历史的经验教训，又多是从封建统治的政治、经济中去加以总结的，并以此来说明封建皇朝的治乱、安危。从而表明了著

―――――――――

① 　魏徵等：《隋书》卷六十六后论，北京：中华书局，1973 年，第 1567 页。

者并非是用"天命"的转移来证明政权的转移，而是强调了对于人事的重视。在《灾祥》篇中，吴兢引用了虞世南的"妖不胜德，修德可以销变"、魏徵的"但能修德，灾变自销"的话，也都是上述思想的反映。

在《文史》篇，吴兢列举了唐太宗的"史官执笔，何须有隐"的观点，以及褚遂良、刘洎的"君举必书"的认识。吴兢多年担任史职，被誉为"当今董狐"。上述唐太宗等人的一些观点，自然引起了他的强烈的共鸣。他提倡直书，反对曲笔，于此也可看得十分清楚。

此外，吴兢在第八卷中，列《务农》篇为本卷之首，而以《刑法》《赦令》等篇次之，是很有见地的编排，反映了他对农事的重视。于第九卷中，他赞扬唐太宗慎征伐、主和亲、重安边的种种政绩，当然并不完全是出于对以往历史的一种美好的回忆，也是出于对现实的希望和寄托。再者，太子是"储君"，是皇帝的继承人，事关重大，所以吴兢在第四卷中编撰了《太子诸王定分》《教戒太子诸王》等篇，反映了他对于这个问题的重视。吴兢以《慎终》篇为全书之末，是颇有深意的，其目的当然是希望封建帝王兢兢业业，"慎始敬终"。

以上这些，都从不同的侧面，直接地或间接地反映了吴兢的历史观点和政治观点的积极因素，证明他是一个正直的史家和朝廷的诤臣。

从《贞观政要》一书中，我们也窥见了吴兢思想中消极的一面。例如，他于第五卷中，罗列了一些关于封建伦理德道的说教；于第六卷中，又列举了许多关于修身养性的议论。这固然是希望统治者能够正身修德，以此约束自己；但是也表明吴兢对封建伦理的重视和虔诚。这同他所处的历史条件，以及他自少"博通经史"，深受传统思想的影响是分不开的。

由于《贞观政要》是一本政治历史书，所以它受到最高封建统治集团的重视，尤其是某些较有作为的封建统治者，更是把《贞观政要》作为座右铭和教科书来看待的。唐宣宗李忱是唐代后期比较突出的一个封建君主。《旧唐书》的作者刘昫等说在李忱统治时期，"刑政不滥，贤能效用，百揆四岳，穆若清风，十余年间，颂声载路"①，唐宣宗李忱就十分重视《贞观政要》这部书，他曾经"书《贞观政要》于屏风，每正色拱手而读之"②。可见《贞观政要》一书在封建统治集团政治生活中的重要地位。

《贞观政要》一书在历史编纂学上是有独特的成就的。吴兢是"缀集所闻，参详旧史"，按照专题分类，记述一朝的历史。这与所谓起居注、实录、国史均有所不同。用这种体例写历史，在吴兢之前是很少见的。"贞观之治"为唐代以后历代封建统治者景仰和讴歌，这当然是因为"贞观盛世"在历史上占有重要地位的缘故，同时，也是和《贞观政要》一书在历史编纂学上的特点及其得以长期流传分不开的。

《贞观政要》在史料学方面也具有相当重要的价值。这是因为：第一，唐代起居注、实录、国史，多已不存，《贞观政要》是现存记载唐太宗贞观年间历史较早的一部史书；第二，吴兢长期担任史官，可以接触到实录、国史和其他重要文献，他的《贞观政要》也因此保存了较多的贞观年间的重要史实；第三，比《贞观政要》晚出的《旧唐书》《新唐书》《资治通鉴》等书所记贞观年间史实，有许多方面也都不如《贞观政要》详尽。鉴于上述原因，《贞观政要》就成了反映中国唐代贞观年间政治历史的一部极其重要的文献。

如果说，"董狐笔法"是吴兢留在史学上的一大遗产的话，那么，《贞观政要》就是他留在史学上的又一宝贵财富。

作者附记　上文刊出后，我读到吴枫先生论《贞观政要》的大作，深受教益。但对于吴文之论《贞观政要》成书年代的看法，却未敢苟同，因撰《〈贞观政要〉成书的年代》一文③重申愚见。兹录有关段落，

---

①　刘昫等：《旧唐书》卷十八下《宣宗纪》后论，北京：中华书局，1975年，第645页。

②　司马光：《资治通鉴》卷二百四十八宣宗大中二年，北京：中华书局，1956年，第8032页。

③　载《史学史资料》1980年第3期。

以备参考：

1979年，吴枫同志在《吉林师大学报》(社会科学版)第1期发表《评〈贞观政要〉》，指出："《贞观政要》是一部重要历史文献。它的成书时间，历史上没有明确记载……《玉海》编者王应麟从《政要》序言中考证得知成书于唐玄宗开元八年、九年(720年、721年)，是有根据的……但是，序言的年代并不就是成书的年代。根据我们所能找到的材料来看，《政要》成书的具体年代，目前不能作出肯定的回答，大约是吴兢在史馆任职时，即705年到721年之间编辑的。"这一段话说得比较客观。吴枫同志认为，成书的具体年代，下限不晚于开元九年(721年)，与王说同，而把上限推到神龙元年(705年)。其实，"神龙中所进"之说，是不能成立的。陈振孙《直斋书录解题》说，吴兢于《贞观政要》前题"卫尉少卿兼修国史"。考吴兢任卫尉少卿时在唐玄宗开元五年(717年)，而在唐中宗神龙年间却不曾担任过此职。因此，《贞观政要》的成书，不会早于开元五年。其次，吴兢在《贞观政要》序中称源乾曜、张嘉贞二人为"良相"。考源乾曜、张嘉贞二人为相，均在唐玄宗时期。若《贞观政要》确系"神龙中所进"，吴兢在序中绝对不可能提到源、张二人。

"定稿和进呈"在开元八年、九年(720年、721年)的说法，也不可靠。王应麟的这个说法，其假设是："若二公并相之时，盖可知矣"。据他自己考证，源乾曜、张嘉贞二人"并相之时"是在开元八年五月至开元九年九月之间。因此得出《贞观政要》上于开元八年、九年的结论。吴枫同志认为，《贞观政要》的著述是经过了若干年的积累才成功的，这是颇有见地的。但他也认为，《贞观政要》的成书，当不会晚于开元九年(721年)，这就有问题了。问题在于论者只注意到源乾曜、张嘉贞二人的官职名称(即侍中和中书令)及他们担任是项官职的时间，但忽略了他们二人的封爵(即安阳公和河东侯)及他们获得此种封爵的时间。

据《旧唐书》卷九十八《源乾曜传》，源乾曜任侍中是在开元八年至开元十七年（720—729 年）；其被封为安阳郡公，是在开元十七年（729 年）秋天。据《旧唐书》卷九十九《张嘉贞传》，张嘉贞任中书令是在开元八年至开元十一年（720—723 年）；其被封为河东侯（吴兢在《贞观政要》序中称为"河东公"），是在开元十三年（725 年）后。根据以上事实，《贞观政要》一书的"定稿和进呈"，不可能在开元十七年之前。因为张嘉贞之被封为"河东侯"，事在开元十三年后；源乾曜之被封为"安阳郡公"，事在开元十七年。若《贞观政要》一书的"定稿和进呈"是在开元十七年之前（譬如，在开元八年、九年），那么，吴兢在自序中只能提到源乾曜、张嘉贞二人的职官名称，即"侍中"和"中书令"，而绝不可能提到他们的封爵名称，即"安阳郡公"和"河东侯"。吴兢在自序中既然同时提到源、张二人的官职名称和封爵名称，则《贞观政要》成书于开元十七年后，便是毫无疑问的了。

我认为，《贞观政要》的成书，当在开元后期至开元、天宝之际。

既然《贞观政要》成书于开元末年或开元、天宝之际，那末吴兢为何要在序中着意推崇早已罢相、身殁的源乾曜、张嘉贞呢？我认为有以下两个原因：（1）源乾曜、张嘉贞二人在唐玄宗开元年间诸相之中，确有可被称道的地方。吴兢对他们表示敬重和推崇，并在序中着意提到他们，是不足为怪的。（2）吴兢撰成《贞观政要》一书，正值李林甫青云直上、飞黄腾达之时。对于李林甫这样一个"面柔而有狡计，能伺候人主意"的宰臣，刚直不阿的吴兢自然不能苟同。他在序中推崇"良相"，正是为了讥刺李林甫这样的"奸相"。玄宗天宝初年，吴兢"虽衰耗，犹希史职"，而李林甫则"以其年老不用"。这里，除了年岁上的原因之外，必定还包括政治上的原因。所以吴兢在序中特意赞扬源、张二位"良相"，绝不是偶然的。

1988 年 3 月 12 日

再读《贞观政要》[*]

> 每阅《贞观政要》，见其君臣议论，大可规法。
>
> ——金熙宗(《金史·熙宗本纪》)
>
> 《贞观政要》者，唐太宗文皇帝之嘉言善行、良法美政，而史臣吴兢编类之书也。
>
> ——[元]戈直《贞观政要》序
>
> 其论治乱兴亡，利害得失，明白切要，可为鉴戒。
>
> ——明宪宗《贞观政要》序
>
> 余尝读其书，想其时，未尝不三复而叹曰：贞观之治盛矣。
>
> ——清高宗《贞观政要》序

1979 年，我开始研究唐代史学不久，就被吴兢(670—749 年)所著《贞观政要》一书深深地吸引住了。那年，正值吴兢逝世 1230 周年，遂

---

* 原载《光明日报》1999 年 1 月 26 日。

写了一篇关于吴兢和《贞观政要》的论文，以示纪念。因为吴兢是唐代汴州浚仪（今河南开封）人，这篇论文就寄给《开封师范学院学报》（今《河南大学学报》前身）发表。此后，《贞观政要》便成了我经常阅读的史书。今年（1999 年）是吴兢逝世 1250 周年，再读其书，温故知新，撰成此文，借以表达对这位酷爱史学、秉笔直书的史家的敬意和对《贞观政要》的一点新认识。

一、一个秉笔直书的史家和一部久具魅力的史书

吴兢生于唐高宗总章三年（670 年），卒于唐玄宗天宝八年（749年），一生经历了高宗、武则天、中宗、睿宗、玄宗五朝。他因"励志勤学，博通经史"而受到人们的器重。他从武则天长安年间（701—704年）起任史职，前后近 30 年，参与皇家史馆多种撰述。开元十七年（729 年）以后，他不再任史职，但仍致力于历史撰述，直至辞世为止。

吴兢一生著述丰富，据《新唐书·艺文志》著录，有：《唐书》100卷、《唐春秋》30 卷、《唐史备阙记》10 卷、《太宗勋史》1 卷、《贞观政要》10 卷、《中宗实录》20 卷、《睿宗实录》5 卷、《唐名臣奏》10 卷；此外，他还参与《则天皇后实录》20 卷的修订和集体撰述的《唐书》130卷的工作。他还撰有兵书、医书、目录书和梁、陈、齐、周、隋五代史的简本等。当然，吴兢的主要精力都用在撰写唐朝的历史。

吴兢的史学风格尤为突出者有两条，一是叙事简赅，一是秉笔直书。他因叙事简明、准确，被人称为"良史"。他因秉笔直书而给他的经历带来几分传奇色彩。武则天时，张易之、张昌宗欲陷害御史大夫、知政事魏元忠，乃以高官为诱饵，唆使张说诬证魏元忠有谋反之举。张说一度有所动摇，后经他人开导，才不曾作诬证。玄宗时重修《则天实录》，吴兢直书其事，以揭露张易之、张昌宗的劣迹。但记事涉及张说，而张说此时已任宰相，并监修国史，屡请吴

兢删改数字。吴兢始终不改，并断然说："若取人情，何名为直笔！"于是世人称他为"当今董狐"。

吴兢著书 250 余卷，流传至今的只有一部《贞观政要》了。这部书之所以能够经历 1200 多年流传下来，不仅带有传奇的色彩，而且在千百年岁月的砥砺中，越发显示出它经久不衰的魅力。诚如元人戈直所说：《贞观政要》"自唐世子孙既已书之屏帷，铭之几案，祖述而宪章之矣。至于后世之君，亦莫不列之讲读，形之论议，景仰而效法焉。"戈直的话不仅可以从唐、宋、辽、金、元的有关史实得到证明，而且还为后来明、清的有关史实所证明。这里，我们不妨作一极简要的考察：

——唐文宗和唐宣宗是被史家称为晚唐时期两个较有作为的皇帝。史载：唐文宗作太子时，"喜读《贞观政要》，每见太宗孜孜政道，有意于兹"，而唐宣宗更是"书《贞观政要》于屏风，每正色拱手而读之"。史家称其在位时，"刑政不滥，贤能效用"，"十余年间，颂声载路"。

——宋人司马光撰《资治通鉴》的《唐纪·宣宗纪》，欧阳修撰《新唐书·文宗纪》后论，都注意到最高统治者重视《贞观政要》一事。

——辽朝君臣并没有因为文字的障碍而忽略了《贞观政要》的重要价值。辽兴宗诏命臣下译书，史臣萧韩家奴"欲帝知古今成败，译《通历》《贞观政要》《五代史》"。史家称赞萧韩家奴是辽朝的晁错、贾谊。

——金朝君臣也是如此。金熙宗把《贞观政要》作为经常阅读的书，他对大臣们说，"朕每阅《贞观政要》，见其君臣议论，大可规法"。翰林学士韩昉深以为然，认为："其书虽简，足以为法。"作为"金士巨擘"之一的赵秉文，还对《贞观政要》作了节要和评论，撰成《贞观政要申鉴》一书献给皇帝。其序文强调"特于鉴戒申重而已"。可见《贞观政要》的影响已有多种形式表现出来。

——元朝君臣重视《贞观政要》更超过辽、金二朝。《元史·仁宗纪一》载："帝览《贞观政要》，谕翰林侍讲阿林铁木儿曰：'此书有益于国家，其译以国语刊行，俾蒙古、色目人诵习之。'"这是元仁宗即位之初、改元之前的重要指示之一。大臣察罕翻译《贞观政要》一书献给仁宗；仁宗"大悦，诏缮写遍赐左右"。此后，元朝皇帝多命讲官进讲此书，被誉为"天下士"的著名学者吴澄即曾进讲过《贞观政要》。鉴于《贞观政要》在流传过程中时有传写谬误，故元惠帝时士人戈直荟萃诸家版本，"参互考订"，为之作注，并采辑唐、宋以下有关评论附于书后，刊刻行世，事在至顺四年（1333 年）。它除了有戈直的序文外，还有吴澄序和郭思贞序，成为《贞观政要》流传中的一个盛举。

——明、清两代，都有皇帝亲自为《贞观政要》的新刻本作序。成化元年（1465 年），明宪宗的序文写道：《贞观政要》"其论治乱兴亡、利害得失，明白切要，可为鉴戒，朕甚嘉尚焉"。后清帝乾隆也为之作序，称："余尝读其书，想其时，未尝不三复而叹曰：'贞观之治盛矣！'……观尔日君臣之所以持盈保泰，行仁义，薄法术，太宗之虚己受言，诸臣之论思启沃，亦庶几乎都俞吁咈之风矣"。

这里所列举的史实，足以说明《贞观政要》问世后，1200 多年来在中国历史上产生的深远而重要的影响。中国史学遗产浩如烟海，但是像这样一部部帙不大的私人历史撰述，能够产生如此影响，却是不多见的。

二、以历史经验和历史智慧再现"贞观之治"的风貌

《贞观政要》这部书凭借什么而具有这种久远的魅力？这是极有兴味而又极有意义的问题。其中的奥秘在于：它是以历史经验、历史智慧"再现"了"贞观之治"的面貌和唐太宗君臣论政的风采。这里包含着两层因素，二者是互为表里的。一是"贞观之治"在历史上产

生了重大影响(从今天的认识来看,这是已经超出了当时唐朝的范围或现今的国界那种巨大的历史影响),后人很想去认识它、了解它,以至于感受它;二是"贞观之治"这个盛世局面究竟是怎样形成的?唐太宗君臣为此做了些什么?他们是怎么思考、怎么议论、怎么决策的?这两层含义的结合,使人们产生了对于这一段历史在情感上和认识上近乎渴望的那种历史性的追念。《贞观政要》一书,正是在很大的程度上满足了后人的这种追念。这就是《贞观政要》的内容和思想所具有的历史魅力。

吴兢撰写《贞观政要》的过程,史无详载。其成书与进呈年代今人多有考订,至今迄无定论。笔者认为,此书进呈当在唐玄宗开元后期或开元、天宝之际。《贞观政要》共 10 卷,含 40 篇;各卷篇数不等,但都围绕一个中心,而每篇则有标目概括本篇的内容或主旨。其各卷的中心及所包含的篇目如下:卷一记为君之道,含《君道》《政体》;卷二记任贤纳谏,含《任贤》《求谏》《纳谏》;卷三记历史鉴戒,含《君臣鉴戒》《择官》《封建》;卷四记教戒太子,含《太子诸王定分》《尊敬师傅》《教戒太子诸王》《规谏太子》;卷五记道德准则,含《仁义》《忠义》《孝友》《公平》《诚信》;卷六记政教之道,含《俭约》《谦让》《仁恻》《慎所好》《慎言语》《杜谗邪》《悔过》《奢纵》《贪鄙》;卷七记教化之本,含《崇儒学》《文史》《礼乐》;卷八记重农贡赋,含《务农》《刑法》《赦令》《贡赋》《辩兴亡》;卷九记征伐安边,含《征伐》《安边》;卷十记慎始敬终,含《行幸》《畋猎》《灾祥》《慎终》。

从内容上看,这是一部唐太宗贞观年间(627—649 年)的政治史。但它在史事的记述上并不拘于描述事件的历史过程,而是列举那些在思想上、认识上、决策上有重要实践意义和借鉴价值的史事,既显示贞观年间的政治面貌,又可激发后人的思索与追求。吴兢在《贞观政要》序中,说明了他的这个撰述旨趣,即"缀集所闻,参详旧史,撮其指要,举其宏纲,词兼质文,义在惩劝,人伦之纪备矣,军国之政存焉"。这概括了吴兢撰述《贞观政要》的方法和宗旨。吴兢的撰述宗旨也表现在本书的编次上。正如金人赵秉文指出的：《贞观政要》"起自《君道》，讫于《慎终》，岂无意哉！"这真是画龙点睛之笔。吴兢的良苦用心，可谓深矣。

《贞观政要》是如何"再现"出"贞观之治"的面貌和唐太宗君臣的思想与风采的呢？请看吴兢的史笔：

在《君道》篇中，吴兢"缀集"了唐太宗君臣关于"草创""守成""兼听""偏信""知足""知止""居安思危"等重大问题的议论，中心是一个如何巩固统治的问题。他能够首先抓住这样一个带有根本性的大问题，作为《贞观政要》开卷的第一篇，说明他是一个很有见地的史家。

于《任贤》篇，吴兢列举了房玄龄、杜如晦、魏徵、王珪、李靖、虞世南、李勣、马周等人的事迹，一方面固然是赞扬唐太宗的知人善任、爱才重贤，另一方面也高度评价了这些人在创立和巩固唐皇朝过程中的重大作用。

于《君臣鉴戒》篇，吴兢表达了他对于总结历史经验教训重要性的认识。这些历史的经验教训，又多是从政治、经济中去加以总结的，并以此来说明有关朝代的治乱、安危，从而表明了作者并非是用"天命"的转移来证明朝代的转移，而是强调了对于人事的重视。

皇位继承问题，是历代皇朝关注的大事。吴兢在《贞观政要》卷四中着重反映了唐太宗君臣对这个问题的认识和处置，尤其强调了选择老师、尊敬老师和教戒太子的重要。于《尊敬师傅》篇引用唐太宗的话说："朕接百王之末，智不同圣人，其无师傅，安可以临兆民者哉？……夫不学，则不明古道，而能政致太平者未之有也！"于《教戒太子诸王》篇，则引用唐太宗向大臣们转述他教戒太子的话，其中有两句是："舟所以比人君，水所以比黎庶，水能载舟，亦能覆舟，尔方为人主，可不畏惧！"卷中所记，凡太子、诸王师傅敢于对太子、诸王进行规劝者，都受到唐太宗的称赞。

卷五、卷六共 14 篇，用以记述道德准则、政教之道方面的史事、言论；从篇数上看，它们占了全书的三分之一，可以看出这在贞观年间是极受关注的事情。其《仁义》篇反复称引唐太宗"以仁义为治"的思想；而大臣们关于淳正风俗的议论则屡见于各篇。后人评价贞观之治是"仁义之明效"，自有一定的道理。

吴兢在第八卷中，列《务农》篇为首，而以《刑法》《赦令》等篇继之，反映了他对农事的重视。于第九卷，他赞扬唐太宗慎征伐、主和亲、重安边的种种政绩，当然并不完全是出于对历史的一种美好的回忆，也是出于对现实的希望。吴兢以《慎终》篇为全书之末，是希望君主们兢兢业业，"慎始敬终"。

综观全书，各卷各篇都从不同的侧面，反映了贞观时期的"人伦之纪""军国之政"的面貌，进而展现出唐太宗君臣的政治家风采和人格魅力。关于这一点，清朝乾隆皇帝的《贞观政要》序所引证的一句古语是非常中肯的，即认为那是一种令人企羡的"都俞吁咈"之风。这是形容君臣间融洽地进行讨论的和谐气氛。即在讨论中，不论何人持何种意见，都不会影响这种讨论的进行和讨论的最终目的——做出当时最佳的决策。诚信与坦率、深刻与大度、净谏与宽容、自信与谦逊，等等。在书中都显示得淋漓尽致。这里，不妨略举数例，以见其真：

其一，魏徵曾向唐太宗上疏，提出慎于"十思"："君人者，诚能见可欲则思知足以自戒，将有作则思知止以安人，念高危则思谦冲而自牧，惧满溢则思江海下百川，乐盘游则思三驱以为度，忧懈怠则思慎始而敬终，虑壅蔽则思虚心以纳下，想谗邪则思正身以黜恶，恩所加则思无因喜以谬赏，罚所及则思无因怒而滥刑"。魏徵认为做到这"十思"，进而"简能而任之，择善而从之；则智者尽其谋，勇者竭其力，仁者播其惠，信者效其忠"。唐太宗读后，亲自写诏答曰："披览忘倦，每达宵分。非公体国情深，启沃义重，岂能示以良图，匿其不及"。

其二，贞观十六年（642年），唐太宗向左右大臣提出一个问题："当今国家何事最急？各为我言之"。高士廉说"养百姓最急"，刘洎说"抚四夷急"，岑文本说"礼义为急"，褚遂良则说"太子、诸王，须有定分……此最当今日之急"。于是唐太宗袒露自己的心事说："此言是也。朕年将五十，已觉衰怠。既以长子守器东宫，诸弟及庶子数将四十，心常忧虑在此耳。但自古嫡庶无良佐，何尝不倾败家国。公等为朕搜访贤德，以辅储宫，爰及诸王，咸求正士。"其实这些重臣所言养百姓、抚四夷、重礼义并非不是国家急事，但唐太宗还是不掩饰内心的忧虑，因而为大臣们所理解。

其三，贞观十年（636年），唐太宗问身边大臣："帝王之业，草创与守成孰难？"房玄龄说"草创为难"，魏徵说"守成则难"。唐太宗综合他们的说法，认为："玄龄昔从我定天下，备尝艰苦，出万死而遇一生，所以见草创之难也。魏徵与我安天下，虑生骄逸之端，必践危亡之地，所以见守成之难也。今草创之难，既已往矣；守成之难者，当思与公等慎之"。唐太宗不愧是英明君主，他既肯定了双方的看法，又把着眼点放在当前的守成而与群臣共勉。这种讨论与所得到的结论及其实践都是有益的。

……

诸如此类的事例，在中国历史上是不少见的；但是这样的事例屡屡见于贞观年间，以至于在《贞观政要》中俯拾即是，却是并不多见的。可以认为：《贞观政要》每一篇都凝聚着历史经验，每一卷都蕴含着历史智慧。这就是"贞观之治"之所以令人景仰，《贞观政要》之所以具有魅力的主要原因。

三、"贞观之治"和《贞观政要》的辩证关系及其启示

因为有"贞观之治"的出现，才有《贞观政要》的撰写；而《贞观政

要》的面世与流传，又使"贞观之治"更加显赫于青史，影响于后世。这是历史与史书的辩证关系的一个突出表现。人们从这种辩证关系中得到无穷的启示，不断创造着新的历史。

吴兢撰写《贞观政要》并把它献给唐玄宗，其本意在《贞观政要》序和他的《上〈贞观政要〉表》中说得很真切。他在序中写道："太宗时政化，良足可观，振古而来，未之有也。"太宗君臣"垂世立教"的美德、"典谟谏奏"的词理，都可以"弘阐大猷，增崇至道"，只要当今君臣"克遵前规，择善而从，则可久之业益彰矣，可大之功尤著矣"。吴兢在《上〈贞观政要〉表》中，把他的撰述宗旨说得更加清楚。他写道："伏愿行之而有恒，思之而不倦，则贞观巍巍之化，可得而致矣。昔殷汤不如尧舜，伊尹耻之；陛下倘不修祖业，微臣亦耻之。"显然，吴兢认为他所处的时期的政治，已远远比不上唐太宗时期的政治了。因此，他以耿直而诚恳的心情，向唐玄宗提出了这样的希望。

千百年来，人们重视《贞观政要》，阅读、讲解《贞观政要》，归根到底，是要通过它去认识和体验"贞观之治"并从中受到激励与启示。这已为千余年来《贞观政要》流传的历史和人们对它的评价所证明。唐朝皇帝如宣宗，是把它作为座右铭来看待的。金熙宗把它作为案头书来读，认为"见其君臣议论，大可规法"。元仁宗赞扬它"有益于国家"。明宪宗认为"其论治乱兴亡，利害得失，明白切要，可为鉴戒"。清乾隆皇帝通过"读其书，想其时"，探讨贞观年间"其所以致治"，重要原因在于任用诸贤。唐、宋以下，大臣、文士也都从各自的认识出发评论了《贞观政要》的价值。其中，元人戈直的《贞观政要》序所论是有代表性的。第一，他称赞《贞观政要》的史文和纪事有重大的历史影响，说它"质朴该赡，而所纪之事详。是则太宗之事章章较著于天下后世者，岂非此书之力哉！"这是指出《贞观政要》对于反映"贞观之治"所起的重要作用。第二，他指出"贞观之治"的业绩对于后世的意义，认为唐太宗"屈己而纳谏，任贤而使能，恭俭而节用，宽厚而爱民，亦三代而下，绝无而仅有者也。后之人君，择其善者而从之，其不善者而改之，岂不交有所益乎!"这是说明后人从唐太宗的政治作风中可以借鉴的具体内容。

《贞观政要》这部史书，作为一种精神产品，在漫长的历史年代中受到上自在位皇帝，下至普通士人的推崇、重视，以至于规法、仿效，可见它的历史分量是很重的。这一点，当毋庸置疑。现在，时代不同了，社会历史的内容也发生了根本变化，但人们从认识"贞观之治"与《贞观政要》的关系中，仍然可以获得许多启示。早在2000多年前，太史公司马迁就说过这样的话："居今之世，志古之道，所以自镜也，未必尽同。帝王者各殊礼而异务，要以成功为统纪，岂可绲乎？"其大意是：后世的人们认识历史上的事情，是作为一面镜子来看待，古今情形有所不同，但其根本的目的都是为了获得成功，所以不要把古今混同起来。这话不仅适用于古人，也适用于今人。因此，今人读《贞观政要》，首先固然是为了更深刻地认识和说明"贞观之治"其致治的原因，其次则是通过《贞观政要》所提供的历史经验、历史智慧而探寻一些规律性的认识，并用以指导现实的历史运动和自身的社会实践。

在这方面，《贞观政要》确有许多地方值得我们探究和思考。譬如，唐太宗在即位后不久曾对大臣们说："朕谓乱离之后，风俗难移；比观百姓渐知廉耻，官民奉法，盗贼日稀，故知人无常俗，但政有治乱耳。是以为国之道，必须抚之以仁义，示之以威信，因人之心，去其苛刻，不作异端，自然安静。公等宜共行斯事也！"这里说的"人无常俗""政有治乱"，"抚之以仁义，示之以威信"，是关系到实现政治稳定的信念和途径。又如，唐太宗对魏徵说："自古侯王能保全者甚少，皆由生长富贵，好尚骄逸，多不解亲君子、远小人故尔。朕所有子弟欲使见前言往行，冀其以为规范"，于是命魏徵

"录古来帝王子弟成败事，名为《自古诸侯王善恶录》，以赐诸王"。当然，诸王未必都能因此从善弃恶，但这种认识和做法却是必要的。再如，唐太宗对大臣们说："为政之要，惟在得人，用非其才，必难致治。今所任用，必须以德行、学识为本。"谏议大夫王珪回答道："人臣若无学业，不能识前言往行，岂堪大任。"唐太宗称是："信如卿言。"用人以德行、学识为本，这是贞观朝君臣的共识。还有，魏徵所论"君之所以明者，兼听也；其所以暗者，偏信也"。魏徵回答唐太宗所问，认为守天下"甚难"，这是因为："观自古帝王，在于忧危之间，则任贤受谏，及至安乐，必怀宽怠，言事者惟令兢惧，日陵月替，以至危亡。圣人所以居安思危，正为此也。安而能惧，岂不为难？"魏徵又引用《礼记·曲礼》上的话阐明全面看待和评价一个人的原则说："《礼记》曰：'爱而知其恶，憎而知其善。'若憎而不知其善，则为善者必惧。爱而不知其恶，则为恶者实繁。"等等。这些都是带有规律性或普遍性原则的认识，其内容可以随着社会历史的变化而变化，但其本质却不会过时；正因为这些认识是同有关的史事结合在一起的，故更容易被人们理解并从中受到启迪。

清人龚自珍说过："智者受三千年史氏之书，则能以良史之忧忧天下"。吴兢的《贞观政要》，正是一部出于"良史之忧"的著作，必能为今日之"智者"提供有益的启示。

韦述史学的成就与风格*

    韦述是唐玄宗时期的一位史家，但他却不像其他一些唐代著名史家那样，常常被后人所提到。其实，这是很不公平的。因为韦述对唐代史学所做的贡献以及他的治史精神，都是很值得后人认真总结的。

    韦述（？—757年），京兆万年（今陕西西安）人。其曾祖韦弘机，唐初时任司农少卿之职。韦弘机是个有思想、善著述的人。唐太宗时，他出使西突厥，"道梗，三年不得归。裂裙录所过诸国风俗、物产，为《西征记》。比还，太宗问外国事，即上其书。帝大悦"①。韦述之父韦景骏，唐中宗神龙年间（705—707年），任肥乡令，有政绩，"及去，人立石著其功"②；后迁房州刺史，亦有所创举。这样的家庭，这样的父祖，当

---

    * 原载《历史知识》1981 年第 3 期。

    ① 欧阳修等：《新唐书》卷一百《韦弘机传》，北京：中华书局，1975 年，第 3944 页。

    ② 欧阳修等：《新唐书》卷一百九十七《循吏·韦景骏传》，北京：中华书局，1975 年，第 5626 页。

然都会对韦述的成长产生一定的影响。

《旧唐书·韦述传》说：韦述"少聪敏，笃志文学。家有书二千卷，述为儿童时，记览皆遍，人骇异之"。韦述的才华，很快就被一位著名学者元行冲所发现。元行冲，"为时儒宗，常载书数车自随。述入其室观书，不知寝食，行冲异之，试与语前世事，孰复详谛，如指掌然。使属文，受纸辄就"①。韦述遇见元行冲，真可谓"千里马"碰到"伯乐"，这在很大的程度上影响着韦述未来的事业。唐中宗景龙末年，即当唐皇朝的政治形势处在一次重大转变的前夕，韦述参加吏部主持的考试。于是，这个"仪形眇小"的少年，引起了考官的注意。史载："考功员外郎宋之问曰：'韦学士童年有何事业？'述对曰：'性好著书。述有所撰《唐春秋》三十卷，恨未终篇。至如词策，仰待明试。'之问曰：'本求异才，果得迁、固。'是岁登科"②。考官宋之问，"雄于辩"，"以文章起"，也是当时很有名气的人物。据说他在任考功员外郎时，"赃贿狼藉"；他在统治集团的内部斗争中，也有不少丑行③。但是，从他对韦述的考核和赏识来看，说明他还是做了件好事的。

此后，韦述便踏上了仕途，同时也开始了他的名山事业。如前所述，韦述对于"前世事，孰复详谛，如指掌然"，并且已经着手撰《唐春秋》30卷，说明他在史学方面有浓厚的兴趣和宏大的抱负。韦述自唐玄宗开元五年（717年）参与由马怀素、元行冲所主持的整理皇家图书的工作起，"在书府四十年，居史职二十年，嗜学著书，手不释卷"④，修订、补充吴兢所撰《国史》113卷，撰《开元谱》20卷、

---

① 欧阳修等：《新唐书》卷一百三十二《韦述传》，北京：中华书局，1975年，第4529页。

② 刘昫等：《旧唐书》卷一百二《韦述传》，北京：中华书局，1975年，第3183页。

③ 欧阳修等：《新唐书》卷二百二《文艺中·李适传》附《宋之问传》，北京：中华书局，1975年，第5750～5751页。

④ 刘昫等：《旧唐书》卷一百二《韦述传》，北京：中华书局，1975年，第3184页。

《唐职仪》30卷、《高宗实录》30卷、《御史台记》10卷、《两京新记》5卷等，凡著书200余卷，皆行于世。

韦述在史学上的成就是多方面的，现从三个方面略作介绍。

第一，韦述"好谱学"，并且是很有成就的谱学家。唐代为适应新贵的需要，官府谱学甚为发达，而在玄宗时期达到高潮，故当时有些著名学者都兼治谱学。开元初年，韦述在参加整理秘阁图书过程中，有机会见到柳冲等人撰写的《姓族系录》一书。于是，他便在工作之余，对这部成书未久的全国性的总谱进行了认真的研究，"百氏源流，转益详悉。乃于《柳录》之中，别撰成《开元谱》二十卷"①。此外，他还曾撰《百家类例》，与萧颖士、柳冲、孔至等均以精晓《类例》而闻名当世②。

第二，韦述对于唐代"国史"的修撰和保存做出了突出的贡献。唐初，令狐德棻首倡撰集"国史"，继而又经吴兢多年撰著，然至韦述时，"竟未成一家之言"。韦述任史职后，参照以前二家"国史"，"始定类例，补遗续阙"，撰成《国史》113卷，"事简而记详，雅有良史之才"。"安史之乱"爆发后，两京陷落，韦述自己的"经籍资产，焚剽殆尽"，而他却"抱《国史》藏于南山"③，终使《国史》得以保存下来。五代后晋刘昫等撰《旧唐书》，颇得力于唐代的《国史》。《旧唐书》的作者们不仅抄录了唐代《国史》的原文，甚至连同韦述在《国史》中所写的论赞也加以照录，内中有的仍然保留着"史臣韦述曰"的字样（如《旧唐书》卷八十四《刘仁轨传》后论即是）。这不论是《旧唐书》作者出于何种原因而致，但它却可以让人们更真切地看到韦述对于唐代《国史》所做的贡献。

第三，韦述在制定《唐六典》一书的体例方面发挥了重要作用。

① 刘昫等：《旧唐书》卷一百二《韦述传》，北京：中华书局，1975年，第3183页。
② 欧阳修等：《新唐书》卷一百九十九《孔若思传》附《孔至传》，北京：中华书局，1975年，第5685页。
③ 刘昫等：《旧唐书》卷一百二《韦述传》，北京：中华书局，1975年，第3184页。

唐玄宗诏令徐坚等修撰《六典》，但体例却始终确定不了。"徐坚构意岁余，叹曰：'吾更修七书，而历年未有所适。'"后来，萧嵩推荐韦述参加《六典》的撰著工作，"述始摹周六官领其属，事归于职，规制遂定"①。由此可以看出，韦述在史书的编纂方面的丰富知识和创造精神。他对于唐代典制体史书的发展是有贡献的。

韦述之所以能在唐代史学上做出这些突出的成绩，是和他的治学态度、治史风格密切相联系的。韦述治史风格，概括起来一曰博识，二曰勤奋，三曰直书。

首先说博识。韦述兴趣广泛，学识渊博。他不仅是一位大学问家，而且还是一位大藏书家。从他的藏书范围，可以窥见其旨趣的广泛："家聚书二万卷，皆自校定铅椠，虽御府不逮也。兼古今朝臣图，历代知名人画，魏、晋已（以）来草隶真迹数百卷，古碑、古器、药方、格式、钱谱、玺谱之类，当代名人尺题，无不毕备"②。韦述能够在史学的各个方面都取得成就，得力于其治学力求渊博，是无疑的。人们称赞他"史才博识""当代宗仰"，并不是过誉之辞。

其次说勤奋。韦述一生治学勤奋刻苦，坚持不懈，绝不限于一时一事。他幼时见到元行冲，"入其室观书，不知寝食"。他研究《姓族系录》，全在公务之余，"每私写怀之，还舍则又缮写"③，"如是周岁，写录皆毕"④，并在此基础上撰成《开元谱》。他在成名以后，身居史职，仍然"嗜学著书，手不释卷"，历数十年而不稍懈。因此，在唐代史学家中，他是拥有丰富著述的代表之一。

最后说直书："直书"是史家的笔法，反映着史家治史的严肃态

---

①　欧阳修等：《新唐书》卷一百三十二《韦述传》，北京：中华书局，1975 年，第4530 页。

②　刘昫等：《旧唐书》卷一百二《韦述传》，北京：中华书局，1975 年，第 3184 页。

③　欧阳修等：《新唐书》卷一百三十二《韦述传》，北京：中华书局，1975 年，第4530 页。

④　刘昫等：《旧唐书》卷一百二《韦述传》，北京：中华书局，1975 年，第 3183 页。

度和负责精神。韦述治史，于己于人都严格要求遵循直书原则。例如，他在《刘仁轨传》的论赞中写道：

> 世称刘乐城与戴至德同为端揆，刘则甘言接人，以收物誉；戴则正色拒下，推美于君。故乐城之善于今未弭，而戴氏之勋无所闻焉。呜呼！高名美称，或因邀饰而致远；深仁至行，或以韬晦而莫传。岂唯刘、戴而然，盖自古有之矣。故孔子曰："众好之，必察焉；众恶之，必察焉。"非夫圣智，鲜不惑也。①

这里虽然说的是知人之难的道理，但他却明白无误地表明对于"甘言接人，以收物誉"的刘仁轨是很不以为然的。韦述作史，于此可见一斑。同样，他对别人也是这样要求的。唐人封演记载了这样一件事：

> 著作郎孔至……撰《百家类例》，品第海内族姓。以燕公张说为近代新门，不入百家之数。驸马张垍，燕公之子也，盛承宠眷，见至所撰，谓弟埱曰："多事汉！天下族姓，何关尔事，而妄为升降?!"埱素与至善，以兄言告之。时工部侍郎韦述谙练士族，举朝共推；每商榷姻亲，成就咨访。至书初成，以呈韦公；韦公以为可行也。及闻垍言，至惧，将追改之。以情告韦。韦曰："孔至休矣！大丈夫奋笔将为千载楷则，奈何以一言而自动摇？有死而已，胡不可也！"遂不复改。②

这一段文字，更为直接地反映出韦述坚持直书的精神，虽面对权贵如驸马张垍这样的人，亦不为之动摇。他所说的"大丈夫奋笔将为千

---

① 刘昫等：《旧唐书》卷八十四《刘仁轨传》后论，北京：中华书局，1975年，第2797页。

② 封演：《封氏闻见记》卷十"讨论"条，丛书集成初编本，上海：商务印书馆，1936年，第130～131页。

载楷则，奈何以一言而自动摇"的话，堪为史家治史的格言。韦述的这种坚持直书的精神，与比他较早的刘知幾以及和他大体同时的吴兢等人的治史精神交相辉映，成为唐代史学中直书传统的一股宏大的潮流。

韦述的治学态度和治史风格，即使在今天看来，对我们还是有一定的启发的。

韦述为人，"纯厚长者，澹于势利，道之同者，无间贵贱，皆礼接之"①。因此，他不仅受到人们的尊敬，而且也有一些很不错的朋友。当时有一位"名播天下"的学者萧颖士，十分敬重韦述，把他比做谯周、陈寿之才。而韦述与柳芳的友谊，在唐代就已传为佳话。李肇记载说："柳芳与韦述友善，俱为史官。述卒后，所著书有未毕者，多芳与续之成轴也。"②这样的友情，的确是难得的。韦述一生中最大的憾事是："安史之乱"初起，他曾"身陷贼，污伪官"③。其后，他为此不仅遭到唐肃宗的流放，还受到地方官的困辱，最终以"不食死"。当然，从韦述的一生来看，他的"污伪官"恐怕并非出于他的本意；他的不食而死，也证明他是不甘忍受屈辱的。

---

① 刘昫等：《旧唐书》卷一百二《韦述传》，北京：中华书局，1975 年，第 3184 页。
② 李肇：《唐国史补》卷上"柳芳续书书"条，丛书集成初编本，北京：中华书局，1991 年，第 38 页。
③ 欧阳修等：《新唐书》卷一百三十二《韦述传》，北京：中华书局，1975 年，第 4530 页。

论《通典》在历史编纂上的创新 *

唐代中叶史家杜佑（735—812 年）所著《通典》200 卷，是中国史学史上第一部典制体通史，即专叙历代典章制度的通史。这是杜佑在历史编纂上的一个很重要的开创性工作。跟杜佑大致同时而又"颇详"《通典》"旨趣"的李翰，在《通典》序中写道：

> （杜佑）采五经群史，上自黄帝，至于有唐天宝之末，每事以类相从，举其始终，历代沿革废置及当时群士论议得失，靡不条载，附之于事。如人支脉，散缀于体。凡有八门，勒成二百卷，号曰《通典》。①

* 原载《中国史研究》1985 年第 2 期。

① 李翰：《通典》序，北京：中华书局，1988 年，第 2 页。按：《旧唐书》卷一百四十七《杜佑传》载杜佑《上〈通典〉表》云："书凡九门，计二百卷"（北京：中华书局，1975 年，第 3983 页）。李翰作序在前，杜佑上表在后，且《通典》实际上是以九门编次，因此当以杜佑所说九门为是。

这一段话，概括了《通典》在历史编纂上的总的特点。其后，学人之论《通典》编纂者，大多祖述李翰《通典》序。例如，宋人陈振孙云："《通典》……采五经群史、历代沿革废置、群士论议，迄于天宝，凡为八门。"①清人纪昀等谓："（《通典》）所载上溯黄虞，迄于唐之天宝；肃、代以后，间有沿革，亦附载注中。……其博取五经群史及汉魏六朝人文集、奏疏之有裨得失者，每事以类相从；凡历代沿革，悉为记载，详而不烦，简而有要，元元本本，皆为有用之实学，非徒资记问者可比。考唐以前之掌故者，兹编其渊海矣。"②

综观前人所述，《通典》在历史编纂上有三个特点，即：主会通，立分门，重论议。而《通典》对这三个方面的综合运用，则显示出其作者在历史编纂上的创新精神。现就这三个方面分述如下。

一

先说主会通。《通典》主要取材于历代正史书志，它跟后者最大的区别是：《史记》以下历代正史书志只记一代或数代典制，属于典章制度的断代史；而《通典》则将历代正史书志融会贯通，撰成一书，成为典章制度的通史。

自班彪、班固父子著《汉书》至杜佑《通典》问世以前，六七百年间，史学有了很大发展。从历史编纂上看，这个发展主要表现在断代史的著述取得了很大成就，刘知幾《史通·古今正史》篇对此作了总结。可是，这期间的通史著作，几乎没有取得什么进展。值得提

---

① 陈振孙：《直斋书录解题》卷五，上海：上海古籍出版社，1987年，第160页。
② 永瑢等：《四库全书总目》卷八十一《史部·政书类一》，北京：中华书局，1965年，第694页。

到的，只有南北朝时期梁武帝命吴均等撰《通史》600卷①，以及北魏元晖召集史家崔鸿撰《科录》270卷②。刘知几批评《通史》说："其书自秦以上，皆以《史记》为本，而别采他说，以广异闻；至两汉以还，则全录当时纪传，而上下通达，臭味相依……大抵其体皆如《史记》，其所为异者，唯无表而已。"至于《科录》，他认为"其编次多依仿《通史》③，而取其行事尤相似者，共为一科，故以《科录》为号"。他对这两部书的总的看法是："芜累尤深，遂使学者宁习本书，而怠窥新录。"④刘知几对《通史》和《科录》的批评是否惬当，已无据可考。但我们从他批评《史记》"为体之失""撰录之烦"来看，他对《通史》和《科录》做出这样的评论是不足为怪的。问题在于，刘知几虽然对通史著述在历史编纂上多所指摘，可遗憾的是他并没有提出如何撰写通史的创见。这时，关于通史著作，无论从理论上还是从历史编纂上来看，大致还停留在《史记》的水平上。

《通典》的问世，打破了通史撰述上的沉寂局面。从班固到杜佑，

---

① 姚思廉：《梁书》卷四十九《文学上·吴均传》记："寻有敕召见，使撰《通史》，起三皇，讫齐代，（吴）均草本纪、世家功已毕，唯列传未就。普通元年，（吴均）卒，时年五十二。"（北京：中华书局，1973年，第699页）又《梁书》卷三《武帝纪下》载："又造《通史》，躬制赞序，凡六百卷。"（北京：中华书局，1973年，第96页）说明《通史》在梁武帝时是完成了的。《隋书》卷三十三《经籍志二》著录："《通史》四百八十卷，梁武帝撰。起三皇，讫梁。"（北京：中华书局，1973年，第956页）《史通·六家》篇云："至梁武帝，又敕其群臣，上自太初，下终齐室，撰成《通史》六百二十卷。"（上海：上海古籍出版社，1978年，第18页）以上三书记《通史》卷帙、断限颇有歧异。

② 魏收：《魏书》卷十五《昭成子孙·常山王传》记：常山王元遵曾孙元晖"颇爱文学，招集儒士崔鸿等撰录百家要事，以类相从，名在《科录》，凡二百七十卷，上起伏羲，迄于晋、宋，凡十四代。晖疾笃，表上之。"（北京：中华书局，1974年，第380页）按：《魏书》本卷系据《北史·魏宗室传》所补，然《北史》所记本出于《魏书》，故仍引《魏书》。

③ 据魏收《魏书》卷十五《昭成子孙传·常山王传》记，《科录》一书在北魏孝明帝神龟二年（519年）以前已经撰成，且"表上"。而据姚思廉《梁书·文学上》卷四十九《吴均传》记，吴均卒于梁武帝普通元年（520年），时《通史》仅撰成本纪、世家，"唯列传未就"（北京：中华书局，1973年，第699页）。可见，《通史》成书乃在《科录》成书之后。《史通》说《科录》在编次上"多依仿《通史》"，实误。

④ 以上均见刘知几：《史通》卷一《六家》，浦起龙通释，上海：上海古籍出版社，1978年，第18～19页。

在关于通史撰述问题上，是沿着一条否定之否定的道路发展下来的。所谓"否定之否定"，并不是完全回到原来的道路上去，它包含着发展和前进。《通典》作为典章制度的通史，它继承了《史记》等通史之"通"的传统，而在内容上和形式上又都有新发展，开创了中国古代史学史上通史撰述的新格局。关于这一点，章学诚是看到了的。他说：

> 梁武帝以迁、固而下断代为书，于是上起三皇，下讫梁代，撰为《通史》一编，欲以包罗众史。史籍标"通"，此滥觞也。嗣是而后，源流渐别：总古今之学术，而纪传一规乎史迁，郑樵《通志》作焉；统前史之书志，而撰述取法乎官礼，杜佑《通典》作焉；合纪传之互文，而编次总括乎荀、袁，司马光《资治通鉴》作焉；汇公私之述作，而铨录略仿乎孔、萧，裴潾《太和通选》①作焉。此四子者，或存正史之规，或正编年之的，或以典故为纪纲，或以词章存文献，史部之通，于斯为极盛也。②

章学诚提出的这四部通史书，唐、宋各占二部，而以《通典》为最早。他说《通典》"以典故为纪纲"，"统前史之书志，而撰述取法乎官礼"，这就指出了《通典》在历史编纂上的主要特点。对这一主要特点，近人梁启超又作了进一步阐述。他认为：

> 纪传体中有书志一门，盖导源于《尚书》，而旨趣在专纪文物制度，此又与吾侪所要求之新史较为接近者也。然兹事所贵

---

① 裴潾，唐代后期人，他在唐文宗大和年间，"集历代文章，续梁昭明太子《文选》，成三十卷，曰《人和通选》，并音义、目录一卷，上之"（见刘昫等．《旧唐书》卷一百七十一《裴潾传》，北京：中华书局，1975年，第4449页）。

② 章学诚：《文史通义》卷四《释通》，见《章学诚遗书》，北京：文物出版社，1985年，第36页。

在会通古今，观其沿革。各史既断代为书，乃发生两种困难：苟不追叙前代，则源委不明；追叙太多，则繁复取厌。况各史非皆有志，有志之史，其篇目亦互相出入。遇所阙遗，见斯滞矣。于是乎有统括史志之必要。其卓然成一创作以应此要求者，则唐杜佑之《通典》也。……此实史志著作之一进化也。①

"正史"书志源于古代礼书，梁启超说书志"导源于《尚书》"是不妥帖的。但梁启超所说的记述典章制度的史书"贵在会通古今，观其沿革"的论点，无疑是中肯的。他认为《通典》恰是"统括史志""会通古今""卓然自成一创作"的历史撰述的看法，当然也是正确的。

《通典》"以典故为纪纲""统前史之书志"而又"会通古今"的特点，在历史撰述上收到了很好的社会效果。《旧唐书·杜佑传》在讲到《通典》的时候说："其书大传于时，礼乐刑政之源，千载如指诸掌，大为士君子所称。"这里连用两个"大"字，可以使人想见，《通典》的问世，确有使人耳目一新之感。诚然，《通典》的"会通古今"，无疑是继承了司马迁的"通古今之变"的撰述思想的余绪，这是很可贵的。然而更可贵的是，《通典》"以典故为纪纲"、开创了撰述通史的新途径。这里，有继承，也有发展。唯其如此，《通典》对后来出现的通史著作才可能产生极大的影响。

二

再说立分门。这是《通典》在历史编纂上的又一个特点。关于这个特点的由来，《旧唐书·杜佑传》有简略的说明："初，开元末，刘秩采经史百家之言，取《周礼》六官所职，撰分门书三十五卷，号曰

---

① 梁启超：《中国历史研究法》，《饮冰室合集》第 10 册，北京：中华书局，1989 年，第 21 页。

《政典》，大为时贤称赏，房琯以为才过刘更生。佑得其书，寻味厥旨，以为条目未尽，因而广之，加以《开元礼乐》，书成二百卷，号曰《通典》"。所谓"分门"，亦即后人评论《通典》时常常说到的"分类序载"①，"每事以类相从"②，"搜讨类次"、"分门起例"③，"撰述取法乎官礼"④，等等。从上面的引文中可以看到，刘秩《政典》是一种"分门书"。而李翰《通典》序说《通典》"凡有八门"，后来杜佑《进〈通典〉表》自称"书凡九门"。这个事实说明，从"分门"这一特点来看，《通典》无疑是受到《政典》的启发的，两《唐书》的著者都肯定了这一点。

现在的问题是，《政典》究竟在多大程度上影响了《通典》？对这个问题，古今学人的看法尚不尽一致，甚至大相径庭。为了辨章学术，考镜源流，也为了对《通典》在历史编纂上的成就做出公正的评价，我以为很有必要对这一问题作进一步的讨论。

清代考据学者王鸣盛在讲到杜佑著《通典》的问题时，提出了尖锐的批评意见。他认为：

> （《通典》）九门中礼居其一，然礼共一百卷：自四十一卷起至一百五卷止，既已历叙吉、嘉、宾、军、凶五礼矣；而于一百六卷以下至一百四十卷，共三十五卷，俱撮《大唐开元礼》之文，钞誊入之，仍以吉、嘉、宾、军、凶为次，何其繁复乎！既以刘秩书为蓝本，乃自序中只字不及；复袭取官书，攘为己有。以佑之事力，撰集非难，而又取之他人者若是之多，则此

---

① 晁公武：《郡斋读书志》卷十四，上海：上海古籍出版社，1990年，第653页。

② 永瑢等：《四库全书总目》卷八十一《史部·政书类一》，北京：中华书局，1965年，第694页。

③ 乾隆．《重刻通典序》，见杜佑：《通典》附录 ，北京：中华书局，1988年，第5513页。

④ 章学诚：《文史通义》卷四《释通》，见《章学诚遗书》，北京：文物出版社，1985年，第36页。

书之成，亦可云易也。①

王鸣盛说《通典·礼典》过于繁复，这话是对的。但这也还要从社会的和历史的方面来说明，王鸣盛并没有做到这一点。至于他说《通典》以刘秩《政典》为"蓝本"，故"此书之成，亦可云易也"云云，显然与事实不符。首先，史学的发展总是在一定程度上反映了历史的发展。由于刘秩和杜佑所处的历史条件不同，《政典》和《通典》在撰述思想上亦必然存在着差别。现在，对《政典》的撰述思想虽难以详述，但对《通典》的撰述思想则是不难认识的，这就是它的作者是针对着唐代中叶以来一系列社会变动而撰写此书的，目的是为了"将施有政"。这样的思想和旨趣，当然是《政典》的作者不可能具有的。其次，作为"分门书"来说，《政典》和《通典》确有相似之处，前者"取《周礼》六官所职"进行撰述，后者也是"撰述取法乎官礼"。但若细察起来，它们在编次上有很大的歧异。所谓《周礼》六官，即天官冢宰、地官司徒、春官宗伯、夏官司马、秋官司寇、冬官司空，此即隋唐以后所谓吏、户、礼、兵、刑、工六部所职。《政典》一书是依此进行编次的。《通典》则不然，它按食货、选举、职官、礼、乐、兵、刑、州郡、边防九个门类进行编次。《政典》以职官为中心，《通典》以制度为中心。这不论是在内容上，还是在顺序安排上，二者迥然不同。最后，《通典》和《政典》在部帙上相差极为悬殊：《政典》35篇（卷），《通典》是200卷，杜佑扩大了五六倍，实际上是另行撰述②。总之，从以上几个方面来看，王鸣盛所讲的《通典》以《政典》"为蓝本"等说法，是缺乏充分根据的。郑鹤声先生早年所撰《杜佑年谱》，在这个问题上似沿用王说，认为《通典》与《政典》"大体当无甚出入"，

---

① 王鸣盛：《十七史商榷》卷九十"杜佑作通典"条，北京：中国书店出版社，1987年，该卷第8页。

② 参见范文澜：《中国通史》第4册，北京：人民出版社，1978年，第362页。

杜佑不过"因人成事"而已，等等①，窃亦以为未安。对此，已有论者详为辨析②，兹不赘述。

还有一种看法，认为："在唐朝初期，就盛行编纂典志书及类书，例如，李林甫的《唐六典》30卷，唐颖的《稽典》130卷，王颜（彦）威的《唐典》70卷，李延寿的《太宗政典》30卷，高士廉的《文思博要》1200卷，许敬宗的《摇（瑶）山玉彩》500卷……这些书都是杜佑《通典》的材料来源"③。当然，杜佑《通典》"博取五经群史及汉魏六朝人文集、奏疏之有裨得失者"，而对本朝人的著述也颇有征引，这是没有问题的。问题在于：是否"在唐朝初期，就盛行编纂典志（制）书"？这是值得进一步讨论的。据《新唐书·艺文志》著录，《唐六典》入于乙部"职官类"，原注云："开元十年，起居舍人陆坚被诏集贤院修《六典》，玄宗手写六条，曰理典、教典、礼典、政典、刑典、事典。张说知院，委徐坚，经岁无规制。乃命毋煚、余钦、咸廙业、孙季良、韦述参撰，始以令式象《周礼》六官为制。"因此，我们今天所见《唐六典》以三师、三公、三省、九寺、五监、十二卫等为目，述其职司、官佐、品秩，是一部专叙职官的著作，跟作为"各种制度的总史"④的《通典》是不一样的。如果说《唐六典》尚可看作是专记某一种制度的典制史的话，那么《稽典》《唐典》《太宗政典》等书，就很难说是典制史著作了。史载：王彦威"纂集国初已（以）来至贞元帝代功臣，如《左氏传》体叙事，号曰《唐典》，进之"⑤。可见王彦威《唐典》应是编年体史书，而不是"典志书"。再说，王彦威是唐代后期

---

① 郑鹤声：《杜佑年谱》，上海：商务印书馆，1934年，第43、148页。

② 参见李之勤：《论杜佑〈通典〉与刘秩〈政典〉》，载《西北大学学报》1978年第3期。本文这一段文字曾参考李文的某些论点。

③ 李宗邺：《中国历史要籍介绍》，上海：上海古籍出版社，1982年，第308页。

④ 梁启超：《中国历史研究法补编》，《饮冰室合集》第12册，专集之九十九，北京：中华书局，1989年，第32页。

⑤ 刘昫等：《旧唐书》卷一百五十七《王彦威传》，北京：中华书局，1975年，第4157页。

人，活动于宪宗至武宗年间，其《唐典》成书当晚于《通典》，不可能成为《通典》的"材料来源"。《新唐书·艺文志》以《稽典》《太宗政典》跟《唐典》同入于乙部"杂史类"，而将《通典》《政典》入于丙部"类书类"，可见它们在体裁上是有区别的。应当注意的是，唐以及唐以前的史家，以"典"名其书者不乏其人，但他们所以名"典"者并不都是"典志书"的缘故。如南朝陈人何之元撰《梁典》30卷，其序曰："记事之史，其流不一，编年之作，无若《春秋》，则鲁史之书，非帝皇之籍也。案三皇之简为《三坟》，五帝之策为《五典》，此典义所由生也……故今之所作，称为《梁典》"①。《梁典》是编年史，何之元谓之"典"，是取"帝皇之籍"之意，而不是指的典章制度。又如唐前期的元行冲，"以本族出于后魏，而未有编年之史，乃撰《魏典》三十卷，事详文简，为学者所称"②，等等。故《新唐书·艺文志》乙部"编年类"著录以"典"名书者就有谢昊《梁典》39卷、刘璠《梁典》30卷、何之元《梁典》30卷等。郑樵《艺文略·史类》的"编年类"，除著录《魏典》和上述三部《梁典》外，还有一部王逸撰的《齐典》。以上这些事实说明，所谓"在唐朝初期，就盛行编纂典志书"的论点，是缺乏足够的根据的。

本文反复讨论这些问题，目的在于探索作为典章制度通史或总史的《通典》在历史编纂上的真正渊源。依我的浅见，《通典》的立分门固然会受到《政典》的启发，但它在更大程度上是受到历代正史书志的启发。换言之，与其说《通典》源于《政典》，毋宁说它源于历代正史书志。章学诚说《通典》"统前史之书志，而撰述取法乎官礼"，好像是分别从内容和体裁来说的：从内容上看，"统前史之书志"；从体裁上看，"取法乎官礼"。在这个问题上，梁启超的看法要明确得多，认为《通典》是一部"统括史志"的撰述，是"史志著作之一进

---

① 姚思廉：《陈书》卷三十四《文学传》，北京：中华书局，1972年，第466～467页。
② 刘昫等：《旧唐书》卷一百二《元行冲传》，北京：中华书局，1975年，第3177页。

化"。这个论点，打破了五代以来人们关于《通典》和《政典》之间关系的传统看法，揭示了《通典》在历史编纂上的真正渊源。著名历史学家范文澜认为："《通典》之作，虽源于'正史'的书、志，但矫正了'正史'断代之不便。"①可惜，这些论点并未引起学术界的应有的注意，以致直到现在，仍可看到一些研究《通典》的论著在重复两《唐书》中的陈说。

《通典》源于历代"正史"书志并有所发展，这不仅表现在会通方面的"矫正了'正史'断代之不便"，而且表现在分门方面的因革损益。指出这一点，对我们认识《通典》在历史编纂上的成就是有意义的。是否可以这样认为："正史"中的书、志，从纵的方面来看，它是史学家对典章制度史的记述；从横的方面来看，它是史学家对当时社会生活中的一些重大方面的认识和概括。这种认识和概括的广狭和深浅，往往反映了史学家的见识水平。司马迁的《史记》首创八书，包括礼、乐、律、历、天官、封禅、河渠、平准等书。其中，《平准书》主要写了社会经济方面的问题，是八书中最精彩的篇章。班固《汉书》有十志，包括礼乐、律历、天文、郊祀、沟洫、食货、刑法、五行、地理、艺文等志。"十志"跟"八书"相比，在门类上合并了两项，增加了四项，内容丰富多了。我们从《汉书》十志来看汉代封建社会结构，当然比《史记》八书要显得更广泛、更清晰。从总的方面看，班固的见识远不如司马迁；但从书、志来看，"十志"是超过"八书"的。今本《后汉书》的志是司马彪撰的，它的门类比《汉书》的志少了，但增加了《百官志》和《舆服志》，还是有意义的。此后，历代史书的志目都在这个基础上有所因革，而且不断出现一些佳作，如《宋书·州郡志》，《魏书》中的《食货志》《官氏志》和《释老志》等。唐初修撰的《晋书》志和《五代史志》即《隋书》志，是对《史》《汉》以来史志撰

① 范文澜：《中国通史》第4册，北京：人民出版社，1978年，第362页。

述的一个总结；特别是《隋书》志，在史学史上有重要的地位。《通典》问世以前，历代"正史"书志的撰述情况，大体就是这样。

《通典》共立食货、选举、职官、礼、乐、兵、刑、州郡、边防九门。若以其与"正史"书志相比较，至少有两个显著的变化。第一，《通典》不列律历、天文、五行、祥瑞、舆服等内容；第二，《通典》增加了选举、兵、边防等门类。其之所以出现这两个变化，是因为《通典》的作者更注重那些跟社会经济、政治、军事有直接关系的内容所致，是他贯彻自己确定的宗旨"征诸人事"的结果。

正因为如此，《通典》较之于以往"正史"书志来说，也就更接近于能够比较真实地反映出它所由产生的那个时代的社会结构。这是《通典》在历史编纂上的最突出的成就之一。表 1 为"正史"书志分目与《通典》分门对照简表，可资比较、研究。

有的研究者认为《通典》不列"艺文"或"经籍"一门，是其"缺陷"之一，而"这一缺陷在他的后人郑樵、马端临手中得到弥补"[①]。我认为，我们今天研究《通典》的历史编纂，似无必要从这个角度去找它的"缺陷"。因为杜佑撰述《通典》，刻意于"法制"，用力在"政经"[②]，旨趣是"将施有政"，经世致用，而不在探究学术文化。这一点是很明确的。"艺文""经籍"固然重要，《汉书·艺文志》《隋书·经籍志》也确是学术文化史上的名篇。但诚如马端临所说，"编简浩如烟埃，著述自有体要"[③]，我们不能要求《通典》一定也要包含这方面的内容，否则便是存在"缺陷"。至于《通志》作为社会的通史，《文献通考》作为文献的通史，它们分别包含或论列"艺文"和"经籍"，自是顺理成章的事情。当然，《通典》在历史编纂上的确是有缺陷的，这一点本文在下面还会讲到。

---

① 陶懋炳：《杜佑和〈通典〉》，载《史学史资料》1980 年第 3 期。

② 杜佑：《上〈通典〉表》，见刘昫等：《旧唐书》卷一百四十七《杜佑传》，北京：中华书局，1975 年，第 3983 页。

③ 马端临：《文献通考序》，见《文献通考》书首，北京：中华书局，2011 年，第 1 页。

表 1　"正史"书志分目与《通典》分门对照简表

史记(书)	汉书(志)	后汉书(志)	晋书(志)	宋书(志)	南齐书(志)	魏书(志)	隋书(志)	通典(门)
礼	礼	礼	礼	礼	礼	礼	礼仪	礼
乐	乐		乐	乐	乐	乐	音乐	乐
律	律	律	律	律		律	律	
历	历	历	历	历		历	历	历
天官	天文	天文	天文	天文	天文	天象	天文	
封禅	郊祀	祭祀						
河渠	沟洫							
平准	食货		食货			食货	食货	食货
	刑法		刑法			刑罚	刑法	刑
	五行	五行	五行	五行	五行		五行	
	地理	郡国	地理	州郡	州郡	地形	地理	州郡
	艺文						经籍	
		百官	职官	百官	百官	官氏	百官	职官
		舆服	舆服		舆服			
				符瑞	祥瑞	灵征		
						释老		
								选举
								兵
								边防

三

最后说重论议。这是《通典》在历史编纂上的第三个特点。所谓"论议",即《通典》所记历代"群士论议得失",具体说,就是"汉魏六朝人文集、奏疏之有裨得失者"以及当朝人的许多言论,当然,也还包括作者本人对一些史事所做的评论。这个特点反映出《通典》在记事、记言的结合上所取得的成功。对此，一般评论《通典》的人都不曾有较多的注意，而章学诚则十分重视，并给予很高的评价。他写道：

> 杜氏《通典》为卷二百，而《礼典》乃八门之一，已占百卷。盖其书本官礼之遗，宜其于礼事加详也。然叙典章制度，不异诸史之文，而礼文疑似或事变参差，博士经生，折中详议，或取裁而径行，或中格而未用，入于正文则繁复难胜，削而去之则事理未备。杜氏并为采辑其文，附著《礼门》之后，凡二十余卷，可谓究天人之际，通古今之变者矣。史迁之书，盖于《秦纪》之后，存录秦史原文，惜其义例未广，后人亦不复踵行。斯并记言记事之穷，别有变通之法，后之君子，所宜参取者也①。

这里，章学诚以《礼典》为例，评论了杜佑对历代博士经生的论议在编纂上的处理，认为这是一种记言记事的"变通之法"，并且收到了"究天人之际，通古今之变"的效果。章学诚举出《礼典》为例来说明《通典》在历史编纂上的这一特点，我看至少有两个原因：一是《礼典》中的论议篇幅集中，分量最大，共有 20 余卷，处于引人注目的地位；二是《礼典》占《通典》全书半数，举此一门，可窥全书。

《通典》的重论议，在具体表述上有三种不同的形式：（1）在有关卷后集中记述"群士论议"；（2）在同卷正文中，记制度沿革与录"群士论议"杂而有之；（3）在同一卷中，以正文记制度沿革，而多以注文录"群士论议"，附于有关的正文之下。当然，也还可能有其他形式，但主要表现为这三种形式。下面，对这几种形式略作说明。

---

① 章学诚：《文史通义》卷一《书教中》，见《章学诚遗书》，北京：文物出版社，1985年，第3页。

第一种形式，如上文说到的《礼典》，在 65 卷的历代沿革礼中，吉、嘉、凶三礼之后所附博士经生的论议占了 20 余卷，即属此种形式。另外，如《选举典》共有 6 卷，前 3 卷叙历代选举制度，后 3 卷则集中记历代之"杂议论"；《刑典》凡 8 卷，前 3 卷叙历代刑制，中间 2 卷记历代"杂议"，后 3 卷记述几个方面的案例，其中也有不少论议；等等，亦属此种形式。这种论议形式，所论问题比较集中，又都以时代顺序连属成篇，在一定的程度上具备了"史"的特征。譬如《选举典》的第四至第六篇，是为"杂议论"上、中、下 3 篇，所录皆历代有关"选举"的论议。上篇记齐景公时晏婴、西汉哀帝时王嘉、东汉光武时韦彪与张衡、西晋李重义、齐王俭、梁沈约、北魏高祐、北周乐逊、隋李锷等人的论议奏疏；中篇和下篇记本朝人的言论，始于太宗初年而讫于德宗初年，其间包括高宗、武后、玄宗各朝许多人的言论。以《选举典·杂议论》3 篇与《选举典·历代制》3 篇相配合，恰是同一种制度的两种历史记述方法，可收互相补充、发明之功。

第二种形式，如《食货典》一至二，叙历代田制，分为上、下篇。其上篇（《食货典·田制上》）在叙宋、魏以前田制时，则以战国孟轲，西汉贾谊、晁错、董仲舒、师丹、孔光、何武，东汉荀悦、崔寔，西晋石苞，刘宋羊希，北魏牟安世等人的有关言论、奏疏，分别记于其间。这种论议形式，把有关议论同制度沿革结合在一起，使言与事相得益彰，清楚地阐明了事物发展的过程和变革的原因。

第三种形式，这是在对有关正文所作的注文中，采辑群士论议。如《职官典》之叙"宰相"的缘起、职责、因革变化，在讲到秦初有左、右丞相时，注引荀悦的话，说明"秦本次国，命卿二人，是以置左、右丞相"的历史原因；在讲到汉文帝二年"复置一丞相，丞相月俸钱六万"时，注引文帝，周勃、陈平君臣问对，而以陈平的话说出了丞相的职责不在于掌握"天下一岁决狱几何""天下钱谷一岁出入几何"

这样一些具体数字，而在于"上佐天子理阴阳、顺四时，下遂万物之宜，外镇四夷、诸侯，内亲附百姓，使卿大夫各任其职"；在讲到汉哀帝"复罢大司空"时，注引朱博的奏议，说明这一措施的必要性；在讲到唐代"侍中、中书令是真宰相，其余以他官参掌者无定员，但加同中书门下三品及平章事、知政事、参知机务、参与政事及平章军国重事之名者，并为宰相"时，注引太宗对侍臣的谈话，指出"中书、门下，机要之司，擢才而居，委任实重；诏勅如有不便，皆须执论。比来唯觉阿旨顺情，遂无一言谏诤者，岂是道理！若唯置勅行文而已，人谁不堪，何须简择，以相委付？自今以后，诏敕疑有不稳，必须执之"①，强调了宰相责任的重大，批评了"阿旨顺情"的作风；等等。这些在注文中所引述的论议，对阐明和诠释正文来说，是必不可少的。这里，需要说明的是，《通典》自注，内容很广泛，并不只限于论议。陈光崇的《杜佑在史学上的贡献》一文，认为《通典》"发展了史书自注的方法，是它在史书编纂方面的成就之一"；同时认为，《通典》的注文，"大致可分 5 类：1. 释音义，2. 举典故，3. 补史事，4. 明互见，5. 考史料。这些子注，不但可以补正文的不足，而且指出了材料的出处，便于稽考，特别是对于史料的考辨，表现了杜佑严谨的治学精神"②。这些看法，都是很好的，可供阅读或研究《通典》者参考。

以上所举三种论议形式，从内容上看，都是《通典》作者采辑历代"群士论议"，所论大多是历史上典章制度中的一些具体问题。此外，《通典》中还有不少论议，是作者本人撰述的，综其名目，有序、论、说、议、评、按等。这些史论，散见于《通典》各门各卷之中，成为提挈全书的纲领。从内容上看，则多着眼于从政治上总结得失

---

① 以上均见杜佑：《通典》卷二十一《职官三·宰相》，北京：中华书局，1988 年，第 533～544 页。

② 吴泽：《中国史学史论集》(二)，上海：上海人民出版社，1980 年，第 194 页。

成败的历史经验、并结合现实的历史阐发作者的见解和主张，反映了作者撰述《通典》的方法和旨趣以及他的进步的政治观点和历史观点。对此，笔者拟另撰专文，这里不多讲。从编纂上看，它们还表现了作者对史论的灵活运用，这在中国史学史上也是很突出的。可见，《通典》中作者自撰的这一部分论议，是尤其重要的。

总之，《通典》以会通贯穿古今，以分门囊括制度，以论议阐述原委、指陈得失，是它在历史编纂上的显著特点和大胆创新。这一创新工作，开拓了中国史学研究的新领域，意义极为深远。宋初，宋白、李宗谔续杜佑书，撰《续通典》200卷，讫于五代周世宗①。南宋，魏了翁又作《国朝通典》，惜未成书②。宋元之际，马端临称赞《通典》"纲领宏大，考订该洽"；而他或"效《通典》之成规"，或"离析其门类之所未详"，或增"《通典》元（原）未有论述"之内容③，撰成《文献通考》348卷。清代，又有《续通典》《清通典》之作。这些情况，说明《通典》在历史编纂上对后世的影响是很大的。

四

《通典》在历史编纂上也是有缺陷的。这主要表现在两个方面：一是《礼典》的繁复，一是《兵典》的破例。这两点，前人已经指出，而且不是没有一点道理的。不过，即便对这两个问题，我们也不能像前人那样对《通典》作者作简单的指摘，而应作比较全面的考察和分析。只有这样，才能中肯地指出《通典》在历史编纂上的缺陷。

---

① 脱脱等：《宋史》卷二百七《艺文志六》"类事类"著录："宋白、李宗谔《续通典》二百卷。"（北京：中华书局，1977年，第5299页）按：宋白撰《续通典》，《宋史》本传不载，《宋史》卷二百六十五《李昉传》附《李宗谔传》记："（李宗谔）尝预修《续通典》《大中祥符封禅汾阴记》《诸路图经》，又作《家传》《谈录》，并行于世。"（北京：中华书局，1977年，第9143页）
② 参见马端临：《文献通考》序，北京：中华书局，2011年，第2页。
③ 参见马端临：《文献通考》序，北京：中华书局，2006年。

《通典·礼典》凡百卷，前 65 卷为"历代沿革礼"，分叙吉、嘉、宾、军、凶五礼；后 35 卷为"开元礼纂类"，亦以吉、嘉、宾、军、凶五礼叙之。尽管作者申明"沿革篇"不同于"开元礼"①，但其在编纂上终究不免失于繁重，故后人多所诟病。这里，我想重复上文所引章学诚论《礼典》的一句话，即"盖其书本官礼之遗，宜其于礼事加详也"。我重复这句话，不是要用它来替《礼典》的繁复作辩解，而是为了说明必须从杜佑当时所处的历史条件来考察这个问题。史载：唐初，太宗令房玄龄、魏徵制定《贞观礼》(亦称《大唐仪礼》)100 卷，凡 138 篇。高宗时，又诏长孙无忌等制定《显庆礼》(亦称《永徽五礼》)130 卷，凡 299 篇。玄宗开元年间，萧嵩等又撰《大唐开元礼》(亦称《开元礼》)150 卷②。唐代这些"官礼"著作，从一个方面反映了唐代门阀地主的习气。这对于出身于高门大族的杜佑不能不产生强烈的影响。可见，《通典·礼典》的繁复，是有其社会根源的。我们在批评《通典·礼典》这一缺陷时，不能不注意到这一点。

这里，我想进一步指出，由于《礼典》占了《通典》全书的半数，不仅使各门之间在比例上过于悬殊，而且因为《礼典》受内容和性质所限，这不能不影响到《通典》在经世致用方面的社会应用价值。当然，杜佑在《通典》中升《食货典》为第一门，降《礼典》《乐典》于《选举典》《职官典》之下，这样的编次，反映了他的卓识。同时，他对"礼"的看法，也颇值得玩味。他说："孔子曰：夫礼，先王以承天之道，以理人之情，失之者死，得之者生。故圣人以礼示天下，国家可得而正也"③。这跟史家对"礼"的传统看法，如"《六经》之道同归，而

---

① 见杜佑：《通典》卷四十一《礼典一》礼序目次注文，北京：中华书局，1988 年，第 1023 页。

② 参见欧阳修等：《新唐书》卷十一《礼乐志》序，北京：中华书局，1975 年，308～309 页；《新唐书》卷五十八《艺文志二》"仪注类"，中华书局 1975 年版，第 1491 页。按：《艺文志》著录《大唐仪礼》凡 135 篇(误书为 130 篇)，与《礼乐志》著录《贞观礼》138 篇之数不合。

③ 杜佑：《通典》卷四十一《礼典》序，北京：中华书局，1988 年，第 1119 页。

《礼》《乐》之用为急"①，"故败国丧家亡人，必先废其礼"②等，虽无本质的区别，但在轻重缓急上还是略有不同的。按照传统的看法，"礼"是跟天、地、人有关系的。而杜佑认为，五礼之中，其实只是吉礼跟天、地有关系，其他四礼（嘉、宾、军、凶）都跟人事有关系③，这就透过"礼"的神圣的面纱而更多地看到它的真面目。这也是杜佑的卓识。然而，杜佑毕竟不可能越出"礼"的藩篱，以致竟以100卷的浩繁篇幅撰述"历代礼"和"开元礼"，这说明他对于"礼"的兴趣是非常浓厚的。任何一个读者都会看到：杜佑在《通典·礼典》中，不厌其烦地叙述那些为维护封建制度的社会规范和道德信条的繁文缛节，跟他在《通典》的其他门类里，指陈历代典制得失、纵论他的"理道要诀"相比，格调是太不一致了！总之，杜佑不可能不讲"礼"，《通典》不可能不写《礼》；但这样讲"礼"，这样写《礼》，同杜佑"征诸人事，将施有政"的目的虽不完全相悖，但也不尽吻合。

《通典·兵典》不记历代兵制而叙用兵之道，这从全书体例来看，是一个破例。杜佑这样处置《兵典》，诚如本文上面所说，虽未必不是一件好事，但毕竟造成了全书在体例上的不完全一致。不过，在我看来，《兵典》的破例如若说是《通典》在历史编纂上的一个缺陷的话，并不是说作者没有必要叙用兵之道，而是指他没有能够把历代兵制和用兵之道统一在《兵典》当中。是否可以设想：《兵典》首以数卷篇幅记历代兵制沿革，而后以较多篇幅叙用兵之道，以收互为表里、相得益彰之效。从《通典》各门内容来看，杜佑是可能做到这一点的，但他没有这样做，这实在是一件憾事。前人还曾指出，按《兵

---

① 班固：《汉书》卷二十二《礼乐志》序，北京：中华书局，1962年，第1027页。
② 魏徵等：《隋书》卷六《礼仪志》序，北京：中华书局，1973年，第105页。
③ 杜佑：《通典》卷四十一《礼典》序，北京：中华书局，1988年，第1119～1120页。

典》目前的写法来看，其所列子目，有不尽允当之处①。但这只是个别地方，无关宏旨。

此外，《四库全书总目》作者亦曾揭出《通典》在编纂上的若干条疏漏，然其所举多属具体史事的"失载""不载"之类，有分量的批评并不多。但其对于将来整理《通典》的工作来说，还是可资参考的。

_____

① 永瑢等：《四库全书总目》卷八十一《史部·政书类一》"通典"条谓："《兵门》所列诸子目，如分'引退取之''引退佯败取之'为二门，分'出其不意''击其不备''攻其不整'为三门，未免稍涉繁冗。"（北京：中华书局，1965 年，第 694 页）按："'引退取之'，'引退佯败取之'"应为"佯败引退取之"，"引退设伏取之"，《总目》所引，误。

论《通典》的方法和旨趣*

唐代有两部历史著作在中国史学史上极负盛名，一是刘知幾（661—721 年）所撰的《史通》，一是杜佑（735—812 年）所撰的《通典》。《史通》着意于对史学活动的反省，意在做出评论和总结；《通典》则注重于沟通史学与社会的联系，意在推动史学的经世致用。刘知幾和杜佑分别生活在唐盛世和唐中叶，他们的历史撰述以不同的风貌和成就反映了那个时期中国史学发展的特点。本文仅就《通典》的方法和旨趣做初步的分析，不当之处，祈请学术界同志批评指正。

一

杜佑的《通典》跟它以前的历史著作比较，在史学方法上有很大的发展，从而在一定程度上反映了历史和逻辑的一致。

* 原载《历史研究》1984 年第 5 期。

恩格斯在讲到对经济学的批判时指出，"逻辑的研究方式"实际上无非是"历史的研究方式"，二者是一致的。他说：

> 历史从哪里开始，思想进程也应当从哪里开始，而思想进程的进一步发展不过是历史过程在抽象的、理论上前后一贯的形式上的反映；这种反映是经过修正的，然而是按照现实的历史过程本身的规律修正的，这时，每一个要素可以在它完全成熟而具有典型性的发展点上加以考察。①

恩格斯在这里所阐明的，是历史发展和人类思想进程的一致性的原则。然而，就历史家个人（当然，也包括其他任何个人）来说，其认识能力究竟能够在多大的程度上反映客观的"历史过程"，则是千差万别的。唯物主义和唯心主义的歧异，对历史上思想资料积累和继承的多寡，以及对现实生活经验的总结和吸收的程度，等等，都可能造成这种差别。这种差别，毫无疑义地要表现在历史家研究历史，撰写历史的方法上。

《通典》问世以前，最有影响的历史著作莫过于《史记》和《汉书》。因此，考察《史》《汉》的史学方法，对于我们认识《通典》的史学方法究竟在何等意义上取得了重大的发展，是有很大的启发的。司马迁在谈到他著《史记》的具体方法时说：

> 网罗天下放失旧闻，王迹所兴，原始察终，见盛观衰，论考之行事，略推三代，录秦、汉，上记轩辕，下至于兹，著十二本纪，既科条之矣。并时异世，年差不明，作十表。礼乐损益，律历改易，兵权、山川、鬼神，天人之际，承敝通变，作

---

① 见《马克思恩格斯选集》第二卷，北京：人民出版社，1995年，第43页。

八书。二十八宿环北辰，三十辐共一毂，运行无穷，辅拂股肱之臣配焉，忠信行道，以奉主上，作三十世家。扶义俶傥，不令己失时，立功名于天下，作七十列传。①

这里说的纪、表、书、世家、列传，反映着社会历史的五个方面，也是《史记》一书的五个层次。在司马迁看来，他所制定的纪、表、书、世家、列传，是有其自身的逻辑的，不论他是否意识到这一点。那么，司马迁所提出的逻辑和客观历史进程是什么关系呢？它们在多大的程度上达到了一致呢？依我的浅见：《史记》写了大量的、不同社会地位的人物的活动和思想，写了政治、经济，写了天文、地理，写了有关的制度；其中，有许多是光辉的篇章，也有不少卓识。但是，从它的纪、表、书、世家、列传这五个方面或五个层次来看，还不能说它基本上（或者说在一定程度上）反映了历史和逻辑的一致。不错，这五个部分是相互补充、相互联系的，但这种联系毕竟不同于客观历史进程中的那种联系。

班固断代为史，撰写《汉书》百卷，他的方法是：

叙帝皇，列官司，建侯王（按：以上指帝纪、《百官表》及《诸侯王表》）。准天地，统阴阳，阐元极，步三光（按：以上指《天文志》《五行志》《律历志》）。分州域，物土疆，穷人理，该万方（按：以上指《地理志》《沟洫志》《古今人表》及《郊祀志》）。纬《六经》，缀道纲，总百氏，赞篇章（按：以上指《艺文志》和人物列传）。函雅故，通古今，正文字，惟学林（按：以上是说《汉书》文字的典雅和内容的宏富）。②

---

① 司马迁：《史记》卷一百三《太史公自序》，北京：中华书局，1959年，第3319页。
② 班固：《汉书》卷一百下《叙传下》，北京：中华书局，1962年，第4271页。括号中语为引者所加。

这一段话，集中反映了班固撰写《汉书》的逻辑方法，即首叙帝、王、百官，天文、五行、律历次之，地理、沟洫、郊祀又次之，艺文又次之，末叙各种人物。班固提出的这个逻辑，同样也没有反映出客观的历史进程。但是，有一点是应当注意到的，就是：班固在表述他的逻辑方法时，好像比司马迁表述自己的逻辑方法更清楚一些，而这主要表现在班固对《汉书》十志的作用的认识上。

《史记》和《汉书》在中国古代史学史上都有很高的地位，但如果从历史和逻辑的一致这一要求来看，从它们所反映出的史学方法来看，证明它们还处在史学发展的早期阶段。这并不奇怪，因为它们都是中国封建社会成长时期的史学著作。

《通典》产生于封建社会的发展时期，它的作者所处的历史环境，所能够继承的历史上的思想资料，所能够接触的当时的社会思潮，都比马、班时代广泛得多、丰富得多、深刻得多。这些，都会反映在杜佑对社会历史的观察和分析上，反映在他研究、撰写历史的方法上。

先从宏观方面考察。杜佑明确地指出：

> 夫理道之先，在乎行教化；教化之本，在乎足衣食。……夫行教化在乎设职官，设职官在乎审官才，审官才在乎精选举，制礼以端其俗，立乐以和其心：此先哲王致治之大方也。故职官设，然后兴礼乐焉；教化隳，然后用刑罚焉；列州郡，俾分领焉；置边防，遏戎狄焉，是以食货为之首，选举次之，职官又次之，礼又次之，乐又次之，刑又次之，州郡又次之，边防末之。或览之者，庶知篇第之旨也。①

---

① 杜佑：《通典》自序，北京：中华书局，1988 年，第 1 页。

杜佑的这一段话，是用大手笔勾画出的封建社会的经济、政治结构及其相互关系。在杜佑看来：应当通过教化去达到"致治"的目的，而"教化"，则应以食货为基础；在这个基础上，制定一套选举办法和职官制度；礼、乐、兵、刑，乃是职官的职能；州郡、边防是这些职能在地域上的具体实施。因此，作者在《通典》中首先论述经济制度；其次依次论述选举制度和职官制度，礼、乐制度，战守经验，刑罚制度；最后论述地方政权的建置和边防的重要。

这里应当指出两点：

第一，杜佑把《食货》置于《通典》各门之首，然后分别论述了上层建筑的一些重要方面。作者这一研究和表述历史的方法，可以说是在根本点上体现了历史和逻辑的一致。杜佑这一方法的理论根据是："《洪范》八政，一曰'食'，二曰'货'。《管子》曰：'仓廪实，知礼节；衣食足，知荣辱。'夫子曰：'既富而教'。斯之谓矣。"[①]乍看起来，这些理论根据并没有什么新奇之处，只是集中了古代思想家在同一问题上的一些思想资料的片断而已。但是我们应该注意到：在杜佑之前的所有历史家，都没有像他这样重视前人的这些思想资料，并把它们作为首先必须研究社会经济制度的理论根据。仅此而论，杜佑的史学思想和史学方法已经远远超过了他的前辈。马克思和恩格斯指出：

> 一切人类生存的第一个前提，也就是一切历史的第一个前提，这个前提是：人们为了能够"创造历史"，必须能够生活。但是为了生活，首先就需要吃喝住穿以及其他一些东西。因此第一个历史活动就是生产满足这些需要的资料，即生产物质生活本身，而且这是人们从几千年前直到今天单是为了维持生活就必

---

① 杜佑：《通典》自序，又见《通典》卷七《食货七》后论，北京：中华书局，1988年，第1、156页。

须每日每时从事的历史活动，是一切历史的基本条件。……因此任何历史观的第一件事情就是必须注意上述基本事实的全部意义和全部范围，并给予应有的重视。①

马克思和恩格斯在这里说的是唯物史观的基本原则。科学的唯物史观，在马克思、恩格斯以前，人们是不可能提出的。但是，在中国哲学史和史学史上，唯物史观的萌芽是早就存在的。是否可以这样认为：杜佑已朦胧地意识到物质生活本身在人类历史发展中的重要作用。他的《通典》一书以"食货为之首"的见识和方法，是中国中世纪史家"为历史提供世俗基础"②的天才尝试。杜佑虽然从他的先辈那里继承了某些思想资料，但他对它们都进行了一定的改造，并赋予它们新的含义和新的生命。本来只是某些思想片断，而在杜佑这里却成了一种史学观点和史学方法，成了一种学术思想的基础和出发点。毫无疑义，杜佑取得了他的前辈们所不曾达到的思想成果。

诚然，这一新的思想成果，与其说是思维发展的必然结果，毋宁说是历史现实的必然产物。《通典》以"食货为之首"的思想和方法，无疑反映了时代的精神。唐代自安史之乱（755—763年）以后，不仅政治上从极盛的顶点跌落下来，社会秩序极不安定，而且社会经济也出现了日益严重的危机，国家财政十分窘迫。对于这样一个巨大的历史变化，盛唐以后的政治家、思想家、史学家、诗人在他们的著述、作品和言论里都有强烈的反映。而整顿社会经济，增加财政收入，则是人们关注的重大问题。于是，在肃、代、德、顺、宪、穆、敬、文、武等朝的八九十年间，讨论经济问题的学者纷至沓来，相继于世。其中，比杜佑略早或大体跟杜佑同时的，有刘晏、杨炎、陆贽、齐抗；比杜佑稍晚的，有韩愈、李翱、白居易、杨于陵、李

---

① 见《马克思恩格斯文集》第 1 卷，北京：人民出版社，2009 年，第 531 页。
② 见《马克思恩格斯文集》第 1 卷，北京：人民出版社，2009 年，第 531 页。

珏等①。刘晏的理财，"常以养民为先"②。杨炎倡议和实行的两税法，以及朝廷围绕实行两税法所展开的激烈的争论，是唐代经济制度史上很重要的事件。陆贽的经济思想在某些方面跟杜佑很相近，他认为："建国立官，所以养人也"，"故立国而不先养人，国固不立矣；养人而不先足食，人固不养矣"③。这些政治家的经济改革活动和经济思想，都是当时的历史现实的产物。而这样的历史现实、经济改革和经济思想，在很大程度上影响着、启迪着杜佑的史学理论和史学方法。我们是否可以这样说：杜佑在《通典》里以"食货为之首"，正是一个卓越的历史家在自己的历史著作中回答了现实所提出的问题。《通典》之所以在根本点上反映了历史和逻辑的一致，这是一个重要原因。

第二，从《通典·食货》以下所叙各门来看，它们之间的逻辑联系也是很显然的，反映了作者对封建社会上层建筑各部门的关系及其重要性的认识。杜佑认为，在选举、职官、礼、乐、兵、刑、州郡、边防各门中，职官制度是最重要的，所谓"行教化在乎设职官"，就是着重强调了这一点。选举制度是为职官制度服务的；而礼、乐、兵、刑等则是各级官吏代表最高封建统治者行使的几种职能，这些职能主要地表现为两个方面，一是教化，一是刑罚，所谓"职官设然后兴礼乐焉，教化隳然后用刑罚焉"，就是这个意思。至于州郡，需要各级官吏"分领"；边防，也需要各级官吏处置：这是实施上述各种职能的必不可少的环节。由此可以看出，杜佑所叙封建社会上层建筑的各个部分，大致有三个层次：一，选举、职官；二，礼、乐、兵、刑；三，州郡、边防。这三个层次，把封建国家在政治领域的

　　① 参见胡寄窗：《中国经济思想史》(中)，上海：上海人民出版社，1963 年，第 450 页。
　　② 司马光：《资治通鉴》卷二百二十六"德宗建中元年"，北京：中华书局，1956 年，第 7285 页。按："养民"，一作"爱民"。
　　③ 陆贽：《陆宣公奏议全集》卷十二，见《陆宣公全集》，上海：世界书局，1936 年，第 156 页。

几个主要方面都论述到了，反映了作者对历史和现实的卓越的认识。

现在，我们再从微观方面考察。杜佑《通典》对封建社会历史的观察和分析，一方面是用大手笔勾画轮廓，另一方面是对每一领域作细致的解剖，而于后者也同样略见其逻辑的研究方法，体现出历史同逻辑的一致。以《食货典》而论，它共包含 12 卷，即：(1)田制上；(2)田制下，水利田，屯田；(3)乡党，土断、版籍并附；(4)赋税上；(5)赋税中；(6)赋税下；(7)历代盛衰户口，丁中；(8)钱币上；(9)钱币下；(10)漕运，盐铁；(11)鬻爵、榷酤，算缗，杂税，平准(均输附)；(12)轻重。人们不能不注意到，这是一个很严密的逻辑体系。作者首先叙述土地制度，因为土地是封建经济中最基本的生产资料；其次叙述与这种封建土地制度相适应的农村基层组织；再次叙述以这种土地所有制形态为基础的赋税制度；复次叙述历代户口盛衰，这关系到劳动人手的多寡和赋税的数量；最后从第八卷以后，叙述到货币流通、交通运输、工商业、价格关系，等等。这样一个逻辑体系，极其鲜明地反映了作者研究封建社会经济的几个层次：从基本的生产资料出发，依次叙述劳动组织形式、赋税关系、人口关系和其他社会经济关系。在这里，作者研究问题的逻辑方法，跟封建经济的特点是相吻合的。因此，可以认为："《通典·食货门》，从生产论到流通，从土地关系论到一切社会经济关系，这种逻辑体系应该说在当时的历史条件下是最能反映社会经济中基本问题的"。[①] 毫无疑问，这又体现出杜佑的卓识。

然而，杜佑的这种卓识，并不仅仅限于他对"食货"所做的剖析，在《通典》其他各门中也有不同程度的反映。例如，《职官典》包括 22 卷：首先论历代官制要略(第一卷)，然后分别论述三公、宰相、尚书、御史、诸卿、武官、东宫官属、王侯封爵、州郡、散官(第二卷

---

① 胡寄窗：《中国经济思想史》(中)，上海：上海人民出版社，1963 年，第 452 页。

至第十六卷），最后论禄秩和秩品（第十七卷至第二十二卷）。作者从京官论到外官，从职事官论到散官，从禄秩论到秩品，逻辑体系十分严密。值得注意的是，杜佑即便在这样一个具体的领域里，也是采用鸟瞰全局和剖析局部相结合的研究方法。如他论宰相，首先是把这个官职放在整个职官的全局中加以考察，其次才对这一官职进行细致的分析。而进行细致分析的时候，则是层层推进，条分缕析。如作者在《宰相》条下，列子目"门下省""侍中""中书省""中书令"；进而于"侍中"之下又分细目"侍郎""给事中""散骑常侍""谏议大夫""起居""补阙""拾遗""典仪""城门郎""符宝郎""弘文馆校书"等。作者用这种研究方法，把历代职官制度剖析得清清楚楚，洪纤无失。《通典》全书除《兵典》一门外，其他各门，亦多类此。

总之，不论是从宏观方面还是从微观方面来考察，可以说《通典》都有其自身的逻辑体系。这个逻辑体系，是作者观察和分析历史、特别是观察和分析现实社会所取得的成果。对于这个成果，当时人的评价是："若使学者得而观之，不出户知天下，未从政达人情，罕更事知时变。为功易而速，为学精而要。其道甚直而不径，其文甚详而不烦。推而通，放而准，语备而理尽，例明而事中，举而措之，如指诸掌，不假从师聚学，而区以别矣。非聪明独见之士，孰能修之。"①"（杜佑）阅天下之义理，究先王之法志，著《通典》二百篇，诞章闳议，错综古今，经代立言之旨备焉。"②这些评论，虽有过誉之处，但这里说的"推而通，放而准，语备而理尽，例明而事中，举而措之，如指诸掌"，"诞章闳议，错综古今"，却都不失为中肯的评价。当然，我们的认识还有超出前人的地方，这就是：我们是把《通典》一书及其逻辑体系放在客观历史和作者主观认识之相互

---

① 李翰：《通典序》，见杜佑：《通典》书首，北京：中华书局，1988 年，第 2 页。
② 权德舆：《唐丞相金紫光禄大夫守太保致仕赠太傅岐国公杜公墓志铭并序》，见姚铉：《唐文粹》卷六十八，台北：世界书局，1989 年，第 457 页。

关系的位置上来考察的。通过上面的分析，是否可以认为，杜佑研究历史，并不是按照某种传统的思想模式（特别是儒家的思想模式）来铸造历史；恰恰相反，他大致上是按照历史发展的本来面貌来撰写历史。虽然他也照例要受到历史条件和阶级地位的局限，但跟他的那些杰出的前辈或同辈比起来，他毕竟又朝着历史的真实向前跨越了一步。因此，是否可以进而认为，杜佑《通典》所反映的逻辑体系，是那个时代历史家对客观历史之认识所达到的最高成就。

杜佑之所以能获得这样的成就，是有几个方面的原因的。第一，中国封建社会的经济制度、政治制度经过将近千年的发展，至唐代中叶已臻于完备，这就为历史家进行系统的总结提供了可能。诚如陈寅恪先生所说："隋唐两朝为吾国中古极盛之世，其文物制度流传广播，北逾大漠，南暨交趾，东至日本，西极中亚。"①对这样的文物制度做出总结，并考镜源流，厘清脉络，阐明得失成败，本是历史提出的课题。第二，杜佑的历史见识，是他能够完成这个课题的主观条件。李翰说杜佑"雅有远度，志于邦典，笃学好古"，是"聪明独见之士"②，这当然不是凭空吹捧的谀辞。《旧唐书·杜佑传》谓：杜佑"敦厚强力，尤精吏职"；"性嗜学，该涉占今，以富国安人之术为己任"。要之，宦途的实践，渊博的学识，对史学的兴趣和时代的责任感，是造成杜佑这种历史见识的内在因素。第三，前人的思想资料，特别是同时代的一些政治家、历史家、学者的思想的启迪，是杜佑获得如此成就的又一个原因。第四，这是最直接、最重要的一个原因，就是唐代中叶以后的社会动乱，尤其是封建国家财政收入日益窘迫的现实，把作为政治家和历史家的杜佑，推到了他应当占据的位置之上。关于这一点，本文下面还要详细地加以论述。

---

① 陈寅恪：《隋唐制度渊源略论稿》，北京：中华书局，1963 年，第 1 页。
② 李翰：《通典序》，见杜佑：《通典》书首，北京：中华书局，1988 年，第 2 页。

二

杜佑的卓越史识，固然反映在《通典》写作方法的成就上，但这仅仅是从史学发展的一个方面即史学如何反映一定的经济、政治这个方面来考察的。如果从另一个方面即史学如何反作用于一定的经济、政治这个方面来考察的话，那么，杜佑的卓识，还有其更重要的意义和价值。这主要表现在他的历史撰述的旨趣上。

为《通典》作序的李翰①，因为"颇详旨趣，而为之序"，可以说是深得《通典》要旨的第一人。有的论者认为，杜佑在大历初年请李翰为《通典》作序，是想借助于李翰作为左补阙的官职及其名气，以扩大《通典》的影响。这无疑是把李翰的《通典序》理解得过于狭窄了。李翰说：

> 学者以多阅为广见，以异端为博闻，是非纷然，塞胸满腹，顽洞茫昧，而无条贯，或举其中而不知其本，原其始而不要其终，高谈有余，待问则泥；虽驱驰百家，日诵万字，学弥广而志弥惑，闻愈多而识愈疑，此所以勤苦而难成，殆非君子进德修业之意也。今《通典》之作，昭昭乎其警学者之群迷欤！以为君子致用在乎经邦，经邦在乎立事，立事在乎师古，师古在乎随时；必参古今之宜，穷始终之要，始可以度其古，终可以行于今，问而辨之，端如贯珠，举而行之，审如中鹄。夫然，故施于文学，可为通儒；施于政事，可建皇极。……非圣人之书，乖圣人微旨，不取焉，恶烦杂也；事非经国礼法程制，亦所不录，弃无益也。②

---

① 《旧唐书》卷一百九十下《文苑传》下及《新唐书》卷二百三《文艺传》下均有传。
② 李翰：《通典序》，见杜佑：《通典》书首，北京：中华书局，1988年，第1～2页。

在李翰看来，杜佑撰《通典》，绝非为了追求广见博闻，高谈阔论，为史学而研究史学；反之，他是为了"经邦""致用"而撰述《通典》的。"度其古"是为了"行于今"，"问而辨之，端如贯珠"最后还是要落实到"举而行之，审如中鹄"上。因此，《通典》跟一般的"文章之事，记问之学"迥然不同。此即李翰所窥见的《通典》一书的旨趣所在。这同上文所引另一个杜佑的同时代人权德舆所说的《通典》"诞章闳议，错综古今，经代（世）立言之旨备焉"，是完全一致的。

当然，考察一部史书的旨趣，更重要的还要看作者撰述的目的。杜佑撰述《通典》的目的，在《通典》自序、《上〈通典〉表》以及他后来撰写的《理道要诀》自序、《上〈理道要诀〉表》中，都有明确的说明。在《通典》自序里，他开宗明义地写道："不达术数之艺，不好章句之学。所纂《通典》，实采群言，征诸人事，将施有政。"这几句话，集中地反映了《通典》一书的旨趣所在。杜佑在《进〈通典〉表》中，进一步阐述了他的撰述旨趣，着重指出两点：（1）《孝经》《尚书》等儒家经典，多属空泛言论，"罕存法制"，使人不得要领。（2）历代前贤论著，大多是指陈"紊失之弊"，往往缺少"匡拯之方"。因此，他主张："理道不录空言"，必须"探讨礼法刑政"①，仅仅停留在对最高统治者的"规谏"上是远远不够的，要研究"政理"的具体措施②。杜佑的这些看法，贯串着一个主旨，就是"理道"。他在贞元十九年（803年），辑录《通典》要点，另成《理道要诀》33篇（一说32篇），"详古今之要，酌时宜可行"③。《理道要诀》可以认为是《通典》的"简本"或缩

---

① 杜佑：《〈理道要诀〉表》，见王应麟：《玉海》卷五十一，南京：江苏古籍出版社；上海：上海书店出版社，1987年，第971页。

② 参见杜佑：《理道要诀》自序，见王应麟：《玉海》卷五十一，南京：江苏古籍出版社；上海：上海书店出版社，1987年，第971页。

③ 杜佑：《进〈理道要诀〉表》，见王应麟：《玉海》卷五十一，南京：江苏古籍出版社；上海：上海书店出版社，1987年，第971页。

写本，杜佑用"理道要诀"名之，可见他撰述《通典》的主旨本在于此。说"《通典》的精华是'理道'的'要诀'"①，可谓切中肯綮。

杜佑说的"理道"即"治道"，同李翰《通典序》说的"经邦""致用"是一致的。李翰自称"颇详旨趣，而为之序"，当是实话。这里，有一点需要特别指出：像杜佑这样明确地宣布，其历史撰述就是"征诸人事，将施有政"，为现实"理道"服务的，在他以前的史家中，几乎还不曾有过。从中国古代史学发展来看，杜佑以前的史家，主要是通过他们的历史撰述来反映客观的历史，总结历史经验，从而给人们提供丰富的历史借鉴。据说，"孔子成《春秋》而乱臣贼子惧"②，但这只是孟子的说法；孔子是怎么讲的，人们并不清楚。而所谓"乱臣贼子惧"，主要也是从"君君、臣臣、父父、子子"的关系上来说的，还谈不到具有"经世"的意义。司马迁是伟大的史家，他撰《史记》是要"究天人之际，通古今之变，成一家之言"，是要"述往事，思来者"，设想和成就都是很高的，但他却宣布要把《史记》"藏之名山，副在京师，俟后世圣人君子"③，也不是要用它来"经邦""致用"。至于班固撰《汉书》，本是为了证明"汉绍尧运，以建帝业"④，格调就低得多了。陈寿著《三国志》，时人称为"辞多劝诫，明乎得失，有益风化"⑤。其实，他着力宣扬的不过是皇权神授的思想和封建伦理观点，苍白的历史观和政治观决定了他不可能考虑"经邦""致用"的问题。杜佑不赞成前人"多主于规谏而略于体要"⑥的撰述宗

① 范文澜：《中国通史》第 4 册，北京：人民出版社，1978 年，第 363 页。

② 《孟子·滕文公下》，杨伯峻译注．北京：中华书局，1960 年，第 55 页。

③ 以上见班固：《汉书》卷六十二《司马迁传》，北京：中华书局，1962 年，第 2735 页；司马迁《史记》卷一百三十《太史公自序》，北京：中华书局，1959 年，第 3300、3319、3320 页。

④ 班固：《汉书》卷一百下《叙传下》，北京：中华书局，1962 年，第 4235 页。

⑤ 房玄龄等：《晋书》卷八十二《陈寿传》，北京：中华书局，1974 年，第 2138 页。

⑥ 杜佑：《理道要诀》自序，见王应麟：《玉海》卷五十一，南京：江苏古籍出版社；上海：上海书店出版社，1987 年，第 971 页。

旨，把历史撰述跟"理道"直接联系起来，这是对史学作用认识的一个很重要的发展。当然，这绝不是说杜佑以前的历史撰述是脱离现实，不为现实服务的。恰恰相反，《春秋》以下的任何一部史书，都是和现实有密切联系的，都是在一定程度上为现实服务的，而且在有些方面已经达到了很高的成就。例如，西汉初年的政治家、思想家、历史家在总结秦亡汉兴的历史经验方面，唐初的政治家、思想家、历史家在总结隋亡唐兴的历史经验方面，都有比较深刻、系统的见解；《史记》《隋书》分别集中了这方面的成果，特别是《隋书》总结的历史经验，对于唐太宗贞观年间的政治是有直接的影响的①。杜预说孔子作《春秋》，"上以遵周公之遗制，下以明将来之法"②；司马迁"述往事，思来者"；唐初李渊《命萧瑀等修六代史诏》说"多识前古，贻鉴将来"③；等等，都包含着要以史学为现实和将来服务的思想。这样的例子在史学上是很多的。那么，杜佑在把史学和现实直接联系起来这个问题上，比起他的前辈究竟有什么不同呢？我以为至少有两个方面：（1）从认识的自觉程度来看。杜佑宣布他撰《通典》是"征诸人事，将施有政"，为"理道"服务，表明他在这个问题的认识上有较高的自觉性，这是中国古代史家对史学的社会作用之认识的一个飞跃。（2）从撰述的内容来看。杜佑对"术数之艺""章句之学"，"文章之事，记问之学"，都没有很大兴趣。故《通典》一书"不录空言"，专事"探讨礼法刑政"；"事非经国礼法程制"者，不录。这样，《通典》在内容上就突破了"规谏""劝诫"的窠臼，更讲求实际，其所叙历代典章制度，多与现实有直接联系。这是杜佑不同于他以前的史家的又一个重要之处。

诚然，杜佑以史学著作"理道""施政"的经世致用的主张，并不

---

① 参见本书下编《评〈隋书〉史论》一文。

② 杜预：《春秋左氏传序》，见严可均：《全上古三代秦汉三国六朝文》，北京：中华书局，1958 年，第 1702 页。

③ 宋敏求：《唐大诏令集》卷八十一，北京：商务印书馆，1959 年，第 446 页。

是他思想上固有的模式，而是时代的产物，是时代潮流的反映。杜佑生活在唐中叶的变乱时期。从玄宗后期起，至宪宗末年，朝政的紊乱，朝廷和藩镇割据势力的斗争，藩镇之间的斗争，以及民族间的矛盾、斗争，是这一时期政治上和军事上的特征。由于变乱的不断发生，人民流离失所，生产遭到破坏，社会经济和国家财政面临着严重的困难，则是这一时期经济上的特征。唐中叶变乱的转折关键是历时八年之久的安史之乱，而其影响所及，则终唐之世。然而，正是这样的社会变乱，造就了一大批人才。中唐时期，地主阶级中的有识之士接踵而至，形成了继唐初之后又一个人才高峰。其中，比较著名的有：政治家如陆贽、李吉甫、裴度，军事家如郭子仪、李晟、李愬，理财家如刘晏、杨炎，思想家和文学家如韩愈、柳宗元、刘禹锡，诗人如杜甫、白居易，等等。他们大多是一些思想进取、锐意改革的人。他们的言论、行事、著作和作品，大多反映了时代的精神和特征。杜佑和他的这些同时代人一样，是站在历史潮流前面的人，而他的"以富国安人之术为己任"的政治胸怀和经世致用的学术思想，也都可以从他们那里找到同好或共鸣。史称：理财家刘晏力主"富其国而不劳于民"[1]，"体国安民之心，不可没矣"[2]。政治家陆贽"以天下事为己任"，对"理道""理兵""足食"有许多切中时弊的建议，他的"经国成务之要，激切仗义之心"[3]对当时和后世都有极大的影响。柳宗元、刘禹锡都是"永贞革新"的积极参加者，这次革新虽然失败了，但他们的改革精神是应该肯定的。特别是柳宗元的政论、史论、杂文和其他作品，都贯穿着"不以是取名誉，意

---

① 刘昫等：《旧唐书》卷一百二十三《刘晏传》后论，北京：中华书局，1975年，第3523页。
② 王夫之：《读通鉴论》卷二十四，北京：中华书局，1975年，第829页。
③ 刘昫等：《旧唐书》卷一百三十九《陆贽传》及后论，北京：中华书局，1975年，第3800、3801、3804、3818页。

欲施之事实，以辅时及物为道"①的宗旨。白居易在宪宗元和十年（815年）写道："自登朝来，年齿渐长，阅事渐多，每与人言，多询时务；每读书史，多求理道：始知文章合为时而著，歌诗合为事而作。"②白居易的这种文学思想，无疑也是中唐时期的经世致用的社会思潮在文学创作上的反映。李吉甫当国，史称其"该洽多闻，尤精国朝故实，沿革折衷，时多称之"；他撰的《六代略》《元和郡县图志》《元和国计簿》和《百司举要》等书，都有鲜明的经世致用的特点，用他的话说，就是"成当今之务，树将来之势"③。清代学者孙星衍说李吉甫主要行事"皆切时政之本务"，所著诸书"悉经世之学"④，是很中肯的。上面所举这些事实证明，在唐代中叶，倡导并致力于经世之学者，绝非三两个人而已；经世之学，至少在地主阶级的一些有识之士中，已逐渐形成一种倾向。而杜佑正是这种倾向在史学领域的先驱和突出代表，《通典》一书可以认为是开中国史学史上经世史学的先河。

杜佑的经世致用的主张，在《通典》一书各部分内容中都有具体的反映，兹撮述其要点如下：

（一）经济思想方面。杜佑经济思想之最重要的方面，首先是他认为物质经济生活是一切政治措施的基础。他在给部帙浩繁的《通典》所写得极其简短的序言中，用画龙点睛之笔勾勒出他的"教化之本在乎足衣食"的经济思想和《通典》在编次上以"食货为之首"的撰述意图，序言末强调了"或览之者，庶知篇第之旨也"，尤其显示出他对序言中所写的这些话的高度重视。有的研究者认为：杜佑的这种

---

① 柳宗元：《答吴武陵论〈非国语〉书》，见《柳河东集》卷三十一，上海：上海人民出版社，1974年，第508页。

② 白居易：《与元九书》，见《白居易集》卷四十五，北京：中华书局，1979年，第962页；刘昫等：《旧唐书》卷一百六十六《白居易传》，北京：中华书局，1975年，第4347页。

③ 以上均见李吉甫：《元和郡县图志》序，北京：中华书局，1983年，第2页。

④ 孙星衍：《元和郡县图志》序，参见李吉甫：《元和郡县图志》，北京：中华书局，1983年，第1105～1107页。

认识和做法，"在某种程度上，反映了经济基础对建筑在其上的全部庞大的上层建筑的主要的决定作用"①。这种评价是并不过分的。我们可以认为，在经济和政治的关系的认识上，杜佑是中国古代史家中第一个达到这种成就的人。其次是《通典·食货典》的逻辑体系，反映出杜佑对封建社会经济各部门及其相互联系的认识，已经达到了基本上符合当时历史实际的程度。如果说以上这两个方面主要地表现为认识上的价值的话，那么以下几个方面则反映了杜佑经济思想在实践上的意义，即：(1)谷、地、人，是从经济上达到"治政"的三个关键。他说："谷者，人之司命也；地者，谷之所生也；人者，君之所治也。有其谷则国用备，辨其地则人食足，察其人则徭役均；知此二者，谓之治政。夫地载而不齐也，一著而不迁也，国安而不动，则莫不生殖。"②在杜佑看来，只要解决好粮食、土地、劳动人手这三个问题，就能达到"国用备""人食足""徭役均"的目的，社会经济才能不断发展。(2)在经济政策上要处理好"国足"和"家足"的关系。他认为："国足则政康，家足则教从"；家足的办法不是逃税而是土著，国足的办法不是重敛而是相反的做法③。杜佑还说："宁积于人，无藏府库。百姓不足，君孰与足?"④认为"家足"是"国足"的基础，"国足"不能离开"家足"，这样社会才能安定。(3)在财政思想方面主张"薄敛"和"节用"。杜佑说："夫欲人之安也在于薄敛，敛之薄也在于节用；若用之不节宁敛之欲薄，其可得乎?"⑤他高度评价了唐代开国初的"薄赋轻徭"的政策在稳定社会秩序方面的作用，多次指出"厚敛"必然导致社会的动乱和政权的败亡。因此，他主张国

---

① 胡寄窗：《中国经济思想史》(中)，上海：上海人民出版社，1963年，第450页。
② 杜佑：《通典》卷一《食货一·田制上·序》，北京：中华书局，1988年，第3页。
③ 杜佑：《通典》卷七《食货七·历代盛衰户口》后论，北京：中华书局，1988年，第156页。
④ 杜佑：《通典》卷四《食货四·赋税上》序，北京：中华书局，1988年，第70页。
⑤ 杜佑：《通典》卷十二《食货》后论，北京：中华书局，1988年，第295页。

家应该"省不急之费，定经用之数"，改变当时"甲兵未息，经费尚繁"的状况。杜佑的这些具体经济主张，都是为了避免"赋阙而用乏，人流而国危"①的局面的出现。

（二）人才思想方面。杜佑认为，人才对于管理国家政治起着决定性的作用，他说："为国之本资乎人，盱人之利害系乎官政。"②他不认为政治的好坏只是"明君"或"昏君"一个人的事情，即所谓"君不独理，故建庶官"，所以"官政"如何，于"国本"关系极大。这是杜佑人才思想的一个基本出发点。他在人才思想方面的具体主张是：(1)以教育促进人才的成长。杜佑认为："上材盖寡，中材则多，有可移之性，敦其教方善；若不敦其教，欲求多贤，亦不可及已。非今人多不肖、古人多材能，在施政立本使之然也。"这里有两点是值得重视的：一是人才不是"天生"的，是要靠教育的手段才能得到的；二是今人并非不如古人，人才都是在政治活动的实践中造就成的。(2)反对以言取士。杜佑对魏晋以来的取士制度颇持批判的态度，他主张选拔人才，要注意到"行备，业全，事理，绩茂"这样几个因素，即着重从其实际才能方面进行考察，那么真正的人才就会被选拔出来。所以，他坚定地认为："以言取士，既已失之；考言唯华，失之愈远。若变兹道，材何远乎！"(3)主张采用多种办法和途径选拔人才，鼓励人才发挥作用。杜佑认为，在人才问题上，"诚宜斟酌理乱，详览古今，推仗至公，矫正前失。或许辟召，或令荐延，举有否臧，论有诛赏，课绩以考之，升黜以励。拯斯刊弊，其效甚速，实为大政，可不务乎！"这里，他提出了一套综合的人才管理办法，包括古今的经验教训，当事人的公正态度，考核制度和升黜制度。杜佑把这看作是一件"大政"，足见他对人才问题的重视。正因为如

---

① 杜佑：《通典》卷十二《食货》后论，北京：中华书局，1988年，第296页。

② 以下所引，凡未注明出处者，均见杜佑：《通典》卷十三《选举》序、卷十八《选举六》评，北京：中华书局，1988年，第308、454～456页。

此，他极不赞成"行教不深"而"取材务速"的急躁做法和"以俄顷之周旋定才行之优劣"的轻率态度。

（三）吏治思想方面。杜佑的吏治思想有两点是很突出的，一是省吏员，一是用有才。他在《通典·职官典》后论中引用唐睿宗时监察御史韩琬的话说："量事置官，量官置人，使官称其人，须人不虚其位。"①又引他自己在唐德宗建中年间的"上议"说："详设官之本，为理众庶，所以古昔计人置吏。"所以他认为历史上那种"约人定员，吏无虚设"的办法是正确的。杜佑从经济的观点和财政收入的具体状况考虑，认识到维持一个庞大的官吏队伍，对封建国家本身来说实在是一个严重的负担，是一个"大弊"，不改革是不行的。这就是杜佑关于省吏员的基本出发点。他断然说："有才者即令荐用，不才者何患奔亡！"在他看来，在"并省官吏"的改革中，起用"有才者"，沙汰"不才者"，是很正常的事情，有什么需要担心的呢！这是他的用有才的主张。

（四）法制思想方面。杜佑的法制思想也有两点是很突出的。首先，他认为对于刑罚的"善用"和"不善用"，直接影响到社会的"治"和"乱"。所谓"善用"，关键"在乎无私绝滥，不在乎宽之与峻"。其次，他认为法律不可随意解释，并须有相当的稳定性，不应"斟酌以意，变更屡作"②。

（五）军事思想方面。杜佑饱读兵书，而且熟悉中唐以前的全部战争史。他的《通典·兵典》部分，不记历代兵制，而叙军事理论和战争胜败的经验。早在宋代，"世之言兵者，或取《通典》"③，足见《兵典》影响之大。我认为，《兵典》不记兵制而专论用兵之道，是因

---

① 杜佑：《通典》卷四十《职官二十二》，北京：中华书局，1988 年，第 1106～1109 页，以下不一一作注。

② 以上所引，均见杜佑：《通典》卷一百六十三《刑典》序，北京：中华书局，1988 年，第 4189～4190 页。

③ 苏轼：《东坡志林》卷四"房琯陈涛斜事"条，北京：中华书局，1981 年，第 92 页。

为作者认识到后者比前者更重要的实践意义。杜佑写道:"语有之曰:'天时不如地利,地利不如人和',诚谓得兵术之要也。以为孙武所著十三篇,旨极斯道。故知往昔行师制胜,诚当皆精其理。今辄捃摭与孙武书之义相协并颇相类者纂之,庶披卷足见成败在斯矣。"①研究兵事,目的在于了解行师制胜的道理,这就要涉及战争史上的各种战例,而不是靠着记述历代兵制所能达到的。作者的撰述意图即在于此,这应是我们评价《通典·兵典》的一个基本出发点。杜佑的军事思想可以从两方面来看,一个方面是战略思想,另一个方面是战术思想。在战略思想方面,杜佑认为,国家在军事上应始终保持着"强干弱枝之势"。他引用贾谊的论点说:"治天下者,令海内之势如身之使臂,臂之使指,莫不制从。若悍而不能改作,末大本小,终为祸乱"。他认为安史之乱的发生,就是"边陲势强""朝廷势弱"的缘故。他主张在政治上和军事上加强朝廷对地方的控制,以保持社会的安定局面。在战术思想方面,杜佑认为,每一战役的胜利,主要在于指挥者的应变能力,即"因我便而乘敌",这也就是他进而解释的"凡兵以奇胜,皆因机而发"。因此,他主张在军队的训练上应讲究实际,将帅还要善于"抚众",这样就可"用无弱卒,战无坚敌"②。可见,杜佑在战役应变思想方面,主要立足于从实际情况出发,他基本上摆脱了战争理论上的神秘因素,这是很可贵的。《兵典》凡 15 卷,下列 130 余条子目,大多是关于战术方面的理论。由于《兵典》是以《孙子兵法》为纲撰述的,所以从一定的意义上来说,它是一部对《孙子兵法》作了最详尽的阐发的军事著作。

(六)民族思想方面。杜佑在民族思想方面的一个突出的贡献,是他提出了"古之中华,多类今之夷狄"的论点。用我们今天的观点

---

① 杜佑:《通典》卷一百四十八《兵典》序,北京:中华书局,1988 年,第 3782 页。
② 杜佑:《通典》卷一百四十八《兵典》序及序末自注,北京:中华书局,1988 年,第 3781～3782 页。

来看，他是从民族学和民俗学的角度来论证这个论点的。杜佑写道：
"人之常情，非今是古，其朴质事少，信固可美，而鄙风弊俗，或亦
有之。缅惟古之中华，多类今之夷狄：有居处巢穴焉，有葬无封树
焉，有手团食焉，有祭立尸焉，聊陈一二，不能遍举"①。对此，他
在自注中都作了明确的解释。杜佑从民族习俗上证明，上古之时，
"中华"也有许多"鄙风弊俗"，跟"夷狄"是没有什么两样的。他在讲
到古代礼俗的时候，甚至认为"古之人朴质，中华与夷狄同"②。杜
佑的这些看法在理论上有重要的意义：它们进一步打破了中国历史
上这样一个传统观念，即"中华"一向就是先进的民族，而"夷狄"从
来就是落后的民族；同时，作者已经朦胧地认识到，上古之时"中
华"与"夷狄"本是"一家"。杜佑的这些论点是有意义的，甚至可以说
是包含着某些真理的成分。恩格斯曾经说过：

> 我们越是深入地追溯历史，同出一源的各个民族之间的差
> 异之点，也就越来越消失。一方面这是由于史料本身的性
> 质，——时代越远，史料也越少，只包括最重要之点；另一方
> 面这是由这些民族本身的发展所决定的。同一个种族的一些分
> 支距他们最初的根源越近，他们相互之间就越接近，共同之处
> 就越多。……这一种或那一种特点，可能只有地方性的意义，
> 但是它所反映的那种特征却是整个种族所共同具有的，而史料
> 的年代越是久远，这种地方性的差别就越是少见。③

杜佑当然不可能懂得这样的科学观点和科学方法，但他在一千多年
前能够提出"古之人朴质，中华与夷狄同"的论点，的确是难能可贵

---

① 杜佑：《通典》卷一百四十五《边防》序，北京：中华书局，1988 年，第 4979～
4980 页。

② 杜佑：《通典》卷四十八《礼典八》后议，北京：中华书局，1988 年，第 1355 页。

③ 见《马克思恩格斯全集》第 16 卷，北京：人民出版社，1964 年，第 570～571 页。

的。在民族关系上，杜佑反对对周边少数民族滥施兵革，提出"来则御之，去则备之"的方针；他批评秦始皇、汉武帝、隋炀帝在这方面的失误，造成了"万姓怨苦"的局面，称赞汉光武帝在这方面"深达理源"，有所节制。他的结论是："持盈固难，知足非易"；"持盈知足，岂特治身之本，亦乃治国之要道欤！"为了进一步证明这个看法的正确，杜佑针对玄宗以来的历史现实写道："向无幽寇内侮，天下四征未息，离溃之势，岂可量耶？前事之元龟，足为殷监（鉴）者矣"①。关于民族间的战争，其情况是非常复杂的，杜佑不可能对它们做出具体的分析、判断；但是，他对民族间战争的总的看法，还是有积极意义的。

从以上列举的杜佑的几个方面的思想来看，贯穿于其中的一个鲜明的特点，是他十分重视把历史经验跟当时的社会现实结合起来，他的许多见解和主张都有相当的准确性和突出的针对性，具有直接为现实服务的作用和价值。这是他"征诸人事，将施有政"的经世致用学术旨趣的反映。关于这一点，不仅仅是与杜佑同时代的李翰、权德舆等非常重视，而且也引起了后人的注意。朱熹一语破的："杜佑可谓有意于世务者。"②乾隆《重刻通典序》谓："此书……本末次第，具有条理，亦恢恢乎经国之良模矣！"这个看法，也可以说是深得《通典》的要旨。后纪昀等修《四库全书总目》，称《通典》是："凡历代沿革，悉为记载，详而不烦，简而有要。元元本本，旨为有用之实学，非徒资记问者可比。"③在考据之学盛行的年代，清人尚能如此称道《通典》，说它是"经国之良模""有用之实学"，正可以反衬出《通典》在经世致用方面的特点是何等突出。近人梁启超认为：杜佑

① 杜佑：《通典》卷一百八十五《边防》序，北京：中华书局，1988年，第4981页。
② 黎靖德：《朱子语类》卷一百三十六，北京：中华书局，1986年，第3250页。
③ 永瑢等：《四库全书总目》卷八十一《史部·政书类一》，北京：中华书局，1965年，第694页。

"《通典》之作，不纪事而纪制度，于国民全体之关系有重于事焉者也。"①这是从《通典》的内容来说明它的经世致用的旨趣。要之，自唐代至近世，人们对杜佑的经世致用的学术思想是给予了很高的评价的。

关于经世致用之学，中国学者一般都认为它产生于明末清初，而在清嘉（庆）道（光）年间得到发展。但是，根据唐代中叶一些思想家、政治家、历史家、文学家的学术思想，尤其是根据杜佑在《通典》中所反映的经世致用的学术旨趣判断，上述看法是可以商榷的。我初步认为：中国历史上的经世致用之学，滥觞于唐中叶，从代宗大历年间至宪宗元和年间则显得尤其活跃；这时期的经世致用之学，用杜佑的话来说，它是作为"术数之艺""章句之学"的对立物而出现的。其后，南宋学者陈亮、叶适主张"功利"之学和"务实"之道，对朱熹学派宣扬的义理说教进行批判，是经世致用之学在理论上的前进；明末清初顾炎武等人更进一步把对理学的批判跟著述的实践结合起来，力倡"文须有益于天下"②。所有这些，都是嘉、道年间勃兴起来的经世致用之学的前驱。

《通典》的旨趣，反映了作者的鲜明的时代感。这就是说，杜佑在《通典》中不仅反映了他所处的那个时代的特点和问题，而且在一定的程度上回答了这些问题。《通典》的时代感，上承司马迁《史记》实录精神的遗风，下开经世史学的先河，在中国史学史上起着继往开来的重要作用。《通典》的旨趣，建立在作者的朴素的唯物主义历史哲学的基础上。这样一种历史哲学，在作者的认识论和方法论上都有比较充分的表现。《通典》的旨趣，还反映了作者的历史进化思想。进化的观点，讲"形势"、讲"事理"的观点，以及变革的观点，是杜佑历史进化思想的几个主要方面，而核心则在于主张对陈旧的、

---

① 梁启超：《新史学》第 1 章《中国之旧史》，见《饮冰室合集》第 1 册，文集之九，上海：中华书局，1937 年，第 5 页。

② 顾炎武：《日知录》卷十九"文须有益于天下"条，黄汝诚集释，上海：上海古籍出版社，1985 年，第 1439 页。

过时的制度进行变革。正因为如此，杜佑在《通典》中反复阐明"随时立制，遇弊变通"①，"随时拯弊，因物利用"②，"弊而思变"③、"便俗适时"④的论点。这里，最重要的，一是"变通"，二是"适时"。离开"变通"和"适时"，经世致用也就成了空话。在杜佑的历史哲学中，还有一点也不可忽视，这就是他的朴素的辩证思想。是否可以认为，杜佑是以"《食货》为之首"作为构筑其著作大厦的基础的；但是，他并不是只强调"食货"的作用，无视或轻视其他领域的作用，恰恰相反，他对于后者的作用是给予极大的关注的。他在《兵典》序中指出：对于甲兵，"若制得其宜，则治安；失其宜，则乱危"。他对于刑罚的作用也是这么看的："善用则治，不善用则乱。"⑤他甚至对于音乐和人的情绪的关系，也持有这种朴素人的辩证观点，认为："夫音，生于人心，心惨则音哀，心舒则音和；然人心复因音之哀和，亦感而舒惨。"⑥像这样带有朴素辩证观点的认识，在《通典》里还可以举出不少。这是《通典》的作者留给后人的一份宝贵的思想资料。

《通典》是中国史学史上的巨制，甚至可以说是史学史上的一座丰碑。但是，它也不是没有缺陷的。

首先，从历史编纂来看。《通典》以 100 卷、占全书 1/2 的篇幅写"礼"，其中"沿革篇"65 卷、"开元礼"35 卷，不仅失于重复，而尤其失于烦琐。这是它在历史编纂上最突出的缺陷。

其次，从历史思想来看。在杜佑的历史哲学中，朴素的唯物观点、朴素的辩证观点和历史进化的观点，是其积极的一面。其消极

---

① 杜佑：《通典》卷四十《职官二十二》引杜佑《省官议》，北京：中华书局，1988 年，第 1109 页。

② 杜佑：《通典》卷一百八十五《边防》序，北京：中华书局，1988 年，第 4979 页。

③ 杜佑：《通典》卷十二《食货十二》后论，北京：中华书局，1988 年，第 295 页。

④ 杜佑：《通典》卷七十四《礼典三四·宾礼》序，北京：中华书局，1988 年，第 2015 页。

⑤ 杜佑：《通典》卷一百六十三《刑典》序，北京：中华书局，1988 年，第 4189 页。

⑥ 杜佑：《通典》卷一百四十一《乐典》序，北京：中华书局，1988 年，第 3587 页。

的一面，主要表现为"英雄史观"，而与此相联系的则是对人民群众的作用的漠视，并把人民群众的起义斥为"群盗蜂起"①。他还说："民者，瞑也，可使由之，不可使知之。审其众寡，量其优劣，饶赡之道，自有其术。"在杜佑看来，人民群众完全成了等待"贤者""圣者"恩赐的、消极的历史因素。反之，那种"成王业兴霸图"、"富国强兵"的伟大事业，都是个别杰出人物造就的，而这样的人物又是很难得出现的，以至自汉代以降，"不可多见"②。这种把历史的活动归结为个别杰出人物活动的英雄史观，不仅同杜佑自己说的"非今人多不肖、古人多材能，在施政立本使之然也"相矛盾，而且同唐初史家如魏徵等人在这个问题的看法上相比也是一个退步③。

最后，从社会思想来看。《通典》从经济制度和政治制度方面对封建社会确有不少深刻的揭露，本文已择其重要者作了评论。这是《通典》的民主性精华方面。但是，《通典》的作者毕竟是封建社会秩序的积极的维护者，是一个"始终言行，无所玷缺"④的标准的士大夫。因此，要求改革封建社会的某些弊端同从根本上为封建统治秩序作辩护，构成了杜佑社会思想中两个相反相成的方面。而他的这种辩护，有时甚至成了对封建统治的粉饰。这是《通典》的封建性糟粕方面。其中，杜佑对封建国家的刑罚的看法，是最能说明问题的。如他论唐代的刑罚说："圣唐刑名，极于轻简……如罪恶既著，制命已行，爱惜人命，务在哀矜，临于剿绝，仍令数覆。获罪自然引分，万姓由是归仁，感兹煦妪，藏于骨体……国家仁深德厚，固可侔于尧、舜，夏、殷以降，无足征矣。"⑤在这里，严峻的法律，被说成

① 杜佑：《通典》卷一百七十一《州郡》序，北京：中华书局，1988年，第4451页。
② 杜佑：《通典》卷十二《食货》后论，北京：中华书局，1988年，第295页。
③ 参见魏徵等：《隋书》卷六十六后论及《贞观政要·君臣鉴戒》篇等。
④ 刘昫等：《旧唐书》卷一百四十七《杜佑传》，北京：中华书局，1975年，第3983页。
⑤ 杜佑：《通典》卷一百七十《刑典八·宽恕》后论，北京：中华书局，1988年，第4414页。

是阳光雨露、"仁深德厚"！杜佑还认为：武则天以周代唐、安史之乱倾陷两京的事件所以不能长久，是因为唐开国以来"刑轻故也"，这就近于奇谈了。更有甚者，杜佑还替帝王执法过程中"急于黎庶，缓于权贵"①的屈法行为作辩护。在他看来，衣冠（士族）受刑，虽罪有应得，亦应为之"伤悯"；黎庶（匹庶）被戮，虽法不当罚，也无须为之"嗟叹"。这二者的区别，就像"摧茂林"和"斩野草"那样的不同②。像杜佑这样直率地为最高统治者徇情枉法作辩护、宣扬"黎庶"和"权贵"在法律面前本应受到不平等待遇的论调，在封建统治者的言论中，也是比较突出的。可见，杜佑毕竟是他那个阶级的忠实的历史家和代言人。

《通典》的这些缺陷，究其原因，或是受着总的时代条件和阶级地位的限制，或是由于具体历史环境的影响，或是因为作者见识上的局限，等等。对此，本文不再作详细的论述。尽管《通典》一书存在着这些缺陷，但作者从许多方面提出了前人不曾提出的见解，取得了前人不曾达到的成就，这是必须给予恰当的评价的。

---

① 杜佑：《通典》卷一百七十《刑典八·舞紊》，北京：中华书局，1988 年，第 4416 页。
② 杜佑：《通典》卷一百六十四《刑典二·刑制中》后议，北京：中华书局，1988 年，第 4224 页。

重读《通典》史论 *

　　杜佑所著的《通典》一书，是一部历史名著。它所记"历代沿革废置及当时群士论议得失"，有很高的文献价值和思想价值；它的体裁和体例，是中国古代历史编纂学上的一次重大的创新；而杜佑本人在《通典》一书中所撰写的史论，在中国古代历史理论的发展上占有非常重要的位置，历来为研究者所重视①。

　　本文是一篇札记性质的文字，不是重复过去人们对《通典》史论的评价，也不是重复阐述作者本人的研究，而是就几个视之似小、思之甚大的问题，讲一点新的认识，庶可视为《通典》史论研究的拾遗补阙吧。

一、史论的形式：序和论

　　《通典》的史论，有丰富的形式，包含序、

　　* 原载《史学理论研究》1996 年第 2 期。
　　① 参见李之勤：《杜佑的历史进化论》，陈光崇：《杜佑在史学上的贡献》，以上见吴泽：《中国史学史论集》（二），上海：上海人民出版社，1980 年，第 170～200 页。

论、说、议、评。对此，有的研究者已经指出过。这里要讨论的是，《通典》史论的这几种形式有什么区别？也就是说，杜佑赋予这几种史论形式各有何种含义？

据我的粗略统计，《通典》史论约为70余首，其中序近20首，论、说、议、评50余首，而说与议占了半数以上。

什么是"序"？刘知幾《史通·序例》引孔安国的话说："序者，所叙作者之意也。"《通典》的序，有三种情况：一是叙全书之意，二是分叙各典之意，三是叙某典之中某篇之意。《通典》叙全书之意的序，仅227字，加上自注57字，也只有284字。但它说明了作者的治学旨趣，指出了《通典》的撰述目的和逻辑结构，是古代史书中的一篇名序。大凡研究《通典》的人，都极重视这篇序，这里不再细说。《通典》除《食货》以外，其余《选举》《职官》《礼》《乐》《兵》《刑》《州郡》《边防》等八典均有叙本典之意的序。这些序，反映了杜佑对上述诸典所述领域的认识，集中地表明了他的历史观点、政治思想和社会主张。概括说来，《选举》序指出了人才的重要和"以言取士"的失误；《职官·历代官制总序》概括了自传说中的伏羲氏到唐开元二十四年(736年)历代职官制度简史；《礼序》以很长的篇幅阐述了礼的性质、礼的文献和《通典》纂集礼制"将以振端末、备顾问"的目的；《乐序》讲了乐的作用及其与社会治乱的关系；《兵序》简述兵制而着重阐述历代用兵得失及《兵典》编纂原则；《刑法序》简述了刑法的产生和种类以及善用刑法的标准；《州郡序》阐述了作者的以德为尚的政治思想；《边防序》阐述了作者的民族思想和处理民族关系的政治主张。《食货典》处于全书之首，为什么反倒没有总序呢？我想，这或许是在全书的序中，作者已经强调了食货所处特殊重要位置的缘故。关于叙某典某篇之意的序，如"总序三师三公以下官属""将军总叙""东宫官叙""王侯总叙"(以上《职官典》)、"东夷序略""南蛮序略""岭南序略""海外序略""西戎序略""北狄序略"(以上《边防典》)，则集中在职官、边防二典之中，或叙其沿革，述其总相，或论其得失，辨其利害。其中"王侯总叙"实是一篇辨析封国制与郡县制之得失利害的大文章，做出了"欲行古道，势莫能遵"的历史结论，可与柳宗元的《封建论》相媲美。此外，如《食货一·田制》的序、《食货四·赋税》的序、《食货八·钱币》的序等，虽无序之名，而有序之实，反映了作者在这些领域的深刻见解。如《食货一·田制》的序起首就写道："谷者，人之司命也；地者，谷之所生也；人者，君之所治也。有其谷则国用备，辨其地则人食足，察其人则徭役均。"作者重视谷、地、人相互关系的思想，在经济思想史上有重要的价值。综上，《通典》这三个不同层次的序文，从结构上和理论上确定了《通典》全书的内容与规模、是全书的支柱。

刘知幾《史通·论赞》说："夫论者，所以辩疑惑，释凝滞。"他总结前人的史论，有多种名称：称"曰"，称"赞"，称"论"，称"序"，称"诠"，称"评"，称"议"，称"述"，等等。按照刘知幾的看法，这些名称都没有性质上的差别，所以他总起来称为"论赞"。可是从下文中我们可以看到，杜佑列于"议""评"以及这里没有提到的"说"，是有他的不同的理解和运用的。在这里，我们还是先说《通典》的"论"。《通典》的"论"有两种，一种是前论，一种是后论。前论一般置于某典某篇之首，后论一般则在某典某篇之末。前论，如《职官四·尚书上》之下有"尚书省并总论尚书"；《职官七·诸卿上》之下有"总论诸卿，少卿附"；《职官十四·州郡上》之下有"总论州佐"；《职官十五·州郡下》之下有"总论郡佐"及"总论县佐"等。这些"论"带有综述的性质，属于作者本人的评论并不多。后论，如《食货七·历代盛衰户口、丁中》文末的长篇后论，论述户口对于"国足""政康"的重要，以及历代户口的盛衰和唐朝在安史之乱之后户口锐减的严重局面与应采取的对策。这篇史论，多为唐史研究者和经济史研究者所引用。又如《选举五》后论论述了选拔人才的标准，强调对于传统的"身、言、书、判"四个标准，应以"判"作为重点，"以观理识"，提出改革考试制度的具体办法。《通典》的史论，直接题为"论""后论"的并不多，但它们有一个非常突出的特点，就是引古论今，有强烈的时代感，反映了作者对于社会现实的关注和自觉的"以富国安人之术为己任"的责任意识。

二、史论的形式(续前)：说、议、评

如前所述，《通典》的史论，"说"和"议"占了较多的数量，而"评"也比"论"来得多。在杜佑看来，"说""议""评"同"论"是不一样的，否则就没有必要作这些区别；不仅如此，就是"说""议""评"三者之间，也有各自的界限，否则也没有必要作这些区别。那么，"说""议""评"三者之间究竟有什么区别呢？

杜佑在《礼一二·沿革二·吉礼一》的一首"说曰"的文末自注说："凡义有经典文字其理深奥者，则下其后说之以发明，皆云'说曰'。凡义有先儒各执其理，并有通据而未明者，则议之，皆云'议曰'。凡先儒各执其义，所引据理有优劣者，则评之，皆云'评曰'。他皆同此。"这一段话，对于理解《通典》史论的含义，理解杜佑的所谓"说""议""评"的真谛，具有至关重要的意义。从这段引文的本义来看，杜佑所谓"说""议""评"是属于三个层次上的史论：说，是阐说"经典"的深奥；议，是议先儒的"未明"之义；评，是评"先儒"所据之理的优劣。概括说来，这三个层次就是经典、义、理的区别，故分别用说、议、评表示出来。这里，除了反映出作者在三者之间所把握的极鲜明分寸感之外，还有对前人思想遗产的极谨慎的态度。

关于"说"。《通典》的"说"，约有十七八首，都分布在《礼典》之中，故其所要阐说的经典的深奥所在，也都是关于礼的制度的。如

《礼五·沿革五·吉礼四》在讲到祭社稷之礼时，指出："王者诸侯所以立社稷者，为万人求福报功也。人非土不立，非谷不生，不可遍敬，故立社稷而祭焉。"诸说之中，杜佑赞同郑玄注据《孝经》的说法，认为："社者土地之神，稷者能生五谷之神。"但杜佑又说："今按，本无正神，人感其功，欲美报之，因以稷名。所以稷名神者，五谷之长故也。"杜佑对祭社稷之礼，做了清晰的和唯物的解说。又如《礼十六·沿革十六·嘉礼一》在讲到冠礼时，杜佑不同意"天子无冠文"的说法，他引证《大戴礼·公冠》篇"公冠四加，天子亦四加"的话，证明天子也行冠礼。他进而指出："自天子至于诸侯，非无冠礼，但因秦焚书，遂同荡灭。其周制《士冠礼》颇备，王者时采行焉。"其余诸"说"，亦多类此。

关于"议"。《通典》的"议"约 20 首，分布在《职官》《礼》《刑》《州郡》诸典，以《礼典》为多，这比"说"的分布显然要广泛一些。从"议"先儒之义所"未明"的宗旨来看，《通典》的"议"在很多方面是提出了与前人不同的看法或是对前人见解的批评。《职官四》在讲到丞相、仆射的名实时，杜佑简略地考察了丞相、仆射职守的由来和演变，然后结合唐代开元以后，仆射不加"同中书门下平章事"及"参知机务"等，即不具有丞相之实，于是指出这不合乎仆射之职的原义："安有仆射因改丞相之名，都无丞相之实，而为百寮师长也?"《礼八·沿革八·吉礼七》在讲到古代祭尸礼时，杜佑批评主张演习、恢复祭尸礼的人是"是古者"，是"甚滞执者"，是守旧的表现。他指出："古之人朴质，中华与夷狄同，有祭立尸焉，有以人殉葬焉，有茹毛饮血焉，有巢居穴处焉，有不封不树焉，有手抟食焉，有同姓婚娶焉，有不讳名焉。中华地中而气正，人性和而才惠，继生圣哲，渐革鄙风。今四夷诸国，地偏气犷，则多仍旧。"这段话表明：第一，中华与四夷的差别，是文明发展程度上的不同，而在古代，这种差别是很小的，甚至是不存在的；第二，造成这种差别的原因，是地理环境的影响；第三，历史是发展的、不断进步的，因此不应当再去恢复已被革除了的"鄙风"陋俗。从这里，可以看出杜佑的民族观、朴素历史进化观以及对地理环境与社会历史发展之关系的认识。《礼三十·沿革三十·嘉礼十五》在讲到唐开元二十六年（738 年）宣政殿大臣读时令一事时，杜佑指出："读时令，非古制也。自东汉始焉，其后因而沿袭。"他引用《周礼》中的《天官·太宰》《春官·太史》及《礼记·玉藻》以证己说，并证明前人关于"元日受朝读令"的错误理解，等等。杜佑的"议"，对于典章制度的研究，有突出的参考价值。

关于"评"。《通典》的评，大多是对于礼制中的某一制度而发，比之于"议"，更加具体、细微。但也有特例，即从宏观方面对历代制度进行评论。在《选举六·杂议论下》卷末，杜佑总结了历代选拔人才制度上的得失，而特别指出了魏、晋、宋、齐、梁、隋等朝"风流弥扇，体非典雅，词尚绮丽，浇讹之弊"的危害；唐开元、天宝之际，"一岁贡举，凡有数千"，而"众名杂目，百户千途，人为仕者，又不可胜纪"所造成的"重设吏职，多置等级"的弊端；以及隋文帝时，选拔人才，尽归吏曹，"铨综失叙，受任多滥"的局面。杜佑最后指出："凡为国之本，资乎人甿；人之利害，系乎官政。欲求其理，在久其任；欲久其任，在少等级；欲少等级，在精选择；欲精选择，在减名目。俾士寡而农工商众，始可以省吏员，始可以安黎庶矣。诚宜斟酌理乱，详览古今，推仗至公，矫正前失，或许辟召，或令荐延，举有否臧，论其诛赏，课绩以考之，升黜以励之，拯斯刊弊，其效甚速，实为大政，可不务乎！"这篇评论，实在是一篇关于如何选拔、任用人才的大文章；而上引这段文字，尤其集中反映了杜佑在人才同国本与官政之关系上的认识，以及他关于改革吏治的逻辑思考和具体主张。

说、议、评还有交叉，有时说与议中也包含有评，兹不赘述。

三、方法论：不可"将后事以酌前旨"

《通典》史论的特点之一，是重视事实，反对臆说。从认识历史来看，这具有方法论的意义。杜佑的这一思想，在《职官十三·王侯总叙》中阐述主封国者与主郡县者的争论时，反映得最为鲜明和最具有理论价值。杜佑认为："夫君尊则理安，臣强则乱危。是故李斯相秦，坚执罢侯置守。其后立议者，以秦祚促，遂尔归非。向使胡亥不嗣，赵高不用，闾左不发，酷法不施，百姓未至离心，陈、项何由兴乱？自昔建侯，多旧国也。周立藩屏，唯数十焉，余皆先封，不废其爵。谅无择其利遂建诸国，惧其害不立郡县。"这段话的意思是：秦朝的废分封、立郡县，是从"君尊""臣强"两种不同的政治结局的经验中得到的启示而抉择的；秦的"祚促"，有许多其他具体原因，并非立郡县所致。至于古代的建侯，都以"旧国"为基础，周朝为"藩屏"而建侯，只有几十个。这些都是由当时的实际情况所决定的，并不是当时的人已经看到了"建诸国"就有利、"立郡县"就有害。在看待分封与郡县的问题上，这是从历史实际出发，实事求是的分析方法。

更发人深思的是，杜佑在上引这段话的下面，有一段自注，注文说："自五帝至于三王，相习建国之制，当时未先知封建则理，郡县则乱。而后人睹秦汉一家天下，分置列郡，有溃叛陵篡之祸，便以为先王建万国之时，本防其萌，务固其业，冀其分乐同忧，缗利其害之虑。乃将后事以酌前旨，岂非强为之说乎？"这段注文同上引正文的基本思想是一致的，只是在措辞上有些不同。除文中所说："自五帝至于三王，相习建国之制"的说法，不适当地把封国的历史提前了而外，这段注文主要阐明了认识历史的一个重要的方法论原则：不可"将后事以酌前旨"。一般地说，理论是从对具体事物的认识中抽象出来的。杜佑分析那些主封国说者的论点和根据时，一针见血地指出，他们是看到了秦汉两朝都出现了"溃叛陵篡之祸"，便断言"先王"已经看到了分封可以治，郡县必致乱。杜佑的意思是：当着秦汉两朝还没有在历史上出现的时候，当着郡县制还没有被人提出来并加以施行的时候，"先王"又怎能知道有郡县制的提出及其实施所带来的"溃叛陵篡之祸"呢？杜佑对于这种看法的结论是："乃将后事以酌前旨，岂非强为之说乎？"用今天的话来说，这是以后来历史发展事态去推测前人的思想、主张，完全是强词夺理的说法。杜佑这一认识的理论价值在于：在分析、判断、评价历史事件的时候，必须从这一事件所处的历史环境出发，而不应以这一事件之后的历史环境去妄测与这一事件有关的人的思想和主张。从今天的认识来看，杜佑的这一思想成果，包含着历史主义成分。

《通典》成书于唐德宗贞元十七年（801 年），而稍晚于《通典》的柳宗元的《封建论》，也提出了类似的看法。柳宗元反复论证这样一个命题："封建非圣人意也，势也。"在具体的论证上，柳宗元发挥了杜佑"自五帝至于三王，相习建国之制"的看法，他的新贡献是指出了这种"相习建国之制"并不是圣人的意旨所能决定的，而是当时的历史形势所决定的，从而丰富了杜佑的认识。《封建论》的价值还在于，作者以历史事实证明：在汉代，"有叛国，而无叛郡；秦制之得，亦以明矣"。在唐代，"有叛将，而无叛州；州县之设，固不可革也"。柳宗元的这些结论，可以看作是朴素的历史主义方法论的具体运用而得到的。柳宗元没有说明他的《封建论》是否得益于杜佑《通典》的启示，但他们的思想无疑是相通的。

在中国古代史学上，历史主义方法论的成分不仅在历史理论中有所反映，同时在史学理论中也有反映。在这个问题上，章学诚提出的理论是最具有代表性的。章学诚在《文史通义·文德》中写道："凡为古文辞者，必敬以恕。临文必敬，非修德之谓也；论古必恕，非宽容之谓也。敬非修德之谓者，气摄而不纵，纵必不能中节也；恕非宽容之谓者，能为古人设身而处地也。"他举出陈寿、习凿齿、司马光、朱熹等人因所处时代不同，故对"正统"的理解、处理各有不同，"诸贤易地则皆然，未必识逊今之学究也"。他又写道："是则不知古人之世，不可妄论古人文辞也；知其世矣，不知古人之身处，亦不可以遽论其文也。身之所处，固有容辱、隐显、屈伸、忧乐之不齐，而言之有所为而言者，虽有子不知夫子之所谓，况生千古以后乎！"这是古代史家关于朴素的历史主义方法论的极精彩的论述。所谓"古人之世"和"古人之身处"，既顾及人们所处的时代，也顾及虽处同一时代而每人不同的遭际。章学诚是史学理论家，他的这些见解对于古代史学批评方法论的发展，具有重要的意义。

从朴素的历史主义方法论的发展来看，章学诚的论述比起杜佑的论述，自然要细致得多，深刻得多，然而杜佑（735—812 年）生活在 8 至 9 世纪，而章学诚（1738—1801 年）则生活于 18 世纪，二者相距约千年。显然，在章学诚千年之上的杜佑能够提出不可"将后事以酌前旨"的见解，是多么难能可贵。

四、关于史学批评

《通典》是一部讲典章制度的书，它涉及许多历史文献。《通典》的史论，有时就是针对某些历史文献而发，其中不乏史学批评的段落、论点。

《通典》史论的史学批评，极重视史家的见识。《刑法四》在讲到春秋时期郑国大夫子产铸刑书因而遭到晋国大夫叔向作书责问这一事件时，杜佑议曰："古来述作，鲜克无累，或其识未至精，或其言未至公。观左氏之纪叔向书也，盖多其义，而美其词。孟坚从而善之，似不敢异于前志，岂其识或未精乎？"这里，是在批评《左传》所记这一史事以及班固(孟坚)《汉书·刑法志》引用了《左传》的这一记载。他说《左传》所记是"多其义,而美其词",这是说《左传》在此事上的"其言未至公"。而对于班固援引《左传》不敢有异,是"其识未精"。杜佑提出这一批评的根据,是"五帝以降,法教益繁""周氏三典,悬诸象魏",以及《左传》记孔子评论晋国事说:"晋国将守唐叔之所受法度,以经纬其民。"——这是说的"令守晋国旧法"。据此,杜佑认为"铸刑书"之前,已有公开的法度,因而叔向的指责既不能成立,《左传》所记自非至公之言,而《汉书》又据《左传》"从而善之",则表明班固"其识未精"。当然,从今天的认识来看,杜佑提出上述批评所依据的文献以及所说"五帝以来,法教益繁",未必都是确切的;但他在当时人们对这些文献的理解的基础上,提出的疑问和批评是有很重要的分量的,表明他不迷信经典和名家的可贵的批判精神。

《通典》史论的史学批评,注重于从事物全局的逻辑关系上着眼。《刑法七》在讲到西汉张释之执法严明时,杜佑发表评论说:"释之为理官,时无冤人,绵历千祀,至今归美。所云:'法者,天子所与天下公共。廷尉,天下之平。若为之轻重,是法不信于民也。'斯言是矣。又云:'方其时,帝使诛之则已。'斯言非矣。"杜佑钦佩张释之的执法,但对他所说的这两句话,则赞扬前者而批评后者。张释之的这两句话,是针对一件具体事情说的,《汉书·张冯汲郑传》记:张释之为廷尉。"顷之,上行出中渭桥,有一人从桥下走,乘舆马惊。于是使骑捕之,属廷尉。释之治问。曰:'县人来,闻跸,匿桥下。久,以为行过,既出,见车骑,即走耳。'释之奏当:'此人犯跸,当罚金。'上恕曰:'此人亲惊吾马,马赖和柔,令它马,固不败伤我乎? 而廷尉乃当之罚金!'释之曰:'法者天子所与天下公共也。今法如是,更重之,是法不信于民也。且方其时,上使使诛之则已。今已下廷尉,廷尉,天下之平也,壹倾,天下用法皆为之轻重,民安所措其手足？唯陛下察之。'上良久曰：'延尉当是也。'"杜佑的议论，就是针对此事而发，但是，杜佑所要批评的，并不是张释之说了"方其时，上使使诛之则已"的话，而是批评班固在记载此事时，应全面考虑到张释之的为人及其在处理这一案件时的基本倾向，而不必把一些枝枝节节都写入传中，以致对后人产生不良影响。他说："纵释之一时权对之词，且以解惊跸之忿，在孟坚将传不朽，固合刊之，为后王法。以孝文之宽仁，释之之公正，犹发斯言，陈于斯主，或因之淫刑滥罚，引释之之言为据，贻万姓有崩角之忧，俾天下怀思乱之志，孙皓、隋炀旋即覆亡，略举一二，宁唯害人者矣。呜呼！载笔之士，可不深戒之哉！"杜佑的这一看法，是否与史学上的直笔传统相悖？细考杜佑此言，第一，所谓"方其时，上使使诛之则已"，似是"权对之词"，并非张释之的本意；第二，"以孝文之宽仁，释之之公正"，这样的事情也难得发生。这正是从事物全局的逻辑关系上来看待历史记载的，与直笔原则并不相悖。在此基础上，再说到历史记载可能产生的历史影响，则杜佑所论是中肯的。

《通典》作为典章制度的通史，它的史论所反映出来的史学批评涉及制度沿革者要更多一些。如《州郡二》在讲到古九州时，杜佑根据先秦文献及后人的注，证明禹治水当在尧时，分天下为九州；舜时，更为十二州。而《史记》记禹的治水在舜时，《汉书》则称尧时天下为十二州，禹治水后，更制九州。所以杜佑说："若稽其证据，乃子长、孟坚之误矣。"又如，《州郡二》在讲到周末"国之分野"的时候，引《汉书·地理志》所述秦地、魏地、韩地、周地、赵地、燕地、卫地、宋地、齐地、鲁地、楚地、吴地、越地等十三个地理区域。尔后，杜佑评论说："所列诸国分野，具于班固《汉书》及皇甫谧《帝王代纪》。下分区域，上配星躔，固合同时，不应前后。当吴之未亡，天下列国尚有数十。其时韩、魏、赵三卿又未为诸侯，晋国犹存，岂分其土地？自吴灭至分晋，凡八十六年，时既不同，若为分配？

又按诸国地分，略考所在封疆，辨详隶属，甚为乖互，不审二子依据。"这里，杜佑提出了三个问题，即吴国未灭之时，还没有韩、赵、魏；韩、赵、魏成为诸侯的时间，上距吴灭已有 86 年；不是同时存在的地理区域，怎么好放在一起论列呢[①]？此外，也还有封疆划分上的具体讹误。杜佑在评论的最后写道："凡为著述，诚要审详。若也但编旧文，不加考核，递相因袭，是误后学。……然已载前史，历代所传，今且依其本书，别其境土，盖备一家之学，示无阙也。其诸郡历代所属，则各具正本篇。有览之者，当以见察。"一方面指出其不妥之处；另一方面也考虑到"已载前史，历代所传"这一事实，即既爱护前人，又不至于贻误后学，这就是杜佑不得不提出批评的缘故。同时，这也反映了杜佑治学的严谨和做人的宽厚。

杜佑撰《通典》，参考经史百家，群士议论，而于论礼之书和论地理之书，尤为重视。《通典·礼典》占了全书半数，而《通典》史论的"说"和"议"，多在《礼典》之中，便是他重视礼和论礼的明证。从上文论九州、十二州孰先孰后以及对《汉书·地理志》和《帝王世纪》的批评，可见他对于地理书和论地理之书的重视。杜佑在《州郡序》中说："凡言地理者多矣，在辨区域，征因革，知要害，察风土；纤介毕书，树石无漏，动盈百轴，岂所谓撮机要者乎！如诞而不经，偏记杂说，何暇编举（自注：'谓辛氏《三秦记》、常璩《华阳国志》、罗含《湘中记》、盛弘之《荆州记》之类，皆自述乡国灵怪，人贤物盛。参以他书，则多纰谬，既非通论，不暇取之矣。'）或览之者，不责其略焉。"从这里可以看出：杜佑对地理书的要义是极明确的，他不赞成把灵怪之事写入地理书中也是有识之见；但杜佑把《华阳国志》等书一概斥为"诞而不经"，则未免过分。与此相类似的，是杜佑对《水经》等书，也持否定态度。他在《州郡四》后议中写道："佑以《水经》

---

① 越国灭吴，事在前 473 年；韩、赵、魏为诸侯，事在前 403 年；韩、赵、魏完全分晋，事在前 376 年。杜佑所说八十六年，推算有误。

僻书，代（世）人多不之睹，后有好事者于诸书中见有引处，谓其审正，此殊未之精也。……又按《禹本纪》《山海经》，不知何代之书，详其恢怪不经，宜夫子删书以后尚奇者所作，或先有其书，如诡诞之言，必后人所加也，若《古周书》《吴越春秋》《越绝书》诸纬书是矣。"对于杜佑的这种看法，今天应作辩证的认识。一方面，《通典》作为一部十分严肃的典章制度通史，杜佑在采撰上采取严肃的、审慎的态度，无疑是必要的、正确的，一千多年来，《通典》始终受到人们的重视，这是根本的原因之一。另一方面，在杜佑所处的时代，一般地说，对于杜佑所批评的这些书，人们还难以做出正确的说明和恰当的利用。这不仅是杜佑个人在史学批评上的局限，也可以说是那个时代的局限。

五、人物评价及其他

《通典》史论也涉及对历史人物的评价。作为一个有多年宦途的史家，杜佑对执法公正的官员十分崇敬，上文说到他对西汉张释之的评价，就是一例。他对本朝的徐有功也十分钦佩。《刑法七》详记徐有功执法之事，说徐有功处在"周唐革命"之际，"告密之辈，推核之徒，因相诬构，共行深刻"，"朝野屏气，道路以目。于斯时也，谁敢忠正？"而徐有功"遂于群邪之侧，纵诮之旁，孑然介立，守法不动，抑扬士伍，慨朝端，终卒不渝，险易如一。于是酷法之吏，诬告之人，见嫉甚于仇雠矣"。于是杜佑评论说："详观徐大理之断狱也，自古无有斯人，岂张、于、陈、郭之足伦，固可略举其事。且四子之所奉，多是令主，（自注：'西汉，张释之，文帝时为廷尉；于定国，宣帝时为廷尉；东汉陈宠、郭躬，章帝时为廷尉，皆遇仁明之主。'）诚吐至公，用能竭节。若遇君求治，其道易行。武太后革命，欲令从己，作威而作周政，寄情而害唐臣。徐有功乃于斯时，而能定以枉直，执法守正，活人命者万计；将死复舍，忤龙鳞者再三。以此而言，度越前辈。"杜佑评价历史人物，不仅仅是一般地从历史人物的品质或事功去论其高下，而是特别着重于说明历史人物所处的历史环境，从而加重了评论的分量。同时，他也注意到从历史人物的比较中做出不同的评价。

反对轻薄浮华、主张务实"从宜"，是《通典》史论所一再强调的。在《食货七·历代盛衰户口》的史论中，杜佑在论到玄宗天宝末年户口锐减的问题时指出："直以选贤授任，多在艺文，才与职乖，法因事弊。隳循名责实之义，阙考言询事之道。崇秩之所至，美价之所归，不无轻薄之曹，浮华之伍。习程典，亲簿领，谓之浅俗；务根本，去枝叶，目以迂阔。风流相尚，奔竞相驱，职事委丁群胥，货贿行于公府，而至此也。"这是无情地揭示了轻薄浮华之辈误国的事实。在同一篇史论中，杜佑高度评价了隋朝高颎的务实精神，说他"先敷其信，后行其令，悉庶怀惠，奸无所容。隋氏资储遍于天下，人俗康阜，颎之力也。"

杜佑出身于门阀士族，《通典》又以百卷之巨叙述沿革礼和开元礼，从这两点来看，杜佑有重礼的一方面。但杜佑的重礼，并非陶醉于礼，更不是迷恋于礼的繁文缛节。《礼三十四·沿革三十四·宾礼一·总叙》说："自古至周，天下封建，故盛朝聘之礼，重宾主之仪，天子诸侯，卿大夫士，礼数服章，皆降以两。秦皇帝荡平九国，宇内一家，以田氏篡齐，六卿分晋，由是臣强君弱，终成上替下陵，所以尊君抑臣，列置郡县，易于临统，便俗随时。滞儒常情，非今是古。《礼经》章句，名数尤繁，诸家解释，注疏庞杂。方今不行之典，于时无用之仪，空事钻研，竞为封执，与夫从宜之旨，不亦异乎！"在这里，杜佑从历史上说明了宾礼是怎样产生的，进而说明了宾礼是天子诸侯、卿大夫、士们的事情。自秦统一后，实行郡县制，这种宾礼也就变得不像原先那样重要了。他不赞成人们热衷于"方今不行之典，于时无用之仪"，认为这同"从宜之旨"是大相径庭的。可见杜佑对礼的解释，一是包含着朴素的历史主义成分，二是显示出明确的批判精神。上文所提到的他对祭尸礼的看法，在性质上也是如此。这跟他自己郑重表明的"不为章句之学"是表里一致的。由此可以证明，杜佑对于礼，也有严肃批判的一方面；在这一点上，我们过去对《通典》的认识是不够的。

说《通历》[*]

马总所撰《通历》一书，是中国史学史上现存最早的一部编年体通史。然自中唐以下至民初约1200年左右，其以抄本流传，故世所罕见；1915年虽有排印本行世，但因所印极少，亦传布未广。因此，近代以来，《通历》一书鲜为人知，直到1982年刘节先生遗著《中国史学史稿》整理出版，并对《通历》有所评论①，这才开始引起人们对它的注意。1985年，张承宗同志发表《叶德辉印〈通历〉一书简介》一文②，对1915年叶氏排印本《通历》作了较详细的介绍。同年，我在《唐代史家的通史撰述》一文中，把它作为唐人所撰编年体通史之一予以评论。近来，我因考察中唐史学的需要，对《通历》一书及有关问题作进一步的摸索，乃撰成此文，希望能对史学研究

---

* 原载《古籍研究》1987年第3期。

① 刘节：《中国史学史稿》，郑州：中州书画社，1982年，第148~149页。

② 见《河南大学学报》1985年第1期。

者、古籍研究者及各方面读者了解此书有一点参考的作用；不当之处，亦希望能得到批评、指正。

一、《通历》的作者

《通历》的作者马总在中唐历史上也是一个值得人们关注的人物，旧史对他的评价是"有大臣风，才堪宰相"①。

马总（？—823年），字会元，扶风（今陕西凤翔）人，家世及生年不详。他从小孤贫，好学，不妄交游。唐德宗贞元十五年（799年），姚南仲镇滑州（治白马，今河南滑县东旧滑县），马总为其幕府②。因受监军薛盈珍的排挤、打击，改任泉州（治晋江，即今福建泉州）别驾。不久，薛盈珍入朝掌管枢密，又指使福建观察使柳冕寻机杀害马总。柳冕乃指派泉州刺史薛戎罗织马总罪名。不料薛戎是个正派的官员，反倒"别白其状"，为马总辩护，于是也受到牵连，被免职关押，备受凌辱，然"竟不动摇"。这件冤案，惊动了政治声望颇高的淮南节度使杜佑。他一面上表德宗，说明薛戎一案真相；一面致书柳冕，告诫他不要胡作非为。由于杜佑的营救，薛戎之难方解，而马总亦转危为安③。有趣的是，这桩公案却使《通典》作者跟《通历》作者发生了一点联系，这是他们都不曾想到的。

马总在泉州别驾任上，有一首诗作被流传下来，叫作《赠日本僧空海离合诗》。诗云：

> 何乃万里来，可非衔其才；

---

① 欧阳修等：《新唐书》卷一百六十三后论，北京：中华书局，1975年，第5034页。

② 参见刘昫等：《旧唐书》卷一百五十三《姚南仲传》，北京：中华书局，1975年，第4083页。

③ 参见刘昫等：《旧唐书》卷一百五十五《薛戎传》，北京：中华书局，1975年，第4126页。两《唐书·马总传》记营救马总者为柳冕从事穆赞，不取。

增学助无机，土人如子稀。①

　　这位日本学问僧回国后，在自己的集子《性灵集》里收录了这首诗，并为它写了序。序文说："和尚昔在唐日，作离合诗赠土僧惟上。泉州别驾马总，一时大才也，览则惊怪，因赠诗云。"马总被日僧称为"一时大才"，足见他已有了一定的社会影响。唐代宗大历十年（775年）以后，他被任命为代宗第六子恩王李连的老师。

　　唐宪宗时期，是马总在政治上最有作为的一段时间。元和初年，他先后任虔州（治赣县，即今江西赣州）刺史和安南都护，清正廉洁，颇得民心，尤其在民族关系的处理上，显示出政治家的气度。元和八年（813年），马总又先后调任桂州（治临林，即今广西桂林）刺史、桂管经略观察使和广州（治番禺，即今广东广州市）刺史、岭南节度使。后入朝为刑部侍郎，受到大臣裴度的赏识。元和十二年（817年）七月，裴度奉诏讨淮西，马总为淮西行营诸军宣慰副使。李愬破悬瓠城，裴度命马总入城安抚。同年，他被任命为蔡州刺史，彰义军节度使，淮西节度使等职。他"设教令，明赏罚，磨治洗汰，其俗一变"②，在短短的时间里使蔡州的风气为之一变。元和末年，马总先后担任过许州（治长社，即今河南许昌）刺史、忠武军节度使，陈、许、溵、蔡观察处置等使，华州（治郑县，即今陕西渭南市华州区）刺史、潼关防御、镇国军等使，郓、濮、曹等州观察使。这可以说是他在政治上最活跃的时期。穆宗长庆二年（822年），马总再次奉诏入朝，任户部尚书，穆宗打算"将大用之"。不料，次年八月，马总就去世了。

---

　　① 《全唐诗逸》卷中，见《全唐诗》第25册，北京：中华书局，1960年，第10191页。下引空海序文，亦见此。
　　② 欧阳修等：《新唐书》卷一百六十三《马总传》，北京：中华书局，1975年，第5024页。

马总仕宦一生，"理道素优，军政多暇，公务之余，手不释卷"①，"虽吏事倥偬，书不去前，论著颇多"②。他虽然没有杜佑那样大的影响和贡献，但在气质上却跟杜佑相近。中唐的历史环境造就了这两位重视通史的史学家，这确是中国史学史上一个饶有兴味的问题。

二、《通历》的流传

马总的论著有《通历》10 卷、《唐年小录》8 卷、《意林》3 卷、《奏议集》30 卷③。《唐年小录》《奏议集》已佚；《意林》不是史书，本文不讨论。这里先说《通历》一书的流传问题。

《通历》一书的撰述年代，现尚未可确考。王应麟说它原有齐推所作序文④，今已佚。现在我们所能见到的对于此书作比较具体介绍的较早说法，是晁公武的一段话：《通历》"纂太古十七氏、中古五帝三王，及删取秦、汉、三国、晋、十六国、宋、齐、梁、陈、元魏、北齐、后周、隋世纪兴灭，粗述其君贤否，取虞世南《略论》分系于末，以见义焉。"⑤这一段话说明了两个问题：一是《通历》的断限即其所包含的年代；二是《通历》材料的来源，其叙述部分来源于历代正历，其评论部分则取自虞世南《略论》。虞世南（558—638 年），唐初人。《略论》即《帝王略论》，5 卷，是虞世南撰的一部史论书⑥。

---

① 刘昫等：《旧唐书》卷一百五十七《马总传》，北京：中华书局，1975 年，第 4152 页。

② 欧阳修等：《新唐书》卷一百六十三《马总传》，北京：中华书局，1975 年，第 5034 页。

③ 欧阳修等：《新唐书》卷五十八《艺文志二》编年类、故事类，卷五十九《艺文志三》杂家类，卷六十《艺文志四》总集类，北京：中华书局，1975 年，第 1461、1475、1536、1626 页。

④ 见王应麟：《玉海》卷四十七《艺文编》编年类，南京：江苏古籍出版社，上海：上海书店出版社，1987 年，第 893~894 页。

⑤ 晁公武：《郡斋读书志》卷五史部编年类，上海：上海古籍出版社，1990 年，第 202 页。

⑥ 欧阳修等：《新唐书》卷五十九《艺文志三》杂家类："虞世南《帝王略论》五卷。"（北京：中华书局，1975 年，第 1536 页）今有敦煌本残卷（伯 2636 号），见黄永武：《敦煌宝藏》第 123 册，台北：新文丰出版股份有限公司，1986 年，第 63 页。

此书在唐代怎样流传，已不可考。北宋时，欧阳修等撰《新唐书》时，于《艺文志·编年类》著录此书。而司马光等撰《资治通鉴》时，更参据此书①，这一点本文下面还要讲到。值得注意的是，北宋仁宗庆历年间（1041—1048 年），《通历》一书不仅流传于辽朝，且被译成契丹文。史载：辽兴宗于重熙年间（1032—1055 年）诏命翰林、兼修国史萧韩家奴译汉文诸书，"韩家奴欲帝知古今成败，译《通历》《贞观政要》《五代史》"②。又载："耶律氏，太师适鲁之妹，小字常哥。幼爽秀，有成人风。及长，操行修洁，自誓不嫁。能诗文，不苟作。读《通历》，见前人得失，历能品藻。"③一个大家闺秀也喜读《通历》，可见它在辽朝流传的广泛。另一件值得注意的事情是，北宋初，已有人续马总《通历》。史载：宋初人孙光宪（？—968 年）"又撰《续通历》，纪事颇失实，太平兴国初，诏毁之"④。上引晁公武、王应麟说，都提到孙光宪《续通历》事。晁氏说：《续通历》10 卷，"荆南孙光宪撰。辑唐泊五代事，以续马总《（通）历》，参以黄巢、李茂贞、刘守光、阿保机、吴、唐、闽、广、胡、越、两蜀事迹。太祖诏毁其书，以所纪多非实也"。晁氏所见《续通历》为十卷本，并对其内容和材料来源都有一定的研究。王氏则谓：孙光宪作《续通历》10卷，"起唐高祖，止闽王审知。今附于《通历》后者唯五卷尔"。这说明王氏所见《续通历》为五卷本，且已附于《通历》之后。陈振孙所见《通历》，就是这种将《续通历》附于其后的本子，他说：《通历》15 卷，"书本十卷，止于隋代，今书直至五代，增五卷者，后人所续也"。⑤这表明，在宋代可能有两种《通历》本子在流传，一种是《通历》独立

① 高似孙：《史略》卷四"通鉴参据书"条，丛书集成初编本，北京：中华书局，1985年，第 83 页。

② 脱脱等：《辽史》卷一百三《文学传上》，北京：中华书局，1974 年，第 1450 页。

③ 脱脱等：《辽史》卷一百七《列女传》，北京：中华书局，1974 年，第 1472 页。

④ 脱脱等：《宋史》卷四百八十三《世家六·孙光宪传》，北京：中华书局，1977 年，第 13956 页。

⑤ 陈振孙：《直斋书录解题》卷四编年类，上海：上海古籍出版社，1987 年，第 112 页。

本，一种是《通历》与《续通历》合抄本。马端临《文献通考》分别著录《通历》10 卷、《续通历》10 卷①，《宋史》亦然②，则证明这两种书的十卷本在元代尚有流传。

元代以后，《通历》已佚前 3 卷，故明代出现了所谓"影抄宋本十五卷，有前三卷，撰人题李焘"，这显然是"后人羼补，谬托李焘无疑也"③。但这倒也说明《通历》在元、明两代流传的一点情况。清代学者对《通历》一书似有较多的关注。首先，嘉庆年间（1796—1820年），阮元巡抚浙江，刻意搜求古书。每得一书，即与门人、幕僚研究审订，并仿《四库提要》之式，撰成"提要"，一并奏进内府。十数年间，奏进古书 100 余部，皆《四库》未收之书，马总《通历》即其中之一④。其次，道光元年（1821 年）和十三年（1833 年），徐渭仁、徐松先后从黄荛圃士礼居所藏抄本转录副帙，徐松还做了"校其讹字，并补目于首"的工作⑤。他们所搜求、转录的《通历》都是与《续通历》合为一书的 15 卷本，且阙前 3 卷。

1915 年，湖南叶氏梦篆楼排印《通历》200 部，很可能是《通历》问世以来最好的一次传播机会，但印数终究是太少了。这次排印，叶德辉在题记一开始就说明是"旧抄本《通历》十五卷。缺前三卷"。他的题记除对《通历》的抄本有详尽的说明外，还对其材料之所出提出了新的看法。

---

① 马端临：《文献通考》卷一百九十三《经籍考二〇》编年类，北京：中华书局，2011年，第 45597～5598 页。

② 脱脱等：《宋史》卷二百三《艺文志二》编年类，北京：中华书局，1977 年，第 5088、5091 页。

③ 叶德辉：《通历》题记，湖南叶氏梦篆楼 1915 年排印本。

④ 见阮元：《揅经室外集》，参见阮福题记，见《揅经室集》，北京，中华书局，1983年，第 1183 页。

⑤ 以上均见叶德辉：《通历》书首题记，湖南叶氏梦篆楼 1915 年排印本，参见周征松《通历》点校本，太原：山西人民出版社，1992 年，第 282 页。

三、《通历》的史文

关于《通历》的史文即其材料来源的问题，前人有种种说法：

——晁公武说，《通历》"纂太古十七氏、中古五帝三王，及删取秦、汉、三国、晋、十六国、宋、齐、梁、陈、元魏、北齐、后周、隋世纪兴灭，粗述其君贤否"。

——王应麟说，《通历》"上索《三坟》，中稽《五典》，迄于隋季"①。

——徐渭仁说，《通历》"自太古十七氏迄于隋代，纂辑本纪兴灭，粗述其君贤否"②。

这里，不论是说"纂"与"删"，还是说"索"与"稽"，以及"纂辑"云云，都讲得很笼统，都不曾真正指出《通历》史文之所出。这也说明，以往诸家论者并未对《通历》作认真的研究，更没有以《通历》与有关史书作认真的比较，故对它的材料来源未能确有所指。晁公武的说法，甚至会使人们误解为《通历》史文完全来自断代正史。这也是不妥的。

近人叶德辉在《通历》排印本题记里指出："此书自第四卷西晋至隋止，多本唐太宗敕修《晋书》、《南、北史》、《十六国春秋》"。我以为，这是对《通历》后 7 卷材料来源第一次作了明确的判断。以《通历》与有关诸史对读，证明叶说不谬。

如《通历》卷六记宋高祖刘裕事迹，内中记了他早年的两件事。第一件事是：刘裕"尝游京口竹林寺，独卧讲堂前，上有五色龙章，众僧见之，惊以白帝（按：指刘裕），帝独喜曰：'上人无妄言。'"第

---

① 王应麟：《玉海》卷四十七《艺文编》编年类，南京：江苏古籍出版社，上海：上海书店出版社，1987 年，第 893 页。

② 叶德辉：《通历》书首题记，湖南叶氏梦篆楼 1915 年排印本，参见周征松《通历》点校本，太原：山西人民出版社，1992 年，第 279 页。

二件事是："帝素贫，世人莫能知之，惟琅邪王谧独深敬焉。尝负刁逵社钱三万，被逵执，录甚严，谧密以钱代还，由是得释。"这两件事，前者属于荒唐怪诞一类，后者属于刘裕"名微位薄"时的窘迫遭际一类，《宋书·武帝纪》均不载，而见于《南史·宋本纪·高祖武皇帝》。《通历》从《南史》转录，固无疑义，只是在文字上略有变动而已。在宋高祖刘裕事迹结末处，《通历》是这样写的：

> 微时躬耕于丹徒，及受命，耕具颇有存者，皆令藏之，以示后来。及孝武大明中，坏上所居阴堂，于其处起玉烛殿，与群臣观之，床头有土障，壁上挂葛灯笼、麻绳拂。侍中袁颉盛称上俭素之德，孝武不答，独曰："田舍翁得此，已为过矣。"故能光有天下，克成大业，盛矣哉。

这一段话，也是转录于《南史·宋本纪》而非来自《宋书·武帝纪》，亦无疑义。

此种情形，同样也反映在《通历》与《北史》的关系之中。如《通历》卷八记后魏诸帝事迹之前，马总作按语一首，略述拓跋氏先人事迹，其中有一段话说：

> 圣武皇帝讳诘汾，尝畋于山泽，欻见辎轿自天而下。既至，见美妇人自称天女，受命相偶。明日，请还，周年后会。既周年，至畋处，果见天女，以所生男授帝曰："此君之子也，善养视之，子孙相承，当世为帝王。"言讫而去。

这一段话，除所引天女之言系转录于《魏书·序纪》，其余都取自《北史·魏本纪》。又如《魏书·太祖纪》记道武帝拓跋珪之死：天赐六年，冬十月戊辰，"帝崩于天安殿，时年三十九"。而《北史·魏本纪》则记为："十月戊辰，清河王绍作乱，帝崩于天安殿，时年三十九"。《北史》比《魏书》多"清河王绍作乱"一句。《通历》卷八记拓跋珪死后，补叙有关清河王"作乱"一事，是这样写的：

> 时国中有谶曰："珪厄清河死万人。"帝破灭清河郡，手杀万人，以厌之。夜恒变易寝处，人莫知之，唯爱妾万人知其处。帝子清河王绍与万人通，惧罪，同害帝。帝叹曰："清河、万人，是汝邪！"立明元帝，帝诛绍及万人。

清河王绍与万人私通进而谋害拓跋珪，此事不见于《北史》，亦未见于《魏书》[①]，《通历》作者或另有所据，但他把此事补叙于此，显然是受了《北史·魏本纪》的启发。

《通历》关于北朝历代君主的史论，也多主要取材于《北史》。如于北周之末，作者写了一段按语，引了前人史论，其中有两句是"以文皇之经略鸿业，武帝之克崇景祚"，这跟《北史》后论说的"以文皇之经启鸿基，武皇之克隆景业"[②]，比较接近，而跟《周书》后论说的"以太祖之……"[③]云云在称谓上就不一致。又如于隋文帝事迹之后，《通历》有一段"论曰"，起首说"文帝创图立本，非积德累仁"，结末说"迹其疏怠之原，稽其乱亡之兆，起自文皇，成于炀帝"[④]，多同于《北史》[⑤]，而异于《隋书》[⑥]，等等。这说明，《通历》不独于正文取

---

① 魏收《魏书》卷十六、李延寿《北史》卷十六均有《清河王绍传》，记其"作乱"事，都说是因救其母贺氏而发，与《通历》所记不同。分别见《魏书》，北京：中华书局，1974年，第390页；《北史》，北京：中华书局，1974年，第589～590页。

② 李延寿：《北史》卷十《周本纪下》后论，北京：中华书局，1974年，第385页。

③ 令狐德棻等：《周书》卷八《静帝纪》后论，北京：中华书局，1971年，第136页。

④ 马总：《通历》卷十，湖南叶氏梦篆楼1915年排印本。参见周征松《通历》点校本，太原：山西人民出版社，1992年，第114页。

⑤ 参见李延寿：《北史》卷十一《隋本纪上》后论，北京：中华书局，1974年，第431页。

⑥ 参见魏徵等：《隋书》卷二《高祖纪下》后论，北京：中华书局，1973年，第56页。

资于《南史》《北史》，且于史论亦多转录于后者。

以上是举例说明《通历》的南北朝部分的史文多取自《南史》《北史》，以证叶德辉论点的不诬。但这里也有两点是需要进一步说明的。第一点，因《南史》《北史》本身多取材于《宋书》《南齐书》《梁书》《陈书》《魏书》《北齐书》《周书》《隋书》等"八书"，故《通历》材料的真正来源自不能与"八书"无关。第二点，《通历》的南北朝部分在转录《南史》《北史》时，间或也有参考、吸取"八书"的地方，故上引晁公武说亦未可全以为非。如上文所引"天女"之语，《北史·魏本纪》作"此君之子也，当世为帝王"，语意不明，故《通历》不取，乃引《魏书·序记》。马总记西魏文皇帝元宝炬事，有这么一段文字：

> （宇文）泰与东魏战，诸将失律，泰表请自贬。帝诏报曰："公膺期作宰，义高匡合，仗钺专征，举无遗算。而诸将失律，便欲自贬，深亏体国之诚。抑此谦光，恤予一人。"①

此事《魏书》固无所记，而《北史·西魏文帝纪》亦不书，显然是作者从《周书·文帝纪》下转录而来，只是略改数字而已。马总记宋高祖刘裕事，晋帝备九锡之礼，裕谦让，王弘率尔言曰："此所谓神物，求之不可得，推之不可去。"又记傅亮还京师"以禅代讽晋恭帝"，以及刘裕称帝后在扬州刺史人选上同太后的不同意见②，等等，均为《南史·宋本纪》《宋书·武帝纪》所不载，而是作者从《南史》列传或《宋书》列传中采择来的③，而傅亮还都讽晋恭帝一事，则采自《宋

① 马总：《通历》卷八，湖南叶氏梦篆楼1915年排印本。"恤予一人"叶本误作"恤子一人"。参见周征松《通历》点校本，太原：山西人民出版社，1992年，第91页。

② 参见马总：《通历》卷六，湖南叶氏梦篆楼1915年排印本。

③ 参见李延寿：《南史》卷二十一《王弘传》、卷十五《傅亮传》、卷十三《长沙景王道怜传》，北京：中华书局，1975年，第570、441～443、354页；沈约：《宋书》卷四十二《王弘传》、卷四十三《傅亮传》、卷五十一《长沙景王道怜传》，北京：中华书局，1974年，第1313、1335～1341、1163页。

书·傅亮传》无疑。认识这两点，对于我们真正搞清《通历》的史文，是很重要的；据此，亦可看出前人在这个问题的看法上的片面性。

四、《通历》的编纂

《通历》历来被认为是编年体史书，这是没有疑问的，但是，《通历》又不像一般的编年体史书那样，而具有本身的特点，因此它可以被看作是一部有独特风格的编年体史书。这一点，前人都不曾论及。根据我的肤浅的看法，它的这种独特的风格表现在以下几个方面：

第一，《通历》是记历代君主的事迹，着意于他们"贤否"的史事，而不苛求于编年纪事。它虽然取材于有关史书的本纪，但记事极简括，尤其不讲究于年代的编排，故其体例去本纪甚远，而更近于一般的历史传记。这是从它记每一个君主的单篇来看的。

第二，《通历》在其部分的结构上，也不完全拘泥于编年体史书的要求，而是注意到保持每一个朝代的君主之事迹的完整性。如对于东晋、十六国部分，先叙东晋，次叙十六国。对于南北朝部分，先叙南朝，次叙北朝；对东魏、西魏部分，先叙西魏，次叙东魏；对北齐、北周部分，先叙北齐，次叙北周。这实际上是把南北关系和东西关系放在平等的地位上来看待的，不强调"正统"与"僭伪"的区别，使各自的史事都有比较完整的反映。值得注意的是，马总对南北朝史事的编纂次第，大致是仿照了李延寿的《南史》《北史》，这也进一步证明他在材料的取资上多依据《南史》《北史》。

第三，《通历》在总的结构上，以自注贯穿全书，且申其编年之意。作者一方面略按朝代顺序记事，另一方面十分注意于朝代与朝代之间的衔接。这种衔接的形式是作者的自注。如：

——于两晋之际注曰："右，自武帝受禅至愍帝遇弑，合五十二年，是为西晋。中宗元皇帝兴江东，是为东晋。"

——于东晋、刘宋之际注曰："右，自元帝中兴至恭帝逊位于（刘）裕，凡十一帝、一百四年，是为东晋；通西晋共十八帝、合一百五十六年而禅于宋。"

——于南朝梁、陈之际注曰："右，梁四主，五十六年，为陈所灭。"又："右，后梁三主，凡三十三年。总按：'后梁起于（梁）敬帝即位同年，至陈后主祯明元年国灭，入隋，封琮为莒国公也。'"

——于北魏、西魏之际按曰："出帝与高欢有违言，乃西入关依宇文泰于长安，后遇鸩毒。泰乃立孝文孙南阳王宝炬为帝，称大统元年。"这里，作者还是强调了以西魏为正统。

——于西魏、东魏之际按曰："出帝既入关，渤海王高欢至洛阳，频表请回驾，帝皆不答[①]。欢乃立孝文曾孙清河王子善见为帝，称天平元年。"这一条按语，连同上一条按语，是分别交代了西魏、东魏的由来。

——于东魏之末注曰："右，东魏一帝、十七年，逊位于高澄。在后魏正史：由出帝后，更列《孝静纪》，不取宇文泰迎立出帝，以南阳王宝炬僭称专号也。"这是交代了魏收的《魏书》以东魏为正统这一史实，此亦可证马总撰《通历》时于"八书"也有所参考。

其他亦皆类此。这些自注或按语，对于朝代更迭、衔接的情况有所说明，便于读者了解历史演变的过程，同时也起到了贯穿全书的作用。

第四，《通历》于转录前史中也有一定的创造。《通历》记历代君主事迹，不止取材于前史本纪，往往于有关列传多所采择，这一点上文已经讲到。可见《通历》的编纂，并不是简单地抄录旧史，而是一个对史料再加工的过程，其中包含着作者在史学上的创造精神。

---

① "帝皆不答"，叶本误作"常皆不答"。

除上文已经说到的以外，作者的这种创造精神，还突出地表现在对十六国史事的处理与《晋书》的"载纪"有很大的不同。这些不同之处主要是：（1）《晋书·载记》不记前凉张轨等事，而将张轨入于"列传"[①]。《通历》则将张轨等人事迹列于十六国之首。（2）《晋书·载记》以人名命篇；《通历》则以国名编纂，一国之下依次记其君主事迹，这在形式上跟记两晋、南北朝君主事迹是一致的。（3）《晋书·载记》不以立国时间的先后编次，《通历》则很强调这样做。作者在十六国史事之末特意制一简表，以清眉目，并加按语说："《载记》（按：当指《晋书·载记》）及诸家著述，其编次十六国，皆先后不定。今据僭位年、月向前者为之次第云尔"[②]。这里，我们也可窥见作者对于编年体的基本要求还是很注意把握的。至于他仍然提出了"僭位"一说，证明他毕竟不能完全摆脱正统思想的束缚，这是毫不足怪的。在这样一个重新创造的过程中，作者对前史旧文的加工、删节是颇下了一番功夫的。如《晋书·张轨传》本文约 4600 字，而《通历》记张轨事仅 250 字，约占原文的 1/18。从这里也可以看出，《通历》的编纂并不是一件很简单的事情，在不少问题上，作者是经过认真思考、勇于进行创造的。

要之，《通历》作为一部特殊的编年体史书，还是很值得人们重视和研究的。

五、《通历》的价值

通过以上的考察，现在可以说到《通历》的价值了。

说到《通历》的价值，首先要看到它作为通史在中国史学发展上

---

① 参见房玄龄等：《晋书》卷八十六，北京：中华书局，1974 年，第 2221 页。

② 马总：《通历》卷五之末，湖南叶氏梦簏楼 1915 年排印本。参见周征松《通历》点校本，太原：山西人民出版社，1992 年，第 45 页。

所处的地位。清人徐松论此书说："《通历》之书，录自正史，其淹贯博赡固不足以方驾《通鉴》，惟梁武帝《通史》不传[1]，史钞之存于今者，以此书为最古。"[2]这主要是从历史文献学上来评定《通历》的价值。如果从历史编纂学方面考察的话，《通历》的产生还有更深一层的意义。依我的浅见，概括地说：它是处于《史记》以后至宋元时期通史著作获得巨大成就之转折时期的通史著作之一。自《史记》以后、唐初以前，中国史学上的通史著作寥若晨星。有唐一代，许多史学在撰述通史方面作了可贵的努力，成就突出，李延寿《南史》《北史》，韩琬《续史记》，高峻《高氏小史》，韩潭《统载》，许嵩《建康实录》，杜佑《通典》，马总《通历》，姚康《统史》等，是为其中荦荦大者。从它们所包含的年代来看，《高氏小史》《统载》《统史》《通典》《通历》则是完全意义上的通史。而这些著作能够流传至今的，只有《通典》和《通历》了。因此，《通历》一书对于我们了解和研究中国史学史上通史编纂，尤其是编年体通史编纂，是很有意义的。而它作为中国现存的最早的编年体通史，自应受到足够的重视。

《通历》的价值，还在于它对后世产生了相当的影响。关于这一点，本文在有关《通历》的流传的论述中已多有涉及。这里着重要说到的，是它对司马光撰《资治通鉴》在记事和编纂方法上所提供的借鉴作用。这里，我想举一个具体的例子来说明。《通历》记刘裕以宋代晋前的心理活动以及由他导演的一幕话剧，是这样写的：

> 帝（按：指刘裕）久劳于外，有怀代得。尝宴，从容而言曰："昔者桓玄篡逆，天命已迁。吾首唱大义，兴复王室，南征北伐，克平宇内，功业既就，仍受九锡。年将衰暮，位极人臣，

---

① 梁武帝敕撰《通史》，事见姚思廉《梁书》卷四十九《文学·吴均传》、卷三《武帝纪下》。魏徵等《隋书》卷三十三《经籍二》正史类，刘知幾《史通》卷一《六家》等。

② 见马总：《通历》书首，湖南叶氏梦篆楼 1915 年排印本。参见周征松《通历》点校本，太原：山西人民出版社，1992 年，第 28 页。

盛满之诚，古人所重。今欲奉还王爵，归老京师，诸卿以为何如？"群臣咸称功业，而莫晓厥旨。日昃，座散①。傅亮遂（还）外，悟焉，而官门已闭。亮扣门求见，曰："臣暂欲还都。"帝识其意，许之。亮即夜发，至京师，以禅代讽晋恭帝。②

上文已经指出，在这一段记载中，有关傅亮觉察出刘裕有禅代之意并以此暗示晋恭帝一事，《宋书·武帝纪》及《南史·宋本纪》均未载，是《通历》作者马总自《宋书·傅亮传》采入。今以《资治通鉴》宋纪所记与上文相比，则大致相同③。像这样的例子，在《通历》和《资治通鉴》中，还可以举出一些来。这当然不是一种巧合，它至少可以证明：《通历》对《资治通鉴》的编纂是有一定的影响的。至于在司马光之前，宋初孙光宪撰《续通历》10卷，以续马总《通历》，上文已经说到，不再赘述。

《通历》还有另一个重要价值，就是它保存了唐初虞世南所撰《帝王略论》一书的许多佚文。《帝王略论》5卷，是唐初一部杰出的史论著作。《宋史·艺文志》尚著录此书，然徐松所抄《通历》题记已谓"虞世南《略论》久已散佚，赖此犹存梗概"，可见《帝王略论》早在清初以前已罕有传本。晁公武说：《通历》记历代"世纪兴灭，粗述其君贤否，取虞世南《略论》分系于末，以见义焉"。晁氏当是见到《略论》一书的。阮元《通历》提要说："今书中自四卷至十卷，有'公子曰'、'先生曰'者，当即世南之《略论》也。"④现据叶氏排印本卷四至卷十，"公子曰""先生曰"凡34首，当是《帝王略论》佚文。唐史学家刘知幾

---

① 坐散，叶本误作"坐敬"。
② 见马总：《通历》卷六，湖南叶氏梦篆楼1915年排印本。参见周征松《通历》点校本，太原：山西人民出版社，1992年，第50页。
③ 参见司马光：《资治通鉴》卷一百一十九《宋纪一》，武帝永初元年，北京：中华书局，1956年，第3732~3733页。
④ 阮元：《揅经室外集》卷五，见《揅经室集》，北京：中华书局，1993年，第1274页。

《史通》一书，曾经评论虞世南《帝王略论》"述江左陈氏之亡"一事，原注曰："虞世南《帝王略论》曰：永定元年，有会稽人史溥为扬州从事，梦人著朱衣武冠，自天而下，手执金版，有文字。溥看之，有文曰：'陈氏五主，三十四年。'谅知冥数，不独人事"①。今证以《通历》卷7陈后主事迹之末"先生曰"，两两吻合，唯《史通》所引较原文简略。这表明，自晁公武至阮元所论，都是可靠的。应当指出的是：近百余年来，知道《通历》一书的人很少，了解《帝王略论》一书的人就更少了。由于《通历》而保存下来的这些《帝王略论》的佚文，对于我们研究唐初史论的发展，研究虞世南的思想，研究唐太宗时期的政治，都提供了重要的文献资料。这一点，无疑是马总始料所不及的。《帝王略论》作为唐初杰出的史论，笔者已撰专文予以评论，这里就不详述了。

此外，在校勘方面，《通历》还可以作为校勘《晋书》、"八书"、"二史"的重要参考书。它在这方面的价值，也是应当受到重视的。

作者附记　本文发表后，作者收到北京师范学院学报编辑部许福谦同志来信，对拙文提出两点补正。信文不长。照录如下：

林东同志：

大作《说〈通历〉》(《古籍研究》1987 年 3 期)拜读，深受启发，十分钦佩！

然大作有两处似可补正：一，大作引《通历》卷八记清河王绍与万人私通而谋害拓跋珪，谓："此事不见于《北史》，亦未见于《魏书》，《通历》作者或另有所据。"以余拙见，此事系采自《宋书》卷九十五《索虏传》，唯文字小有异同。二，大作引《通历》作者自注："右，东魏一帝，十七年，逊位于高澄。"高澄当作高洋。此虽是作者之误，

---

① 刘知幾：《史通》卷十六《杂说上》，浦起龙通释，上海：上海古籍出版社，1978年，第 463 页。

似应出注说明，则更好。

以上意见，或有不妥，仅供参考。

不胜区区向往之至！

许福谦拜书

1987.12.28

许书补正极是。殷殷之意，令人感动，乃全文照录，以申谢忱，且志己之疏失。

1988 年 3 月 13 日

韩愈与《顺宗实录》[*]

韩愈在中国文学史上极负盛名。范文澜同志称赞他"不愧为'凌云健笔意纵横'的伟大的文学家和思想家"①。

韩愈对唐代史学也有重要的贡献。唐宪宗元和年间，他曾一度担任史职，任史馆修撰，并主持修撰《顺宗实录》②。《旧唐书》本传说："时谓愈有史笔，及撰《顺宗实录》，繁简不当，叙事拙于取舍，颇为当代所非。"③这样的记载是不符合事实的，这样的评论也是极不公允的。本文拟对《顺宗实录》及其他有关问题，发表一点个人管见，目的是希望能够对韩愈所撰《顺宗实录》做出符合实际的评价。

---

* 原载《社会科学战线》1979年第3期。

① 范文澜：《中国通史》第4册，北京：人民出版社，1978年，第306页。

② 参见韩愈：《韩昌黎全集》外集卷六至卷十，北京：中国书店出版社，1991年，第499～518页。

③ 刘昫等：《旧唐书》卷一百六十《韩愈传》，北京：中华书局，1975年，第4204页。

一

　　唐代，历朝均修有实录，这是唐代官修史书的重要组成部分。可惜的是，这些实录多已不存。韩愈主持修撰的《顺宗实录》，是现今仅存的一部唐代实录，因而成为我们了解唐代实录具体面貌的珍贵的文献。

　　韩愈之任史馆修撰，是在他作《进学解》后，引起当朝宰臣的重视（"以其有史才"①、"奇其才"②）的结果。朱熹《昌黎先生集传》引洪兴祖《昌黎先生年谱》：韩愈任史馆修撰在唐宪宗元和八年（813年）三月，元和九年（814年）十月任考功郎中，同年十二月知制诰。可见韩愈担任史职的时间并不长。

　　韩愈撰《顺宗实录》的具体情况，从他的《进〈顺宗皇帝实录〉表状》中可略知大概：

　　　　（元和）八年十一月，臣在史职，监修李吉甫授臣以前史官韦处厚所撰《先帝实录》三卷，云未周悉，令臣重修。臣与修撰左拾遗沈传师、直馆京兆府咸阳县尉宇文籍等共加采访，并寻检诏敕，修成《顺宗皇帝实录》五卷，削去常事，著其系于政者，比之旧录，十益六七。忠良奸佞，莫不备书，苟关于时，无所不录。吉甫慎重其事，欲更研讨，比及身殁，尚未加功。臣于吉甫宅取得旧本，自冬及夏，刊正方毕。③

---

　　① 刘昫等：《旧唐书》卷一百六十《韩愈传》，北京：中华书局，1975年，第4198页。
　　② 欧阳修等：《新唐书》卷一百七十六《韩愈传》，北京：中华书局，1975年，第5257页。
　　③ 韩愈：《韩昌黎全集》卷三十八，北京：中国书店出版社，1991年，第448～449页。

李吉甫于"元和九年冬，暴病卒"[1]；韩愈又"自冬及夏"对稿本进行"刊正"：《顺宗实录》的写成与韩愈进《表状》的时间，当是元和十年（815年）夏天了。

由以上可知：（1）韩愈撰《顺宗实录》是以韦处厚《先帝实录》为基础的，但因"削去常事，著其系于政者，比之旧录，十益六七"，改动是很大的。（2）除韩愈外，参与修撰《顺宗实录》的还有沈传师、宇文籍等[2]。（3）韩愈撰《顺宗实录》，始于元和八年（813年）十一月，终于元和十年（815年）夏，历时一年半左右。

韩愈《表状》说："修成《顺宗皇帝实录》五卷"；李汉在编纂《昌黎先生集》时也说："《顺宗实录》五卷，列于史书，不在集中"[3]。《新唐书》著录："《顺宗实录》五卷，韩愈、沈传师、宇文籍撰，李吉甫监修。"[4]以上所记，都是一致的。现在我们见到的《顺宗实录》，记载了自贞元二十一年（805年）正月唐德宗李适死、唐顺宗李诵即位，至元和元年（806年）正月李诵死、唐宪宗李纯即位共一年的重要史实，同时也还较多地涉及唐德宗统治时期的一些重大事件。

二

韩愈在《进〈顺宗皇帝实录〉表状》中说，他撰《顺宗实录》，"忠良奸佞，莫不备书，苟关于时，无所不录"。这并非自诩之辞。他的这四句话，可以概括为两个特点：一是直书，二是精当。通观《顺宗实录》全书，他确是这样做的。譬如：

---

① 刘昫等：《旧唐书》卷一百四十八《李吉甫传》，北京：中华书局，1975年，第3996页。

② 见欧阳修等：《新唐书》卷五十八《艺文志二》、刘昫等：《旧唐书》卷一百六十《宇文籍传》。

③ 李汉：《韩昌黎全集》序，见韩愈：《韩昌黎全集》，北京：中国书店出版社，1991年，第2页。

④ 欧阳修等：《新唐书》卷五十八《艺文志二》，北京：中华书局，1975年，第1472页。

1. 记"宫市"

> 贞元末，以宦者为使，抑买人物，稍不如本估。末年不复行文书，置白望数百人于两市并要闹坊，阅人所卖物，但称宫中，即敛手付与，真伪不复可辨，无敢问所从来。其论价之高下者，率用百钱物买人直数千钱物，仍索进奉门户并脚价钱。将物诣市，至有空手而归者。名为"宫市"，而实夺之。……然"宫市"亦不为改易。谏官御史，数奏谏陈，不听。

这些记载，把德宗的贪婪和顽固、"宫市"的危害、宦官的骄横、人民的苦痛，都揭露得很透彻。

2. 记盐铁使"进献"

> 旧盐铁钱物悉入正库，一助经费。其后主此务者，稍以时市珍玩时新物，充进献，以求恩泽。其后益甚，岁进钱物谓之"羡余"，而经入益少，至贞元末。逐月有献焉，谓之"月进"。

官僚的贪赃枉法、谄媚取容，君主的贪得无厌、纵容臣下，从"羡余""月进"可见一斑。

3. 记其他杂役勒索

> 贞元中要乳母，皆令选寺观婢以充之……贞元末，五坊小儿张捕鸟雀于闾里……近之，辄曰："汝惊供奉鸟雀！"痛殴之，出钱物求谢，乃去。

诸如此类的役外之役、巧取豪夺，弄得人心动荡，民不聊生。

《顺宗实录》的这些记载，准确而有力地从不同的侧面揭露了唐德宗的腐朽统治。

此外，韩愈对陆贽、阳城等人在唐德宗时遭受权臣裴延龄的谗毁、排斥，表示愤慨和不平。他在《顺宗实录》中写道："德宗自贞元十年已（以）后，不复有赦令，左降官虽有名德才望，以微过忤旨谴逐者，一去皆不复叙用"；顺宗时重新起用一批左降官员，"至是人情大悦"，"而陆贽、阳城皆未闻追诏而卒于迁所，士君子惜之"①。他记述宗室、京兆尹李实专横跋扈，聚敛成性；顺宗时贬官通州长史，"至遣，市里欢呼，皆袖瓦砾，遮道伺之，（李）实由间道获免"②，反映了人民群众对李实这种官员的痛恨，他还突出地记载了"永贞革新"的主要史实。韩愈虽然对王伾、王叔文等人并不表示同情，认为他们"朋党喧哗，荣辱进退，生杀造次，惟其所欲。不拘程度"③，失败是不可免的；但他对王叔文等革除德宗弊政以致"人情大悦"，"百姓相聚，欢啦大喜"④的反映，却都据实笔录，等等。

韩愈撰《顺宗实录》，能够秉笔直书，"著其系于政者"，绝不是偶然的。

第一，这是他的政治主张所决定的。例如，"德宗晚年，政出多门，宰相不专机务，宫市之弊，谏官论之不听。（韩）愈尝上章数千言极论之，不听，怒贬为连州阳山令，量移江陵府掾曹"⑤。韩愈从监察御史的高位，贬为一个普通的地方官员，但并未因此磨去锐气。元和十四年（819年），唐宪宗令中使"赴临皋驿迎佛骨"，举国骚动，

---

① 以上均见韩愈：《顺宗实录》卷二，丛书集成初编本，北京：中华书局，1985年，第5~6页。

② 韩愈：《顺宗实录》卷一，丛书集成初编本，北京：中华书局，1985年，第4页。

③ 韩愈：《顺宗实录》卷四，丛书集成初编本，北京：中华书局，1985年，第18页。

④ 以上均见韩愈：《顺宗实录》卷二，丛书集成初编本，北京：中华书局，1985年，第6页。

⑤ 刘昫等：《旧唐书》卷一百六十《韩愈传》，北京：中华书局，1975年，第4195~4196页。

韩愈乃上书极谏，认为信奉佛事"伤风败俗，传笑四方"，甚至说"东汉奉佛之后，帝王咸致夭促"①。唐宪宗大怒，欲加极刑，后得裴度等人力救，乃贬官潮州，再一次由朝廷大员降为地方小官。这是韩愈宦途上的最大的一次挫折。然而他的信念丝毫未变，正如他的诗所说："一封朝奏九重天，夕贬潮州路八千。欲为圣明除弊事，肯将衰朽惜残年。"②韩愈这种政治上的坚定精神，是他在史学上能够坚持直书的重要原因。

第二，中国史学传统的影响，是韩愈坚持直书的又一个重要原因。他说："愚以为凡史氏褒贬大法，《春秋》已备之矣。后之作者，在据事迹实录，则善恶自见。"③韩愈尊孔子，崇《春秋》，自不免言过其实。但他说的"据事迹实录，则善恶自见"，确是中国史学史上的优良传统。韩愈撰《顺宗实录》，正是继承了这个传统。他尤其反对"巧造语言，凿空构立善恶事迹"的做法，认为"传闻不同，善恶随人所见"，主张对历史材料作慎重的选择，不能轻率地"纪而传之"④。这些，都说明了韩愈对待历史的实事求是精神。

第三，韩愈的为人，《旧唐书》说是"发言直率，无所畏避，操行坚正，拙于世务"，"性弘通，与人交，荣悴不易"⑤。《新唐书》称赞他"操行坚正，鲠言无所忌"，"性明锐，不诡随。与人交，终始不少变"⑥。像这样一个耿直、正派的人，是不会玷污自己的史笔的。

当然，韩愈的思想里也存在不少消极的因素。他在《答刘秀才论

① 刘昫等：《旧唐书》卷一百六十《韩愈传》，北京：中华书局，1975年，第4200页。

② 韩愈：《韩昌黎全集》卷十，北京：中国书店出版社，1991年，第163页。

③ 韩愈：《答刘秀才论史书》，见《韩昌黎全集》外集卷二，北京：中国书店出版社，1991年，第486页。

④ 韩愈：《答刘秀才论史书》，见《韩昌黎全集》外集卷二，北京：中国书店出版社，1991年，第487页。

⑤ 刘昫等：《旧唐书》卷一百六十《韩愈传》，北京：中华书局，1975年，第4203页。

⑥ 欧阳修等：《新唐书》卷一百七十六《韩愈传》，北京：中华书局，1975年，第5255～5265页。

史书》中曾说："夫为史者，不有人祸，则有天刑，岂可不畏惧而轻
为之哉？"他甚至表示"行且谋引去"，要辞掉史馆修撰的工作。但是，
这毕竟不是他思想中的主流。与韩愈有密切交往的柳宗元指出：这
"与退之往年言史事甚大谬"①，因为柳宗元"昔与退之期为史志甚
壮"②。他们是曾经立志要在史学上做一番大事业的，基于此，柳宗
元在唐宪宗元和九年（814 年）正月二十一日致书韩愈，善意地批评了
韩愈的某些消极观点，并热情地鼓励他：

> 今学如退之，辞如退之，好议论如退之，慷慨自谓正直行
> 行焉如退之，犹所云若是，则唐之史述其卒无可托乎！明天子、
> 贤宰相得史才如此，而又不果，甚可痛哉！退之宜更思，可为
> 速为……③

"操行坚正"的韩愈，为人坦率、诚恳，次年，他撰成《顺宗实录》，
没有辜负人们对他的期望。

三

《顺宗实录》在唐代的政治生活中，尤其是在唐代的官修史书的
工作中，曾经掀起一阵轩然大波，"议者哄然不息"④。《旧唐书·韩
愈传》说：

---

① 柳宗元：《与韩愈论史官书》，见《柳河东集》卷三十一，上海：上海人民出版社，
1974 年，第 498 页。
② 柳宗元：《与史官韩愈致段秀实太尉逸事书》，见《柳河东集》卷三十一，上海：上
海人民出版社，1974 年，第 501 页。
③ 柳宗元：《与韩愈论史官书》，见《柳河东集》卷三十一，上海：上海人民出版社，
1974 年，第 500 页。
④ 欧阳修等：《新唐书》卷一百三十二后论，北京：中华书局，1975 年，第 4542 页。

时谓愈有史笔，及撰《顺宗实录》，繁简不当，叙事拙于取
舍，颇为当代所非。穆宗、文宗尝诏史臣添改，时愈婿李汉、
蒋系在显位，诸公难之。而韦处厚竟别撰《顺宗实录》三卷。

这一段关于韩愈及其《顺宗实录》的文字，于事实、于情理都存在着
许多谬误，且与《旧唐书》其他各处所记往往矛盾抵触。这里，至少
有三个问题是需要加以讨论和澄清的。

（一）关于"繁简不当，叙事拙于取舍，颇为当代所非"的问题

认为"繁简不当，叙事拙于取舍"，是造成《顺宗实录》"颇为当代
所非"的原因，进而证明韩愈无"史笔"的说法是不能成立的。《旧唐
书·路随传》："初，韩愈撰《顺宗实录》说禁中事颇切直，内官恶之，
往往于上前言其不实，累朝有诏改修。"这几句话，是说到了问题的
症结了："颇为当代所非"，原来是"内官恶之"；"所非"的原因也并
非"繁简不当"，而是"说禁中事颇切直"。把"切直"加上"不实"的罪
名，实在是太荒谬了。《新唐书·路隋（随）传》说："初，韩愈撰《顺
宗实录》，书禁中事为切直，宦竖不喜，訾其非实，帝诏隋（随）刊
正。""宦竖不喜，訾其非实"，这把宦官曲意攻击《顺宗实录》的真实
情况说得再明白不过了。朱熹认为："退之作史，详略各有意，'削
去常事，著其系于政者'，其褒善贬恶之旨明甚"，并认为《新唐书·
路隋（随）传》所论"此言是也"①。晁公武《郡斋读书志》和陈振孙《直
斋书录解题》在著录《顺宗实录》时，也都采用《新唐书·路隋（随）传》
的说法②。这些，反映了宋人对韩愈撰《顺宗实录》而遭到非难的
不平。

至于韩愈的"史笔"，《顺宗实录》已作了最好的回答。这里还须

---

① 参见韩愈：《韩昌黎全集》附录《朱子校昌黎先生集传》，北京：中国书店出版社，
1991年，第532页。

② 参见晁公武：《郡斋读书志》卷六，上海：上海古籍出版社，1990年，第220页；
陈振孙：《直斋书录解题》卷四，上海：上海古籍出版社，1987年，第125页。

说明的是：当朝宰相认为韩愈"有史才"，柳宗元称赞韩愈是"明天子、贤宰相得史才如此"，朱熹说韩愈"作史"有方。可见韩愈的"史笔"是自有公论的。《旧唐书·韩愈传》对此持讥刺和否定的看法，显然是大错特错了。

(二)关于《顺宗实录》的"改修"问题

《旧唐书·韩愈传》称："穆宗、文宗尝诏史臣添改"；《旧唐书·路随传》也说"累朝有诏改修"。然而，对韩愈所撰《顺宗实录》的"改修"，事实上只进行了一次。

《唐会要》记：唐文宗大和五年(831年)，中书侍郎、监修国史路随奉旨对《顺宗实录》"重加刊正，毕日奏闻"①。但《旧唐书·路随传》则记：大和七年(833年)，路随进《宪宗实录》后，"文宗复令改正永贞时事"。这就把改修《顺宗实录》的时间推到大和七年以后去了。以上二说，后者当误。据《旧唐书》卷十七下《文宗纪》、卷一百四十九《蒋乂传》附《蒋系传》、卷一百七十三《陈夷行传》等各卷所记，路随等奏进《宪宗实录》，均在大和四年(830年)而非大和七年(833年)②。可见，路随奉旨改修《顺宗实录》，应如《唐会要》所记，当在大和五年(831年)。

路随在什么情况下对《顺宗实录》进行改修，又是怎样进行改修的？从路随给唐文宗的一道奏章③，我们可以看到以下几个问题：第一，唐文宗令路随对《顺宗实录》进行改修的指示下达后，朝廷大

---

① 王溥：《唐会要》卷六十四《史馆下·史馆杂录下》，北京：中华书局，1955年，第1111页。

② 参见王钦若等：《册府元龟》卷五百五十四《国史部·恩奖》、卷五百五十六《国史部·采撰》所记，北京：中华书局，1960年，第6660、6687页。路随进《宪宗实录》，亦于是年。

③ 见刘昫等：《旧唐书》卷一百五十九《路随传》，北京：中华书局，1975年，第4192~4193页；欧阳修等：《新唐书》卷一百四十二《路隋传》，北京：中华书局，1975年，第4677页；王溥：《唐会要》卷六十四《史馆下·史馆杂录下》，北京：中华书局，1955年，第1111页；王钦若等：《册府元龟》卷五百五十六《国史部·采撰二》、卷五百六十二《国史部·不实》，北京：中华书局，1960年，第6687、6752页等略同。

哗，周居巢、王彦威、李固言、苏景胤等人纷纷上疏，"具陈刊改非甚便宜"；而且"班行如此议论颇众"，弄到了"庶僚竞言""表章交奏"的地步。于是监修国史路随也担心"果获修成"，"终为时累"。《顺宗实录》在文宗朝廷上毁誉纷纷，引起这么大的争论，绝不只是怎样看待一部史书的问题，而是曲折地反映了唐代中期以来庶僚集团和宦官集团的矛盾和斗争。第二，路随在上疏中指出："韩愈所书，亦非己出，元和之后，已是相循"，说明韩愈所撰《顺宗实录》不仅曾经得到唐宪宗的认可，而且在元和年间已相循抄录，广为流传了①。这个事实，与《旧唐书·韩愈传》所说《顺宗实录》"颇为当代所非"不相符合。随意改修史书，何能取信后人？这个意思，路随在上疏中虽未明说，但字里行间，还是不难看出来的。可见，围绕着改修《顺宗实录》的争论，也反映了史学上直书与曲笔两种史学传统的斗争。第三，由于上述两个原因，路随只好请求唐文宗对改修《顺宗实录》做出具体指示，这是他不得不采取的一个折中办法。唐文宗最后指示说："其实录中所书德宗、顺宗朝禁中事，寻根访柢，盖起谬传，谅非信史。宜令史官详正刊去，其他不要更修。"②唐文宗所说的"德宗、顺宗朝禁中事"原是"谬传"，应予以"刊去"，这就清楚地表明了韩愈《顺宗实录》为"当代所非"的具体内容和本质所在。

今存《顺宗实录》，由于只"改正"德宗、顺宗朝禁中事，"其他不要更修"，故大体上还保存着韩愈所撰原本的面貌。《新唐书》说："自韩愈为《顺宗实录》，议者哄然不息，卒窜定无完篇，乃知为史者亦难言之。"③这话对韩愈及其所撰《顺宗实录》颇抱同情之感，但说

---

① 王溥：《唐会要》卷六十三《史馆上·修国史》记：贞观十七年七月十六日，房玄龄等上所撰高祖、今上实录各 20 卷。唐太宗并赐皇太子及诸王各一部，京官三品以上欲写者亦听（北京：中华书局，1955 年，第 1092 页）。这件事说明，唐代历朝实录，一经修成进呈，便在皇族及高级官员中流传。

② 刘昫等：《旧唐书》卷一百五十九《路随传》，北京：中华书局，1975 年，第 4193 页。

③ 欧阳修等：《新唐书》卷一百三十二后论，北京：中华书局，1975 年，第 4542 页。

"卒窜定无完篇"，是过分夸大了。

（三）关于"韦处厚别撰《顺宗实录》三卷"的问题

韦处厚撰《顺宗实录》3 卷，如韩愈的《进〈顺宗皇帝实录〉表状》所说，分明是在韩愈撰《顺宗实录》之前，因其"未周悉"，监修李吉甫乃命韩愈"重修"。韩愈"重修"《顺宗实录》始于元和八年（813 年）十一月，可知韦处厚撰《顺宗实录》当在此之前。韦处厚在唐宪宗元和初任史职，后因坐与韦贯之"友善"，出为开州刺史①。考韦贯之被"诬以朋党"，贬为湖南观察使，事在唐宪宗元和六年（811 年）②。由此可证：韦处厚罢史职，出为开州刺史，亦应为是年③。准此，韦处厚撰《顺宗实录》（亦称《先帝实录》）3 卷，当在宪宗元和六年（811 年）之前。而《旧唐书·韩愈传》记此事于韩愈撰成《顺宗实录》之后，即宪宗元和十年（815 年）之后，确系误记。这个讹误，客观上也起了贬低韩愈及其所撰《顺宗实录》的作用，故不能不予以澄清。

韩愈修撰的《顺宗实录》同唐代历朝实录一样，成为五代与两宋人们研究唐代历史的极其宝贵的第一手资料；而由于两宋以后，唐代实录多已亡佚，后之治史者得以通过《顺宗实录》大体了解唐代实录的一般情况。这当然不能不归功于韩愈。至于韩愈"操行坚正，鲠言无所忌""性明锐，不诡随"的品格，以及他的叙事"切直"的史笔，则更是难能可贵的。

韩愈在文学史上享有崇高的声望，这是为人们所公认的；韩愈在史学史上的贡献，也是值得我们重视的。

---

① 刘昫等：《旧唐书》卷一百五十九《韦处厚传》，北京：中华书局，1975 年，第4183 页。

② 见刘昫等：《旧唐书》卷一百五十八《韦贯之传》，北京：中华书局，1975 年版，第4175 页；欧阳修等：《新唐书》卷一百六十九《韦贯之传》，北京：中华书局，1975 年，第5154 页。

③ 王溥：《唐会要》卷六十四《史馆下·史馆杂录下》记："（元和）六年四月，史官左拾遗樊绅、右拾遗韦处厚、太常博士林宝，并停修撰，守本官。"（北京：中华书局，1955年，第1108 页）亦可证韦处厚于元和六年去史职。

关于《顺宗实录》的几个问题

——兼答张国光同志[*]

自唐宋而降，关于《顺宗实录》撰者的问题几无人提出异议。清沈钦韩首倡今存《顺宗实录》非韩愈撰说，他针对司马光《资治通鉴考异》所称"详本""略本"写道："韦处厚先撰者三卷，昌黎后撰者五卷。略本是韦，详本出韩"。他以今本《顺宗实录》与《考异》相校，发现"无一事与详本合而适合彼所称略本"，从而得出今本"非韩公本文"的结论①。根据这个结论，今本当出于韦作。

前不久，见钱冬父所著《韩愈》一书，作者在谈到韩愈文集的编校时指出："外集中的《顺宗实录》，历来原认为没有什么问题，但据清朝学者沈钦韩的考证，肯定与韩愈无关，乃是另一个作

———————————

　＊　原载《北京师范大学学报》1982 年第 1 期。

　①　沈钦韩：《韩集补注·顺宗实录一》，光绪十七年三月广雅书局刊本，见《广雅丛书》第 531 册；参见《韩昌黎文集校注》，上海：上海古籍出版社，1986 年，第 694 页。

家韦处厚的著作"①。钱冬父是把沈的"考证"作为一种打破传统看法的观点加以介绍的，可见沈钦韩的观点有一定的影响。

最近，又读到张国光的文章：《今本〈顺宗实录〉非韩愈所作辨——兼与瞿林东、胡如雷诸同志商榷》②。《商榷》以沈的观点为基础，进一步提出：今本《顺宗实录》5卷"实际上是韦处厚编撰的，它并非韩愈等三人的撰作。韩愈等人的《顺宗实录》大约在北宋末靖康之难时，就亡佚了"；由于"韦（处厚）的名字又不像韩愈那样为人所熟知，于是他的名字遂为韩愈所代替，而原来3卷也就被传抄者分成5卷，以求符合韩作之数了"；因此，依据今本《顺宗实录》来评价韩愈的史笔和思想，是"张冠李戴""无的放矢"，等等。

张国光提出今本的撰者问题，是根本性的问题，从文学史和史学史的研究来看，都有辨明真相的必要。

一、关于韦本的流传问题

沈的"考证"和张的《商榷》，都把韦撰《顺宗实录》3卷（以下简称"韦撰本"或"韦本"）曾经广为流传作为立论的主要依据，进而才产生韦本即是《考异》所谓"略本"的推测，最后得出韦本即今本的结论。我认为，弄清韦本是否流传的问题，是辨明真相的一个关键。

韦本果真广为流传过吗？我的看法是否定的，根据是：

1. 韩愈的《进〈顺宗皇帝实录〉表状》③，是记载韦处厚曾撰《顺宗实录》（《表状》作《先帝实录》）3卷的最早，也是最可靠的史料。据此：第一，韦撰《顺宗实录》3卷，时在宪宗元和八年（813年）十一月前。第二，韦本撰成后，监修李吉甫认为过简，"未周悉"，没有批

---

① 参见钱冬父.《韩愈》，北京：中华书局，1980年，第58页。

② 载《文学评论丛刊》第7辑，北京：中国社会科学出版社，1980年，第328页。以下简称《商榷》。

③ 韩愈：《韩昌黎全集》卷三十八，北京：中国书店出版社，1991年，第448页。

准。第三，韦本作为未定稿，由监修李吉甫于元和八年十一月亲交史馆修撰韩愈，令其"重修"。第四，韩愈等以韦本为蓝本作重大的修改补充，撰成《顺宗实录》5卷（以下简称韩原本），"比之旧录，十益六七"。在上述过程中，韦本有没有可能流传出去？我认为，不可能。从韦处厚说，韦本既未取得监修认可，他是不敢泄露稿本的。从李吉甫说，既已令韩"重修"，更无将"未周悉"的韦本流布出去的理由。从韩愈等人说，他们直接承担"重修"任务，岂会把用作蓝本的他人写的未定稿传播出去？且他们并无此种权力。唐代皇帝实录被允许传抄的情况是存在的。例如：太宗贞观十七年（643年），房玄龄等上所撰高祖、今上实录各20卷。唐太宗并赐皇太子及诸王各一部，京官三品以上欲写者亦听①。但这必须是得到最高统治者认可的定稿本。韦本既未得到监修认可，又未上奏皇帝，应不在此例。因此，《商榷》所云"元和九年以后，韩愈的本子虽已定稿（按：当是元和十年夏天定稿——引者），但由于韦本成书在它之前，而且早已有人传抄，这样从元和九年以后，两种本子得以并存"的推论，难以成立。

2.韦本的流传不仅为当时修史制度所不许可，而且也受时间的限制，使其无法被广泛传抄。第一，韦在元和五年（810年）十月参与撰成《德宗实录》50卷②，次年四月即罢史职③，其撰《顺宗实录》3卷当在元和五年十月至六年四月间。而元和六年李吉甫重任监修，接管史馆，韦本自应转入李吉甫手中，他人当无可能传抄。第二，元

---

① 王溥：《唐会要》卷六十三《史馆上·修国史》，北京：中华书局，1955年，第1092页。

② 参见刘昫等：《旧唐书》卷十四《宪宗纪上》，北京：中华书局，1975年，第432页；欧阳修等：《新唐书》卷五十八《艺文志二》，北京：中华书局，1975年，第1472页；《旧唐书》卷一百四十九《蒋乂传》、卷一百五十九《韦处厚传》、卷一百六十八《独孤郁传》，分别见第4028、4183、4381页。

③ 王溥：《唐会要》卷六十四《史馆下·史馆杂录下》，北京：中华书局，1955年，第1108页。

和八年十一月，韦本由李吉甫授韩愈，令"重修"，直到元和十年（815年）夏韩原本定稿，韦本自当在韩愈手中，他人何能传抄？！第三，如果韦私藏副本或草稿，他应不敢出示外人，任人传抄，一是个人不能私藏国史、实录，二是他两次左迁①，不能不谨慎，三是韦本并没有得到合法地位。准此，他人何能得而抄之？！

3. 韦本会不会是元和十年夏韩原本定稿后才"有人传抄"而流传下来呢？我认为也没有这种可能性。首先，韩原本既经宪宗审批成为定本，按惯例，皇室和高级京官只能抄录定本，绝无舍韩就韦之理。其次，朝廷和史馆对国史、实录之未定稿管理甚严，这是韦本在元和十年后不可能流传的重要理由。有唐一代，间或也允许大臣在外修史，如"玄宗国史，张说在本镇兼修；代宗编年，令狐峘自外郡奏上"②。但此种情况毕竟很少，朝廷和史馆对此都持审慎态度。如开元十四年（726年），吴兢上疏玄宗，希望给予人力物力支持，助他撰写唐史，完成"皇家一代之典"。时兢已不在史职，故玄宗"敕兢就集贤院修成其书"③。同年，张说"既罢政事，在集贤院专修国史"④，旋又"诏说致仕，仍令在家修史"⑤。这两件事立即为朝臣所注意。开元十五年（727年），中书侍郎李元纮上奏：此种做法"遂令国之大典，散在数处。且太宗别置史馆，在于禁中。所以重其职而秘其事也"⑥。他建议玄宗诏命张说、吴兢就史馆

---

① 详见本书《韩愈与〈顺宗实录〉》一文。
② 王溥：《唐会要》卷六十三《史馆上·在外修史》，北京：中华书局，1955年，第1099页。
③ 王溥：《唐会要》卷六十三《史馆上·在外修史》，北京：中华书局，1955年，第1099页。
④ 欧阳修等：《新唐书》卷一百二十五《张说传》，北京：中华书局，1975年，第4400页。
⑤ 刘昫等：《旧唐书》卷九十七《张说传》，北京：中华书局，1975年，第3055页。
⑥ 刘昫等：《旧唐书》卷九十八《李元纮传》，北京：中华书局，1975年，第3074～3075页。

撰录，为玄宗采纳①。开元十七年（729年），吴兢"坐书事不当，贬荆州司马，以史草自随。萧嵩领国史，奏遣使者就兢取书，得六十余篇"②。天宝八年（749年），吴兢卒，"其子进兢所撰《唐史》八十余卷"③。以上史实说明，修撰国史的地点，对国史未定稿的控制，都为最高统治集团所关注。在这种严格的制度下，传抄国史、实录的未定稿，谈何容易！韦本《顺宗实录》岂能例外？

4. 韦本未曾流传，还可从下列史实得到印证：即《唐会要》《旧唐书》《崇文总目》《新唐书》《资治通鉴考异》等书，都无韦本流传的记载。

宋王溥所撰《唐会要》系据唐苏冕的《会要》和杨绍复的《续会要》整理补充而成，主要史事多出唐人之手。值得注意的是，《续会要》成书（853年），上距韩愈撰成《顺宗实录》只有38年，距韦处厚撰《先帝实录》也只有40余年，相去未远，所记史实应无重大出入。正因韦本不曾传世，故《唐会要》也就不可能有所记载。

《商榷》说："刘昫又在《韩愈传》中说了这么一句：'而韦处厚竟别撰《顺宗实录》三卷'。这说明《顺宗实录》还有另外一种本子，而这种本子显然也是刘昫看到过的"。联系《商榷》上文看，所谓"还有另外一种本子"即指韦本。这就明确肯定了：刘昫是见过韦本的。然而，根据上文分析，这种可能很难存在。这里，我要进一步指出：第一，刘昫错误地把韦本撰写时间置于韩原本问世之后，证明他对《顺宗实录》编撰经过不十分清楚。第二，如果他了解经过，且又见过韦本，就不可能用那种断然肯定的语气（"韦处厚竟别撰《顺宗实

---

① 刘昫等：《旧唐书》卷九十八《李元纮传》（北京：中华书局，1975年，第3075页）；王溥《唐会要》卷六十三《史馆上·在外修史》记此事于开元二十五年（北京：中华书局，1955年，第1099页），实误；以新、旧《唐书》之《张说传》《吴兢传》《李元纮传》考之，应为开元十五年，疑《会要》二十五年乃十五年之误。

② 欧阳修等：《新唐书》卷一百三十二《吴兢传》，北京：中华书局，1975年，第4529页。

③ 刘昫等：《旧唐书》卷一百二《吴兢传》，北京：中华书局，1975年，第3180页。

录》三卷")来记述未获批准的实录未定稿；有的学者因受刘昫等人上述错误的影响，也使自己的看法陷于谬误①。第三，韩愈《表状》载，韦本本名《先帝实录》，刘昫竟直称《顺宗实录》，此亦可证他未见韦书。要之，《商榷》所说韦本"显然也是刘昫看到过的"，论据是不足的。

《新唐书·艺文志》著录唐实录 25 部，说明：第一，虽经唐末、五代动乱，唐实录至北宋时大多尚存；第二，其所著录之唐实录，同朝异名者甚多②；第三，关于顺宗朝实录，仅著录"《顺宗实录》五卷。韩愈、沈传师、宇文籍撰，李吉甫监修"，韦撰《先帝实录》则未见著录。韦本不曾传世，因此其亦无从著录，这样看似更合乎逻辑。但《商榷》却推论：因"《崇文总目》的编者已不承认有韦本的存在，于是宋祁、欧阳修等人也就不再寻究了"。这里对古人所做的揣测，是没有说服力的。

再看《崇文总目》和《通鉴考异》的记载。《考异》："景祐中，诏编次《崇文总目》，《顺宗实录》有七本，皆五卷，题目'韩愈等撰'。五本略而二本详，编次者两存之。其中多异同，今以详略为别。③"这说明：第一，北宋景祐年间（1034—1038 年）皇家馆藏 7 本《顺宗实录》皆为 5 卷本，均题"韩愈等撰"，韦撰《先帝实录》3 卷本未见于馆藏中。《商榷》指摘"《崇文总目》的编者已不承认有韦本的存在"，系强人所难。第二，司马光发现 7 本《顺宗实录》中有两种本子，"五本

---

① 如清人胡承诺云："韩愈作《顺宗实录》，当时谓其繁简不当，序事拙于取舍。穆宗、文宗皆诏史官增定。而李汉、蒋系愈甥婿也，适在显位，故改作者难之。韦处厚遂别作数卷，是《实录》有二本也"（胡承诺：《绎志》卷十四"史学"，北京：中华书局，1985 年，第 290 页）。张舜徽先生所著《中国古代史籍举要》（武汉：湖北人民出版社，1980 年）一书，引胡氏此语，以证"实录的不可尽据"（见该书 119 页），似亦未安。

② 如太宗朝实录有《今上实录》《贞观实录》，则天朝实录有《则天皇后实录》《圣母神皇实录》，睿宗朝实录有《太上皇实录》《睿宗实录》，玄宗朝实录有《今上实录》《开元实录》《玄宗实录》等。

③ 参见司马光：《资治通鉴》卷二百三十六《唐纪五十二》顺宗永贞元年注引《考异》，北京：中华书局，1956 年，第 7608 页。

略而二本详"，"其中多异同"。工作"仔细"的司马光，并未在这两种本子的撰者问题上发现什么疑问处，只能"以详、略为别"。对此，《考异》表述十分清楚。至于《商榷》从《考异》所谓"详本""略本""其中多异同"（《商榷》间或误作"其中多异词"）等提法，得出"略本必是韦处原（厚）本"的结论，显然与司马光及其《通鉴考异》本意无涉。

二、关于略本的来源问题

由于《商榷》肯定"略本必是韦处厚本"，以此作为全文又一主要论点。因此，还必须就有关略本的来源问题作一简要的历史考察。

《通鉴考异》所谓详本、略本者，原只"以详、略为别"，"其中多异同"，并不存在详本、略本撰者各为何人的问题。由于沈钦韩凭空臆断："略本是韦，详本出韩"，从而造成混乱。《商榷》发挥沈的论点，力图"证明"《考异》所谓略本即韦本。《商榷》说："司马光所见到的《顺宗实录》有两种本子：一详一略。奇怪的是都题韩愈撰，都是5卷本。而司马光却未想想，难道同一个韩愈会在同一时间写出详略不同的两种本子的实录进呈而不管内容详略、卷数又是一样的吗？"在另一个地方，又说："如果两种本子都是经过韩愈审订的韩愈厚（原）本，怎么会有详有略、'多异词（同）'呢？"显然，《商榷》认为这些问题是难以找出答案的，于是断言："这两种本子只可能有一种是出于韩愈之手，而另一种则否"；"略本必是韦处厚本"。我认为：

首先，必须指出，沈钦韩的论点和《商榷》提出的疑问，都以韦本曾经传世作为前提。但是，上文已论证，前提不存在，因此，沈钦韩的论点自然是不能成立的，而《商榷》所提出的问题以及它对于这些问题的回答当然就是"无的放矢"了。

其次，韦本既不传，略本定非韦作；《考异》所谓略本必当另有来源。史载：唐宪宗元和十年(815年)夏，韩愈据宪宗对《顺宗实录》进奏稿的意见，"改讫"定稿，此即所谓韩原本，由李吉甫监修，经宪宗亲自审订，具有合法性和权威性。

然此《顺宗实录》却遭到宦官的抨击和诽谤，原因是"说禁中事颇切直，内官恶之"①。由于韩原本触及宦官隐痛，致使他们对其耿耿于心，横加攻击。这是韩原本遭厄运的真正原因。《旧唐书·韩愈传》记韩愈撰《顺宗实录》"繁简不当，叙事拙于取舍，颇为当代所非"云云，于事实、情理都存在许多谬误(详见本书下编《韩愈与〈顺宗实录〉》一文)，不足为据。

太和五年(831年)，文宗在宦官压力下，诏令监修国史路随对韩原本"刊正"，时上距韩愈进奏已历16年②。其始末，见于路随关于修改《顺宗实录》的奏章及文宗对奏章的批复③。

路随主持修改的韩愈《顺宗实录》(以下简称韩改本)是得到文宗批准的又一法定本。因其主要是"详正刊去""德宗、顺宗朝禁中事"，"其他不要更修"，故大体上还保存着韩原本面貌④。但因其毕竟已经"详正刊去"德宗、顺宗朝禁中事，故在内容上和文字上必较韩原

① 王溥：《唐会要》卷六十四《史馆下·史馆杂录下》，北京：中华书局，1955年，第1112页；刘昫等：《旧唐书》卷一百五十九《路随传》同，北京：中华书局，1975年，第4193页。

② 王溥：《唐会要》卷六十四《史馆下·史馆杂录下》，北京：中华书局，1955年，第1112页。

③ 据刘昫等：《旧唐书》卷一百五十九《路随传》，北京：中华书局，1975年，第4192～4193页。路随的奏章表明：文宗诏令路随等人对《顺宗实录》"重加刊正"的指示，立即遭到许多朝臣的反对，以致"庶僚竞言""表章交奏""议论颇众"。在这种紧张的气氛中，对《顺宗实录》"欲加笔削"的路随乃采取一种微妙的态度。他一方面表示拥护文宗关于"刊正"《顺宗实录》的决定，另一方面又表示他迫于"群议"，且为"流俗"和"时论"所误解，担心"刊正"实录，"终为时累"。因此，他把矛盾上交，请求文宗做出具体的修改指示，以"宣付史馆，委之修定"。处在宦官集团的压力和官僚集团的反对之间的唐文宗，也只能做出妥协性质的决定，指示："其实录中所书德宗、顺宗朝禁中事，寻访根柢，盖起谬传，谅非信史。宜令史官详正刊去，其他不要更修。"围绕韩愈《顺宗实录》的一场激烈争论，至此结束。

④ 参见本书下编《韩愈与〈顺宗实录〉》一文。

本简略，应无疑义。

准此，《通鉴考异》所谓略本，应为韩改本即路随修订本《顺宗实录》无疑；而韩原本从"元和之后，已是相循"，自当流传于世，此即后来《通鉴考异》所谓详本也。由于《商榷》以为韦本曾流传，并附会于略本，以致对真略本反倒"失之交臂"了。至于《商榷》作者感到"奇怪"的那些问题，其实是并不奇怪的。陈光崇在 1978 年发表的《唐实录纂修考》一文①，对此已有明确论列，足资参考，此不赘述。这里我只强调两点：韩愈《顺宗实录》既经路随删改，自然出现了两种详、略不同的本子；既有详、略之分，当然也就有"异"、有"同"，此其一。其二，因为路随的删改工作仅限于一定的范围，故撰者姓名与原书之卷数本不应有所变更，这是完全合情合理的。《商榷》作者责备司马光"却未想想"，是没有道理的。

综上所述，"足见沈钦韩在《韩集补注》里所说的，'则略本是韦，详本出韩无疑'的说法是失于深考，不可信从"②的；同样，《商榷》认为"略本必是韦处厚本"，也失于深考，不可信从。

三、关于今本的撰者问题

今本的撰者问题，乃是《商榷》一文主旨所在：这不仅涉及为《韩昌黎集·外集·顺宗实录》"正名"的问题，而且还必然影响到对韩愈的评价问题。这里只谈谈"正名"问题。

沈钦韩认为："略本是韦，详本出韩"；"今以此本（按：指今本《顺宗实录》——引者）与《通鉴考异》校之，无一事与详本合，而适合彼所称略本"。这里，沈提出的公式：略本是韦本，今本又为略本，故今本是韦本，撰者自然是韦。《商榷》则直截了当地提出："司马光

---

① 载《辽宁大学学报》1978 年第 3 期。
② 赵吕甫：《唐代的〈实录〉》，载《南充师院学报》1981 年第 1 期。

所见的略本，必是韦本亦即今本"。这把沈的公式进一步简化了。

上述两个公式，都包含着一个前提——韦本即是略本。沈对其"证明"很简单："韦处厚撰者三卷，昌黎撰者五卷"，3 卷之数少，故为略本，5 卷之数多，当是详本。实际上并没有提出什么论证。《商榷》虽用较多篇幅极力"证明""略本必是韦本"，但"证明"是没有多少说服力的。《商榷》还说："尽管司马光并没有说略本是韦本，详本是韩本，然而我们根据韩愈的表状，可以作出这种判断的"。可惜的是，却没有进一步说明怎样"作出这种判断"的。根据我的考证和分析，韦本不曾流传，而略本乃韩改本即路随修订本。沈钦韩和《商榷》认为韦本即略本的前提显然无法成立，故沈所谓今本"非韩公本文"及《商榷》所谓"书本亦即今本"亦均不能成立。

应当指出：沈以今本与《通鉴考异》所谓详本、略本加以比较，并得出今本"适合彼所称为略本"，是正确的。同样，《商榷》对这点的认识也是正确的。在这个问题上，我们没有分歧。但由于我们的前提并不一致，结论自然歧异。我提出的公式是：韩改本是为略本，今本亦为略本，故今本乃韩改本无疑，其撰者当是韩愈。

至此，还有什么疑义呢？在《商榷》看来，还是有的。因该文开篇即以"抓住了一个疑点作为突破口"，证明今本非韩愈所作。这个"疑点"是：

> 人们知道：研究永贞革新的第一手史料，就是《顺宗实录》。两唐书中的《顺宗纪》自然是据此制订而成的了。可是《旧唐书·顺宗纪》末引用了大段韩愈的话，却不见于韩愈集中的《顺宗实录》，这就值得研究了。这段话，刘昫冠以"史臣韩愈曰：顺宗之为太子也"云云……我认为《旧唐书》所引的这一段话，肯定是韩愈写的《顺宗实录》的结束语——"史臣赞"。
>
> 可是出乎我意外的是：韩愈集中的《顺宗实录》里竟找不出

《旧唐书》所引的那一段话来，遍查《韩昌黎集》也毫无踪迹。对此只有两种解释：一、这段话被删了；二、今本韩集中的《顺宗实录》本身可疑，《旧唐书》的主修者刘昫所见的不会是这个本子。

《商榷》根据这一"意外"发现推论：路随"刊正"《顺宗实录》时，"关于歌颂顺宗的内容，是绝不会被删去的。再说，那些话如果早在文宗朝就被刊去了，那刘昫又何从引用呢？""这就引起了我们的怀疑：难道刘昫所引用的韩愈的那一段歌颂顺宗而贬王叔文等人的话，会出自与今本《顺宗实录》不同的一种本子吗？"

这是《商榷》所"抓住"的"疑点"，亦即它推翻"南宋以来的旧说"，并替今本"正名为韦本"的"突破口"。现在，让我用史实来解开这些"疑点"并弥合这个"突破口"。

(一)关于《旧唐书·顺宗纪》后论(即"史臣韩愈曰"云云)的"去向"问题

《商榷》反复强调的那些话，尽管说得斩钉截铁，但却未必符合史实。查《旧唐书·顺宗纪》，其后论"史臣韩愈曰"云云凡7行：前6行，讲了6件事(善隶书，礼重师傅，从幸奉天，阻裴延龄等为相，侍宴鱼藻宫，未尝以颜色假借宦官)，所记皆顺宗为太子时之嘉言懿行；末1行，讲顺宗的"践祚"和"传政"。这些内容果真不见于韩集中的《顺宗实录》吗？否。只要翻开韩集，就会看到上述所举的前4事赫然载于《顺宗实录》首卷。二者相较，内容完全一致；所不同者，《顺宗实录》较详，《顺宗纪》后论较略。由此：第一，《商榷》的上述判断是没有根据的。第二，《商榷》认为《旧唐书·顺宗纪》后论所引韩愈这段话，"肯定是韩愈写的《顺宗实录》的结束语——'史臣赞'"；这一判断又不正确，这段话恰源于《顺宗实录》首卷开篇。以下史料为我们提供了一个无可辩驳的证据。韩集《顺宗实录》首卷记顺宗为太子时从幸奉天事曰："德宗之幸奉天，仓促间，上(按：指顺宗——引者)常亲执弓矢，率军后先导卫，备尝辛苦。"据韩愈《表状》所说，上面这件事情，是他在元和十年（815年）夏最后修订《顺宗实录》时，奉宪宗示补记于首卷的①。《表状》所云与今本所记完全吻合。这是《旧唐书·顺宗纪》后论"史臣韩愈曰"云云确实出自韩愈《顺宗实录》首卷的有力证据，也是今本绝非韦撰、定系韩著的有力证据。

（二）关于刘昫所引《顺宗实录》的本子问题

《商榷》问道：《旧唐书·顺宗纪》后论所引韩愈的话，"如果早在文宗朝就刊去了，那刘昫又何从引用呢？"难道这段话"会出自与今本《顺宗实录》不同的一种本子吗？"《商榷》提出这些问题的本意，是为证明刘昫所引与今本不是一个本子，亦则不是出于同一作者，进而证明他的今本非韩著而系韦撰的结论。

然而，《商榷》作者反复强调《旧唐书·顺宗纪》后论所引的韩愈那段话，其大部分内容既见于今本《顺宗实录》，说明今本出于韩愈之手无疑；其另一部分内容却又未见于今本，说明今本《顺宗实录》乃是刘昫所引《顺宗实录》的删改本，亦无疑。这就再次证明：《通鉴考异》所谓详本是为刘昫所引本即韩原本，所谓略本是为今本即韩改本，撰者都是韩愈。由于《商榷》只看到韩原本和韩改本的共同点，忽略了其不同点，又以不曾传世的韦本附会略本，因而不可能得出正确的结论。

（二）关于今本《顺宗实录》本身是否可疑的问题

为了真正弄清事情真相，恢复史事本来面目，我想再赘述儿句。先看《旧唐书·顺宗纪》后论中的后一部分，即不见于今本《顺宗实录》的那一部分内容：

① 韩愈《表状》云："……圣明所鉴，毫发无遗，恕臣不逮，重令刊正，今并添改讫。其奉天功烈，更加寻访，已据所闻，载于首卷。"见韩愈：《韩昌黎全集》卷三十八，北京：中国书店出版社，1991年，第449页。

尝侍宴鱼藻宫，张水嬉，彩舰雕靡，宫人引舟，为棹歌，丝竹间发，德宗欢甚。太子（按：指顺宗——引者）引诗人"好乐无荒"为对。每于敷奏，未尝以颜色假借宦官。居储位二十年，天下阴受其赐。惜乎寝疾践祚，近习弄权；而能传政元良，克昌运祚，贤哉！①

这一段刘昫所引《顺宗实录》（详本）当有，今本《顺宗实录》（略本）则无的话，虽在文字上已经刘昫等人删节，但内容上当不会与原文有出入。问题是：今本为什么没有这后一部分内容？其实，只要联想到《顺宗实录》"说禁中事颇切直，内官恶之"，联想到文宗命路随"刊正""所书德宗、顺宗朝禁中事"，问题就清楚了。这段话所举内容恰恰涉及"德宗、顺宗朝禁中事"，并牵连宦官，因而被路随"刊去"。如德宗奢侈淫逸，顺宗"引诗人'好乐无荒'为对"；顺宗不满于奴才干政，"每于敷奏，未尝以颜色假借宦官"；顺宗"传政元良"，等等。这些记载，都使"宦竖不喜"，"内官恶之"②。尤其是后来宪宗为"内官陈弘志弑逆"③事件发生，这种"不喜""恶之"乃发展为深讳大忌。韩愈《顺宗实录》在穆宗朝以后所经历的命运，其源盖出于此。

已故著名史家陈寅恪先生，在《〈顺宗实录〉与〈续玄怪录〉》④一文中，对造成《顺宗实录》这种命运的历史原因作了详尽的考证。该文结末处一段，至为得当，可视为关于这桩历史公案的公正判决：

韩退之与宦官俱文珍有连……故《顺宗实录》中关涉宫禁诸条，既传自当日之阉宦，复经宪宗鉴定添改，则所纪者，当能

---

① 刘昫等：《旧唐书》卷十四《顺宗纪》，北京：中华书局，1975年，第410页。
② 欧阳修等：《新唐书》卷一百四十二《路随传》，北京：中华书局，1975年，第4677页。
③ 刘昫等：《旧唐书》卷十五《宪宗纪下》，北京：中华书局，1975年，第472页。
④ 参见陈寅恪：《金明馆丛稿二编》，上海：上海古籍出版社，1980年，第74～81页。

得其真相，但即因是转为阉人所恶。盖其党类于永贞之末，胁迫顺宗以拥立宪宗之本末，殊不欲外廷知之也。及宪宗又为内官所弒，阉人更隐讳其事，遂令一朝国史，于此大变，若有若无，莫能详述。然则永贞内禅及宪宗被弒之二大事变，即元和一代，其君主与宦官始终之关系，实为穆宗以后阉党之深讳大忌，故凡记载之涉及者，务思芟夷改易，绝其迹象。①

陈先生的考证和分析，雄辩地揭示了"唐代自中叶以后，凡值新故君主替嬗之际，宫禁之中，几例有剧变，而阉宦实为此剧变之主动者"这一历史现象；指出了宦官对这类事件"深忌甚讳，不欲外廷有所得闻"，"以免其族类为士大夫众矢之的"的卑怯心理。

韩原本终于在文宗朝遭删改的命运，是不可避免的。而《旧唐书·顺宗纪》后论中的后一部分内容不见于今本，也就不足为怪了。今本虽非刘昫所引之韩原本亦即详本，但确为路随删订之韩改本亦即略本，其撰者为韩愈（包括沈传师、宇文籍）已毋庸置疑。要之，《商榷》认为"今本韩集中的《顺宗实录》本身可疑"的说法，是没有根据的。《商榷》由于立论缺乏充分根据，导致了一系列推论失当，以致造成最后结论的错误。②

① 陈寅恪：《金明馆丛稿二编》，上海：上海古籍出版社，1980 年，第 80 页。
② 本文初稿作于 1981 年 4 月，曾以打印件分别寄呈胡如雷、陈光崇、赵吕甫三位教授审阅。同年 6 月，他们先后复信作者，除表示赞同本文的论点外，还提出了一些修改意见。本文定稿时，参考了三位先生的意见。值此结集之际，略述始末，以志谢忱，1988 年 3 月 14 日。

柳宗元史论的理论价值和历史地位

一、一个被忽略的问题：柳宗元和历史学

柳宗元作为文学家和诗人，他在中国文学史上的崇高地位是早已被承认了的。作为思想家，他在中国唯物主义无神论发展史上的杰出贡献，也为当代的中国思想史研究者所肯定。本文所提出和讨论的问题，是关于柳宗元和历史学的关系以及他在唐代史学的历史理论发展上所取得的光辉成就。毋庸讳言，这是一个被中国历史学界长期忽略的问题。

我涉足唐代史学以来，逐渐形成了这样一个看法：柳宗元在文学史上和思想史上的成就，"掩盖"了他在史学史上的建树；然而，一个异常明显的事实是，如果从史学的观点来看，柳宗元的学术活动及其撰述，实为中唐史学的重要组成部分。我的这个看法的根据是：

——柳宗元年轻时即有志于史学，他曾说过："昔与退之（韩愈）期为史，志甚壮"①。

——柳宗元爱读史书，且以观察古今得失成败为其旨趣，他有诗作《读书》一首，首六句是："幽沈谢世事，俛默窥唐虞。上下观古今，起伏千万途。遇欣或自笑，感戚亦以吁！"②

——柳宗元谙究《国语》，作《非国语》2卷，这是就一部史著进行评论的专书；唐人以前所撰此类著作流传至今者，已甚寥寥。

——柳宗元曾作《与韩愈论史官书》，同韩愈论辩史官职责，是为"柳韩争辩文字中一巨案"③；柳书代表了古代史家的优良传统，并对启迪史家的自我意识和自身修养产生了深远的影响。他在实地调查的基础上写成的《段太尉逸事状》，反映出他在历史撰述上的实录精神和他对史学工作的关注与支持。

——柳宗元所撰的《贞符》《封建论》《天说》《天对》等大文章，都是中唐时期历史理论方面的杰作；以此为标志，形成了唐代史学在史论发展上的一个新的高峰，等等。

因此，很久以来，我就想提出一个命题——作为史学家的柳宗元。这倒不是一定要给柳宗元戴上"史学家"的桂冠，也不是担心柳宗元研究被文学史研究者和思想史研究者所"垄断"了。我的目的是，希望通过对于这个问题的思考和探索，提醒人们以冷静的和审慎的眼光来看待唐代史学发展的历史进程，看待柳宗元撰述活动的史学意义及其理论价值与历史地位。这对于唐代史学的研究，乃至对于整个古代史学的研究，或许都会有一点启发。

侯外庐先生说，柳宗元"有一种巨大的'历史感'"④。有的研究

①　柳宗元：《与史官韩愈致段秀实太尉逸事书》，见《柳河东集》卷三十一，上海：上海人民出版社，1974年，第501页。

②　柳宗元：《柳河东集》卷四十三，上海：上海人民出版社，1974年，第740页。

③　章士钊：《柳文指要》上卷，北京：中华书局，1971年，第920页。

④　侯外庐：《柳宗元哲学选集》序，香港：中华书局香港分局，1976年，第21页。

者也指出，柳宗元在永贞改革失败后被贬官永州时期所从事的理论研究，"有着更丰富的历史知识做基础，渗透着深刻的历史发展观念"①。显然他们是分别从思想史和文学史的研究来看待这个问题的，如果我们从史学发展上对柳宗元的思想和著作进行探讨的话，则这种探讨不仅是史学史研究所必需的，而且也有助于人们从文、史、哲三个方面去全面评价柳宗元在中国文化史上的地位。

柳宗元史论涉及的方面很广阔，但重要的是这三个方面：历史观；如何认识历史和撰写史书，这里有历史观的问题，也有历史文献学和历史编纂学的问题；史家修养。在他的史论中，这三个方面的问题有时是互相交织在一起的；为了论述上的方便，本文是分别从它们各自的着重点上来评论它们的。

二、《天说》《天对》：对天人相分理论的发展

殷周时期的"天命"思想在历史上有长远的影响，尽管西周末年开始出现了人们对于"天命"的怀疑，春秋时期有的政治家公开表示轻"天道"而重"人道"，战国时期荀子提出"制天命而用之"的主张和"天人之分"的理论②，但在汉初却出现了董仲舒的"天人感应"论的思想体系，鼓吹"唯天子受命于天，天下受命于天子"③，"灾"与"异"都是上天告警，等等。董仲舒的"天人感应"论不仅给皇权编织了神秘的外衣，也为天人合一的思想制造了新的理论。接着便是司马迁提出了"究天人之际，通古今之变，成一家之言"的撰述思想，这是中国史学家第一次明确地把推究"天人之际"的问题作为历史撰述上的重要内容提出来，因而在史学思想发展上有重大的理论价值。

① 孙昌武：《柳宗元传论》，北京：人民文学出版社，1982年，第235页。
② 《荀子》卷一《天论》，丛书集成初编本，北京：中华书局，1985年，第359、349页。
③ 董仲舒：《春秋繁露》卷十一《为人者天》，丛书集成初编本，北京：中华书局，1991年，第175页。

此后，在很长的历史年代里，关于"天人之际"的问题一直为史学家、思想家、政治家所关注。它既是哲学问题，又是史学问题和政治问题。唐肃宗时人尚衡曾撰《文道元龟》，指出："古人之贵有文者，将以饰行表德，见情著事，杼轴乎天人之际，道达乎性命之元，正复乎君臣之位，昭感乎鬼神之奥。①"他讲的是"文道"，其实同史学、思想、政治都有关系。

关于"天人之际"的讨论，代有其人，主要有两种看法：一是天人相合说，一是天人相分说。这两种看法，是中国思想史上唯心主义和有神论同唯物主义和无神论之间斗争的重要内容。这个斗争，从东汉至中唐以前，有几次大的较量，都跟史学有关。如东汉章帝建初四年(79年)的白虎观会议及其所产生的官方典籍《白虎通义》（《白虎通德论》），使董仲舒的"天人合一"说法典化，史学家班固是这部"钦定的哲学、神学、经义的法典"的撰稿人②。与此同时，则有王充对天人感应说的大规模的批判。南朝梁武帝天监六年(507年)，由皇帝下诏批驳范缜《神灭论》，大僧人法云作《与王公朝贵书》动员王公朝贵60余人"围剿"《神灭论》，史学家沈约撰有《答释法云书难范缜〈神灭论〉》《神不灭论》《难范缜〈神灭论〉》等文③，反复申明他的"神本不灭，久所服膺"的思想。隋末唐初，佛教在南北朝大盛的基础上继续发展，武德七年(624年)科学家傅奕上疏，请求废除佛教，根据之一是："生死寿夭，由于自然；刑德威福，关之人主。乃谓贫富贵贱，功业所招，而愚僧矫诈，皆云由佛。窃人主之权，擅造化之力，其为害政，良可悲矣！"此后"又上疏十一首，词甚切直"，但当"高祖付群官详议"时，只有太仆卿张道源一人支持傅奕。太宗继位，傅奕又指出，佛教"于百姓无补，于国家有害"，太宗"颇然

---

① 董诰等：《全唐文》卷三百九十四，北京：中华书局，1983年，第4014页。

② 白寿彝：《中国史学史》第1册，上海：上海人民出版社，1986年，第55页。

③ 参见严可均：《全梁文》卷二十八、二十九，见《全上古三代秦汉三国六朝文》，北京：中华书局，1958年，第3115、3120～3121页。

之"。傅奕跟唐初史学也有关系，他曾"集魏、晋已（以）来驳佛教者为《高识传》十卷，行于世"①。值得注意的是，这一时期的"正史"撰述，大多没有跳出"天命"论的窠臼。《宋书》《南齐书》《魏书》自不待言②，就是以重人事著称的魏徵在其所撰史论中亦难免有所流露③。即便是以对前史进行严肃批评而著称的刘知幾，也没有否认"天道"的存在和"灾祥之作，以表吉凶"的传统观念，他只是怀疑一切"天道"都与"人事"有联系，怀疑前史有关灾祥与休咎的记载的可靠性和必要性。他在这些问题上的态度是："子曰：'盖有不知而作之者，我无是也。'又曰：'君子于其所不知，盖阙如也。'又曰：'知之为知之，不知为不知，是知也。'呜呼！世之作者，其鉴之哉！谈何容易，驷不及舌，无为强著一书，受嗤千载也。"④他主张把不可捉摸的"天道"搁在一边，只研究和撰述"人事"就是了。刘知幾具有唯物主义倾向，但他并没有对"天道"进行解释，更没有对它做较系统的批判。这不仅是刘知幾史学思想的缺陷，也是汉唐之际历史理论发展中尚未解决的重大课题。柳宗元的关于天人相分的理论就是在这样的历史条件下提出来的。

柳宗元的天人相分的理论，上承荀子、王充等进步思想家的唯物主义、无神论传统，并密切结合中唐时期思想领域的斗争而逐步展开。他对"天"的纲领性看法，是在为批评韩愈的"天可赏罚"的论

---

① 以上见刘昫等：《旧唐书》卷七十九《傅奕传》，北京：中华书局，1975 年，第 2715～2717 页。按：傅奕所著《高识传》，《新唐书·艺文志二·杂传记类》有著录。

② 《宋书》卷二十七《符瑞志》序："夫龙飞九五，配天光宅，有受命之符，天人之应。"《宋书》卷三十《五行志》序："夫天道虽无声无臭，然而应若影响，天人之验，理不可诬。"《南齐书》卷二《高帝纪》赞："于皇太祖，有命自天。"其帝纪后论多称说"天命""天意"。《魏书》卷一《序纪》后论："帝王之兴也，必有积德累功博利，道协幽显，方契神祇之心。"《魏书》卷二《太祖纪》后论："将人事不足，岂天实为之。"等。

③ 《梁书》卷六本纪总论："上天降鉴，此焉假手，天道人事，其可诬乎！"《隋书》卷二《高祖纪》后论："斯乃非止人谋，抑亦天之所赞也。"

④ 刘知幾：《史通》卷三《书志》，浦起龙通释，上海：上海古籍出版社，1978 年，第 67 页。

点而写的《天说》一文中。从柳宗元《天说》所引韩愈的论点来看，后者是在反复说明"天"是有意志的，可以赏功罚祸；认为人们"呼天""怨天"虽不是"知天"的表现，但却都是有作用的。韩愈说："吾意天闻其呼且怨，则有功者受赏必大矣，其祸焉者受罚亦大矣。"这仍然是天人感应论的说教。柳宗元针对韩愈的这种说法，明确地指出：

> 天地，大果蓏也；元气，大痈痔也；阴阳，大草木也。其乌能赏功而罚祸乎！功者自功，祸者自祸，欲望其赏罚者大谬。呼而怨，欲望其哀且仁者，愈大谬矣。①

在柳宗元看来，天地、元气、阴阳都是物质，是没有意志的，因而不具有赏功、罚祸的能力；功与祸都只有通过其自身去说明，希望"天"来赏罚、给予人们同情和爱护，真是再荒谬不过了。我们知道，天人感应论在社会实践中的主要作用，是为"君权神授"制造理论根据。宣扬"天"能赏功罚祸，无非是要人们敬畏"天"，从而敬畏"天"所庇护的人君，承认现成的社会等级秩序和伦理秩序。柳宗元指出"天"是物质，不能赏功罚过，当然也不会庇护人君。这就从根本上否定了君权神授的种种编造，对于人们重新认识历史和社会，有很大的积极意义。

饶有兴味的是，柳、韩关于"天"的辩难，引出了刘禹锡的《天论》3篇和柳宗元的《答刘禹锡〈天论〉书》，从而把这个讨论推向更深入的程度。刘禹锡认为柳宗元的《天说》"非所以尽天人之际"，因此他"作《天论》以极其辩"。刘禹锡《天论》在理论上的贡献是：第一，把天的作用和人的作用作了严格的区别。他指出："天，有形之大者也；人，动物之尤者也。天之能，人固不能也；人之能，天亦有所

---

① 以上均见柳宗元：《天说》，见《柳河东集》卷十六，上海：上海人民出版社，1974年，第285～286页。

不能也，故余曰：天与人交相胜耳。"这就补充了柳宗元《天说》只说了"天"而没有说"人"的不足，同时划清了"天之能"与"人之能"的界限。第二，论证了"天之能"是自然作用，"人之能"是社会作用，他指出：

> 天之道在生植，其用在强弱；人之道在法制，其用在是非。阳而卓生，阴而肃杀；水火伤物，木坚金利；壮而武健，老而耗眊；气雄相君，力雄相长：天之能也。
>
> 阳而艺树，阴而揫敛；防害用濡，禁焚用光；斩材窾坚，液矿硎铓；义制强讦，礼分长幼，右贤尚功，建极闲邪：人之能也。

通过说明"天之能"和"人之能"的不同的表现形式，进一步论证了"天"是客观存在的自然，是万物"生植"的条件，而"人"则是按照"法制"进行生产活动和政治活动、伦理活动的。当然，刘禹锡把"气雄相君，力雄相长"也看作是"天之能"，显然是不对的；但他在这里所表达的主要思想倾向大致是不错的。第三，试图从认识论根源上说明人们在"天人之际"问题上的不同看法。刘禹锡结合对于社会历史的考察，认为在"法大明""法小弛""法大弛"的不同社会条件下，人们对于"天命"的认识是不同的。他的结论是："生乎治者，人道明，咸知其所自，故德与怨不归乎天；生乎乱者，人道昧，不可知，故由人者举归乎天，非天预乎人尔。"①这就是说，"天命"是乱世造成的；"天命"本不存在，是人们在"是非易位"的情况下，无法解释现实中的问题而"举归乎天"，并不是"天"真的能够干预人事。刘禹锡的《天论》补充了和丰富了柳宗元的《天说》，所以柳宗元说："其归要

---

① 以上所引均见刘禹锡：《天论上》，见《刘禹锡集》卷五，北京：中华书局，1990年，第67～69页。

曰：非天预乎人也。凡子之论，乃吾《天说》传疏耳，无异道焉"①。
由韩、柳的争论而引起刘、柳的切磋，把中唐时期关于"天人之际"
问题的认识推进到一个前所未有的高度。

如果说《天说》还只是柳宗元关于"天人相分"的一个论纲的话，
那么他为答复屈原《天问》而作的《天对》，则包含着他在这方面的极
其丰富的思想和论点。《天问》是文学作品，但它提出了有关自然和
历史方面近 200 个问题，在一定程度上反映了战国时人的思想和认
识，因而在思想史和科学史上占有重要的地位。千年以下，柳宗元
首次为之作"对"，以当时所能达到的自然知识和历史知识的水平，
回答了屈原所提出的问题，其理论价值同样是很高的，在历史理论
发展史上占有突出的地位。

在《天问》里，关于"天人之际"的问题和关于远古历史的问题常
常是结合在一起提出来的。如《天问》一开始就提出：

> 日遂古之初，谁传道之？上下未形，何由考之？冥昭瞢暗，
> 谁能极之？冯翼惟像，何以识之？

屈原问的是：关于远古开始的情形，是谁传说下来的？天地还未形
成，根据什么来考察？昼夜未分，混沌一片，谁能弄得清楚？天地
未形成时，只有盛满的大气，这种无形的象是怎么认识的呢？

柳宗元《天对》的回答是果断而又明确的："本始之茫，诞者传
焉。鸿灵幽纷，曷可言焉！"意思是：关于天地形成以前的种种恍惚
无凭的情形，都是荒诞的人传述下来的。那些开天辟地的神灵事迹，
都是混乱不清的传说，有什么可讲的呢？

接着前面的问题，屈原继续问道："明明暗暗，惟时何为？阴阳

---

① 柳宗元：《答刘禹锡天论书》，见《柳河东集》卷三十一，上海：上海人民出版社，
1974 年，第 503 页。

三合，何本何化?"意思是说：昼夜交替，这是为了什么？（阴、阳、天）这三者的结合，什么是本源？又如何变化？柳宗元回答说："窈黑晰眇，往来屯屯，庞昧革化，惟元气存，而何为焉！合焉者三，一以统同，吁炎吹冷，交错而功。"①意为：昼夜交替，万物从蒙昧状态变化发展起来，这一切都是由于存在着"元气"的缘故，那里是谁造成的呢！阴、阳、天的结合，同样是受"元气"支配的。"元气"缓缓地吹动，造成炎热的天气，迅疾地吹动，造成寒冷的天气，冷热交替而发生作用。

此外，柳宗元还反复讲道："天"是由"阳气"凝聚而成的，是出于自然，谁也没有为此建立功绩，有过劳作（"无营以成，沓阳而九"，"冥凝玄厘，无功无作"）；"天"没有边极，它广大无垠（"无极之极，漭泫非垠"），没有中心和边缘（"无中无旁"）；等等。

从《天对》对《天问》的这些"回答"中，可以清楚地看出，柳宗元在关于宇宙起源、运动等问题上，继承了自荀子、王充以来的"元气"一元论的思想，认为"天"是物质构成的，是自然形成的；自然的变化，是"元气"运动所造成的等唯物主义和无神论观点。柳宗元完全否定了任何造物主的存在，从而比较彻底地揭穿了自古以来人们对于"天"的神秘感和敬畏感，为重新探讨"天人之际"问题开辟了一条接近于科学认识的道路。侯外庐先生指出：《天对》说的"合焉者三，一以统同。吁炎吹冷，交错而功"，是"明确肯定阴阳二气之外没有其他动力；它们参错相合为一；阴阳二气本身的'吁炎吹冷'的相反相成的作用，这就是它们'交错而功'的内在根源。很明显，柳宗元将运动的主体归结为'元气'本身对立物'交错'的作用，这在中

---

① 上引《天问》，依《楚辞集注》卷三，丛书集成初编本，北京：中华书局，1991年，第35页；《天对》，依《柳河东集》卷十四，上海：上海人民出版社，1974年，第227~267页；译语，参照复旦大学中文系古典文学教研组：《天问天对注》，上海：上海人民出版社，1973年，第1~2页。下同。

国唯物主义史上是值得大书特书的见解"①。对于这个评价，柳宗元应是当之无愧的。

《天对》中的唯物主义思想，同样贯串在作者对于历史的看法上。《天问》所提出的历史问题，自远古迄于当代，涉及许多事件和人物。这些问题，有些在当时可能是带有普遍性的，有些显然是屈原本人在探索中提出来的。例如，屈原问道："授殷天下，其德安施？乃成乃亡，其罪伊何？"上天把天下授予殷，是因为殷施行了什么德政吗？殷朝兴了又亡了，它的罪过是什么呢？这里问的是关于殷朝兴亡的大问题。柳宗元不认为"天"与殷有什么授受关系，认为它的兴与亡都跟人事有关："位庸庇民，仁克莅之。纣淫以害，师殛圮之"。王位是用来保护民众的，有仁德的人才能居于此位。纣王荒淫无道而害民，所以众人把他推翻了。在直接回答有关"天命"的问题时，柳宗元同样坚持他的"天人相分"的思想。如屈原问齐桓公的成败与"天命"究竟是什么关系："天命反侧，何罚何佑？齐桓九合，卒然身杀？"天命反复无常，根据什么进行惩罚和施加保佑？齐桓公九合诸侯，为什么最后还是被杀死？"天命靡常"，这是西周末年以来产生的对"天"表示怀疑的思想的一种表现，屈原以齐桓公的霸业和杀身为例重新提出了这个问题。柳宗元回答说："天邈以蒙，人么（yāo妖）以离。胡克合厥道，而诘彼尤违？桓号其大，任属以傲。幸良以九合，逮孽而坏。"天高高在上而又昏昧无知，人渺小而与天无关，怎么能够把人事同天道相附会，去责问上天赏罚不当呢？齐桓公自恃强大，就傲慢地对待臣属。幸而得到良臣，才能九合诸侯；后来遭逢奸臣，事业就败坏了。在柳宗元看来，不论是殷朝的兴亡，还是齐桓公的成败，都是"功者自功，祸者自祸"，跟昏昧无知的"天"

---

① 侯外庐：《柳宗元哲学选集》序，香港：中华书局香港分局，1976年，第9页。按：侯外庐先生将"合焉者三，一以统同"释为阴阳二气参错相合而为一，与上文所引将"三"解释为阴、阳、天有所不同。

毫无关系。像这样对于历史变化所做的唯物主义的解释，在《天对》里还可以举出不少。

恩格斯曾经这样说过："我们要求把历史的内容还给历史，但我们认为历史不是'神'的启示，而是人的启示，并且只能是人的启示。"①柳宗元的认识当然还不能达到这样明确、这样科学的高度。但是，当我们以这样的认识去看待柳宗元的上述思想和论点时，就会惊异地发现：《天对》中这些以回答问题的方式所阐述的对于历史的种种看法，都是力图在否定传统观念中所宣扬的"天命"的启示，而努力揭示"人事"的启示。从这个意义上看，柳宗元的《天说》《天对》在中国古代历史理论发展史上无疑应占有崇高的地位。而《天对》对后世唯物主义思想发展的影响，从南宋杨万里作《天问天对解》、明代王廷相作《答天问》和明清之际王夫之在《楚辞通释》中对《天问》的注释撰述中，足可窥其渊源。

还应当说明的是，柳宗元关于"天人相分"的理论，在他的另外一些论著中也有不少精彩的论述。如他在《褅说》中写道："夫圣人之为心也，必有道而已矣。非于神也，盖于人也"。② 在《时令论上》中说："圣人之道，不穷异以为神。不引天以为高，利于人，备于事，如斯而已矣"。认为《月令》之说"特瞽史之语，非出于圣人者也"③。在《断刑论下》中他更是直言不讳地指出："古之所以言天者，盖以愚蚩蚩者耳，非为聪明睿智者设也"。④ 此外，在《贞符》里，尤其是在《非国语》里，还有许多这样的论述（本文下面将作专题阐述）。所有这些，都表明柳宗元在思想上力图把"天"与"神"完全从历史领域中排除出去的意向。这在中国古代历史理论发展上具有划时代的意义。诚如章太炎所说：

---

① 《马克思恩格斯全集》第 3 卷，北京：人民出版社，2002 年，第 520 页。
② 柳宗元：《柳河东集》卷十六，上海：上海人民出版社，1974 年，第 296 页。
③ 柳宗元：《柳河东集》卷三，上海：上海人民出版社，1974 年，第 53 页。
④ 柳宗元：《柳河东集》卷三，上海：上海人民出版社，1974 年，第 58 页。

昔无神之说，发于公孟（原注：《墨子·公孟》篇："公孟子曰：'无鬼神。'"是此说所起，非起晋代阮瞻。阮瞻但言无鬼，而公孟兼言无神，则识高于阮矣）；排天之论，起于刘、柳（原注：王仲任已有是说，然所排者惟苍苍之天而已，至刘、柳乃直拨天神为无）。①

我们不妨把这看作是对柳宗元天人相分理论所做的历史结论。

三、《贞符》《封建论》：关于国家起源和历史进程的新认识

　　柳宗元对"天人之际"问题所做的批评性总结，还表现在他对国家起源、历史进程这些重大理论问题上提出了新的认识。如果说他对"天命"的否定，是廓清了有关天神的历史的种种迷障的话，那么他对"圣人之意"的否定，则是为了矫正人们对于世俗的历史的种种曲解。在这方面，他跟他的前辈哲人王充颇有共同之处：王充"不仅把'天'从自然界驱逐出去，而且还把'天'从历史的领域内驱逐出去"；柳宗元"对神学天命论的斗争，从自然观一直贯穿于历史观"，从而展开了"对神学历史观的批判"②。不同的是，柳宗元在这两个方面的理论建树，都比王充更丰富、更彻底，这有柳宗元本身的条件，也有历史为他提供的社会条件。以往，我们都是从思想史上来看待柳宗元的此种成就，这诚然是对的；现在，我们从史学史上来看待他的这些成就，同样会惊叹地认识到，他是如何超出了前辈和同辈的史学家。

---

　　①　章太炎：《太炎文录初编》别录卷二《答铁铮》，见《章太炎全集》（4），上海：上海人民出版社，1985年，第372页。

　　②　参见侯外庐：《中国思想史纲》上册，北京：中国青年出版社，1981年，第166、263、265页。

在柳宗元的论著中,《贞符》和《封建论》比较集中地讨论了有关国家起源和历史进程问题,在他以前的浩繁的历史文献中,这样的理论著作并不多见。《贞符》是一篇宏文,作者视此文甚重,认为:"苟一明大道,施于人(世)代,死无所憾"。可见他是把生命倾注在这篇论文中的。《贞符》的主旨是要以历史事实批判传统的符命之说,阐明"生人之意"(即"生民之意")在历史发展中的作用。柳宗元在《贞符》序文中写道:

> 负罪臣宗元惶恐言:臣所贬州流人吴武陵为臣言:"董仲舒对三代受命之符,诚然非也?"臣曰:"非也。何独仲舒尔?自司马相如、刘向、扬雄、班彪、彪子固,皆沿袭嘻嘻,推古瑞物以配受命,其言类淫巫瞽史,诳乱后代,不足以知圣人立极之本,显至德,扬大功,甚失厥趣。"①

此文始作于作者在长安任尚书郎时,完成于永贞改革失败作者贬谪永州之时,故称"负罪臣"序文一开始就把批判的锋芒指向前代名儒硕学,斥责他们关于"受命之符"的种种说教类似"淫巫瞽史"之言,起了"诳乱后代"的坏作用。这是何等巨大的理论勇气!

柳宗元不赞成所谓"古初朴蒙空侗而无争,厥流以讹,越乃奋敫斗怒震动,专肆为淫威"的说法,自称对此"是不知道"。如上文所说,他在《天对》中也表明了对于一些没有根据的有关远古的传说是不相信的。他认为人类最初的历史进程是:

> 惟人之初,总总而生,林林而群。雪霜风雨雷雹暴其外,于是乃知架巢空穴,挽草木,取皮革;饥渴牝牡之欲驱其内,

---

① 以上所引见柳宗元:《柳河东集》卷一,上海:上海人民出版社,1974年,第18页。

于是乃知噬禽兽，咀果谷，合偶而居。交焉而争，睽焉而斗，力大者搏，齿利者啮，爪刚者决，群众者轧，兵良者杀，披披藉藉，草野涂血。然后强有力者出而治之，往往为曹于险阻，用号令起，而君臣什伍之法立。德绍者嗣，道怠者夺。于是有圣人焉曰黄帝，游其兵车，交贯乎其内，一统类，齐制量，然犹大公之道不克建。于是有圣人焉曰尧，置州牧四岳而纲之，立有德有功有能者参而维之，运臂率指，屈伸把握，莫不统率。尧年老，举圣人而禅焉，大公乃克建。由是观之，厥初罔匪极乱，而后稍有可为也，非德不树。

这是柳宗元勾勒出来的一幅人类从初始时期开始进入国家产生时代的历史画卷。从今天的眼光来看，这幅画卷未免过于粗糙、幼稚，有的地方距离历史真实太远。但是应当看到，在他之前能够做这样的历史描绘的人是不多见的。当然，从思想渊源上看，柳宗元无疑是继承了荀子和韩非关于国家起源的进化观点①，其中《王制》和《五蠹》对他的影响会更大一些；同时，他也会参考前人某些在他看来是有益的思想资料。值得注意的是，柳宗元在描绘这幅历史画卷时，是从外在的自然条件（"雪霜风雨雷雹暴其外"）和人类的生理欲望（"饥渴牝牡之欲驱其内"）来说明人类社会的进化的。即人类为了吃、穿、住、"牝牡之欲"而逐步懂得"架巢空穴""噬禽兽，咀果谷""合偶而居"；而后由于对物质生活资料的争夺，而产生交争、搏斗，于是才有"强有力者出而治之"，才有"君臣什伍之法立"，才有"州牧四岳"，才达到"大公之道"；而"大公之道"的实现，又是"非德不树"。可见，柳宗元在阐述人类初始生活状况和国家起源问题时，是从人类自身的历史来说明的，这里完全排除了任何"天"与"神"的意志和

---

① 见侯外庐：《柳宗元哲学选集》序，香港：中华书局香港分局，1976年，第20页。

作用。他的这些看法，包含着对于人类如何从原始社会进入阶级社会的"天才的猜想"，在古代历史理论发展上闪现出耀眼的光辉。从世界范围来说，诚如恩格斯所指出的：在 19 世纪 60 年代以前，"根本谈不到家庭史。历史科学在这一方面还是完全处在摩西五经的影响之下"；这是就家庭史说的，如果从原始社会史来说，那是在 1877 年摩尔根的《古代社会》一书出版后，才"在原始历史观中"引起了革命①。这说明，整个人类对于本身初始阶段的历史的认识，确是一个十分艰难的过程。柳宗元在 9 世纪初提出的这些看法，是很难得的。

《贞符》的理论意义，是通过对于历史的考察，证明"唐家正德，受命于生人之意"，并进而证明历代皇朝的兴起"受命不于天，于其人；休符不于祥，于其仁"，强调人事的作用和政策的作用。作者痛斥历史上那些"妖淫嚣昏好怪之徒"制造"诡谲阔诞"，"用夸诬于无知氓"，并公升反对帝王的封禅活动。所有这些，对于揭去笼罩在历史上的神秘外衣，恢复历史的世俗面貌，启发人们正确地认识历史，都起了积极的作用。但是，柳宗元关于历史进程的理论并没有只停留在这个认识上，他在《封建论》一文中进一步探对了历史变化、发展的原因，从而把他的史论又推向了一个新的境界。

《封建论》的主旨，是作者提出"势"这个哲学范畴作为"圣人之意"的对立面来说明历史变化、发展的元凶。下面是《封建论》开始的两段话，文稍长，但有必要引证：

> 天地果无初乎？吾不得而知之也。生人果有初乎？吾不得而知之也。然则孰为近？曰：有初为近。孰明之？由封建而明之也。

---

① 恩格斯：《家庭、私有制和国家的起源》第 4 版序言，见《马克思恩格斯选集》第四卷，北京：人民出版社，1995 年，第 5 页。

彼封建者，更古圣王尧、舜、禹、汤、文、武而莫能去之，盖非不欲去之也，势不可也。势之来，其生人之初乎？不初，无以有封建；封建，非圣人意也。彼其初与万物皆生，草木榛榛，鹿豕狉狉，人不能搏噬，而且无毛羽，莫克自奉自卫。荀卿有言：必将假物以为用者也。夫假物者必争，争而不已，必就其能断曲直者而听命焉。其智而明者，所伏必众；告之以直而不改，必痛之而后畏：由是君长刑政生焉。故近者聚而为群，群之分，其争必大，大而后有兵有德。又有大者，众群之长又就而听命焉，以安其属，于是有诸侯之列，则其争又有大者焉。德又大者，诸侯之列又就而听命焉，以安其封，于是有方伯、连帅之类，则其争又有大者焉。德又大者，方伯、连帅之类又就而听命焉，以安其人，然后天下会于一。是故有里胥而后有县大夫，有县大夫而后有诸侯，有诸侯而后有方伯、连帅，有方伯、连帅而后有天子。自天子至于里胥，其德在人者，死必求其嗣而奉之，故封建非圣人意也，势也。①

这里说的"生人果有初乎"的"初"，同上文所引《贞符》里说的"惟人之初"，是同一个意思，即从"无封建"到"有封建"的发展过程。柳宗元说的"封建"，是历史上沿袭下来的一个政治概念，即指所谓"封国土，建诸侯"的分封制。作者从分封制的产生和沿袭去推究分封制产生的原因，这在方法论上是由近及远，由现代去认识过去的一种方法。从今天的观点来看，柳宗元所阐述的分封制产生的历史原因显然是很肤浅的；他把分封制一直上溯到尧、舜、禹时代，也是不符合历史事实的。但是，我们不能以此来判断《封建论》的理论价值。《封建论》的理论价值在于，它提出了"不初，无以有封建"和"封建，

---

① 柳宗元：《柳河东集》卷三，上海：上海人民出版社，1974年，第43～44页。

非圣人意也"这两个前后相关联的命题。作者从人类处于"草木榛榛，鹿豕狉狉"的初始阶段，为了"自奉自卫"必须"假物以为用"到"假物者必争"，从"争而不已"到听命于"能断曲直者"，从"告之以直而不改"到"君长刑政生焉"，一直说到里胥、县大夫、诸侯、方伯、连帅、天子的出现。对于这样一个历史发展过程，柳宗元认为是"封建"出现的过程。如同上文所指出的，其实作者是触到了人类从野蛮步入文明亦即国家起源的那一段历史。在这一点上，《封建论》同《贞符》是有共同之处的。《封建论》与《贞符》的不同之处，是前者特别强调了"势"是历史发展的动因，而后者强调的是"生人之意"的作用。

"势"作为"圣人之意"的对立面而提出来，柳宗元是以丰富的历史知识和深刻的理论洞察力来加以说明的。除了阐明"封建，非圣人意也"之外，他又历举周、秦、汉、唐四朝为例，认为："周之丧久矣，徒建空名于公侯之上耳！得非诸侯之强盛，末大不掉之咎欤？"这是"失在于制，不在于政"。秦朝废"封建"，设郡县，"此其所以为得也"；但"不数载而天下大坏"，是因为它"亟役万人，暴其威刑，竭其货贿"的缘故，此所谓"咎在人怨，非郡邑之制失也"，或者叫作"失在于政，不在于制"。汉代，"有叛国，而无叛郡"，可见"秦制之得，亦以明矣"。唐代，"有叛将，而无叛州"，证明"州县之设，固不可革也"。他反复论证：在殷周时代，实行分封制是带有必然的趋势："圣贤生于其时，亦无以立于天下，封建者为之也。岂圣人之制使至于是乎？吾固曰：'非圣人之意也，势也。'"他对分封制和郡县制得失的分析，从政治和历史的角度看，都包含了不少真知灼见。他反复强调"封建"的出现是"生人"初始阶段不可避免的一种现象，是客观情势所决定的，并不是"圣人"的主观意图的实现；同样，自秦以下，废分封而设郡县，也是一种必然的趋势，"其不可变也固矣"，不能看作是违背了"圣人"的意愿。这些论述不仅在历史理论上有重要的价值，从中唐社会藩镇林立的局面来看，它也有重大的现实意义。我们可以认为：柳宗元的《封建论》，是为唐宪宗等人从政治上和军事上对藩镇势力进行斗争提供了历史的根据和理论的根据。

历史证明：自秦始皇废分封、立郡县，逮至柳宗元的时代，上下一千余年，关于分封与郡县在政治实践中的反复和理论上得失优劣的争论，出现过多次。只唐代而言，贞观五年（631年）就出现这样的反复和争论，由于多数大臣不主"封建"，事遂未行①。安史之乱后，藩镇割据势力迅速发展，逐渐形成"尾大不掉"之势、成为中唐严重的政治问题。有识之士，无不关注于此。柳宗元的《封建论》不能不受到前人的启发，但由于他对历史的洞察和对政治的识见，都有过人之处，所以他的论证带有浓厚的理论色彩和鲜明的现实意义。《封建论》真正是作者的历史感和时代感闳于其中而肆于其外的杰作。宋人苏轼说："昔之论'封建'者，曹元植、陆机、刘颂，及唐太宗时魏徵、李百药、颜师古，其后有刘秩、杜佑、柳宗元。宗元之论出，而诸子之论废矣，虽圣人复起，不能易也。"②这是对《封建论》的很高的评价。当然，自柳宗元以下，千余年来，对《封建论》研究、评论，赞扬訾议，褒贬轩轾，代有其人，但它在历史理论发展上所起的辉煌的作用，却是人们无法抹杀的。近人章士钊著《柳文指要》，对《封建论》作历史的研究和理论的分析，多所发明，他认为这是"从来无人写过之大文章"。值得注意的是，章士钊是从史论的角度评价了《封建论》的学术影响："从来史论扎定脚跟，无人动得分毫，唯见子厚（宗元）此论，闳识其他。"他赞扬叶適之政治论，"叹其洞明天下大势，为柳子厚后一人"，甚至不无浪漫地说，"吾安得挈子厚、水心（叶適）两公，同登天安门重与细论之"。他认为顾炎武的《郡县论》，"论中未提及子厚一字，文字声气之求，固千载犹旦暮云"。他指出，魏源《古微堂内集·治篇九》"有论封建者二则，其言熟于史

---

① 范祖禹：《唐鉴》卷二，上海：上海古籍出版社，1981年，第41页。
② 苏轼：《东坡志林》卷五《论古·秦废封建》，北京：中华书局，1981年，第104页。

例，足与子厚所论互为发明"。他批评袁枚之论柳宗元《封建论》的文章"全是诡辩，此殆帖括家风檐见巧之作，不足与于史家通识也"；而龙翰臣之《续柳子厚封建论》则"词旨瞀乱，语无可采"，"矇于史识"，[①] 等等。千余年来，视《封建论》为史论并进行系统研究，章士钊可谓第一人矣。

《贞符》和《封建论》都讲国家起源和历史进程，这是它们的共同之处。但《贞符》提出"生人之意"以与"天命"对立，《封建论》提出"势"以与"圣人之意"对立，这是它们的不同之处。"生人之意"认为历史变化的动力是人们的意志、愿望和要求，还没有摆脱历史唯心主义的束缚；"势"是情势、趋势，接近于认为历史发展是一种自然过程的看法，属于历史唯物主义之萌芽的一种见解。《封建论》作于《贞符》之后，于此可以看到柳宗元历史思想的变化和发展。末了，我还要指出一点：柳宗元提出的"势"这一范畴，是对前人如司马迁所讲的"形势"的继承和发展，又为后人如王夫之讲"势"与"理"的统一提供了新的思想资料，在有关"势"与"理"的理论发展上占有承前启后的重要地位。

四、《非国语》：史学批判的理论价值

柳宗元关于"天人之际"的看法，关于国家起源和历史发展动力的看法，都带有鲜明的批判性。批判"天人感应"论，批判"圣人之意"说，等等。这些批判，如上面所举诸文，都是从历史事实出发所做的理论批判，且具有宏观的性质和普遍的意义。在柳宗元的著作中，还有一种批判是从具体的史学著作入手的。这种批判，从史学来说则具有直接的意义；但因其涉及的问题是多方面的，所以同样

---

① 以上见章士钊：《柳文指要》上卷，北京：中华书局，1971年，第83～118页。

具有普遍的意义和理论的价值。这两种批判在形式上有所不同，在思想上、理论上则是互相联系、互为补充的。《非国语》就是这后一种批判的代表著作。

《非国语》67 篇①，一般被看作是柳宗元的哲学著作，这当然是可以的。但依我的浅见，它更是一部史学评论著作：评史事，评人物，评史家，评史书编撰，而于其中见作者的思想和旨趣。

《国语》这部书，是战国早期的私人撰述之一，也是记述春秋时期史事的重要著作之一。《国语》的作者，相传为左丘明，但不可信②。可是在历史上这种说法有长时期的影响，认为左丘明同时撰有《左传》和《国语》，《左传》为"内传"，《国语》为"外传"③。柳宗元似亦执此说。他为什么把史学批判的锋芒首先对着《国语》，这并不是偶然的。柳宗元撰《非国语》，既有理论上的原因，又有社会实践方面的考虑。他在《非国语·序》中写道：

> 左氏《国语》，其文深闳杰异，固世之所耽嗜而不已也；而其说多诬淫，不概于圣。余惧世之学者溺其文采而沦于是非，是不得由中庸以入尧舜之道，本诸理，作《非国语》。

"本诸理"，这就是从理论上的考虑。他在《非国语》书末跋文中又写道：

> 吾乃今知文之可以行于远也。以彼庸蔽奇怪之语，而黼黻

---

① 见《柳河东集》卷四十四、四十五，是为《非国语》上、下篇，见上海：上海人民出版社，1974 年，第 745、769 页，下引《非国语》，不另注。

② 参见白寿彝：《中国史学史》第 1 册，上海：上海人民出版社，1980 年，第 228 页。

③ 如《隋书》卷三十二《经籍志一·春秋类》著录《春秋外传国语》注本 5 种，注者为贾逵、虞翻、韦昭、孔晁、唐固，以及王肃《春秋外传章句》1 种；《新唐书》卷五十七《艺文志一·春秋类》首录左丘明《春秋外传国语》。

之，金石之，用震曜后世之耳目，而读者莫之或非，反谓之近经，则知文者可不慎耶？呜呼！余黜其不臧，以救世之谬，凡六十七篇。

柳宗元担心后世读者不能看出其中错误，甚至把它抬高到近于经书的地步；他为了"救世之谬"，而作《非国语》67 篇。"救世之谬"，也还是从理论上说的。他撰《非国语》的社会实践的目的，在他给友人的两封书信中讲得很真切、具体。一是《与吕道州温论〈非国语〉书》，一是《答吴武陵论〈非国语〉书》。柳宗元在前一封书信的一开始就说："近世之言理道者众矣，率由大中而出者咸无焉。其言本儒术，则迂回茫洋而不知其适；其或切于事，则苛峭刻核，不能从容，卒泥乎大道。甚者好怪而妄言，推天引神，以为灵奇，恍惚若化而终不可逐，故道不明于天下，而学者之至少也。"这是指出当时从事政治活动的人缺少正确的治世之道的几种表现，最严重的当是"好怪而妄言，推天引神，以为灵奇"一类的人了。接着他再次讲了他对《国语》的看法，最后表示："苟不悖于圣道，而有以启明者之虑，则用是罪余者，虽累百世滋不憾而恧焉。"只要对世人有所启迪，他不担心因《非国语》之作而被加上种种罪名。一种强烈的社会责任感，使柳宗元产生了巨大的批判的勇气。在后一封书信里，他申述了自己的"以辅时及物为道"的志向，自永贞事件后这种志向已无法实现了，"然而辅时及物之道，不可陈于今，则宜垂于后。言而无文则泥，然则文者同不可少耶？"柳宗元是要通过著书来发挥他的"辅时及物之道"的社会影响和历史影响。他比喻《国语》的危害"是犹用文锦覆陷阱也，不明而出之，则颠者众矣"；他撰《非国语》，是"为之标表，以告夫游乎中道者焉"①。这两封书信，除了继续讲到作者撰《非国语》

① 以上所引均见柳宗元：《柳河东集》卷三十一，上海：上海人民出版社，1974 年，第 506～509 页。

的理论上的原因外，着重讲了在社会实践方面的目的和作者的深沉的用心。《非国语》撰于柳宗元被贬永州之后，作者以"身编夷人，名列囚籍"的"罪人"的身份，仍然具有这样的思想和抱负，读来令人感动！

《非国语》据《国语》所记史事而择其"诬怪""阔诞"之处，予以分析、评论。其体例大致是先转录《国语》有关记载，继而在"非曰"之下"黜其不臧"，以明作者之意，内容广泛，笔锋犀利，文字简洁。像这样系统的、有强烈批判意识的、专就一部书进行评论的史学著作，在《非国语》以前尚不多见。作为史学评论的专书，《非国语》提出的主要理论问题是天人关系问题，历史发展中的因果关系问题，历史评价的标准问题，史家书法问题等。

（一）关于天人关系问题。这是《非国语》中最突出的部分和最重要的成果。据粗略统计，《非国语》67 篇中约有 1/3 的篇幅是批评《国语》在"天人之际"问题上的错误观点的，《三川震》《料民》《神降于莘》《问战》《卜》《杀里克》《伐宋》《祈死》《褒神》诸篇，则尤为突出。

前文已经讲到，柳宗元在"天人之际"问题上继承和发展了"天人相分"的唯物主义、无神论传统。他运用这样的观点来审视历史和现实，也运用这样的观点来审视前人撰写的史书。他批评《国语》"其说多诬淫"，主要是就天人关系来说的；这跟他批评现实中有的人"好怪而妄言，推天引神"，是完全一致的。联系到作者在《天说》《天对》中对"天人感应"论的批判，我们可以看到柳宗元在这方面的思想的丰富性和连贯性。

《非国语》在天人关系问题上的基本思想，是明确地否定"天命"的存在，同时指斥种种占卜、预言、梦寐、童谣与人事相比附的虚妄。如《国语·周语上》记：周幽王二年（前 780 年），"西周三川（按：指泾、渭、洛三水）皆震。伯阳父曰：'周将亡矣！……夫国必依山川，山崩川竭，亡之征也。川竭，山必崩。若亡国不过十年，数之纪也。夫天之所弃，不过其纪。'是岁也，三川竭，岐山崩。十一年，幽王乃灭，周乃东迁"。《国语》所记"印证"了伯阳父说的"亡国不过十年"的话。此外，伯阳父还讲到自然条件跟国家盛衰、兴亡的关系，并且从历史上来论证这一看法。从今天的观点来看，在这一点上伯阳父所说未必没有一定的道理。但是，他的这段话的基调是在宣扬"天命"，是为了证明"天之所弃，不过其纪"（按：12 年为 1 纪）的"天数"难逃，以及"天地之气，不失其序；若过其序，民乱之也"的"天人感应"论。这在《国语》宣扬"天人相合"的观点中是很典型的一段文字。柳宗元在《非国语·三川震》中批判了伯阳父的这些说法，认为：

> 山川者，特天地之物也；阴与阳者，气而游乎其间者也。自动自休，自峙自流，是恶乎与我谋？自斗自竭，自崩自缺，是恶乎为我设？彼固有所逼引而认之者，不塞则惑。

这就是说，自然界的运动、变化都是出自其内在的原因，既不是为人们所打算的，也不是为人们所安排的；自然界自身就存在着互相排斥和互相吸引的现象，而把这看作是与国家兴亡有关的征兆，那是太可笑了。柳宗元进而质问说：所谓"天之所弃，不过其纪"，那就更加荒谬了！我不能同意这种毫无道理的说法。侯外庐先生在评论《三川震》的理论价值时写道：

> 柳宗元不仅肯定"天地"为物质的自然存在，而且在自然运动问题上提出了"自"的观点，即自然自己运动的观点。……
> 按"自"这一范畴，取之于道家，王充以来的旧唯物主义者对它作了唯物主义改造，以与"天"意的"故"作（有目的有意志的最初推力）对立起来。柳宗元的这种自然自己的运动观，更含有

朴素辩证法因素。在自然界运动的根源问题上，他继承并发展了王充的传统，肯定无穷的阴阳二气在宇宙间不断运动，必然呈现出各种形态（如"动"与"休"、"峙"与"流"等），它们并不受任何意志力的支配，而是"自动自休，自峙自流"、"自斗自竭，自崩自缺"，这八个"自"的四对命题是超越前人的理论。①

这是从思想史上对柳宗元所提出的"自"的范畴之极高的评价，对我们从历史理论的发展上来评价这一问题有很大的启发。这是因为：第一，"天人之际"的问题，首先要辨明"天"是什么？是神，还是物？是有意志的，还是没有意志的？第二，是"天人相合"（"天人感应"），还是"天人相分"？第三，"人事"（社会、历史）变化的原因是什么（是"天"？是"圣人之意"？是"生人之意"？是"势"）？仅仅回答了这三个问题，关于"天人之际"的问题还没有完全解决，即："天"作为自然界，其运动的根源何在？柳宗元关于自然自己运动的观点，正确地回答了这个问题。这样，他就把司马迁提出"究天人之际"以来有关这方面的认识，推进到一个新的阶段。当人们不仅在对历史的认识中驱逐了"天命"的影响，而且也在对自然的认识中驱逐了"天命"的影响时，"天命"就无处藏身而最终失去欺骗的作用。《三川震》所提出的理论创见，可以看作是古代历史理论在"天人相分"问题上走向更加成熟的标志。在其他有关各篇，柳宗元反复阐述了"天命"是不存在的。如在《伐宋》篇中针对赵宣子宣扬"天诛""天罚"之说，指出："若乃天者，则吾焉知其好恶而暇征之耶？"并从历史事实上证明"天之诛"的说法是没有根据的。如在《神降于莘》篇中针对所谓"有神降于莘"的记载，更进一步指出："力足者取乎人，力不足者取乎神。"这无疑是说"神"不过是那些"力不足者"制造出来的，用以为自己壮

---

① 侯外庐：《柳宗元哲学选集》序，香港：中华书局香港分局，1976 年，第 4～5 页。

胆或用来欺骗他人的偶像罢了。

柳宗元从否定"天"有意志进而批判一切怪异神奇之事。如《晋孙周》篇批评单襄公说晋国孙周这个人具备 11 种好的品德正符合"天六地五"的说法，并非"德义之言"；至于"又征卦、梦以附合之，皆不足取也"。《虢梦》篇嘲笑虢国的舟之侨因虢公做了一个梦，"众谓虢不久"，于是率领族人适晋——"由梦而去，则吾笑之矣"！柳宗元不仅指出以梦寐来附会人事是"不足取的"，而且对梦的产生作了唯物主义的说明。《黄熊》篇认为："凡人之疾，魄动而气荡，视听离散，于是寐而有怪梦，罔不为也。夫何神奇之有？"这是从生理现象上来说明梦寐的产生和"神奇"的虚无。《祈死》篇转述了这样一条记载：晋国的范文子因"君骄泰而有烈"，必将有祸，为避免连累自己，乃请宗、祝为其"祈死"；次年，范文子竟然达到了目的：死了①。接着，柳宗元幽默而辛辣地指出："死亡长短而在宗、祝，则谁不择良宗、祝而祈寿焉？文子祈死而得，亦妄之大者。"这几句话，反映出柳宗元的唯物主义、无神论观点的坚定性，也表现了他作为一个思想家的幽默感。在历史上，有多少帝王、显贵为了"祈寿"干了多少蠢事！在柳宗元看来，这实在是可悲、可叹而又可笑！作者针对晋献公"卜伐骊戎"一事，在《卜》篇中指出："卜者，世之余伎也，道之所无用也。"又说："卜史之害于道也多，而益于道也少，虽勿用之可也。"跟鄙夷"卜史"相联系的，作者在《童谣》篇中明确地指出："童谣无足取者，君子不道也。"柳宗元从否定"天命"而旁及梦寐、卜史、童谣等与人事的关系，表明他把朴素的唯物主义思想贯穿到社会和历史方面，确比他的前辈们更加彻底。《非国语》中所包含的这一部分思想与《天说》《天对》互相发明，构成柳宗元的唯物主义、无神论思想的独特的体系，亦是他把"天人相分"问题推进到比较完整的理

---

① 事见《国语》卷十二《晋语六》，上海：上海古籍出版社，1978 年，第 423 页。

论化形式。

（二）关于历史发展中的因果关系问题。历史现象是复杂的，有些历史现象之间存在着一定的联系，甚至有因果的关系；而有些历史现象之间并不存在这样的联系。人们在认识和记载史事的时候，对于这些不同的情况，应作具体的分析。《国语》一书，有时把本来并没有任何联系的历史现象生拉硬扯到一块，甚至说成是因果关系，其思想认识上的根源仍是"天命论"在作怪。《非国语》对此有不少评论。如《国语》记周灵王二十二年（前 550 年），谷水、洛水暴涨，因为洪水冲击，王宫受到威胁。灵王打算堵塞洪水，以保王宫。太子晋认为不能这样做，讲了一大篇理由，并断言："王将防斗川以饰宫，是饰乱而佐斗也，其无乃章祸且遇伤乎？自我先王厉、宣、幽、平而贪天祸，至于今未弭。我又章之，惧长及子孙，王室其愈卑乎？其若之何？"灵王不听，命人堵塞洪水。《国语》接着写道，"及景王多宠人，乱于是乎始生。景王崩，王室大乱。及定王，王室遂卑。"①这一段记载，是把灵王堵塞洪水这件事，跟后来景王时期的"乱于是乎始生"和定王时期的"王室遂卑"直接联系起来，看成是因果关系。针对这一记载，柳宗元在《谷洛斗》篇中评论道：

> 谷洛之说，与"三川震"同。天将毁王宫而勿壅，则王罪大矣，奚以守先王之国？壅之诚是也。彼小子说者，又足记耶？王室之乱且卑，在德，而又奚谷洛之斗而征之也？

柳宗元尖锐地指出，《国语》的这个记载，同在《三川震》篇里他所批判的错误观点是一样的，即仍是宣扬"上天示警"的"天人感应"论。他认为灵王为保护王宫而堵塞洪水的行动并没有什么不对；至于说

---

① 以上见《国语》卷三《周语下》，上海：上海古籍出版社，1978 年，第 101～103 页。

王室的"乱"且"卑"，那完全是由于政治上的原因，怎么能以谷、洛二水相激这件事作为预兆呢？柳宗元这一段话的理论意义在于，他不是停留在就事论事的水平上，而是从《三川震》和《谷洛斗》所批判的错误观点上，上升到普遍性的认识。所谓"谷洛之说，与'三川震'同"，就是从对个别事物的认识上升到对一般事物的认识；在这里，也就是从具体的批判到理论的批判。柳宗元说的"彼小子之**诡诡**者，又足记耶？"当是从这个意义上提出来的。

《国语》还记了这样一件事：周敬王十年（前510年），刘文公和苌弘计划扩建成周城，晋国魏献子也同意这么做，并打算会合各诸侯国一齐来进行此事。卫国的彪傒得知此事后，对单穆公说：苌弘不得好死，而且灾祸来得很快；魏献子也将不免于灾难；至于刘文公，不仅他本人，就是他的子孙也会有祸的。果然，第二年魏献子就在大陆这个地方被火烧死了；周敬王二十八年（前492年），苌弘被杀；到了周定王时，刘文公的子孙亦遭灭亡①。对这一记载，柳宗元的友人吕温曾撰《古东周城铭》（并序）予以驳斥，其中有两句是："无天无神，惟道是信"；"兴亡理乱，在德非运，罪之违天，不可以训"②。柳宗元在《城成周》篇中肯定了吕温的这些看法，也肯定了牛僧孺在《颂忠》一文中对苌弘忠诚于周王室的赞扬；同时认为，所谓苌弘、魏献子、刘文公的子孙都会遭到灾祸的说法，不过是"巫之无恒者之言也，追为之耳"，是不怀好心的巫者之说，并在事后追合附会的罢了，跟他们城成周之举并无直接联系。《城成周》和《谷洛斗》都是说明周王室的衰微的原因应从政治方面去考察，以毫不相干的史事进行附会并同"天命"联系起来，那就都成了无稽之谈。这两条都跟宣扬"天命"论有关；《国语》中也有这种记载，即撇开了"天命"而讲事情的因果关系。这在当时无疑是一种进步，但也有讲得不尽

---

① 事见《国语》卷三《周语下》，上海：上海古籍出版社，1978年，第114～148页。

② 董诰等：《全唐文》卷六百三十，北京：中华书局，1983年，第6353页。

恰当的。其记周简王十一年（前 575 年），诸侯会于柯陵。单襄公因见晋厉公"视远步高"、郤锜"其语犯"、郤犨"其语迂"、郤至"其语伐"、齐国佐"其语尽"，即断言："晋将有乱，其君与三郤其当之乎！""虽齐国子亦将与焉。"果然，第二年"晋杀三郤"，第三年晋厉公被弑、"齐人杀国武子"。在单襄公同鲁成公谈论此事时，鲁成公问单襄公是根据"天道"还是根据"人故"来判断的，单襄公自称"吾非瞽、史，焉知天道？"[①]这说明他是根据人事来做这些判断的，即根据人们的仪态、举止、言论来判断的。柳宗元认为这种判断是极不近情理的，他在《柯陵之会》篇中写道：

> 是五子者，虽皆见杀，非单子之所宜必也；而曰"合诸侯，人之大事，于是乎观存亡"，若是，则单子果巫史矣。"视远步高"、"犯"、"迂"、"伐"、"尽"者皆必乎死也，则宜外者众矣！夫以语之迂而曰宜死，则单子之语，迂之大者，独无谪邪？

在柳宗元看来，虽然单襄公不承认自己是瞽、史，但他的言论证明他是在起着巫史的作用。柳宗元尖锐地反问道：如果一个人因为说话"迂"就一定有杀身之祸的话，那么单襄公说的话是最"迂"不过的了，为什么偏偏他不受到惩罚呢？在这里，柳宗元的辛辣的幽默感又一次表现出来。

在《非国语》有关类似的评论中，柳宗元坚持以唯物的观点来看待历史现象，包括事情的因果、国家的兴亡、人物的祸福，等等，反对把毫无关系的自然现象或社会现象联系到一起并用以说明历史现象的因果关系，反对以人们的言谈举止来判定人们的命运。他把这些统统斥为类似巫史的无稽之谈。这对于人们正确地认识历史现

---

① 事见《国语》卷三《周语下》，上海：上海古籍出版社，1978 年，第 89~90 页。

象和分析它们之间的内在的联系，是有理论上的启发作用的。

（三）关于历史评价的标准问题。《非国语》对一些史事和人物的评论，往往反映出柳宗元在历史评价上的独到的见解和他的历史评价的标准。如《国语·晋语二》记：晋国大夫里克杀死奚齐、卓子以后，派屠岸夷至狄地请公子重耳返国，重耳要狐偃拿主意。狐偃认为不可返国，说："以丧得国，则必乐丧，乐丧必哀生。因乱以人，则必喜乱，喜乱必怠德。"后来秦穆公派公子絷至狄，也请重耳返回晋国，重耳还是要狐偃拿主意。狐偃认为返国"不仁不信，将何以长利？"于是重耳没有返国，其弟夷吾却返国，是为惠公。柳宗元在《狐偃》篇就此事对狐偃作了评论，认为狐偃的主张是迂阔的。后来"晋国不顺而多败，百姓之不蒙福"，是狐偃失策所造成的。在柳宗元看来，狐偃不仅犯了"国虚而不知人"的错误，而且大讲乐、德、仁、信一类的空话，"徒为多言，无足采者"。这里实际上是提出了一个评价人物的标准：对于人物的言行，应以考察其实际效果为主，不能以仁、信一类的空话为根据。在《获晋侯》篇，柳宗元认为秦穆公听信了公孙枝不杀晋惠公而以惠公太子为晋国人质，以控制晋国的主张①，是"弃至公之道而不知求"，一心只想着分离惠公父子并从晋国得到一部分土地，是"舍大务小，违义从利也甚矣"，过分看重了眼前的一点小利，没有从长远的霸业上考虑。秦穆公倘能"以王命黜夷吾而立重耳，咸告于诸侯曰：'吾讨恶而进仁，既得命于天子矣，吾将达公道于天下。'则天下诸侯无道者畏，有德者莫不皆知严恭欣戴而霸秦矣"。这里，柳宗元又提出了一个评价人物的标准：评价政治人物，应以其是否认清全局的政治形势并有恰当的举措为主，不能以其是否能够获得一点眼前的利益为根据。

在《非国语》中，还可以看出柳宗元在对历史人物的评价上往往

---

① 事见《国语》卷九《晋语三》，上海：上海古籍出版社，1978年，第315～329页。

以其是否"知变"为重要标准之一。如《命官》篇批评晋文公以旧姓掌近官、诸姬之良掌中官、异姓之能掌远官的用人政策①，提出用人应以"材"不以"姓"，而晋文公"不知变是弊俗以登天下之士"，可见其对策的浅薄。《救饥》篇则嘲笑晋国大夫箕郑提出用"信"来解救饥荒的主张②，"是道之常，非知变之权也"。道理很显然："人之困在朝夕之内，而信之行在岁月之外"。以"信"救饥，是远水不能解近渴，是政治上的空谈。这两件事都讲到有关历史人物是否知"变"的问题：前一个"变"的范围大一些，是指对一种旧的制度的变革；后一个"变"是指在具体问题上的应变能力。评价历史人物，尤其是政治方面的历史人物，不应忽视其是否能顺应历史的变化而采取相应的步骤，也不应忽视其是否能把"道之常"与"变之权"结合起来。这一点启示，是值得重视的。柳宗元在《董安于》篇提出了这样一个问题，即"自洁"和"谋国"、个人和大局的关系，我以为也是评价历史人物的一个标准。董安于是晋国大夫赵简子的家臣，在晋国一次内乱而引起的下邑之役中，他立有战功。赵简子要奖赏他，他说过去做了许多好事，主人都没有特别看重，这次像得了狂疾一样不顾生命危险去作战，主人就说要奖赏，这种奖赏不如不要。他终于拒绝了赵简子对他的奖赏③。针对这样一件小事，柳宗元评论道：

> 功之受赏也，可传继之道也。君子虽不欲，亦必将受之。今乃遁逃以自洁也④，则受赏者必耻。受赏者耻，则立功者怠，国斯弱矣。君子之为也，动以谋国。吾固不悦董子之洁也。其言若怼焉，则滋不可。

---

① 事见《国语》卷十《晋语四》，上海：上海古籍出版社，1978 年，第 371 页。
② 事见《国语》卷十《晋语四》，上海：上海古籍出版社，1978 年，第 381 页。
③ 事见《国语》卷十五《晋语九》，上海：上海古籍出版社，1978 年，第 489～490 页。
④ 按：董安于有"不如亡"之语，意谓"不如无"；宗元释"亡"为"遁逃"，似误。

柳宗元认为，一个人不能为了"自洁"而有功不受赏，以致造成"受赏者耻"的舆论和风气，那样国家就要衰弱了。因此他明确指出："功之受赏也，可传继之道也。"而"董子之洁"是不值得称道的，因为他可能会造成一种消极的社会效果。这里就涉及"自洁"和"谋国"、个人和大局孰轻孰重的问题了，也涉及主观愿望和客观效果的关系问题。在柳宗元看来，无疑应以"谋国"和大局为主来评价历史人物言行的功过得失，而不应拘泥于董安于式的"自洁"。

柳宗元在《非国语》中反映出来的历史评价的理论，具有鲜明的现实感。这些评论，或表达了他的政治抱负，或借以讽喻时政，或启迪人们对是非的辨别，使人们在对历史的评价中受到教育。

（四）关于史家作史态度及书法问题。《非国语》不仅在历史理论上和历史评价上有不少独到的见解，它们大多针对《国语》所记内容而发；而且在史学理论上也有广泛的涉及，它们大多针对《国语》作者而发。这后一部分评论，仍然是从批评的角度来提出问题，所论则多关于史家作史态度及书法问题。综观《非国语》在这方面的评论，大致有四个方面的内容：

第一，批评《国语》作者记事"迂诞"，如《神降于莘》篇："斯其为书也，不待片言而迂诞彰矣！"《卜》篇："左氏惑于巫而尤神怪之，乃始迂就附益，以成其说，虽勿信之可也。"等等。这是指出《国语》作者有神论思想的危害，以致把"迂诞""神怪"之事以及巫者之言用来附会人事，写入史书，这种记载是不可信的。

第二，批评《国语》作者把预言当作历史，并拼凑"证据"，宣扬宿命论。如柳宗元在《灭密》篇批评密国康公之母关于命数的谈话，而"左氏以灭密征之，无足取者"。《不藉》篇指出《国语》作者把"宣王不藉千亩"跟后来"战于千亩，王师败绩于姜氏之戎"联系起来，显然是附会之说："败于戎，而引是以合焉，夫何怪而不属也？"柳宗元甚至认为，所谓"战于千亩"当是杜撰出来的，所以他写道："又曰'战于千亩'者，吾益羞之"。作为史家，竟用附会的手法杜撰历史，这实在是一种耻辱。《国语·晋语二》记了这样一件事：周襄王元年（前651年），齐桓公盟诸侯于葵丘。晋献公将与会，途中遇到周王卿士宰孔。宰孔先是挑拨齐、晋关系，阻止献公赴会；然后又对自己手下的人说："晋侯（按：指献公）将死矣！……今晋侯不量齐德之丰否，不度诸侯之势，释其闭修，而轻于行道，失其心矣。君子失心，鲜不夭昏。"《国语》作者在写了这一段话后接着写道："是岁也，献公卒。"柳宗元在《宰周公》篇中批评说："假令一失其道以出，而以必其死，为书者又从而征之，其可取乎？"这里说的"无足取者""吾益羞之""其可取乎"等，都是批评《国语》作者把毫无根据的预言当作真实的历史看待，以至从历史记载上来"证明"这些预言的不诬，这种作史态度是不可取的，甚至是可耻的。

第三，批评《国语》作者把"后之好事者为之"当作当时的历史写入史书。如《葬恭世子》篇批评晋国国人歌谣和郭偃预言，说什么14年后重耳就可以回国图霸了，等等①，"是好事者追而为之，未必郭偃能征之也"。柳宗元认为，人们对于"政之善恶"的议论，不是不可以写入史书，因为这关系到一个国家的利害得失，但是他反对把后来的"好事者"的编造当作当时的历史加以记载。《乞食于野人》篇也是批评《国语》作者的这种书法：重耳在外流亡12年，一次乞食于野人，后者以土块与之，重耳大怒。狐偃乃据此事预言12年后重耳可以得到这块土地②。柳宗元明确指出："是非子犯（狐偃）之言也，后之好事者为之。"这两个例子说明柳宗元对于史料的鉴别是非常认真而又十分敏感的，哪些记载确是当时发生的事情，哪些记载确是"后之好事者为之"进行附会牵合的事情，他都详加分辨，予以澄清。他对《国语》的这一批评，是中国史学家求实精神之优良传统的突出

---

① 见《国语》卷九《晋语三》，上海：上海古籍出版社，1978年，第316～317页。
② 见《国语》卷十《晋语四》，上海：上海古籍出版社，1978年，第338～339页。

表现。

第四，批评《国语》作者还存在一些书不当书之处。如《筮》篇认为：晋国司空季子"博而多言，皆不及道者，又何载焉？"这是反对以空言入史。《国语》记："叔鱼生，其母视之，曰：'是虎目而豕喙，鸢肩而牛腹，溪壑可盈，是不可餍也，必以贿死。'遂不视。杨食我生，叔向之母闻之，往，及堂，闻其号也，乃还，曰：'其声，豺狼之声，终灭羊舌氏之宗者，必是子也。'"①这一荒唐的记载，显然也是后人附会之词，带着浓厚的宿命论色彩。柳宗元在《叔鱼生》篇尖锐地批评这一记载：

> 君子之于人也，听其言而观其行，犹不足以言其祸福，以其有幸有不幸也。今取赤子之形声，以命其死亡，则何耶？或者以其鬼事知之乎？则知之未必贤也。是不足书以示后世。

柳宗元主张用唯物的观点来看待历史和撰写历史，对于人的判断也是如此。像这样毫无根据的说法，是不值得写入史书给后人去读的。这里，我们可以感受到柳宗元对于史学工作所怀抱着的认真的精神和严肃的感情。

此外，柳宗元还指出《国语》记事有自相矛盾的地方，有"嗜诬"前人的地方，也有粉饰前人的地方，甚至还批评《春秋》记事有不真实之处②，等等，不一一赘述。

《非国语》一书是柳宗元的史学批判的代表著作。在这部书里，柳宗元对史家的历史观点、历史见识、历史评价的标准，以及史家对史料的鉴别和运用、书法当否，都有所论及；所论主旨，是反复

---

① 《国语》卷十四《晋语八》，上海：上海古籍出版社，1978 年，第 453 页。韦注：叔鱼后为赞理，受雍子女而抑邢侯，邢侯杀之。食我既长，党于祁盈，盈获罪，晋杀盈及食我，遂灭祁氏、羊舌氏，在鲁昭二十八年。

② 参见《非国语》的《韩宣子忧贫》《料民》《长鱼矫》《苟息》等篇。

强调历史撰述的真实性和严肃性。在他以前，除刘知幾外，还没有别的史家能够这样全面地、具体地来总结史学工作在这些方面的经验教训，并从历史理论上提出这么多问题。刘知幾《史通》是一部杰作，其成就主要在史学理论方面；柳宗元《非国语》也是一部杰作，其成就主要在历史理论方面。这是刘、柳在中国史学上的贡献之不同之处。然而《史通》和《非国语》的历史命运却有某些相似之处：《史通》问世后，晚唐人柳璨"以刘子玄（知幾）所撰《史通》议驳经史过当，纪子玄之失，别纂成十卷，号《柳氏释史》，又号《史通析微》"①。《非国语》问世后，既有人反其道而行之作《是国语》②，更有人针锋相对地作《非〈非国语〉》。如宋人江惇礼撰《〈非国语〉论》，苏轼表示赞同说："鄙意素不然之，但未暇为书尔"③。元人虞集之弟槃"尝读柳子厚《非国语》，以为《国语》诚可非，而柳子之说亦非也，著《非〈非国语〉》④"。这种情况，正表明了刘、柳的批判史学触动了正宗史学的弊端，从一个方面反映出他们的史学批判精神所产生的历史影响。

柳宗元同刘知幾在史学思想上也有不少共通之处，重视史家自身的修养即是其中之一。刘知幾倡言史家须有"三长"，即史才、史学、史识，他在《史通》中也写了如同《直书》《曲笔》这样一些名篇。柳宗元除了在《非国语》中讲到这方面的问题以外，还撰有有关专篇；其论述之精到，与刘知幾相比则自有另一番气象。

五、《与韩愈论史官书》：史家的信念与职责

柳宗元的史论，除了《天说》是为回答韩愈"言天之说"外，《与韩

① 王溥：《唐会要》卷六十三《修前代史》，北京：中华书局，1955年，第1092页。
② 脱脱等：《宋史》卷二百二《艺文志一·春秋类》著录："叶真《是国语》七卷。"
③ 苏轼：《东坡续集》卷五《与江惇礼秀才》，见重刊明成化本，第38页。
④ 宋濂：《元史》卷一百八十一《虞集传》附《虞槃传》，北京：中华书局，1976年，第4182页。

愈论史官书》也是为批评韩愈而作。这虽然是韩、柳之争的问题之一，但其在中国史学上的意义却远远超出了这一争论的界限。概括地说，柳宗元的《与韩愈论史官书》是一篇阐述史家信念与职责的杰作，是中国古代史家重视自我修养的一份宝贵遗产。

宪宗元和八年（813 年），韩愈任史馆修撰。有位刘秀才致书韩愈，希望他在史事方面有所贡献。韩愈不摆史官架子，复书刘秀才，谈到他对史事的一些看法。次年正月，谪降永州的柳宗元读到了韩愈的《答刘秀才论史书》①，当即致书韩愈，阐述了他同韩愈的不同看法，此即《与韩愈论史官书》②。

这两封书信所反映的对于史事的不同见解，从历史观点来看，仍然是天命论历史观同朴素的唯物论历史观的辩论，而与韩愈"言天之说"同柳宗元《天说》的辩论在性质上是一致的。韩愈在信中列举历代史家如孔子、齐太史、左丘明、司马迁、班固、陈寿、王隐、习凿齿、崔浩、范晔、魏收、宋孝王、吴兢等，都因作史而没有好结果，结论是："夫为史者，不有人祸则有天刑，岂可不畏惧而轻为之哉？"又说：

> 且传闻不同，善恶随人所见；甚者附党，憎爱不同，巧造语言，凿空构立。善恶事迹，于今何所承受取信，而可草草作传记，令传万世乎？若无鬼神，岂可不自心惭愧？若有鬼神，将不福人。

这里讲的"为史者，不有人祸则有天刑"以及"若有鬼神，将不福人"，同韩愈的"言天之说"一样，认为"天"是有意志的，可以赏福罚祸。

---

① 参见韩愈：《韩昌黎全集》外集卷二，北京：中国书店，1991 年，第 486 页。
② 参见柳宗元：《柳河东集》卷三十一，上海：上海人民出版社，1974 年，第 498 页，以下不一一出注。

这里也还讲到史学工作上的一些具体困难，但它是属于另一种性质的问题。

柳宗元的信，严肃而又充满激情。他直率地表明：见到韩愈信稿，"私心甚不喜，与退之往年言史事甚大谬"。他从唯物主义、无神论观点出发来看待史学工作，并对韩愈的观点提出批评，指出："退之以为纪录者有刑祸，避不肯就，尤非也"。柳宗元根据历史事实，具体分析前代史家的种种不幸结局，并不都是因为作史才造成的。因此，他认为："'不有人祸则有天刑'，若以罪夫前古之为史者然，亦甚惑"。这表明他同韩愈在所谓"刑祸"看法上的根本分歧。柳宗元进而热情地鼓励韩愈："凡鬼神事，眇茫荒惑无可准，叫者所不道，退之之智而犹惧于此"，这是使人不能理解的。应当指出：关于唯物主义、无神论同唯心主义、有神论的争论，直接与史学工作联系起来，甚至影响到史学工作的开展的，这两封信很有代表意义，在中国史学史上不应忽略。

从史学工作来看，尤其是从史家应当如何对待自己的工作来看，柳宗元的《与韩愈论史官书》也具有重要的理论意义。在他看来，一个史官贵在有坚定的信念和崇高的职责感。信念，就是"思直其道"，为此还须有勇气；职责感，就是一旦位居其职，则以撰述一代史事为己任。

主张"直道"，这是柳宗元这封书信中十分突出的思想。他认为："凡居其位，思直其道。道苟直，虽死不可回也；如回之，莫若亟去其位。"一个史官为尽其"直道"，"虽死不可回"，这就是坚定的信念。柳宗元著作里有不少讲"中道"的地方[①]；"中道"，即中正之道。这里讲"直道"，意谓正直之道、公正之道，跟"中道"应是同一含义。所以他在此书中向韩愈指出："退之宜守中道，不忘其直，无以他事

---

① 参见章士钊：《柳文指要》下《通要之部》卷一"柳志·大中"条，北京：中华书局，1971年，第1290页。

自恐。退之之恐，唯在不直、不得中道，刑祸非所恐也。"可见"宜守中道，不忘其直"与"思直其道"是一致的，柳宗元视此为做人的信念和准绳，亦为史官应有的德行。中国史家历来有讲求史德的传统，董狐笔法，司马迁实录精神，刘知幾讲"直书"，柳宗元言"直道"，都是这种传统的表现。当然，史家要恪守自己的信念，还必须有足够的勇气。柳宗元针对韩愈"不敢率尔为也"的思想，指出：

> 史以名为褒贬，犹且恐惧不敢为。设使退之为御史中丞大夫，其褒贬成败人愈益显，其宜恐惧尤大也，则又扬扬入台府，美食安坐，行呼唱于朝廷而已耶？在御史犹尔，设使退之为宰相，生杀出入，升黜天下士，其敌益众，则又将扬扬入政事堂，美食安坐，行呼唱于内庭外衢而已耶？何以异不为史而荣其号、利其禄者也？

这些话都是就"人事"来说的。柳宗元认为：一个史官，不应当"不为史而荣其号、利其禄"，要敢于"居其位而直其道"，真正去做点事情。这可以看作是柳宗元提出的一个原则，不仅封建史官应受到它的检验而确定其高下，就是一般封建官吏也应当受到它的检验而区分其清浊。

史家不仅要有坚定的信念，而且要使这种信念落到实处，这就需要有职责感。柳宗元在致韩愈的信中反问道：关于有唐 200 年史事，"今退之曰：'我一人也，何能明。'则同职者又所云若是，后来继今者又所云若是，人人皆曰'我一人'，则卒谁能纪传之耶？"这是一个很尖锐的问题，如果人人都说"我一人，无可为"，这将是一种十分悲哀的局面，"非有志者所忍恣也"！柳宗元所热烈希望的，是人人"孜孜不敢怠"地勤奋工作，则唐代历史"庶几不坠，使卒有明也"。而对于每一个史家来说，"果有志，岂当待人督责迫蹙，然后为官守耶?"柳宗元讲史家职责有一个明显的特点,即把史家不仅看作是单个的人,而且看作是一个群体,一个前后相承的崇高事业之承担者的群体。从史学家的自我意识来看,这包含着认识上的新的迈进。

《与韩愈论史官书》,是柳宗元在永贞革新失败、他被贬官将近十年的情况下写的。岁月流逝,人事沧桑,但他对于友人的情谊却没有改变,甚至理论的分歧也没有影响热烈的期望。他赞叹韩愈的"史才",希望他"更思",鼓励他"可为速为",不要贻误时光。柳宗元的这种积极的情绪和真诚的精神是非常感人的,即使今天来读他的这封信,恐怕也会为之动容、为之感奋的。

继《与韩愈论史官书》之后,同年,柳宗元又写了《与史官韩愈致段秀实太尉逸事书》①,对韩愈的热忱期待之心溢于言表,书中说:"太史迁死,退之复以史道在职,宜不苟过日时。昔与退之期为史志甚壮,今孤囚废锢,连遭瘴疠羸顿,朝夕就死,无能为也,第不能尽其业!"这段话,还非常真切地透露出韩、柳早年共事时"期为史志甚壮"。联想到他们对于史学事业曾经有过豪迈的抱负,我们对柳宗元在史学上的修养和在历史理论上的造诣的认识,或许会更加深刻些;我们对韩愈能够写出使宦官集团为之战栗的《顺宗实录》,或许也会认识得更全面些。

《与史官韩愈致段秀实太尉逸事书》还反映出柳宗元在历史撰述上的认真的实践精神,说明他在史学上并不是只擅长于理论思维的人。他向韩愈推荐的《段太尉逸事状》②,是他亲身调查所得,并多方核实无误。所以他在此书中写道:"太史迁言荆轲,征夏无且;言大将军,征苏建;言留侯,征画容貌。今孤囚贱辱,虽不及无且、建等,然比画工传容貌尚差胜。《春秋·传》所谓传言传著,虽孔子

---

① 参见柳宗元:《柳河东集》卷三十一,上海:上海人民出版社,1974年,第500页。
② 参见柳宗元:《柳河东集》卷八,上海:上海人民出版社,1974年,第110页。

亦犹是也，窃自以为信且著。"他在这里充分肯定了司马迁为撰写历史而进行社会调查的求实精神，同时也坦率地估量自己的作品"信且著"。《段太尉逸事状》在柳宗元的丰富的史学撰述中虽非重要作品，但它却给他的历史理论作了一个极好的注脚。大约250年后，《段太尉逸事状》为《新唐书》作者之一宋祁所采用，写入《段秀实传》。宋祁在传后赞语中写道：

> 唐人柳宗元称："世言段太尉，大抵以为武人，一时奋不虑死以取名，非也。太尉为人姁姁，常低首拱手行步，言气卑弱，未尝以色待物，人视之，儒者也。遇不可，必达其志，决非偶然者。"宗元不妄许人，谅其然邪，非孔子所谓仁者必有勇乎？①

这可以看作是宋人对柳宗元治史作风的评价。

六、简短的结语：高峰和局限

唐代的史论，盛唐以虞世南、魏徵、朱敬则、刘知幾等最为知名，中唐则以杜佑、柳宗元为杰出代表。刘知幾的成就，主要在史学理论方面。他的《史通》，是中国古代第一部系统的史学评论著作，在中国史学之自身反省的历史上，是一座重要的里程碑。刘知幾与柳宗元在史学上的贡献的不同，已如上文所述。虞世南、魏徵、朱敬则等，都不愧为史论名家。在他们的著作中，如《帝王略论》，《隋书》史论及梁、陈、齐等书的总论，《十代兴亡论》等，不乏真知灼见，奇语宏论，往往使人惊叹不已。但他们的史论，大多针对具体

---

① 欧阳修等：《新唐书》卷一百五十三《段秀实传》，北京：中华书局，1975年，第4861页。文中所引柳宗元评段秀实语，出自柳宗元：《上史馆书》，见《柳河东集》卷八，然文字稍有变动。

的史事和人物而发，其理论价值主要在于对历史经验教训的总结。而杜佑和柳宗元的史论，则是在通观历史的全部行程的基础上展开的，其理论价值主要在于对历史进程的规律性的探讨。我认为，唐代的史论，至杜佑和柳宗元而达到发展中的高峰。而杜、柳史论又各具特色：杜佑的史论，是从丰富而连贯的历史发展上来阐述自己的见解的，因而较多地带着历史的形式；柳宗元的史论，是从对历史的整体认识和宏观把握上来阐述自己的见解的，因而鲜明地带着哲学的形式。他们的史论形成了唐代史论的高峰，且又各呈异彩，这不独是唐代史学的奇观，也是整个古代史学发展中的光华灿烂的一幕。

现在，我们可以对柳宗元史论的理论价值和历史地位作如下概括：第一，柳宗元的史论，坚持和发展了"天人相分"的唯物主义和无神论思想传统，进一步廓清了笼罩在世俗历史上的种种神秘主义的光环。他对于"天"的唯物的解释和对于历史进程的唯物的说明，是中国古代思想史和史学史上的光辉成果。这一成果表明，早在9世纪初，中国的思想家和史学家在按照历史发展本来面貌说明历史方面，已经达到了相当高的认识水平。第二，柳宗元的史论，表现在对自然、对历史、对史学等各方面的认识上，都具有其一贯性和整体性，从而构成了一定的理论体系。在中国历史理论发展史上，这个理论体系是对司马迁以下、汉唐间历史理论成果的新概括，因而具有划时代的意义。第三，柳宗元的史论，既是对历史的总结，又是对现实的启迪。关于"天人之际"的争论，关于历史发展趋势的争论，他的总结性的阐述都达到了他那个时代的最高成就；而这些阐述又是同中唐的社会实际和他的"大中之道"的社会理想结合在一起。柳宗元的一生，通晓历史而面对现实，所以他的史论具有鲜明的历史感与时代感相统一的特色。在这一点上，他和他的同时代人杜佑是完全一致的。这是中唐史学发展的一个很重要的趋势，对后来的经世致用史学的进一步发展有很大的影响。

当然，柳宗元的史论也有明显的局限性。这有时代的原因，也有他个人的原因。如柳宗元提出"生人之意"的命题，用以和"君权神授"的神学历史观相对立；他又提出"势"是社会历史发展的动因，用以和"圣人之意"决定社会历史面貌的唯心史观相对立。这无疑是进步的。但"生人之意"跟"势"究竟是什么关系，柳宗元并没有作进一步的探讨；这样，他就没有把他的朴素唯物史观继续推向前进，而"生人之意"这个命题也就不能不拖着一条唯心史观的尾巴。柳宗元史论的最重要的局限或缺陷，是由于他笃信佛教而造成其思想体系上的矛盾，以至于不可能把他的朴素唯物史观贯彻到对宗教的认识领域中去。柳宗元的唯物主义、无神论思想发端甚早，至永贞革新失败被贬后则有了更大的发展；同时，他从少年时代起就相信佛教，至中年时期则通晓佛教经典。但是，柳宗元却从来没有把"天""神""鬼"跟"佛"放到一起一并加以反对，这当然不是一种疏忽，恰恰证明他的朴素唯物史观在宗教面前却步了，这是一方面。另一方面，柳宗元的笃信佛教，又跟一般的佞佛者有所不同，他主要是把佛教当作一种学问、一种思想来看待的。他在回答韩愈"尝病余嗜浮图言，訾余与浮图游"时，认为："浮图诚有不可斥者，往往与《易》《论语》合，诚乐之，其于性情爽然，不与孔子异道。……吾之所取者与《易》《论语》合，虽圣人复生不可得而斥也"①。他认为佛教经论"往往与《易》《论语》合"，这就把佛教作了世俗的理解；认为"虽圣人复生不可得而斥也"，这是要证明佛教存在和发展的合理性。由于柳宗元思想上的这种弱点，所以他不能像前辈唯物主义思想家如范缜那样反佛，甚至也不能像同辈唯心主义思想家如韩愈那样辟佛，对佛教作比较合理的说明。造成柳宗元史论的这种局限或缺陷，也还有

---

① 柳宗元：《柳河东集》卷二十五《送僧浩初序》，上海：上海人民出版社，1974年，第425页。

政治环境的原因和个人遭际的原因。柳宗元说："与其人游者，未必能通其言也。且凡为其通者，不爱官，不争能，乐山水而嗜闲安者为多。吾病世之逐逐然唯印组为务以相轧也，则舍是其焉从？吾之好与浮图游以此。"中唐以来的政治腐败现象，尤其是永贞革新前后的种种变故，使柳宗元对现实看得更清楚了，"爱官""争能""逐逐然唯印组为务以相轧的龌龊现象使他厌恶，也使他厌倦，这促使他"嗜浮图言"与浮图游"。这些话，固然反映出柳宗元于积极奋发之中确也存在着消极悲观的一面，但这不也正是他对当时腐败政治的愤怒的斥责么？清人章学诚说："不知古人之世，不可妄论古人文辞也；知其世矣，不知古人之身处，亦不可以遽论其文也。"①章学诚的话，对于我们认识柳宗元史论之局限或缺陷产生的社会原因和个人原因，是有启发的。柳宗元的唯物主义和无神论思想在佛教面前停止不前了，他的史论也跟着在这里停止不前了，这是难以置信的，但这毕竟又是一个不可改变的事实——就像近代哲人黑格尔的辩证法在"绝对观念"面前停止不 前，费尔巴哈的唯物主义在历史面前停止不前一样。

---

① 章学诚：《文史通义》卷三《文德》，见《章学诚遗书》，北京：文物出版社，1985年，第17页。

苏冕与《会要》

——为会要体史书创立 1200 周年而作[*]

　　唐代史家在史书编撰方面，有不少创新之作。如虞世南以问对形式撰《帝王略论》，意在"商略古今"，说"治乱之迹，贤愚二贯"，专论历史上明者可为规范、昏者可为鉴戒的帝王①。如李延寿以《南史》《北史》分别表述同一时期的南方几个相连续之皇朝的历史和北方几个或相连续或同时并存之皇朝的历史，并使《南史》《北史》多有互见之处。如吴兢专记贞观年间太宗君臣讨论、抉择治国安邦之事，编为 10 卷 40 目，撰成《贞观政要》一书，为历代所重。如许嵩撰《建康实录》，以反映历史上建都于建康（今江苏南京）的几个相连续之皇朝的历史。如杜佑撰《通典》，在历代书志的基础上，撰写分门别类而紧密联系的

　　* 原载《安徽大学学报》2003 年第 5 期。

　　① 虞世南：《帝王略论》序，见敦煌古书 2636 号《帝王论》残卷，据黄永武：《敦煌宝藏》，台北：新文丰出版股份有限公司，1986 年，第 63 页。日本东洋文库亦藏有镰仓时代《帝王略论》抄本残卷。

制度史，是为"十通"之首，等等①。今天看来，这些历史著作不仅在内容上和编撰思想上十分重要，同时在编撰形式上也各有创新。

本文这里要论述的苏冕所撰《会要》，亦属此类情形。所不同者，《会要》记唐初至德宗朝之政事，后世他人曾有两次续作，久之，本书面貌乃渐次湮没。史载：第一次续作在唐宣宗年间由崔铉主持完成，补记德宗至宣宗年间事，自成一书，名《续会要》②，一名《弘文馆续会要》③。第二次续作在五代北宋之际由王溥所撰，补记宣宗至唐末事，并同苏、崔二书合为一书，名曰《新修唐会要》④，后简称《唐会要》。现今传世的《唐会要》，早已题为宋人王溥所撰，这使苏冕的开创之举大为淡化，失却其应有的分量。因此，如何根据史实揭示苏冕《会要》的面貌是很有必要的。此外，《唐会要》中尚保留有苏冕（苏氏）的有关评论 21 首，据此可以探讨苏冕编撰《会要》的有关情形、《会要》的性质与特点，以及苏冕的史识，从而进一步反映出唐代史学上这很有意义的一页。

许多年来，未曾见到有专论苏冕与《会要》的研究文章。近一二十年中，有些中国史学史著作和文献学、史料学等著作，在讲到《唐会要》时，多有涉及此者，但都十分简略⑤。这也是笔者有意于撰写

---

① 以上五种史书，除《帝王略论》仅存残卷外，其余四种皆流传至今。另有一些类似著作，早佚，不论。

② 刘昫等：《旧唐书》卷一百六十三《崔元略传》附《崔铉传》，北京：中华书局，1975年，第 4262 页。

③ 脱脱等：《宋史》卷二百七《艺文志六》类事类，北京：中华书局，1977年，第 5293 页。

④ 李焘：《续资治通鉴长编》卷二"太祖建隆二年"，北京：中华书局，1979年，第 39 页。

⑤ 参见陈高华等：《中国古代史史料学》，北京：北京出版社，1983年，第 210～211 页；张舜徽：《中国史学名著题解》，北京：中国青年出版社，1984年，第 229～231 页；尹达：《中国史学发展史》，郑州：中州古籍出版社，1985年，第 195 页；王朝中等：《中国古代史学习入门九讲》，北京：中国青年出版社，1986年，第 255～256 页；陶懋炳：《中国古代史学史略》，长沙：湖南人民出版社，1987年，第 278～279 页；张传玺：《中国历史文献简明教程》，北京：北京大学出版社，1990年，第 263 页；李学勤等：《中国古代史导读》，上海：文汇出版社，1991年，第 196～197 页；宋衍申：《中国史学史纲要》，长春：东北师范大学出版社，1992年，第 145 页；谢保成：《隋唐五代史学》，厦门：厦门大学出版社，1995年，第 208～209 页；王树民：《中国史学史纲要》，北京：中华书局，1997年，第 118～119 页；瞿林东：《中国史学史纲》，北京：北京出版社，1999年，第 366～367 页；黄永年：《唐史史料学》，上海：上海书店出版社，2002年，第 69～71 页。

此文的一个原因。笔者撰写此文还有第三个原因，即《会要》撰成于唐德宗贞元十九年(803年)，这可视为会要体史书创立的标志，至今已整整1200周年，故撰此文，以为纪念①。

一、苏冕撰《会要》

苏冕是唐京兆武功(今陕西武功)人。《旧唐书·苏弁传》中有附传，甚简略。《新唐书》无传，仅在《苏世长传》附《苏弁传》中略略提及而已。苏冕兄弟三人，衮为兄，冕次之，弁为弟，皆仕于德宗朝。苏弁官至户部侍郎、太子詹事，因失职而贬官，后复起用为滁州刺史，转杭州刺史②。苏弁贬官时，衮、冕官位虽不高，但亦牵连同时遭贬：衮由赞善大夫贬为永州司户参军，冕由士曹参军贬为信州司户参军③。史载："弁与兄冕、衮，皆以友弟儒学称。"④这反映了他们的亲情和才学。

《唐会要》卷三十六"修撰"条之下，于唐德宗贞元十九年(803年)记杜佑进《通典》二百卷一事⑤，同时记载了关于《会要》一事：

---

① 《唐会要》卷三十六"修撰"记：贞元"十九年二月，淮南节度使杜佑撰《通典》二百卷，上之……又，杭州刺史苏弁撰《会要》四十卷。弁与兄冕缵国朝故事为是书。"从行文的语气来看，这两件事都发生在贞元十九年，故连书之。对此，论者较少关注。杨翼骧编《中国史学史资料编年》第一册主此说(天津：南开大学出版社，1987年，第306～307页)，今从之。按：《通典》奏进，时在贞元十七年，此误，详后注。

② 刘昫等：《旧唐书》卷一百八十九下《儒学下·苏弁传》称："当德宗时，朝臣受谴，少蒙再录，至晚年尤甚。唯弁与韩皋得起为刺史，授滁州，转杭州。"(北京：中华书局，1975年，第4976～4977页)

③ 欧阳修等：《新唐书》卷一百三《苏世长传》附《苏弁传》，北京：中华书局，1975年，第3992～3993页。

④ 刘昫等：《旧唐书》卷一百八十九下《儒学下·苏弁传》，北京：中华书局，1975年，第4977页。

⑤ 杜佑进《通典》，事在贞元十七年(801年)，见《旧唐书》卷十三《德宗纪下》、《旧唐书》卷一百四十七《杜佑传》，参阅刘昫等：《旧唐书》，北京：中华书局，1975年，第395、3982页。此处所记，误。

又，杭州刺史苏弁撰《会要》四十卷，弁与兄冕缵国朝故事为是书。弁先聚书至二万卷，皆手自刊正，今言苏氏书，次于集贤芸阁焉。

这是唯一一处提到苏弁与苏冕同撰《会要》的记载，其初当出于崔铉主持撰《续会要》时所记。这一记载反映了一个令人困惑的问题：后人多认为是苏冕撰的《会要》，为何这里说是"苏弁撰"，而同时又说到"弁与兄冕缵国朝故事为是书"？对此，我以为可以作这样的解释：苏冕受苏弁牵连被贬后，仕途也就走到尽头了，而苏弁却再次擢升，时任杭州刺史，官位比苏冕为高，故此处记其为撰者。这也合乎于他们兄弟之间"皆以友弟儒学称"的时评。此其一。

其二，崔铉主持撰《续会要》时，针对相关问题，亦曾有所议论。《唐会要》中尚保留其论议二首，其中一首是关于"封建"的议论。其文是：

崔氏曰：苏冕所载《封建》篇，盖以贞观初，太宗文皇帝尝欲法周、汉故事，分圭以王子弟，裂地以封功臣。诸儒议论纷纭，事卒停寝，故有表、疏可编。自后封诸王或王功臣，但崇以爵等，食其租封而已。刘秩所云"设爵无土，署官不职"者也。今子弟、功臣封爵者，皆列之。

这一段议论表明：第一，崔铉指出苏冕编次有关"封建"的表疏有其背景和文献；第二，贞观以后，在"设爵无土"的情况下，只能一般列举"子弟、功臣封爵"而已，并无相关表、疏可编。这显然是对读者和后人所做的有关解释。但我们所要特别关注的是，崔铉在这里十分明确地写道"苏冕所载"而未提及苏弁。对于苏冕来说，崔铉作为本朝人，且相去并不久远，又是撰《续会要》的主持人，对《会要》

撰者，自然十分清楚，此应无疑。

其三，我们再看《旧唐书·儒学下·苏弁传》附《苏冕传》所记：

> 冕缵国朝政事①，撰《会要》四十卷，行于时。弁聚书至二
> 万卷，皆手自刊校，至今言苏氏书，次于集贤秘阁焉。

《旧唐书》撰者于苏弁本传中，只字未提及《会要》一事，只是突出地
记述了苏弁"聚书""刊校"之事。从上文所述《会要》的"行于时"来判
断，其流传范围是比较广泛的，因而对于它的撰者当不会产生歧义。
此后，《新唐书·艺文志三》类书类著录："苏冕《会要》四十卷。"这同
《旧唐书》所记是一致的。综合上述各点，《会要》一书的撰者确系苏
冕。有的研究者认为："至《唐会要》谓苏弁与兄冕撰，《新志》《读书
志》等却说是苏冕撰，当是《新唐书》所题衔名苏冕以兄居首之故。"②
这一见解颇近情理，但同唐人崔铉的说法与五代时《旧唐书》作者所
记《会要》之"行于时"的事实似难相符。同时我们应注意到，《新唐
书·艺文志》著录各书，凡有"同修""分撰"者，多有注文做出交代。
然而，这里还有一个问题需要加以说明，即《唐会要》关于《会要》撰
成一事，系出于崔铉主持撰《续会要》时所记，为何崔铉在论中只提
及苏冕而不涉及苏弁呢？既然记"杭州刺史苏弁撰《会要》四十卷"，
却又说"苏冕所载封建篇"云云，这如何解释呢？我以为，这同上文
所说苏弁任杭州刺史有关，崔铉等人所记《会要》事，虽未明言苏弁
进书，但联系前文言杜佑撰成《通典》"上之"来看，不能排除《会要》
一书是以苏弁名义"上之"的可能性，这或许是崔铉及后来五代、宋
人只言苏弁为《会要》撰者的缘故。又《宋史·艺文志六》类事类著录
苏冕还撰有《古今国典》一百卷，不知确否。如确有此书，亦可证苏

---

① 前引《唐会要》卷三十六"修撰"条作"缵国朝故事"。
② 黄永年：《唐史史料学》，上海：上海书店出版社，2005 年，第 69 页。

冕之致力于撰述之勤。

当然，应当指出的是，苏弁与《会要》也是有关系的，即其"聚书"繁富，并同苏冕对"国朝故事"时有讨论，这对苏冕编撰《会要》都是十分重要的条件。苏冕编撰《会要》还有两个条件。一个条件是，自唐初以来分门书和官制书的发展，前者在《新唐书·艺文志三》类书类多有著录，如欧阳询主持的《艺文类聚》、徐坚等编撰的《初学记》、刘秩的《政典》、杜佑的《通典》等；后者在《新唐书·艺文志二》职官类也多有著录，其中以唐玄宗开元年间修成的《六典》(《唐六典》)最有代表性，它是"以开元年间现行的职官制度为本，追溯其历代沿革源流，以明设官分职之义的考典之书"[①]。这两类书在内容、性质上并不相同，但在形式上都表现出分门别类的特点。《会要》的编撰也正是在这样的撰述环境中出现的。另一个条件是，唐自开国以来的"国朝政事"的积累，不仅提供了文献资料的保证，而且也决定了《会要》的内容和性质。

二、《会要》的续作

上引所谓"缵国朝政事"一语，已大致反映出了《会要》的内容，即它是关于唐代"政事"之书。而所谓"政事"，不是叙述"政事"的过程，而是记其起因或记其结果，同时侧重于制度方面。《新唐书·艺文志三》把《会要》和《通典》视为同一性质之书，是有一定道理的。但它把这二书连同与此相近的书著录于子部"类书类"，实为不妥。它们虽然都是分门别类记事，但其毕竟都有十分确定的基本内容，即关于制度的历史。《通典》是通代的制度史，《会要》是专记一朝的制度史，与一般的类书有明显的区别。《宋史·艺文志六》把《通典》《会

---

① 陈仲夫：《唐六典简介》，见李林甫：《唐六典》书首，北京：中华书局，1992年，第2页。

要》著录于子部"类事类",这虽与"类书类"的提法有所不同,但实质还是一样的。直到清修《四库全书总目》,把《通典》《唐会要》及与之相类之书,著录于史部"政书类",从而明确了它们作为史书的性质。或许是因为它们所记都是以广义的政治制度为基本内容,故名"政书"。值得注意的是,苏冕曾经明确地指出:"《会要》亦国史之支也。"①这话讲得很确切:第一,《会要》是史书;第二,《会要》是"国史"的一个分支,意即侧重于"国朝政事"。

前面已经讲到,《会要》"行于时"后,后人曾有两次续修。这是认识《会要》面貌的重要环节,兹简述如下。

第一次续修是在晚唐宣宗时。史载,大中七年(853 年):

> 十月,尚书左仆射、门下侍郎、平章事、太清宫使、弘文馆大学士崔铉进《续会要》四十卷,修撰官杨绍复、崔瑑、薛逢、郑言等,赐物有差。②

崔铉是宣宗朝重臣,作为宰臣和弘文馆大学士,他在大中七年,"以馆中学士崔瑑、薛逢等撰《续会要》四十卷,献之"③。这都说明,《续会要》是出于官修。《新唐书·艺文志三》类书类著录:"《续会要》四十卷,杨绍复、裴德融、崔瑑、薛逢、郑言、周肤敏、薛廷望、于珪、于球等撰,崔铉监修。"这里所记的参撰者比前引《旧唐书·宣宗本纪》所记又多出五人,足见这是当时官修史书的一个重要工程。《新唐书》纪、传,既未反映苏冕撰《会要》事,亦未反映崔铉监修《续

---

① 王溥:《唐会要》卷四十二《月蚀》,北京:中华书局,1955 年,第 763~764 页。
② 刘昫等:《旧唐书》卷十八下《宣宗本纪》,北京:中华书局,1975 年,第 632 页。按《唐会要》卷三十六"修撰"条有大致相同的记载,当是王溥据《旧唐书·宣宗本纪》旧文补入。
③ 刘昫等:《旧唐书》卷一百六十三《崔元略传》附《崔铉传》,北京:中华书局,1975年,第 4262 页。

会要》事，难道是为本朝学者王溥故作掩饰，亦未可知。

崔铉等《续会要》撰成进上后，它与苏冕《会要》是什么关系呢？从《新唐书·艺文志三》类事类著录的情况来看，"苏冕《会要》四十卷"和"《续会要》四十卷……崔铉监修"都是各自行世的独立著作。《宋史·艺文志六》类事类著录："苏冕《古今国典》一百卷，又《会要》四十卷""崔铉《弘文馆续会要》四十卷"，似亦可证二书的各自行世。

关于崔铉主持《续会要》的修撰，有两个具体问题，因宋人所述时有讹误并影响至今，需要在这里辨明。

第一个问题是，崔铉进书的时间。这本不应成为问题，但因晁公武之误在先，说是"大中七年，诏崔铉等撰次德宗以来事"，这里把献书时间误说成是下诏撰次时间；清四库馆臣又误之于后，也说是"宣宗大中七年，又诏杨绍复等次德宗以来事，为《续会要》四十卷"云云。这样，遂使这一讹误广为流传，以至于今①。笔者注意到，近年已有学者对此提出质疑②。其实，上引《旧唐书·宣宗本纪》和《旧唐书·崔公略传》附《崔铉传》，以及《唐会要》卷三六"修撰"条，都记载得很明白，大中七年是崔铉等献书时间，而非诏命撰次时间。

第二个问题是，李焘《续资治通鉴长编》记崔铉撰成《续会要》是在"武宗时"③，陈振孙《直斋书录解题》记崔铉撰成《续会要》是在"武宗朝"，④ 都与《旧唐书·宣宗本纪》和《旧唐书·崔铉传》所记大中七

---

① 见张舜徽：《中国史学名著题解》，北京：中国青年出版社，1984 年，第 230 页："公元 853 年（宣宗大中七年），又诏命杨绍复、崔瑑、薛逢、郑言等续编德宗以后史实。"陶懋炳：《中国古代史学史略》，长沙：湖南人民出版社，1987 年，第 278 页："大中七年（853 年），崔铉等又奉诏撰德宗以后事，成《续会要》四十卷"。

② 黄永年：《唐史史料学》，上海：上海书店出版社，2005 年，第 69 页。

③ 李焘：《续资治通鉴长编》卷二"太祖建隆二年"，北京：中华书局，1979 年，第 39 页。

④ 陈振孙：《直斋书录解题》卷五《典故类》，上海：上海古籍出版社，1987 年，第 162 页。

年不符，当是误记，亦对后世有所影响①，应一并予以澄清。

关于后人对《会要》的第二次续修，宋人论著多有涉及，如王应麟《玉海》卷五十一、晁公武《郡斋读书志》卷十四"类书类"、陈振孙《直斋书录解题》卷五"典故类"、李焘《续资治通鉴长编》卷二、郑樵《通志·艺文略·史类》等。其中，晁公武所记除上述失误外，比较明确地说到了各次编撰内容的断限，其文称：

> 《唐会要》一百卷……右皇朝王溥撰。初，唐苏冕叙高祖至德宗九朝沿革损益之制。大中七年，诏崔铉等撰次德宗以来事，至宣宗大中七年（一作大中六年），以续冕书。溥又采宣宗以后事，共成百卷，建隆二年正月奏御，文简事备，太祖览而嘉之，诏藏于史阁，赐物有差。②

从这段文字来看，《会要》的两次续修，主要都是反映在年代的落差方面。上举各种宋人论著，所记亦大致相同。尽管如此，我们似亦不能断定《会要》体制的原来面貌就是现在《唐会要》体制的面貌，因为在第一次续修中，《续会要》是否尽遵《会要》体制，已不得而知；而在第二次续修的过程中，对于原书体制的局部变动的可能性是完全存在的。但是，反过来说，正是由于两度续修的重点都是续补前书所记下限以后之事，故《会要》在体制上不曾有较大的变动，亦当无疑。要之，则据《唐会要》的体制似可一窥《会要》的大致面貌。

若以上论述可以成立的话，那么我们可以据《唐会要》去揭示《会要》本来的面貌，当不会有太大的出入。清四库馆臣是这样概括《唐会要》的：

---

① 参见陈高华等：《中国古代史史料学》，北京：北京出版社，1983年，第210页："武宗时，崔铉又续四十卷。"

② 晁公武：《郡斋读书志》卷十四《类书类》，上海：上海古籍出版社，1990年，第658页。

书凡分目五百十有四，于唐代沿革损益之制，极其详核。"官号"内有"识量""忠谏""举贤""委任""崇奖"诸条，亦颇载事迹。其细琐典故，不能概以定目者，则别为"杂录"，附于各条之后。又间载苏冕驳议。义例该备，有裨考证。①

这从整体上指出了《唐会要》的内容、结构。关于"又间载苏冕驳议"，下文将有所论述。值得称道的是，四库馆臣统计出《唐会要》有 514 目。我们纵然不能断定所有的细目都是苏冕制定的，但其绝大部分出于苏冕之手是毫无疑问的。这是因为，绝大部分的细目所记内容，包含了唐德宗以前历朝之事。由此可见，从《会要》四十卷到《续会要》四十卷，再到王溥合并二书并增补内容成《唐会要》一百卷，其卷帙的增多，主要是续补同类细目中的后来之事所致。

由于苏冕编撰《会要》之初，没有从宏观方面区分门类（如《通典》分为食货、选举、职官、礼、乐、兵、刑、州郡、边防九门），故《唐会要》所列细目也都没有标明各从属于何种门类之下，这自然在内容上显得零碎、分散，也给阅读和研究带来诸多不便。不过，依据其开列的 514 目，还是大致可以归纳为一些门类的。如有的论者将其分为 13 类：帝系，礼，宫殿，舆服，乐，学校，刑，历象，封建，佛道，官制，食货，四裔②。有的论者则认为可分为 15 类：帝系，礼，乐，学校，宗教，选举，职官，民政，封建，历数，灾异，刑法，食货，舆服，四裔③。有的论者认为"原分十五门"④，但未列

---

① 永瑢等：《四库全书总目》卷八十一《史部·政书类一》，北京：中华书局，1965年，第 694 页。

② 参见王树民：《中国史学史纲要》，北京：中华书局，1997年，第 118~119 页。

③ 参见张传玺：《中国历史文献简明教程》，北京：北京大学出版社，1990年，第 263 页。

④ 吴枫：《简明中国古籍辞典》，长春：吉林文史出版社，1987年，第 772 页。

出门类名称，亦不知所据何书。如果我们要概括得更明确一点，其
各卷内容依次是：

卷一至卷六：帝系与皇室；

卷七至卷二十三：封禅与祭祀①；

卷二十四至卷二十九：朝贺、行幸、祥瑞；

卷三十：大内与官掖；

卷三十一至卷三十二：舆服；

卷三十三至卷三十四：乐；

卷三十五至卷三十六：学校、修撰、氏族；

卷三十七至卷四十一：刑法；

卷四十二至卷四十四：历法、星变、灾害；

卷四十五至卷四十六：功臣、封建；

卷四十七至卷五十：释道；

卷五十一至卷七十三：官制；

卷七十四至卷七十七：选举；

卷七十八至卷七十九：诸使；

卷八十至卷八十二：谥法、勋阶、考核；

卷八十三至卷八十六：租税、户口、道路、关市、城郭；

卷八十七至卷八十九：漕运、盐铁、仓储、货泉；

卷九十至卷九十三：俸禄、料钱、职田；

卷九十四至卷一百：民族与外国。

以上这 19 个方面，未必概括得很准确，或增或减，都是可以进一步
考虑的。本文之所以要作这样的概括，主要是为了更明确地说明《会

---

① 卷七至卷十原文散佚，此为后人所补。参见永瑢等：《四库全书总目》卷八十一
《史部·政书类一》，北京：中华书局，1965 年，第 694 页。

要》的内容。

清四库馆臣举"官号"一目，称赞《唐会要》的详该。这里，我要特别提到《唐会要》卷六十三、六十四有关"史馆"的记载，其细目包含"史馆移置""诸司应送史馆史例""修前代史""修国史""在外修史""修史官""史馆杂录"（上、下）等。这些条目可以概括为两个方面内容，一是唐代的史馆、史官和修史制度，一是官修前朝史和本朝史的发展过程，二者结合，即是一部唐代官修史书之史的论纲。准此，这可以看作是继《隋书·经籍志》史部诸序、刘知幾《史通》之后，唐代史家又一具有高度的史学史意识的表现。进而言之，这些细目的最早制定者苏冕即是具有这种自觉意识的史学家。

三、苏冕的史识

前引清四库馆臣称《唐会要》"又间载苏冕驳议"之语，所谓"间载"，实则是"保存"，此乃四库馆臣用语不确。今查，《唐会要》中有"苏冕曰"1首，"苏氏曰"5首，"苏冕驳曰"1首，"苏氏驳曰"10首，"苏氏议曰"3首，"苏氏驳议曰"1首，凡论议21首。这些"曰""议""驳""驳议"，当是《会要》中原有的论议部分，故应称"保存"，它集中地反映了苏冕的历史见识，如同《通典》中的"序""论""说""议""评"，集中地反映了杜佑的史识一样①。苏冕论议所反映出来的史识，表现在以下几个方面：

第一，进步的历史观。如：睿宗景云二年（711年），"八月十七日，岁星犯左执法。"（原注："窦怀贞请罢所职为安国寺奴。罢职从之，为寺奴不许。"）针对此事，苏冕发表议论说：

---

① 参见本书《重读〈通典〉史论》一文。

> 吉凶悔吝，惟人所召。人守中道，天不上变。岂有位登宰辅，名践国公，以诡谀为政事，用奸妄为身计，而欲以上穹示诚，下就臧获，其可得乎！先天之诛，天道不昧矣。①

这些话都是对着窦怀贞所作所为说的，话中虽也讲到"天不上变""天道不昧"，但其强调的原则是"吉凶悔吝，惟人所召"。苏冕嘲笑窦怀贞的诡谀、奸妄而又企图以上天"示诚"作为退路和掩饰，是极其愚蠢的，其在玄宗先天年间遭到诛杀是必然的。又如："太宗以《阴阳书》行之日久，近代以来，渐至讹伪，穿凿既甚，拘忌亦多，遂命有司，总令修撰。"根据唐太宗的指示，吕才及阴阳学者十余人撰《阴阳书》五十三卷并"九书行者"四十七卷，于贞观十五年（641年）四月十六日奏上，"诏颁下之"。《会要》在记述此事的同时，收录了思想家吕才对种种"穿凿拘忌"之言，从七个方面一一予以驳斥的长篇议论。苏冕就此事发表见解说："今世之人，正惑于此，故载吕才驳议，用矫正之，庶乎惑者少悟也。"②他说的"今世之人"，当是指他编撰《会要》时的现实情况而言。

第二，鲜明的批判意识。高宗显庆二年（657年），黄门侍郎知吏部选事刘祥道上疏，认为"今之选司取士，伤多且滥：每年入流，数过一千四百人，是伤多也；杂色入流，不加铨简，是伤滥也"。这种情况，比之于每年"应须数外，常余两倍"，而每年又都在不断增加"常者"的人数。因此，"望请厘革，稍清其选"。与此同时，中书令杜正伦也指出："人流者多，为政之弊。"但是"公卿以下，惮于改作，事竟不行"。在这一记载之下，苏冕大为感慨，他评论说：

> 冕每读国史，未尝不废卷叹息。况今河西、陇右，虏盗其

---

① 王溥：《唐会要》卷四十三《五星临犯》，北京：中华书局，1955年，第771页。
② 王溥：《唐会要》卷三十六《修撰》，北京：中华书局，1955年，第656页。

境。河北、河南、关中，止计官员大数，比天宝中，三分减一；入流之人，比天宝中，三分加一。自然须作法造令，增选加考，设格检勘，选司试能。嗟乎！士子三年守官，十年待选，欲吏有善称，野无遗贤，不可得也。若比祥道所述，岂只十倍，不更弊乎！①

对于这种既"多"又"滥"的选举制度所造成的"为政之弊"，杜正伦、刘祥道、苏冕等都是忧心忡忡。苏冕把刘祥道的上疏收入《会要》，说明苏冕同杜、刘的见解是相通的。又，就玄宗天宝七载（748年）十一月，"给事中杨钊充九成宫使"一事（原注："其使及木炭使，并是岐州刺史勾当。至是，钊欲移夺大权，遂兼监仓司农，出纳钱物，召募剑南健儿；两京太仓、含嘉仓出纳，召募河西、陇右健儿，催诸道租庸等使"）②，苏冕发表长篇驳议，他写道：

> 九寺三监、东宫三寺、十二卫及京兆河南府，是王者之有司，各勘所守，以奉职事。尚书准旧章，立程度以颁之；御史台按格令，采奸滥以绳之；中书、门下立百司之体要，察群吏之能否。善绩著而必进，败德闻而且贬，政有恒而易为守，事归本而难以失。夫经远之理，舍此奚据？洎奸臣广言利以邀恩，多立使以示宠，克小民以厚敛，张虚数以献忱。上心荡而益奢，人怨结而成祸，使天子有司，守其位而无其事，受厚禄而虚其用。宇文融首倡其端，杨钑继遵其轨，杨国忠终成其乱。仲尼云："宁有盗臣，而不畜聚敛之臣。"诚哉，是言也。前车既覆，后辙不改，欲求化本，不亦难乎！③

---

① 王溥.《唐会要》卷七十四《论选事》，北京，中华书局，1955年，第1335页。
② 王溥:《唐会要》卷七十八《诸使杂录上》，北京:中华书局，1955年，第1438页。
③ 王溥:《唐会要》卷七十八《诸使杂录上》，北京:中华书局，1955年，第1438～1439页。

这些话，从制度上深刻地揭露了唐玄宗末年，杨国忠等人专权造成政治腐败的一个方面，这同上文所引苏冕说的"三分减一""三分加一"的情形一样，同属于政治制度方面的弊端。由此可见，苏冕对于本朝的典章制度和现实政治都是十分熟悉的，从而使其所论，有入木三分之力。又，权臣许敬宗死，因定谥号而引起朝臣的激烈争论，多数人认为许敬宗为官为人口碑甚恶，名与实爽，主张谥为"缪"；许敬宗之孙、太子舍人许彦伯提出异议，少数人也附和其议，高宗乃"诏令尚书省集五品以上重议"。礼部尚书杨思敬议称："按谥法，既过能改曰'恭'，请谥曰'恭'。"高宗采纳了杨思敬的意见，为许敬宗定谥为"恭"。苏冕针对此事，驳曰：

> 宇文士及初谥为"缪"，以在家侈纵，刘洎驳之，竟谥为"纵"。许敬宗初谥为"缪"，以干国邪佞，杨思敬改之，反谥为"恭"。是非在于当时，名实岂凭至行！呜呼，思敬青于蓝矣！①

许敬宗的官风、人品不佳，朝野尽知，苏冕不必再多加评论。这里，他有感于初谥为"缪"，竟然能改谥为"恭"这样荒谬之事，嘲笑杨思敬是"青出于蓝而胜于蓝"。这是因为：宇文士及的谥号由"缪"改为"纵"，毕竟是委婉之举；许敬宗的谥号由"缪"改为"恭"，却是公然的溢美，带有根本性的变化。于是苏冕进而提出一个严肃的问题："是非在于当时，名实岂凭至行！"严肃的谥法竟也成了如此轻率无常的形式，苏冕无疑是发出了"青史凭谁定是非"的感慨了。当然，议谥、改谥的轻率也给后世史家撰写信史，增添了许多障碍。

---

① 王溥：《唐会要》卷七十九"谥法上"条，北京：中华书局，1955 年，第 1465 页。谥号"恭"，原注："尊贤贵义曰'恭'，爱民长悌曰'恭'，既过能改曰'恭'，执礼敬宾曰'恭'，率事以信曰'恭'。"

第三，关于掌故和纠谬。苏冕是熟悉本朝政事掌故的学者，故其论议中常有关于掌故的说明，并对一些讹误的说法予以纠正。例如：苏冕指出，朝廷在官制方面，有所谓"同中书门下三品"的名称，但在实行过程中，往往出现重大乖误。他结合李勣等人的实例，指出：

> "同中书门下三品"，是李除太子詹事，创有此号。原夫立号之意，以侍中、中书令是中书、门下正三品官，而令同者，以本官品卑，恐位及望杂不等，故立此号，与之同等也。勣至（贞观）二十三年七月迁开府仪同三司，八月又改尚书左仆射，并同中书门下三品。且"开府"是从一品，"仆射"是从二品，又令"同"者，岂不与立号之意乖乎？谨案后汉殇帝，以邓骘为车骑将军，仪同三司，观其创置之意，亦可上企"三公"也，可以为证矣。永隆二年闰七月，崔知温、薛元超除中书令，并云"同中书、门下三品"，又大乖也。①

显然，在苏冕看来，李勣既已受封为"开府仪同三司"即从一品，何必还连带着"同中书门下三品"呢？崔知温、薛元超既是中书令本即正三品，何必又要重复地说"同中书门下三品"呢？这都与"创置之意"相悖。此类情形，在两《唐书》中所记应不止于李、崔、薛等人，或许是应当引起人们关注的。又，苏冕针对玄宗"开元十五年七月四日，雷震兴教门两鸱吻，栏楯及柱灾"的记载，驳曰：

> 东海有鱼，虬尾似鸱，因以为名。以喷浪则降雨，汉柏梁灾。越巫上厌胜之法，乃大起建章官，遂设鸱鱼之像于屋脊，

---

① 王溥：《唐会要》卷五十一《官号·名称》，北京：中华书局，1955年，第884~885页。

画藻井之文于梁上，用厌火祥也。今呼为鸱吻，岂不误矣哉！①

"鸱尾""鸱吻"这两个词，沿用至今，不知千余年前苏冕所驳"鸱吻"之谬，是耶，非耶？无论如何，我们可以据此想见到，苏冕是一位很渊博、很认真的史学家。此外，苏冕就唐太宗于贞观三年（629 年）正月十日"有事于太庙"一事，提出一个疑问，他写道：

> 贞观六年，监察御史马周上疏云："陛下践阼已来，宗庙之享，未曾亲事，遂使大唐一代之史不书皇帝入庙之事，将何以贻厥孙谋，垂则来叶？"且贞观三年，已亲飨庙矣，未知何事，致此不同？②

这虽然不是什么太大的事件，不过由此亦可见苏冕对"国朝政事"的谙熟。又，苏冕就开元十四年（726 年）"始定受事御史"一事，驳曰：

> 御史台正朝廷纲纪，举百司紊失，有弹邪佞之文，无受词讼之例，今则重于此而忘于彼矣。③

显然，御史台职责的走样，反映了政治风气的松弛，是一个令人忧虑的政治倾向。苏冕还指出前史记事在年代上往往有误，如开元十四年（726 年）潘好礼上表题年④，武则天垂拱元年（685 年）四月房先敏获罪左授卫州司马事⑤，等等，反映出苏冕不仅关注"国朝政事"的重大问题，也十分留意一些具体事件。这些事例表明苏冕在编撰

---

① 王溥：《唐会要》卷四十四《杂灾变》，北京：中华书局，1955 年，第 792 页。
② 王溥：《唐会要》卷十三《亲飨庙》，北京：中华书局，1955 年，第 301 页。
③ 王溥：《唐会要》卷六十《御史台》，北京：中华书局，1955 年，第 1042 页。
④ 王博：《唐会要》卷三《皇后》，北京：中华书局，1955 年，第 27 页。
⑤ 王溥：《唐会要》卷五十三《官号·杂录》，北京：中华书局，1955 年，920 页。

《会要》时，是注意保存有关文献的原始面貌的，自己不妄作改动，而是在必要处发表驳议，从而很好地继承了中国史学"信以传信，疑以传疑"的优良传统，以至于我们在千余年后还能窥见《会要》的真面目。

当然，苏冕的论议，也有其未安与局限之处。如中宗神龙二年（706年），追赠韦皇后（后废为庶人）之父为酆王，苏冕大发议论，写道：

> 天宝九载，有诏发韦氏冢而平之。其时，差长安县尉薛荣先专知。及见铭志，发冢日月与葬日月同。旧为陵号"荣先"，又与专知官薛荣先名同。自闭及开，凡四十五年，而兆应若是，足表僭溢过分，殃咎丞成，有以戒将来暴兴者。其中宝玉，已经盗发罄矣，而怆惊狼狈，使生叹嗟，又足以诫将来厚葬者。①

此说若非讹传，亦属巧合，论及"兆应"，甚为无聊，此是苏冕历史观方面的局限。当然，苏冕以此为话题，警戒世人不要追求和陶醉于"暴兴"，不要奢靡厚葬，是有积极意义的。苏冕对《贞观礼》和《永徽礼》的看法，似为认识未安之突出者。《贞观礼》的篇目是：吉礼61篇，宾礼4篇，军礼20篇，嘉礼42篇，凶礼6篇，国恤礼5篇，总138篇，分为100卷。苏冕对此不以为然，他提出批评，写道：

> 五礼等威，三代沿革，盖上圣有作，情必备于吉凶。后世遵行，事岂变于文质。源清则流永，根正则苗长。我唐始基，刊正礼乐，去亡隋之繁杂，备前古之雅正，作万代法，成四海仪。光阐皇猷，永固帝业。而修礼官不达审旨，坐守拘忌，近

---

① 王溥：《唐会要》卷二十一《诸僭号陵》，北京：中华书局，1955年，第408页。

移凶礼，置于篇末，斯为妥矣。房梁公（玄龄）、魏郑公（徵），
庶务自殷，一心有限，虽统其事，无暇参详，为礼官所误。不
然者，白圭无斯玷矣。

他对于吉、宾、军、嘉、凶、国恤诸礼的编次不以为然，并认为这
是"礼官"所为，没有直接批评房玄龄和魏徵。接着，他又对《永徽
礼》提出批评，继续上文写道：

　　暨乎永徽之初，再修典礼，遂删去国恤礼，以为预凶事，
非臣子之所宜言。此又乖也。且礼有天子即位，为椑，岁一漆
而藏焉。汉则三分租赋，而一奉陵寝，周汉之制，岂谬误耶？
是正礼也。且东园秘器，曾不废于有司，国恤礼文，便谓预于
凶事，何贵耳而贱目，背实而向声？有以见（许）敬宗、（李）义
府之大妄也！①

苏冕不赞成删去"国恤礼"，认为这本是"正礼"。这里他没有批评"礼
官"，而是直接批评许敬宗、李义府了。其实，苏冕对《贞观礼》和
《永徽礼》的批评，都有可议之处。首先是"五礼"的排列顺序，认为
不应是吉、宾、军、嘉、凶，而应按传统的顺序吉、凶、军、宾、
嘉排列。按道理说，这并不涉及对礼本身的改变，更谈不到房、魏
为"礼官"所误。修礼是朝廷大事，且以房、魏之精明、干练，绝无
"无暇参详"之理。值得注意的是，与苏冕同时代的杜佑，其《通典·
礼典》对"五礼"的排列顺序也是突破传统的，即按吉、嘉、宾、军、
凶的顺序排列，杜佑还专就此做了说明②。杜佑重礼，又是十分讲
究逻辑关系的人，他认为从"吉"到"凶"，是一个逻辑结构。这种思

---

① 王溥：《唐会要》卷三十七《五礼篇目》，北京：中华书局，1955 年，第 664～670 页。
② 杜佑：《通典》卷四十一《礼典·礼序》，北京：中华书局，1988 年，第 1119 页。

维，自亦有其合理性。可见，《贞观礼》把凶礼置于"五礼"之末，并没有什么不妥的地方。其次是《永徽礼》删去"国恤礼"，不论当事人出于何种考虑，也很难说是"大妄"，因为"国恤礼"本是在"五礼"之外新增之礼，是否妥当，确要有一个过程才能最终作出判断。杜佑是熟悉典章制度的名家，《通典·礼典》电没有强调说必须保留"国恤礼"。当然，像这样的问题，本是可以讨论的，不必以"误""妄"冠之。

总的来看，苏冕的史识，可谓大醇小疵，留给后人许多启示。

苏冕在唐德宗贞元十九年（803 年）撰成《会要》一书，至今整整1200 年了。苏冕生年不详，其撰成《会要》后两年，即唐德宗贞元二十一年（805 年）"卒于家"①。《会要》既"行于世"，后人两次续修，足以表明其价值的分量，尽管人们不曾遗忘《会要》的作者苏冕，但对《会要》的面貌、创始的意义和苏冕的历史思想难免有些淡忘了。尤其值得重视的是，会要体史书自宋迄清，发展为泱泱大国，实为中国史学上一个瑰丽的园地。笔者有感于此，撰成此文，以表示对这位史学家的一点纪念。同时，根据历史事实和历代学人的认可，我建议将来出版新的《唐会要》版本，可否署为"苏冕崔铉王溥撰"，以符合历史本来之真相。署上崔铉，是按照中国传统的惯例，如《晋书》之署房玄龄、《旧唐书》之署刘昫，《明史》之署张廷玉然。

文中倘有不当之处，尚祈读者指正。

---

① 刘昫等：《旧唐书》卷一百八十九《儒学下·苏弁传》附《苏冕传》，北京：中华书局，1975 年，第 4977 页。

唐代史学考辨拾零（读史札记）[*]

旧时，读两《唐书》《唐会要》等书，有事涉唐代史学且相互抵牾者，则随手抄录，略作考辨。凡此，得数十条。其中，已有不少在我所写的论文中予以采用；也有一些是近年来学术界同好的论著中已经提出了的。近日拾掇旧稿，从所余部分中拣出十条，多是琐碎细事，不具重要性质，但仍有辨证之必要。今予以发表，对史学研究者、古籍整理者与出版者，或许可以有一点参考的作用。

一、唐俭和庾俭

《唐大诏令集》卷八十一《命萧瑀等修六代史诏》，记分工撰述而涉及周史者谓："侍中陈叔达、秘书丞令狐德棻、太史令唐俭可修周史"。

　　* 原载中国历史文献研究会：《历史文献研究》总第 22 辑，武汉：华中师范大学出版社，2003 年。

唐俭，《旧唐书》卷七十三《令狐德棻传》作庾俭，《册府元龟》卷五百五十四《国史部·选任》和《全唐文》卷二《修魏周隋梁齐陈诏》均同。

按：两《唐书》之《唐俭传》，不载其曾任太史令之职。庾俭，两《唐书》无传，然于《天文志》《傅仁均传》均明载其在武德年间任太史令事。《隋书》卷七十八《庾质传》亦谓：庾俭，"义宁初，为太史令"。由是，《唐大诏令集》所载唐俭当是庾俭之误。

二、《旧唐志》误记《梁书》卷帙

《旧唐书》卷四十六《经籍志上》"正史类"著录："《梁书》三十四卷，谢昊、姚察等撰；又五十卷，姚思廉撰。"

按：姚思廉撰《梁书》五十六卷，今存，此云"五十卷"，误。

三、晁公武关于《周书》的误载

《郡斋读书志》卷五"正史类"记："《周书》五十卷。右唐令狐德棻等撰。本纪八，列传四十二。贞观中，德棻请撰次，而诏德棻与陈叔达、唐俭成之。"

按：晁氏此记，有三误。一，"德棻请撰次"，系武德四年（621年），而非"贞观中"。二，德棻在贞观十年（636年）撰成《周书》，其合作者乃岑文本、崔仁师，而非陈叔达等。以上，见《唐会要》卷六十三《史馆上·修前代史》和《旧唐书》卷七十三《令狐德棻传》。三，庾俭，误作唐俭。

四、《氏族志》卷帙

《旧唐书》卷三《太宗纪下》："（贞观）十二年春正月乙未，吏部尚书高士廉等上《氏族志》一百三十卷。"

按：《氏旅志》，久佚。《唐会要》卷三十六、《旧唐书·经籍志上》"谱牒类"及《高士廉传》等均作 100 卷，此记"一百三十卷"，误。

五、礼部尚书与吏部尚书

《唐会要》卷三十六《氏族》记："（太宗）及诏礼部尚书高士廉、御史大夫韦挺、中书侍郎岑文本、礼部侍郎令狐德棻，及四方士大夫谙练族姓者，普索天下谱牒，约诸史传，考其真伪，以为《氏族志》"云云。

按：查《旧唐书》卷六十五《高士廉传》，记其于贞观五年（631 年）"入为吏部尚书"，随即奉诏撰《氏族志》，且终生不曾任礼部尚书之职；《新唐书》本传、《册府元龟·国史部·恩奖》《资治通鉴》等亦均为吏部尚书。此记"礼部尚书"，非是。

六、唐太宗褚遂良问对年代

《贞观政要》卷七《文史》记："贞观十三年，褚遂良为谏议大夫，兼知起居注。太宗问曰：'卿比知起居，书何等事？大抵于人君得观见否？朕欲见此注记者，将却观所为得失以自警戒耳！'遂良曰：'今之起居，古之左、右史，以记人君言行，善恶毕书，庶几人主不为非法，不闻帝王躬自观史。'太宗曰：'朕有不善，卿必记耶？'遂良曰：'臣闻守道不如守官，臣职当载笔，何不书之。'黄门侍郎刘洎曰：'人君有过失，如日月之蚀，人皆见之。设令遂良不记，天下之人皆记之矣。'"

按：这是一次很有名的问对，其影响亦甚大。关于问对年代，两《唐书·褚遂良传》所记不甚明确，但却明载褚遂良之为谏议大夫是在贞观十五年（641年），问对事则记于其为谏议大夫之后。又，《唐会要》卷六十三《史馆上·史馆杂录上》书为"（贞观）十六年四月二十八日"，《册府元龟》卷五百五十四《国史部·公正》书为"贞观十六年四月"，《资治通鉴》记于"贞观十六年"之下。要之，当以《唐会要》等书所记为是。

七、唐修《晋书》撰人

《唐会要》卷六十三《史馆上·修前代史》记，贞观二十年（646年）参与重修《晋书》者21人，其中有"主客郎中卢承基"。《新唐书》卷五十八《艺文志二》"正史类"著录《晋书》条下，则无卢承基而有赵弘智，与《唐会要》相异。

按：卢承基，只于《新唐书》卷七十三上《宰相世系表三上》有以下记载："承基，主客郎中。"此外，两《唐书》中别无记载。赵弘智，两《唐书》有传，与令狐德棻等同为太子承乾属官；后太子废，亦同坐免（参见两《唐书·太宗诸子传》），旋又同时被起用（参见两《唐书·许敬宗传》）。据本传及《新唐志》记载，他还参与过"六代史"、《艺文类聚》《五代史志》的撰述工作，并有《赵弘智集》20卷传世。又，参与重修《晋书》诸人"并推（令狐）德棻为首"（《旧唐书·令狐德棻传》），与德棻政治遭遇及撰述经历颇为相同的赵弘智参与此役，是很自然的事情。准此，当以新《志》录著《晋书》撰人为是。而两《唐书·令狐德棻传》记参与重修《晋书》者均为18人，当未以房玄龄、褚遂良、许敬宗三位监修计算在内。

八、唐初国史

《唐会要》卷四十三《史馆上·修国史》记："显庆元年七月三日，

史官太尉(长孙)无忌、左仆射于志宁、中书令崔敦礼、国子祭酒令狐德棻、中书侍郎李义府、崇贤学士刘允之、著作郎杨仁卿、起居郎李延寿、秘书郎张文恭等修国史成，起义宁，尽贞观末，凡八十一卷，藏其书于内府。"《册府元龟》卷五百五十四《国史部·恩奖》所记略同，唯撰者增加"起居郎、弘文馆直学士顾裔(胤)"。

按：《史通》卷十二《古今正史》云："贞观初，姚思廉始撰纪传，粗成30卷。至显庆元年，太尉长孙无忌与于志宁，令狐德棻，著作郎刘胤之、杨恭仁，起居郎顾胤等，因其旧作，缀以后事，复为50卷，虽云繁杂，时有可观。"又《旧唐书》卷七十三《令狐德棻传》附《顾胤传》亦谓："顾胤以撰武德、贞观两朝国史八十卷成，加朝请大夫，封余杭县男，赐物五百段。"又，《唐会要》卷六十三《史馆上·修国史》记曰："至(显庆)四年二月五日，中书令许敬宗、中书侍郎许圉师、太史令李淳风、著作郎杨仁卿、著作郎顾允(胤)，受诏撰贞观二十三年已(以)后至显庆三年实录，成二十卷，添成一百卷。"由是乃知：其一，唐初国史，姚思廉为草创者；其二，显庆元年(656年)所成，是在姚思廉所撰30卷的基础上"缀以后事"，撰成50卷，两者合计，当为80卷，上引81卷者，误；其三，顾胤参与了上述后50卷的撰述工作，《唐会要》阙书；其四，显庆四年(659年)所成实录20卷称"添成一百卷"者，即指上述80卷所言，此亦可证"八十一卷"之误。

九、总章三年十月

《唐大诏令集》卷八十一载唐高宗《简择史官诏》，末署诏书颁发时间为"总章三年十月"。《史通》卷十一《史官建置》记其事曰："至咸亨年，以职司多滥，高宗喟然而称曰：'朕甚懵焉。'乃命所司曲加推择，如有居其职而阙其才能者，皆不得预于修撰。"《唐会要》卷六十三《史馆上·修史官》则明确记载上述颁发时间为"咸亨元年十一月二十一日"。

按：上署"总章三年十月"，疑系沿《旧唐书·高宗纪》之误；然后者却也明载总章三年（670年）三月"大赦天下，改元为咸亨元年"，故三月以后实为咸亨元年。为避免纪年上的混乱，《新唐书·高宗纪》与《资治通鉴》均不书总章三年，而在咸亨元年（670年）三月之下分别载明："大赦，改元"，"赦天下，改元"。而《资治通鉴》更在"咸亨元年"下注明："是年三月，始改元。"这在纪年上就更加准确了。要之，高宗朝本无"总章三年十月"之说，《简择史官诏》的颁发时间，当以《唐会要》所记为是。

十、刘知幾领国史

《新唐书》卷一百三十二《刘子玄传》云："子玄领国史且三十年，官虽徙，职常如旧。"

按：刘知幾（子玄）自武则天长安二年（702年）"以著作佐郎兼修国史"，至唐玄宗开元九年（721年）卒，首尾20年，故《旧唐书》卷一百二《刘子玄传》说他"掌知国史，首尾二十余年"，大致不错。《新唐书》本传说"且三十年"，实误。

后记

　　《唐代史学论稿》能够有增订再版的机会，这是出乎我的意料之外的，欣喜之情，可以想见。这有几个方面的原因：第一，《论稿》是我研究中国史学史的学步之作，因而在自己的学术生涯中是值得纪念的。第二，《论稿》的一些文章是作者在科尔沁草原这块美丽的土地上写成的，虽然那时的生活很艰苦，但能致力于史学史研究，内心却是十分充实的，回想起来，仍有一种美好的心潮起伏之感。第三，20世纪90年代我去台湾参加学术会议，有些台湾朋友对我说，他们知道大陆有个瞿林东是研究中国史学史的同行，就是通过这本书而了解到的。这话反映了相互间对中国史学的共同兴趣，一下子拉近了我们之间的距离。也许是上了年纪了吧，愿意回忆一些往事，把它看作是充实现在精神生活的一些养料，激励自己不要因为上了年纪而有所懈怠。

　　需要说明的是，《论稿》增订本对所征引的文献，有的改用了同一文献的晚出的版本，使其更符合当今的注释体例，敬希读者予以谅解。

《唐代史学论稿》得以增订再版，我要感谢徐松巍教授，是他提出这本论集对于人们研究和撰写中国的断代史学，仍有可以参考的价值。当然，我更要感谢高等教育出版社能够采纳徐松巍教授的建议，使之得以付诸实施。责任编辑陈瑛女士是拙著《白寿彝与 20 世纪中国史学》的责编，现又为《论稿》增订再版费了许多心力，我再次向她表示感谢。北京师范大学历史学院朱露川同学协助我做了文稿的整理工作；博士研究生胡祥琴、王姝仔细校读本书校样，核对有关注释，用力甚勤，我也向她们表示谢意。

瞿林东

2014 年 4 月 18 日

出版说明

《唐代史学论稿》，北京师范大学出版社 1989 年 3 月出版，高等教育出版社 2015 年 1 月出版增订本，增收论文 10 篇。收入本文集时又新补入《论唐初史家群体及其正史撰述》、《说"良史"魏徵》二文。此次新版收录论文 33 篇。

图书在版编目(CIP)数据

唐代史学论稿 / 瞿林东著 . —增订本 . —北京：北京师范大学
出版社, 2017.9

（瞿林东文集；第七卷）

ISBN 978-7-303-21538-6

Ⅰ.①唐⋯　Ⅱ.①瞿⋯　Ⅲ.①史学-中国-唐代-文集

Ⅳ.①K092.42-53

中国版本图书馆 CIP 数据核字(2016)第 270540 号

营 销 中 心 电 话　　010 58805072　　58807651
北师大出版社高等教育与学术著作分社　　http://xueda.bnup.com

QULINDONG WENJI

出版发行：北京师范大学出版社 www.bnup.com
　　　　　北京市海淀区新街口外大街 19 号
　　　　　邮政编码：100875
印　　刷：北京盛通印刷股份有限公司
经　　销：全国新华书店
开　　本：787 mm×1092 mm　1/16
印　　张：35.5
字　　数：520 千字
版　　次：2017 年 9 月第 1 版
印　　次：2017 年 9 月第 1 次印刷
定　　价：188.00 元

策划编辑：宋旭景　　　　　　　　责任编辑：齐　琳　甄英军
美术编辑：王齐云　　　　　　　　装帧设计：王齐云
责任校对：陈　民　　　　　　　　责任印制：马　洁